Ein Mauerblümchen packt die Koffer

von Martina Piechnik

* ... siehe Seite 191

edition aleXeria

Die Autorin

Martina Piechnik wurde 1958 in Berlin geboren und wuchs im Stadtbezirk Weißensee auf. Zehn Jahre lang besuchte sie die 3. Polytechnische Oberschule und wurde nach erfolgreichem Abschluss im VEB Stern Radio zur Stenotypistin ausgebildet. Noch fast ohne Berufserfahrung wechselte sie ins Wohnungsbaukombinat und wurde Sekretärin. Später arbeitete sie als Schreibkraft, Sachbearbeiterin und Kassiererin in einem Farbenladen. 1978 heiratete sie und bekam im gleichen Jahr, dann 1983 und 1984 ihre Kinder Manuela, Stefan und Franziska.
1985 verließ die Familie den Ostteil der Stadt und wagte im Westteil einen Neuanfang. Ab 1986 arbeitete die Autorin im Stadtbezirk Schöneberg als Tagesmutter, erarbeitete sich die Anerkennung zur pädagogischen Fachkraft für Tagespflege und wurde im Jahr 2015 eine zertifizierte pädagogische Märchenerzählerin.
Von 2001 bis 2013 pflegte sie sehr intensiv ihre Mutter. Über diese Zeit schrieb sie ihr erstes Buch „Zwölf Jahre Abschied“. Mittlerweile genießt sie ihre 3 Enkelkinder, ihren Garten und das Malen und Zeichnen mit Airbrush-Pistole und Stiften.

Der Verlag

„Wenn jemand mit seinen Gefährten nicht Schritt hält, so tut er es vielleicht deshalb nicht, weil er einen anderen Trommler hört. Lasst ihn zu der Musik marschieren, die er hört, wie auch ihr Takt und wie fern sie selbst auch sei.“
(H. D. Thoreau, Walden, 1854)

Dieses Zitat brachte den Verlag Der andere Trommler mit Martina Piechnik zusammen – und damit fand das Mauerblümchen seinen Platz in der Buchreihe edition aleXeria. Freiheit und Unabhängigkeit sind nicht nur für den Verlag und die Autorin ein zentrales Thema, sondern finden sich auch in der technischen Umsetzung wieder – so werden die Bücher des anderen Trommlers ausschließlich mit freier, quelloffener Software produziert und in einem freien Font gesetzt.

Ein Mauerblümchen packt die Koffer

Vom Hüben und Drüben einer echten Berliner Pflanze

von Martina Piechnik

mit 7 Zeichnungen der Autorin
sowie 8 Abbildungen

edition aleXeria

edition aleXeria, Berlin – www.alexeria.de
Ungekürzte Originalausgabe

Erschienen im Verlag
Der andere Trommler, Berlin – www.der-andere-trommler.de
Dieses Buch wurde gesetzt in dem multilingualen
freien Font *Linux Libertine* – www.linuxlibertine.org

Bibliografische Information der Deutschen Nationalbibliothek
Die Deutsche Nationalbibliothek verzeichnet diese Publikation in der Deutschen Nationalbibliografie; detaillierte bibliografische Daten sind im Internet über http://dnb.dnb.de abrufbar.

ISBN 978-3-944292-04-5

Für Amely,

meine Enkeltochter,

die als erstes Kind

unserer Familie

in Freiheit geboren wurde,

der alle Wege offen stehen,

die ich über alles liebe

und der ich manchmal

etwas peinlich bin.

Berlin, im November 2019

Inhaltsverzeichnis

Vorwort

Es gab eine Zeit, in der gab es in Berlin eine Mauer. Die Rede ist nicht von unserer mittelalterlichen Stadtmauer, die die damalige Doppelstadt Berlin-Cölln umschloss und noch heute mit ihren historischen Überresten Touristen und Historiker in die Littenstraße lockt. Die Mauer, von der hier die Rede ist, war eine Wunde, eine tiefe Wunde, die infiziert und blutend fast drei Jahrzehnte lang der alten Stadt und ihrem Volk zusetzte, es zermürbte, unfrei machte, Familien zerriss und in zwei Lager teilte.

Ihr nach Osten gebeugtes Haupt war von mehreren Stacheldrahtbändern wie mit einer Dornenkrone gekrönt und wurde Tag und Nacht von bewaffneten Soldaten und scharf abgerichteten Hunden bewacht. Auf der östlichen Seite der Mauer wurde sie ihrem Volk gerne als Stadtmauer, als Schutz vor faschistischen Feinden und Bollwerk für den Frieden verkauft. Aber die Berliner waren nicht dumm. Sie wussten von den scharfen Tretminen und Drahtverhauen, von den Wachtürmen, Scheinwerfern und Alarmsirenen, die jeden, dem trotzdem ein Übersteigen der Mauer gelungen war, davon abhielt, den Weg gen Westen fortzusetzen. Sollte, trotz aller Risiken, auch dieser Weg erfolgreich gewesen sein, traf man auf den Zwilling der ersten Mauer. Mindestens 140 Menschen kamen hier ums Leben. Sie wurden erschossen, erlitten schwere Unfälle und wurden ohne Hilfe liegen gelassen. Wer erwischt wurde und vorerst mit dem Leben davonkam, wurde wegen Fahnenflucht eingesperrt, gefoltert und jeglicher Menschenrechte beraubt.

Die Berliner Mauer zog eine breite Schneise durch die Stadt. Sie trennte Familien, Freunde, Gemeinschaften und trug als Pseudonym den Namen „Antifaschistischer Schutzwall". Und obwohl niemand wirklich vorhatte, eine Mauer zu bauen, war sie eines Sonntagmorgens doch da. Mitten in die morgendliche Sonntagsruhe hinein, während irgendwo von überall her die Kirchenglocken friedlich läuteten und die meisten Menschen in tiefem Schlaf lagen, wurde ihre Stadt, ihr Berlin, zerrissen.

Panisch erfolgten noch letzte Fluchten. Aber der Strom vom Osten in den Westen war unterbrochen und versiegte. Nur wenigen, besonders Mutigen, gelang durch riskante Tunnelbauten oder Dachakrobatik noch die Flucht nach drüben.

Im Laufe der Jahre wurde die Mauer immer mehr aufgerüstet und technisiert. West-Berlin war vollkommen eingekesselt und in drei Sektoren aufgeteilt, den Amerikanischen, den Englischen und den Französischen. *Der Insulaner*, ein Lied aus der Luftbrückenzeit, wurde so etwas wie die Hymne der West-Berliner. Die Menschen richteten sich ein. Durch den besonderen Status, den West-Berlin hatte, gab es keine Sperrstunden und keine Wehrpflicht und auch nur Behelfsausweise. Eine ganz eigene Szene entstand auf diesem für sie fruchtbaren Boden und trieb vielfältige Blüten. Die Berliner Mauer, auf der Ostseite grau und fahl, wurde zum Kunstwerk, zum Schattenspender, zur Torwand und zum Ausflugsziel für Touristen, die sich gerne von eigens dafür aufgestellten Hochständen ein Bild von den grausigen Grenzanlagen und dem tristen Anblick des Ostens machten.

Die Berliner, bekannt für Herz und Schnauze, verloren sich nicht aus den Augen. Briefe gingen hin und her. Pakete dagegen kannten meist nur die Richtung von West nach Ost. Wie auch die Besuche – mit Ausnahme derer der Rentner – überwiegend diese Richtung nahmen.

Bis in die heutige Zeit hat mich die Zeit der Mauer nicht losgelassen. Sie hat mich geprägt und verängstigt, nachdenklich gemacht und mich so empört, dass ich letztendlich den Mut hatte, dem Betonklotz die Stirn zu bieten. Den Beulen, Blessuren, dem Abschiedsschmerz und den psychischen Belastungen habe ich diesen Stolz, es erhobenen Hauptes mit meinen drei Kindern und Ehemann in den Westen geschafft zu haben, entgegenzusetzen.

Ein Heimatempfinden kann für mich nur in Verbindung mit Freiheit aufkommen.

1958 – 1968

Es war Ende März, als eine Traube von Mitarbeitern einer Berliner Rundfunkanstalt durch die Gänge des Entbindungsheims „Maria Heimsuchung“ in Pankow mehr schlich als lief. Ruhe war hier höchste Bürgerpflicht für alle Besucher. Das Geschrei und Wimmern von der Neugeborenen-Station, die Schmerzschreie der in Wehen liegenden Frauen, das besorgte und ungeduldige Getuschel der werdenden Väter auf den paar Stühlen vor den Fenstern des Ganges und die Hektik, die immer wieder mal durch das Klinikpersonal verursacht wurde, waren Geräuschkulisse genug. Ein Haus, in welchem seit dreißig Jahren ein Leben nach dem anderen ins Licht der Welt gepresst, gezogen, oder durch einen Schnitt durch die Bauchdecke geholt wurde, forderte Demut und Respekt.

Direkt neben dem Kreißsaal kam die Traube zum Stehen. Man postierte sich, natürlich nach Absprache mit der Stationsschwester, so, dass man der nächsten jungen Mutter, die den Kreißsaal verließ, direkt das Mikrofon unter die Nase halten konnte. Es vergingen ein paar Minuten und die werdenden Väter, deren Neugier geweckt war, hatten längst ihre Plätze verlassen und das Gesprächsthema gewechselt und standen nun, wie ein kleines Empfangskomitee, dem Kreißsaal gegenüber. Weit genug entfernt, um die Tür nicht zu blockieren, aber nah genug, um nichts zu verpassen.

Die breite Tür wurde von einer älteren, etwas rundlichen Schwester in einem strahlend weißen Kittel geöffnet. „Moment“, hauchte sie mit einem verbindlichen Lächeln in die Richtung der Reporterin, die sich in Position stellte, ein paar Blicke mit ihren Technikern austauschte, ein allgemeines Kopfnicken abwartete und schnell das Mikrofon in die linke Hand nahm, um sich die verschwitzte rechte am Mantel abzuwischen.

Da kam sie, die junge Mutter, in einem sehr sorgfältig zurechtgemachten Bett, mit hochgestelltem Kopfteil und einem dicken Federkopfkissen, wie es eigentlich in solchen Einrichtungen zur damaligen Zeit nicht üblich war. Die junge Mutter strahlte vor Glück, hielt sie doch ihr Kind im Arm, das gesund und munter und ohne viel Gewese vor gerade mal drei Stunden geboren worden war.

Der Höflichkeit halber stellte sich die Reporterin vor und gratulierte sehr herzlich zu: „Junge oder Mädchen?“

Stolz verkündete die junge Frau und zupfte sich ihre Haare zurecht, als würde sie gefilmt: „Es ist ein Mädchen.“ Sie hätte schon einen Sohn, der gerade mal 15 Monate alt sei, und sie versicherte, wie sehr sie sich nun freue, dass das zweite Kind ein kleines Mädchen sei. Die Reporterin kam nicht wirklich dazu, Fragen zu stellen, denn die glückliche Mutter erzählte von ihrer überraschenden zweiten Schwangerschaft, von den Platzproblemen in der Wohnung und davon, dass sie ihren Sohn gerne noch ein bisschen für sich allein genossen hätte. Aber die Tatsache, nun ein Pärchen zu haben, tröste über vieles hinweg und man werde sehen.

Die fröhlich plaudernde junge Frau war meine Mutter und das rosige Geschöpf in ihrem Arm war ich. Ich soll mich sehr still verhalten haben, so, als wüsste ich, was Rundfunkaufnahmen bedeuten. Erst als die Frage nach dem Namen des Töchterchens gestellt wurde und meine Mutter, noch immer in Gedanken bei meinem Bruder, an seinen Namen einfach ein A hängte, reagierte ich mit wütendem Protestgeschrei. Soweit die Legende...

Martina war geboren und verkündet über Ätherwellen. „Ist doch auch ganz hübsch“, befand meine Mutter und hängte mir den eigentlich mit meinem Vater abgesprochenen Namen Angelika als zweiten Namen hinten an.

Ich war ein vom Sozialismus sehr erwünschtes Arbeiter- und Bauernkind, geboren in einem Entbindungsheim der Caritas. Präziser ausgedrückt war ich eigentlich nur ein Arbeiterkind. Auf dem Wege zur allseits entwickelten sozialistischen Gesellschaft tauchten Arbeiter oder Bauern aber niemals allein auf. Sie waren eine zusammenhängende Macht, so hieß es jedenfalls. Sehr löblich war, dass meine Eltern es innerhalb kürzester Zeit geschafft hatten, gleich zwei gesunde Kinder auf den Weg des Sozialismus zu schicken. Dennoch, wir waren nicht ganz makellos, wir waren Christen.

Es war April, als mein Vater meine Mutter und mich aus dem Entbindungsheim abholte. Die Taufe hatte dort bereits stattgefunden, denn wie es der Name schon verrät, war „Maria Heimsuchung“ eine

katholische Einrichtung mit Kapelle und Taufbecken und dem Begehren, aus jedem Baby so schnell wie möglich einen kleinen Katholiken zu machen. Waren die Eltern mit ihren Kindern erst mal weg und der Glaube nicht gefestigt, war die Gefahr zu groß, dass dieses Kind für die Christenheit für immer verloren wäre.
Ich fuhr damals das erste Mal mit dem Bus. Für ein Taxi hatten meine Eltern kein Geld. Das wurde für wichtigere Dinge gebraucht, die die Geburt eines zweiten Kindes einfach mit sich bringt.

Mein Zuhause befand sich in Weißensee, im hinteren Teil der Gustav-Adolf-Straße. Unsere Wohngegend war eingebettet in Natur. Laubenkolonien, Friedhöfe, Einfamilienhäuser, niedrige Wohnblöcke mit großen Wiesen und nicht zuletzt schöne Parkanlagen bis hin zum Weißen See. Unsere Straße fing an der Spitze, an der sich Pankow, Prenzlauer Berg und Weißensee trafen, an und verlief über den Hamburger Platz in gerader Linie zur Rennbahnstraße direkt ins Radstadion hinein.

Unser Haus war eines von vier Dreigeschossern, die sich jeweils zwei zu zwei gegenüberstanden. Jedes Haus hatte vier Eingänge und der offene Hof protzte mit zwei großen Wiesen, kleinen Tannen und an den Seiteneingängen zu den Müllhäusern und Teppichklopfstangen mit vier riesigen, schlanken Pappeln.

Die Straße war gesäumt mit Linden, und unser Gegenüber war ein Friedhof, dem sich rechts eine Laubenkolonie anschloss, durch welche die Amalienstraße führte. Wie ein I-Punkt stand der Amalienstraße ein kleines Häuschen gegenüber, welches vorne heraus als Obst- und Gemüsegeschäft diente und von einem alten Ehepaar bewohnt und bewirtschaftet wurde. Dahinter befand sich ein Kohlenplatz, der durch eine kleine Holzbaracke, mehrere Garagen und einen hohen Zaun vor zudringlichen Blicken geschützt war.

Die Wohnungen unseres Häuserblocks hatten alle denselben Schnitt und zweieinhalb Zimmer. Jede Wohnung hatte einen Balkon, eine schmale Badestube mit Badeofen, und jede Küche verfügte über eine Speisekammer. Die Giebelwohnungen hatten ein Zimmer weniger und wurden oft von älteren, alleinstehenden Leuten bewohnt.

Hier war mein Zuhause, meine Heimat, und von Anfang an liebte ich es, hier zu leben, auch wenn es mir noch nicht bewusst war.

Nein, es gab kein lautes Trara, als ich als viertes Familienmitglied zu Hause ankam. Mein Vater trug mich von der Bushaltestelle des 55ers, der von Pankow direkt nach Weißensee fuhr, wie eine Trophäe vor sich her. Er ließ es sich auch nicht nehmen, einen kurzen Schwenker auf seine Arbeitsstelle, die PGH[1] für Natur-und Betonstein, zu machen, mit mir die Damen im Büro in Verzücken zu versetzen und sich von seinen Männern vom Bau einen anerkennenden Schulterschlag zu holen, aber dann ging es weiter. Man traf den einen oder anderen Bekannten, zeigte das Kind, wurde beglückwünscht und verschwand im Hauseingang.

Zwei Stockwerke höher war die Familie erstmals komplett versammelt. Meine Omi und mein Bruder erwarteten uns schon sehr gespannt. Omi war bis vor ein paar Wochen noch Hauptmieterin der Wohnung gewesen. Sie hatte sie nach dem Krieg mit Ihrem Mann, den ich nie kennengelernt habe, und ihren zwei Kindern bezogen. Mein Opa, der invalid aus der Kriegsgefangenschaft zurückgekommen war, lebte nicht mehr und der Bruder meiner Mutter hatte längst Ostberlin verlassen und lebte in Ludwigshafen am Rhein.

Selbstlos gab meine Oma ihr verbliebenes Zimmer in ihrer Wohnung auf, ließ den Mietvertrag auf meine Eltern umschreiben und zog in eine zugige Mansardenwohnung im Haus ihres gut betuchten Schwagers in die Hunsrückstraße.

Omi hieß eigentlich Maria, wurde aber überall nur Mariechen genannt. Sie war Schneiderin und hatte in der Wohnung der jungen Familie so ziemlich alles genäht, was vor Fenstern und Nischen hing, auf Tischen oder Sofas lag oder in sonst einer Weise dekorativen Zwecken diente.

Auch das Babykörbchen hatte sie aufgefrischt. Diente es vorher dazu, meinem Bruder, der längst in einem Gitterbettchen lag, bequemes Lager zu bieten, mussten nun ein paar blaue Details gegen rosafarbene ausgetauscht werden. Frisch gewaschen, gestärkt und gebügelt erwartete mich nun ein Körbchen, das für mich die nächsten Monate Schlafstatt war. Viele Jahre wanderte dieses Körbchen durch die Hände des gesamten Verwandten- und Freundeskreises meiner Eltern und tauchte, immer wieder in neuer Verkleidung, bei uns auf.

[1]Produktionsgenossenschaft des Handwerks

Meine Mutter erzählte gerne von dieser Zeit, als wir Geschwister so klein waren. Während mein Bruder sich die Wohnung und den Rest der Welt schon laufend eroberte, lag ich zufrieden mit meinen Händen und Füßen spielend in meinem weißen Gitterbettchen oder auf einer Decke auf dem Fußboden. Wir Kinder gehörten dazu, waren aber nicht der Mittelpunkt der Welt. Die Sorgen und Probleme der Menschen waren auf andere Dinge gerichtet, als die, ob das Kind sich zeitgerecht von der Rücken- in die Bauchlage bringen konnte. Wenn die Fürsorge und der Kinderarzt keine Bedenken äußerten, dann war alles in Ordnung, es musste nicht nach Besorgnis gesucht werden, die würde schon irgendwann von allein auftauchen.

Geldsorgen spielten beispielsweise in fast allen Familien, eine große Rolle. So auch in meiner.

Die Arbeitswelt meiner Eltern war mir nicht nur fremd, sondern egal. Ich wurde satt, hatte Kleidung auf dem Leib und eine Familie, inklusive einer allgegenwärtigen Großmutter, die wohl täglich kam, um bei uns Kindern und ihrer Tochter zu sein und diese bestmöglich zu unterstützen. Mein Vater hatte sich aufgerafft und sich um eine Facharbeiterausbildung bemüht und saß nun oft nach Feierabend über Büchern und Papieren und kam seinem Abschluss täglich näher. Die Hoffnung auf eine höhere Lohnstufe und damit mehr Geld in der Tüte, ließ ihn sehr strebsam sein. Er sah es nicht gern, dass meine Mutter arbeiten ging. Er war so erzogen worden, dass ein Mann es schaffen müsse, seine Familie zu ernähren. Die kleine, schwache Frau sollte ganz Mutter, Putzfrau und Köchin sein können, und wenn sie dabei noch gutaussehend und singend durch die Wohnung tanzte, die Kinder sich gut entwickelten und ordentlich erzogen waren, dann war seine Männerwelt in Ordnung.

Meine Mutter wollte aber nicht singend und tanzend die Hausarbeit verrichten. Sie hatte einen Beruf erlernt, sie war Versicherungskauffrau. Sie konnte nicht nur gut rechnen, sondern auch Stenografie und blind die Schreibmaschine bedienen. Sie war freundlich, redegewandt und wo sie auch auftauchte, immer gern gesehen.

Sie wünschte sich, arbeiten gehen zu dürfen. Wenn sie solche Wünsche meinem Vater gegenüber formulierte, nannte sie ihn vorsichtig und liebevoll „Horstelchen“. Er war natürlich ein ausgewachsener Horst, und hatte den Stolz, seiner Familie ein Horst zu sein. Aber er tat sich sehr schwer damit. Meist machte ihm das erste Bier des Tages einen Strich durch die Rechnung, denn diesem folgte dann ein weiteres Bier oder der eine oder andere Schnaps, und schon war es passiert. Dem Alkohol folgten Unzufriedenheit, Wut, Streit, die Wohnungstür knallte zu und mein Vater war weg.

Mama weinte, Oma hatte das alles sowieso schon vorher kommen sehen und ihre Tochter immer wieder gewarnt. Woher sie das wusste? Sie hatte in ihrer Ehe die gleichen, genauso vorhersehbaren Probleme, hatte alle Warnungen ihrer Mutter in den Wind geschlagen und der Liebe nachgegeben. Sie war sogar, was für diese Zeit noch höchst ungewöhnlich war, mehrere Jahre lang eine geschiedene Frau, die nach dem Krieg ihren schwer verletzten Exmann wieder bei sich aufnahm, ihn pflegte und, als ehrenhafte Katholikin, diesen Mann erneut heiratete. Ja, mit dieser schweren Last an Erfahrungen hatte sie ihre Tochter gewarnt, aber auch die schlug alle Warnungen in den Wind und gab ihrem Herzen nach.

In meiner Kleinkindzeit bemerkte ich diese Familienturbulenzen natürlich noch nicht. Meine Erinnerungen gehen zwar sehr weit zurück, aber all diese Dinge kenne ich aus Geschichten, die immer wieder erzählt wurden. Mal hinter vorgehaltener Hand, manchmal ohne Rücksicht auf Kinderohren und manche, weil sie sich so oft wiederholten, die Querelen des Alltags, bis sie sich mir verinnerlicht hatten.

Die Gleichstellung, Gleichberechtigung, der Frauen in der DDR war nicht nur ein sozialistisches Anliegen. Der Krieg hatte so viele Männer dahingerafft, dass ein funktionierender Staat unbedingt auf die Arbeit der Frauen angewiesen war. Das klappte natürlich nicht einfach so, auf Anordnung. In den Köpfen der Gesellschaft steckte noch die alte Erziehung. Mit welchen Idealen sind denn die Generationen unserer Eltern und Großeltern groß geworden? Da gab es keinen Knopf zum Umschalten, es musste umgelernt und um jeden Zentimeter Recht gekämpft werden. Die Berufstätigkeit der Frau war ihr Recht, Kindergärten und Krippen wuchsen wie Pilze aus der Erde und die sozialistischen Lernkonzepte für die Kleinsten waren Teil des sozialistischen Bildungsprogramms.

Ich konnte unterdessen laufen, mehr schlecht als recht alleine essen und hatte sicherlich genug damit zu tun, mir meine Welt zu erschließen und mich einzurichten.

Der liebe Gott, Jesus, der Heilige Geist, Maria und alle möglichen Heiligen umgaben mich den ganzen Tag. Zwischen dem Morgen-, Mittag- und Abendgebet begegnete ich ihnen auf kitschigen Bildern, die ich natürlich als Kind wunderschön fand. Kreuze mit dem sterbenden Jesus, Gebetbücher mit der Mutter Gottes und einem Apostel hier und da, das kleine Weihwasserbecken neben der Tür waren für mich selbstverständlicher Alltag. Mehr Babysitter brauchte ich nicht. Ich vertraute auf Gott und alles war gut.

Mein Vater betete nicht. Jedenfalls habe ich das nie bei ihm bemerkt. Er nutzte die Zeit unseres andächtigen Tischgebetes, um sich eine witzige Pointe für nach dem Amen und dem Kreuzzeichen einfallen zu lassen. Wenn er gefragt wurde, bezeichnete er sich selbst als vanjelisch, was ein vernuscheltes evangelisch heißen sollte. Das bedeutete im Klartext, dass er zwar nicht gottlos war, aber auch nicht darüber reden wollte. Er ließ meine Mutter machen. Solange der Papst nicht das Fußballspielen verteufelte, durften auch seine Kinder katholisch erzogen werden.

In der Behaimstraße in Weißensee befand sich die Kirche der St.-Josefs-Gemeinde. Das war unsere Gemeinde und so etwas wie mein zweites Zuhause. Die Kirche lag genau zwischen der 4. Oberschule und dem zur Gemeinde gehörenden Kindergarten. Hier ergatterte meine Mutter, die selbst einst diesen Kindergarten und die daneben befindliche Schule besucht hatte, einen Platz für meinen Bruder. Der Kindergarten war für Kinder ab dem dritten Lebensjahr. Ob Muttis Frömmigkeit, ihr Bekanntheitsgrad oder ihre liebenswerte Bittstellung ihr auch noch einen Platz für mich einbrachte, weiß ich leider nicht. Der Gedanke, dass ich vielleicht auch ein so betörend nettes Kind war, und ich mir damit den Platz selbst verdient haben könnte, schmeichelt mir, ist aber wahrscheinlich falsch.

Da stand ich nun mit meinem kleinen Verstand und begriff die Welt nicht mehr. Statt meinen Bruder abzugeben und sich mit mir ein paar schöne Stunden zu machen, gab Mutti uns Morgen für Morgen als Gesamtpaket im Kindergarten ab.

Meine Mutter wurde eine Grenzgängerin. Jeden Tag fuhr sie mit der S-Bahn zu ihrem neuen Arbeitgeber. Jeden Tag kam sie wieder zurück, meist waren wir dann schon gut versorgt zu Hause. Omi holte uns vom Kindergarten ab und umsorgte uns. Es war wohl diese sehr intensive Zeit mit ihr, die meine Liebe zu ihr üppig wuchern und blühen ließ. Sie war eine Seele von Mensch, geduldig und geschickt und mit immer offenem Herzen und Armen.

Was meiner Mutter bei ihrem täglichen Heimweg durch den Westen Berlins durch den Kopf ging, kann ich nur erahnen. Sie arbeitete in der Verwaltung bei Siemens und verdiente dort gutes Geld. Ich weiß, dass meine Eltern oft über die verschiedenen Möglichkeiten sprachen, wie man der DDR entkommen könnte. Aber da war Omi und da waren wir Kinder und die doch recht angenehme Wohnung und die andere Oma und die Geschwister meines Vaters, ein großer Freundeskreis und letztendlich die PGH, die meinem Vater Arbeit und Chancen gab, und sein geliebter Fußballverein.

Meine Eltern backten kleine Brötchen. Sie bildeten sich ihre Meinung nach ihrer eigenen Lebenserfahrung. Beide hatten ihre Kindheit hungrig und voller Angst verbracht. Sie kannten die Interpretation des Spruches: „Lieber den Spatz in der Hand als die Taube auf dem Dach."

Noch wäre das Notaufnahmelager Marienfelde eine erreichbare Anlaufstelle für sie gewesen. Aber was dann?

So verging die Zeit des Kleine-Brötchen-Backens, und die Zeit, in der meine eigenen kleinen Erinnerungen auftauchen, beginnt.

Oma verreiste und nahm mich nicht mit. Sie ist immer mit mir unterwegs gewesen, aber diesmal nahm sie meinen Bruder mit. Die Fahrt ging mit der Bahn nach Ludwigshafen. Dort wohnte Omis Sohn mit seiner Frau und seinem Sohn. Martin ist älter als ich, er würde sich wahrscheinlich länger und besser an einen Besuch im Westen erinnern können als ich. So versuchte man, mir Omis Reise mit Martin als Reisebegleiter, zu begründen. Ich verstand nicht. Böser Neid und dumme Eifersucht fraßen mir gerade den Verstand und das Herz auf. Die Gerüchte um einen Mauerbau nahmen immer klarere Formen an, und einem Ulbricht und seinem Wort, dass niemand vorhätte, eine Mauer zu bauen, war nicht zu trauen. Also wurde vorsorglich noch einmal ein Besuch gemacht, bevor sich das Misstrauen als gerechtfertigt erweisen und sich die endgültige Spaltung Deutschlands bestätigen würden.

Aus unserer Speisekammer drang der Geruch alter Kartoffeln. Wir hatten immer einen großen Haufen Einkellerungskartoffeln im Keller.

Von Zeit zu Zeit gingen wir runter und holten zwei Eimer voll nach oben. Eigentlich drei, denn ich durfte mit meinem Buddeleimer auch Kartoffeln holen. Dann wurden sie auf den Boden der Speisekammer ausgelegt und nach und nach gegessen, oder sie fingen an zu keimen oder zu faulen und zu müffeln. Mutti kochte Mittag und hatte das Radio voll aufgedreht. Sie wackelte mit dem Po und klopfte so gut es ging mit der rechten Fußspitze den Takt zu „Marina, Marina, Marina". Natürlich wurde aus ihrem Lied eine Martina. Ich liebte es, wenn Mutti so fröhlich war. Ich sang mit und konnte dabei tanzen, denn ich musste kein Mittagessen kochen.

Wir wurden gestört. Es klingelte und Mama flitzte zur Tür, und ich hörte Oma und ich hörte mein Herz. Es klopfte ganz laut und schnell und ich hüpfte auf den Korridor und warf mich meiner kleinen Omi um den Hals. Ach ja, Martin war auch wieder da. Eifersüchtig auf seine Zeit mit Omi, strafte ich ihn mit Nichtachtung.

Ich hatte mir etwas wünschen dürfen, bevor Omi sich auf die Reise begeben hatte. Nun wurde ausgepackt. Der alte Kartoffelgeruch war raus aus der Nase, als Omi den kleinen braunen Koffer öffnete. Ich sah Seife und Kaffee, Schokolade in herrlich buntem Papier, Bonbons und jede Menge Pullover, Hosen, Blusen, alles getragen aber chic. Ein roter Petticoat mit weißer Spitze kam zum Vorschein und dann, die Erfüllung all meiner Träume, eine Pullerpuppe samt Nuckel, Wanne, Fläschchen und einer kleinen Klapper in einer durchsichtigen Tüte mit rosa Bändchen verpackt. Kann ein kleines Mädchen glücklicher sein?

Die beiden Frauen hatten sich viel zu erzählen, aber das Essen würde sich nicht von alleine kochen. Also setzte sich Oma zu Mama in die Küche. Dem RIAS wurde der Strom abgedreht und Oma erzählte und erzählte und Mama fragte und fragte und meine Tüte knisterte und knisterte. „Ich kriege die Schleife nicht auf!", klagte ich verzweifelt. Nebenbei knisperte Omi dran rum. Mutti hätte das Band einfach durchgeschnitten, sie hatte ja gerade das Küchenmesser in der Hand. Oma machte das besser. So ein rosa Bändchen konnte eine Puppenmutter immer gut gebrauchen. Ich packte alles aus und legte es hübsch nebeneinander. Das Loch im Mund der Puppe war ohne Nuckel gut erkennbar, aber nun musste das Baby noch ausgezogen werden. Mütze, Hemdchen, Strampler, Schlüpfer, Gummihose, keine Windel, so weit ging die Perfektion selbst im Westen nicht. Aber da, zwischen den kleinen Beinchen war ein Loch, ein verheißungsvolles Loch an der richtigen Stelle zum Pipimachen.

In der Küche hatten wir einen alten eisernen Ausguss, der einen sehr eigenen Geruch verströmte. Vor diesem stand ein länglicher, mit Wachstuch bespannter Hocker. Darüber wurde täglich ein reiner Scheuerlappen als Abtropfgelegenheit für ausgespülte Töpfe und Eimer gelegt. Unsere Katze nutzte ihn als Sprungbrett, um an den tropfenden Wasserhahn zu kommen, und für mich war er eine Standhilfe, um überhaupt den Wasserhahn bedienen zu können.

Mit meiner neuen Puppe im Arm stellte ich mich darauf und ließ das Wasser probeweise direkt in die kleine Mundöffnung meines Puppenkindes laufen. „Wasser ist das einzige, was deine Puppe trinken darf", mahnte Omi. Mir war das eigentlich egal, Hauptsache sie konnte pullern. Und sie konnte.

Martin hatte unterdessen seine neuen Matchboxautos in meiner Babywanne geparkt. Mit dem Entsetzen einer Mutter rief ich ihn zur Ordnung. „Martin!", sagte Mutti, „nicht immer stänkern!", und: „Tina, nicht immer gleich so loskeifen!"

Die beiden Frauen unterhielten sich weiter und kochten und lachten und lästerten ein bisschen und waren sich einig wie Mutter und Tochter es nur sein können.

Ich stand mittlerweile mit meiner nassen Puppe in der Wohnstube. Der Petticoat lockte ungemein. Ich zog mich aus bis auf die Unterwäsche, hob die rote Verlockung direkt in Augenhöhe und war schon jetzt verliebt. Steif war der Petticoat, und die Spitze piekte ein wenig an den nackten Beinen. Er hatte Träger, so dünn wie Schnürsenkel. Damit kam eine Dreijährige schlecht zurecht. Omi musste helfen und das tat sie lächelnd. Und ich stand vor dem großen Spiegel am Kleiderschrank, schwang die Hüften, griff nach meiner Puppe und war die schönste und glücklichste Puppenmutter aller Zeiten.

Oma erzählte von ihrer umständlichen Bahnfahrt, von ihrem kleinen goldigen Enkelsohn in Ludwigshafen, von der tollen Arbeit, die mein Onkel dort bei der BASF hatte und von den hausfraulichen Qualitäten ihrer Schwiegertochter. „Martin war ein braver Junge," sagte sie, „aber nun bin ich auch froh, wieder hier zu sein." Dabei schaute sie mich an, lächelte und zwinkerte mir mit einem Auge zu.

Ja, es war gut, den Worten von Walter Ulbricht zu misstrauen. Am 13. August 1961 wurde der eiserne Vorhang durch Stacheldrahtverhaue sichtbar gemacht. Er teilte die Stadt, er teilte das Land, er teilte die Welt. In den frühen Morgenstunden eines Sonntages, an dem die meisten Menschen friedlich im Bett ihre Träume träumten, wurde der perfide Plan zur Realität. Familien wurden zerrissen, Wut wurde gesät und der rote Faden, der von nun an immer wieder durch mein Leben spuken sollte, war gesponnen.

Meine Eltern, die Klein-Brötchen-Bäcker, winkten traurig nun auch noch dem kleinen Spatzen hinterher, der ihren Händen entflogen war und es sich neben der Taube auf dem Dach gemütlich machte. Es gab kein anderes Thema mehr unter den Erwachsenen. Viele hatten es kommen sehen, manche dachten, das werde nur für kurze Zeit so sein. Unterdessen wuchs eine Mauer aus Beton, die den eisernen Vorhang in sich trug.

Meine Mutter verlor ihren Arbeitsplatz. Ausnahmsweise hatte sie vorher aber mal kein kleines, sondern ein sehr ansehnliches, großes Brötchen, fast ein Weißbrot, gebacken. Sie hatte bei ihrem Arbeitgeber einen Fernseher auf Ratenzahlung gekauft. Der Fernseher wurde so etwas wie ein neues Familienmitglied. Meine Eltern machten aus der Zitrone Limonade und gewannen dem Mauerbau wenigstens die kleine Freude ab, dass sie diesen Luxusgegenstand bei allem guten Willen nicht abzahlen konnten. Der Fernseher konnte weder zurückgegeben noch bezahlt, er konnte nur in Betrieb genommen werden. Und das wurde auch getan.

Der Onkel Tobias vom RIAS behielt vorerst noch seine Daseinsberechtigung, aber für uns Kinder eröffneten sich ganz neue Möglichkeiten. Meister Nadelöhr, das Sandmännchen, Werbung mit den Mainzelmännchen und dem Telebärchen waren der Hingucker schlechthin.

Wir hatten einen wahrhaft schicken Fernseher, der dem neuesten Stand der Technik entsprach. Es gab neben dem Ein- und Ausschaltknopf noch einen für das zweite Programm, daneben gab es kleine Drehknöpfe für Lautstärke, Helligkeit und Kontrast. An der rechten Seite befand sich eine handtellergroße, braune Plastikdrehscheibe mit den Zahlen von 1 bis 12. Fünf war Osten und Sieben war Westen. Mehr brauchten wir nicht zu wissen. Die Kinder in Haushalten mit Fernseher waren damals die Vorläufer der Fernbedienung, nur, dass wir auch noch Bier aus dem Kühlschrank holen konnten. Die Sieben hatte bei uns eigentlich immer zu tun. Von Sport, besonders Fußball, über Politik, Unterhaltung, Filme und Nachrichten, der Fernseher machte dem VW- Käfer Konkurrenz. Er lief und lief und lief.

Mütterlicherseits hatte meine Mutter vier Onkel und zwei Tanten. Zwei dieser Onkel habe ich nie kennen gelernt, sie sind, wie so viele junge Männer, im Krieg gefallen. Diese geschönte Wortkreation habe ich als Kind nicht verstanden. Ich war Meisterin im Fallen, habe geheult, bin aufgestanden, Pflaster rauf und gut. Wenn man im Krieg fiel, schien das anders zu sein. Söhne, Väter und Brüder kamen dann nicht wieder. Wurden sie fürs Fallen mit dem Tode bestraft? Die Großen gebrauchten Worte, die ich in ihrem Zusammenhang oft nicht verstand. „Der Herr hat ihn zu sich genommen." Kam da eine große Hand vom Himmel und nahm sich einfach, was oder wen sie haben wollte? War das Aschekreuz auf der Stirn, das wir am Aschermittwoch in der Kirche bekamen, etwa eine Markierung? Hier, die mit dem Kreuz auf der Stirn kannst du Dir nehmen? Erde zu Erde, Asche zu Asche, Staub zu Staub. Gedenke Mensch, woher du kamst. Nun ja, unser alter Pfarrer hatte mein vollstes Vertrauen, der würde mich nie verraten und zum „Nehmen" markieren, aber unheimlich war das schon alles. Meine Mutter, meine Oma und mein Bruder waren gekennzeichnet. Mein Vater, Gott sei Dank, nicht. Der war vanjelisch und da gab es so was nicht. Er würde bleiben dürfen.

Einer der verbliebenen Onkel hieß Franz. Für uns war er immer Onkel Fränzchen. Ich kannte ihn nur mit rotem Gesicht, weißen Haaren und einem Krückstock. Diesen hatte er einer Kriegsverletzung zu verdanken und war wohl dank seiner Hilfe auch dem Fallen davon gehumpelt. Onkel Fränzchen war immer gut gelaunt und schien das Leben nicht so ernst zu nehmen. Er hatte eine Kneipe in der Langhansstraße in Weißensee. Das war wirklich eine richtige Kneipe. Hier roch es nach Bier und Schnaps, nach Rauch und Männerschweiß. Hier gab es einen großen Stammtisch, eine wuchtige Theke und ein Hinterzimmer, in welchem der Onkel wohnte. Onkel Fränzchen hatte während der Arbeit immer einen riesigen Latz vor seinem runden Bauch. Er war der Chef und hatte meine vollste Hochachtung. Er schien sich großer Beliebtheit zu erfreuen, doch er war wohl kein guter Geschäftsmann und einer seiner besten Kunden. Im Westteil der Stadt hatte er eine Braut. Die wollte er, obwohl es schon die Mauer gab, heiraten. Das war scheinbar eine höchst komplizierte Angelegenheit, denn die Kneipe war verschuldet und mit Schulden durfte selbst ein invalider Rentner nicht offiziell die DDR verlassen.

Es bildete sich ein familiärer Krisenstab. Jeden Abend saßen wir nun in der geschlossenen Kneipe und die Erwachsenen wälzten Bücher und Papiere, rechneten hin und her, schüttelten ihre Köpfe, führten heiße Diskussionen, während Martin und ich einen Sprudel nach dem anderen trinken und Würstchen essen durften. Wir tobten im Hinterzimmer das Bett des Onkels zu Tode oder spielten auf der Straße vor der Kneipe.

Irgendwann wurden sich die Großen einig. Der jüngste Bruder von Franz, Onkel Georg, der von uns nur, warum auch immer, Onkel Ottchen, genannt wurde, und meine Mutter, die ja nun ohne Arbeit war, aber einen kaufmännischen Beruf erlernt hatte, würden versuchen, den Karren aus dem Dreck zu ziehen. Papa war davon wenig begeistert. Er sah seine junge, schöne, temperamentvolle Frau vor seinem geistigen Auge Tag für Tag zwischen den labernden Trunkenbolden hin- und herflitzen und konnte die verbalen oder gar körperlichen Übergriffe förmlich am eigenen Leibe spüren. Außerdem war die Schuldüberschreibung auch nicht ganz ohne Tücken. Würden seine Frau und ihr Onkel es wirklich schaffen, die Schulden abzutragen und dann die Kneipe zu verkaufen?

Die Behörden und die Onkels schienen sich einig zu werden, denn irgendwann wurde im hinteren Kneipenbereich die Wohnung aufgelöst und der riesige Kleiderschrank von Onkel Fränzchen zerlegt, abtransportiert und in unserer Wohnung wieder zusammengebaut.

Zum Abschied schenkte mir der Onkel ein Köfferchen mit einem ganz herrlichen Inhalt. Eine Kleiderbürste, eine Haarbürste, ein Kamm und ein Spiegel lagen darin wie der Schatz einer mächtigen Königin. Für die Großen war es nur Kunststoff, Plaste mit Borsten. Ich aber sah das kristallen wirkende Plastezeug mit anderen Augen. Das Licht brach sich in dem farblosen Material in den schönsten Farben und ich fühlte mich reich beschenkt und hütete meinen Schatz.

Einen Tag später humpelte der alte Mann mit Hut und Stock und Koffer über die Bornholmer Brücke.

Man konnte ihn lange sehen, lange winken und Mutti konnte lange weinen, bevor sie ganz tapfer meine Hand ergriff, zu mir runter lächelte und fast ruckartig, so als müsse sie sich gewaltsam losreißen, mit mir den Heimweg antrat. Die Grenzanlagen waren noch gut einsehbar. Ein eingebranntes Bild in meinem Kopf, irreal wie im Nebel und doch so deutlich vorhanden.

Meine Verwandtschaft mütterlicherseits, war ein einziges Chaos an Tanten, Onkels, Cousins und Cousinen. Der Einfachheit halber wurden damals alle vertrauten Erwachsenen in den Onkel-Tante-Topf geworfen. So brauchte man nur Männchen und Weibchen zu unterscheiden und es war schließlich auch egal welchen Verwandtschaftsgrad man wem zuordnen sollte. Selbst unsere Nachbarschaft wurde von meiner Mutter als Onkel und Tante bezeichnet. Allerdings kam dann immer der Nachname der betreffenden Person. Mit zunehmendem Alter fand ich dieses Onkel-Tante-Theater ziemlich albern.

Mein Vater hatte seinerseits auch ein größeres Aufgebot an Familie zu bieten. Immerhin war er eins von fünf Kindern und seine Eltern waren beide noch am Leben. Hier kamen auch diverse Cousinen und Cousins ins Spiel, was aber noch so übersichtlich war, dass ich sie gut zu- und einordnen konnte. Ein wenig unübersichtlich war die Zuordnung der Väter dieser Vettern und Basen. So gab es angeheiratete oder Halbgeschwister in dieser Vetternwirtschaft. Da fehlte dann einem kleinen Mädchen wie mir doch der Durchblick.

Da gab es meine Oma Auguste, die von allen nur Guste genannt wurde, und meinen Opa Emil, ein Mann, den ich als sehr still und bescheiden in Erinnerung habe. Eigentlich hatte ich keinerlei Verbindung zu ihm, er war halt da und guckte und schwieg.

Ich erinnere mich an ein Krankenhaus, ein Bett, in dem Opa lag, es muss um die Osterzeit gewesen sein, denn sein Nachttisch war mit Osterdekoration geschmückt. Ich erinnere mich nicht an ein letztes Aufwiedersehen, aber er schenkte mir einen Osterhasen aus Marzipan. Bevor sich die Tür schloss, drehte ich mich zu ihm um und unsere Blicke trafen sich. Ich sah ihn nie wieder, den Vater meines Vaters, aber er ist in mir vorhanden.

Oma Guste war nun Witwe. Sie trug jetzt zwei Eheringe auf ihren dicken Fingern und hatte immer ein Haarnetz auf dem Kopf. Diese Oma litt und klagte und jammerte. Sie hatte stets ein Taschentuch in der Hand, denn sie schwitzte so sehr, dass sie immerzu an sich herumwischen musste. Auf ihrem Schoß konnte man nicht sitzen, denn auf dem machte es sich ihr Bauch gemütlich und brauchte allen Platz für sich. Das war aber nicht schlimm, denn ich kann mich überhaupt nicht erinnern, jemals den Wunsch oder das Bedürfnis gehabt zu haben, auf ihrem Schoß zu sitzen oder sie herzlich zu umarmen.

Vielleicht merkte auch mein kindlicher Instinkt, dass zwischen ihr und meiner Mutter kein gutes Einvernehmen herrschte. Oma wohnte auch in unserer Nähe. Sie hatte die Angewohnheit, mittags, selbst in der glühenden Sommersonne, auf den Friedhof bei uns gegenüber zu gehen, um das Grab ihres Mannes zu pflegen. Wenn man aus dem Küchenfenster schaute, konnte man sie kommen sehen. Ich sah Mutti um diese Zeit oft am Fenster stehen. Gebannt schaute sie in die Richtung, aus der ihre Schwiegermutter für gewöhnlich hinter unserem Gaswerk mit seinen großen Gaskesseln, auftauchte. Mamas Gesichtsausdruck schwankte dann meist zwischen Hoffnung und Verzweiflung. Nach der Grabpflege würde Oma Guste sich unsere Treppen hochquälen und verschwitzt, klagend und fordernd in der Wohnstube das Ende des Tages abwarten. Noch verstand ich nichts, aber ich merkte, meiner Mama ging es in Omas Gegenwart nicht gut.

In den folgenden Jahren, wurde mir unsere Verwandtschaft begreiflicher. Wir trafen uns in kurzen Abständen immer wieder auf Beerdigungen, welche die Verwandtschaft überschaubarer werden ließen. Der Tod von Papas ältester Schwester wurde mir mit: „Sie hat zu viel starken schwarzen Tee getrunken" erklärt. Ich erinnere mich, sie saß am Tisch und hielt eine große weiße Porzellankanne umschlungen. Gab es so etwas? Konnte man an schwarzem Tee zugrunde gehen? Oder wollte man uns Kindern eine üble Magenkrebsgeschichte ersparen?

Papas jüngste Schwester ertrank. Sie war Epileptikerin und hatte nicht auf den Rat ihres Arztes gehört. Sie war in zu tiefes Wasser gegangen, und plötzlich war sie weg.

Das war ein schwerer Schock für die ganze Familie. Mutti versuchte, Oma zu verstehen und ihr Verhalten zu entschuldigen. Es waren schwere Schicksalsschläge für eine alte Frau und es war traurig, dass niemand sie in den Arm nehmen und sie trösten wollte.

Beerdigungen gehörten zu meiner Kindheit, wie die Friedhöfe um mich herum. Noch war ich weit entfernt von irgendwelchen Zweifeln, dass es all den armen Verstorbenen im Himmel gut gehen würde. Dann tauchten aber das Fegefeuer und die Hölle und die Qualen und die Pein in den Gebeten und Predigten auf. Ich sah Bilder von diesen schrecklichen Orten, und Religion und Gott fingen an, eine Last zu werden, ebenso wie alles, was damit verknüpft war, wie artig sein, brav sein, demütig sein, voller Dankbarkeit für alles, was ich hatte, Vater und Mutter lieben, egal was passierte, nicht lügen... – zählte flunkern auch dazu?

Ich war eine eifrige Kirchgängerin. Zu den Maiandachten bin ich immer mit Omi unterwegs gewesen, um die Gottesmutter zu ehren und zu preisen. Ich liebte Maria, sie breitete ihren Mantel aus und die ganze Menschheit fand Schutz darunter. Hübsche Bilder im Kindergebetbuch von einer heilen Welt, in der es keine Atombomben, keine Mauer und keine Verbrechen gab.

Ganz andere Bilder zeigte das Fernsehen. John F. Kennedy wurde erschossen. Die Reaktion meiner Eltern auf diese Nachricht machte mir Angst. Sie hatten sich scheinbar auf diesen Mann verlassen. Er schien in ihnen Hoffnungen geweckt zu haben, auf Dinge die ich nicht verstand. Er war Amerikaner. Die gab es ja beim Bäcker mit viel Zuckerguss, und auch bei den Indianern. Wie hätte er uns helfen können? War er ein Held? Wohl nicht, sonst wäre er nicht erschossen worden. Helden blieben am Leben.

Die Zukunftsängste der Großen schienen mit den Ängsten vergangener Zeiten zu verschmelzen. Jeden Mittwoch um 13.00 Uhr schreckte mich Sirenengeheul aus meiner kindlichen Mittagslethargie hoch und sandte Horrorszenarien in meinen Kopf, wie es sonst nur das Bohrgeräusch meines Zahnarztes schaffte. Im Radio hörte man täglich Suchmeldungen des Deutschen Roten Kreuzes. Monotone Stimmen, sachliche Angaben, unverbindliche Bitten um Hinweise, Schicksale und Namen, die meine Ohren passierten, ohne eine Reaktion hervorzurufen. Nur wenn es hieß, dass ein Kind seine Mutter, seine Oma, seinen Vater oder Geschwister suchte, die man zuletzt da oder dort gesehen und dann aus den Augen verloren hatte, dann verstand ich, hatte Mitleid und empfand tiefste Freude über mein wohlgeordnetes Leben in meiner Familie.

Ich lebte in einer Märchenwelt. Am Ende der Laubenkolonie in der Amalienstraße befand sich eine Gärtnerei. Hier arbeitete ein Mann, der lange Zeit in meinen kindlichen Tagträumen herumspukte. Er war sehr klein, hatte einen riesengroßen Kopf und nur wenige Haare, die lang und fettig auf seiner Schulter lagen. Auf seinem Rücken markierte sich ein sehr ausgeprägter Buckel, der seine Arbeitskluft zipplig erscheinen ließ. Er trug immer total verschmutzte Gummistiefel, seine Augen waren blassblau und seine überdimensionale Nase konnte nur die von Zwerg Nase sein. Für mich stand fest, dieser Mann ist verwunschen und muss unbedingt von mir – eine andere käme gar nicht in Frage – geküsst werden, um zu einem wunderschönen Prinzen zu werden. Allein, es fehlte an Mut und Überwindung und an Vertrauen in meine Märchenfestigkeit. Dieser Mann lag mehr als er saß, oftmals betrunken, auf den drei kleinen Treppen vor unserem Konsum und trank Bier. Ich war hin- und-hergerissen, ihm zu versprechen, dass ich ihn heiraten und küssen und erlösen würde. Was aber, wenn er so bliebe? Zu meinem Glück hörte ich irgendwann das Gedicht von Fingerhütchen, einem buckligen Gesellen, der nachts den Elfen in die Hände fiel, mit ihnen sang, ihnen einen neuen Vers bescherte und sie damit so sehr erfreute, dass sie ihm zur Belohnung einen geraden Rücken schenkten. Damit war ich raus aus dem Schneider. Soll der Gärtner doch zu den Elfen gehen. Konnte er singen und dichten? Wahrscheinlich nicht, aber er hatte viele, viele Blumen, die er ihnen schenken konnte. Elfen lieben Blumen.

Eines frühen Morgens wurde ich von fürchterlichen Bauchschmerzen geweckt. Kinder denken sich nichts dabei, wenn sie dann ganz unbefangen Luft unter die Zudecke abgeben. In diesem Fall war das keine gute Idee. Mit der Luft schien sich mein gesamter Darminhalt ins Bett zu legen. Peinlich, schmerzhaft, eklig. Mir ging es sehr, sehr schlecht. Ich musste nach Mutti brüllen. Nur sie konnte helfen. Nun war auch Martin wach. Ihm erging es ähnlich, aber vorgewarnt von meiner Bescherung rannte er ins Bad und besetzte das Klo. Mutti trug mich wie mit einer Kneifzange, weit vom eigenen Körper entfernt, in die Badewanne. Der Badeofen gab kein warmes Wasser her. Da musste ich jetzt durch. Eine kalte Dusche ergoss sich über mich und mein Nachthemd. Verschreckt über das ganze Geschehen schrie ich wie am Spieß, sah die braune Brühe an meinen Füßen hinab fließen und in den Abfluss flüchten. Da sorgte ich auch schon für Nachschub. Meinem Bruder erging es auf dem Klo nicht viel besser. Wir konnten beide nicht aufhören, uns zu entleeren. Die Krämpfe waren furchtbar, ich zitterte am ganzen Körper, heulte, schrie und wurde erst mal auf unserem alten Nachthafen zwischengeparkt. Nein, das war nicht lustig. Wir waren wirklich richtig krank, und der Geruch, den wir verströmten, brachte mich auch noch zum Erbrechen.

Mit einem Krankenwagen wurden wir ein paar Stunden später ins Nordmarkkrankenhaus auf die Isolierstation gebracht. Hier bezogen wir im obersten Stockwerk ein Zimmer, in welchem schon zwei große Jungs und ein kleines Mädchen, das noch ein Gitterbett brauchte, lagen.

In diesem Zimmer hatte der größte der Jungs, er hieß Roland und war schon 15 Jahre alt, das Zepter in der Hand. Schlimmer als er war nur die Schwester, die uns betreute, besser gesagt, uns betreuen sollte. Denn wir waren für sie nur eine ekelhafte Last, und das ließ sie uns auch spüren. Wir hatten zwar den Luxus eines eigenen Topfes, aber alle waren ohne Deckel und standen stundenlang im Krankenzimmer herum, ohne dass sich ein Mensch darum kümmerte. Es war Sommer und unwahrscheinlich heiß. Unser Krankenzimmer wurde von außen verschlossen, so dass auch niemand Hilfe holen konnte. Erstmals in meinem Leben wurde ich behandelt wie der letzte Dreck und ich fühlte mich auch so.

Besuch durfte nicht zu uns. Wir lagen mit Ruhrverdacht im Krankenhaus und drückten unsere Gesichter an die Gitterstäbe, die fest im roten Backstein des Gebäudes verankert waren. In dessen Ritzen und Fugen krochen allerlei kleine Käfer herum. Roland machte sich einen Spaß daraus, diese zu fangen und der Kleinen, während sie schlief, in den Mund zu stecken. Ich hatte entsetzliche Angst vor diesem Jungen und ich befürchtete, er könnte mit mir das Gleiche tun, wenn ich einschlafe. Also blieb ich wach und wachsam. Es kam zu sexuellen Übergriffen, die ich damals zwar nicht als solche verstand, die mich aber mit Abscheu erfüllten und mein Leben lang begleiteten. Für diesen Roland war es vielleicht nur eine pubertäre Machtausübung über uns Kleinere. Ich selbst aber fühlte mich verraten und verkauft.

Omi und Mutti standen täglich ganz weit unten vor dem Fenster. Ein Gespräch war aus dieser Höhe mit ihnen nicht möglich. Aber ich wusste wenigstens, es gab sie noch. Ich erinnere mich, dass ungesüßte Reisschleimsuppe und Kamillentee unsere einzige Behandlung war. Aus medizinischer Sicht vielleicht wirklich das Einzige, was half: Diät halten und Zeit vergehen lassen. Mein Bruder hatte es einer vorwitzigen Antwort zu verdanken, dass er stundenlang barfuß und nur im Hemde in der Küche am offenen Fenster sitzen musste. Da saß er, fror und starrte den Vollmond an. Das war seine Art, dem Mief im Krankenzimmer zu entkommen. Ich lag aufgeregt in meinem Bett und hoffte, Roland würde in seinem bleiben.

Der einzige Lichtblick in diesem schrecklichen Krankenhaus war die Putzfrau. Ich wartete Morgen für Morgen auf den Moment, wenn sich die Tür öffnen und ihr mütterliches Lächeln mein kleines Kinderherz erwärmen würde. Leider sprach sie kein Deutsch, aber sie war für mich der einzige Trost des Tages.

Omi hatte mir aus altem Inlettstoff eine Puppe genäht. Der Kopf dieser Puppe hatte in besseren Zeiten einen richtigen Körper aus Porzellan gehabt und schrie nun förmlich danach, für eine liebevolle Puppenmutter neu aufbereitet zu werden. Meine Omi, was die alles konnte! Der Clou war, dass sie für die Puppe und für mich das gleiche Nachthemd genäht hatte. Ich wusste nicht, ob ich mich mehr über das Geschenk oder über meine wunderbare Omi freuen sollte. Die Puppe bekam ich leider nur von oben zu sehen. Hätte ich sie als Geschenk im Krankenhaus erhalten, hätte sie nach meiner Entlassung dortbleiben müssen. So streng waren die Vorschriften auf der Isolierstation. Nun wurde sie mir, vom Hof des Krankenhauses von Omi entgegengestreckt, als eine schöne Aussicht und vorläufigen Trost.

Omi war zuckerkrank. Die Großen nannten diese Krankheit Diabetes. Ich selbst fand die Bezeichnung zuckerkrank schöner und einprägsamer. Wer auch immer meiner Omi eine Freude machen wollte, brachte ihr Pampelmusen mit. Die waren zu der Zeit noch richtig bitter. Ich fand nur ihre Form und Farbe sehr ansprechend, wenn sie da so zu dritt, dann zu zweit, dann alleine in Omas Glasschüssel auf ihrem Wohnzimmertisch lagen. Einmal in der Woche machte sie einen Safttag und redete ständig von Broteinheiten. Ich verstand das alles nicht und fand das viele Gerede über Omas Essen nervig. Vielleicht verstand ich auch, dass irgendwo in Omis Körper die eine und die andere üble Krankheit lauerte und Omi dadurch in Gefahr war. Manchmal durfte ich bei ihr schlafen. Die kleine Mansardenwohnung im Haus ihres reichen Schwagers fand ich sehr aufregend. Omi hatte eine Wohnküche, in der ihr Herd, ihr Ausguss, ein kleiner Tisch mit zwei Stühlen, eine *Chaiselongue*, wie sie es nannte, und eine schon damals uralte Singernähmaschine, der man die Arbeit eines ganzen Menschenlebens ansah, ein nützliches Miteinander pflegten. Ihr bisschen Geschirr fand auf einer kleinen Arbeitsplatte neben dem Herd Platz. Die Chaiselongue war meine nächtliche Schlafstatt. Morgens machte Omi mir oft Bröckchen. Das war altes Brot oder Brötchen, kleingeschnitten wie Entenfutter, in einen großen Kaffeepott gefüllt, heiße Milch oder Muckefuck mit viel Zucker drüber, fertig. Ich liebte diesen Pamps, aber nur, wenn Omi ihn machte.

Wenn man die Wohnung vom Hausflur aus betrat, stand man in einer Bretterbude, die den Korridor darstellte. Es roch nach trockenem Holz, welches bei jedem Schritt quietschte und knarrte. In der

Mitte der Decke verlief ein dicker Dachbalken. In diesem Korridor stand nur ein großer alter Kleiderschrank mit einem Spiegel. Rechts war eine kleine geheimnisvolle Tür, hinter der sich ein Plumpsklo mit Wasserspülung befand. Diese hatte allerdings viel zu wenig Druck, darum stellte Omi stets einen kleinen Aluminiumeimer mit Wasser zum Nachspülen bereit. Der kleine Raum hatte kein Fenster und nur eine spärliche Beleuchtung. Saß man auf dem Klo, bekam man Druckstellen an den Knien, wenn man die Tür schloss. Schickte man einen Haufen auf den Weg, hörte man ihn kurze Zeit später unten ankommen. *Flatsch* machte es, wenn das Ziel erreicht war.

Omis kleines Wohn- und Schlafzimmer lag der Küche gegenüber. Dessen Mitte wurde von einem großen Tisch, auf dem sich die Schale mit den Pampelmusen befand, eingenommen.Dieses Ensemble umrahmten vier alte, schwere Stühle.Auf der rechten Seite der Stube protzte, für Omis bescheidene Verhältnisse, ein wuchtiges Buffet, welches sich mit einer alten Uhr schmückte, die alle halbe und volle Stunde ein lautes Dingdong ertönen ließ.

Links an der Wand befand sich Omis Bett. Ich kannte es nur in gemachtem Zustand, mit einer hellgrünen Wolldecke über dem geordneten Federbett. Weil sie immer nach mir schlafen ging und lange vor mir aufstand, hatte ich den Verdacht, sie würde niemals schlafen. Überall auf den Flächen der Möbel lagen Filetdeckchen. An den Wänden hingen das obligatorische Weihwasserbecken, ein großes hölzernes Kreuz mit dem sterbenden Jesus und kleine gerahmte Heiligenbilder, die in keinem katholischen Haushalt fehlen durften.

Unter dem kleinen Fenster hatte ein Nachtschrank seinen Platz gefunden. Hier funzelte, nach Einbruch der Dunkelheit, die einzige Beleuchtung des Raumes, eine kleine Nachttischlampe, vor sich hin. Daneben stand ein Wasserglas, in dem Omis Zähne übernachteten und den einzigen Hinweis auf ihren Nachtschlaf gaben. Griffbereit, am Knauf der Schublade, hing ihr schwarzer Rosenkranz.

Die Zähne im Wasserglas und das Etui mit den Spritzen, das sich im Schubfach des Schränkchens befand, machten Omi für mich sehr geheimnisvoll. Ich sah sie manches Mal ohne Zähne, aber wenn sie diese putzte, schaffte sie es immer sehr geschickt, es so einzurichten, dass ich keinen Blick auf ihr interessantes Tun werfen konnte, bis sich die Zahnprothese strahlend und sauber in ihrem Mund befand.

Schaute man aus dem Fenster dieses Zimmers, dann konnte man direkt über die Hunsrückstraße auf das Grundstück der Familie eines berlinweit bekannten Currywursthändlers schauen. Ich wusste damals schon, dass das die Leute waren, denen ich den einzigartigen Geschmack von Currywurst zu verdanken hatte.

Hinten raus, aus dem Küchenfenster, sah man den Garten des Großonkels und hatte einen weiten Blick über viele Gärten und Häuser. Ganz hinten an Onkels Zaun befand sich das Grundstück eines kleinen, komischen Mannes, der durch das Fernsehen berühmt geworden ist. Den kannte ich damals nicht, hab ihn auch nie persönlich gesehen, aber bis auf Omis Wohnung, war das wohl die bessere Gegend in Weißensee. Es gab noch zwei Kammern, die vom Korridor ausgingen. Sie waren völlig leer und erinnerten mich an den Dachboden in unserem Haus. Hier teilten sich Spinnen und Käfer ihr Zuhause mit Omas Wäscheleine und der frisch gewaschenen Wäsche.

Manchmal staffierte Omi mich wie ein Erstkommunionkind aus. Sie gab mir sogar ihren Rosenkranz, eine Kerze und ihr Gebetbuch in die Hand, sang fromme Lieder mit mir und ließ mich über den Korridor, am Schrank mit dem großen Spiegel vorbei in die Dachkammer ziehen und gab mir allerlei Hinweise, wie sich ein Kommunionkind demütig und gesenkten Hauptes bewegen soll. Ich machte das alles prima, aber am Spiegel kam ich nicht vorbei ohne eitel und stolz hinein zu sehen.

Manchmal stöhnte Oma laut und manchmal wischte sie sich verstohlen eine Träne aus den Augen. Sie war eine sehr kranke Frau und voller Sorgen. Ich fand alles in Ordnung wie es war, aber ich wusste auch noch viel zu wenig vom Leben.

Die Großen erzählten immerzu vom Wirtschaftswunder. Wunder faszinierten mich sehr, aber ich konnte mit dem politischen Gerede nichts anfangen. Der dünne, alte Adenauer, der aussah wie meine Uroma, war zurückgetreten und ein anderer alter, aber sehr dicker Mann war nun der Chef im Westen. Dieser Mann schien wohl für dieses Wirtschaftswunder verantwortlich zu sein, von dem unsere Familie viel hörte und im Fernsehen sah, aber nichts abbekam. Am Rosenmontag sah ich den dicken Herrn Ebert aus Pappmaschee mit einem Bauch bestehend aus einer riesigen DM auf einem Faschingsumzugswagen im Fernsehen. Später erkannte ich ihn deswegen auch als Bundeskanzler auf anderen, realen Bildern wieder.

Unbekümmert lebte ich mein Kleinmädchenleben. Um mich herum wurde gestorben, geboren, geheiratet und Geburtstage gefeiert und einmal im Jahr war ich dann diejenige, die im Mittelpunkt des Geschehens stand. Omi sang immer das Lied von der schönen Jugendzeit, die nie wiederkommt. Ihre Stimme hörte sich schrill und verwackelt an, wenn sie mit klimperndem Augenaufschlag und faltigem Gesicht ihrer Jugend nachtrauerte. Ich hatte die Jugend noch vor mir und erwartete sie voller Sehnsucht und Ungeduld. Bisher hatte ich nur Gutes von der Jugendzeit gehört und eine ganz phantastische Vorstellung von meiner eigenen. Ich trällerte den ganzen Tag, dass ich einen Cowboy als Mann haben wolle. Sicher wollte Omi das auch, denn sie lebte alleine, und ich konnte ihren Wunsch gut verstehen und hätte ihr auch einen Cowboy gegönnt.

Als mein Bruder den Kindergarten wegen seines Schulbeginns verließ, wurde auch ich aus dem Kindergarten genommen. Erst zu früh rein, dann zu früh raus. Ich musste mich nun zu Hause allein beschäftigen. Damit hatte ich nicht allzu viel Mühe, denn meine allerliebsten Beschäftigungsmaterialien waren ein Zeichenblock, viele Buntstifte, ein Bleistift und ein Radiergummi. Das reichte mir, um glücklich zu sein. Alleine, ohne Aufsichtsperson nach unten zu dürfen, davon träumte ich schon lange. Nun war diese Zeit gekommen. Die Regeln waren besprochen, nur rechts oder links ums Haus herum auf den Hof, so, dass Mutti mich aus dem Küchenfenster sehen konnte und von wo aus ich nach ihr rufen konnte, falls mir etwas passierte.

So ging ich also erstmals alleine rechts um das Haus. Hier arbeitete die uralte Frau Baruffke in „ihrem“ kleinen Vorgarten, besser gesagt Seitengarten des Hauses. Ich glaube, sie war immer da und hatte den Kopf mit dem sonnengegerbten Gesicht stets auf Kniehöhe. Ihre Haare waren weiß und dünn, als hätten die Samen der Pappel es sich auf ihrem Kopf gemütlich gemacht. Sie trug immer den gleichen Kittel und grüßte nur sehr kurz, aber doch freundlich zurück, wenn ich ihr den Guten Tag wünschte.

Mein eigentliches Ziel war unsere Teppichklopfstange. Diese stand zwischen den schon beschriebenen hohen eleganten Pappeln und dem

Müllhäuschen. Mit der Aussicht, diese heute ganz allein beturnen zu dürfen, passierte ich die Giebelseite des Hauses und rannte auf mein erstrebtes Ziel zu. Eins fix drei war ich oben, das konnte ich auch ohne Mutti. Die stand oben am Fenster und guckte, ob ich auch mein Ziel erreicht hätte. „Nur an der unteren Stange turnen", rief sie und schaute lieber schnell weg, damit ich ihre Sorge um mich nicht sah. Nun stand ich stolz und breitbeinig auf der untersten Stange, machte den Hals lang und blickte hinauf zu allen Fenstern, ob mich eventuell bewundernde Blicke trafen. Nichts war zu sehen. Meine Augen suchten den Hof ab und da, ganz hinten, am anderen Ende unseres Hauses sah ich ein paar Kinder, die scheinbar interessante Dinge taten. Sie buddelten in der Erde rum und kein Erwachsener sagte ihnen, wie sie es tun sollten.

Ich sprang von der Klopfstange und rannte den kleinen Trampelpfad, der unmittelbar hinter dem Haus verlief, entlang. Auf der Hälfte des Weges verlangsamte ich meinen Schritt und nahm Peilung auf. Und da hockte ein kleines Mädchen, das aussah wie eine kleine Prinzessin aus meinen Märchen. Sie hielt in beiden Händen ein Springseil, welches hinter ihr in einem Bogen lag und wie eine Schleppe aussah.

Sie war zart und hübsch und hatte langes Haar und einen roten Anorak mit einer Kapuze. Die anderen Kinder waren schmutzige Jungen, ein großer, ein kleiner und ein ganz kleiner. Sie machten mit ihrem misstrauischen Blick schon einen gewissen Eindruck auf mich. Aber ich ließ mich nicht beirren. Diesen Blick kannte ich von meinem Bruder. Ganz nah ging ich ran und stellte fest, dass die Jungs das gleiche taten wie Oma Baruffke, nur in anderer Körperhaltung. Sie gärtnerten. Legten vor den Fenstern ihres Hauses ein kleines Blumenbeet mit Stiefmütterchen an, und ihre Blicke sagten mir, dass ich störte.

Mein einziges Ziel war aber das kleine Mädchen, das scheinbar in meinem Alter war und mich mit erwartungsvollen grünen Augen von unten nach oben anschaute und abwartete was ich wohl tun würde.

„Wie heißt du?", und „Willst Du meine Freundin werden?", waren meine ersten Sätze, die ich zu ihr sprach. Bevor sie antwortete, richtete sich ihr Blick auf ihre männliche Wachmannschaft. Gab es ein für mich nicht erkennbares Zeichen von einem der Jungs oder hätte sie auch so geantwortet? Nun ja, sie nickte mit dem Kopf und richtete sich auf. „Ich heiße Regina", sagte sie mit einem Stimmchen, als hätte sie mir ein ganz großes Geheimnis anvertraut. „Das sind meine Brüder!", sagte sie schon etwas lauter und folgte mir samt Springseil den Trampelpfad entlang zur Klopfstange. Da standen wir nun zu zweit auf der unteren Etage des Teppichklopfgestells und beschnupperten uns und waren uns sympathisch. Natürlich wollte sie nun auch wissen, wie ich hieße und warum ich allein unten sei und wo ich wohnte. Wir erzählten uns alles, was kleine Mädchen voneinander wissen müssen, bevor sie Freundinnen und allerbeste Freundinnen werden. Da standen wir nun und ich zeigte Regina meinen Petticoat und sang mal wieder vom Cowboy. Regina sang „Gott ist die Liebe!" Ich wurde hellhörig. Wir machten einen Glaubensabgleich. Regina ging sonntags in die Sonntagsschule. Ich ging sonntags zur Kindermesse und mittwochs zur „Frohen Herrgottsstunde". Sie betete, ich betete, wir liebten Jesus, ich auch Maria, die sie zwar auch kannte und verehrte, aber nicht anbetete.

„Regina heißt Königin", verkündete ich, und: „Maria wird oft als Regina besungen." Wir hatten jedenfalls viele Gemeinsamkeiten. „Ich bin Baptist", sagte sie. „Ich bin katholisch", entgegnete ich, und wir fanden, dass wir sehr viele wunderbare Gemeinsamkeiten hatten und fanden später heraus, dass wir auch sehr gegensätzlich waren.

Muttis Kopf erschien immer wieder mal am Küchenfenster, verbarg sich aber schnell, wenn ich hochschaute. Wahrscheinlich freute sie sich mit mir, dass ich eine Spielkameradin gefunden hatte. Ein scheinbar ungefährliches kleines Ding, mit dem ich große Geheimnisse austauschen und, wie sie hörte, lachen und singen konnte. Diese Idylle wollte sie keinesfalls stören.

Als ich wieder nach oben kam, war Omi da, und sie und Mutti mussten sich alles über meine neue Freundin anhören. Sie hörten gespannt zu, bis das Wort Baptist fiel. Omis Gesichtsausdruck verformte sich in Sekundenschnelle von Freude über Empörung bis hin zu ängstlich und verärgert. Ich konnte das nicht deuten, merkte aber, dass hier wohl etwas nicht stimmte. Als ich aus der Stube geschickt wurde, weil die beiden Frauen etwas zu besprechen hatten, ging ich nicht wirklich weit weg. Meine Neugierde auf dieses Mutter-Tochter-Gespräch war zu groß, und so hörte ich meine Omi sagen: „Mein Gott, das Mädchen ist in einer Sekte!" Mutti beschwichtigte Omi sofort und erzählte ihr, dass sie die Familie kenne und die Eltern aufrechte Christen seien, und nein, sie würde mir den Umgang mit dem Mädchen nicht verbieten.

Eine ähnliche Diskussion hatte ich zwischen den beiden schon einmal staunend verfolgt. Das war, als der Minirock in Mode kam und meine Mutter nichts besseres zu tun hatte, als ihre Röcke zu kürzen. Omi war bestürzt über die kniefreie Freizügigkeit ihrer Tochter. Mutti trug tapfer ihre Röcke, wenn sie sich aber in Omis Beisein setzte, zuppelte und zog sie so lange an ihrem Rock herum, bis die Knie nur noch zu erahnen waren. Papa fand diese neue Freizügigkeit übrigens sehr schön, nicht nur bei seiner Frau. Mutti hatte schlanke Beine und trug immer hohe Hackenschuhe. Ich fand sie umwerfend. Auch ihr stattlicher Busen konnte sich sehen lassen, aber zu einem tiefen Dekolletee ließ sie sich nicht überreden. Da hörte der Spaß an der Mode auf. Manchmal wünschte ich mir, Muttis Busen anfassen, und vielleicht mal den Zeigefinger in den verführerischen Schlitz zwischen ihren Brüsten stecken zu dürfen.

Aber so schnell wie sie mit ihrem Badelaken vor den Brüsten vom Bad ins Schlafzimmer verschwand, hatte ich nicht einmal eine Chance die beiden zu sehen.

Ja, so war das damals. Mutti und Omi liebten sich, das wusste ich. Aber sie hatten über manche Dinge eben doch ganz verschiedene Ansichten. Eine Baptistin im Minirock, das wäre eine Vorstellung gewesen, die Omis Fassungslosigkeit noch hätte steigern können, das war wahrscheinlich noch schlimmer als eine Katholikin im Minirock.

Als Omi weg war, führte mich Mutti damals vor das Hochzeitsbild ihrer Eltern. Sie zeigte mit ihrem Finger auf die Wadenlänge von Omis Kleid. „Das war damals der letzte Schrei", sagte sie, und ihre Mutter, Oma Anna, also meine Uroma, die aussah wie Adenauer, soll ein fürchterliches Gezeter um die Rocklänge gemacht haben. Denn auch da konnte man wirklich schon alles sehen. Die Seligen haben Gott sei Dank weder den Superminirock noch die Hotpants erleben müssen.

Mutti und Onkel Ottchen hatten die Kneipe gerettet und verkauft und waren hinterher nicht ärmer, aber reicher an Erfahrung. Mutti arbeitete jetzt als Verwaltungskraft im St.-Hedwigs-Krankenhaus in der Großen Hamburger Straße. Sie fuhr jeden Tag mit Bus und Straßenbahn bis zur Brunnenstraße. Manchmal haben Omi und ich sie von ihrer Arbeit abgeholt. In dieser Gegend schien der Krieg noch gegenwärtig. Omi machte mich auf die Spuren der Granatsplitter an den Hauswänden aufmerksam. Die Ruinen ringsum, die kleinen engen Straßen und das alte Kopfsteinpflaster ließen mich in eine fremde Welt eintauchen. Das Krankenhaus selbst, mit seiner schönen Parkanlage in der Mitte, ließ meine Augen nach Prinzessinnen und Prinzen suchen. Meist setzten wir uns dort auf eine Bank und warteten auf Mutti.

Es war Abend, Mutti wollte noch schnell in den Konsum gehen, um wichtige Dinge einzukaufen. Der Konsum lag am hinteren Ende unseres Häuserblocks am Obersteiner Weg. „Horst“, sagte sie, „ich muss noch mal runtergehen und einkaufen. Ich lass Tina hier, es ist zu kalt.“ Sie stand vor dem kleinen Spiegel im Korridor und malte sich die Lippen an. Mit einem lauten Schmatz beendete sie diese Aktion, schaute noch mal kurz in die Wohnstube rein, schickte auch zu uns einen Schmatz und weg war sie. Martin war unten im Haus bei seinem Freund zu Besuch. Unser Fernseher lief seit Stunden, der Kachelofen gab sein bestes, um die Stube warm zu halten und Papa machte sich lang, bettete sein müdes Haupt auf Sofakissen und griff zur Zeitung. Molly, unsere schwarz-weiße Katze, saß auf einem kleinen Sessel vor dem Ofen und putzte sich die schlanken Hinterbeine mit ihrer rauen rosa Zunge. Dann streckte sie sich und legte sich mit ihrem Hinterteil in meine Richtung.

Ich langweilte mich und schaute im Zimmer umher, als ob aus irgendeiner Ecke die Idee für ein Spiel kommen könnte. Papa war müde, von ihm war nichts zu erwarten. Ich sah schon, wie seine Brille langsam den Nasenrücken Richtung Backe verließ. Noch hielt er die Zeitung auf Abstand, es konnte nur noch einen Augenblick dauern, dann würde sie auf seinem Bauch liegen und mit seinem Atemrhythmus hoch und runtergehen.

„Darf ich Friseur spielen mit dir?“, fragte ich etwas lauter als die Stimmen im Fernseher. Papa schreckte auf, als hätte ich ihn bei einer Missetat erwischt und schien kurz über eine Antwort nachzudenken. Wenn ich ihn kämmte und bürstete, könnte er die Augen schließen, würde aber nicht einschlafen. Das wäre das Gleiche, wie auf mich aufpassen, nur sehr entspannt. „Meinetwegen“, sagte er. „Aber keine Zöpfe!“ Erfreut ging ich auf den Korridor und holte Kamm und Bürste. Papas Kopf lag gerade so, dass sein volles Deckhaar gut erreichbar war. Ich fing an ihn zu kämmen. Ganz langsam und vorsichtig führte ich den Kamm durch sein Haar, von rechts nach links. Papas Augen waren zu, sein Mund auch, das hieß, er schlief noch nicht. Nun bürstete ich sein Haar von links nach rechts und freute mich über die Magie der Bürste, denn die Haare folgten ihr in alle Richtungen. Völlig willenlos und ohne Berührung.

Papas Unterkiefer verlor die Kontenance und klappte auf seinen gewaltigen Brustkorb und fast gleichzeitig hörte ich ein erst zaghaftes, dann immer lauter werdendes Schnarchen. Papa schlief. Er war langweilig und sein Haar wurde es auch. Zöpfe waren verboten, und so suchte ich nach neuen Möglichkeiten. Leise schlich ich aus der Wohnstube in die Küche. Im mittleren Schubkasten des Buffets lagen unsere Scheren friedlich zwischen Flaschenöffnern, Korkenziehern und Dosenöffnern. Ich brauchte kein Licht, mein Orientierungs- und Tastsinn reichten völlig aus, um das Objekt meiner Begierde zu finden. Eigentlich durfte ich nicht – Messer, Scheren, Streichhölzer waren mir ohne Mutti streng verboten – aber ich wollte so gerne..

Wie ein Dieb schlich ich, die Schere hinter dem Rücken verborgen, in die Wohnstube zurück, mit der guten Absicht, dem langweiligen Haar meines Vaters eine schöne, unvergessliche Frisur zu verpassen.

Papa atmete weiterhin tief ein und aus. Seine Brille hing am Ohr fest. Ich nahm eine ganz dünne Haarsträhne und machte einen Probeschnitt.

Ging ganz leicht, die Haare knirschten ein bisschen beim Schneiden, die zweite Strähne auch und die dritte. Dann war ich ganz vertieft in meine Arbeit. Meine Ohren und Wangen glühten vor Eifer und mit jeder Strähne fiel mir eine andere auf, die noch viel zu lang war. Und schnipp, schnapp – weg war sie. Ich bemerkte ein gewisses Chaos auf Papas Kopf und mir fiel erstmals auf, wie weiß doch seine Kopfhaut war.

Kissen, Teppich und meine Hausschuhe waren voller Haare, in meiner Nase kribbelte es. Im Fernsehen war „unser' regierender Bürgermeister Willy Brandt zu sehen und zu hören.

„Wo uns der Schuh drückt" hieß die Sendung, die mit schöner Regelmäßigkeit bei uns gesehen wurde. Ich liebte die Stimme und das rollende R von Herrn Brandt, wovon er sprach, verstand ich jedoch noch nicht. Und auch jetzt konnten seine Worte mir nicht helfen. Eifrig und ängstlich kämmte ich die letzten längeren Haare über die Löcher und Stoppeln auf Papas Haupt, versuchte die verräterischen Spuren von Kissen, Teppich und Hausschuhen aufzusammeln und fand keinen besseren Platz als unterm Teppichrand. Bürste und Kamm wurden zurückgebracht und die Schere zu ihren Kameraden ins Küchenschubfach gelegt.

Ich setzte mich in den Sessel und lauschte unserem Bürgermeister. Gleich würde Mutti kommen, gleich würde Papa wach werden. Gleich würde es krachen.

Mutti schloss die Tür auf. Sie hatte Martin im Schlepptau und zwei volle Beutel in der Hand. Sie trug die Kälte und die frische Luft des Winters mit herein und ihr Mund war immer noch rot, nun aber auch ihre Nase.

Scheinbar friedlich saß ich im Sessel, Herr Brandt hatte genug geredet und Papa schreckte auf durch die Unruhe in der Wohnung. „Na", sagte Mutti, „alles in Ordnung hier?" Muttis entsetzter Blick auf Papa und dann auf mich ließ mich erschrecken. Die neue Frisur war wohl doch nicht so toll. Ich hatte es bereits geahnt. Mutti zog sich auf den Korridor zurück und ich glaubte ein unterdrücktes Lachen zu hören.

„Alles bestens", antwortete Papa und fuhr sich beim Aufstehen mit den Händen ordnend durchs Haar. Er stockte kurz, ließ die letzten Minuten vor dem Einschlafen noch einmal vor seinem inneren Auge ablaufen. Fast verzweifelt und mit sturem Blick lief er auf den Korridor und schaute kurz, ganz kurz nur, in den Spiegel. Martin lachte unterdessen laut und schadenfroh, Mutti stand noch immer kichernd in der Küche. Papa verschwand schweigend ins Bad und schloss mit lautem Knall die Tür.

Nun waren alle erschrocken, das Lachen und Kichern hörte auf und alle starrten auf die zugeknallte Badezimmertür. Aus dem Bad drangen Geräusche, Papa brubbelte verärgert vor sich hin, Wasser rauschte, Stille. Ich malte mir eine düstere nahe Zukunft aus, kannte mich mit Bestrafungen aber noch nicht wirklich aus, fand keine Relation von meiner Tat zur Strafe, die anstehen würde.

Das Bad öffnete sich. Mit nassem, erhobenen Haupt schritt mein Vater an uns vorbei, schaute verstohlen noch mal in den Korridorspiegel, um zu überprüfen, ob nicht doch alles nur ein Alptraum war, und verließ, ohne auch nur ein Wort zu sagen, die Wohnung. Seinen Mantel ließ er hängen, er schien uns also nicht für immer zu verlassen.

Mutti sah mich fassungslos und verärgert an. Ich hatte ein wichtiges Verbot nicht befolgt. Ich hatte mir eine Schere geholt, obwohl ich wusste, dass ich das nicht durfte. Die Minuten voller Angst vom Zeitpunkt, als Papa wach wurde, bis zu dem Augenblick, als er wortlos die Wohnung verließ, waren Strafe genug. Das wurde später, nach einer langen Gardinenpredigt so beschlossen und verkündet. Und immerhin hatte ich meinem Vater ja auch wirklich keine Zöpfe gemacht.

Nach fünf Minuten war Papa wieder da. Mit einem Hut, der ihm etwas zu klein war, stand er vor der Tür. Onkel Opitz, der Hutträger von unter uns, hatte ihn in männlicher Solidarität meinem Vater geborgt, damit er ohne Blamage zum Friseur und ins Hutgeschäft gehen konnte.

Mein Vater sah ungemein gut aus mit Hut. Der Friseur hat ihm allerdings nicht wirklich helfen können. Dafür würde die Zeit sorgen müssen. Sechs Wochen mindestens sagte der Fachmann, und so war es dann auch.

„Der kalte Krieg“ und „der eiserne Vorhang“, „friedliche Koexistenz“ und „die Mauer“ waren immer wiederkehrende Vokabeln, die einem Kind mit großer Phantasie und wenig Wissen einiges abverlangten. Wir Kinder schnappten bei allen Gesprächen der Erwachsenen nach ihnen, wir inhalierten sie, und erstickten fast daran. Ein ertrunkener 16-jähriger Junge wurde im Westteil der Stadt, Höhe Oberbaumbrücke, gefunden. Er wollte vom Ost- in den Westteil der Stadt. Warum wollte er das? Warum konnte er nicht einfach, so wie Onkel Fränzchen, gehen? Ging es uns wie den Elefanten und den Affen im Tierpark? Waren wir alle eingesperrt?

Ich hatte noch keine Vorstellung von der perfiden Grausamkeit unserer Grenzanlagen. Wir dachten, einfach rüber über die Mauer und dann ist man im Westen. Dass dazwischen Minen und scharfe Hunde und Stacheldrahtverhaue waren und dann noch eine Mauer wartete, wäre mir nie in meinen kindlichen Sinn gekommen.

Martin und ich malten uns manchmal aus, wie man mit Akrobatik oder einer Straßenwalze, mit riesigen Regenschirmen oder Sprungspiralen unter den Schuhen, in den Westen kommen könnte. Die Mauer war so geheimnisvoll und grauenhaft wie ein Zauberwald, der voller Dämonen und Rätselhaftem steckte. Sie hatte unsere halbe Verwandtschaft verschlungen, spuckte sie aber von Zeit zu Zeit stückchenweise wieder aus, und die Leute standen als friedliche, fröhliche Menschen, mit vollen, gebenden Händen vor uns, feierten, lachten und weinten mit uns und gingen doch immer wieder zur Grenze zurück, durch den gruseligen Zauberwald.

Papa war wirklich nach sechs Wochen, auch ohne Hut, wieder der Schönste. Er sang sich beim morgendlichen Rasieren gern seine eigene Lobeshymne. „Was kann der Papi denn dafür, dass er so schön ist? Was kann der Papi denn dafür, dass man ihn liebt?" Ich stand gern in der Küche, wo er sein Rasierzeug hatte, neben ihm und schaute bewundernd zu ihm auf. Groß und stark war er und ließ sich durch meine bewundernden Blicke in seinem Tun nicht beirren. Ich durfte seinen Rasierklingenschärfer halten und das dicke Band, welches in beide Richtungen gezogen werden konnte, minutenlang ratschen lassen. Wenn Papa sich den Bart einseifte, schäumte der Seifenstift mit dem Pinsel um die Wette. Flink und gezielt traf der Rasierpinsel jede stoppelige Hautpartie, und ganz zum Schluss, und das war mein erwarteter Höhepunkt, auch meine Nase. Das war unser Morgenritual, wenn Papa zu Hause war. Dann wurde der Nassrasierer samt der scharfen Klinge über Kinn, Wangen und Hals geschabt. Ich liebte das Geräusch, wenn die Klinge auf die Stoppeln traf, und ich liebte die Spur, die sie auf Papas Haut hinterließ. Manchmal zuckte Papa und zischte das verbotene Wort, riss ein Stück weißen Rand von der Zeitung ab, machte väterliche Spucke drauf und klebte den Schnipsel auf die blutende Stelle. Tapfer war er, mein Vater. Manchmal hatte er vier bis fünf Schnipsel im Gesicht, aber er hat nie gejammert. Ganz zum Schluss nahm er ein Tuch, um sich die Seifenreste vom Gesicht zu wischen. Unsere kleine Nagelschere wurde auch manchmal gebraucht, dann verschwand die gesamte Spitze in Papas Nase und musste dort drinnen für eine neue Frisur sorgen. Papa war dabei sehr sorgfältig, manchmal verbog er seine Nase und legte den Kopf weit nach hinten, um im Spiegel alles gut sehen zu können.

Den Rest seiner Körperhygiene erledigte er im Bad. Mit dem heißen Teekessel verließ er die Küche und hatte schon vergessen, dass ich da noch stand mit seinem Klingenschärfer in der Hand.

Oft ergab es sich, dass ich Papa das Frühstück zur Baustelle bringen durfte. Ich war schon groß genug für diese überaus wichtige Arbeit. Der Fußweg war nur ein Stückchen weiter als bis zum Konsumdamm. Kurz vor der PGH waren Gleise für die Industriebahn. Hier wurden Maschinen, Ersatzteile, Baustoffe und Brennmaterial zu den verschiedensten Betrieben der Umgegend geliefert. Damals führten sie über die Gustav-Adolf-Straße Richtung Roelkestraße, um dann die Rennbahnstraße zu überqueren. Die Lok fuhr immer sehr langsam, von vorne sprang ein Mann ab, der mit einer roten kleinen Fahne den Autoverkehr und auch mich zum Halten brachte. Ich zählte die Anhänger so weit ich konnte und fing dann wieder mit eins an.

Wenn ich den Betriebshof betrat, hoffte ich insgeheim, Papa nicht sofort zu begegnen, denn dann hatte ich Gelegenheit, in alle Baracken und Werkstätten zu gehen und die vielen verstaubten, wettergegegerbten Männer zu begrüßen. Der Spruch: „Jetzt kommt mein Frühstück", kam immer von irgendeinem Kollegen von Papa. Ich wartete regelrecht darauf, umklammerte den Frühstücksbeutel und verteidigte Papas Stärkung für den Tag mit meinem Leben. Da kam auch schon der Mann mit der Karre, der kistenweise Getränke und verschiedene Frühstücksbestellungen brachte. Es war immer Willi, der die Einkäufe tätigte. Wahrscheinlich konnte er das von allen am besten. Er kaufte die gesamte Arbeiterversorgung in unserem kleinen Konsum ein und erntete viel Dank und Lob. Ausschließlich Papa hatte manchmal seinen eigenen Bringservice und der war ich. Ich stromerte überall herum. Der Geruch nach Zement war allgegenwärtig, aber in jeder Werkstatt oder Baracke kamen noch andere Gerüche hinzu. In der Tischlerei roch es nach Holz. Hier stieß ich oft auf den alten Fritze, der insgesamt nur noch sechs und einen halben Finger hatte. Die anderen waren der Säge zum Opfer gefallen. Hier bekamen wir auch die Sägespäne für Mollys Katzenklo her, die sie dann, in guter Katzenmanier, durch die ganze Wohnung verteilte. In der Metallwerkstatt wurden die Moniereisen hergestellt, die den hergestellten Formen Stabilität geben sollten. Eisen- und Ölgerüche hatten hier die Oberhand. Der Duschraum roch eindeutig nach Papa, hier duftete es nach eingeseiften Zementsäcken. So roch auch mein Vater, wenn er abends nach Hause kam. Der Umkleide- und Frühstücksraum der Männer roch wie Onkel Fränzchens alte Kneipe. Hier sah es aus, als hätten die Männer keine Mutti zum Aufräumen. An den Wänden standen Spinde aus Metall. Manche waren geöffnet und zeigten in ihren Türen Bilder von nackten Frauen. Leere Bierflaschen standen und lagen in allen Ecken in ihren eigenen Lachen. Hin und wieder fand das Auge auch eine Schnapsflasche.

Den Mittelpunkt des Raumes bildete eine lange Holztafel, die vollgestellt war mit halbvollen Kaffeetassen und überquellenden Aschenbechern. Um den Tisch herum standen 25 Stühle, über deren Lehnen dreckige Socken oder Hemden hingen. Mein Vater, den hier alle Hotta nannten, hatte als Einziger einen Stuhl mit Armlehnen, der sich an der vordersten Stirnseite der Tafel befand. Papa war der Brigadier, dass musste so etwas Ähnliches wie ein König sein. Denn Papa hatte das Sagen und außerdem noch ein eigenes Büro. Links im Pausenraum befand sich ein riesiges Fenster, welches für ordentlich Licht sorgte und bis zur Hälfte mit weißer Kreide bestrichen war. Darüber klebten ein paar selbstgemalte Bilder von Pepe, einem talentierten Hobbymaler aus Papas Kollegenkreis. Seine Bilder beeindruckten mich sehr. Es fiel mir schwer, zu glauben, dass ein Mensch so toll malen konnte.

An manchen Tagen stieß ich auf Tante Mäuschen. Ich nannte sie so, weil sie zu mir immer Mäuschen sagte. Sie war eine sehr einfache und liebenswerte Frau, die fürs Putzen bezahlt wurde. Sie versuchte den vielen Männern so etwas wie eine Mutti zu sein, aber gegen das Chaos im Frühstücksraum kam auch sie nicht an.

Ein Besuch im Büro war stets der Höhepunkt meines Botenganges. Hier saßen drei Frauen und ein Mann an großen Schreibtischen zwischen Regalen, in denen zig Ordner, nach verschiedensten Aspekten sortiert, wie eine Sportriege zusammenstanden.

Fachbücher gaben sich ein Stelldichein mit Stapeln von Illustrierten und Tageszeitungen. Dazwischen kleine Zierden, wie Vasen oder Kerzen.

Auf den Schreibtischen herrschte geordnetes Chaos. Alle Damen und der Herr schienen zu wissen, was sie taten. Große Schreibblätter wurden von einem Stapel Papier auf einen anderen gelegt. Zwischendurch wurden Zahlen in die schweren eisernen Rechenmaschinen eingegeben, an einer Kurbel gedreht und ein Haken auf das Papier gemalt. Zwei Schreibmaschinen gab es auch, eine uralte Adler und eine kleine schicke. Die Damen im Büro nannten sie Erika. „Erika?", fragte ich mich, konnte das stimmen oder machten die Damen einen Spaß mit mir? Erika war die Dame aus dem Fernsehen, die mit Kindern bastelte und Geschichten erzählte. In dieser Sendung sagten alle

„Grüß Gott", wenn sie jemandem hätten einen guten Tag wünschen sollen. Das gab es bei uns nur in der Kirche oder davor, wenn man Herrn Pfarrer traf.

Die Leute aus dem Büro waren sehr erfreut, wenn ich sie besuchen kam. Sie hatten auch immer irgendwelche Köstlichkeiten in ihren interessanten Schubkästen, von denen ich meist reichlich etwas abbekam. Manchmal durfte ich mich zu ihnen setzen und malen oder stempeln. Erika aber war tabu und die alte Adler zu schwer für meine Finger.

Hinter einer der Türen war Papas Büro. In diesem stand ein riesengroßer Tisch, der belagert war von großen Papier- und Papprollen.

Hier wurden die Sachen, die später gebaut werden sollten, entworfen. Viele Bilder hingen an der Wand, mit fertigen Objekten, wie Papa es nannte.

Fensterbänke, Blumenkübel, Abfallbehälter, Treppenstufen und ähnliche Dinge waren darauf zu sehen. Auch die bunt gekachelten Wartehäuschen, die in Berlin und Brandenburg überall an den Haltestellen aufgebaut wurden, kamen aus Papas PGH.

Wenn ich meinen Rundgang beendet hatte, brachte Papa mich noch zum Tor, beugte sich runter und gab mir mit spitzen Lippen einen staubigen Kuss, der nach Zigaretten, Bier und natürlich auch Zement schmeckte. „Tschüss Dicki, grüß Mutta!", rief er mir hinterher.

Während ich nun den wirklich wichtigen Aufgaben auf dieser Welt nachkam und auch all die Großen um mich her ihr Möglichstes gaben, wetteiferten die USA und die UdSSR einvernehmlich gegeneinander.

Da gab es zum Beispiel einen Sputnik, der immer und immer wieder die Erde umkreiste, ich kannte ihn vom Sandmännchen und fand ihn nicht sonderlich aufregend. Papa aber meinte, dass das die Art der Russen sei, die Amerikaner zu provozieren. Dieses Wort kannte ich. Mutti benutzte es, wenn Martin mich ärgerte oder sie. „Provozier' mich nicht!", sagte sie dann mit verärgertem Gesicht und meinte, er solle sie nicht ärgern und nicht stänkern.

Irgendwann schickten die Russen auch noch eine Hündin, Laika, mit einer Rakete in den Weltraum. Wahrscheinlich wusste die Arme gar nicht, was sie da sollte. Papa vermutete jedenfalls, dass der arme

Hund gestorben ist. Vielleicht an Langeweile. Es gab keine Bäume und keine Knochen oder Hundekuchen im All. Das waren ja Geschichten aus der Zeit vor meiner Geburt und ich glaubte alles, was Papa sagte, denn es gab keinen Grund, etwas zu bezweifeln.

Als Juri Gagarin als erster Mensch im Weltall war, wurde auf der Erde fleißig an der Mauer gebaut, und als ValenTINA Tereschkowa – ihr Vorname machte mich stolz – es ihm zwei Jahre später gleichtat, war der Beweis erbracht, dass Frauen für hochspezielle Leistungen mindestens ebenso gut geeignet sind wie Männer. „Da muss man auch nicht einparken", lästerte mein Vater, aber das meinte er nicht so ernst. Denn eigentlich zog er vor Frauen, die im Leben, vor allem im Sport, etwas leisteten, den Hut. Sie mussten nur hübsch weiblich bleiben. Was immer er damit meinte, verstand ich damals noch nicht.

Den kalten Krieg und den Wettlauf im All kommentierte er häufig. Es ärgerte ihn, dass die Russen mit ihren Kosmonauten mehr veranstalteten als die Amerikaner mit ihren Astronauten. Er informierte sich immer im Westfernsehen oder Westhörfunk darüber, was auf der Bühne der politischen Welt passierte. Er wusste, Pressefreiheit, Meinungsfreiheit, freie Wahlen und Sozialismus harmonieren nicht miteinander. Also musste man mit Informationen aus sozialistischen Ecken vorsichtig sein.

Es gab Probleme mit der Baustoffversorgung für seine Firma, es gab Probleme bei der Versorgung seiner Familie, aber die Aktuelle Kamera und jegliche Zeitung in der DDR protzten mit Planerfüllung und Übererfüllung. Und weil die Leute unterdessen gelernt hatten, ihr Maul zu halten und ihre Schäfchen so gut wie möglich ins Trockne zu bringen, würde sich daran vorläufig auch nichts ändern. Ein Volk von Duckmäusern und Heuchlern würde heranwachsen. Hasenfüße und Jasager würden die Macht haben, allen aufrechten Menschen ins Genick zu schlagen.

Ich fand Papa sehr schlau, ich fand jeden schlau, der hintereinander weg reden konnte und Zuhörer hatte. Die Politiker, die Pfarrer und Kapläne, Moderatoren im Fernsehen und Radio. Sie redeten und redeten und ich verstand nichts. Da waren mir die Schlagersänger und -sängerinnen näher. Sie sangen von glücklichen oder traurigen Zeiten, von schönen Frauen oder starken Männern, von Hoffnungen und Träumen oder von ganz banalen knallroten Gummibooten. Das machte Laune, da konnte ich tanzen und mitsingen und mein Geist schwamm auf dieser Welle mit. Auch unsere Kirchenlieder faszinierten mich, vor allem, weil sie von einer gewaltigen Orgel begleitet wurden, die mir schon im Vorspiel verriet, welches Lied gleich gesungen würde.

Martin und ich waren musikalisch. Onkel Ottchen, der Sänger in der Deutschen Staatsoper war, hörte das mit seinen sensiblen Ohren genau heraus und bedrängte unsere Mutter, uns zu fördern.

Wir nahmen mit ein paar anderen Gleichaltrigen aus unserer Gemeinde Gesangsstunden bei Frau Lange-Frohberg. Diese gehörte zum Ausbildungsstab der komischen Oper und nahm ihre Arbeit und den Gesang überhaupt sehr ernst. Jegliche Freude am Singen versuchte diese Frau in mir zu ersticken. Wir sangen wieder und wieder die gleichen Tonfolgen hoch und runter und von unten nach oben. Wir lernten Teile des Sommernachtstraums und sollten wohl zukünftige Elfen werden. Martin war der einzige Junge in der Gruppe mit einer einzigartigen hohen Stimmlage. Nun ja, er sang nicht höher oder besser als wir Mädchen, aber Jungennachwuchs musste gepäppelt werden.

Wir sangen einem holden süßen Knaben ein Schlaflied, schimpften mit Puck und wussten nicht, was wir taten. Vor der Gesangsstunde bekamen wir Pfefferminzbonbons zu lutschen, damit wir nicht heiser würden. Manche Mädchen träumten von einer Karriere als Operndiva, das waren die, deren Mütter von einer Tochter als Operndiva träumten. Davon waren Martin und ich weit entfernt. Ich liebte jede Musik, die meine Hüften zum Schwingen brachte und die Füße zum Tanzen. Einmal hören und mitsingen war mein Motto. Ich hatte auch nichts dagegen, kleine Vorführungen zu Geburtstagen oder Hochzeiten zu geben. Man brauchte mich niemals lange zu bitten.

Mein Bruder bekam eine Stimmbandirritation, Gesangsverbot und musste in regelmäßigen Abständen zum Stimmbandölen, wie mein Vater es nannte. Ich hatte oft Mittelohrentzündungen und Angina und durfte gleich mal mit rein zum Doktor. „Hm" sagte dieser und schüttelte bedenklich sein Haupt, „die Mandeln müssen raus". Dies bedeutete, dass ich einen Teil des Sommers im Krankenhaus verbringen musste. Bis dahin hatte ich eine sorgenvolle Zeit, denn natürlich hatten um mich herum lauter Leute von ihren blutigen Mandeloperationen zu berichten, bei denen sie selbst die Schüssel hatten halten müssen und sich vorgekommen waren wie Schlachtvieh.

Mutti beschwichtigte dann immer:, „Sie kriegt doch eine Vollnarkose und wird nichts merken, und wenn sie aufwacht, ist alles vorbei."

Mit der Singerei war nun jedenfalls erst mal Schluss. Für Martin, mit seinen filigranen Stimmbändern sowieso und für mich dann auch, da verhielt es sich ähnlich wie mit dem Kindergarten. Eine Extrawurst gab es für mich nicht. Damals war mir das noch nicht bewusst, aber es gab für mich alles nur im Doppelpack. Wenn Martin etwas nicht mehr konnte oder durfte oder wollte, wurde auch ich automatisch abgemeldet. Der Höhepunkt der ganzen Singerei war für mich eigentlich sowieso nur die Fahrt mit dem Bus zur Komischen Oper gewesen. Fasziniert sah ich dort immer zwei Soldaten vor der Neuen Wache stehen, die so bewegungslos waren wie Schaufensterpuppen. Mutti versicherte mir jedes Mal, dass das lebende Männer seien. Sie konnte mir viel erzählen. Ich glaubte ihr nicht.

Die bevorstehende Mandeloperation war nicht das einzige Ereignis, dem ich mit sehr gemischten Gefühlen entgegenfieberte.

Unsere Familie erwartete Nachwuchs. Das war für mich, anfangs, eine sehr abstrakte Vorstellung. Vor uns Kindern wurde viel getuschelt und geflüstert. Keiner machte sich die Mühe uns kindgerecht den Vorgang und die Bedeutung einer Schwangerschaft zu erklären. Man schnappte überall mal was auf und teilte sein Halbwissen mit anderen. Nun ja, an den Klapperstorch glaubte ich nie und für detailliertes Wissen war ich vielleicht noch zu klein, aber Muttis Bauch wuchs und wuchs und mit ihm meine Neugier und meine Vorfreude auf ein Baby. Martin und ich rezitierten ein diesbezügliches Gedicht, das uns in albernster Weise immer wieder neu erfreute und den gesamten Geburtsvorgang auf lächerliche Art und Weise auf den Punkt brachte.

In der Nacht,
in der Nacht,
wenn der Büstenhalter kracht
und der Bauch explodiert,
kommt das Baby rausmarschiert.

Es war kurz vor Sommerbeginn, die Sonne strahlte, die Luft, die durch das Fenster in unser Kinderzimmer strömte, war angenehm frisch. Der Tag hätte schön werden können. Aber alles war anders als sonst. Papa weckte uns. Wir sollten aufstehen und uns fertigmachen. Er sah anders aus als sonst und machte einen sehr müden Eindruck. „Wo ist Mutti?“, fragte ich und ahnte, dass mit ihr irgendetwas passiert sein musste. Papa antwortete nicht. Er kehrte uns den Rücken und verschwand im Wohnzimmer. So kannten wir ihn bisher nicht. Liebevoll, wütend, störrisch, albern, nachdenklich. Das war Papa. Aber nun? Was war passiert? Ich sprang aus meinem Bett und schlich leise auf den Korridor, lugte in die Wohnstube. Da saß er. Noch im Unterhemd, hatte er sich sein braunes Sakko über die Schultern gelegt. Seine braunen schlanken Hände rieben aneinander. Im vollen Aschenbecher vor ihm qualmte eine Zigarette. Der Fernseher lief nicht, kein Radio war an. Papas Haare waren zerzaust. Wenigstens die Uhr tickte noch. Auf Zehenspitzen ging ich zu ihm, legte meine Hand auf seinen gebeugten Rücken und meinen Kopf auf seine Schulter. Seine Hand wischte schnell eine Träne weg, ich sollte nicht sehen, dass er weinte. Es war so schwer für ihn, mit uns Kindern zu sprechen, aber seine Traurigkeit und sein Schweigen ließen die Sekunden zu Stunden werden. Martin war mir gefolgt. Wir sahen uns ängstlich an. Den stärksten Mann der Welt sahen wir gerade als ein Häufchen Elend vor uns sitzen. Papa postierte uns rechts und links neben sich auf das Sofa. So konnte er am besten jeglichen Augenkontakt mit uns vermeiden. Er zog noch zwei, drei Mal an seiner Zigarette, drückte sie sehr energisch und gewissenhaft aus und legte seine Arme um uns. „Mutti ist im Krankenhaus“, sagte er mit dieser fremden Stimme, stand auf, ging hinaus und kam mit einem Glas Wasser zurück. Er hatte seine Fassung wieder und erzählte uns nun, dass Mutti unser Baby verloren hatte und dass es Mutti sehr schlecht gehe, dass sie nun aber über dem Berg sei. Papa war sehr bemüht, uns alles kindgerecht zu erklären, aber er konnte es nicht.

Ich glaubte ihm nicht. Mutti war eine gute Mutter. Sie würde nie ihr Kind verlieren, oder doch? Suchte sie es jetzt hinter einem Berg? Oder hatte sie es auf dem Berg verloren? Vor meinen Augen sah ich ein Baby einen Abhang hinunter rollen. Das konnte doch nicht sein und hörte sich noch grotesker als ein explodierender Bauch an. Papa erzählte von unserer Telefonzelle, die mal wieder kaputt war, von seinem nächtlichen Spurt zur Feuerwache in der Parkstraße und seiner abenteuerlichen Blaulichtfahrt mit Martinshorn, um Mutti und unser

Baby zu retten. Ich sah Bilder aus dem Fernsehen vor mir, voller Dramatik und Spannung, aber unbegreiflich für mich. Ach, wenn doch wenigstens Omi da gewesen wäre, aber die lag selbst im Krankenhaus und wusste noch von nichts.

Martin brauchte heute nicht in die Schule zu gehen, Papa ging nicht zur Arbeit, und Mutti machte uns kein Frühstück. Mittags kam Oma Auguste und passte auf uns auf. Mehr war es nicht. Ein schweigsamer und trauriger Tag. Papa war im Krankenhaus bei Mutti. Kein Baby, dachte ich und war traurig, keine Mutti, dachte ich und heulte für den Rest des Tages, und vor mir lag noch immer die Mandeloperation. Das Leben war schwer an diesem Tag und unbegreiflich. Ich fühlte mich so klein und so hungrig und so bemitleidenswert.

Die nächsten Tage brachten neue geheimnisvolle Vokabeln mit sich. Blutsturz, Notkaiserschnitt, Komplikationen, ein Junge. Also war es ein Brüderchen gewesen, was Mutti verloren hatte.

Die Tage schleppten sich dahin. Kinder durften in Krankenhäusern selbst ihre Mütter nicht besuchen. Wir mussten mit Papa und Oma Guste ausharren.

Endlich, zwei Wochen später kam Mutti wieder nach Hause. Langsam und vorsichtig stieg sie die Treppen hoch. Kein Augenbrauenstift, kein Lippenstift und auch keine natürliche Farbe im Gesicht. Der dicke Bauch fehlte, aber ihre Hand lag immer noch schützend davor.

Heiße Tränen fluteten meine Augen. Mutti quälte sich ein Lächeln für mich ab. Wir durften ihr nicht um den Hals fallen, sollten behutsam sein.

Oma Guste war wieder weg, jedenfalls war sie nicht den ganzen Tag mehr bei uns. Mutti musste oft liegen, aber sie weckte uns und sie machte das Frühstück und kochte das Mittagessen. Wenn sie nicht so traurig gewesen wäre, wäre fast alles wieder normal gewesen.

Martin war vormittags in der Schule. Ich liebte es, mit Mutti allein zu sein. Sie beantwortete alle meine Fragen und zwar so lange, bis ich glaubte, alles verstanden zu haben. Nun wusste ich auch, was ein Kaiserschnitt ist. Mutti hatte mir die Narbe gezeigt. Von oben bis unten war der Bauch aufgeschnitten und dann zugenäht worden. Mein Bruder wurde tot aus ihrem Bauch herausgeholt. Oliver hätte er heißen sollen, wie der kleine Junge, den Mutti so niedlich fand, als wir mit dem Kindergarten im Sankt Ottoheim in Zinnowitz waren. Mutti erzählte mir etwas von Mutterliebe und wie schlimm es für sie war, nun kein Baby zu haben. Arme Mutti, ich konnte das gut verstehen und verschwand rasch im Kinderzimmer, um mit meiner allerliebsten Babypuppe wieder vor ihr zu stehen. Es zerriss mir fast das Herz, aber ich gab sie ihr, wortlos. Es war ein echtes Opfer das ich ihr in die Hände legte. Tränen drückten. Mutti reichte mir die Puppe zurück. Sie sagte: „Es reicht, wenn eine Mutter traurig ist." Strahlend nahm ich mein Geschenk zurück und freute mich, dass meine Mutti so klug war. Dann drückte sie mich ganz fest an ihre Brust und ich wusste, alles würde gut werden.

Wir mussten nun irgendwie unsere Vormittage allein bestreiten. Martin und meine Freundin Regina gingen schon zur Schule. Ich hatte bruderfreie Zeit, in der ich spielen und singen und tanzen konnte, ohne dass jemand nörgelte. Omi hatte ich ein Ausschneiderad für Schnittmuster abgeschwatzt. Dieses Ding war überaus praktisch. Damit konnte ich mir Briefmarken mit echten Zacken selber machen. Ich liebte es Büro oder Post zu spielen. Natürlich hatte ich keine Schreibmaschine, aber ich hackte mit meinen Fingern auf den umgestülpten Plastikwannen von Pralinenpackungen herum und bekam echtes Schreibmaschinenfeeling. Ich hantierte mit Schere (das durfte ich inzwischen offiziell), Kugelschreibern und Buntstiften und hatte ein ganzes Arsenal an Kisten und Kästen, in denen meine Schätze aufbewahrt wurden.

Wenn das Wetter schön war, ging ich auf den Hof. Den hatte ich vormittags fast immer ganz für mich allein. Wenn es besonders heiß war, trug Mutti mir eine alte Zinkwanne hinunter und ließ mir direkt vom Wasserhahn an der Hauswand Wasser ein. Das kalte Wasser machte mir nichts. Ich lag in dieser Wanne, starrte in den Himmel, suchte in den Wolken nach flauschigen Bildern und freute mich des Lebens.

Eines Tages gesellte sich Edda zu mir. Bei Edda wusste ich nicht genau, ob sie ein mädchenhafter Rüpel oder ein rüpelhaftes Mädchen war. Sie war ein paar Jahre älter als ich und, jedenfalls bei den Kindern meines Alters, nicht sonderlich beliebt. Edda war immer sehr sportlich gekleidet und meistens mit einem Rennrad unterwegs. Im Vorbeifahren hatte sie mich in meiner Wanne entdeckt und kam mit streitlustiger Mine langsam auf mich zugefahren. Sie pöbelte los und suchte

Streit, spritzte mir Wasser ins Gesicht und machte dumme Sprüche wie Pubertierende es tun, wenn sie unter sich sind. Ich hatte dem nichts entgegenzusetzen außer einem hysterischen Schrei nach Mutti, der mit vollem Echo über den ganzen Hof schallte.

Noch bevor mein Schrei das Küchenfenster erreicht haben konnte, stand Mutti schon im Hof. Wahrscheinlich hatte sie schon gesehen, dass Edda im Anmarsch war, und sofort ihre Rettungsaktion gestartet.

Da stand sie wie eine Löwin vor dieser rotzigen Edda. Sie schimpfte mit ihr, wie sie das hin und wieder auch mit mir tat und dann sagte sie die entscheidenden Worte: „Du großes Kamel mit Locken, lass die Kleine in Ruhe!“ Was für ein Satz. Das Kamel setzte sich auf sein Rad und zog ab. Ich bewunderte meine Mutter für diesen Mut. Kamel mit Locken. Das musste ich mir unbedingt merken.

An manchen Vormittagen packte ich, wenn das Wetter es gut meinte, alle meine Puppen samt ihren Sachen zusammen, nahm Decken und Deckchen und Kissen, eine Wäscheleine, Malzeug, Bücher, einen Ball, eine Rutsche, Mullverbände und Wäscheklammern, stopfte alles in meinen Puppenwagen und kutschierte damit auf die andere Seite unseres Hofes, denn dort standen die Wäschepfähle. In meiner Schürzentasche steckten zwei Hände voll roher Nudeln, und eine Plasteflasche gefüllt mit Waldmeistersirup hing um meinem Hals.

„Da kommt ja Frau Karschunke“, scherzte der alte Herr Hilke, der mit seiner Frau eine Parterrewohnung im Haus von Regina bewohnte. Ähnlich, aber sehr viel charmanter kommentierte er auch meine Ausflüge in langen Unterröcken und Stöckelschuhen von meiner Mutter. Er war alt und krank und freute sich über alles und jeden vor seinem Balkon. Auf dem Hof, zwischen den acht Wäschepfählen wartete eine Menge Arbeit auf mich. Die Decken mussten ausgebreitet und die Kissen und Puppen hübsch ordentlich drapiert werden. Dabei unterhielt ich mich mit meinen Puppenkindern. Immer wieder richtete ich beruhigende oder lobende Worte in ihre Richtung, während ich versuchte, der langen Wäscheleine Herr zu werden. Ich musste unbedingt an das Ende mit der Schlaufe kommen. Manchmal hatte ich Glück und ich fand es auf Anhieb. Meistens musste ich aber die ganze Leine abrollen, mit den daraus entstehenden Knoten kämpfen und kurz vor der Verzweiflung stehen, bevor ich anfangen konnte, die erste Leine für meinen Wohnungsbau zu ziehen. Ich brauchte ein straff gespanntes Seil, an dem später die Wiegen meiner Kinder hängen sollten. Die Schlaufe über das obere Ende des Wäschepfahls zu legen war für einen Dreikäsehoch wie mich gar nicht so einfach. Natürlich peilte ich den niedrigsten Pfahl an und versuchte es mit Lassowerfen, so wie es die Cowboys im Film mit den Rindern machten. Das klappte meist ganz gut und brauchte nur wenige Versuche. Die Pfähle, die aus sehr rostigem Metall bestanden, hatten eine Querverstrebung. War die Schlaufe erst mal drüber, konnte eigentlich nichts mehr schiefgehen. Dann zog ich mit der Leine zum nächsten Wäschepfahl. Hier wurde das Leineziehen zur Herausforderung. Der Pfahl war höher und eine Schlinge nicht vorhanden. Meine Puppen wurden unruhig und ich, ihre Mutter, ungeduldig. Ich stellte die Rutsche an den Pfahl, stapelte Bücher und Kissen und obenauf den Ball, stellte mich auf diese sehr abenteuerliche Konstruktion, hielt mich einhändig am Wäschepfahl fest und warf die Leine über die Verstrebung. Nach einigen Versuchen hatte ich meist Erfolg. Nun musste ich alles festzurren und so gut wie möglich verknoten, denn ich brauchte ein wirklich straffes Seil für mein Vorhaben. Über die Leine warf ich alte Mullverbände, verknotete sie und legte in jeweils zwei Schlaufen ein Kissen hinein. So entstanden wunderschöne Wiegen, in die ich meine Puppen legte. Und während ich ihnen Lieder vorsang, machte ich mit dem Aufbau meiner Wiesenwohnung weiter. Mein Schreibtisch wurde eingerichtet, der Wickeltisch für meine Puppen und der Vorratsschrank für die Nudeln und den Sirup. Zu Weihnachten oder zum Geburtstag kam bei mir immer mindestens ein Puppenkind dazu. Ich liebte sie alle und wäre niemals auf die Idee gekommen, auch nur ein einziges von ihnen nicht mit herunter zu nehmen. Aber, ich muss zugeben, dass ich eine völlig überforderte Mutter war. Denn neben Kindern und Haushalt hatte ich ja auch noch meine Büroarbeit zu bewältigen und genau genommen war ich alleinerziehend, denn der Vater war immer im Gefängnis. Dort war er existent, gut aufgehoben und konnte sich in Erziehungsfragen nicht einmischen. So „verpuppte“ und „vermalte“ ich oft den ganzen Tag.

Die Wasserhähne an unserem Haus ließen natürlich auch eine gründliche Körperpflege meiner Puppen zu. Eins meiner Kinder hatte dabei einmal zu lange in der Abflussrinne gelegen und war voller Wasser. Dieses hochgradig gefährdete Puppenkind musste gerettet werden. Ich montierte gewaltsam den Kopf ab und schüttete Wasser aus Kopf und Leib meines Kindes, aber die Arme und Beine waren auch gefüllt. Allein durch Schütteln war das Wasser nicht herauszubekommen. Also wurden auch die kleinen Gliedmaßen entfernt, gequetscht geschleudert und abgetrocknet. Dann ging es wieder ans Zusammenbauen. Es klappte nicht. Meine kleinen Hände hatten nicht genug Kraft, den Gummi so fest zusammenzudrücken, um Kopf, Arme und Beine wieder an den richtigen Platz zu stecken. Traurig guckten mich die Augen aus dem körperlosen Kopf meiner Puppe an. Ich guckte traurig und verzweifelt zurück, fing an zu weinen und rannte los, zur Mitte unseres Hofes, auf dem sich zwei Stockwerke höher unser Küchenfenster und die stets bereiten Ohren meiner Retterin befanden. „Mutti!“, brüllte ich in einer Lautstärke, dass sich ringsum gleich mehrere Nichtmuttis in ihren Fenstern zeigten, um zu sehen, was passiert war. Mutti begriff trotz meiner verplärrten Ungereimtheiten sofort, dass eins meiner Kinder in höchster Not war, schnappte sich den Schlüssel und war eins fix drei in meiner Wiesenwohnung. Geschickt war Mutti und stark genug. Sie rettete meine Puppe mit ein paar gekonnten Handgriffen, half mir, meine Wohnung aufzuräumen und verschwand in ihre Wohnung, denn sie hatte auch zu tun, sie musste für ihren Mann kochen, der nicht, wie der Vater meiner Kinder, im Gefängnis beköstigt wurde. Würde er sich auch ab und zu ein paar Hände voll Nudeln in die Hosentaschen stecken, würde er auch über den Tag kommen und Mutti hätte sich auf meine Decke legen und mit mir Wolken anschauen können, dachte ich versonnen, widmete mich dann aber wieder meinem Kind, das frierend auf der Rutsche lag und angezogen werden musste.

An manchen Tagen rief Mutti mich nach oben und fragte mich, ob ich einkaufen gehen mochte. Was für eine Frage, natürlich wollte ich. Noch durfte ich nur in den Konsum alleine gehen, aber das machte die Sache nicht geringer. Nur große Mädchen durften mit Portmonee und echtem Geld einkaufen gehen. Mutti drückte mir einen Beutel, die weiße Plastemilchkanne mit hellgrünem Deckel und die Geldbörse in die Hand. „Geld und Zettel sind drin, pass schön auf und trödel nicht“, sagte sie, schenkte mir ein Küsschen und schob mich zur Tür hinaus. Beutel und Kanne waren noch leer, also konnte ich gefahrlos die Treppen runterhopsen. Den Hinweg ging ich hinten rum, wie

Mutti es nannte. Da kam ich nochmal an meiner Wohnung vorbei und konnte meinen Puppen versichern, dass ich gleich wieder da sein würde. „Ich geh euren Vati besuchen“, log ich sie an, damit ich sie nicht mitnehmen musste. „Tschühüss“, rief ich und war auch schon bald ihren Blicken entschwunden. „Wurst, schöne Wurst, die beste ...“, sang ich lautstark, wie die Kinder aus Bullerbü, wenn sie einkaufen gingen. Die kannte ich aus dem Fernsehen und hatte noch keine Folge verpasst. Mein Lied war genau so lang wie der Weg, der bucklige Gärtner nicht in Sicht und ich konnte ohne Hindernisse die drei hohen Stufen erklimmen, die in den Laden führten.

Laut und freundlich wünschte ich einen guten Tag, so wie ich es zu Hause gelernt hatte. Mich kannte man hier und schien sich zu freuen, wenn ich kam. Freundlich wurde mein Gruß erwidert und ich reihte mich links in die Schlange der Käufer ein. Ich fand es schön, wenn ich nicht gleich an die Reihe kam. So konnte ich mich ein wenig im Laden umschauen und die Erwachsenengespräche verfolgen. Erst stand ich am Milchstand. Hier wurde die Milch in einem riesigen Bottich gelagert und literweise für die Kunden ausgeschöpft. Daneben lag der Kuchen, der umlagert war von Wespen und Fliegen. Vor den Wespen hatte ich Respekt, aber eine Glasscheibe trennte uns voneinander und ich war wohl auch nicht so anziehend, wie der Kuchen. Da lagen Amerikaner. John F. Kennedy, Cowboys und Indianer passierten meinen Gedankengang. Streuselschnecken, Puddingschnecken, Zuckerschnecken. Die konnte ich gar nicht essen, schon dieser Schneckenname verursachte mir Übelkeit. Pfannkuchen, meine Tante aus Ludwigshafen nannte sie Berliner. Da hätte sich der Amerikaner mit dem Pfannkuchen über die Schnecken hinweg streiten können, wer nun eigentlich wirklich ein Berliner ist, dachte ich und musste über mein eigenes Wortspiel lächeln. Jetzt ging es rechts entlang weiter. Hier stritten Wurst und Käse um das beste Aussehen. Mutti schimpfte oft, dass es nichts gab. Ich fand, es gab genug. Vielleicht hatte ich noch keine so speziellen Wünsche wie die Großen. Nebenbei erfuhr ich, dass die Frau, die gerade dran war, hinter vorgehaltener Hand und ganz leise zur Verkäuferin gesprochen, unter Hämorrhoiden litt und übermorgen operiert werden sollte. So unauffällig wie möglich betrachtete ich sie von oben bis unten, konnte aber nichts Ungewöhnliches an ihr feststellen. Als sie den Laden verließ, sah ich allerdings, dass sie sehr langsam und mit kleinen Schritten lief, so wie ich, wenn ich ganz nötig aufs Klo musste. Der Mann vor mir war, wie ich erfuhr, seit drei Wochen Witwer. Das war wie bei Oma Guste, nur als Mann. Es war alles sehr schwer für ihn. Er holte sein riesiges, zerknautschtes Taschentuch aus seiner Jackentasche, wischte sich unter der Brille die Augen ab und trompetete mit seiner dicken Nase ins Taschentuch. Das fand ich noch schlimmer als Kuchen, der wie Schnecken hieß. Frau Leib, die Verkäuferin, schenkte ihm einen mitleidigen Blick und ein paar tröstende Worte. Mit zwei vollen Taschen und gesenktem Kopf verließ der Witwer den Laden. Jetzt musste ich aufpassen. Ich war dran und wollte alles richtig machen. Frau Leib, die unserem Haus gegenüber wohnte, machte einen langen Hals und fragte freundlich was ich wolle. Den Hals lang machen reichte bei mir nicht. Schwungvoll stellte ich mich auf die Zehenspitzen und reichte gleichzeitig mit langen Armen Beutel und Milchkanne rüber. „Mutti hat‘s aufgeschrieben“, sagte ich in lautem klaren Ton und schaute mich um, ob auch die Leute hinter mir mitbekamen, wie prima ich das alles machte. „Na“, sagte Frau Leib, „bist ja bald ein Schulkind, dann kannst du den Einkaufszettel selber schreiben.“ Stimmt, dachte ich, und freute mich auf diese Zukunftsaussichten. Kurz dachte ich an die Frau, die mit den kleinen vorsichtigen Schritten den Laden verlassen hatte. „Vorher werde ich noch operiert“, flüsterte ich so laut, dass es jeder im Laden hören konnte. „Ach Gott, die arme Kleine“, sagte eine alte Frau hinter mir. „Was haste denn?“, wollte Frau Leib wissen. „Mandeln“, erwiderte ich, „aber keine zum Essen.“ Im Laden wurde laut gelacht. Warum, wusste ich nicht, aber es machte mir Mut. Der dicke Busen einer rothaarigen Frau nahm mir die Sicht auf den Milchstand. Frau Leib würde bestimmt, auch ohne meine Aufsicht, alles richtig machen. Wie sie die Milch ausschöpfte und in meine Milchkanne goss, hätte ich aber doch gerne gesehen. So ließ ich meinen Blick über die Linsen, Erbsen und Nudeln gleiten und schickte schmachtende Blicke zu den Süßigkeiten in der Auslage. „Grobe oder feine Leberwurst?“, fragte Frau Leib, die mit der Milch zurück war und nun die anderen Waren fertigmachen wollte. „Mir egal“, antwortete ich schnell, „ich ess‘ die sowieso nicht.“ „Wurst, schöne Wurst, die beste“, sangen die Kinder aus Bullerbü. Aber ob fein oder grob haben sie nicht gesungen.

„Fertig", sagte Frau Leib, „das Restgeld ist im Portmonee." Sie machte sich lang und musste ihren Busen an der Scheibe quetschen, um mir die Milchkanne in die Hand zu geben. Dann wurde mir der Beutel gereicht und wieder der Busen an die Scheibe gedrückt. „Nach nebenan brauchst du heute nicht", sagte Frau Leib, und: „Grüß deine Mutter schön." „Jaha", sagte ich, und: „Auf Wiedersehen", und ganz wichtig: „Danke schön!"

Draußen dachte ich, dass es eigentlich schade war, dass ich nicht nach nebenan musste. Da gab es nämlich nicht nur Gemüse, sondern auch Getränke und dort stand auch die Eistruhe mit Moskauer Eis oder Eis am Stiel oder, wenn man Pech hatte, ohne Eis. Schon allein der Anblick hätte mir gereicht.

Den Heimweg machte ich vorne lang. Der Konsumdamm am Obersteiner Weg, der bis hoch zum Milchhof führte, war vormittags meist kinderlos. Hier standen, wie am Zugang zu unserem Hof, zwei riesige Pappeln und hofierten die Teppichklopfstangen und das Müllhaus. Etwas war anders. Die Klopfstangen waren schlanker als die auf unserem Hof. Kinderhände fanden hier viel besser Halt. So war diese Klopfe natürlich bei allen Mädchen und Jungen im Umkreis viel beliebter als unser Dickerchen. Hier wohnte allerdings auch ein Kinderschreck. Kaum hatte man die Stangen erklommen, streckte die dicke Frau Merkel ihren Kopf aus dem Fenster und schimpfte wie ein Rohrspatz. Staub würden wir aufwirbeln und viel zu laut sein. Mutti sagte immer, wir sollten nicht frech, sondern gar nicht auf das Gemecker reagieren. Wenn wir aber genügend Kinder waren, und wir uns dadurch stark und unbesiegbar fühlten, kam es schon vor, dass wir den Frau-Merkel-Frau-Ferkel-Reim in Richtung ihrer Fenster riefen und mit noch mehr Meckereien belohnt wurden.

Jetzt hatte ich aber die Einkäufe in der Hand und ignorierte die Klopfstangen. Am Ende des Obersteiner Weges, Ecke Gustav-Adolf-Straße, wohnten ganz oben im dritten Stock eines Hauses, das nicht zu unserem Block gehörte, die Damen Fröhlich. Fräulein und Fräulein Fröhlich, zwei ältere Frauen, die man entweder auf der Straße traf oder die oben aus dem Fenster schauten. Die Beiden gehörten zu unserer Gemeinde und waren sehr nett. Die eine, ich glaube die Ältere, hatte eine riesige, krumm gewachsene Nase und die Jüngere hatte kurze, krumm gewachsene Beine. Wenn man sich mit ihnen unterhielt, führte nur die Krummnasige das Gespräch, die Krummbeinige dagegen wiederholte wie ein Echo immer die letzten drei bis vier Worte ihrer Schwester. Ich fand das ungemein lustig und freute mich immer, wenn ich sie traf. Führte mich mein Weg an ihrem Haus vorbei, guckte ich nach oben, ob ich sie sähe. Meistens war das der Fall, so auch heute. Ich stellte die Milchkanne ab und winkte hoch und sie winkten erfreut zurück. Unser Haus war schon in Sichtweite. Ich lief etwas zügiger, Mutti und meine Puppen warteten bestimmt schon. Da kam die Dolfy-Frau, eine ältere Dame mit einem bei uns Kindern sehr beliebten Hund, und auf der anderen Seite stand Frau Reimann vor dem Friedhofstor und wartete wohl auf ihre Blumenlieferung für die Friedhofsgärtnerei.

Schnell rannte ich die letzten Schritte bis zu unserer Haustür. Klingelte, lief, blaue Flecke auf den Schienbeinen in Kauf nehmend, die Treppe rauf. Die Wohnungstür war angelehnt. Mutti hatte zu tun. Sie stand über die Wanne gebeugt im Bad und spülte Wäsche aus.

Ich trug meinen Einkauf in die Küche. Mutti kam, stutzte kurz und fragte: „Und die Milch?" Ich schaute mich um. Wo war die Milch? Frau Leib hatte sich zweimal den Busen gequetscht, um mir erst die Kanne, dann den Beutel über den Tresen zu reichen. Ich sah die Kanne vor meinem geistigen Auge auf der Straße stehen. „Ich habe sie vergessen!", rief ich und rannte auch schon die Treppen runter. Auf der Straße sah ich sie als grün-weißen Punkt in der Ferne stehen. Vielleicht hatten ja die Fräuleins ein Auge drauf. Ich rannte den Häuserblock entlang, bis zum Obersteiner Weg. Die Kanne war da, die Fräuleins winkten erleichtert und ich war voller Freude. Ich war so sehr voller Freude, dass ich im Übermut die Kanne schwenkte. Ich kreiste mit dem Arm, der Deckel flog in hohem Bogen auf die Erde und ein Teil der Milch gehorchte erst der Flieh- und dann der Erdanziehungskraft und ergoss sich als lange weiße Pfütze auf dem Boden. Mein Arm war auch weiß und die Fräuleins hielten sich vor Schreck gleichzeitig die Hände vor den Mund. Im selben Moment sprangen zwei Katzen vom Balkon der Parterrewohnung von Frau Kugler und machten sich mit lautem Geschlabber über die Milch her. Die Fräuleins lachten laut und herzhaft. Mir war der Schreck noch zu nahe, um mitzulachen. Als die Straße sauber war, gingen mir die Katzen schmeichelnd um die Beine. Sie hofften wohl auf Nachschub. Ich bückte mich, um die beiden zu streicheln. Sie hatten es auf die Milch an meinem Arm abgesehen, säuberten mich gründlich mit ihren rauen Zungen und sprangen mit kurzem Anlauf zurück auf ihren Balkon. Diese Katzen hatten alle Achtung verdient. Es hieß, sie brauchten keine Schüssel, sie gingen aufs Klo. Wir Kinder hatten es eines Tages abgepasst und tatsächlich durchs Badezimmerfenster der alten Dame mit eigenen Augen gesehen, dass mindestens eine der Katzen ihr Geschäft auf der Toilette verrichtete. Gespült hatte sie allerdings nicht, aber das würde sie noch lernen.

Glücklich stellte ich unsere Milchkanne zu Hause ab. Mutti musste lachen. Es war nicht schlimm, was passiert war. In Zukunft musste ich mir aber noch lange Zeit die Ermahnung anhören: „Und nicht die Kanne schwenken!“

Im Laufe des Nachmittags kam Leben auf unsere Höfe. Die großen Mädchen, die so wunderschön und – bis auf Edda – auch sehr nett waren, saßen ohne Puppen auf ihren Decken und unterhielten sich. Manchmal flochten sie für uns Kleinere Blumenkränze aus Butterblumen. Sie schienen mir in einer verklärten Welt zu leben. Sie sprachen sanft und keiften niemals, manchmal schwiegen sie plötzlich, wenn ich vor ihnen stand, und manchmal kicherten sie über Dinge, die ich nicht verstand.

Sie waren immer hübsch angezogen, als wäre jeden Tag Sonntag, und manche von ihnen hatten blaue oder grüne Augenlieder, einen schwarzen Strich auf dem Lidrand und dicke schwarze Wimpern.

Die Lippen waren bei manchen angemalt wie bei Mutti und ihre Fingernägel schimmerten perlmuttfarben oder knallrot. Ihr Haar war lang und offen oder modern hochgesteckt, wie bei den Schlagersängerinnen im Fernsehen. Was für eine wunderschöne Welt das war, in der diese großen Mädchen lebten, dachte ich. Bis eine fehlte und nie wieder auf den Hof kam. Es hieß, sie hätte sich umgebracht.

Sich selbst umgebracht. Das war ein neuer, sehr intensiver Gedanke, dem ich mich nähern wollte, um ihn zu verstehen. Es war nicht richtig, also falsch, sich selbst umzubringen. Man war danach tot, nicht mehr da, für immer. Ich konnte es nicht glauben, dass ein Mädchen auf dieser für mich so schönen Welt nicht mehr leben wollte, freiwillig. Niemand sprach mit mir direkt darüber, alles musste man irgendwie und irgendwo aufschnappen und sich die Erklärungen selbst zusammenreimen.

Mutti sagte, nur Gott dürfe Leben geben und nehmen, und es wäre eine Todsünde, Hand an sich zu legen. Nun ja, das verstand ich so weit. Man durfte das nicht, weil der liebe Gott das bestrafen würde. Margot, so hieß das Mädchen, würde also direkt in die ewige Hölle kommen. Keine Chance auf Fegefeuer, das dem einen oder anderen Sünder die Hoffnung auf Gnade und das Himmelreich gab? Vielleicht könnte Maria bei Gott ein gutes Wort für sie einlegen. Vielleicht nützte es etwas, zu beten, zu bitten, zu flehen? Das allgemeine Mitgefühl beschränkte sich auf Floskeln wie „das arme Mädchen“ und „die armen Eltern“, aber niemand zeigte Interesse daran, zu fragen, wie denn das Leben des armen Mädchens gewesen sei. Ich war noch nicht alt genug, um überhaupt irgendeinen Grund zu finden und hatte genug damit zu tun, dass mein lieber Gott das arme Mädchen in die Hölle, von der ich ganz spezielle Vorstellungen hatte, schicken würde. Oder würde er doch nicht? Gott war unser aller Vater, sogar der Vater von Papa, obwohl der nur vanjelisch war. Alle Menschen auf der Welt waren Brüder und Schwestern und dieses eine Mädchen sollte in der Ewigkeit der Seligen fehlen? Meine Vorstellung von Ewigkeit, Fegefeuer, Himmel und Hölle, war einfach noch zu kindlich, als dass ich hätte verstehen können. Als etwas Zeit vergangen war, dachte ich an Margot nur noch, wenn ich ihre Eltern oder ihren Bruder sah. Die alten Fragen tauchten auf, die mir niemand beantworten konnte oder wollte. „Du bist noch zu klein, um das zu verstehen“, sagten die Großen und ich hatte den Verdacht, sie verstanden selber nicht.

Die Ferien hatten begonnen. Manche Kinder verreisten, aber viele blieben in Berlin und alle bevölkerten die Höfe oder den Konsumdamm. Es war ein aufregendes Treiben. Federbälle und Fußbälle flogen durch die Luft, Roller und Fahrräder blockierten die Bürgersteige und mein Gärtner die Konsumtreppe. Mit Malsteinen, wie wir es nannten, bekritzelten wir die Straße mit Strichmännchen und Hopsen[2] oder wir hingen an den Klopfstangen und schwatzten und sangen.

[2]Kästchen für Kinderhüpfspiel, das anderswo *Himmel und Hölle* genannt wird

Für mich wurden erste Schulvorbereitungen getroffen. Eine neue Schulmappe stand schon in Hab-Acht-Stellung zusammen mit einer dazu passenden Brottasche. Ich freute mich auf die Schule und auf die Zeit des Einkaufszettelschreibens. Aber erst musste ich den Weg ins Krankenhaus antreten und mir meine Mandeln entfernen lassen. Ungern ließ ich die vielen Kinder unserer Gegend ohne mich zurück. Aber es führte kein Weg daran vorbei.

In den Ferien, wenn Martin nicht zur Schule ging, konnten wir ausschlafen. Wenn man in den Ferien operiert wurde, war das anders.

Als Mutti uns weckte, war sie im Bad schon fertig. Martins Frühstück stand auf dem Tisch. Meins nicht. Ich durfte nichts essen, sollte nüchtern bleiben, wie Mutti es nannte. Ich empfand das als eine doppelte Bestrafung. Trinken durfte ich nur einen Schluck Wasser, was natürlich nicht so gut schmeckte wie das Wasser aus den Wasserhähnen vom Hof.

Mutti hatte eine Tasche für mich vorbereitet, in der zwei Nachthemden, Schlüpfer, Socken, Hausschuhe und eine Bestecktasche ein ordentliches Beisammensein führten. Obenauf saß meine Pullerpuppe in ihrem allerschönsten Ausgehanzug. Einen Malblock und Stifte und Bücher wollte ich noch mitnehmen. Mutti versprach mir, alles mitzubringen, wenn sie mich besuchen kam. Sie kam mich besuchen! Das war doch schon mal eine gute Aussicht. Ich würde also nicht wieder tagelang alleine, also ohne Mutti sein, wie letzten Sommer, als wir im Krankenhaus isoliert lagen.

Die Sonne schien schon und bemühte sich, die kühle Morgenluft zu erwärmen, als wir das Haus verließen. Wir bogen links in die Amalienstrasse ein und wurden ermahnt nicht zu schlurfen, weil der Weg so staubig war. Wir passierten die Laubenkolonie, und nur die Bienen und fetten Hummeln, die überall in den blühenden Hecken auf Nahrungssuche waren, begleiteten uns. Aus der Ferne hörte ich unsere Kirchenglocken läuten, als würden sie mir einen Gruß schicken. Es wehte kein Lüftchen und der Duft nach Sommer, reifenden Kläräpfeln und Blumen lag in der Luft. Am Ende der Kolonie schwitzte mein Gärtner über einer Schubkarre mit schwarzer Erde. Wir überquerten die Roelkestrasse und gingen nicht wie sonst den Weg über den Friedhof. Der Friedhof war um diese Uhrzeit noch geschlossen, erklärte Mutti und ging mit uns weiter die Amalienstraße Richtung

Weißer See entlang. Hier gab es auch Gärten. Aber diese Gärten hatten schöne große Häuser, in denen eine ganze Familie nur für sich wohnen konnte. Da konnte man Treppen runterhopsen, laut sein, sein Spielzeug liegen lassen, und die Erwachsenen hatten ein Extrahaus für ihre Autos. Auf den Terrassen standen leichte, bunte Möbel und überall sah man Sonnenschirme. Nur Kinder sah ich selten. Das war anders als das Leben auf unserem Hof.

Dem links liegenden Bundenbacher Weg folgte die Hunsrückstraße, die ich nie überquerte ohne einen Blick auf das Haus meines Großonkels und die Mansardenwohnung meiner Omi zu werfen. Nein, sie würde heute nicht winken und kein Nachthemd für mich und meine Puppe nähen, denn sie lag mal wieder selbst im Krankenhaus. Sie hatte früher einmal Tuberkulose gehabt und musste nun regelmäßig zu Untersuchungen, die sehr umfangreich waren. Auch wir mussten in regelmäßigen Abständen unsere Lunge in einer medizinischen Einrichtung, die sich in der Woelkpromenade befand, röntgen lassen, kamen aber nie ins Krankenhaus deswegen. Am Wochenende waren wir Oma noch besuchen gefahren. Sie kam mit Mutti heraus in den Park, hinter dem sich ein kleines Wäldchen befand. Ich versuchte mich eifrig im Springseilspringen, hatte erste kleine Erfolge damit und erste kleine Tröpfchen im Schlüpfer, als Mutti mich in das Wäldchen schickte, um Pipi zu machen. In meiner großen Not hockte ich mich an den erstbesten Baum, ließ zuvor den Schlüpfer meine Fesseln besuchen, raffte Rock samt Petticoat und ließ erleichtert einen Hochdruckstrahl ab. Natürlich wollte ich mich vergewissern, dass ich eine Rinne hinterließ, die sich sehen lassen konnte. Ich schaute nach unten – und sah rot. Ich hockte mitten in einem Ameisenhaufen. Empört oder neugierig hatten die roten Insekten über meine Lackschuhe bereits den Weg in mein Höschen genommen. Es kribbelte an Beinen und Po und ich stieß einen Schrei voller Angst, Ekel und Wut aus, wie ihn weder das kleine Wäldchen mit all seinen Bewohnern noch Omi und Mutti je gehört hatten. Wie ein Blitz kam meine Retterin angelaufen. Ich stand noch völlig erstarrt im Gewühl, als sie mich ergriff und aus der Gefahrenzone heraushob. Jetzt wurde geklopft, gesäubert und lange beruhigt, und schon eine Stunde später konnten wir darüber lachen.

Die letzte Villa in der Amalienstraße gehörte Fräulein Söllner. Das war Papas Chefin. Die Frau, auf die alle hören mussten, auch die großen starken Männer und auch Papa. Fräulein Söllner bewohnte, nur mit ihrer alten, dünnen Mutter, dieses riesige Haus. Manchmal, wenn Papa abends oder am Wochenende mit ihr etwas absprechen musste, ging er seine Chefin besuchen und nahm mich mit. Das Haus war meist abgedunkelt, die Jalousien waren immer halb geschlossen. Der Haushalt bestand aus alten, dunklen Möbeln, die viel Kristall und Gläser beherbergten. Die alte Frau sah auch meiner Uroma ähnlich, hatte aber nicht so schönes weißes Haar und trug auch keine schwarze Schürze mit weißen Punkten. Dafür hatte sie ein Schultertuch umgelegt und sagte nie ein Wort.

Wir bogen rechts in die Schönstraße ein. Gegenüber an der Ecke war auch ein kleiner Konsum. Hier konnte man sich teilweise schon selbst bedienen. Man nahm einen Korb, durfte alles anfassen und was man wollte in den Korb legen. Manchmal war ich in diesem Laden schon gewesen. Die Verkäuferin war mir aber fremd und unser Konsum war mir lieber.

Wir blieben auf der Seite der Friedhofsmauer des Städtischen Friedhofs.

Das Tor auf dieser Seite wurde gerade aufgeschlossen. Das Friseurgeschäft gegenüber, in dessen Schaufenster ich gerne die Perückenköpfe mit ihren tollen Frisuren bewunderte, war geschlossen. Es war Montag. Da wurde nicht frisiert. Am Ende der Friedhofsmauer schloss sich ein Grundstück an, von dem Mutti erzählte, dass hier mal ein Pferdemarkt gewesen sei. Es waren keine Pferde mehr zu sehen. Nur an einen Pferdekopf, der traurig und verwittert über der Eingangstür eines verfallenen Hauses wachte, habe ich vage Erinnerungen. Ich nannte ihn Fallada. Wie das Pferd aus dem Märchen „Die Gänsemagd“.

Wir näherten uns der Poliklinik. Genau wusste ich nicht, warum das so hieß, aber hier waren unser Kinderarzt, ein Augenarzt, HNO-, Frauenarzt und noch viele Spezialisten mehr zu finden. Hier gab es sogar einen Fahrstuhl, um die Kranken und Alten gut transportieren zu können. Bis zur Poliklinik kamen wir aber nicht. Wir gingen gleich rechts zum ersten Eingang wo man in einer tunnelähnlichen Einfahrt dem Pförtner Rede und Antwort stehen musste, welches Anliegen man hatte. Wir wurden durchgewinkt und mit ein paar Worten und einem Fingerzeig Richtung Krankenhaushof geschickt. Von Krankenbesuchen kannte ich dieses Krankenhaus schon. Meine Patentante war hier gestorben, obwohl sie sich nur den kleinen Zeh gebrochen gehabt hatte. Rechts zog sich das Krankenhausgebäude hin, ansonsten waren hier viele Bäume und ein paar Blumenkübel, die nur halbherzig bepflanzt waren. Es gab Bänke und Baracken, und hin und wieder liefen Angestellte des Krankenhauses mit Kittel oder Schürze bekleidet über den Hof. Die Kinderstation befand sich am Ende des Weges. Und jeder Schritt, der uns näherbrachte, schien mein Herz zu alarmieren. Es raste und ich hatte Angst.

Mutti und die Stationsschwester besprachen das weitere Vorgehen. Ich wurde in ein helles Zimmer gebracht, in dem drei Betten standen, drei Nachttische, drei Schränke, ein Tisch und drei Stühle. In einem der Betten lag ein Junge, der etwas jünger war als ich. Ein größerer Junge war nicht zu sehen. Das fand ich schon mal sehr beruhigend, denn diesmal war ich allein, mein Bruder würde nicht hierbleiben.

Mutti packte meine Sachen aus und besorgte mir aus dem Wartebereich ein paar Bücher. Die Schwester bat Mutti, sich von mir zu verabschieden, sie könne dann nachmittags anrufen, wie es mir gehe. Ich machte ihr den Abschied nicht leicht. Tausend Fragen fielen mir ein, bevor ich anfing, bitterlich zu heulen. „Ich komme heute Abend wieder, dann hast du das Schlimmste hinter dir." Mutti drückte mich ungewohnt doll, schenkte mir ein Gesicht voller Küsse und verließ mein Krankenzimmer. Vor dem Fenster sah ich Martin herumrennen und Kurven ziehen. Mutti rief ihn und er lief zu ihr. Irgendetwas sagte Mutti zu ihm, da drehte er sich um und winkte in Richtung Fenster. Zeit zum Hinterhergucken und Selbstmitleidpflegen blieb mir nicht.

Die Tür ging auf und die gleiche Schwester wie vorher betrat das Zimmer. „Du kannst dich schon mal ausziehen und ins Bett gehen", sagte sie zu mir in freundlichem, aber bestimmtem Ton. Dann wandte sie sich dem kleinen Jungen zu, der wortlos und mit halb geschlossenen Augen in seinem Bett lag und vor sich hindöste. „Du bist jetzt dran", sagte sie zu ihm, und: „Keine Angst, wenn du aufwachst, ist alles vorbei." Der Junge, dessen Name ich nicht kannte, nickte kaum sichtbar mit dem Kopf, riss aber für einen kurzen Moment die Augen weit auf, um sofort wieder weiter zu dösen. Die Schwester griff ans Bett, betätigte die Bremsen und schob mit Schwung das Bett samt

Kind aus dem Zimmer raus. Wie der kleine Häwelmann, dachte ich, und hing in Gedanken dieser Geschichte nach, während ich mich auszog und meine Sachen ordentlich über einen der Stühle legte. Als ich fertig war, legte ich mich ins Bett und dachte über Mandeln nach. Ja, es gab sone und solche. Süße, bittere, geröstete, gesalzene und kranke Mandeln. Meine waren krank und sorgten immer wieder für Angina oder Mittelohrentzündungen. Eine Mittelohrentzündung war kein Spaß. Ich konnte mich erinnern, dass die letzte so schmerzhaft war, dass ich mit meinem Kopf immer gegen das Brett meines Wandklappbettes gestoßen hatte, um woanders einen Schmerz zu haben. Dann mussten wir in die Poliklinik zum HNO-Arzt und dort bekam ich eine Spritze, die so dick war, dass mir schon vom Anblick schlecht wurde. Ich musste die Hose runterlassen und der Arzt schob mir die dicke Nadel in den oberen Teil meines Hinterns. Er spritzte langsam und der Schmerz nahm kein Ende. Dann gab es auch noch ganz feine, dünne Papierstreifen ins Ohr, die befeuchtet waren mit dem gleichen Medikament, wie es in der Spritze war. Tabletten bekam ich auch noch, und jeden Tag mussten wir die Streifen beim Arzt wechseln lassen. Dann kam die Empfehlung, die Mandeln – der Arzt sagte natürlich *Tonsillen* – entfernen zu lassen, und zwar möglichst bald.

In meine Gedanken hinein platzten plötzlich die Worte der Schwester. Ich hatte sie gar nicht hereinkommen gehört, aber da stand sie nun mit ihrem freundlichen Gesicht, bemerkte, wie ordentlich ich meine Sachen abgelegt hatte, nannte mich ein großes Mädchen und hielt mir ein kleines Becherchen mit einem Schlafschnaps, wie sie es nannte, vor die Nase. „Den trinkst du jetzt, und dann fängst du auch bald an zu träumen." Besserwisserisch lehnte ich ab. Schnaps war mir verboten. Das durfte ich nicht. Die Schwester lenkte, sich selbst korrigierend, ein, dass dieser „Schnaps" ein Medikament sei, und das dürfte ich trinken, wenn ein Erwachsener es erlaubte. „Ich müsste mal aufs Klo", sagte ich. Ich hatte immer Angst ins Bett zu pullern, auch wenn die Blase nur geringfügig gefüllt war. Sicher ist sicher, dachte ich mir, denn wie die Schwester richtig bemerkt hatte, war ich schon ein großes Mädchen und würde bald in die Schule gehen.

„Gut, dass dir das jetzt noch einfällt, dann geh schnell, ich warte", antwortete sie. „Raus auf den Gang, rechts, dritte Tür." Wo rechts und links war wusste ich natürlich, es hätte auch die zwanzigste Tür sein können, auch die hätte ich abzählen und finden können. Ich beeilte mich. Hier war gerade eine Putzfrau mit dem Scheuern der Handwaschbecken beschäftigt. Mürrisch schaute sie auf meine kleinen Fußabdrücke im frisch gewischten Raum. Mein Lächeln kam nicht bei ihr an, und während ich auf der Toilette mein Geschäftchen verrichtete, dachte ich an die freundliche Putzfrau im Nordmarkkrankenhaus. Hier war alles anders als dort. Ich guckte genau hin, dass ich auch kein Tröpfchen auf der Klobrille hinterließ, spülte vorbildlich und hatte nun ein erneutes Problem. Händewaschen nach dem Klo war ein unbedingtes Muss. Aber da war der böse Blick der Putzfrau – sollte ich trotzdem …? Ich nahm allen Mut zusammen und wusch mir die Hände. Ich machte auch keine Anstalten, die mürrische Frau beschwichtigend anzulächeln, ich ignorierte sie. Sie stand mit ihrem Putzzeug vor dem Handtuchhalter. Ich trocknete mir meine Hände am Nachthemd ab und verließ zügig den Raum.

Die Schwester wartete schon auf mich. „Nun aber schnell", sagte sie und reichte mir erneut den kleinen Becher. Dann half sie mir ins Bett, zog mir erklärend mein Nachthemd über den Kopf und streifte mir ein Krankenhemdchen über die Arme. Hinten sollte es mit Schleifen verschlossen werden, aber bei meinem Hemdchen fehlten die Bänder. „Geht auch so", sagte sie und deckte mich lächelnd zu. Ich starrte sie an, ihre Worte kamen nur noch aus ganz weiter Ferne zu mir, obwohl sie genau neben mir stand. Ihre Bewegungen waren ganz langsam, wie im Fernsehen, wenn die Fußballtore wiederholt wurden. Ich hatte keine Angst mehr. Selbst die griesgrämige Putzfrau hätte jetzt reinkommen und den Boden wischen können. Ich war jetzt eine kleine Häwelfrau.

Wie lange ich so im Halbschlaf gelegen hatte, wusste ich nicht. Als ich das nächste Mal ein wenig zu mir kam, befand ich mich jedenfalls nicht mehr im Krankenzimmer und auch nicht in meinem Bett. Verschwommen sah ich mehrere Schwestern, die in einem Raum herumliefen, der keine Wände und Decke hatte. Da war sie wieder, die olle Angst. Wo war ich? Ich wollte gehen, flüchten, ich schien in Gefahr zu sein. Aber was war das? Ich konnte nicht flüchten, meine Arme und Beine waren ohnmächtig, sie gehorchten mir nicht. Ich versuchte mit aller Kraft, der Liege zu entkommen, es gelang mir nicht. Ich geriet in Panik. Mein Herz raste, als ich sah, wie die verschwommenen Umrisse einer Schwester auf mich zukamen. War das ein Engel? Die rötlichen Haare erschienen mir ein wenig wie ein Heiligenschein, aber Engel würden mir doch bestimmt keine Angst machen, oder doch? Beim Näherkommen erkannte ich, dass die Lichtgestalt ein Tablett in den Händen hielt, auf dem allerlei kleine Instrumente, wie ich sie schon beim Zahnarzt oder HNO-Arzt gesehen hatte, lagen. Fast zeitgleich erschien an meinem Kopfende eine Frau, die mir ein weißes unbekanntes Ding über Mund und Nase stülpte und aus einem Fläschchen Flüssigkeit auf dieses Ding tropfen ließ. Ich sollte atmen und zählen als wäre nichts geschehen. Der Geruch, den ich wahrnahm, versetzte mich in höchste Panik. Ich musste sofort um mein Leben kämpfen. Wie im Traum trat ich nach der Schwester mit dem Tablett, die mir jetzt nicht mehr engelhaft, sondern bedrohlich wie der Teufel persönlich vorkam, und hatte das Glück sie mit voller Wucht im Bauchraum zu erwischen. Das Tablett, samt der funkelnden Instrumente, flog in hohem Bogen, wie in Zeitlupe, durch die Luft. Dramatischer, himmlischer Harfenklang schien ihr Aufschlagen auf dem gefliesten Fußboden zu untermalen. Der Frau an meinem Kopfende schleuderte ich einen wilden Schrei entgegen, griff ihr in die Haare und zog ihr ein dickes Büschel davon aus dem Kopf. Dann – ich wäre jetzt beim Zählen vielleicht bei 7 oder 8 gewesen – war Ruhe.

Als ich aufwachte, war ich wieder in meinem mir bekannten Krankenzimmer. Der kleine Junge lag mir zugewandt gegenüber in seinem Bett. Er schlief. Seine scheinbar extra so drapierte Zudecke gab den Blick auf seinen Pillimann frei. Hieß seiner überhaupt so oder hieß nur der von Martin Pillimann? Ich wusste aus dem Kindergarten, dass jeder Pillimann eines Jungen und jede Mimi eines Mädchens von jedem Kind anders benannt wurde. Vielleicht waren das spezielle Familiennamen. Ich entschloss mich jedenfalls, bei diesem Namen zu bleiben und empfand großes Mitleid mit dem kleinen Jungen. Ein blutiger, dicker, roter Pilli, eingebettet in Mull. Das erinnerte mich ein bisschen an die Wickelbabys aus der Puppenstube im Kindergarten.

Ich musste schlucken und bemerkte zum ersten Mal, dass ich fürchterliche Schmerzen im Hals hatte. Das ist ja noch schlimmer als jede Angina, dachte ich und schlief wieder ein.

Es war bereits dunkel, als ich wach wurde, eine kleine Beleuchtung über der offenen Tür und das Licht vom Flur erhellte den Raum.

Auf dem Nachttisch lagen meine Buntstifte, ein neuer Zeichenblock und zwei, drei Bücher. Mutti war hier und ich habs verschlafen, dachte ich traurig. Mir war übel und ich hielt diese Übelkeit für Hunger. Vom Flur drangen ab und zu gedämpfte Geräusche in den Raum, manchmal hörte ich auch flinke Schritte und hoffte, sie kämen von Mutti und sie würde jeden Moment neben mir stehen, mich küssen und streicheln und trösten.

Ich übergab mich kräftig. Eine Schwester kam gelaufen, mit einer flachen, bohnenförmigen Wanne in der Hand. Sie machte größeres Licht an und drückte mir die kleine Emaille-Schüssel in die Hand. Sie richtete mein Bett auf und half mir, mich hinzusetzen. Es waren liebevolle Handgriffe, ein freundliches Gesicht und ich hörte beruhigende Worte, aber leider nicht von Mutti. Die Schweinerei auf Bett und Fußboden wurde beseitigt. Alles war rot. „Verschlucktes Blut", erklärte die Schwester, „das musste raus." Nun war es raus und mir ging es besser. Der Boden wurde gereinigt, die Blutflecken im Bett abgerieben und mit weißen Mullwindeln abgedeckt. Ein roter, mit kaltem Wasser und ein paar Eiswürfeln gefüllter Gummischlauch wurde mir um den Hals gelegt. „Versuch noch ein bisschen zu schlafen, und wenn dir wieder schlecht wird, drückst du auf diesen Knopf", sagte meine Retterin und reichte mir von oben ein Kabel mit einem Knopf zum Drücken. „Es klingelt dann bei mir und ich komme", sagte sie, machte das große Licht aus und verließ leise das Zimmer.

Am nächsten Morgen weckten mich der Sonnenschein, der Durst und der Hunger. Der Gummireifen lag auf meinem Nachttisch und ich wollte nach ihm greifen, um ihn mir näher anzusehen. Da bemerkte ich die grantige Putzfrau im Zimmer. Sie hatte mit ihrem Gewische gerade unter dem Tisch mit den drei Stühlen zu tun und kehrte mir den Rücken zu. Sofort stellte ich mich schlafend. Hunger und Durst konnten warten.

Meine Ohren verfolgten die Fortschritte, die die Putzfrau beim Wischen machte. Sie näherte sich dem Fenster, stieß gegen die Heizkörper, murmelte unverständliche Worte vor sich hin, leerte den Mülleimer, näherte sich meinem Bett, stieß gegen jedes der vier Räder, schimpfte mit meinem Nachttisch und verließ mein Gebiet. Nun umkreiste sie das Bett des kleinen Jungen. Wischte sich der Türöffnung entgegen und verschwand. Ich blinzelte vorsichtig zur Tür. Meine Ohren hatten mich nicht getäuscht. Dann sah ich zu dem Kleinen. Er lag mit offenen Augen auf der Seite und sah mich an. Ich winkte zu ihm rüber, denn sprechen konnte ich nicht, mein Hals tat zu weh. Der Kleine winkte zurück, schenkte mir ein gequältes Lächeln und schaute dann an mir vorbei zum Fenster raus.

Es wurde Zeit, die Klingel auszuprobieren. Ich drückte auf den Knopf, ein leises Piepsen drang vom Flur ins Zimmer rein und dann geschah lange Zeit nichts.

„Guten Morgen, ihr Lieben!", hörte ich eine vertraute Stimme sagen. Die Schwester von gestern war wieder da und hatte immer noch gute Laune. „Na, alles gut überstanden?", fragte sie uns kleine Patienten. Sie stellte sich so hin, dass der Kleine sie auch sehen konnte. Er war so gelagert, dass er sich nicht selbst im Bett umdrehen konnte. Mit flinken Händen versorgte sie Pilli samt Jungen, warf den blutigen Mull in den Mülleimer und ich dachte kurz: „Wenn das die Putzfrau sieht ..." Der Kleine wurde im Bett herumgedreht und seine Zudecke wieder gewissenhaft drapiert. Dann tat die Schwester etwas, was eindeutig nur eine Seele von Mensch tun konnte, sie drehte das gesamte Bett des Kleinen einmal um die eigene Achse. Sein Kopf war zwar nun weiter entfernt, in Höhe meiner Füße, aber wir hatten Blickkontakt. Er konnte mich schweigend weiter beobachten und ich konnte ihn und Pilli auch sehen.

Nun war ich dran. Ich durfte mich kurz auf einen Stuhl setzen und bekam frische Bettbezüge. Es machte Spaß, der Schwester bei der Arbeit zuzusehen. Alles ging ihr so schnell und gekonnt von der Hand.

Dann wurde eine Katzenwäsche vorgenommen, ich durfte mein eigenes Nachthemd anziehen und wurde zum Toilettengang sicherheitshalber noch begleitet.

Zum Frühstück gab es kalten Tee und Suppe. Erst wollte ich protestieren, merkte aber schnell, wie weh mir das Schlucken tat und war dann doch froh, kein festes Essen bekommen zu haben.

Die Nachttische im Zimmer waren unpraktisch. Mit ihnen konnte ich im Bett nicht viel anfangen. Malen, essen und trinken, und meine Bücher hin und her wälzen fiel mir sehr schwer. Strahlend betrat die Schwester das Zimmer und reichte mir ein Tablett, das ich mir auf die Knie legen und wie einen kleinen Tisch benutzen konnte.

Mein Bettnachbar hatte es nicht so gut. Ich nahm meine Bücher und zeigte ihm die Bilder. Erzählen konnte ich ihm leider nichts, mein Hals schmerzte.

Während ich malte, beschäftigte ich mich in Gedanken mit den unwirklichen Bildern aus dem Traum. Ich war fest der Meinung, ich hätte das alles nur geträumt. Nun wurde ich aus meinen Gedanken gerissen, die Schwester kam herein und sagte, ich solle alles ordentlich auf den Nachtschrank legen, die Visite komme. Dann drehte sie das Nachbarbett wieder in seine vorherige Position und verließ geschäftig das Zimmer. „Die Visite kommt", wiederholte ich den Satz ganz leise und mit Fragezeichen. Wieder ein neues Wort, auch noch eins das kommt. Was würde die Visite hier wollen? Mir mein Mittagessen bringen? Sollte ich darum Platz machen? *Visite.* Gleich würde ich wissen, was eine kommende Visite war. Ich räumte meinen Kram weg, legte mich ordentlich ins Bett starrte zur Tür und wartete auf das, was da kommen sollte.

Es kam der Arzt und mit ihm mehrere Männer und Frauen, die allesamt einen weißen Kittel trugen und mit Papier und Stift, mit Abhörgerät oder Ähnlichem ausgestattet waren. Sehr wichtig standen sie um das Bett des Kleinen mit dem roten Pilli herum und versperrten mir die Sicht.

Ein paar gut gemeinte Worte wurden an den Kleinen gerichtet, seine Bettdecke wieder um das Schlimme herum drapiert und die Weißkittel wendeten sich zu mir und bildeten einen Halbkreis um mein Bett.

Das ist die Kleine, flüsterte einer dem anderen zu. Der Doktor fragte mich wie es mir gehe und schien mit meinen Antworten zufrieden zu sein. „Du bist ja ein ganz schöner Kämpfer", sagte er lächelnd und schaute eine Frau mit rötlichem Haar an. Da sah ich den vermeintlichen Engel, der verschwommen mit rötlichem Heiligenschein und dem Instrumententablett auf mich zu gekommen war und dem ich einen kräftigen Tritt in die Bauchgegend verpasst hatte. Es war also kein Traum gewesen, sondern Notwehr in höchster Gefahr. Die Narkoseärztin, der ich in meiner Angst das Haarbüschel ausgerissen hatte, stand zum Glück nicht auch noch in dem weißen Halbkreis. „Ein ganz schöner Kämpfer", hatte der Doktor gesagt und dabei gelächelt. Das hörte sich für mich nach Anerkennung an, jedenfalls nicht nach Kritik. Aber in seinen Bauch hatte ich ja auch nicht getreten. Dann blickte ich meinen getretenen Engel an. „'Tschuldigung", murmelte ich in ihre Richtung und schaute beschämt auf meine weiße Bettwäsche. „Schon gut", sagte der Engel und wuschelte kumpelhaft in meinen Haaren rum. Ich blickte auf und sah tatsächlich in die gütigen Augen eines Engels.

Die Visite verließ zufrieden das Zimmer. Der Kleine lag noch mit dem Rücken zu mir. Ich legte mich hin und verarbeitete meinen Traum als Wirklichkeit. Immer wieder hatte ich die Bilder und Geräusche vor Augen und im Ohr. Dabei schlief ich ein.

Mutti und Martin kamen nachmittags und brachten mir ein Eis mit. Das tat meinem wunden Hals gut. Sie hatten schon längst erfahren was sich im OP abgespielt hatte. Martin guckte stolz seine kleine Schwester an. „Lass dir nichts gefallen", sagte er. Mutti musste schmunzeln. Es gab kein Geschimpfe und keine Zurechtweisungen, nur einen mitleidigen Blick und eine herzhafte Umarmung. „Entschuldigen solltest du dich aber", sagte sie, „das gehört sich einfach so." „Hab ich schon gemacht", antwortete ich mit meinem leisen Knödelstimmchen.

Der kleine Junge aus meinem Zimmer wurde am nächsten Tag von seinen Eltern abgeholt. Wenn er auch nie ein Wort gesprochen hatte, kam es mir im Zimmer jetzt noch stiller vor. Die Kinder hatten alle Ferien, und wer ging da schon freiwillig ins Krankenhaus? Ich blieb allein und bemalte sogar die Rückseiten meiner Zeichenblätter. Ich wartete auf Mutti, die keine Besuchszeit verpasste. Ansonsten waren die Tage angefüllt mit Langeweile.

Einen Tag vor meiner Entlassung erklärte Mutti mir, dass mich am nächsten Morgen Oma Guste abholen und sich zu Hause um mich und Martin kümmern würde. „Omi liegt noch im Krankenhaus und kann leider nicht helfen und ich muss arbeiten und Geld verdienen." Diese Nachricht nahm ich ihr mit all meinem kindlichen Unverständnis sehr übel. Nachts erschien sie mir in ihrem fliederfarbenen Hausanzug an meinem Bett und wollte mich streicheln. Ich habe sie mit einem Fußtritt umgehauen und sie kam auch nicht wieder. Auch dieser Traum war so intensiv, dass mein erster Blick am Morgen auf den Fußboden vor meinem Bett ging. Ich wollte mich vergewissern, ob Mutti dort lag oder ob ich diesmal wirklich nur geträumt hatte.

Oma Guste hatte gar nichts Omihaftes an sich. Sachlich und korrekt packte sie meine Sachen zusammen und schwitzte dabei als würde sie Schwerstarbeit verrichten. Lieblos wurde alles, auch mein Zeichenblock, in die Tasche gestopft. Keine Umarmung, kein Küsschen, keine Frage, wie es mir gehe. Wahrscheinlich hätte mich Herzlichkeit ihrerseits auch mehr befremdet als erfreut. Ich mied Körperkontakt zu Oma. Sie war stets feucht und roch unangenehm und beklagte sich ständig. Ich hatte in ihrer Gegenwart immer das Gefühl, eine Last zu sein, die man nur aus Verpflichtung bewältigt.

Die Schmerzen im Hals hielten noch lange an. Oma machte mir täglich ein Zuckerei. Dafür schlug sie ein Ei auf den Teller und verrührte es mit einer Gabel. Dann mischte sie Zucker darunter und servierte die „Köstlichkeit", als sei sie eine Leistung vom Meisterkoch. Das Ei war halbherzig geschlagen und ich hatte Ekel davor. Es sah aus wie Rotz, der in der Sonne schimmert. Aber bei Oma gab es keine Ausreden. Alles was serviert wurde, musste gegessen werden. „Die Kinder im Krieg", meinte sie, „hätten sich gefreut, wenn sie so etwas bekommen hätten, und die in Afrika auch." Mir waren diese Kinder fremd und im Moment auch egal. Mutti hatte nie erzählt, dass Zuckerei die Erfüllung ihrer Träume gewesen wäre.

Der Sommer hatte seine Hochzeit erreicht. Oma wurde von Mutti und Papa ehrenvoll aus ihren Diensten entlassen. Ich war wieder belastbar, konnte mit Mühe alles essen und brauchte kein Kindermädchen mehr.

Ich durfte wieder runter auf den Hof und mit den anderen Kindern spielen. Martin und ich bekamen einen Schlüssel um den Hals und warteten bis Mutti oder Papa nach Hause kamen. Das bewältigten wir eigentlich ganz gut.

Bei Mutti und Papa sorgte diese Neuerung allerdings für Streit. Papa nannte uns Schlüsselkinder. Jeder konnte sehen, dass Mutti arbeiten ging, dass er nicht allein die Familie ernähren konnte. Das kratzte ihn wohl sehr. Die alte Diskussion um berufstätige Mütter tauchte wieder auf.

Ein Schlüsselkind war ich also. War das etwas Schlimmes? Ich war stolz auf den Schlüssel, der mir am Hals hing. Er musste gehütet werden. Hatte man ihn vergessen und die Tür zugezogen, gab es ein Problem. Dann musste man nämlich bei Tante Karin, der Mutter von Martins Freund, klingeln und um den Dietrich bitten. Der funktionierte genau so gut wie unser Schlüssel. Ihm haftete etwas Unverständliches, Geheimnisvolles an. Er passte in jede Tür und fast jeder Haushalt hatte einen seiner Sorte und wenn man ihn brauchte, musste immer lange nach ihm gesucht werden.

Wenn ich mir die Kinder draußen anguckte, hatten viele von ihnen ein Band um den Hals, was ein sicherer Hinweis war, dass unter dem Pullover oder der Bluse ein Schlüssel verborgen war.

Mutti ließ sich nicht beirren, sie hielt an ihrer Arbeit fest und verdiente mit.

Das Ferienende nahte und die älteren Schulkinder stöhnten dem Schulanfang entgegen. Von meiner Schulbegeisterung war bei denen nichts zu merken. Martin aber freute sich auf sein neues Schuljahr. Mutti fand seinen Lehrer, Herrn Breitwieser, besonders nett. Meine Vorschullehrerin würde auch meine erste Klassenlehrerin sein. Mutti kannte diese Frau seit ihrer Kindheit. Damals hatte sie nachbarschaftlich in der Goethestraße mit ihr und ihren Kindern zu tun gehabt. Sie zeigte mir Fotos von einem Hoffest und da war meine Lehrerin mit ihren Kindern zu sehen. Meine Lehrerin hieß Frau Plath. Sie war nicht mehr die Jüngste. Eine drahtige, faltige Frau mit einer in allen Grautönen schimmernden Hochsteckfrisur, mit langen dünnen Fingern und einer Trillerpfeife um den Hals. Ihre kleinen Augen hatten einen stechenden Blick und ihre zarte Goldrandbrille saß immer ein Stück vorgerückt auf ihrer Hakennase. Farblich passend funkelte ein Goldzahn zwischen ihren großen Zähnen, den ich ungemein interessant fand. Sie schien eine Pädagogin der alten Schule zu sein, wenn die alte Schule überhaupt als Pädagogik bezeichnet werden konnte.

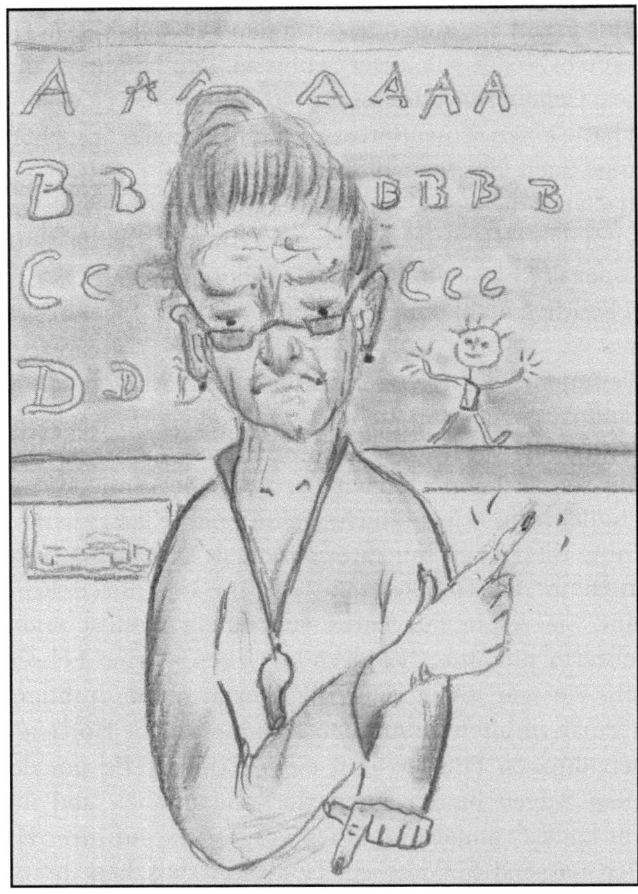

Mein erster Schultag war allerdings sehr schön. „Hurra, ich bin ein Schulkind", wurde bei meinem ersten, sehr festlichen Fahnenappell von den Zweitklässlern gesungen. Alle Schüler standen in Blocks, am Fahnenmast wehte die Fahne der DDR und auf dem breiten Treppenpodest hielt ein kleiner Mann mit rundem Gesicht und lichtem Haar eine Begrüßungsrede. Herr Scharenberg, so hieß der Herr, war unser Schuldirektor. Um ihn herum standen seine Stellvertreterin, Frau Rademacher, und Fräulein Materna, die uns als die Pionierleiterin vorgestellt wurde, und die Lehrer, die nun bald ihre neuen Klassen in die Klassenräume führen würden. Der Direktor war mir sehr sympathisch. Seine Stellvertreterin, guckte in die Runde und präsentierte ein eisiges Lächeln. Die Pionierleiterin trug eine sehr moderne Hochsteckfrisur und betörte mich mit ihrem riesigen spitzen Busen, der meinen Blick für den Rest des Fahnenappells im Bann hielt. Die Eltern und Gäste der Feierlichkeit standen in Sonntagsmontur mehr am Rande des Geschehens. Papa trug meine wunderschöne große Schultüte und ich hatte meine Mappe auf dem Rücken und die leere Brottasche um den Hals. Manchmal schaffte ich es, meine Augen von den großen Brüsten der Pionierleiterin zu lösen und einen schnellen Blick zu meinen Eltern zu werfen. Sie waren da und Mutti guckte ermunternd zu mir zurück.

Von der langen Rede des Direktors verstand ich nicht viel. Vorne hopsten und tanzten die Zweitklässler noch einmal nur für uns. Dann traten die drei Klassenlehrer vor und die Schulanfänger wurden aufgefordert nach vorne zu kommen, wenn ihr Name aufgerufen wurde. Es gab eine A-, eine B- und eine C-Klasse. Wie die ersten drei Buchstaben des Alphabets.

Immer wieder strich ich mir über mein neues Kleid und kontrollierte den Sitz meiner weißen Kniestrümpfe. Es dauerte ewig, bis endlich mein Name fiel. Ein Blick zu Mutti, ein kopfnickendes Augenzwinkern von ihr und ich zottelte los in Richtung Frau Plath und Eingangsportal. Vor der Treppe wurden wir in Zweierreihen aufgestellt. Das kannte ich noch aus dem Kindergarten und meisterte es problemlos. Als alle drei Klassen versammelt waren, ging es los. Noch mal zu Mutti und Vati geguckt, alles schien in Ordnung. Jetzt die Treppe hoch. Hier winkten blaue Flecken für die Schienbeine. Bloß nicht hinfallen, dachte ich und hatte auch schon die Eingangstür erreicht. Wir wurden zu unserem Klassenzimmer geführt. Die Tür stand auf und alle Kinder versuchten sich schnellstmöglich einen Platz mit einem angenehmen Nachbarn zu suchen. Die ersten Klassen waren im Parterre untergebracht, wegen der Schienbeine, dachte ich. Auch die Horträume und der Hausmeister, der sogar in der Schule wohnen durfte, waren hier unten.

Ich gehörte zur Klasse 1 A. „Allerbeste Güte“, sagte Papa später. Die ersten Kinder belegten natürlich auch sofort die vordersten Plätze. Ich passierte zu spät die Tür, um noch einen Platz ganz vorne ergattern zu können, setzte mich auf den nächstbesten Platz im Mittelfeld und schaute dem Treiben der anderen Kinder zu. Manche Gesichter kannte ich aus der Vorschule, manche aus dem Wohngebiet. Die meisten waren mir fremd. Ich bedauerte, dass ich nicht mit Regina zusammen in einer Klasse war, hoffte insgeheim, ein Mädchen würde sich zu mir auf den Nebenplatz setzen. Man konnte ja auch noch eine Freundin haben.

Wie es so kommt im Leben setzte sich ein mir völlig unbekannter Junge neben mich. Er hatte ganz weiße Haut, einen rötlichen, mehr orangen Igelschnitt mit einem lustigen Wirbel am Pony und unzählige Sommersprossen. Nach einem kurzen Blickkontakt starrten wir beide nach vorne. Die Tür schließend betrat unsere Lehrerin den Klassenraum. Sie sprach freundlich in die Klasse hinein, mit einer Stimme, die sich nach Durst und trockener Zunge anhörte. Wahrscheinlich hatte sie lange nichts getrunken. Sie hieß uns alle herzlich willkommen und stellte sich nochmals vor, indem sie nach einem kleinen Stück Kreide griff und ihren Namen an die Tafel, direkt neben eine mit bunter Kreide gemalte Schultüte, die uns als Willkommensgruß von älteren Kindern gemalt wurde, schrieb.

Wir sollten nun alle aufstehen und uns neben unseren Platz stellen. Wir lernten die morgendliche Begrüßung. Leise sein, stillstehen und nach ihrem Morgengruß „Guten Morgen, Frau Plath!“ sagen. Das war einfach. Jedes Kind sollte sich nun der Reihe nach, mit seinem Vor- und Nachnamen vorstellen und sich dann hinsetzen.

Frau Plath saß unterdessen auch schon auf ihrem größeren Stuhl am Lehrertisch und hatte ein großes Buch aufgeschlagen, in welches sie nach Vorstellung jedes Kindes etwas schrieb. Ich wusste nun, dass der Junge neben mir Jürgen hieß. Alle anderen Namen rauschten an mir vorbei.

Frau Plath erzählte etwas von Ämtern wie Tafeldienst, Blumenpflege, Milchamt, Klassenreinigung. Zeigte mit Unterstützung ihres spitzen, kreideweißen Zeigefingers zur Tür und erklärte, wo die mir längst bekannten Toiletten waren. Wir Vorschulkinder kannten uns im Gebäude und dem Schulhof schon recht gut aus. Selbst die Sporthalle war uns nicht fremd.

Es gab einen Schulgarten und rechts und links am Schulgebäude zwei Nebeneingänge, um das Schulhaus zu betreten.

Frau Plath teilte an alle Kinder Zettel aus. Hier standen Informationen drauf, welche Utensilien wir Kinder brauchten. Utensilien – ein wichtiges Wort für die vor mir liegende Schulzeit. Wir sangen das Lied von diesem überaus glücklichen Schulkind, das fast alle Kinder kannten, und wurden noch gebeten, jeden Morgen mit geputzten Zähnen, gekämmtem Haar und sauberen Fingernägeln zu erscheinen.

Meine Gedanken waren längst auf dem Schulhof bei Vati und Mutti. Bestimmt warteten sie auf mich. Papa hatte schließlich das Amt des Schultütenträgers und musste auf die Utensilien, die sich in der Tüte befanden, aufpassen.

Auf meinem Tisch lagen ein paar Bücher. Diese sollten wir in unseren Ranzen stecken und mit nach Hause nehmen. „Jedes Buch braucht eine Hülle!", ermahnte Frau Plath uns und stellte fest, dass das alles auf dem Zettel für die Eltern stehe. Dann folgte die Verabschiedung mit „Auf Wiedersehen, Frau Plath!". Wir stellten uns vor dem Klassenraum in Zweierreihe auf und verließen das Gebäude durch den rechten Nebeneingang, der von nun an für die nächsten Jahre unser Eingang sein sollte.

Frau Plath führte uns zum Schulhoftor, vor dem die Mütter und Väter, Omas und Opas und Geschwister schon mit strahlenden oder sorgenvollen Gesichtern und langen Schultütentragearmen auf uns warteten.

Wir fuhren mit dem Bus zurück nach Hause, aßen Mittag wie immer, hatten zum Nachmittag aber eine kleine Kaffeerunde mit Kuchen und Kakao für uns Kinder.

Der einzige Gast war Onkel Ottchen, der in unserer Familie die Oparolle übernommen hatte und diese meisterhaft spielte. Er war Muttis männlicher Vertrauter und Ratgeber. Er half in jeder Situation und bewahrte immer die Ruhe. Der Onkel war ein sehr korpulenter Mann, wie Mutti es nannte. Ich fand ihn ausgesprochen dick. Wenn er von seinen Reisen erzählte, dann bekam ich immer heiße Ohren. Er hatte eine schöne sanfte Erzählstimme, konnte in jede Geschichte Theatralik und Kontrast bringen und war an jedem meiner Kunstwerke, egal ob Dichtkunst, Musik oder Malerei sehr interessiert. Dieser Onkel kam auch nie mit leeren Händen. Er hatte immer köstliche Süßigkeiten in einer seiner Jackentaschen, und hin und wieder steckte auf der Rückseite einer Tafel Schokolade ein Geldschein im Papier. Der Onkel hatte, obwohl es ihm finanziell möglich gewesen wäre, keinen Fernseher. Fußball oder andere Sportsendungen guckte er mit Papa, da waren dann die Fachleute unter sich, konnten mitfiebern, Missfallen äußern, jubeln und schimpfen. Sonntag zum Mittagessen kam er auch immer. Da lief zur Mittagszeit der Internationale Frühschoppen mit sechs Journalisten aus fünf Ländern. Diese Fernsehansage konnte ich auswendig.

Wenn wir aus der Kirche kamen, deckte Mutti den Tisch immer sehr festlich. Sie holte dann das Silberbesteck heraus, legte Servietten auf den Tisch und für jeden ein frisch poliertes Glas. Der Braten wurde meistens schon einen Tag vorher zubereitet, so dass sie nur noch Kartoffeln und Gemüse putzen musste. Die kleinen Löffel auf dem Tisch zeigten an, dass es ganz sicher auch einen Nachtisch geben würde. Mutti sputete sich, denn gleich würde Onkel Ottchen kommen und der Frühschoppen beginnen. Jegliches Herumgelaufe vor dem Bildschirm würde mit Murren von Papas oder Onkel Ottchens Seite kommentiert werden. Mutti lief ab 12.00 Uhr zwischen Küche und Wohnzimmer hin und her, rührte hier und lauschte dort, drehte das Gas kleiner oder größer, setzte sich einen Moment mit in die Wohnstube, schaute auf die Uhr und konnte genau um 12.45 Uhr, wenn der Frühschoppen beendet war, den ersten Mittagsteller bestücken. Ich hatte die Aufgabe, die Teller in die Stube zu tragen und auf den richtigen Platz zu stellen. Zuerst bekam immer der Gast sein Essen, „das gehört sich so", sagte Mutti. Dann der Herr des Hauses, dann der Sohn. Dann trug ich meinen Teller rein, und Mutti brachte ihren selber mit.

Der Fernseher flimmerte weiter. Er gehörte zu unserer Wohnzimmerkulisse wie die Gardinen am Fenster und die Tapete an der Wand.

Nach dem Mittagessen musste alles wieder abgeräumt und abgewaschen werden. Selbstverständlich erledigten das wir Frauen.

Wir hatten einen Küchentisch, aus dem man ein Abwaschgestell mit zwei Emaille-Schüsseln herausziehen konnte. Es war dann immer sehr eng im Raum. Solange ich noch klein war, machte Mutti den Abwasch und ich trocknete das Geschirr ab. An die Schränke kam ich noch nicht ran, so stellte ich alles auf das Küchenbord. Nur der Besteckkasten oder der Koffer für das Silberbesteck wurden von mir bestückt.

Viele Sonntage sahen aber auch anders aus.

Mein Vater war nicht nur ein Fußballgucker, sondern auch ein Fußballspieler. Mehrmals in der Woche hatte er in den Abendstunden

Training und sonntags sehr oft ein Fußballspiel. Oft vergaß er, wann sein Einsatz erforderlich war und schickte uns zu einem Schaukasten am Antonplatz. In diesem öffentlichen Aushang konnte man seine Fußballtermine nachlesen. Der Sonntagmorgen gestaltete sich dann überwiegend hektisch, denn wichtiger als jeder Kirchbesuch war Papas pünktliches und korrektes Erscheinen auf dem Fußballplatz. Papa schlief sonntags immer ganz gerne ein bisschen länger als der Rest der Familie. Wenn er es dann aber geschafft hatte, senkrecht im Raum zu stehen, wurden wir zu seinem Personal. Die alte Aktentasche, in der sich sein Fußballzeug befand, wurde geöffnet und dann konnte ich neue Flüche lernen.

Die Töppen[3], waren oft lehmig und hart verkrustet, die Binden, die jeder Fußballspieler brauchte um die Schienbeinschützer unter den Stutzen zu befestigen, waren in knotiger Weise miteinander verstrickt und mussten neu gewickelt werden. Trikot, Hose und Handtücher hatten einen seifigen Kellergeruch und waren verdreckt und durch die Nässe manchmal auch schon voller Stockflecke. Es hagelte Vorwürfe in Muttis Richtung. Sie war dann immer sehr betroffen und wollte sich rechtfertigen, dass Papa ja schließlich gleich nach dem Spiel oder Training seine Dreckwäsche hätte rauslegen können. Während Mutti die gröbste Dreckkruste der Fußballschuhe über dem Mülleimer abklopfte, um sie dann gewissenhaft, wie es nur eine Fußballergattin tun kann, auf Hochglanz zu putzen, standen Martin und ich uns gegenüber und wickelten gemeinsam die frischen oder gebrauchten Binden auf. Papa hatte mit sich und seinem Bartwuchs und seiner Körperhygiene zu tun. Irgendwann, wenn alles parat und fertig war, das frische Trikot samt Hose und frischem Handtuch in der alten Aktentasche steckten, verließ er duftend und frisch gekämmt das Bad und kreuzte durch das Schlafzimmer zum Kleiderschrank. Mein Vater war ein gutaussehender und in Fragen seiner Garderobe sehr pingeliger Mann. Ordentlich hingen seine für mich durchweg weißen Oberhemden im Schrank auf dem Kleiderbügel. Er selbst befand diese Hemden als fliederfarben oder turteltaubenblau. Mutti wusste nie welches Hemd er mit welcher Farbumschreibung meinte. Hatte er dann das Gesuchte, fehlte ein Knopf oder da war noch ein Fleck

[3]Berlinerisch für Fussballschuhe mit Stollen

und die Kragen waren überhaupt niemals sauber genug. Papa verließ dann irgendwann doch sehr sportlich die Wohnung und hinterließ nur seine Duftwolke. Alle atmeten auf und schauten sich wortlos an. Nun musste aufgeräumt werden – Papas Rasierzeug in der Küche, sein Waschwasser in der Schüssel, die Schmutzwäsche auf dem Boden zeigten wenig Sportsgeist und keinerlei Fairness. Der morgendliche Kirchgang hatte sich damit erledigt, wir würden zur Abendmesse gehen, um unserer christlichen Pflicht nachzukommen.

Ich war ja nun endlich ein Schulkind und hatte zu tun, meinen eigenen Alltagspflichten gerecht zu werden. Pünktliches Aufstehen, geputzte Zähne und saubere Fingernägel gehörten selbstverständlich dazu. Die Utensilien hatten wir, so gut es ging, besorgt. Wenn in der DDR allerdings Tausende von Schulanfängern die gleichen Materialien brauchten, konnte es schon zu Engpässen kommen. Mutti schlug unsere Bücher dann vorübergehend in Pack- oder Zeitungspapier ein. Papa brachte von der Arbeit den einen oder anderen Bleistift oder Radiergummi mit oder wir wurden von Frau Plath veranlasst, unsere Utensilien untereinander auszutauschen. Das Lernen konnte jedenfalls beginnen. Die künstlerischen Fächer wie Musik und Zeichnen lagen mir besonders gut. Schreiben und lesen konnte ich schon ein wenig und ich lernte es schnell. Ich prägte mir Texte in Windeseile ein, liebte Gedichte und Märchen und jede Form von Geschichten.

Noch hatte ich auch keine Schwierigkeiten mit dem Rechnen und Hölzchen Legen. Der Sportunterricht war der Höhepunkt des Schulalltages, und ich dachte das würde nun zehn Jahre lang immer so weitergehen.

In unserer Klasse gab es etwa 30 Kinder. Jedes war anders und ich musste mir natürlich erst mal einen Überblick über die verschiedenen Charaktere verschaffen. Die Jungs waren für mich schon mal uninteressant. Damit fiel etwa die Hälfte der Charaktere in die Rubrik Mir-doch-egal. Mit den Mädchen verhielt es sich anders. Hier gab es ganz zarte ruhige Wesen, manche die rot wurden, wenn man sie ansprach oder nur anschaute. Es gab ganz viele mit langem Haar, das sie offen, als Zöpfe, Pferdeschwanz oder Dutt trugen. Es gab keifende verwöhnte Püppis oder Mädchen, die ungepflegt und in schäbigen Sachen kamen. Blonde, dunkle, dicke, dünne, großgewachsene und kleine. Besonders interessant fand ich unsere Zwillingsschwestern Sylvia und Astrid. Sie glichen sich so sehr, dass man sie normalerweise nicht voneinander unterscheiden konnte. Ihre Stimmen waren gleich, ihre langen Haare hatten täglich die gleiche Frisur und ihre Körperhaltung war total identisch. Beide standen immer mit durchgedrückten Knien und mit einem hängendem Arm, der am Handgelenk von der Hand des anderen Armes festgehalten wurde. Ihre Blicke waren fast immer auf den Fußboden gerichtet und die beiden schienen sich vollkommen genug zu sein. Sie bildeten eine Einheit. Ein Merkmal unterschied sie aber doch. Astrid hatte sichtbare Verbrennungsnarben an Arm und Hals. Sie hatte wohl gekokelt und schwere Verbrennungen davongetragen. Ich musste daran denken wie mein Bruder mir mal ein brennendes Streichholz ins Bett gegeben hatte. Mutti hatte abends noch mal den Ofen beheizt und die Schachtel liegen gelassen. Martin sah so etwas natürlich sofort. Wir lagen schon im Bett, aber für Kokelei und Zubehör hatte mein Bruder ein Auge. Ich schlief zu der Zeit noch im Gitterbettchen. Auf mein Quengeln hin reichte er mir ein entflammtes Hölzchen herüber. Ich saß im Schneidersitz und hatte mein Nachthemd straff über die Knie gezogen. Mit Herzklopfen verfolgte ich das Geschehen in meiner Hand, bekam Angst und ließ das Streichholz fallen. Sofort sprang mein Bruder herbei und blies es aus. Zurück blieb ein dunkelbrauner Fleck auf meinem Hemd und große Angst vor Feuer. Fast wäre es mir ergangen wie Paulinchen aus dem Struwwelpeter-Buch.

Am nächsten Morgen klemmte ich mir den Schoß des Hemdes zwischen die Beine, damit niemand den Fleck entdeckte, und humpelte durch die Wohnung. Hierfür hatte Mutti aber ein Auge, sie sah die Bescherung, bekam einen fürchterlichen Schrecken und schimpfte mit uns sehr halbherzig. Wahrscheinlich sah sie ihre eigene Schuld mit den vergessenen Streichhölzern und war eigentlich nur froh, dass nichts weiter passiert war.

Die arme Astrid aus meiner Klasse schien Schlimmeres erlebt zu haben und ich hatte großes Mitleid mit ihr. Ihre Zukunft oder lebenslange Entstellung, und was das mit ihr machte, war noch kein Problem für mich. Nur die Tatsache, dass sie diese schlimme Erfahrung hatte machen müssen, tat mir leid.

An den Schulalltag mit seiner exakten Zeiteinteilung, den vielen neuen Geräuschen und Klängen und an die Gerüche musste ich mich gewöhnen. Die Toiletten zum Beispiel rochen meist nach Urin oder nicht runter gespülten Haufen. Ich fand unsere Klos abartig ekelhaft. Oft aber rochen die Klos so scharf nach Desinfektionsmittel, dass man über mehrere Stunden die Toilettenräume nicht betreten konnte, ohne Angst zu haben, jeden Moment zu ersticken. Der Geruch strömte bis hinaus auf den Flur und gab mir immer eine Vorwarnung. Ich ging ungern während der Schulzeit auf die Toilette, aber wenn es dann doch unbedingt sein musste, hielt ich schon im Flur die Luft an, rannte aufs Klo, verrichtete schnellstmöglich mein Geschäft und schaffte es meist vor einer Ohnmacht oder dem nächsten Atemzug, wieder draußen zu sein.

Mittags, wenn das Schulessen im Essenskeller ausgeteilt wurde, vermischten sich diese Gerüche. Auch Bohnerwachs- oder Schweißgeruch nahm ich wahr und fühlte mich nicht wohl.

Gleich nach den ersten Schultagen bekamen wir alle einen Zettel für unsere Eltern mit. Sie sollten ihn möglichst schnell ausfüllen und ihn unterschrieben wieder mit zur Schule geben. Passend zum Brief lernten wir auch gleich noch ein temperamentvolles Lied, das ich gerne mitsang und als Ohrwurm mit nach Hause nahm.

Fröhlich sein und singen
stolz das blaue Halstuch tragen
andern Freude bringen,
ja das lieben wir!

Hallo, hört ihr die Fanfaren?
Hört ihr unsre Lieder?
Das sind wir!
Vorwärts junger Streiter,
vorwärts Pionier!

Wir lernten erst einmal nur die erste Strophe des Liedes, welches mich total begeisterte und mitriss.

Das Wort „Pionier“ war mir nicht neu. Meine sechs Jahre alten katholischen Ohren waren daran natürlich nicht vorbeigekommen, aber bis zu diesem Tag hatte es keinerlei Bedeutung für mich. Nun bekam es eine. Als ich abends den Zettel für die Eltern hervorholte und ihn Mutti mit freudigem Gesicht gab, wurde ihr Gesicht nachdenklich. Wortlos und mit einem verstehenden Blick, wie ihn nur Eltern untereinander austauschen können, reichte sie ihn an Papa weiter. Der Kaffeepott wurde beiseitegestellt, die Brille zurechtgerückt und die Hand ans Kinn geführt. Papas Zeigefinger fuhr geräuschvoll über seine kurzen Bartstoppeln und seine Wangenknochen kamen in Bewegung. Das war kein gutes Zeichen.

Nun folgte ein Erwachsenengespräch, das ich aber verfolgen durfte. Bei Martin war das was anderes. Sein Lehrer schien weitestgehend neutral zu sein. Er war seiner Pflicht nachgekommen und hatte Martin auch so einen Ausfüllbogen mitgegeben, sich aber mit einem klaren „Nein!" zufriedengegeben. Keine Diskussion, kein Wenn und Aber, keine Repressalien.

Frau Plath aber hatte einen Bonbon an der Jacke. Da müsste man argumentieren und Entschuldigungen parat haben und außerdem mit Repressalien rechnen.

Ich verstand kein Wort. „Einen Bonbon an der Jacke"? Wo hatte meine Lehrerin einen Bonbon? Wie konnte der bis jetzt meinen Augen entgangen sein? Sicherlich war der Bonbon klebrig, wie sollte der sonst an der Jacke haften. Ich fasste den Entschluss, diese Tatsache, die bisher scheinbar nur meinen Eltern aufgefallen war, morgen unbedingt meiner Lehrerin mitzuteilen. Unterdessen lief das Gespräch der Erwachsenen weiter. „Vielleicht hätten wir doch damals gehen sollen, nach Westberlin, Westdeutschland oder sogar nach Kanada", sagte mein Vater und schien sich über sich selbst zu ärgern. Mutti buffte ihn leicht verstohlen am Oberarm, als würde ich es dadurch nicht sehen, zeigte mit dem Kopf in meine Richtung und schaute wieder Papa an. „Das ist unser erstes kämpferisches Nein", sagte sie. „Wir werden sehen, was daraus wird. Vielleicht müssen wir uns gar nicht rechtfertigen."

Stille lag im Raum, nur durch das geöffnete Fenster hörte man einen Teppichklopfer, der wieder und wieder voller Wucht gegen einen Teppich gedroschen wurde. Irgendjemand rief: „Ruhe!" – „Jenau, is gleich Achte!", rief eine zweite beifällige Stimme, und dann war es ganz ruhig. Mutti hatte jetzt ihr Überlegegesicht und dann scheinbar eine Idee. „Ich muss mit Pfarrer Radtke sprechen", sagte sie, „Gleich morgen, und Tina nehme ich mit." Pfarrer Radtke, das war der Pfarrer aus unserer Gemeinde. Freund der Familie, Ratgeber in allen Lebenslagen, mit der Lizenz, Entschlüsse abzusegnen. Herr Pfarrer war sehr bodenständig. Er hatte Augen und Ohren nicht für, sondern mitten im Herzen seiner Schäfchen. Seit Anfang des Schuljahres hatten wir bei ihm Beichtunterricht und im Nächsten Jahr würde er uns auf die Erstkommunion vorbereiten.

Mutti erklärte mir die Sache mit den jungen Pionieren. Es ging hier nicht darum, ob ein einzelnes Kind Pionier war oder nicht. Es ging hier darum, kleine Diener, Gehilfen für den Mann mit der nuschligen Fistelstimme und dem Zickenbart heranzuziehen. Die fröhlichen Lieder, die blauen Tücher, die Uniform, die verlogenen Zukunftsträume sollten uns Kinder verführen, ihm zuzujubeln, hurra zu schreien und seine Ziele mit unserer Hilfe zu erfüllen. Aber sauber, pünktlich, zuverlässig, klug, kreativ und liebenswert konnte man auch sehr gut ohne Pionierausweis sein. Sie erklärte mir, dass die SED samt Herrn Ulbricht Schuld hatte, dass es eine Mauer gab. Die Mauer schützte uns nicht, sondern sie riegelte uns ein. Wir konnten fast nichts allein entscheiden und mussten immer befürchten, dass selbst Menschen, die wir nett fanden, uns verrieten und ins Gefängnis bringen konnten. So richtig verstand ich die Zusammenhänge nicht, aber ich spürte, dass ich gerade eine sehr wichtige und wahre Ansage erhalten hatte. Die Sache mit dem Bonbon ließ mir aber keine Ruhe und ich wollte das unbedingt auch noch erklärt kriegen. „Als ‚Bonbon‘ bezeichnen die einfachen Leute das Parteiabzeichen, das unter anderem auch deine Lehrerin wie eine schmückende Brosche an ihrer Jacke trägt. Dieses Zeichen haben alle Leute, die in der Partei sind. Manche weil sie wollen, viele weil sie sonst ihren Beruf nicht ausüben dürften und ganz viele, weil sie zu bequem zum Nachdenken sind oder einfach nur Angsthasen. Wollen wir Angsthasen sein?“ „Nein!“, antwortete ich empört im Brustton vollster Überzeugung. „In der DDR will man zum Beispiel auch keine Christen haben. Man will am liebsten Weihnachten und Ostern ohne Gott und Jesus und dem Heiligen Geist feiern. Selbst Maria ist unerwünscht. Taufen, Kommunion, Firmung, Konfirmation, Krankensalbung, die letzte Ölung. All diese Dinge, die uns so viel bedeuten, sollen möglichst so lange verboten werden, bis wir sie vergessen haben“, fügte meine Mutter mit entrüstetem Gesicht hinzu. Das empörte mich nun wirklich. Am meisten wohl deshalb, weil ich es nicht verstand. Weihnachten und Ostern ohne Gott? Das ging doch gar nicht!

Nach dem Zettel wurde am nächsten Tag in der Schule noch nicht gefragt. Am Nachmittag nach dem Beichtunterricht hatten wir ein Sechsaugengespräch mit unserem Pfarrer. Der freute sich sehr, dass meine Mutter ihn bezüglich solcher Entscheidungen um Rat bat. Vor vielen Jahren, als Mutti noch ein junges Fräulein war, hatte Omi sich empört über Muttis angemalte Augenbrauen geäußert. „Wenn der liebe Gott bei unserer Rita die Augenbrauen vergessen hat", so sagte er damals, „darf sie sich die Brauen selber anmalen." ‚Der liebe Gott hat mit den Menschen andere Sorgen." Das musste Omi anerkennen, und manchmal, wenn Uroma es nicht sah, zog sie sich selber die Augenbrauen nach.

Pfarrer Radke bezog mich in das folgende Gespräch sofort mit ein und fragte mich nach meiner Meinung. Hin- und hergerissen zwischen dem fröhlichen Pionierlied sowie der Aussicht, einen echten Pionierausweis mit Passbild und Stempel zu bekommen und dem Wissen, das Mutti mir am Abend zuvor nahegebracht hatte, sagte ich erst mal gar nichts. „Sieh einmal", sagte Herr Pfarrer, da bereitet man euch darauf vor, euch für den besseren Teil der Gesellschaft zu halten. Ganz normale, löbliche menschliche Eigenschaften werden so besungen, als wäre das nur die Wesensart von Pionieren oder später FDJlern oder Parteimitgliedern. Kannst du ein wenig ausharren? Abwarten was passieren wird? Wollen wir uns in ein paar Monaten, wenn du deine Klassenkameraden und Lehrer besser kennst, noch einmal darüber unterhalten? Kannst du in dieser Zeit einen Unterschied zwischen den verschiedenen Kindern oder zwischen Schülern und Pionieren erkennen, dann kannst du dich immer noch entscheiden. Du wirst auf die heiligen Sakramente der katholischen Kirche von mir vorbereitet. Du bist getauft und damit eine von vielen und doch von so wenigen. Du kannst für Gott streiten oder gegen ihn. Du kannst nur einem Herrn dienen."

Da saß ich nun in einem viel zu großen Sessel mit einem viel zu kleinen Kopf und versuchte zu verstehen. Es gelang mir nicht. Aber mein Vertrauen in diese beiden Menschen, in Papa und Omi und in meinen lieben Gott war so groß, dass ich neugierig und gespannt die nächsten Monate abwarten wollte.

Zu einem Vieraugengespräch zwischen Mutti und Frau Plath kam es aber sehr bald. Nein, es gab wohl keinen Streit, aber ein klares Abstecken der Fronten, auf denen gekämpft wurde. Mein kleines Schulleben ging weiter, als wäre nichts geschehen. Um mich herum, am 13. Dezember, dem Pioniergeburtstag, bekamen die Kinder Pionierausweise, blaue Halstücher und weiße Blusen. Beim Fahnenappell am Montagmorgen wurden die Schülerinnen und Schüler gleich nach den Pionieren, den Thälmannpionieren, den FDJlern und FDJlerinnen begrüßt. Warum gab es eigentlich keine Pioniere und Pioniererinnin, fragte ich mich oft und ließ den Lobgesang des Schuldirektors über mich ergehen, ohne ihm gedanklich zu folgen. Der Schulunterricht begann nun mit einer Meldung des obersten Pioniers, dass alle Pioniere und Schüler für den Schulunterricht bereit sind. „Seid bereit", sagte Frau Plath. „Immer bereit", echoten die Pioniere, und ich war auch bereit, aber mich fragte keiner.

Ich hatte meine liebe Not mit dem Gebeichte. Wir lernten die zehn Gebote, die Gewissenserforschung, den demütigen Gang in den Beichtstuhl, das Hin- und Hergerede zwischen Sünder und Beichtvater; lernten die Bedeutung echter Reue mit dem Vorsatz, nicht mehr zu sündigen, strebten der Absolution entgegen und nahmen eine kindliche Buße auf uns.

Die Theorie der Beichte hörte sich so einleuchtend und einfach an. Auf die eigene Person angewendet, erhöhte sich freilich der Schwierigkeitsgrad.

„Ich bin der Herr, dein Gott."

1. „Du sollst keine anderen Götter neben mir haben"

Woher sollte man andere Götter nehmen? Manitu war mir ein Begriff aus den Indianergeschichten, auch von Buddha, dem kleinen, dicken lächelnden Mann, hatte ich schon gehört. Ich wusste wenig über sie und sie waren keine Konkurrenten für meinen lieben Gott.

Natürlich lernten wir mehr über dieses Gebot als ich erfassen konnte. Ich hörte von alten griechischen Göttern, die sich teilweise benahmen, als hätten sie keine Mutti gehabt. Von Götzen war die Rede, von Idolen, die als normale Menschen irgendwo auf der Welt geboren wurden und sehr berühmt waren, weil sie toll Fußball spielen, singen, tanzen oder schauspielern konnten. Nein, die alle waren für mich keine Gefahr, was die Übertretung des ersten Gebotes betraf.

2. „Du sollst den Namen Gottes nicht verunstalten“

Das hieß ganz klar, dass man nicht ständig und ungeduldig „oh Gott, oh Gott!“ schreien sollte, wenn was schiefging. Für Sachen, die verschwunden waren, sollte man nicht dem Heiligen Geist die Schuld in die Schuhe schieben. Flüche, in denen in irgendeiner Form das Wort Sakrament, Gott, Jesus oder Maria vorkam, waren sehr sündig. Und Fluchen ohne diese Worte? Fluchen war nie gut.

3. „Du sollst den Sabbat heiligen“

Ich hatte das Gefühl, Gott hatte diese Gebote nicht für Kinder aufgeschrieben. Hier verstand ich zunächst gar nichts. Das Wort „Sabbat“ und seine Herkunft konnte Herr Pfarrer uns prima erklären. So hatten die Christen also aus dem Samstagabend den Sonntag gemacht, was dem lieben Gott und mir wohl auch egal war. Hauptsache es gab einen Tag für ihn und seine Lobpreisung. Der Sonntagskirchgang war selbstverständlich, und selbst Papas Fußballtermine konnten ihn nur auf eine andere Uhrzeit verschieben. Ich mochte besonders die Kindermesse. Da kam der Pfarrer persönlich die Altartreppe herunter, stand zwischen uns Kindern und stellte allerlei Fragen. Ich mochte das, besonders, wenn ich laut und deutlich seine Frage beantworten durfte.

Aber nicht nur der Kirchgang war damit gemeint. Der Mensch sollte ruhen an diesem Tag, sich auf die Familie und das Leben besinnen, keine Tätigkeiten verrichten, die nicht vermeidbar waren. Aber Mittag kochen und Binden wickeln, abwaschen, Menschen retten und pflegen, das war erlaubt. Auch mit diesem Gebot tat ich mich leicht. Hier brauchte ich nicht auf Sündensuche zu gehen.

4. „Du sollst Vater und Mutter ehren“

Es ging mir gut zu Hause. Die angeborene Liebe zu meinen Eltern trug reiche Früchte. Ich hatte schon einige andere Mütter und Väter kennen gelernt, manche fand ich sogar sehr nett, aber niemals hätte ich Vati oder Mutti gegen einen von ihnen eingetauscht. Manchmal, wenn Mutti und ich stritten, dann nahm ich meine Puppen und drohte zu Frau Hoppe zu ziehen. Diese Frau hatte ihren Balkon genau auf unserer Höhe uns gegenüber. Wenn es dunkel war und bei ihr das Licht anging, konnte man prima in ihre Wohnung gucken. Das würde Mutti nichts schaden, wenn sie mich dann glücklich auf dem Schoß dieser Frau sehen würde. So dachte ich jedenfalls. Ich gab meinen Auszug bekannt und ging mit meiner Kinderschar los zu Frau Hoppe. „Na die wird sich freuen!", rief Mutti mir noch hinterher und schloss die Tür. Auf der Treppe kamen mir meistens schon die ersten Zweifel. Marina, die Tochter des Hauses, wäre dann meine große Schwester und ihr kleiner Bruder, Renee, wäre dann auch mein kleiner Bruder. Auch ich könnte in unser Fenster gucken und sehen, wie unsere Familie ohne mich lebte. Wie Martin abwechselnd bei Papa und Mama auf dem Schoss säße, mit ihnen Mittag äße und immer Papas Pudding haben dürfte.

Ich kam nicht mal bis zur Klopfstange mit meinem Packen Puppen. Voller Selbstmitleid machte ich spätestens an Oma Baruffkes Giebelgärtchen halt und kehrte reumütig zurück. Meine allerliebste Mutti nahm mich in den Arm und alles war wieder gut. Diesen Weg bin ich oft gegangen, bevor ich begriff, dass er ein Irrweg war, der aber irgendwann doch die Erleuchtung brachte. Vater und Mutter ehren. Da konnte man schon mal einen Sündenfall bei mir entdecken.

5. „Du sollst nicht töten"

Dieses Gebot verursachte mir Bauchschmerzen. Wie hätte ein Kind töten können? Getötet wurde im Fernsehen. Cowboys töteten Indianer und umgekehrt, Polizisten erschossen Räuber und umgekehrt. Soldaten erschossen scheinbar alle. Die, die über die Mauer wollten, die, die in einem anderen Land anders lebten als sie selber. Wenn ich darüber nachdachte, bekam ich Angst. Überall konnte man getötet werden. Auf der Straße, weil man überfahren wird, beim Baden, beim Klettern. Aber, ich soll ja nicht töten. Ich hielt mich gerade noch für ungefährlich, da fielen mir die vielen Mücken und Motten und Käfer ein, die von mir einfach so zerklatscht und zerlatscht wurden. War das Töten? Ja, das war Töten. Das würde ich beichten müssen, echt bereuen und nie wieder tun. Die Mückenstiche auf meiner Haut würden mein Leben im Sommer vermiesen, aber sie würden bezeugen, dass ich der Mücke nichts getan hatte.

Nun gab es aber auch noch die Selbstverteidigung. Die durfte man schon anwenden. Das beruhigte mich ungemein. Wenn ich auch noch keine Übersicht hatte, wie weit die gehen durfte.

Kain hatte seinen Bruder Abel erschlagen, dagegen war Adams und Evas Ungehorsam nur ein Klacks. Aber alle Sündenfälle auf der Welt ergaben sich allein durch diesen Klacks.

Ich konnte dem Pfarrer im Beichtstuhl nur Vorschläge auf ein diesbezügliches Sündenproblem machen. Welche er als Sünde anerkennen würde, müsste er selbst entscheiden. Er durfte mich ja nach allem fragen.

Margot fiel mir ein. Sie hatte sich selbst getötet. Wie man das machen konnte, entzog sich meiner Kenntnis. Vor dieser Sünde glaubte ich, mit meinen sechs Jahren, ein Leben lang sicher zu sein.

6. **„Du sollst nicht ehebrechen"**

Um dieses Gebot würde ich mich später kümmern müssen. Ehebrechen, Ehebruch. Da gab es ein paar geschiedene Leute in unserem Verwandten- und Bekanntenkreis. Papa schien sich mit solchen Leuten auszukennen. Er bildete sich schnell ein Urteil. Fand manchmal Entschuldigungen, äußerte aber überwiegend Unverständnis. Mutti hielt sich da raus. Sie hatte einige geschiedene Freundinnen, was Papa nicht gerne sah.

7. **„Du sollst nicht stehlen"**

Stehlen war dasselbe wie Klauen. Man nimmt etwas weg, was einem nicht gehört, und versteckt es, benutzt es heimlich oder nie oder man gibt es zurück.

Da fiel mir die Geschichte mit dem Rasiermesser ein. Eines Abends, als Mutti mir die Hosen auszog, fiel es aus meiner Tasche direkt vor ihre Nase. Tagsüber waren wir bei unserem Friseur gewesen. Martin bekam immer einen Igelschnitt mit einem elektrischen Apparat verpasst, der ähnlich funktionierte wie ein kleiner Rasenmäher. Ich musste immer zum Messerformschnitt. Ich wehrte mich dagegen, denn ich träumte von langen Haaren, von Pferdeschwänzen, Zöpfen und offenem Gespinst auf meinem Kopf. In dieser Hinsicht hatte ich jedoch keinerlei Mitspracherecht. Der kurze Haarschnitt war praktisch und kleidsam und modern. Wenn ich es denn mal bis auf eine Minilänge brachte und erste kleine Zöpfe von meinem Kopf abstanden, wurden diese sofort als Rattenschwänze diskriminiert und spätestens zwei Tage später vom Friseur abgeschnitten. Ich habe keine Erinnerung daran, wie das Messer in meine Tasche kam. Ich werde es wohl geklaut haben, in der Hoffnung, dass mir dann nicht mehr die Haare geschnitten werden könnten. Am nächsten Tag musste ich das Messer zurückbringen und mich ernsthaft entschuldigen. Das fiel mir sehr, sehr schwer. Aber alles deutete auf mich als Täterin.

Du sollst nicht stehlen. Zählte ein Schluck von Muttis köstlicher Kaffeesahne zum Stehlen oder Naschen? War Naschen eine Sünde?

Ja, meinte der Pfarrer, eine richtige Kindersünde. Sechs Jahre lang hatte ich darüber nie nachgedacht und jetzt gab es so viel zu denken und abzuwägen.

8. „Du sollst kein falsches Zeugnis geben wider deinen Nächsten“

Ein Zeugnis würde ich bald das erste Mal in meinem Leben bekommen. Das Halbjahreszeugnis. Da würden dann meine Zensuren in den einzelnen Fächern stehen, da würde auch stehen, ob ich ordentlich mitarbeitete, gutes Betragen hatte und wie oft ich in der Schule gefehlt hatte oder zu spät kam. Das war mein Wissen über ein Zeugnis.

Nun lernten wir aber, dass ein Zeugnis alles war, was über andere Menschen etwas aussagte. Wie wichtig es war, hier nur die Wahrheit zu sagen oder lieber zu schweigen. Wenn man nämlich log, konnte das für den anderen schlimme Folgen haben. Man konnte unschuldig im Gefängnis landen oder eine Arbeitsstelle nicht bekommen oder man würde sitzen bleiben und die erste Klasse noch mal machen müssen, weil der Lehrer falsches Zeugnis über den Schüler gegeben hatte.

Ich fand das Leben und die vielen Fallen, die es stellen konnte, sehr kompliziert.

9. „Du sollst nicht gelüsten nach deines Nächsten Weib“

Weib kannte ich. Eine andere, alte Bezeichnung für Frau. Kam im Gebet „Gegrüßet seist du Maria“ vor und gehörte zu meinem normalen Wortschatz. Allerdings hatte ich die Worte *Weib* und *Weiber* auch schon als Schimpfwörter gehört. Weiberwirtschaft, Weiberklatsch, Marktweib und mehr. *Gelüste* war mir neu. Der Pfarrer tat sich etwas schwer, uns dieses Gebot zu erklären. Eigentlich hätte da auch noch stehen müssen „nach deiner Nächsten Mann“. Denn wenn einer dem anderen „schöne Augen“ machte und man der Unkeuschheit nachgab, konnten ganze Familien daran zerbrechen, weil man sich nicht beherrscht hatte. Nun ja, das kam ja im echten Leben wirklich nicht vor. Wenn alle gut aufeinander aufpassten, durfte doch nichts passieren.

Das Wort *unkeusch* beunruhigte mich mehr. Die Bilder mit den nackten Frauen in den Kleiderschränken von Papas Kollegen waren eindeutig unkeusch. Mein Blick auf den Pillimann des kleinen Jungen aus dem Krankenhaus? Unkeusch? Neugierde? Mitgefühl? Rolands Übergriffe im Nordmark-Krankenhaus, eindeutig unkeusch. Muttis versteckte Brüste, wenn sie über den Korridor flitzte, eindeutig keusch. Schade eigentlich, dachte ich und erwischte mich bei einem unkeuschen Gedanken.

10. „Du sollst nicht begehren deines Nächsten Haus, Hof, Vieh“

Hier spielte der Neid eine große Rolle. Neidisch war ich schon so manches Mal gewesen. Da war das lange Haar, der schicke Badeanzug, die schönen Lackschuhe der anderen Mädchen. Manchmal nagte der Neid und nahm sehr viel Platz in meinem Kopf und meinem Herzen ein. Neid und Eifersucht. Omi hatte mir viel darüber erzählt.

Beim Neid ging es meist nicht um Sachen, die man kaufen konnte. Ich beneidete meinen Bruder, weil er ein Junge war. War er schmutzig, war das typisch Junge, war ich schmutzig, war ich bestenfalls ein Ferkelchen. Im Haushalt helfen brauchten Jungs nicht, pfeifen durften sie und auf Bäume klettern. Diese unterschiedlichen Bewertungen führten dann auch zu Eifersucht.

Nun gut, das war nicht Haus, Hof, Vieh. Aber Rollschuhe mit Gummirädern, Kaugummis oder einen schicken funktionstüchtigen Schulfüller hätte ich auch gerne gehabt. Nicht genau den, der anderen gehörte, aber genau so einen.

Dieses Gebot würde für Gesprächsstoff im Beichtstuhl sorgen.

Hatte ich aber überhaupt Lust, mich mit unserem Pfarrer darüber zu unterhalten? Ich fand das Beichten von Anfang an sehr peinlich. Man musste ehrlich und aufrecht sein, sonst hatte die ganze Absolution keine Gültigkeit und ich müsste bei der nächsten Beichte auch noch diesen Fehltritt beichten.

In unserer Schule gab es keinen Religionsunterricht. Um diesen zu bekommen, mussten wir immer den recht weiten Weg zu unserer Kirche auf uns nehmen. Beichtunterricht und ein Jahr später der Kommunionsunterricht waren ein Extraprogramm zum normalen Religionsunterricht. Wir hatten Monatskarten und konnten mit Bus und Bahn fahren. Praktisch, wie Mutti dachte, sollten Martin und ich gemeinsam zur ersten heiligen Kommunion gehen. Eine Feier, ein Termin, gleiche Unterrichtszeiten, und keiner von uns musste die Wege allein bestreiten.

Die Schule fühlte sich für Religion nicht zuständig. Frau Plath hingegen ließ es sich nicht nehmen, mich immer und immer wieder auf meine Sünden hinzuweisen. Egal ob ich aus dem Fenster träumte, mit meinem Banknachbarn schwatzte, laut lachte oder um meine Federtasche kämpfte, die in hohem Bogen durch die Klasse flog. „Das musst du beichten!“, schrie sie in einem Ton, der die ganze Klasse aufhorchen, aber noch lange nicht verstehen ließ. Ich verstand, fühlte mich nicht gut aufgehoben bei dieser Lehrerin und das liebenswerte Mädchen in mir spürte, dass in ihm drin anfing, ein Stachel zu wachsen. Anfangs klein wie eine Dornwarze, aber sehr viel schmerzhafter.

Der Sommer war lange vorbei. Der Herbst mit seinen bunten fliegenden Blättern und den Papierdrachen am Himmel fing an, ernst zu machen und schickte Kälte und eisigen Wind in unsere Stadt. Die Feierlichkeiten auf den vielen verschiedenen Friedhöfen begannen. Die Gräber mussten eingedeckt und geschmückt werden. Bepackt wie die Esel oder von Onkel Ottchen chauffiert, fuhren wir sämtliche Friedhöfe ab, auf denen Angehörige bestattet waren. Überall wurde Tanne in wohlgeordneter Form ausgelegt und mit langen Eisenkrammen am Boden befestigt. Obenauf kamen verschiedene Gestecke, die aus Kienäpfeln, Tannenzapfen, verschiedenen Tannenzweigen und Trockengräsern bestanden. Hin und wieder lagen auch ein paar Chrysanthemen oder Lampionblumen zwischen den Zweigen. Als Krönung kam dann eine Kerze mit Windschutz auf die Grabstelle. Wer sich beeilte, war fertig, wenn die Feierlichkeiten begannen. Ich erinnere mich an bleischwere Blasmusik, die kein Mensch an anderen Tagen hätte hören wollen. Zu Allerheiligen und Allerseelen passte sie. Richtig laut war die Musik nur, wenn man unmittelbar bei den Bläsern stand. Ansonsten hatte sie eine Art, sich wie der Novembernebel auszubreiten und die eigentliche Ruhe des Friedhofes nicht zu stören. Egal wo ich mit Mutti war, wir trafen immer viele ihr bekannte Leute. Manche kannte ich auch, von der Kirche oder aus der Nachbarschaft. Es gab immer viel zu bereden zwischen all den Erwachsenen. Ich sammelte in der feuchten Erde Kastanienblätterstiele. Sie waren das, was übrig blieb, wenn ein Kastanienblatt verfaulte. Die Stiele rochen jedes Jahr gleich, nach Moder und Keller und Erde. Sie rochen nach Totengedenktagen.

Dann kam der Pfarrer mit seinem unverzichtbaren Weihwasser, die Ministranten schaukelten die Weihrauchschwenker und die Menschen bildeten einen Prozessionszug, um ja nicht die Segnung der Gräber ihrer Lieben zu verpassen. Es passte alles, das Wetter, die Dunkelheit, der Modergeruch, der Nebel, der sich mit dem Duft des Weihrauchs über die Gräber legte, die gemurmelten Gebete und die schwere Musik. Dazu Hunderte Flammen brennender Kerzen, die Hoffnung gaben auf ein ewiges Leben.

Es war der Beginn der Adventszeit, als meine Omi mal wieder ihr Köfferchen packte, um im Westen nach dem Rechten zu schauen.

Die DDR-Regierung, also der Mann mit der runden Brille, dem Bart und der Fistelstimme, den kein Mensch verstand, hatte erlaubt, dass die DDR-Rentner einmal pro Jahr ein Visum nach „Drüben" bekommen konnten.

Mein Vater sagte damals, dem Ulbricht wäre es egal, wenn die Alten im Westen blieben. Da sparte er an Rente und Krankenkasse, und Wohnraum würde außerdem frei werden. Damit hatte er wohl Recht, aber in meinem kleinen Köpfchen mussten alle möglichen Negativgefühle durch diese leichtfertig dahin gesprochenen Worte verarbeitet werden. Wenn Omi nun im Westen bliebe was würde dann aus mir und unserer Familie werden? Nun gut, Papa würde anfangs glauben, auf sie verzichten zu können, denn er hatte keine Ahnung von dem guten Geist, den Omi in unsere Familie brachte. Für Mutti würde eine Welt zusammenbrechen. Wenn es einen Menschen gab, auf den sie sich immer verlassen konnte, dem sie alles anvertrauen und jede Bitte antragen konnte, war das ihre Mutter. Für uns Kinder würde nichts mehr so sein wie bisher. Omi war allgegenwärtig und trotz ihrer Krankheiten ein unverzichtbares Familienmitglied. Natürlich dachte ich mit meinen damals sechs Jahren nicht so detailliert darüber nach. Aber mein Herz war sehr schwer und ich hatte Angst und Bange, als sie sich auf den Weg machte.

Omi hatte einen richtigen Reiseplan. Erst einmal wollte sie die Verwandtschaft und den Freundeskreis in Westberlin besuchen. Das war eine Unmenge von Leuten ihrer und der jüngeren Generation. Natürlich hatte sie, weil sie sehr bescheiden war, geplant, bei jedem nur ein bis zwei Tage zu übernachten, um niemandem zu große Umstände zu machen. Danach wollte sie sich in den Zug setzen und nach Ludwigshafen fahren. Die Geburt ihres vierten Enkelkindes stand bevor und ihr Geburtstag. Diese Feierlichkeiten und Ereignisse, vielleicht sogar das Weihnachts- und Neujahrsfest, wollte sie dort verbringen. Eine Zeitspanne, die ich noch nicht überschauen konnte. Weihnachten ohne Omi war aber eine konkrete Vorstellung, die mich traurig machte.

Es kam dann aber alles ganz anders. Omi schaffte nicht einmal ihre Tour in Westberlin. Ein Telegramm kam, Mutti zitterte, weinte und war vollkommen fassungslos. Omi hatte einen Hirnschlag erlitten. Sie lag im Koma und würde die nächsten Tage wohl nicht überleben.

Da war sie, die Wand aus Beton, verwaltet von Betonköpfen mit Betonherzen. Mutti bekam keine Genehmigung an das Sterbebett ihrer Mutter zu gehen. Niemand schenkte ihr Gehör oder ließ auch nur einen kleinen Keim von Hoffnung in ihr wachsen. Nur fünf Stadtbezirke lagen zwischen ihr und ihrer Mutter, und es waren doch zwei ganz verschiedene Welten. Ich lernte und staunte und fing an, zwischen Heimat und Staat zu unterscheiden. Die Erwachsenen redeten voller Trauer und Empörung, voller Wut und Aggression. Es waren meine Eltern, meine Verwandten, meine Erwachsenen, die ich noch nie so empört reden gehört hatte. Ich weinte, ich war traurig, aber ich glaubte aus tiefstem Herzen, der liebe Gott würde Omi wieder gesundmachen und vielleicht wäre sie Weihnachten doch wieder bei uns.

Omi war tot. Tot wie all die anderen Menschen, die in meiner frühen Kindheit gestorben waren. Tante Vivi, eine meiner Patentanten. Unfassbar, sie fiel aus dem Bus, brach sich den kleinen Zeh und verstarb im Krankenhaus an einer Embolie. Papas Schwestern, meine Uroma, die aussah wie Adenauer, Opa Emil, dessen letzten Blick auf mich, ich niemals vergessen würde, Tante Ursula, die so ein interessantes Ersatzbein hatte und trotzdem gestorben war. Der Tod, das Sterben und Kranksein waren so mystisch, die vielen Beisetzungen und die Worte der Pfarrer und Pastoren nicht tröstend. Die Erwachsenen rings um mich herum lösten sich in Tränen und Rotz auf und saßen nachher doch gemeinsam an einem reich gedeckten Tisch zum Leichenschmaus, wie sie es nannten. Sie plauderten, schwelgten in Erinnerungen, und schienen heilfroh zu sein, dass die große Hand nicht nach ihnen gegriffen, sondern jemand anderen zu sich genommen hatte.

Muttis Bruder kam mit seinem Schwager nach Berlin, um die Überführung des Sarges von West nach Ost zu organisieren. Seine Tochter, meine Cousine, war unterdessen geboren worden. In derselben Nacht, in der meine Omi starb – einen Tag vor ihrem 61. Geburtstag. Die betonbeschwerten Formalitäten machten alles noch schlimmer.

Ich sehe mich auf der Couch im Wohnzimmer liegen. Unser Kinderzimmer wurde wahrscheinlich den zwei Onkels zur Verfügung gestellt. Sie müssen eine Sondergenehmigung zur Übernachtung gehabt haben. Vor mir steht der Weihnachtsbaum, ich schlafe nicht, denn ich habe einen bewussten Traum. Vielleicht lag ich mit einem Infekt und hatte Fieber. Mein Traum spielt sich in einer der silbernen Kugeln ab. Ich weiß, dass ich meinen Blick nicht abwenden darf, sonst wäre der Traum weg.

Unsere Wohnstube steht voller Bänke. Bänke, wie in unserer Sporthalle, in Reihen aufgestellt, als würde Publikum, viel Publikum, erwartet. Die Fenster sind verhangen mit weißen Leintüchern, zu unserer Nachbarswohnung gibt es einen Wanddurchbruch, vor dem ein schwerer, dunkler Vorhang hängt. In dieser Wohnung wohnt seit kurzer Zeit eine Familie wie unsere, denn der alte Nachbar ist verstorben und seine Frau tauschte ihre Wohnung gegen eine kleinere Giebelwohnung. Scheinbar schloss mein Traum diesen alten Herrn, den Verstorbenen, mit ein in die Gemeinschaft derer, die nun hinter diesem schweren, dunklen Vorhang hervorkamen. Es kamen Gerippe, strahlend weiße Gerippe, immer mehr und immer mehr zum Vorschein. Sie redeten miteinander, waren fröhlich und ihre Schädel konnten lachen. Sie belegten gut gelaunt die Bänke, setzten sich hin und warteten ab. Ich wartete mit, sah zwischen all den bleichen Gestalten meine lebendige Mutter, die ebenso fröhlich war wie die anderen. Ich sah mich plötzlich selbst vor dem Vorhang auftauchen, an der Hand meine Omi, die ich vor die Bänke stellte, sie lachte und winkte meiner Mutter zu. Da stand ein kleiner Tisch, unser Rauchtisch, wie Papa ihn nannte, an dem saßen meine Tanten, die jungen und die alten, mein Opa, der nur guckte und die Cousine meiner Mutter, die sich leider ohne ihr rechtes Bein auf den Weg in den Himmel gemacht hatte. Darüber habe ich damals oft nachdenken müssen, ist man dann im Himmel für immer ohne Bein, für immer alt? Sollte ich früh sterben, um ein schöner Engel werden zu können, so einer wie auf den Bildern, die überall in den Wohnungen der Verwandtschaft über den Betten hingen. Ich sah die Tante ohne Bein an. Sie war vollständig und schön, wie ich sie gekannt habe, aber in ihrem rechten Nylonstrumpf befanden sich nur Knochen. Ein Albtraum? Nein, ein Traum, den ich unterbewusst steuern konnte, ich durfte nur die silberne Kugel nicht aus den Augen verlieren. Alle waren so fröhlich und ausgelassen, lagen sich in den Armen und kosteten das Wiedersehen lachend und tanzend und singend aus. Ich war dabei, niemand schickte mich weg. Die mir bekannten Toten sahen aus wie im richtigen Leben, alle anderen waren anonyme fröhliche Knochengestelle und wären vielleicht nur von ihren Lieben erkannt worden.

Mutti weckte mich, aber ich wehrte mich dagegen. Ich wollte nicht aufwachen, wollte bei Omi bleiben und ein Engel werden. Ich musste den Traum verlassen, ein Winken noch und alle Verstorbenen und jede Fröhlichkeit waren verschwunden.

„Tina ist ganz heiß“, hörte ich meine Mutter sagen. Mit wem sprach sie? Mit Omi? Ich konnte die Kugel nicht mehr sehen, Mutti hatte mich hoch genommen in ihren Arm. Sie sah mich besorgt an, und dann sah ich Papa, auch sein Gesicht war voller Sorge. Schützend nahm er mich hoch, wollte mich beruhigen, aber ich war ruhig, war getröstet, war ohne Angst. Der Traum war meiner. Er würde es immer bleiben, ich wollte ihn damals mit niemandem teilen. Mama holte einen kalten Lappen, wechselte das Laken und mein durchgeschwitztes Nachthemd. Dann durfte ich weiterschlafen. Ich suchte in der Kugel meinen Traum, er war weg, ich fand ihn nicht wieder.

Dann kam die Beisetzung. Es war keine Frage, ob wir Kinder dabei sein dürften. Wir Kinder gehörten selbstverständlich zur Trauergemeinschaft. Es war für mich ein bisschen wie der normale Kirchgang. Die Friedhofskapelle auf dem St.-Hedwigs-Friedhof in Hohenschönhausen war natürlich viel kleiner als unsere Kirche, aber der Geruch und das Aussehen waren ähnlich.

Da stand der Sarg in dem meine Omi lag. Ringsum Kerzen, Blumen und eine große Trauergesellschaft. Ich stand neben Mutti, ihre Nase und ihre Augen waren ganz rot. Sie trug Omis alten Pelzmantel, denn die Kapelle war kalt und Omi brauchte den Mantel nicht mehr.

Die Worte des Pfarrers rauschten an mir vorbei, ich konnte nicht aufhören meine Mutter anzustarren, sie sollte nicht weinen, wenn sie weinte war alles hoffnungslos. „Beim letzten Abendmahle die Nacht vor seinem Tod ..." Mutti kannte das Lied auswendig, aber sie sang nicht mit. „Jesus, Dir leb' ich, Jesus dir sterb' ich ..." Auch ich konnte nicht singen, ich musste auf Mutti aufpassen. „Maria, breit' den Mantel aus ..." Omis liebstes Lied, ich sang mit, ein letztes Mal mit Omi zusammen. Der Sarg wurde aus der Kapelle getragen, ich sah ihn und Mutti, sonst nichts. Omi kam neben Opa, den ich nicht kannte, in ein tiefes Loch. Herr Pfarrer segnete und betete und alle beteten mit ihm das Vaterunser. Es war eisigkalt und das Erdloch so tief und dunkel. Da stand ein Gefäß mit Erde. Jeder trat ans Grab und warf etwas Erde auf den Sarg und brubbelte meiner Omi was in die Grube rein. Ich heulte und fror und wollte nach Hause.

Unser Leben, mein Leben, hatte sich verändert. Die große Lücke, die Omi bei den Erwachsenen hinterlassen hatte war eine andere als meine. Die alte Frau, die mir im Sommer noch Ohrlöcher hatte stechen lassen, um meine Ohren mit in Gold gefassten Korallenherzen zu zieren, die vom Leben nicht mehr verlangte als drei Pampelmusen und meine Unterhaltung, hatte ihren Koffer gepackt, war weggefahren und im Westen gestorben. Im Januar erreichte uns ein Brief aus Westberlin. Omi hatte ihn für Mutti geschrieben. Sie schilderte ihre ersten Besuchstage bei ihrer Cousine Agnes, schrieb vom Wiedersehen mit ihrem Bruder Franz und seiner Frau. Ein Paket sei unterwegs mit Süßigkeiten, Seife, Kaffee, Kakao und Zigaretten. Für ihr Martinchen sei eine Strumpfhose und eine Strickmütze dabei.

Das Paket duftete wie alle Westpakete aber es hatte einen bitteren Beigeschmack. Das Leben ging weiter, wenn auch trauriger und komplizierter, aber es ging.

Die Gänge auf die Friedhöfe forderten ein Grab mehr Aufwand, aber ich stellte mir vor, wie Omi nun meinen unbekannten Opa wieder traf, und hoffte, dass sie sich um meinen toten Bruder kümmern würde.

Ich war auch ohne blaues Halstuch eine gute Schülerin und beobachtete weiter, wo der Unterschied zwischen Pionieren und Schülern war. Auch die Bonbonträger, die das Abzeichen mit den abgehackten Händen an ihren Jacken trugen, behielt ich im Auge.

In der DDR gab es seit kurzem eine neue Währung. Sie nannte sich Mark der Deutschen Notenbank, kurz ausgedrückt MDN. Sie verbesserte die finanzielle Situation meiner Eltern nicht, unterschied sich nun aber deutlich vom Westgeld.

In die Zeit von Omis Reise und ihrem Sterben, fiel auch die feierliche Aufnahme meiner Klassenkameraden in die Pionierorganisation.

Am 13. Dezember, dem Pioniergeburtstag, wurde für fast alle Kinder meiner Klasse und der Parallelklassen eine große Feierlichkeit ausgerichtet. Der 13.12. war auch der Geburtstag meines Bruders und wir feierten lieber den. Nun ja, er fiel dieses Jahr in eine Zeit, die für die Familie sehr hektisch, anstrengend und überaus traurig war, aber er fiel nicht aus.

Am nächsten Morgen leuchtete dann meine Klasse überwiegend in weiß und blau. Jeden Mittwoch fand ein Pioniernachmittag statt und es wurde ein Gruppenrat gewählt. Da gab es den Vorsitzenden, seinen Stellvertreter, Protokollführer, Kassierer und Propagandisten. Ich bin eigentlich nie so richtig vertraut damit gewesen, ich merkte nur, dass die Amtsinhaber sich stets für etwas Besseres hielten. Dieses Gehabe wurde von einigen Lehrern unterstützt. Papas kurze Kommentare lauteten dann: „Is ja wie bei de Pimpfe“ oder „War bei Hitler och so“. Die diesbezüglichen Lieder, Gedichte und Parolen gingen an uns Nichtpionieren natürlich nicht vorbei. Der Lehrstoff musste eingepaukt werden, egal welche Gesinnung und Konfession man hatte. Und dann kam der kleine Trompeter. Dieses Lied erschütterte mich zutiefst.

Es sang von einem fröhlichen kleinen Jungen, der alle Menschen mit dem Klang seiner Trompete in seinen Bann zieht. Er wird geliebt und gebraucht und sitzt mit seinen Freunden am Lagerfeuer und wird von einer feindlichen Kugel getroffen und stirbt. Ein lustiges Rotgardistenblut, was auch immer das war, ist erschossen worden. Ich sang und heulte und sang und heulte. Papa konnte das Lied nicht mehr hören und meine Tränen nicht stillen. „Dieses Lied ham se bei Hitler och jesungen und damit den Tod von Horst Wessel beklagt. Da war das kleine Rotgardisten- allerdings ein Hakenreuzlerblut“.

Papa schien sauer zu sein. Nicht mit mir, aber mit all den vielen Erklärungsnöten, in die er, teilweise auch von mir, gebracht wurde.

Mutti versuchte oft, ihn zu beschwichtigen. Er wusste scheinbar sehr viel, hatte aber kein Geschick, es mir zu erklären, wurde dann wütend auf sich und die Umstände und mein kleines Gehirn und ließ mich beispielsweise zwischen dem kleinen Trompeter, Hitler und einem Horst Wessel völlig verunsichert zurück. Mutti konnte besser erklären. Sie vertraute aber eher darauf, dass ich irgendwann selbst auf die Erklärungen kommen würde, nämlich dann, wenn ich auch wüsste, wie man mit ihnen umgeht. Bis es so weit war, konnte ich ja das Lied vom kleinen Trompeter weiterhin singen, wenn Papa außer Hörweite war.

Im Laufe meines ersten Schuljahres lernte ich die Ferien zu schätzen. Als Schlüsselkind konnte man selbst bestimmen, wann man das Bett verlassen wollte, sich von seinem Nachthemd trennte und ob man sein Frühstück erst zur Mittagszeit zu sich nahm.

Zwischen Martin und mir kam es täglich zu heftigem Streit, der oft genug mit Handgreiflichkeiten endete. Das war ein großes Problem für mich. Wenn ich mit Mutti darüber sprach, wurden meine Sorgen abgetan. „Ich hatte auch einen großen Bruder“, sagte sie dann. „Ich weiß wie das ist.“ Lächelnd sah sie auf uns zwei Kinder und wollte es gerne jedem von uns recht machen. Ein Eingeständnis, dass es so nicht ging, hätte wieder dazu geführt, dass es um ihre Berufstätigkeit Diskussionen mit Papa gegeben hätte. Alternativen, zum Beispiel Hort oder Oma Guste, wollte keiner von uns. Also mussten Aufgaben her, die unseren Tag ausfüllen würden.

Kinderzimmer aufräumen, Überall in der Wohnung Staubwischen, Staubsaugen, Badewanne scheuern, Blumen gießen, Müll runterbringen. Schon bei der Erledigung dieser Aufgaben stand ich als Mädchen und kleine Hausfrau im Mittelpunkt des Geschehens. Ich hatte nichts davon, in einer Gesellschaft mit Frauengleichberechtigung groß zu werden, solange meine kleine Familie am alten Zopf festhielt. Mir selber fiel es ja nicht auf. War eine Arbeit nicht oder enttäuschend erledigt, stand Mutti nachmittags in der Wohnung, zeigte Enttäuschung und meldete an, ganz traurig zu sein. Eine traurige Mutti, das konnte ich nicht ertragen. Meine Empathie ließ das nicht zu. Es gab für Mutti oft genug Grund zum Traurigsein. Ich war täglich bemüht, einen Teil der Traurigsein-Gründe zu beseitigen.

Vor das erste Jahreszeugnis und die großen Sommerferien hatte der liebe Gott meinen ersten Beichttermin gesetzt.

Sehr gewissenhaft und gründlich durchforstete ich mein junges Leben und empfand mich selbst als sehr stark fegefeuer- und höllengefährdet. Es wurde höchste Zeit für eine Absolution und gehörige Buße.

Unsere erste Beichte fand dann direkt mitten in der Woche, wenn die Pioniere ihren gemeinsamen Nachmittag hatten, im Beichtunterricht statt. Die Kirche ließ nur das Licht durch die wunderschönen bunten Glasfenster herein und das ewige Licht, welches ein Merkmal katholischer Kirchen ist, war die einzige Beleuchtung. Es war kühl und still und nur die alten Holzbänke verrieten durch ihr trockenes Knarren, dass sich hier Menschen bewegten. Wir beichteten in alphabetischer Reihenfolge, denn keiner von uns wäre freiwillig der Erste gewesen.

Ich studierte die Gesichter der Kinder, die erstmals den Beichtstuhl verließen. Alle schauten demütig auf den Fußboden und wandelten regelrecht auf ihre Plätze zurück. Alle liefen mit gefalteten Händen und knieten sich hin, um ihre Buße zu tun. Auf der rechten Seite saßen die Jungen, links die Mädchen. So sollte es bei der ersten heiligen Kommunion auch sein und der Weg dahin führte nur über die Beichte.

Während Herr Pfarrer im Beichtstuhl saß und dort seinen frommen Pflichten nachkam, beaufsichtigte uns Fräulein Hoffmann, unsere Seelsorgerin. Martin, der sich im Namen nur durch das eine A ganz wesentlich von mir unterschied, war vor mir dran. Zu gern hätte ich sein Sündenregister gehört und vielleicht auch ergänzt. Dann erwischte ich mich selbst bei diesen sündigen Gedanken und schloss auch diese Tatsache in meine Reue mit ein. Martin verließ den Beichtstuhl wie alle anderen auch, schlich zu seinem Platz und Fräulein Hoffmann schickte mich in den Ring.

Meine Knie waren erleichtert, als ich mich aufrichtete, allerdings merkte ich auch an ihrem Geschlotter und an meinem Herzschlag, wie aufgeregt ich war. Ich, die kleine Sünderin, machte mich auf den Weg in den Beichtstuhl, kniete mich auf die gepolsterte Bank und erkannte das gefasste, feierliche Gesicht meines geliebten Pfarrers. Er sprach mir Mut zu, ganz leise, ganz tragend. Die Sprüche bevor es richtig losging, meisterte ich mit Bravour. Dann kam das Sündenbekenntnis. Konzentriert und andächtig hielt Herr Pfarrer sich wie zum

Schutz vor Sonnenlicht die rechte Hand vor die Augen. Sein großes altes Ohr, das schon so viele Sünden gehört haben musste und eine muntere, fast weiße Haarkultur zeigte, lauschte in meine Richtung. Als mir nun wirklich keine Sünde mehr einfiel, bat ich um die Absolution. Nun war Herr Pfarrer dran. Er äußerte sich zu dem einen oder anderen Sündenfall, stellte noch ein paar Fragen und sprach die Absolution aus. Dann kam die Buße. Ein Vaterunser und ein Avemaria sollte ich beten, was ich nicht wirklich als Buße empfand. Da waren Strafarbeiten in der Schule umfangreicher. Ich verließ den Beichtstuhl und hatte tatsächlich noch Boden unter den Füßen. War es die Sündenschuld, die von mir genommen war oder die Erleichterung, es hinter mich gebracht zu haben? Ich fühlte mich so leicht, so unbefleckt, so gut. Nach den Sommerferien konnte der Kommunionsunterricht beginnen.

Mit Beginn des Frühjahrs und den damit zu erwartenden wärmeren Tagen wurde ich zum Grabpfleger für die Ruhestellen unserer Angehörigen auf dem Segensfriedhof.

Wir hatten zwei Gummigießkannen, die schon mal sehr viel leichter waren als die riesigen Metallkannen, die der Friedhof zur Verfügung stellte. Die Wege auf dem Friedhof waren mir vertraut. Als Erster war immer Opa Emil dran, mit dem mich nichts weiter verband als dieser schmerzvolle Abschiedsblick, als ich ihn im Krankenhaus das letzte Mal sah. Alte Schnittblumen entsorgen, Vase ausspülen, Wasser holen, Pflanzen gießen. Opa hatte ein großes Grab mit viel Platz. Hier sollte später auch mal für Oma Guste die letzte Ruhestätte sein. Oma würde viel Platz brauchen, dachte ich manchmal, und Opa hätte es dann ganz schön eng.

Dann ging es weiter zu Papas Schwestern, die in einer Reihe, aber ein paar Gräber entfernt voneinander lagen. Auf dem Weg dorthin musste ich immer an einem kleinen Grab vorbei, in dem ein Kind beerdigt war. Es war ein uraltes Grab. Völlig überwuchert mit Efeu. Eingefasst war es als kleines Rechteck mit einem wunderschönen Eisenzaun, der mich ein bisschen an mein altes Gitterbettchen erinnerte. Ich dachte viel über das Kind, das da begraben war, nach. Über den Tod bei Kindern überhaupt. Sollte mir das passieren, hätte ich auch gerne so einen hübschen Zaun und vielleicht einen schönen Engel auf meinem Grab gehabt.

Dahinter kam der letzte Brunnen vor den Gräbern meiner Tanten. Ich füllte meine Kannen und hatte schon wieder ganz andere Überlegungen. Die Feuerwanzen, die in ganzen Kolonien auf diesem Friedhof lebten, ekelten mich. Ich dachte darüber nach, warum ich Marienkäfer, die den Wanzen doch äußerlich sehr ähnlich waren, gerne auf den Finger nahm und die armen Wanzen so abscheulich auf mich wirkten.

Da lagen meine Tanten. Ihre Gräber waren eingefasst mit üppig wuchernden Bodendeckern. Diesen sollte ich Einhalt gebieten und sie mit der kleinen Schaufel abstechen. Oma Guste stellte immer wieder Schnittblumen auf die Gräber, kam aber nie dazu, diese zu entfernen. Das stinkende Blumenwasser und die fauligen Stiele der verdorrten Blumen mochte ich noch weniger als die Feuerwanzen. Ein Glück gab es frisches Wasser an den Brunnen, da konnte ich mir gut die Hände abwaschen und die Vasen säubern. Wenn ich meine Tanten versorgt hatte, ging ich weiter zu Tante Vivi, meiner Patentante. Mit ihr unterhielt ich mich manchmal ein bisschen. Denn sie lag einsam und allein in der hintersten finstersten Ecke des Friedhofes und bekam vielleicht vieles nicht mit. Hätte ich Omi nicht gehabt, wäre sie wahrscheinlich der größte Trauerfall meiner Kindheit gewesen. Manchmal war ich traurig, dass Omi so weit entfernt auf einem Friedhof in Hohenschönhausen lag. Täglich wäre ich zu ihrem Grab gegangen, wenn sie nicht so weit weg gelegen hätte.

Das erste Schuljahr hatte mir nicht nur einen kleinen schmerzhaften Stachel eingebracht, sondern auch eine ganz neue Welt, die Welt des Lesens und der Bücher, eröffnet. Die Zeiten mit *Mimi am Ofen* oder *Wir wollen Mama helfen* war vorbei. Fließend und begreifend konnte ich Texte lesen und vorlesen. Meine Neugier war unstillbar. In der kleinen Straße, dem Gässchen, das von der Gustav-Adolf-Straße direkt zum Eingangsportal unserer Schule führte und sich Bullenwinkel nannte, befand sich in einem der alten Häuser unsere Schulbücherei. Schon dem Geruch der Räume haftete Abenteuerliches und Mystisches an. War ich dort, verlor ich Zeit und Raum und hatte die Qual der Wahl. Märchenbücher mit schönen Zeichnungen waren meine absoluten Favoriten, aber auch Erklärbücher oder Bastelanleitungen nahm ich überaus gerne in mein Handgepäck. Manche Bücher liebte ich so sehr, dass ich sie wieder und wieder auslieh. Bilder, die meine Seele berührten oder deren Malstil mir gefiel, pauste ich mit Butterbrotpapier ab, malte sie bunt und schnitt sie aus. Diese Bilder verwahrte ich wie kostbare Schätze in einem kleinen Körbchen, in dem sie säuberlich abgedeckt auf neue Bilder warteten.

Ich entdeckte Heinrich Zille, Wilhelm Busch und auch den Struwwelpeter für mich und war von den gereimten Texten oder der Schnoddrigkeit, der grusligen Dramatik und den Pointen so angetan, dass ich selbst anfing, Bilder und Geschichten mit eigenen kleinen Texten zu malen und zu schreiben. Hier profitierte ich auch ganz enorm, wenn sich mein Bruder mit seinem Freund Rolf zerstritten hatte. Rolf konnte nämlich ausgesprochen gut malen, und in Zeiten des Streits durfte ich dann – als Notnagel – die Freundin des Freundes meines Bruders sein.

Mit meinem Alter und der damit verbundenen Körpergröße wuchs auch mein Umfeld, in dem ich mich selbständig bewegen durfte. In der Dunkelheit allein draußen sein durfte ich noch nicht. Egal um welche Uhrzeit es dunkel wurde. Aber tagsüber Freundinnen besuchen, mich auf ihren Höfen oder in ihren Gärten aufhalten, das war mir erlaubt, wenn ich einige Regeln beachtete. Schulaufgaben mussten erledigt sein, Hausarbeiten um die Mutti gebeten hatte, auch. Ein Zettel musste geschrieben werden, auf dem stand, wo ich war, und dort musste ich auch bleiben oder direkt nach Hause kommen. Mein liebstes Ziel war vorläufig immer noch meine Freundin Regina. Noch wurden unsere freien Nachmittage meist von unseren Familien dirigiert und geplant. Aber spontan war manchmal alles möglich.

Reginas Zeit war immer sehr begrenzt. Die Familie aß um punkt 18.00 Uhr gemeinsam Abendbrot. Wir brauchten eigentlich keine Uhr, denn wenn die Namen von Regina und ihren Brüdern durch die Abendruhe hallten, wusste die ganze Nachbarschaft, gleich ist es sechs. Mir kam es manchmal so vor, als würde von den Geschwistern jeder jeden suchen. Wenn keine Rufe mehr zu hören waren, wussten wir, Reginas Familie sitzt jetzt am Tisch. Manchmal, wenn wir Glück hatten, durfte Regina nach dem Abendbrot nochmals raus, meist wurde aber nichts daraus, denn entweder hatte sie Abwaschdienst oder sie musste irgendeine Stube wischen. Ihren Brüdern erging es genauso. Ich erinnere mich sogar an einen Plan, auf dem diese Dienste akkurat verzeichnet waren. Auch am Wochenende war meine Königin oft nicht da. Sie hatte eine Oma und Großtante in Zeuthen. Oft fuhr da die ganze Familie hin und nahm mein Reginchen mit sich.

Der Weiße See lockte uns Kinder natürlich sehr. Wenn die Temperaturen es zuließen und wir obendrein auch noch Ferien hatten, packten wir unser Badezeug und machten uns auf den Weg. Ich durfte nur, wenn Martin auch ging. Die Badeanstalt am Weißensee bestand überwiegend aus Holzplanken und Stegen. Es gab links ein Sonnendeck, mit meist älteren Herrschaften, die gleich in der Nähe der Imbissbude ihre Leiber auf Liegen oder Sonnenstühlen in die Sonne legten und den Anschein von völliger Erstarrung machten. Auf dem Weg zum Sonnendeck residierte auch der alte Bademeister, Herr Wolf. Dieser Mann war so wettergegerbt, dass er nicht mal im Winter blass wurde. Dank seiner Trillerpfeife konnte er sich überall Respekt verschaffen. Wenn er aber redete oder gar schimpfte, wackelten seine erschlafften Wangen so sehr, dass man Mühe hatte, ihn zu verstehen. Allerdings kannten wir die Gründe seiner Zurechtweisungen meist schon beim ersten Pfiff und er hatte nur einen Fingerzeig nötig, um uns zu zeigen, wer hier der Herr des Freibades war. Rechts vom Kassenhäuschen lagen das Mitteldeck mit den Herrengarderoben und noch weiter rechts das Sprungdeck, in dessen Höhe die Damenkabinen, das Dreimeter-Sprungbrett und der Fünfmeter-Turm standen.

Das gesamte Schwimmbad bestand so optisch aus zwei kleineren Bädern, die sich jeweils am Ende der Decks in einem großen Schwimmbad trafen. Quer zum gesamten Freibad stand in ca. 50 Meter Entfernung ein langer Holzsteg, der den Abschluss des Schwimmbades bildete. Die Nichtschwimmerbereiche waren mit rot-weiß gestreiften Holzbalken abgegrenzt und über Treppen erreichbar. Unter den Decks lebte die Unterwelt der Badeanstalt. Die Halbstarken, wie Papa sie nannte, turnten zwischen den Trägern und Streben herum, machten abenteuerliche Fangespiele und bekamen fast nie die Trillerpfeife zu hören, denn hier herrschte Anarchie. Die Unterwelt hatte ihre eigenen Spielregeln und drohte ihrerseits mit schmerzhaften Prellungen und gemeinen Holzsplittern an Händen und Füßen.

In den Baracken der Badeanstalt roch es extrem nach feuchten Spanplatten. Auch außerhalb, wenn die Sonne brannte und sich kein Lüftchen regte, war dieser Geruch immer vorhanden. Dort vermischte er sich allerdings mit dem Holzgeruch der großen Planken und dem Bier und Grillgeruch aus der Imbissbude.

Wenn Mutti mich nun in Sicherheit wähnte, weil mein großer Bruder schon ein Auge auf mich haben würde, unterlag sie einem schweren Irrtum. Sie ging von ihren Schwimmkünsten und Abneigungen aus, hatte aber vergessen, dass ich schon als ganz kleines Mädchen als Wasserratte ohne Angst und Respekt vor Wasser allgemein bekannt war. Schwimmen konnte ich noch nicht. Aber ich konnte prima tauchen. Meine Nase durfte unters Wasser und meine Augen sahen den Weg, der unter dem Wasser vor mir lag. Martin hatte besseres zu tun, als Kindermädchen zu spielen. Viele seiner Freunde fanden sich in der Badeanstalt ein, die eine dicke kleine Schwester eher für Ballast hielten als für beschützenswert. So machte ich mich auf den Weg zur Himmelsleiter. Der Fünfmeterturm zog mich magisch an. Ich kletterte mit meinen kleinen, nassen Füßen die Leiter rauf, schaute in die Runde und genoss die Höhenluft und den Anblick des großen tiefen Wassers. Ich musste mich nicht lange überwinden, um den ersten Sprung zu wagen. Kerzengrade, mit den Händen an den Oberschenkeln, tauchte ich schwungvoll und tief in das kühle Nass, tauchte zur Leiter des Holzdecks und erschien als meine eigene Heldin wieder an der Wasseroberfläche. Wieder und wieder durchlief ich den Kreislauf des Springens, des Tauchens, des Leitererklimmens. Ich fand mich toll und niemandem fiel auf, dass da eine Nichtschwimmerin am Werk war. Das Sprungbrett reizte mich überhaupt nicht. Nicht weil mir die Höhe zu poplig, sondern weil es ohne Halterung war und wippte. Vom Sprungbrett machten die Unterweltler oft regen Gebrauch. Kopfsprünge, Katzen, Arschbomben. Die Halbstarken schienen auch dem Wasser gegenüber respektlos zu sein. Sie hatten nur den einen Vorteil, sie konnten schwimmen.

Als Mutti von meinen Heldentaten erfuhr, bekam ich erst einmal Badeverbot. Muttis Verbote waren aber zuverlässig weich und formbar. Schon zwei Tage später durfte ich wieder zum Weißen See, mit Martin als Oberaufseher und der Bedingung, den Nichtschwimmerbereich nicht mehr zu verlassen. Zehn Minuten sonnte sich mein Bruder in der neuen Rolle, dann tauchten seine Kumpels auf und ich war vergessen. Der Turm rief und ich folgte seinem Ruf. Ich schwieg, Martin schwieg und Mutti fragte nicht. Wer nicht lügen muss, braucht auch nicht zu beichten, dachte ich und hatte völlig das Gebot mit dem Ehren der Eltern vergessen. Papa hatte irgendwie auch anerkennend und stolz geguckt, als er von meiner halsbrecherischen Heldentat erfuhr. Mahnend hob er den Finger und dachte wohl an seine arme Schwester, die beim Schwimmen ertrunken war.

Tante Anni, Omis große Schwester, hatte Geburtstag. Tante Anni hatte von Jahr zu Jahr längere Ohrläppchen, an denen schwere Silberohrringe hin- und herschaukelten und von mir unter ständiger Beobachtung standen. Omis Schwester hatte, zumindest was ihre Versorgung betraf, Glück. Sie hatte den reichen Rudolf geheiratet und mit ihm zusammen das große Haus mit dem Konnopkeausblick, zwei weiteren Wohnungen und die ärmliche Mansarde, in der meiner Omi damals wohnte. Wenn man von beiden sprach, waren sie die Milowskis, ansonsten Onkel Rudolf und Tante Anni. Sie waren auch die Eltern der verstorbenen Tante mit dem verblüffenden Kunstbein und eines Sohnes, der in Bad Kreuzach lebte und Kalle hieß.

Milowskis waren stadtbekannte Händler für besondere Lederartikel. Sie waren nicht nur durch starker Hände Arbeit, sondern auch durch einen Lottogewinn, zeitweise munkelte man sogar, durch zwei Lottogewinne, zu Geld und Ansehen gekommen. Im Erdgeschoss des Hauses lebten sie in ihrer Vierzimmerwohnung ein angenehmes Leben. Ihr Garten war voll mit Spalierobst, Beerensträuchern, allen möglichen Gemüsesorten, Blumen und Stauden, einem Abstellschuppen und einem Plumpsklo. Der Onkel hatte den Ruf geizig zu sein oder allzu sparsam. Tante Anni war sehr vorsichtig großzügiger, riskierte dafür aber unter keinen Umständen einen Streit mit ihrem Ehemann. Bei Milowskis herrschten Zucht und Ordnung, und der Geist von Kaiser Wilhelm, den ich nur aus einem Altberliner Marschmusiklied kannte, schien allgegenwärtig durchs Haus zu spuken. Tante Anni sah man nur mit Kittel und ausgelatschten Schuhen. Sie hatte ein großes Problem mit ihren Ballen, die so groß waren, dass man meinen konnte, sie hätte Tischtennisbälle im Schuh. Sie war eine sehr fleißige Frau, die von einer Beschäftigung zur nächsten überging. Onkel Rudolf, der ein angesagter Feind der Kaufhallen und Konsumläden war, schickte diese arme ballengequälte Frau ganz nach seinem Bedarf auch einkaufen. Nicht die kürzesten und bequemsten Wege spielten hierfür eine Rolle, sondern die Wege zu den Geschäften, aus denen ihm besondere

Artikel besonders gut schmeckten und die noch in Privatbesitz waren. Es gab also nicht nur einen Fleischer, einen Gemüsehändler oder einen Bäcker, sondern für jeden einzelnen Artikel den Fleischer, den Gemüsehändler und den Bäcker seines Vertrauens. Nun ja, auch seine Auswahl wurde immer kleiner und enger, je mehr private, kleine Geschäfte schließen mussten, aber Tante Annis Wege wurden dadurch meist länger.

Mutti wollte heute gleich nach der Arbeit mit der besten Bahnverbindung direkt zur Hunsrückstraße kommen. Martin und ich hatten den Auftrag, rechtzeitig von zu Hause loszugehen, um zur Kaffeezeit dort einzutreffen. Mutti hatte uns morgens schon die guten Geburtstagssachen bereitgelegt: kurze Hosen und ein weißes Hemd für Martin und für mich einen Plisseerock und eine helle Bluse. Weiße Kniestrümpfe gab es nicht. Der Weg war staubig und der Garten feucht, da waren dunkle Ringelsöckchen, auch wenn sie aus der Mode kamen, für kleine Mädchen genau das Richtige.

Eine kleine Tüte Gummitiere hatte Mutti uns für den Weg als Naschzeug bereitgelegt.

So machten wir uns auf den Weg, zwei Kinder, ein Junge und ein Mädchen, in hübschen sauberen Sonntagssachen. Wir tauchten ein in die Amalienstraße, schlichen an der Hecke entlang, wo der Weg am schattigsten war, und kauten genüsslich unsere Gummischweine, -kühe und -schafe. Mutti hatte scheinbar nicht abgezählt. Ein Schwein, ein gelbes Schwein, blieb uns noch. Ich zog es auseinander, um zu teilen. Das Schwein bekam eine erschreckend schlanke Taille, allein, ich schaffte es nicht, es zu zerreißen. „Lass mich mal versuchen", sagte Martin, griff nach dem Schwein in meinen Fingern, riss es mir weg und steckte die gesamte Köstlichkeit mit hämischem Grinsen in seinen Mund. Sofortige Empörung machte sich in mir breit. Ich war wütend und verärgert über meine eigene Dummheit. Ich blaffte Martin an und schrie: „Geh doch alleine!" Dann machte ich, mit Wuttränen in den Augen, kehrt und rannte den kurzen Weg zurück. An der Gustav-Adolf-Straße lief ich, noch immer blind vor Wut, über die Fahrbahn und rannte in ein ankommendes Motorrad, das gerade links in die Straße eingebogen war. Ich hatte für den Bruchteil einer Sekunde das Gefühl, wie ein Maskottchen dort am Lenkrad zu hängen, da war die Fahrt auch schon vorbei. Bremsen quietschten, ich lag auf der Straße und weiß nicht mehr, wer mich in die Arme der alten Gemüsefrau, die ja dort mit ihrem Mann ein kleines Geschäft betrieb, gelegt hat. Ich stand wohl unter Schock, stellte aber erschrocken fest, dass ich einen klatschnassen Schlüpfer hatte, und einer meiner neuen, von Martin gerade abgelegten Schuhe, fehlte. Dann bildete sich eine Schar von Menschen um mich. Alle sahen mich mit meiner vollgepuschten Unterhose, ohne Schuh, heulend, schmutzig und blutend an dem faltigen Hals von Frau Schemens hängen. Und als ob das nicht alles schon genug gewesen wäre, tauchte nun auch noch Edda, das Kamel mit Locken, mit ihrem Rennrad auf.

Natürlich wussten die meisten Leute, wo ich hingehörte. Mein Name und meine Familie waren hier bekannt wie ein bunter Hund. Frau Schemens redete auf mich ein. „Gleich kommt die Polizei und ein Krankenwagen und dann wird alles wieder gut." Wie sollte mich diese Aussicht beruhigen? „Polizei? Ich komme ins Gefängnis", dachte ich. Ich sah mich vor einem Richter in schwarzer Robe, der mir die Schuld an diesem Verkehrsunfall geben würde. Ich hatte nicht aufgepasst, war einfach über die Straße gerannt und somit schuldig. Ein Rettungswagen kam angefahren und ein Mann, vielleicht ein Arzt, näherte sich mir und wollte mich greifen. Hysterisch schrie ich um Hilfe und klammerte mich an die kleine faltige Gemüsefrau, die im Moment mein ganzes Glück auf Erden war, mein letzter Halt vor dem Gefängnis.

Als ich aufwachte, fand ich mich in unserer Rettungsstelle im Krankenhaus Schönstraße wieder. Mit versorgten Wunden, schicken weißen Verbänden um Arm und Bein und mehreren Pflastern an Kopf und Händen, lag ich auf einem Bett unter einer weißen Zudecke. Ein junger Mann in Polizeiuniform betrat den Raum. Er lächelte mich besorgt an und kitzelte mich am Fuß, der neugierig samt Ringelsocke unter der Decke vorlugte. Das war ja nun noch peinlicher als alles andere, da stand nun so ein Märchenprinz von einem Polizisten an meinem Bett und ich trug genau an diesem Tag Ringelsocken. „Wie geht es dir?", fragte er mich und blickte im selben Moment zur Tür, in der plötzlich meine besorgten und erleichterten Eltern standen.

Mutti fiel ein Stein vom Herzen, als sie mich lachen sah. Erleichtert drückte sie mich ganz vorsichtig und zeigte ihre Freude, dass nichts Schlimmeres passiert war. Papa stand einen Augenblick wie angewurzelt. Er hatte noch seine staubige Arbeitskleidung an und schien unschlüssig, ob er den Raum so betreten und mich überhaupt anfassen sollte. Aber auch er schenkte mir ein Küsschen und streichelte vorsichtig über mein Deckbett. „Mensch Dicki“, sagte er, „hast uns ja einen ganz schönen Schreck eingejagt“.

Später erfuhr ich, dass Edda, die ich aus Dankbarkeit nur noch in Gedanken „Kamel mit Locken“ nannte, mit ihrem Rad in Windeseile zu Papas Arbeitsstelle gefahren und dort Bescheid gesagt hatte, was passiert war.

Wenige Wochen später war alles vergessen, das Gummischwein, der fehlende Schuh, der nasse Schlüpfer und die schönen weißen Mullverbände, die mir manchen mitleidigen Blick beschert hatten.

Papas noch einzige lebende Schwester wohnte in Karlshorst. Sie hieß Hildegard, wurde aber von allen nur Hilde gerufen. Wenn wir Tante Hilde besuchen fuhren, war das immer das Tagesprogramm nach dem Mittagessen. Wir fuhren mit dem Bus bis zur Prenzlauer Allee, kauften am Bahnhofskiosk eine Flasche Schnaps, fuhren mit der S-Bahn bis Ostkreuz und stiegen dort um, Richtung Straussberg. Ich fuhr gerne mit der S-Bahn. Sie brachte mich immer an unbekannte aufregende Orte, zu Leuten, die ich gern hatte oder nach Hause, wo es auch sehr schön war.

Papas Schwester bewohnte mit ihrem Mann und ihren Kindern eine Neubauwohnung in der Ilsenstraße. Diese Wohnung fand ich nicht besonders toll, aber sie hatte keine Öfen, sondern Fernwärme und ein Bad ohne Fenster. Die Küche war ausgestattet mit Einbaumöbeln, deren Türen man klappen oder schieben musste. Tante Hilde war eine herzensgute Frau. Sie hatte einen Sohn, der allerdings schon ausgezogen war, und zwei Töchter, und bei ihr lebten der Sohn und die Tochter der ältesten verstorbenen Schwester, Gerda. Sie hießen Ingrid und Michael und waren schon sehr große, fast erwachsene Kinder. Bernd, Marianne und Monika waren Tante Hildes leibliche Kinder. Monika war die Jüngste und auch das leibliche Kind von Onkel Gerd.

Sie waren spärlich eingerichtet, denn die Wohnung war nicht größer als unsere, brauchte aber viel mehr Platz für Betten. Tante Hilde schimpfte nie, sie entschuldigte sich auch nie für die Unordnung, die neben der Enge in der Wohnung reichlich Platz hatte. Mir fiel auf, dass der Glasschrank im Wohnzimmer ohne Scheiben war und Büromaterial und Zuckertüte, Kaffeesahne und Schnapsgläser, volle und leere Bierflaschen ganz ohne Verzierung und Ordnung beieinanderstanden. Welke und frische Blumen, ein paar, ums Überleben ringende Gummibäume, volle Aschenbecher und Dinge des täglichen Gebrauchs lagen und standen überall auf den Möbeln und Ablagen herum. Das halbe Zimmer war durch ein einfaches Doppelstockbett aus Metall fast schon überfüllt. Ein winziger schmaler Tisch mit zwei Stühlen stand links an der Wand. Ansonsten war das Zimmer kahl und ungemütlich.

Im Schlafzimmer standen ein Ehebett und ein großer Kleiderschrank und rechts an der Wand lag eine Matratze mit Bettzeug. Wer von all diesen Familienmitgliedern wo sein Bett hatte, habe ich nie richtig ergründen können. Das Ehebett gehörte jedenfalls den Eltern der Familie und wenn wir zu Besuch waren, uns Kindern. Hier durften wir nach Herzenslust hopsen, springen, toben. Wir waren uns die meiste Zeit selbst überlassen und wurden nur zum Essen gerufen. Die Jugendlichen waren mal hier und mal dort. Sie tobten natürlich nicht auf den Betten mit rum, saßen aber oft wortlos im Geschehen und hatten viel von der Tristesse der Wohnung an sich. Ingrid und Michael, die angenommenen Kinder, schienen von Natur aus sehr ruhig zu sein.

Sie hatten früher mit ihren Eltern in einer fast leeren Wohnung am Bärenschaufenster gewohnt. Sie hatten eine Terrasse gehabt, die so groß war, dass man darauf Fußball spielen konnte. Irgendwo in der Wohnung lag dann irgendwann der Vater der beiden über längere Zeit im Sterben. Zwischen den Erwachsenen und uns war das kein Thema, aber ich hatte ja Ohren und hörte dies und das und kombinierte und gruselte mich. Hautkrebs, Gesicht zerfressen, übler Geruch, keine Überlebenschance. Nun ja, irgendwann war Tante Gerda Witwe und ihre Kinder Halbwaisen und ein paar Jahre später wurden sie Vollwaisen und von Tante Hilde und ihrer Familie zu sich geholt.

Diese kunterbunte Großfamilie warf in meiner klar strukturierten Welt viele Fragen auf, mit denen ich mich allein auseinandersetzen musste. Der älteste Sohn der Familie, Bernd, hatte einen eigenen Nachnamen. „Er kam unehelich zur Welt“, sagte Mutti. Sie hätte es mir lieber erklären sollen, denn mit dieser Auskunft war ich genau so schlau wie vorher. Meine ältere Cousine, Marianne, war ein ganz liebenswertes junges Mädchen, sie guckte immer wie ein hungriger

Hund. Sie verstand auch nicht sehr viel für ihr Alter. Von Fotos wusste ich, dass sie zur Hochzeit meiner Eltern Blumen hatte streuen dürfen. Mutti erzählte mir, dass Marianne nicht verstanden hatte, dass sie die schönen Blumen vor die Füße der Braut ausstreuen sollte. Für mich wäre das ganz einfach gewesen, aber ich kannte dieses Blumenstreuen ja auch von mehreren Fronleichnamsprozessionen, die im Kirchenjahr dazu gehörten wie Ostern, Pfingsten und Weihnachten. Marianne wurde nun von allen umstehenden Leuten zugerufen, sie solle sie streuen, die Blumen aus dem Korb. Marianne verstand nicht und völlig entgeistert und verunsichert schmiss sie genervt den ganzen Blumenkorb vor die Füße meiner Mutter, wurde belacht, ausgelacht und ausgeschimpft. Marianne tat mir leid. Es musste schwer für sie sein, sich in dieser Welt zurechtzufinden.

Die jüngste Person in dieser Familie war meine Cousine Monika. Sie war so alt wie ich, aber viel kleiner und zarter. Sie war ein blondes Püppchen mit schlechten Zähnen. Ich war oft eifersüchtig auf sie, weil sie wie ein Kleinkind von Schoß zu Schoß wandern durfte und sehr gehätschelt wurde. War sie bei meinem Vater angelangt, verließ sie diesen Platz für den Rest des Abends nicht mehr. Eifersucht nagte oft an mir, aber bei diesen Familientreffen ganz besonders schmerzhaft.

Wenn wir nach Hause fuhren, hatte ich wieder meinen Vater für mich, es war schon schlimm genug, ihn und Mutti mit Martin teilen zu müssen. Der Heimweg war immer dunkel und die S-Bahn schuckelte mich in den Schlaf. Papa trug mich, seine Dicki, auf seinen starken Armen nach Hause.

Bei allen Familientreffen, nach der Arbeit, dem Training, dem Fußballspiel konnte Papa dem Alkohol nicht widerstehen. Egal ob in der Kneipe oder zu Hause, er trank. Manchmal wurde er dann sehr melancholisch, erzählte Geschichten, die ihm selbst die Tränen in die Augen trieben, oder er wurde wütend und ungerecht. Wenn wir Glück hatten schlief er in seinem Rausch ein. Mutti litt sehr, das merkte ich, aber Papas Art war für mich schon so selbstverständlich, dass ich die Ursache nicht im Alkohol suchte. Oft schickte Mutti mich nach Feierabend, wenn Papa ewig nicht nach Hause kam, in die Kneipe zu Tiefbau. Diese Kneipe befand sich, wie für ihn gemacht, direkt hinter seiner Arbeitsstelle. Dort saß er dann mit einigen seiner Kollegen, hatte allerbeste Laune und ein Bier vor sich zu stehen. Eigentlich holte ich ihn gerne von dort ab. Wenn er mich sah, fiel ihm seine Familie und alles, was er vermisst hatte an diesem Nachmittag, wieder ein. Ich half ihm gerne, sich an uns zu erinnern. Empfangen wurde ich meistens von einer höchst erfreuten Boxerhündin, die an mir hochsprang und es schaffte, mich des Öfteren umzustoßen. Angst vor Tieren, wenn sie nicht gerade bedrohlich waren, hatte ich nicht, und so freute ich mich nicht nur über Papa, sondern auch über die Begrüßung des Hundes. Papas Kollegen grölten, wenn ich die dunstblaue Kneipe betrat. Sie machten ihre Scherze, staunten, wie groß ich schon wieder geworden sei, und faselten sehr viel unverständliches Zeug. Ich kannte das alles. Mich befremdete das nicht. Alle Männer tranken und saßen in Kneipen, spielten Fußball, waren launisch oder übertrieben lustig. Nur Reginas Papa nicht. Wahrscheinlich hatte Reginas Mutter es ihm verboten, und ihre Verbote waren unter uns Kindern bekannt.

„Noch ein Bier", sagte Papa und „du nen Sprudel?" Natürlich ließ ich mir den obligatorischen Sprudel, der zu Papas letztem Bier gehörte, nicht entgehen. Dann gingen und torkelten wir nach Hause, einer so und einer so. In Papas Bier schien auch immer etwas Plapperwasser drin zu sein. Er redete und redete über Politik und Weißen Käse, wie Mutti es nannte. Dieser große, starke Mann stützte sich auf meine Schulter, beschwerte sich über Land und Leute, über Mutti und die Frauen von heute und fasste den Entschluss, Mutti aus dem Fenster zu werfen. So ein blödes Zeug redete er oft und ich nahm ihn nicht mehr so ernst, aber in meinem Kopf spielte ich schon alle Möglichkeiten oder Unmöglichkeiten des Gesagten durch. Ich musste Papa im Auge behalten. Wenn seine Beine nicht mehr gehorchten, schien auch mit seinem Kopf irgendwas nicht in Ordnung zu sein. Manchmal war es schwer, auf meine Eltern aufpassen zu müssen. Mutti wurde immer trauriger und weinte oft und Papa wurde unberechenbar.

Die Erstkommunion war in Vorbereitung. Der Unterricht hatte längst begonnen, die Beichte gehörte alle vier Wochen dazu und Mutti ging mit uns Kommunionkleidung kaufen. Irgendwo in der Nähe des Sankt-Hedwigs-Krankenhauses, gab es einen Festtagsausstatter, dort konnte man ausleihen oder kaufen. Die Aufregung um die ganzen Vorbereitungen war für mich nicht so recht nachvollziehbar. Ich hatte aber auch nicht das Problem der Gästebewirtung, des Anschaffens kleiner Köstlichkeiten, der Sorge um die Unterbringung der auswärtigen Gäste, die entweder aus dem Westen oder entfernt gelegenen Orten kamen.

Ich hatte nur das Problem, regelmäßig den Unterricht zu besuchen, den Forderungen des Pfarrers nachzukommen und endlich auch zu wissen, ob eine Oblate vor der Wandlung anders schmeckt als nach der Wandlung. Natürlich wollte ich auch möglichst hübsch aussehen und ein schönes weißes Kleid, einen Haarkranz und eine Kommunionkerze haben. Woher dafür das Geld kam und welcher Beziehungen meine Eltern sich dafür bedienen mussten, spielte für mich keine Rolle. Ich verspürte nichts als gespannte Vorfreude.

Viele Kinder aus meiner Gruppe kannte ich seit dem Kindergarten, der Frohen Herrgottstunde, dem Beichtunterricht oder überhaupt vom Sehen in unserer Gemeinde.

Mit dem Einstudieren der Choreographie und dem gemeinsamen Sprechen des Glaubensbekenntnisses und des Glaubensversprechens, straffte sich der Unterricht. Ich empfand die gleichaltrigen Jungen als Störfaktor. Sie waren ohne Ernst bei der Sache, ließen sich wie Säcke auf ihre Plätze plumpsen, konnten nicht ordentlich ihren Platz in der Reihe finden und stellten sich gekonnt schlimmer an, als sie ohnehin schon waren. Fräulein Hoffmann und Herr Pfarrer hatten ungemein zu tun, dass die Formation ehrfürchtig und korrekt gelang. Irgendwann waren es aber auch die Jungen überdrüssig, wieder und wieder die Gänge zu üben und es klappte dann bei den letzten Proben recht gut.

Wir Mädchen schwärmten uns gegenseitig von unseren weißen Kleidern kleinen Täschchen, Petticoats für Kerzen und kleinen filigranen weißen Handschuhen vor. In meiner Klasse konnte ich mich mit niemandem darüber austauschen, aber erzählen tat ich davon und wurde um diese, für alle anderen unbegreifliche Feierlichkeit, beneidet. Von meinen Schuhen für diesen Festtag erzählte ich natürlich kein Wort. Es waren alte Schuhe, braune Schuhe, die irgendwann mal in einem Westpaket gesteckt, mir aber bis jetzt nicht gepasst hatten. Nun passten sie, waren auch bequem und mädchenhaft, nicht so, wie Martins alte Schuhe, die ich meist auftragen musste. Aber sie waren braun und nach meinem Geschmack für ein weiß in weiß gehaltenes Ambiente völlig ungeeignet. Seit ein paar Tagen nörgelte ich deswegen mit Mutti rum. Sie konnte nichts dafür, das wusste ich. Mutti ist mit mir in vielen Schuhgeschäften gewesen, um mir ein weißes Paar Lack- oder wenigstens normale Leder- oder Leinenschuhe zu kaufen. Es war nichts zu wollen, weiße Mädchenschuhe in meiner oder umliegenden Größen, gab es nicht.

Onkel Rudolf, der alte Lederexperte, gab meiner Mutter einen kostenlosen Rat und verkaufte ihr eine deckende weiße Lederfarbe, dazu ein Schwämmchen und einen Pinsel.

Mutti wurde während meiner Abwesenheit kreativ. Reinigte die alten Schuhe mit Benzin, griff zu Schwamm und Farbe und betupfte erst vorsichtig, dann immer optimistischer die braunen Schuhe. Nach dem ersten Anstrich, war das Braun verschwunden und ein fleckiges Weiß zu sehen. Von ihrer Kreativität total begeistert, kam ein Zweitanstrich obendrauf. Perfekt! Die Schuhe waren perfekt weiß. Nach dem Trocknen bearbeitete Mutti sie noch mit Schuhcreme, polierte sie und stellte sie gut sichtbar mitten auf den Wohnzimmertisch, wo ich sie natürlich sofort entdeckte, als ich nach Hause kam. Neben den Schuhen lag ein Buch, mit vielen Geschichten um Glaubensfragen für Kinder. Ich kannte das Buch vom Sehen, es war aber in alter Schrift geschrieben, mit der ich mich zu der Zeit noch sehr schwer tat. Erst mal fiel ich Mutti freudig um den Hals und zeigte mich wirklich dankbar. Mutti sagte erst einmal nichts. Sie setzte sich in den Sessel, zog mich auf ihren Schoß und schlug das Buch auf. Dann las sie mir eine Geschichte daraus vor. *Hanna mit den großen Schuhen* hieß die Geschichte und handelte von einem Mädchen meines Alters, das mit lumpigen, schlurfenden und viel zu großen Schuhen, aber mit einem reinen Herzen und erhobenen Hauptes zur Erstkommunion ging, weil es von dem Geld für seine Kommunionsschuhe seiner kleinen gelähmten Schwester ein Wägelchen gekauft hatte, mit dem sie in der Kirche bei der Feier dabei sein konnte.

Am Ende der Geschichte musste ich weinen. Natürlich schaute der liebe Gott auf die weiße Seele und nicht auf die Schuhe seiner Kinder. Ich schämte mich für meine schlechte Laune der letzten Tage, nahm aber die schönen, neuen alten Schuhe und drückte sie an mein Herz. Dann drückte ich Mutti, meine Schuhdesignerin. Hanna mit den großen Schuhen drückte ich in Gedanken auch und machte sie zu meiner Freundin.

Mutti saß nun viele Abende und schrieb, strich durch, schrieb wieder. Ehrwürdige Fältchen auf ihrer Denkerstirn tauchten immer wieder auf, erhellte Blicke, kurzes Innehalten mit Augenschließen, dann wieder Schreiben. Mutti schrieb Reime für eine Festtagszeitung. Wenn sie von ihrer Arbeit zurück kam, lag dann eine getippte Seite mehr auf dem Fertigstapel.

Sie hatte auch organisatorisch viel zu tun. Ihr Bruder mit Familie wollte zur Erstkommunion kommen. Das musste gut geplant und vorbereitet werden. Einkäufe wurden gehortet und unsere Speisekammer erfuhr eine neue Daseinsberechtigung. Mutti war ständig auf der Suche nach Backzutaten, Konserven und all den Dingen, von denen es in der Kaufhalle für jeden Kunden höchstens zwei gab, wenn es sie gab.

Anlaufstelle für Onkel Norberts Familie war immer zuerst Westberlin, Muttis Cousine, Tante Lisa, bot Quartier, denn übernachten durften unsere Westler nicht bei uns. Spätestens um Mitternacht mussten sie die Grenze wieder passiert haben. Papa sagte auch: „Die müssen Geld wie für einen Zoobesuch zahlen, wenn sie uns besuchen wollen." Nun ja, der Zoobesuch – in Ostberlin war es ja ein Tierpark – war für eine Familie mit zwei Kindern eine teure Angelegenheit. Andererseits war es die einzige Möglichkeit, die familiären Bande zu erhalten. Also leistete man sich teure Zoobesuche.

Onkel Ottchens Wohnung, die durch ihren tollen Schnitt immer wieder für Feiern herhalten musste, wurde hergerichtet. Onkel Ottchen hatte eine Wohnung, die aus drei sehr großen Räumen bestand, die durch einen großen Vorhang und eine riesige Ziehharmonikatür voneinander getrennt waren. Machte man alle Abtrennungen auf, ergab sich ein richtiger Festsaal, der wie geschaffen war für eine lange Tafel und immer noch genug Platz zum Tanzen ließ. Das Klavier wurde abgedeckt und zum Geschenketisch umgestaltet. Auch die Küche bot genug Platz zum Arbeiten und Lagern. Hier stand nirgendwo Schnickschnack herum, jede Fläche war frei und nutzbar. Nur am Handtuchhalter hingen noch immer die schwarzen Schürzen von Uroma Anna, deren einziger Schmuck die weißen Pünktchen waren und die niemand benutzen durfte. Die Küche hatte einen Hintereingang, der zur Badestube führte. Diese wurde noch von einem anderen Mieter des Hauses genutzt. In Onkel Ottchens Wohnung roch es immer nach geräuchertem Fisch und kaltem Zigarren- oder Zigarettenqualm. Auf seinem Hof befand sich eine große Fischräucherei, die wahrscheinlich ganz Ostberlin, vielleicht sogar den Westen, mit Fisch belieferte. Ein großer Boxerrüde, Nanno, bewachte den Hof mehr wie ein Schaf als ein Wachhund. Aber allein ob seiner Anwesenheit zollten Uneingeweihte ihm den ihm zustehenden Respekt.

Die Vorräte für die Feier würde man zu Onkel Ottchen bringen, wenn die Westler da waren. Die hatten ein Auto mit reichlich Platz, und die Männer wären gut beschäftigt und würden die Hausfrauen zu Hause nicht dauernd mit irgendwelchen Ratschlägen und Besserwissereien behelligen.

Einen Schlüssel für die Feierwohnung hatte Mutti sowieso. Onkel Ottchen lebte ein Leben nach Stundenplan. Er hatte Proben zu den verschiedensten Zeiten und Auftritte zu den verschiedensten Zeiten. Nur sein Morgenschlaf war ihm wichtig. Denn oft kam er erst spät in der Nacht nach seinen Auftritten nach Hause. Vor zehn Uhr brauchte man gar nicht bei ihm zu erscheinen.

Es war Freitag vor dem weißen Sonntag. Unsere Ludwigshafener waren seit dem frühen Morgen auf dem Weg nach Berlin. In den Nachmittagsstunden trudelten sie bei Tante Lisa, in Westberlin, ein und bezogen dort ihr Quartier. Am nächsten Morgen kamen sie zu uns und ich lernte meine Cousine Silvia kennen, die in der Nacht geboren worden war, als Omi starb.

Mir sagten natürlich die ganzen Einreisebestimmungen und die Unterschiede, ob man aus Westberlin oder Westdeutschland kam, gar nichts. Ich bekam nur mit, dass es katastrophal und entwürdigend gewesen sein musste. In ihrem allerfeinsten Pfälzer Dialekt schimpfte Tante Anneliese auf alles, was irgendwie mit den Grenzkontrollen und der Mauer zu tun hatte. Ihre ganze Packordung war durcheinandergeraten und die Kinder hatten fürchterliche Angst vor den strengen Männern.

Papa und Onkel Norbert tranken erst mal einen Schnaps. Eine Flasche Mariacron war das erste, was Onkel Norbert, aus einer der vielen Tüten gezogen hatte. Sie räumten das Feld und setzten sich auf den noch recht kühlen und ungemütlichen Balkon, während die Frauen noch in Wiedersehensfreude schwelgten, uns Kinder und unser enormes Wachstum verglichen und zu dem Schluss kamen, dass man sich doch leider, leider viel zu selten sehen konnte. Tante Anneliese babbelte, wie Mama es nannte. Ich verstand nur sehr wenig von dem Gespräch der Frauen. Aber ich hatte auch selbst genug zu tun. Da waren Michael und Silvia. Mein Cousin und meine Cousine. Martin und Michael spielten gleich mal Autoquartett, während ich die Kleine in Augenschein nahm.

Ich war sofort verliebt. Angezogen wie ein Püppchen, liebenswert große, staunende Augen und ein Händchen, an dem ich die Kleine führen konnte. Sie wollte alles sehen, was unsere Wohnung zu bieten hatte. Es dauerte nicht lange, da hatte ich sie auf dem Arm und ihr kleines Herz erobert.

Während die Frauen erzählten und babbelten und auspackten und wegräumten, bekamen auch meine Augen viel Neues zu sehen. Sicherheitshalber hatte die Tante rosafarbenes, weiches Klopapier mitgebracht. Mehrere Tage mit unserem Schleifpapier würde sie nicht überstehen, übersetzte Mutti ihre Rede für mich. Ananas- und Pfirsichdosen, Kaffeepakete, Servietten, Tischschmuck alles passend Ton in Ton, Süßigkeiten in allen Formen, Farben und Geschmacksrichtungen kamen zum Vorschein. Eine riesige Staude Bananen wurde auf den Küchentisch gelegt sowie Papiertaschentücher und viele Dinge des täglichen Bedarfs, die bei der BASF, Onkel Norberts Arbeitgeber, hergestellt wurden.

Dann wurden Taschen ausgepackt, in denen sich gebrauchte Kleidungsstücke befanden. Für Mutti war diese Ausbeute die größte Bereicherung überhaupt. Alles andere nannte sie Luxus. Aber Sachen für die Kinder oder für sich selbst waren für die meisten Familien in der DDR eine große Hilfe.

Die Frauen kochten Mittag und Mutti überließ die Regierungsgewalt in Haushalt und Küche ihrer Schwägerin. Es gab zu viele Eigenheiten, die der Besuch mit sich brachte, dass Mutti gern in den Hintergrund verschwand, um sich mit Dingen zu beschäftigen, zu denen sie sonst nicht kam. Zum Beispiel das Ausprobieren der schicken Sachen aus der großen Tasche.

Nachmittags wurde gebacken. Ein Tortenboden nach dem anderen wanderte in und aus dem Backofen, wurde mit Ananas, Pfirsichhälften oder Beerenobst belegt und mit Tortenguss überzogen. Herr Opitz, der Nachbar von unter uns, spendierte eine selbstgemachte

Buttercremetorte als Kommunionsgeschenk für uns. Papa hatte seine Beziehungen ausgenutzt und von einer Fleischerei in Lindenberg gekochten und rohen Schinken besorgt. Onkel Ottchen lebte ja praktisch in einem Fischparadies und hatte diesbezüglich seine Fühler nach Häckerle und Räucherfisch ausgestreckt. Jeder besorgte und erledigte irgendetwas, um unsere Kommunion unvergesslich werden zu lassen. Onkel Norberts Taunus wurde gefüllt und die Männer fuhren los in die Langhansstraße, zu Onkel Ottchens Wohnung, und brachten die ganzen Schätze in die kühle Küche.

Wir anderen fuhren mit Bus und Bahn hinterher. Die Frauen hatten zu tun, die Tische und Stühle aufzustellen, alles mit weißen Tafeltüchern zu bedecken und die wunderschöne Dekoration zu drapieren. Silvia schlief und wir größeren spielten mit Nanno im Hof. Dann begann die letzte Beichte vor dem großen Tag. Die Kirche war ja gleich um die Ecke gelegen. Nach einer halben Stunde waren wir wieder da und die Festtagsräume so gut wie fertig.

Die Westler brachen auf in Richtung Grenze. Die Kinder waren müde und sollten morgen ausgeschlafen mitfeiern können. Wir zottelten nach Hause. Der Tag war lang und aufregend gewesen und was vor uns lag, war noch aufregender. Ich konnte lange nicht einschlafen.

Am nächsten Tag wurden wir Geschwister zum Hingucker des Tages. Martin mit ungewöhnlich sauberen Knien und schicken Sachen und ich in einem Traum von Weiß. Jeder mit einer großen Kerze und einem Gebetbuch in der Hand. Bevor wir losgehen wollten, rief Mutti mich noch zu sich. „Sieh einmal“, sagte sie und hielt ein kleines silbernes Büchlein in der Hand, „diesen Rosenkranz“, sie öffnete das Büchlein, das aus echtem Silber war und zog einen weißen Rosenkranz hervor, „hat Omi für dich bei ihrer ersten Reise in den Westen gekauft. Du solltest ihn zu deiner Kommunion von ihr bekommen und als sie gestorben ist, habe ich ihn für dich bis heute aufbewahrt. Das hätte sie sicher so gewollt.“ Mutti nahm meine Hand und legte das silberne Büchlein hinein. „Ein letzter Gruß von Omi“, sagte sie und verschloss meine Hand zu einer Faust, schenkte mir ein Küsschen auf die Stirn und einen liebevollen Klaps auf den Po und los ging´s.

Wir Kommunionkinder mussten heute früher da sein als alle anderen Kirchenbesucher. Wir trafen uns im großen Pfarrsaal und mussten uns noch mal die Abläufe des Gottesdienstes anhören. Manche Kinder wurden noch mal extra ermahnt. Die meisten, vor allem wir Mädchen, hörten kaum noch zu. Wir verglichen Kleider, Schuhe, Kränze und Kerzen. Ich dachte an Hanna und meine schlechte Laune wegen der weißen Schuhe. Nein, so kurz vor der Kommunion wollte ich lieber nicht protzen und behielt meinen wunderschönen Rosenkranz samt seiner Silberhülle in meinem Täschchen verborgen.

Wir stellten uns im Pfarrhof auf und hielten feierlichen Einzug in meine geliebte Kirche. Hier stimmte alles. Die Organistin und die Orgelpfeifen legten sich ins Zeug und taten ihr Bestes. Der Pfarrer führte uns mit stolzem Blick durch das Kirchenschiff und schaute zum Altar als wollte er sagen, sieh lieber Gott, ich habe Deine Schäfchen vorbereitet und führe sie nun zu dir. Jedes davon ist bereit sein Taufgelübde zu erneuern und ein guter Christ zu sein. Stehe ihnen bei in der nächsten Stunde und in allen Stunden ihres Lebens.

Und so gingen wir den Weg, den Jahre zuvor unsere Eltern gegangen waren, als sie sich vor Gott Liebe und Treue schworen, bis dass der Tod sie scheide.

Da standen sie, unsere stolzen Eltern. Voller Hoffnung, dass ihren Kindern die vierzig Schritte durch das Kirchenschiff und dann die restlichen durch ihr Leben gelingen mögen.

Wir schafften die erste Choreographie fehlerfrei. Links die Mädchen, rechts die Jungs, stehen bleiben, abwarten, gemeinsam hinsetzen, gemeinsam aufstehen, gemeinsam hinknien.

Der Pfarrer sprach zu uns, zur Gemeinde, mit uns und über uns. Es wurde gemeinsam gesungen, eine Solistin sang, es wurde gebetet, Fürbitten vorgetragen und dann kam irgendwann die Wandlung, dieses große Geheimnis des Glaubens, das ich erklären konnte, aber nie verstand.

Dann traten wir in eingeübter Reihenfolge aus unseren Bänken und waren bereit für unser erstes Abendmahl. Ich sah unseren wunderschönen Altarraum mit seinen alten Reliefs und den bunten Glasscheiben, die so ein wunderbares Licht in die Kirche warfen. Stufe hoch, nicht umknicken, geduldig warten, der Pfarrer kommt gleich. Mein Herz klopfte bis in die Ohren. Kopf leicht nach hinten, Amen sagen, Mund auf, Zuge leicht vorschieben, nur nicht rausstrecken, den Leib Christi empfangen, nicht kauen, zergehen lassen wie eine Köstlichkeit, in geschlossener Formation mit gefalteten Händen den Altar nach links verlassen und durch das Seitenschiff die Bänke betreten. Rechts am Marienaltar weinte Maria um ihren toten Sohn, den sie liebevoll im Arm hielt. Sie kennt mich und guckt, als würde ich alles richtigmachen. Rein in die Bank, kurz stehen bleiben, alle sind da, hinknien. Andächtig, dankbar sein. Der Leib Christi klebt ein bisschen. Spucke darf man ranmachen. Ganz langsam, ganz demütig runterschlucken. Hm, schmeckt einfach nach Oblate, und doch schmeckte ich die Köstlichkeit der Kommunion.

Wir dankten, sangen und verließen in geübter Weise die Kirche. Zogen kurz über die Beheimstraße nach links zum Pfarrhof. Hinter der Kirche wurden wir von einem richtigen Fotografen ins Bild gesetzt. Wir Erstkommunionkinder, Herr Pfarrer, Fräulein Hoffmann und Kaplan Wellmann, der auch sein Bestes gegeben hatte, uns Kinder durch die aufregende Zeit der Beicht- und Kommunionvorbereitungen zu bringen.

Nun war es geschafft. Wir wurden von Pfarrer Radke gelobt und ermahnt, ja nicht den Dankgottesdienst am späten Nachmittag zu versäumen, dann waren wir entlassen und strebten dem Haupteingang der Kirche zu, vor dem unsere Eltern und Gratulanten warteten um erneut zu fotografieren, was nun nicht mehr stillhalten wollte. Erstaunt stellte ich fest, dass man auch im Kommunionkleid die Kirchentreppe rauf und runter hopsen konnte, nur schicker. In der Küche bei Onkel Ottchen herrschte reges Treiben. Ein paar mir bekannte Frauen aus Muttis Freundeskreis hatten Mittagessen gekocht und halfen nun beim Servieren. Unsere Kerzen wurden auf unserem Platz abgestellt. Es war ein Kommen und Gehen in Onkel Ottchens Wohnung. Wir brauchten uns damit nicht zu befassen, wurden immer wieder mal beglückwünscht, bekamen Briefumschläge und Blumen in die Hand gedrückt, sagten artig unser Dankeschön und reichten alles an die herumflitzenden Damen weiter, die sich um Vasen und Geschenke und Umschläge kümmerten.

Das Wetter war schön. Der April hielt sich mit seinen Kapriolen zurück und wir konnten draußen toben. Es waren viele Kinder da. Cousins, Cousinen, Kinder von Freundschaften meiner Eltern, nur meine Regina fehlte. Ich würde ihr viel erzählen müssen in den nächsten Tagen.

Manche Gäste verabschiedeten sich bald nach dem Mittagessen und andere Gäste kamen zur Kaffeetafel. Ein Plattenspieler spielte Schlagermusik, was ich in Onkel Ottchens Räumlichkeiten als sehr ungewöhnlich empfand. Vor dem Kaffeetrinken hielt Mutti eine kleine Rede. Das war wohl nicht Papas Ding. Papas Frisur und sein Blick ließen auch schon wieder darauf schließen, dass er bereits ein bisschen viel von den Feiergetränken getrunken hatte. Mutti sagte jedenfalls, dass es jetzt Zeit sei für eine Tasse Kaffee und Kuchen, und während ausgeschenkt und die Torten verteilt würden, werde sie ein paar kleine Weisheiten und Reime zum Besten geben.

Sie hatte alle ihre abgetippten Blätter zu einer Zeitung zusammengeheftet und bat, den Kehrreim von „Eine Seefahrt die ist lustig" hübsch tapfer mitzusingen. Die ersten Strophen machten wirklich Stimmung. Unser Festtag und wir Geschwister standen natürlich erst einmal im Vordergrund. Dann wurden aber die einzelnen Gäste besungen, mit ihren kleinen Merkwürdigkeiten, Liebenswürdigkeiten oder typischen Charaktereigenschaften. Onkel Hellmuth, der etwas ältere Bruder meines Vaters war dran und bekam melodiös zu hören, dass er gern stänkerte. Tat er ja auch. Er stänkerte mit allen und jedem, meist scherzhaft und so sollte es auch bei ihm ankommen. Tat es aber nicht. Onkel Hellmuth sprang wütend auf und beschimpfte Mutti. Ein Wort gab das andere, Geschrei, Papa stand auf, schnappte sich seinen Bruder und setzte ihn vor die Tür. Draußen ging der Streit weiter. Papa war seinem Bruder körperlich weit überlegen. Ob es zu einer kleinen Prügelei kam, haben wir Kinder nicht erfahren. Wir wussten aber, dass Papa in solchen Fällen nicht zimperlich war und Onkel Hellmuth auch gerne austeilte. Aber der traute sich nur bei Frauen oder schwächeren ran, sagte Papa immer. Irgendwie schienen die beiden ihr Konkurrenzverhalten aus der Kindheit in ihre Erwachsenenwelt gerettet zu haben. Noch zerzauster, aber als Held, kehrte mein Vater an die Kaffeetafel zurück. Die Blicke zwischen den Erwachsenen gingen hin und her und ich begriff gar nichts. Mutti wollte nicht mehr singen und vorlesen, sie reichte ihre Texte herum, damit sie nicht ganz umsonst geschrieben worden waren und schien mit ihren Tränen, die keinesfalls heute fließen durften, zu kämpfen.

Die Kaffeekannen wurden weiter herumgereicht, der Schreck, der Ärger verebbten und die Feier ging weiter.

Wir mussten bald los zum Dankgottesdienst und konnten nun unsere kindlichen Kommentare über den nichtigen Anlass des Streits und die Heldenhaftigkeit unseres Vaters abgeben.

Wir feierten bis spät in die Nacht und brauchten am folgenden Montag nicht in die Schule, nicht zum Fahnenappell.

Unsere Westler kamen erst am späten Vormittag in Onkel Ottchens Wohnung und halfen bei der Wiederherstellung der alten Ordnung. Martin und ich sortierten die Briefumschläge samt ihrem wunderbaren kostbaren Inhalt. Jeder von uns hatte über 400 Mark der Deutschen Notenbank und 50 Deutsche Mark bekommen. Wir hatten nur ein paar kleine unerfüllte Kinderträume. Einen Schwimmreifen in Form eines Seesterns kaufte ich mir von meinem Geld. An mehr erinnere ich mich nicht. Wir hatten keine Konten, keine großen Sparbüchsen und keine großen Wünsche und wir waren auch zu klein und zu jung, um bei solchen Summen die Übersicht zu behalten. Vielleicht wurde ein Teil für die Deckung der angefallenen Kosten genommen, vielleicht wurden zukünftige Notwendigkeiten für uns davon bezahlt. Es war nie ein Gesprächsthema zwischen uns Jungen und den Alten. Alles war gut.

Am Dienstagabend verabschiedeten sich unsere Ludwigshafener endgültig von uns. Noch eine Übernachtung bei Tante Lisa in Westberlin, dann würde es gleich früh zurück nach Ludwigshafen gehen. Der Abschied war sehr tränenreich und angefüllt mit tausend Dankesworten. Meine kleine Cousine hätte ich gerne noch ein bisschen bei mir behalten. Aber nun winkten wir dem Taunus, der langsam auf der Gustav-Adolf-Straße zu einem kleinen Punkt zusammenschrumpfte hinterher und unserer Normalität entgegen.

Meine Lehrerin schwieg zu alldem. Sie hatte mich als Jungpionier wohl unterdessen abgehakt, und ich fühlte mich seit der Erstkommunion und all den vielen Unterrichtsstunden als Christin so gestärkt, dass ich mich als etwas Besonderes in der ganzen Masse fühlte. Ich kannte Geschichten, Zusammenhänge, Pflichten, die ich freudig erfüllte, von denen die anderen keine Ahnung hatten. Ich hatte auch kein elterliches Pst im Ohr, das mich ermahnt hätte, den Mund zu halten und mit den Wölfen mit zu heulen.

Die Pioniernachmittage waren für die meisten anderen schon zu einer traurigen Pflichterfüllung geworden. Altpapier und Glasflaschen konnte ich auch alleine sammeln und durfte das Geld sogar behalten und musste es nicht für solidarische Vorschriftszwecke verwenden. Ich konnte es in den Klingelbeutel tun oder mir ein Eis davon kaufen. Niemanden ging das etwas an. Mutti arbeitete in der Schule im Elternaktiv und im Elternbeirat mit. Da hatte sie immer ein Auge auf uns und die Lehrer und die kleinen Gemeinheiten, die ein Schülerleben mit sich bringen konnte. Ich war künstlerisch vielfältig begabt und hielt damit nicht hinterm Berg. Ich sang, spielte bei Theateraufführungen meist eine der Hauptrollen, ich konnte sehr gut malen und hatte prima Ideen für die Gestaltung der Klasse und der Wandtafel. Ich war ein kleines katholisches Rädchen im sozialistischen Schulgetriebe und man ließ mich laufen. Es gab nur wenige, die mich mit grobem Sand zum Stillstand bringen wollten.

Mein Bruder trat unterdessen beim Fußball in die Fußstapfen unseres Vaters. Er hatte es vorher bei Dynamo als Boden- und Geräteturner versucht, war aber leider an seiner Hüftsteife gescheitert. Ich glaube, er spielte auch viel lieber Fußball und hatte das Turnen, wie damals die Singerei, leichten Herzens aufgegeben. Ich begleitete ihn oft und spielte sowohl beim Turnen als auch beim Fußball immer nur eine Randfigur. Ich zeigte ihm den perfekten Spagat, Radschlag, Kerze. Immer am Rand. Der Trainer selbst wurde aufmerksam, dachte sich aber wahrscheinlich, dass aus einem Pummelchen, und mochte es auch noch so sportlich und gelenkig sein, niemals eine graziöse Turnerin werden könnte. Zum Fußballtraining ging ich anfangs als Martins Cousin mit. Mittrainiert habe ich aber nie. Waren wir auf die Idee mit dem Cousin gekommen, weil Martin seine kleine Schwester nicht im Schlepptau vor den anderen Jungs präsentieren wollte oder fühlte ich mich besser und hatte Hoffnungen, wenn ich mich als Junge ausgab? Ich weiß es nicht mehr. Seppel Sauer, der alte Trainer oder Platzwart des Vereins erkannte mich sofort als Hottas Tochter. Er versprach mir, sich zu engagieren, dass es vielleicht bald eine Mädchenmannschaft im Verein geben würde. Dazu ist es nie gekommen. Auf dem Hof durfte ich manchmal mit den Jungs knödeln. Ich wurde ins Tor gestellt, durfte die Bälle holen und hatte das Gefühl mein Aggregatzustand wäre gasförmig. Ich wollte so gerne mitmischen. Ob mir Fußball wirklich gefiel, war dabei zweitrangig. Ich hatte einfach das Gefühl, als Junge und als Fußballspieler würde es mir auf dieser Welt bessergehen.

Von meinen Zeichnungen, Gedichten und Schulsporterfolgen nahm Mutti am Rande Notiz. Onkel Ottchen besprach die Dinge mit mir, gab Anstöße und hilfreiche Kritik, aber an Papa rauschte es vorbei.

Ich knüpfte in der Schule neue Freundschaften, besser gesagt das, was kleine Mädchen unter Freundschaft verstehen. Ich streckte meine Fühler aus und fand sehr schnell Anschluss.

Mein Hauptaugenmerk hatte ich auf ein zartes kleines Persönchen gerichtet, das für mich wie ein Indianermädchen aussah. Sie hatte langes dunkelbraunes Haar, blaugraue Augen und einen, für unsere Verhältnisse, recht dunklen Teint. Selbst ihr Name, Silvana, schien mir exotisch und ihre freundliche und unbeschwerte Art machte sie für mich als Freundin sehr anziehend. Sie zeigte sich mir gegenüber sehr aufgeschlossen und so entwickelte sich meine erste Schulfreundschaft. Nach Absprache durfte ich Silvana auch besuchen gehen und tauchte bei ihr in eine mir völlig befremdliche Welt ein. Silvana lebte mit ihrer Mutter, ihrem Stiefvater, zwei Brüdern und zwei Schwestern in einem uralten, völlig heruntergekommenen Haus, in der Jacobsohnstraße, zwischen Pistorius- und Langhansstraße. Vor dem Haus lag eine kleine Grünfläche, auf der sich ein alter Holzschuppen und ein Außenklo befanden. In die elterliche Wohnung kam man über eine hohe, steile Treppe. Hier betrat man einen winzigen Korridor, der in einen küchenartigen großen Raum führte, durch den man dann direkt in die Wohnstube oder das Gemeinschaftszimmer der Familie gelangte. Von dem Küchenzimmer ging rechts eine kleine Kammer ab, diese wurde von Silvana bewohnt. Eine kleine Kammer, die nicht viel größer war als die Liege, die darin stand. Eine Rückzugsmöglichkeit, mehr aber auch nicht. Das gesamte Haus war in einem überaus schäbigen Zustand, aber an schäbige Hausfassaden war mein Auge gewöhnt. Wie sich aber die Wohnung darbot, verschlug mir zuerst einmal den Atem. Es roch nicht nur nach muffigem Keller, es roch, als hätten sich alle schlechten Gerüche dieser Welt in diesem Haus zu einem einzigen Übel verflochten. Ich sah Mausefallen mit frischen und alten Mäuseleichen, verschimmelte Wände, morsches Holz, stinkende Wäschemassen, die lieblos über einer Leine lagen. Essensreste auf schmutzigem Geschirr. Der Linoleumbelag war in großen Fetzen vom

Fußboden abgerissen oder abgebröckelt und bot Kellerasseln ein angenehmes Auskommen. Die Möbel waren heruntergewohnt und verdreckt und sehr spärlich in diesem Heim. Ein Plattenspieler, eine Plattensammlung, Radio und Fernseher waren aber vorhanden. Nein, ich stellte nicht die elementare Frage, wie man hier leben konnte. Ich hatte Mitleid, dass meine Freundin so leben musste. Sie kannte es nicht anders und machte keinen unglücklichen Eindruck. Wir besuchten uns oft gegenseitig. Überwiegend war ich aber bei ihr, weil sie entschieden näher an der Schule wohnte. Ich erzählte Mutti von dem, was ich gesehen hatte. Sie verbot mir nicht, Silvana weiterhin zu besuchen, gab mir aber auf meine Bitte hin immer etwas mehr Proviant mit, dass ich mein eigenes Essen zu mir nehmen konnte. Silvanas Geschwister waren aufgeschlossene und nette Kinder. Ihr Stiefvater, so erzählte sie mir, war aus Bayern. Silvanas Mutter war eine dünnhäutige, blasse Frau mit rötlich gefärbtem Haar, wenigen braunen Zähnen und zwei fetten Lidstrichen auf ihren Augenliedern. Kleine goldene Creolen und ein paar Sommersprossen waren der einzige Schmuck der dünnen, kleinen Frau. Ich traf sie nie schlechtgelaunt oder beschämt an. Sie empfing mich erfreut und offen, drehte die Schlagermusik, die allgegenwärtig war, noch etwas lauter und ließ den Tag froh gesinnt verfließen. Ihr Mann war nur selten zu Hause. Was er beruflich machte, war aus Silvana nicht so richtig heraus zu kriegen. Vielleicht wusste sie es selber nicht so recht.

Eines Tages, als wir Mädchen schon etwas vertrauter miteinander waren, zeigte sie mir das Schlaf- und Kinderzimmer ihrer Geschwister. Die Tür dorthin befand sich unter der steilen Treppe und führte direkt in ein Inferno aus Unrat und Gestank. Silvana vertraute mir an, dass einer ihrer Brüder jede Nacht ins Bett machte. Sie vertraute es mir wirklich an und konnte sich sicher sein, dass ich dieses Geheimnis für mich behalten würde. In dem Zimmer waren nur schäbige Betten und Matratzen, schäbiges verdrecktes Bettzeug und ein riesiges großes, leeres Regal, das eingebaut schien, wie der Überrest aus einem alten Laden.

Nun kannte ich zwei Familien mit einer großen Kinderschar. Reginas und Silvanas. Sie waren so unterschiedlich, wie Familien nur sein konnten. In meiner Klasse gab es einige Kinder mit vielen Geschwistern. Es gab Kinder, denen man ihre Armut ansah, Kinder, die

Mühe hatten dem Unterricht zu folgen, Kinder die versuchten, sich durch auffälliges Verhalten einen Platz in der Klasse zu erobern. Sie alle wurden zur Zielscheibe unserer Klassenlehrerin. Wurden vor die Klasse gestellt und angeprangert und vom Rest der Klasse ausgelacht oder belächelt, mit dem guten Gefühl, nicht selbst da vorne zu stehen.

Ich hatte noch eine dritte Freundin, Marion. Wir waren durch familiäre besser gesagt elterliche Freundschaftsbande stark miteinander verknüpft. Eine ganz unklare Erinnerung habe ich an die erste Wohnung meines Nennonkels Heiner und seiner Frau Doris. Sie wohnten in einer schäbigen Altbauwohnung, Nähe Hamburger Platz. Eine dunkle, feuchte Erdgeschosswohnung mit einem langen schmalen Toilettenraum. Die Erinnerung ist so weit weg, dass ich mich an den Umzug der Familie in die Eilveserstraße gar nicht erinnere. Sie wohnten nun dort, und gut war es. In der Eilveserstraße hatten sie eine schöne Wohnung, aber leider nur zwei Zimmer. Ich erinnere mich an ein Wohn- und an ein Schlafzimmer mit einem großen zweistöckigen Puppenhaus, das in der Ecke am Fenster stand. Das war unsere Lieblingsecke zum Spielen. Ansonsten war es ein normales Schlafzimmer mit Ehebett und Kleiderschrank. Heute frage ich mich, ob Marion damals auch geschlafen hat, denn ein Bett für sie fehlt in meiner Erinnerung. Onkel Heiner und Tante Doris gehörten so selbstverständlich in mein Leben, dass auch Marion eine Selbstverständlichkeit war. Sie war ein knappes Jahr jünger als ich und besuchte sogar den gleichen Kindergarten. Die Väter unserer Familien waren eng miteinander befreundet. Der Fußball und viele Jugenderinnerungen hatte sie einander nähergebracht, bis eine richtige Männerfreundschaft daraus entstanden war. Es war ein Glück, dass auch die Frauen der beiden gut miteinander umgehen konnten. Gemeinsam wurden nun die Skatkarten gemischt, Fußball gespielt, Fußball geguckt und die Wochenenden mit verschiedensten Unternehmungen ausgefüllt. Wir Kinder waren immer mittenmang dabei. Tante Doris hatte ich oft in Verdacht Hildegard Knef zu sein. Ich fand die Ähnlichkeit zwischen ihr und der Diva enorm groß. Und weil Onkel Heiner wie Paul Kuhn aussah, hatte ich das Gefühl in Künstlerkreisen zu verkehren.

Für Marion und mich, und natürlich auch für Martin, war unsere Freundschaft eine Selbstverständlichkeit. Bis wir in ein Alter kamen, in dem Martin dann auch seiner eigenen Wege ziehen konnte.

Marions Familie bekam noch ein Baby und das Schlafzimmer wurde zum Kinderzimmer umgebaut. Onkel Heiner gab, natürlich bei einem Fußballkumpel, eine Eckschlafcouch in Auftrag und schlief die kommenden Jahre mit seiner Doris Kopf an Kopf um die Ecke rum. Ich fand das sehr praktisch und schick. Marion freute sich auch über eine eigene Stube, mit eigenen Schränken, die für mich durch ihre einzigartigen Schiebetüren einen besonderen Charme hatten. Nun kam auch ein Doppelstockbett hinzu, damit beide Schwestern es bequem hatten.

Mitten hinein platzten dann die Nachrichten des Tages. Beide Mütter unserer Familien waren erneut schwanger.

Um mich herum schien eine Schwangerschaftsepedemie ausgebrochen zu sein. Alles drehte sich nur noch um das Thema Babys, Platzmangel, Geldsorgen, Anschaffungs- und Beschaffungsnöte.

Papa sagte: „Da war die Natur schneller als die Pille", eine Tatsache, die ihn sehr zu erfreuen schien. Es gab unter den Erwachsenen heiße Diskussionen um eine Tablette, die Babys verhindern sollte und natürlich von Muttis Katholikin in ihr strikt abgelehnt, von der Frau in ihr aber herbeigesehnt wurde. Papa fand Pille, Berufstätigkeit von Frauen, das Tragen von Hosen und Fußball spielende Frauen emanzenhaft. Das Wort *Emanze* verkam überhaupt zum Schimpfwort. Wobei mir auffiel, dass meistens die Männer mit der Emanzipation der Frauen ihre Probleme hatten. Andererseits war sie in den Gesetzen der DDR verankert. Mir als kleinem Mädchen lief die Emanzipation ständig über den Weg. Entweder als persönliche Zukunftsvorstellung oder als enttäuschende Illusion, wenn es darum ging, sie in der Familie durchzusetzen. Die Köpfe der Menschen brauchen eben doch länger als neue Gesetzestexte.

Zwischen unserem Häuserblock und der Straße 203 lag eine verwilderte Brache. Hier fand regelmäßig eine Gerümpelaktion für alle Einwohner der Umgegend statt. Es war enorm, wieviel Trödel und ungenutztes Zeug sich hier jedes Mal zu einem kleinen Berg versammelte. Für Martin war das die Hochzeit der Saison. Er kraxelte mit vielen anderen Jungs auf diesem Berg herum, suchte nach wiederverwendbaren Materialien für Bastelzwecke. Drähte, vor allem Kupferdraht, hatte es ihm angetan, Plasteteile für Stinkbomben standen hoch im Kurs. Nun hatte er Glück. Er fand eine alte Kinofilmrolle, die er nach

Hause schleppte, und um die Kontrollen unserer Mutter zu umgehen, in meiner Pappkiste, in der all mein Puppenkram unter unserem Kinderzimmertisch aufbewahrt wurde, zu verstecken.

Es war ein paar Tage vor Weihnachten. Mutti hatte den Badeofen geheizt und ich durfte als Erste in die Wanne. Die Badestube war angenehm warm, das Wasser heiß und der Badeschaum üppig und fest. Genau so liebte ich den Badeabend. Der Rest der Familie saß vor dem Fernseher und ich hatte gute Chancen, länger als sonst mein Bad genießen zu dürfen. Zu der Zeit missbrauchte ich gerne unseren Duschkopf um wichtige Telefonate zu führen. Mit einem Schaumkrönchen auf dem Kopf und dem Hörer am Ohr sang ich Stimmproben mit den angesagten Hits ins Telefon, die in der Badestube besonders hallten und beruhigte meine Anhänger auf der ganzen Welt, dass ich ganz bestimmt immer nur für sie singen würde.

Plötzlich wurde die Tür aufgerissen. Mit entschlossenen Händen sah ich meinen Vater nach dem Holz- und Kohleneimer greifen und stellte gleichzeitig fest, dass das der Badestube gegenüberliegende Kinderzimmer in Flammen stand. In Windeseile kippte mein Vater die Holz- und Kohlenreste in mein schaumiges Badewasser zeitgleich sprang ich vor Schreck und Angst bebend aus der Wanne heraus, um zwei Sekunden später wieder reinzuspringen. Ja, nur zwei Sekunden hatte ich gebraucht, um zu der physikalischen Erkenntnis zu kommen, dass die feuchteste Umgebung bei Bränden auch die sicherste sein musste. Ich bin in einem Raucherhaushalt groß geworden, wie konnte ich erahnen, dass es auch Rauchvergiftungen gab. Der Zauberlehrling mit dem Besen, der immer wieder läuft um Wasser zu holen, schoss mir kurz durch den Kopf, als mein Vater zum wiederholten Mal kam, um Wasser zu schöpfen. Verängstigt und vom Badewasser verdreckt schaute ich mit langem Hals dem Treiben meines Vaters zu und stellte beruhigt fest, dass von den hohen Flammen nichts mehr zu sehen war. Durch die Qualmwolken, die ihren Weg über den Korridor nun auch in die Badestube und meine Augen gefunden hatten, sah ich, wie er zum Abschluss seiner Löscharbeiten in hohem Bogen auf den Ort des Geschehens kotzte, als würde er damit seine Geringschätzung des Feindes, den er gerade besiegt hatte, ausdrücken wollen. Ganz kurz trat Stille, unheimliche Stille ein und nur die Holzstücke im Badewasser schwappten hin und wieder mit dumpfem Geräusch an den

Wannenrand. Dann wurde es hektisch. Papa riss im Kinderzimmer die Fenster auf, Mutti kam ins Bad und öffnete das Fenster. Nass und frierend stand ich einen Augenblick in der eisigen Zugluft, bevor Mutti mit einem Badelaken kam, mich darin einhüllte und in die Wohnstube aufs Sofa führte. Da saß auch schon das schwarze Schaf des Abends, mein Bruder, und starrte geschockt in den Fernseher als warte er auf eine Aufzeichnung seiner Missetat. Papa und Mutti blieben erstaunlich ruhig. Wahrscheinlich waren sie froh, das Feuer so schnell unter Kontrolle gebracht zu haben. Aber was genau war eigentlich passiert?

„Bevor man aus Plaste eine Stinkbombe baut, sollte man den Werkstoff, den man verarbeitet, ausprobiert haben", dachte sich Martin, und während meine Eltern die Sportschau verfolgten, begab er sich in unsere Stube, die bereits mit gemachten Federbetten auf uns frisch gebadete Kinder wartete, zog meine Spielzeugkiste mit seinem unentdeckten Schatz halb vor den Tisch, nahm das Ende des Zelluloidfilms in die Hand und probierte die Wirkungsweise von entfachtem Streichholz an Kinofilm. Heinz Rühmann und Hans Moser gingen gemeinsam mit der Filmrolle in eine hohe Stichflamme und Qualmwolke auf. Beweis erbracht, Kinofilm brennt und stinkt, aber es war nichts mehr übriggeblieben.

Es klingelte und die aufgeregte Frau Opitz von unter uns wollte nur mal Bescheid sagen, dass es bei ihr massiv durchgeregnet hatte und ein größerer Wasserschaden entstanden war. Mutti schilderte kurz die flammendheiße Gefahr, in der wir gerade noch geschwebt hatten, und versprach, sich um alles zu kümmern. Fast erleichtert ging Frau Opitz wieder, war sie doch selbst einem Inferno entkommen.

Ich machte mir Sorgen um Weihnachten. Wir hatten erstmals von unserem Taschengeld kleine Geschenke für Vati und Mutti gekauft. Noch hatte ich keinen Blick ins Kinderzimmer getan und befürchtete, alles sei verbrannt. Unsere Eltern hatten andere Sorgen. Sie waren heilfroh, dass die Betten kein Feuer gefangen hatten. Das Kinderzimmer lag direkt an der Wohnungstür. Ein noch größeres Feuer hätte uns nicht mehr aus der Wohnung gelassen. Wie war der Junge schon wieder zu Streichhölzern gekommen? Sie lagen halt überall herum. Mein Brandfleck im Nachthemd war schon Vergangenheit.

Mit immer noch weichen Knien, ging ich ans Kinderzimmer heran. Wagte einen Blick in die stinkende, feuchte, eiskalte Stube, stellte fest, dass die Büchse mit den kleinen Weihnachtsgeschenken noch immer, von allem Trubel unbeeindruckt, auf dem hinteren Teil meines Wandklappbettes stand. Mein Blick fiel auf den Brandherd, meine Spielzeugkiste, in der meine Puppen und all ihre Habseligkeiten auf den nächsten Spielbeginn gewartet hatten. Es war ein Jammer. Das meiste war nicht mehr zu gebrauchen. Meine geliebte Negerpuppe (ja, so nannten wir diese Puppen, ohne dabei an irgendeine Diskriminierung zu denken) hatte große Brandblasen am Bein und musste sofort versorgt werden. Der Pappkarton, die gesamte Garderobe meiner Kinder, die geliebte Pullerpuppe, der Holztisch, Martins Klappsofa und die Läufer vom Fußboden waren stark beschädigt und unbrauchbar.

Weihnachten rückte näher, es fiel zu meiner großen Erleichterung nicht aus. Die Teppiche wurden weggeworfen, mein Spielzeug, samt dem geschmolzenem Pullerpuppengummiklumpen auch. Der Holztisch wurde mit Wachstuch bespannt und fristete sein Dasein von nun an auf dem Balkon, und Martin schlief für lange Zeit auf drei alten Strohmatratzen, die noch von Uroma Anna auf dem Dachboden lagerten.

Die Wasserschäden bei Herrn und Frau Opitz wurden fachgerecht von Papa beseitigt und die Stube renoviert.

Unser alter Nachbar, Herr Hinkelmann, lag im Sterben. Täglich schaute eine Schwester vorbei um ihm eine Spritze und Medikamente zu geben. Mutti sagte, dass Frau Hinkelmann ihn nicht gehen lassen wollte. Täglich fütterte sie ihren Mann mit Hühnersuppe. War es so einfach, einen Menschen nicht sterben zu lassen? Mit Hühnersuppe? Warum hatte man für Omi keine Hühnersuppe gekocht oder gingen Westhühner nicht? Waren die anders als unsere? Mutti erklärte mir das etwas genauer. Sie sagte, dass schon unsere Vorfahren bemerkt hatten, dass Hühnerbrühe den Körper stärkt und dass Menschen nach überstandener Krankheit sich schneller erholten, wenn man ihnen Hühnerbrühe gab. Einen Menschen, der aber so schwer krank war, wie unser Nachbar oder wie Omi es war, half man damit nicht, sondern man zog nur die Zeit des Sterbens unnötig in die Länge. Für ein altes Ehepaar, war es schwer den endgültigen Abschied zu akzeptieren und darum wollte Frau Hinkelmann ihren Mann noch so lange wie möglich hier auf der Erde haben und ihn pflegen.

Das verstand ich, das leuchtete mir ein. Sie hatte ihren Mann lieb und hielt ihn ganz doll mit Hühnerbrühe fest.

Irgendwann starb er aber doch und Frau Hinkelmann war eine sehr traurige Nachbarin. Ihre, längst erwachsenen Kinder, sprachen ihr Mut zu, und so wagte sie einen Wohnungstausch. Nun wurde sie eine Giebelbewohnerin in dem Haus, wo auch Frau Merkel und Frau Kugler, die Frau mit den Katzen, die aufs Klo gingen, wohnten. Von dort zog eine Frau mit zwei Kindern in unsere Nachbarwohnung und dort tobte von nun an das Leben. Geschrieben wurde sie Frau Bloesse, sie selbst nannte sich aber immer Blöße. Das Beste an ihr war ihr älterer Sohn Siegmar. Er sah aus, wie ein Märchenprinz. Groß, schlank, dunkelhaarig. Er war immer freundlich, wenn ich ihn traf, ich kann mich aber nicht entsinnen, jemals mehr als den Tagesgruß mit ihm gewechselt zu haben.

Siegmar hatte eine Schwester. Diese war ihm sogar ähnlich, allerdings war die enorme Körpergröße und ihre hagere Figur für ein Mädchen von Nachteil. Ihre Mutter erzählte auch nur von ihrem Sohn. Von seiner Intelligenz, von seinem guten Aussehen, dass er studieren werde und Gritt, die Tochter, ihr nichts als Kummer machte.

Ich fand, mit Gritt war, bis auf ihren meist traurigen Gesichtsausdruck, alles in Ordnung. Ich wollte aber keine freundschaftliche Bande mit ihr knüpfen. Natürlich wäre eine Freundin Tür an Tür sehr bequem gewesen, aber Gritts Mutter war mir unheimlich.

Sie stand oft in tiefster Weinseligkeit, nur mit BH und Schlüpfer bekleidet, vor unserer Wohnungstür und bat, dass mein Vater mal rüberkommen sollte, um nach ihrem Fernseher, ihrem Staubsauger, ihrem Korken in der Weinflasche oder allem Möglichen zu schauen. Sie nannte sich eine alleinstehende, hilflose Frau und heulte fast in ihrem Elend. Diese Frau entwickelte sich zu einer Plage.

Sie arbeitete im VEB Fleischwaren, der sich etwa in der Mitte der Gustav-Adolf-Straße befand und schleppte dauernd irgendwelche gekochten oder gebratenen „Köstlichkeiten“, die bei ihr keiner mehr essen wollte, in unsere Wohnung. Traf sie niemanden an, stellte sie die ausgesuchten Leckerbissen auf unserem Fußabtreter ab, und lehnte Mutti ab, wurde sie die Frau nicht mehr los. Unterdessen landeten auch Kartoffeln, Gemüsereste, gebratene Eier bei uns und dann im Mülleimer. Frau Nachbarin hatte mitbekommen, dass wir eine Katze hatten. „Hier, fürs Kätzchen“, hieß ihr neuer Slogan. „Die Katze frisst keine gebratenen Eier“, erwiderte Mutti. „Na dann geben Sie sie Martin.“

Dieser Satz musste nun unter Lachen für alles herhalten, wenn einer in der Familie etwas nicht wollte. „Wir geben es dem Martin.“

Wenn es spät abends oder zu ungewohnter Zeit bei uns klopfte, ging meist Mutti an die Tür. Sie war diplomatischer als Papa, dem langsam der Geduldsfaden bei dieser Frau riss. Auch sie gehörte zur Sparte der Bonbonträger, hisste bei jeder Feierlichkeit die Fahne, erzählte von ihrer Tätigkeit in der Gewerkschaft und dass sie als Schöffin eine tragende Rolle spiele. Sie hatte ständig wechselnde, nur halb bekleidete Männer in ihrer Wohnung, war ungepflegt und ständig abgefüllt und ließ jammernd das unbeholfene, vereinsamte Weibchen raushängen. Papa war voller Abscheu gegen sie, Mutti hatte manchmal Mitleid. Mitleid mit der völlig entgleisten Frau, aber noch mehr mit ihrer Tochter, die fast täglich wüste Beschimpfungen und den asozialen Lebenswandel ihrer Mutter über sich ergehen lassen musste.

In dieser Zeit beschäftigten mich die unterschiedlichen Verhaltensweisen von Männern und Frauen, die Armut und der soziale Abgrund, Angst vor Krieg, Angst vor Krankheiten, Angst vor Andersartigem sehr. Die Nachrichten und politischen Sendungen zeigten immer wieder Bilder und Berichte aus Vietnam, Afrika, den USA und vielen anderen Ländern, in denen Bomben fielen und Kinder zu Waisen wurden. Städte, Felder und ganze Wälder brannten oder wurden vergiftet. Menschen wurden ermordet, gefoltert, eingesperrt und diskriminiert, weil sie eine andere Hautfarbe oder einen anderen Glauben hatten oder das falsche Geschlecht.

Studenten und Polizisten, Katholiken und Protestanten, Muslime und Juden, Schwarze und Weiße, Männer und Frauen. Keiner war bereit, mit seinem Nächsten in Frieden zu leben. Es gab Kleinigkeiten, die zu Mord und Anschlägen führen konnten. Intelligente Menschen, die vom lieben Gott mit Geist und Redegewandtheit ausgestattet worden waren verrichteten geistlose und brutale Taten, die sie im Ansehen der Gesellschaft und beim Erreichen ihrer Ziele keinen Schritt weiterbrachten. Was zählte war die Macht.

Ich fand meine kleine Welt, die Welt meiner und der mir bekannten Familien, die Schule, die Kirche samt meinem lieben Gott und der Dreifaltigkeit, die Tatsache Ostdeutschland und Westdeutschland, Ostberlin und Westberlin und die Russisch besetzte Zone schon reichlich kompliziert. Würde ich jemals die Welt, die große weite Welt mit ihren Ozeanen und Erdteilen und Sitten und Traditionen, ihren Grenzen und ihren Kriegen begreifen können?

Die Erwachsenen schienen das zu können, jedenfalls dachte das jeder von sich. Denn lauthals wurde diskutiert, gestritten, getobt und notfalls auch geprügelt. Anders Denkende wurden als Asoziale, Gammler oder auch als Emanzen verschrien, bis sich die Terroristen nicht zu Wort, sondern zur Tat meldeten.

Meine Omi hatte noch eine Schwester. Diese hieß Elisabeth, wurde aber von allen nur Lieschen oder Tante Lieschen genannt. Ihr Mann hieß Paul, wurde aber von allen nur Piepse oder Onkel Paul genannt. Diese beiden waren ein ansehnliches Paar. Sie wohnten in der Schönstraße in einer Zweizimmerwohnung und hatten einen Garten in Hohenschönhausen. Wenn man Tante Lieschen kennenlernte hätte man gemeint, sie wohnte in einer großen Stadtvilla und hätte einen Feriensitz in Frankreich. Sie machte viel her und soll von ihren Schwestern die Schönste gewesen sein. Lieschen und Piepse wollten erst mal keine Kinder, sondern das Leben genießen, Geld anhäufen und mal gucken, was die anderen so taten. Auf meine Omi und ihre verwitweten Schwägerinnen, die immer mit Kindern und leeren Taschen im Schlepptau ankamen, guckten sie voller Hochmut herab. Die Mauer, die das Paar nun davon abhielt, irgendwann zu den Reichen und Schönen dieser Welt zu gehören, machte jedoch auch Lieschen und Piepse einen dramatischen Strich durch die Lebensplanung. Nun ließ sich Lieschen wegen ihrer Kinderlosigkeit bedauern und adoptierte ungefragt meine Mutter. Tante Lieschen war eine vornehme Dame und legte viel Wert auf Etikette. Papa und Mutti durchschauten das Spiel und nannten es einen Etikettenschwindel, was ich zwar nicht verstand, worüber ich aber nachdachte. Tante Lieschen wurde von allen so akzeptiert und heimlich belächelt, wie sie war. Sie und Piepse fehlten auf keiner Familienfeier, und war ihr Besuch angekündigt, gingen Mutti und ich akribisch auf Staub- und Fleckensuche in unserer Wohnung. Nicht heimlich, sondern ganz offensichtlich fuhr diese Tante mit ihren braungebrannten und goldberingten Fingern über sämtliche Flächen unserer Möbel und Türen, um zu kontrollieren, ob Mutti auch einen ordentlichen Haushalt führte. Wie eine Königin saß sie nicht, sondern thronte sie auf unserem Wohnzimmersessel und verfolgte alle Sendungen über Königshäuser, deren Besuche und Hochzeiten und Taufen in aller Welt, kommentierte hoheitliche Verfehlungen und lobte den Protz, die Schönheit und den Reichtum der besseren Gesellschaft.

Die Hintergrundpolitik interessierte sie nicht. Sie war empört, dass man einen Schah und seine prachtvolle Frau mit Eiern und Farbbeuteln bei einem Besuch in Westberlin bewarf.

Sprachlos hielt sie ihre Zigarette noch vornehmer zwischen den Fingern und paffte den Qualm in verachtender Weise aus dem Mundwinkel und der spitzen Nase heraus.

Tante Lieschen schien Sorgen zu haben. Wir Kinder hörten und begriffen ja leider immer nur die Hälfte von all den Erwachsenenproblemen, die sich im Leben so ergaben. Piepse wurde scheinbar sehr vergesslich. Er fand seinen Garten nicht mehr, erkannte seine Frau nicht und wurde aggressiv. Er war ein Mann wie ein Baum und sein gutes Aussehen eins von vielen Aushängeschildern meiner Großtante. Als Onkel Paul aber mit seinem starken Zeigefinger den Bedienknopf des ehelichen Fernsehers zerstörte, war das der Tropfen, der das Fass zum Überlaufen brachte. Nun wurde er gefährlich. „Der Bär hat gebrummt", sagte mein Vater. Der Bär musste weg.

Onkel Piepse fristete nun sein Dasein bei den „Frommen Brüdern" in der Gartenstraße. Die dortige Kirche war mir von einigen Gottesdiensten und von den Feierlichkeiten zu Fronleichnam her bekannt. Hier standen im oberen Rang meist die Patienten der Psychiatrie und durften den Gottesdienst mit einem Blick durch Gitterstäbe verfolgen. Onkel Paul tauchte für mich nie wieder auf, auch nicht dort oben. Manchmal wurde kurz von ihm gesprochen, aber Tante Lieschen führte längst ein Witwendasein. Mit Onkel Pauls Tod änderte sich eigentlich nur, dass sie nun auch zwei Eheringe auf ihrem rechten Ringfinger trug.

In unserem Haus, genauer gesagt bei Rolf, war unterdessen ein Baby, ein Mädchen, zur Welt gekommen. Ich wusste nicht wirklich viel über Geburten und die Technik des Kindermachens. Alles war „Psst!" und „Du bist noch zu klein." Aber hier und da schnappte man schon mal was auf, was hilfreich oder noch verwirrender sein konnte als es ohnehin schon war. Tante Karin, Rolfs Mutter, war ins Krankenhaus zur Entbindung gebracht worden. Ich wusste nur, sie hatte Wehen, und das Wort Wehen gehörte zur Geburt wie das Maggi zur Suppe. Wir waren bei Rolf in der Wohnung, die ich ohne Tante Karin, die ich sehr mochte, als leer empfand. In der Badestube stand ein Eimer, in diesem Eimer schwamm ein Batzen Fleisch, wie ich es noch nie zuvor gesehen hatte. Ich kam zu dem Schluss, dass es sich hier wohl nur und ganz eindeutig um die Nachgeburt handeln konnte. Meine Phantasie ließ keine anderen Rückschlüsse zu. Das Wort *Nachgeburt* hatte ich mal in einem gemeinen Witz gehört, den ich nicht verstand und über den ich auch nicht lachen konnte. Aber dieses Wort hatte ich mir gemerkt. Nachher stellte sich heraus, dass es sich bei dem Fleisch um Pansen für den Dackel handelte, die dort eingeweicht lagerten, um später gekocht zu werden.

Als die Kleine, Angelika, bestaunt und beäugt werden durfte, war ich sofort hin und weg. Wann immer ich konnte, borgte ich mir das Baby zum Spazierengehen aus. Damals hatte ich allerdings die Rechnung ohne Rolf gemacht. Wie ein Hütehund bewachte er eifersüchtig seine kleine Schwester und nahm mir sogar den Kinderwagen weg, wenn er mich zufällig mit Angelika sah. Ich fand keine wirkliche Taktik oder Strategie, ihm aus dem Weg zu gehen, denn ich musste mit der Kleinen immer in Sichtweite bleiben. Vielleicht hatte er die Sorge, dass ich seine Schwester in eine selbst gebaute Wiege zwischen die Wäschepfähle hängen oder sie auf dem Hof in den kalten Strahl der Wasserhähne halten würde. Jedenfalls fehlte ihm jegliches Vertrauen in meine mütterliche Kompetenz.

Während meine Erwachsenen den Beatles samt ihrer Haartracht, Mohammed Ali, dem Wehrdienstverweigerer, und Elvis Presley, der seit Jahren als Filmschauspieler Karriere machte, Bewunderung zollten, gedieh im Bauch meiner Mutter unser Baby. Es war eine wirklich spannende Zeit, ein bisschen wie Dauerweihnachtsvorfreude. Im Schlafzimmer meiner Eltern stand seit Wochen eine riesige lindgrüne Wickelkommode deren gepolstertes Oberteil mit pastellfarbenen gestreiftem Wachstuch bezogen war. In ihrem Innern befanden sich allerkleinste Hemdchen, Strampler, Wollschühchen und Gummihosen. Es war der reinste Schatz. Über der Kommode hingen Regale für Puder, Cremes und Öl, damit das Baby sich in seiner Haut wohl fühlen solle. Sogar ein Gitterbettchen fand noch seinen Platz im Schlafzimmer, und unser altes Babykörbchen hatte seinen Weg zu uns zurückgefunden. Die Farben waren alle geschlechtsneutral gehalten, denn wer konnte schon wissen, was man zu erwarten hatte. Sodbrennen, Zucker oder Salz auf dem Fensterbrett, Pendelschwingen sollten irgendwas damit zu tun haben. Nach Muttis letzter, trauriger Geburt hieß es bei uns nur: Hauptsache gesund.

1968 – 1978

Mein zehnter Geburtstag stand ins Haus. Ich hatte meine erste Null und fühlte mich wirklich als großes Mädchen.

Auf meinem Geburtstagstisch lachte mich eine Puppe an. Ich war glücklich, denn über ihrer Schulter hing ein wunderschöner geflochtener Zopf. Endlich eine Puppe mit langem, kämmbarem Haar dachte ich. Wie enttäuscht war ich dann, als ich ihren Zopf öffnete. Die Frisur war eine Mogelpackung. Mein Geburtstagsgeschenk war eine Kurzhaarpuppe mit einer langen Haarsträhne. Selbst Mutti, die sich so gefreut hatte, endlich diese Puppe erstanden zu haben, war enttäuscht.

Der Streit um weiße Kniestrümpfe an diesem Tag hatte bei Mutti und mir schon Tradition. Für mich schien die Sonne, für Mutti waren fünf Grad Celsius eindeutig zu kalt.

Ich durfte meine erste Geburtstagsparty, jedenfalls was die Großen darunter verstanden, geben. Es waren, bis auf Rolf und Martin, nur Mädchen eingeladen, und alle kamen. Natürlich wurde nicht getanzt, sondern gespielt und ich erlebte meinen Vater in bester Laune, als er zottlig, mit einem roten Tuch um den Hals und einem geöffneten Hemd die Stube betrat, um das Spiel „Jule hat ein Schwein geschlachtet“ mit uns zu spielen. Er war toll, brachte uns mit dümmlichem Gesichtsausdruck zum Lachen, kassierte Pfänder und stellte witzige Aufgaben an uns, um diese wieder auslösen zu können.

Meine immer rundlicher werdende Mutti hatte ein kleines Buffet hergerichtet, auf welchem sich ausschließlich Köstlichkeiten befanden, die jeder von uns gerne aß. Auch die Zeit des Kakaos, der unterdessen nicht mehr so gefragt war, war vorbei. Jetzt gab es selbstgemachte Limonade aus Zitrone, Zucker und Natron.

Abends, als alle Gäste gegangen waren, zog mich Papa auf seinen Schoß. Er roch nach Bier und Schnaps und Zigaretten, legte seine große Hand auf meine Wange und sah mir tief in die Augen. „Du wirst meiner kleinen Schwester immer ähnlicher“, sagte er und drückte meinen Kopf an seine Brust. Ich konnte sein Herz kräftig und zuverlässig schlagen hören und fühlte mich sehr geliebt und geborgen. „Versprich mir, dass du immer gut auf dich aufpasst.“ Ich dachte über seine Worte nach und dachte mit meinem kindlichen Verstand, dass ich möglichst nicht ertrinken sollte.

Was wusste ich schon über Väter, über ihre Sorgen, die sie sich machten, wenn aus ihren kleinen Mädchen langsam junge Damen werden? Nichts wusste ich. Ich lag an seiner Brust und lauschte seinem Herzschlag und schlief ein. „Niemals werde ich ertrinken", dachte ich und wachte am nächsten Morgen in meinem Bett auf.

Mein Interesse an Puppen war noch immer vorhanden. Die Art des Spielens veränderte sich aber. Ich frisierte, ich behäkelte und benähte sie. Mit viel Phantasie und einer Engelsgeduld war ich lange Zeit mit Aufräufeln und Auftrennen meiner Werke beschäftigt. Wäre Omi noch am Leben gewesen, hätte sie mir helfen können. Mutti hatte dafür keine Zeit. Sie war mit Nestbau und Geburtsvorbereitungen beschäftigt und musste auch immer wieder improvisieren und umplanen. Auch ihr fehlte Omi, und Oma Guste um Hilfe zu bitten, war dann doch eher eine Be-, als eine Entlastung.

Ich hörte in letzter Zeit viel vom Prager Frühling. Das war auch wieder so eine politische Angelegenheit, von der ich nichts verstand, von der die Erwachsenen sich aber viel versprachen. Von einem Herrn Dubcek war immer wieder die Rede, von einer Reform des Sozialismus, Meinungsfreiheit, Pressefreiheit. Das alles hörte sich sehr optimistisch an. In der Schule erfuhr ich über den Prager Frühling Gegenteiliges. Der RGW[4] und die Machthaber in diesen Ländern vertrauten auf die Sowjetunion. Hier herrschte seit einigen Jahren ein Herr Breschnjew, der in unserer Schule ähnlich vergöttert wurde wie Ulbricht, Marx, Engels, Lenin. Stalin, den Onkel Ottchen immer wieder mit dem Gulag in Verbindung brachte, war schon längere Zeit aus dem Sichtfeld der Bevölkerung verschwunden. Straßen und Plätze, die nach ihm benannt gewesen waren, trugen jetzt andere Namen und selbst ein riesiges Ehrenmahl von ihm soll bei einer Nacht- und Nebelaktion abgerissen und eingeschmolzen worden sein. Chruschtschow fand, außer bei uns zu Hause, auch keine Erwähnung mehr.

Während ich so häkelte und räufelte und nähte und trennte, hatte ich viel Zeit, mir Gedanken zu machen. Ich fand die Welt der Erwachsenen undurchschaubar. Ging es überhaupt um eine Welt? Manchmal

[4]Rat für gegenseitige Wirtschaftshilfe

hatte ich den Eindruck, dass alle in verschiedenen Welten lebten und jeder zu jedem Stückchen Politik ein eigenes Stückchen Meinung hatte. Welche war richtig? Waren die Amerikaner, von deren Luftbrücke in Berlin mir Mutti erzählt hatte, Helden oder Bösewichte?

Was taten sie den Menschen in Vietnam an und warum wurden schwarze Menschen wegen ihrer Hautfarbe unterdrückt oder sogar ermordet? War es erstrebenswert erwachsen zu werden? Würde ich dann besser und leichter entscheiden können, was und wer gut und böse war?

Mein erster Puppenrock war fertig, der Faden sauber vernäht. Meine Kinderwelt hatte mich wieder und ließ mich erst einmal eine große Schwester werden.

Am 16. Juni, zehn Jahre und 74 Tage nach meiner Geburt, gewann die deutsche Nationalmannschaft gegen Brasilien ein Länderspiel mit 2:0.

Das allein reichte aber für diesen Sonntag nicht aus. Meine Schwester wurde geboren, endlich.

Papa kam mit einem triumphalen Lächeln die Treppe hoch, immer drei Stufen auf einmal nehmend. Sein Gesicht und seine Körperhaltung verrieten auf jeden Fall, dass es Mutti und dem Baby gut ging. Um alle anderen Informationen mussten wir buhlen und balzen.

Als er dann aber am Erzählen war, gab es kein Halten mehr. Er erzählte wie ein Mann, dem eine große Last und Sorge abgenommen war. „So klein ist die!“ Die Bemerkung deutete eindeutig auf ein Mädchen hin und seine Zeigefinger hatten einen Abstand von der Größe eines Brotes, was er aber kurz danach um eine Daumenlänge korrigierte. „48 Zentimeter“, sagte er und schaute verliebt auf seine Zeigefinger. „Ein Kopf wie eine Billardkugel, Arme und Beine dünn wie Spaghetti, aber gesund.“

Nun ja, nach dieser Beschreibung hätte unsere Schwester auch ein außerirdisches Wesen, ein Spinnentier oder ein Monster gewesen sein können. In ein paar Tagen würden wir sie sehen dürfen und selbst entscheiden in welche Kategorie sie am besten passte. Erst mal waren wir froh, dass unsere Schwester, Daniela, gesund war und dass es Mutti gut ging, und dass Papa einen unvergesslichen Sonntag hatte. Deutschland hatte gegen Brasilien gewonnen und seine zweite Tochter hatte gesund das Licht der Welt erblickt.

Eine gefühlte Ewigkeit später hielt Mutti mit unserer Schwester Einzug. Onkel Ottchen chauffierte mit seinem Trabbi die kleine Prinzessin nach Hause, und weil genug Platz im Auto war, durften Mutti und Papa auch mitfahren.

Meinen ersten Blick auf meine Schwester warf ich vom Balkon aus – von wo ich eigentlich nur die Sicht auf ein riesiges Kissen, blasse Haut und eine weiße Mütze hatte. Mutti winkte lächelnd hoch und ich hatte Schmetterlinge im Bauch. Wir stürmten zur Wohnungstür und verharrten in andächtiger Stille.

Hin und her gerissen von dem Ich-will-sofort-das-Baby-sehen-Gefühl und der Freude, dass Mutti wieder da war, überließ ich ihr die Regie über die nächsten drei Minuten. Voller Freude und mit einem Hauch von roter Nase und nassen Augen, nahm Mutti uns gleichzeitig in den Arm und drückte uns an ihren scheinbar noch größer gewordenen Busen. Gerührt betrachteten die Herren Papa und Ottchen diese Wiedersehensfreude. Papa, mit dem Kissen samt Baby auf dem Arm, blickte sich hilflos um, wie mit diesem Bündel nun weiter zu verfahren sei. Mutti übernahm das Zepter. Legte das Kissen mit dem kostbaren Inhalt auf den Wohnzimmertisch und zelebrierte die Enthüllung, als würde sie ein zu weich gekochtes Frühstücksei abpellen. Da lag sie nun vor uns. Kein Außerirdischer, kein Spinnentier, kein Monster, meine kleine Schwester. Hilflos, quietschend und fremdartig riechend.

Schon begann die Schlacht um die Kleine. Wer durfte sie zuerst halten? Und wie lange und wie oft? Die Erwachsenen wechselten wieder diese Blicke, die so schwer einzuschätzen waren. Muttis Diplomatie war umwerfend. Mit einem Blick auf Martins Hände, schickte sie ihn erst mal in die Badestube, platzierte mich auf den Sessel und reichte mir meine Schwester, die an ihrem Fäustchen lutschte und erst mal nichts dagegen hatte, das erste liebevolle Küsschen ihrer großen Schwester in Empfang zu nehmen.

Mutti trieb ihre Diplomatie unterdessen auf die Spitze. Sie veranlasste mich, das kleine Glückspaket den gewaschenen Händen meines Bruders zu überlassen, während ich ihr helfen sollte, die ersten Vorbereitungen für ein fachmännisches Trockenlegen der Kleinen zu besorgen.

In den nächsten Tagen wurde Daniela zu Danni und zum Wanderpokal. Bei uns war Haus der offenen Tür, denn jeder wollte unseren Nachwuchs sehen. Mutti war ständig am Kaffeekochen und die Themen drehten sich mal nicht um Politik, sondern ausschließlich um die Vor- und Nachteile von Puder oder Creme, um das Stillen mit großen und kleineren Brüsten, woher man Baumwollwindeln bekam und wie ungewöhnlich doch die neuen Spreizhöschen für die Babys und ihre Becken waren. Übers Impfen wurde nicht diskutiert. Die meisten Mütter waren froh, dass sie mit ihren gänzlich unzureichenden medizinischen Kenntnissen diese schwere Entscheidung nicht treffen mussten. Babysachen wurden getauscht und geschlechtsspezifisch umsortiert und unser geliebtes Babysan-Milchpulver gegen ein neues Milchpulver, Kina, ausgetauscht.

Bei aller Liebe zum Baby hatte meine eigene Welt mich bald wieder. Die Kleine war ja nun immer da und fester Bestandteil der Familie. Ich konnte mich also anderen Dingen widmen und jederzeit an ihr Körbchen oder Kinderbett zurückkehren. Tagsüber war sie mit ihren langen Schlafzeiten ein bisschen langweilig. Nachts schienen sich ihre Schlafzeiten drastisch zu verkürzen und in Schreizeiten zu verwandeln. Dann war Danni zwar nicht langweilig, aber nervig.

Regina hatte schon Babyerfahrung. Ihr jüngster Bruder war vor drei Jahren zur Welt gekommen, und auch zwei weitere Brüder waren jünger als Regina. Allerdings war sie da noch zu klein, um wirklich einen Erfahrungsschatz sammeln zu können. Eine erfahrene Schwester war sie allemal, war sie doch das einzige Mädchen unter vier Brüdern.

Wir waren beide absolute Gummitwistfanatiker. Mutti spendierte mir regelmäßig breites Gummiband, damit wir unserer Hopserei nachkommen konnten. Leider fehlte uns meistens „Der dritte Mann", um dieses Spiel korrekt spielen zu können. Wir waren da sehr einfallsreich und banden unseren Gummi um Poller, Klopfstangen, Mülltonnen oder, wie geschehen, um die kleineren silberfarbenen Kompost-Abfalltonnen. Diese Tonnen sahen aus wie große Eimer, hatten einen abnehmbaren Deckel und einen Henkel. Regina, die eigentlich nicht wirklich sportlich oder besonders mutig war, kletterte auf einen dieser Schweinefutterkübel und sprang über den Henkel auf den betonierten Boden vor Müllhaus und Klopfstange. Immer wieder forderte sie mich auf, zu gucken und zu staunen und ich stand da, mit meinem Gummi in der Hand und hoffte, dass sie bald mit ihrer Akrobatik fertig war und der Gummitwist um die Tonne gelegt werden konnte. Dann sah ich ihre Schuhspitze, die sich beim Sprung unter dem Henkel befand die Tonne umriss und meine allerbeste Freundin zu Fall brachte. Es ging ganz schnell, Regina schlug mit der Stirn auf den harten Boden auf, lag zwischen gammligem Grünzeug, rappelte sich auf und blutete unverschämt doll. Ich sah eine klaffende Wunde an ihrem Kopf und sie guckte auf ihr wunderschönes Kleid, welches ihr eine Tante aus dem Westen genäht hatte, und sie bedauerte dieses Kleidungsstück, das verschmutzt und kaputt und nun auch noch voller Blut und Tränen war. Wir liefen schnellstmöglich zum anderen Hofende in Richtung ihrer Wohnung, ich immer ein paar Schritte voraus. Ich kündigte ihr an, bei ihr zu klingeln, um Hilfe zu holen. Das machte alles nur noch schlimmer. „Meine Mutter schläft", heulte sie verzweifelt, „da dürfen wir nicht klingeln." Natürlich klingelte ich trotzdem und fiel erst ein bisschen in Ungnade, als Reginas Mutter aber ihr Kind sah, wichen Schläfrigkeit und Ungnade einer schnellen Umtriebigkeit. Nun ja, ein bisschen konfus kam mir die Reaktion schon vor, Reginas Mutter wurde recht schnell kopflos. Aber der ruhige, gelassene Vater wusste, was zu tun war: mich erst einmal wegschicken und dann weitersehen. Reginas Wunde wurde genäht, was ihr eine bewundernswerte, respekteinflößende Narbe einbrachte. Das Kleid, der mütterliche Mittagsschlaf, die Aufregung, alles war längst vergessen, als ein unterdessen kleiner weißer Strich auf der Stirn immer noch von Reginas tollkühnen Sprüngen über die Schweinetonne zeugte.

Noch während der großen Ferien, im August, wurde der Prager Frühling, der von meinen Eltern so hoffnungsvoll beobachtet wurde, mit Militärgewalt zerschlagen. Nach den Ferien würde ich die 6. Klasse besuchen und gehörte dann zur Oberstufe. Der Prager Frühling war kein Thema unseres Schulunterrichts. Man verschwieg ihn, hüllte ihn ein wie einen Herrn Stalin und wartete auf die Zeit des Vergessens.

Seit Ende letzten Jahres durften die Bewohner der BRD, unsere Wessis, im Osten übernachten. Eine neue Ära hatte begonnen. Unsere Wohnung wurde zum Urlaubsdomizil unserer Ludwigshafener. Ein paar Monate bevor meine Schwester zur Welt kam, hatte auch meine Tante noch einmal entbunden und meine Cousine, Christiane, zur Welt gebracht. So waren wir, ohne weiteren Besuch, zu zehnt in unserer Wohnung. Wenn das Wetter mitspielte, war unser Balkon der Hauptaufenthaltsort der Erwachsenen. Wir größeren Kinder richteten uns ein. Unser Kinderzimmer wurde mit zusätzlichen Matratzen ausgelegt. Luftmatratzen und Feldbetten waren vorhanden. Das Schlafzimmer mit dem Ehebett wurde den Müttern mit den Babys und Silvia zugestanden. Die Übernachtungsmöglichkeit und der längere Aufenthalt in Ostberlin brachte natürlich auch eine größere Vorausplanung und von Seiten der Westler viel mehr Gepäck mit sich. Es war schon eine logistische Herausforderung, zwei große Familien unterzubringen, ohne dass der Haushalt im Chaos versank. Die Frauen schafften das und die Männer prosteten ihnen zu.

Frau Opitz, die Nachbarin unter uns, führte das Hausbuch. Hier mussten sich alle Besucher des Hauses, die länger als drei Tage blieben, eintragen. Wir nannten es *das goldene Gästebuch.* Damals sorgte es in einem Staat wie der DDR für Befremden. Wer wollte den Menschen verübeln, dass sie sich überwacht fühlten? Die Erwachsenengeneration hatte üble Erfahrung mit den Blockwarten der Nazis gemacht. Es gab die HGL, Hausgemeinschaftsleitung. Was die genau bewirken sollte, wusste keiner. Es wurde spekuliert und unterstellt. Die DDR war bekannt dafür, dass es für jeden Lebensbereich eine Leitung gab. Schon alleine dieses sich beobachtet fühlen ließ die Menschen ängstlich und misstrauisch, selbst ihrem netten Nachbarn gegenüber, werden. Der Staat funktionierte nur mit Horch und Guck und jeder, wirklich jeder konnte zu denen gehören. Erhobenen Hauptes konnte man „Na und?“ sagen oder sich ängstlich in sein Schneckenhaus verkriechen. Schneckenhäuser hatten selbst im Osten keine HGL.

Wir unternahmen viel gemeinsam. Onkel Ottchen mit seinem Trabbi und Onkel Norbert mit seinem Ford schafften es auf spektakuläre Art und Weise immer wieder, uns Kinder und Erwachsene so zu verstauen, dass keiner zu Hause bleiben musste. Wir fuhren ins Umland. Das durften selbst die Westler, denn sie hatten hierfür Genehmigungen.

Bestens gelaunt, scherzend und singend saßen wir im Auto und verließen Berlin in Richtung Wald, Badesee, Picknickwiese. Das war schon sehr aufregend, denn längere Autofahrten standen bei uns normalerweise nicht auf der Tagesordnung. Wenn wir Berlin verließen, stießen wir auf die gelb-schwarz gestreiften Schlagbäume, die jedes Mal bewirkten, dass im Auto plötzliche Ruhe eintrat, die Platz für Hochspannung und Angst schaffte. Bewaffnete Männer in Uniform kamen an die Autos. Männer mit ernstem oder bösem Gesicht. Sie schienen sehr wichtig zu sein und Macht zu haben, denn selbst die Erwachsenen wurden kleiner und sehr ernsthaft. Ausweise und Pässe wurden gefordert, Lichtbilder verglichen, Reisegründe erfragt. Die Fahrer mussten meist aussteigen, um den Kofferraum ihres Autos zu öffnen. Dann wurde ein bisschen rumgestöbert, die Babys fingen an zu schreien oder mir wurde so schlecht, dass alle Glück hatten, wenn ich noch rechtzeitig aus dem Auto kam. Mir wurde beim Fahren sowieso immer schlecht, im gut gefederten Westauto noch eher, als im Trabbi. Deshalb war ich meistens auch Onkel Ottchens Fahrgast.

Wenn wir den Schlagbaum passiert hatten, werteten die Erwachsenen den gesamten Vorgang aus. Jeder machte sich Luft, war empört und schimpfte auf die Zone. Ich für meinen Teil fand die Zone toll. Hier gab es noch mehr Natur als in unseren Laubenkolonien und Friedhöfen. Hier gab es Plätze, die nur die erreichten, die ein Auto hatten. Zu diesem privilegierten Kreis zählten wir an solchen Tagen auch. Kauften wir uns vor Ort eine Wurst und es gab keinen Ketchup, hatte Tante Anneliese welches in der Tasche, für die Wasserrotznasen gab es Tempotücher und gegen den ständigen Frischluftappetit gab es fertigen Pudding oder kleine Schokoriegel, Bananen, Erdbeeren und Äpfel. Für belegte Brötchen hatte Mutti gesorgt. Wir waren uns alle einig, dass es nichts Besseres als Ostschrippen gab.

Die Erwachsenen redeten natürlich viel über Politik, Zwangsumtausch und wie teuer sowohl hüben wie drüben alles war. Nein, aus einem Schlaraffenland schienen auch unsere Westler nicht zu kommen. Kindergärten und Krippen waren eine Rarität und private Kinderbetreuung sehr teuer. Die Frauen schienen mehr das schmückende Beiwerk ihrer Männer zu sein und eine preiswerte Putzfrau. Begriffe wie Mieten, Lebensmittelpreise, Luxusgüter wurden in einen Topf geworfen und miteinander verglichen. Man schaute sich gegenseitig in die Lohntüten, sprach von Arbeitslosigkeit und Stagnation, von Gastarbeitern, die im Westen die Arbeit erledigten, die kein Deutscher machen wollte. Auch nicht die Frauen? Am Ende der Diskussion kamen immer alle zu dem Schluss, dass man das eine mit dem anderen nicht vergleichen kann und das eigentliche Übel in der DDR sei das Eingesperrtsein, die sozialistische Planwirtschaft, die Angst, eine eigene Meinung zu äußern, und die offensichtlichen Lügen, die über die Medien und auch in den Klassenräumen der Kinder verbreitet wurden.

Eine Abkühlung tat Not und Papa und die Onkels gingen ins Wasser, und ich glaubte ein Zischen zu hören, als sie abtauchten.

Mutti und Tante Anneliese sprachen über andere Themen. Schwangerschaften, die sie gemeistert hatten, Schwangerschaften, die hoffentlich nicht mehr vor ihnen lagen. Da ging es wieder um die Pille, die verhindern sollte, dass eine Frau ein Baby bekommt. Zwei Katholikinnen saßen mit ihren Säuglingen auf einer Decke und redeten über ihre Ehe, ihre zwei größeren Kinder und wie schwer der Alltag zu organisieren sei. Sie verstanden die Einwände, die Verbote des Papstes, sie hatten sich ihnen unterworfen und nun die Quittung auf dem Schoß. Beide Frauen hatten sich ihr Leben anders vorgestellt und trösten sich nun gegenseitig damit, dass es anderen viel schlechter gehe.

Nun fiel das Wort „Sexwelle“ und beide Mütter blickten sich um, ob auch niemand sie belausche. Ich steckte meine Nase ganz tief in mein Märchenbuch und tat so, als wäre ich in einer ganz anderen Welt.

Etwas gedämpfter fiel der Name Oswalt Kolle. Beide schienen genau zu wissen, von wem die Rede war. Auch ich hatte schon von ihm gehört. Das war im Fernsehen in einer Faschingssendung gewesen. Da hatte ein Mann mit einer albernen Mütze in einem großen Holzfass gestanden und in ähnlich gebabbelter Sprache, wie sie unsere Westler pflegten, ein Gedicht vorgetragen. Dann kam das unvermeidliche Tötöö, Tötöö, Tötööö, das Publikum lachte und klatschte und ich verstand kein Wort. Die Frauen tuschelten weiter, machten Bemerkungen des Erstaunens, kicherten manchmal wie Regina und ich und schauten immer wieder zu ihren Männern im See.

Schade, ich konnte ihr Geflüster nicht verstehen. Als die Herren das Wasser verließen, verstummten die beiden für kurze Zeit. Als die Herren die Decke erreicht hatten, sprachen die Frauen über Kochrezepte.

Wenn es Abend wurde, passierten wir den Schlagbaum von der anderen Seite, was ihn und seine Bewacher nicht besser machte. Wir Kinder waren müde und verschliefen meist den Rückweg. Kamen wir oben an, kümmerten sich die Mütter der Familien um die Kinder, das nasse Badezeug, das Abendbrot und um das Herrichten der Betten.

Die Väter saßen rauchend und trinkend auf dem Balkon oder vor dem Fernseher, phantasierten über Fußball, alte Zeiten, als sie noch die Helden der Familien waren, die auf Schwarzmärkten oder Güterbahnhöfen ihr Unwesen trieben, oder sie riefen nach einer Flasche Bier.

Tante Anneliese hatte bei diesen Besuchen eigentlich immer das Regiment in der Hand. Sie hatte bestimmte Vorstellungen von Abendwaschungen, Ernährung und Bettzeiten ihrer Kinder und Mutti zog mit.

Kahn fahren auf dem Weißen See, Verwandtenbesuche, Tierpark, Gottesdienste, Friedhofsbesuche und immer wieder Einkäufe im Intershop standen auf dem Programm. In den Shop mit rein durfte ich nicht. Diese Läden waren ausschließlich für Bürger aus dem Westen vorgesehen. Aber davor warten, bis mein Onkel wieder herauskam, durfte ich schon. Immer wenn sich die Tür öffnete, strömte dieser intensive Wohlgeruch, den ich von den Westpaketen her kannte, in meine Nase. Onkel Norbert kam mit Schnaps-, Wein-, Kaffee- und Zigarettenvorräten und einer Wolke Westpaketgeruch wieder zum Vorschein und für Kaugummis und Schokolade war auch gesorgt.

Diese Sommer wiederholten sich und hatten immer ein verheultes und sehr dramatisches Ende. Einmal brach Mutti nach dem Abschied auf der Straße zusammen. Papa trug sie nach oben. Hatte ihr die Ohnmacht, nichts gegen ihre Unfreiheit tun zu können, buchstäblich die Beine weggerissen? Hatte dieser Abschied ihr zu deutlich signalisiert, dass sie wieder bleiben musste und in Richtung Westen immer nur winken durfte?

Mutti beherrschte die Kunst, aus den Zitronen des Lebens Limonade zu machen, vielleicht hatte sie einen Limonadenrausch.

Wenn der Besuch weg war, musste alles wieder an seinen Platz zurück. Ich half so gut ich konnte und hatte den Kopf voll mit unverständlichen Informationen aus der Erwachsenenwelt und der West-Ost-Problematik. Martin und ich fachsimpelten noch immer über die verschiedensten Möglichkeiten, in den Westen zu kommen. Das waren unterdessen ganz utopische Vorstellungen. Die großen Regenschirme für den Sprung von irgendwelchen Dächern in der Nähe der Grenze waren unterdessen zu Fallschirmen, Flugdrachen oder Heißluftballons geworden und aus den Sprungfedern unter den Schuhen wurden Düsen und kleine Raketen. Durch die Kanalisation wollten wir die Mauer unterwandern und irgendwo im Westen rauskommen, Pässe fälschen oder uns im Kofferraum eines Westautos verstecken. In unseren Köpfen gab es keine Naturgesetze, keine Navigation und keine Angst. Wir waren die Helden in unseren Phantastereien.

In meiner Klasse gab es einige Mädchen, mit denen ich mal mehr und mal weniger intensiv befreundet war. Es war so üblich, dass sich nach einem Streit immer Cliquen bildeten, die dann im ganz großen Stil miteinander verfeindet waren. Irgendwann, wenn sich dann auch die Jungs und die Eltern eingemischt hatten, und keiner mehr dem anderen über den Weg traute, steckten die Rivalinnen, von denen der Streit ausgegangen war, ihre Köpfe über dem Lackbilderalbum zusammen, tauschten Glitzerbilder gegen Echte oder zwei Unechte und waren wieder allerbeste Freundinnen. Freundschaften zu schließen war eine relativ einfache Angelegenheit, diese zu bewahren und zu pflegen, musste erst erlernt werden. Die Sache mit den Lackbildern, Glanzbildern oder Oblaten, wie die ältere Generation diese Bildchen nannte, war übrigens eine Wissenschaft für sich. Echte Lackbilder kamen ausschließlich aus dem Westen, sie waren zart und total verkitscht und immer wieder schön. Die Steigerung war ein echtes Lackbild mit Glitzer drauf. Diese wurden in zartes Seidenpapier gehüllt oder in das übriggebliebene Westklopapier, um die Glitzerspäne zu schonen. Die Unechten kamen ausschließlich aus der DDR-Produktion. Sie waren aus dickerem Papier gestanzt und hatten hinten meist eine Beschriftung mit Erklärungen zum Bild. Pädagogisch wahrscheinlich wertvoller als die echten Bilder, aber wer von uns wollte schon pädagogisch Wertvolles, wenn das andere einfach schöner war? Ich veredelte meine Bilder oft selber. Mutti hatte einen alten Aluminiumtopf. Den bearbeitete ich so lange mit einer Feile, bis genügend feinsten Alustaubes auf einer Serviette gelandet war. Ich nahm farblosen Nagellack, überstrich meine Bildchen an erlesenen Stellen und bestreute sie mit diesem Glitzerstaub. Diese Art von Glitzerbildern hatte außer mir keine andere. Sie waren auch nicht besonders gefragt zum Tauschen, aber einzigartig.

In meiner Klasse gab es zwei Manuelas. Eine war für mich eigentlich uninteressant, sie wurde jeden Morgen von ihrem Opa zur Schule gebracht und war ein Streberkind. Die andere Manuela war schon so etwas wie das Nonplusultra der Klasse. Sie sah immer gut aus, hatte schweres, goldblondes, langes Haar und eine sehr sportliche Figur. Diese Manuela und ich wurden, besonders im Sportunterricht, zu Konkurrenten und später zu Freundinnen mit einem ewigen Auf und Ab der Gefühle. Papa war voller Vorurteile. Er kannte Manuelas Eltern aus seiner eigenen Jugendzeit. Manuelas Vater war sozusagen auch einmal ein Konkurrent meines Vaters gewesen. Viele Details erfuhr ich nicht, denn Papas Erfahrungen waren noch aus seiner Vorfußballzeit. Damals spielte er Handball in einer der gegnerischen Mannschaften von Manuelas Vater. Wahrscheinlich waren sie sich als Halbstarke nicht ganz grün gewesen, vielleicht hatte auch einer dem anderen mal die Freundin ausgespannt. Vielleicht hatte Manuelas Mutter sogar irgendetwas mit dieser Feindseligkeit von Papas Seite aus zu tun. Verletzte Eitelkeit, vielleicht ein Foul oder tiefer liegende Gründe. Ich wusste mal wieder, da war etwas, aber was, wusste ich nicht.

Manuela versuchte, mich für Handball zu erwärmen. Ich war eine gute Werferin und Fängerin. Völkerball zählte im Sport zu meinen Lieblingsspielen. Vielleicht wäre ich auch mal eine gute Handballspielerin geworden. Dazu sollte es aber leider nicht kommen. Trainiert wurde in der Sportstätte am Weißen See. Unser Trainer war auch Sportlehrer an unserer Schule und der Klassenlehrer meiner Parallelklasse. Er schickte mich gleich mit rauf auf das Spielfeld. Bei der ersten Gelegenheit, die ich hatte, ergriff ich den Ball, rannte mit meiner Beute übers Feld und warf ein Tor. Statt nun gelobt und gepriesen zu werden, bekam ich meinen ersten Anschiss. Die Trillerpfeife pfiff und Herr Junginger, so hieß der Lehrer, schnauzte mich an, ob ich von Spielregeln beim Handball noch nichts gehört hätte. „Nee!“, sagte ich, „woher auch?“ Jungingers Schimpftiraden über meine Unfähigkeit wollten kein Ende nehmen. Er hatte eigentlich auch nichts weiter als Berliner Schnauze, das Herz fehlte. Die Mädchen rings um mich her kicherten und zeigten mit dem Finger auf mich. Ich hielt das Training bis zum Schluss durch, brachte in der Umkleidekabine meinen nächsten Spießrutenlauf hinter mich und war für alle Zeit vom

Handballspielen kuriert. Papa hatte natürlich eine Erklärung für alles. Auch dieser Lehrer war ein Jugendfeind. Papa äußerte sich stets abfällig über ihn und darüber, dass er ihn oft in der *Moccabohne* sah. Er trank dort Alkohol, während der Schulzeit, als Lehrer. Nun ja, war es die falsche Kneipe, die falsche Uhrzeit, der falsche Mann, der falsche Beruf? Mein Vater rümpfte die Nase. Vielleicht war ich auch einfach nur das Opfer verstrittener Jugendfreunde geworden. Denn hier und dort konnte man meinen Vater auch in irgendeiner Lokalität vor einem Glas Bier oder Schnaps sitzen sehen, aber wohl niemals in der *Moccabohne*.

Ich hätte mir etwas Ermutigenderes gewünscht. Vielleicht, dass mein Vater mir die Spielregeln erklärt und mich aufgebaut hätte. Aber das hätte mich ermuntern können, diesem „Moccabohnenbesucher" als Trainer eine zweite Chance zu geben. Und diese zweite Chance sollte er nicht von Papas Tochter kriegen.

Manuela und ich blieben befreundet. Wir waren zwei Zicken, die sich aneinander ihre Hörner abstießen, Konkurrentinnen, die einander inspirierten, aber im entscheidenden Moment immer einen Rückzieher machten, als würde man sich an echter Freundschaft die Finger verbrennen. Vielleicht war auch Manuela mit einem Teilwissen vorbelastet und die offensichtliche Abneigung unserer Väter stand uns im Weg. Wir haben nie darüber gesprochen.

Die Liebe und das Verliebtsein mit all den Höhen und Tiefen die in meinem noch recht zarten Alter auftauchen konnten, tauchten auf. Ich verliebte mich eigentlich recht schnell. Trug diese Liebe als Heimlichkeit mit mir herum, schmachtete, litt, verstieß und verliebte mich neu. In Martins Fußballmannschaft gab es einen Carlo. Er war frech, dunkelhaarig und immer lustig. Wenn er zu Besuch war, durfte ich beim Fußball mitspielen und ich zeigte mich von meiner besten jungenhaften Seite. Mein Imponiergehabe kam leider nicht bei ihm an. Zu dieser Zeit fing ich an, mir Personalausweise zu basteln, die mich mit dem Nachnamen des Angebeteten auswiesen. Unter Familienstand war verheiratet zu lesen. Wenn der akribisch hergestellte Ausweis endlich fertig war, verliebte ich mich neu und der nächste Ausweis musste her. Gleich im zweiten Garten links in unserer Laubenkolonie hatte ich mehrere Jahre lang eine Sommerliebe. Reiner, groß, braungebrannt, dürr wie eine Bohnenstange. Keine drei Worte haben wir jemals miteinander gewechselt, aber mein Ausweis sang ein anderes Lied. Rolf, Martins bester Freund. Eigentlich waren wir durch das ständige Ein und Aus in unseren Familien eher wie Geschwister. Aber hin und wieder entdeckte ich an ihm Seiten, die ich bewunderte und die mich auch ein bisschen verliebt in ihn machten. Ob ich ihn aber lieber als Freund oder Bruder gehabt hätte, wusste ich damals nicht. Also gab es mit seinem Namen auch keinen Ausweis.

Martin und ich hatten, bis auf den Vornamen und die kleine Schwester, keine Gemeinsamkeiten. Ich ging bei ihm durch eine harte Schule. Er verstand sich mit zunehmendem Alter als mein Aufpasser, Kritiker und Herr der Dinge. Er verbrannte sich die Hände mit Blitzlichtpulver, haute sich, im Kampf mit einer rostigen Schubkarre, die Fingerkuppe ab, fiel mal vom Baum und mal in eine tiefe Lehmkuhle, fackelte fast die Wohnung ab, machte eine Hechtrolle mit Hamster in der Hand, was dem Tierchen das Genick brach, aber seine Stellung in der Familie ließ ihn bei allen Tollpatschigkeiten, Unüberlegtheiten und Unfällen wie ein Held, der zweite Mann der Familie, dastehen.

Als kleinere Schwester ging es mir nicht wirklich gut bei ihm. Wir hatten ständig Keilereien, bei denen ich lernte, mich meiner Haut zu wehren. Martin provozierte mich ständig mit seinem Müll, den ich ihm wegen Muttis anstehender Traurigkeit, ständig hinterherräumte. Auf dem Schulhof war ich oft in Schlägereien mit gleichaltrigen oder älteren Jungs verwickelt, bei denen die heimischen Keilereien dann doch eine gute Vorausbildung waren. Wenn dann andere Schüler meinen Bruder herbeiriefen, damit er mir helfe, mich vielleicht sogar beschützte, warf er einen Blick auf das sich prügelnde Knäuel, winkte ab und sagte: „Den schafft sie." Die Prügeleien kamen zustande, weil irgendein Junge den Gummitwist an die Beine meiner Klassenkameradinnen geschnippt hatte, weil Mützen der Mädchen durch die Luft flogen oder weil mir einer richtig blöd kam und nicht damit rechnete, dass ein Mädchen sich wehren würde. Zu Vorladungen beim Direktor oder Gesprächen mit Lehrern kam es deshalb nie. Für die Jungs war es wahrscheinlich peinlich genug, von einem Mädchen Paroli geboten zu bekommen. Sie werden sich weder bei den Lehrern noch bei ihren Eltern über eine wie mich beschwert haben. War das nun schon vorpubertäres Verhalten oder hatte ich ein Wutproblem? Ein Problem hatte ich auf jeden Fall. Ich fühlte mich allein gelassen.

In den schriftlichen Beurteilungen meiner ersten vier Schuljahre wurde mir meine Verträumtheit, meine geistige Abwesenheit als Lernproblem angekreidet. Jetzt konnte ich in meinen Zeugnissen lesen, dass ich einen sehr ausgeprägten Gerechtigkeitssinn hätte, der nicht nur für mich, sondern auch für meine Mitschüler stritt. Ich neigte vom Wesen her nicht zu Brutalität und Kampfeslust, hatte aber gelernt, nicht abzuwarten, bis ich am Boden lag.

Es gab damals eine Episode in unserer Klasse, die für mich sehr prägend war. Wir hatten Unterricht bei einer Lehrerin, die bei uns Kindern sehr beliebt war. Sie war schon eine ältere Dame und fungierte in unserer Schule als Aushilfslehrerin. Wenn eine Lehrkraft wegen Krankheit oder anderen Verpflichtungen ausfiel, kam Frau Zagadzky mit ihrer großen Aktentasche in die Klasse, stellte sich vor die vor Freude strahlenden Schüler, verschränkte die Arme unter der Brust und begrüßte uns mit einer sehr sanften Stimme. Ich weiß nicht, ob diese Frau überhaupt über eine laute Stimme verfügte. Ich habe sie nie schreien gehört.

Frau Zagadzky gehörte zu unserer Kirchengemeinde und zu unserer Nachbarschaft. Mein Verhältnis zu ihr war also auch persönlicher Natur.

Ihre Vertretungsstunden in den einzelnen Klassen verbrachte sie mit Vorlesen. Sie hatte immer eine reiche Auswahl an Büchern in ihrer Tasche, für jede Altersstufe und Vorliebe, von Alfons Zitterbacke bis Grimms Märchen. Nach ihrer Vorlesestunde hätten wir an diesem Tag den Raum wechseln müssen. So gab sie uns kurz vor dem Klingelzeichen den Auftrag, unsere Bücher und Hefte in die Ranzen zu packen. Silvana, ausgerechnet Silvana, war damit bereits fertig. Sie hatte schon in der Vorlesezeit mit dem Packen angefangen und die Vorleseruhe gestört und die mahnenden Blicke der alten Lehrerin ignoriert. In aller Ruhe und völlig unaufgeregt griff Frau Zagadzky nach Silvanas Mappe, öffnete sie und kippte den gesamten Inhalt vor den Augen der erstaunten Klasse auf den Fußboden. Alle Kinder lachten und grölten, ich war entsetzt. Niemals hätte ich dieser liebenswerten Lehrerin so etwas zugetraut. Silvana war beschämt und starrte auf ihre Füße. Kurz entschlossen und voller Empörung ging ich nach vorne, sammelte alles, was auf dem Boden lag, in Silvanas Tasche rein, ließ das Schloss zuschnappen und stellte ihr ihre Mappe wortlos auf die Schulbank.

In der Klasse wurde es still. Mein empörter, nicht verstehender Blick traf die Lehrerin, und ich ging zurück auf meinen Platz. Mein Herz raste. Ich selbst hatte eine Königin gestürzt, um eine Prinzessin zu retten. Frau Zagadzky nahm es schweigend hin, verabschiedete sich von uns so freundlich wie immer und entließ uns in die Pause. Silvana und ich verließen miteinander den Klassenraum. Meine Gedanken kreisten um Frau Zagadzky. Würde sie auf der Straße meinen Gruß erwidern, wenn wir uns begegneten? Würde ich durch Ignoriertwerden in der Klasse bestraft werden, wenn sie als Vertretung kam? Ich war so hin- und hergerissen zwischen ihr und meiner Freundin, die unter Frau Plath als Kind aus armen Verhältnissen schon zu leiden hatte. Hatte Silvanas Fehlverhalten die Reaktion dieser verehrten Lehrerin verdient?

Eines Morgens stand ich mit Frau Zagadzky zusammen an der Bushaltestelle. Sie erwiderte meinen Gruß, freundlich wie immer. Aber an diesem Tag kam sie auf mich zu, fing an, sich mit mir zu unterhalten. Sie kam auf den Vorfall in der Klasse zu sprechen, lächelte und sagte, wie mutig sie es fand, dass ich als einzige aufgestanden war und Silvana zur Seite gestanden hatte. Sie hätte sich immer so eine Freundin gewünscht, wie ich es sei. Nein, sie hat sich nicht gerechtfertigt, warum sie so streng reagiert hatte. Vielleicht hat sie durch mein Tun die Angelegenheit überdacht und hätte es lieber ungeschehen gemacht. Aber ihre Worte an mich stimmten versöhnlich.

Langsam bekam meine Welt mehr Tiefe. Es gab eben nicht nur Schwarz und Weiß, es gab immer auch noch viele Grautöne dazwischen.

Wir hatten nun auch eine neue Klassenlehrerin, Frau Bolz. Sie war eine rassige Frau, wie mein Vater bemerkte. Dunkelhaarig bis zu den Waden, sportlich und mit Durchsetzungsvermögen. Sie war unsere Deutsch- und Sportlehrerin. Ich verehrte sie sehr. Sie war die erste Lehrerin, die sich die Mühe machte, bei ihren Schülern nach Talenten und Fähigkeiten zu suchen und diese zu fördern. Während mir die Deutschfächer Grammatik und Rechtschreibung sehr monoton erschienen, eröffnete sie für mich die Welt der Literatur. Ich liebte es, Gedichte zu interpretieren, sie auswendig zu lernen und vorzutragen; Theaterrollen zu erlernen und es bis zur Vorführung zu bringen; die Odyssee mit all ihren Gestalten kennenzulernen, zu lesen und zu besprechen. Sie bat mich, Bilder für die Klassenraumgestaltung zu diesem Thema zu malen, ging also über ihren Fachbereich hinaus und traf genau meinen Nerv.

Ich weiß nicht, ob sie eine Bonbonträgerin war. Es spielte für mich auch keine Rolle, denn sie akzeptierte mich so, wie ich war. Sie erzählte manchmal von ihrem Mann, der weit entfernt an der Baikal-Amur-Magistrale arbeitete. Die damit verbundenen langen Trennungszeiten gaben ihr vielleicht die Zeit, ihren Beruf mit Hingebung auszuüben.

Wir lernten viele Gedichte oder besprachen sie zumindest.

Die schlesischen Weber von Heinrich Heine und *Prometheus* von Goethe ließen mich, ohne dass irgendjemand mit dem Zeigefinger auf meine Religion getippt hätte, nachdenklich werden. Ich konnte mich einfühlen in die Hauptdarsteller der Gedichte und konnte ihre Kampfansagen an die Götter, auch an meinen Gott, verstehen. Sie fühlten sich als Spielzeug der Mächtigsten, lebten in einem todbringenden Kreislauf von Generation zu Generation, und man konnte die Figuren gut in jede andere Zeit der Weltgeschichte einfügen. In jede andere Zeit, damit meine ich auch die sozialistische Gegenwart. In diese Zeit fügten wir sie in der Schule natürlich nicht. Aber ich konnte die Gedichte in meinem Kopf nach Hause tragen und meine eigenen Schlüsse ziehen.

Nachts schaute ich aus unserem Fenster hinauf zu den Sternen und zum Mond und fragte mich, ob die vielen Flüge ins Weltall und die spektakuläre Landung auf unserem Erdtrabanten uns jemals Gott und der Frage nach seiner Existenz näherbringen würden. Es war mir nach wie vor egal, ob sich da oben Astronauten oder Kosmonauten ein Wettrennen lieferten, meine Hoffnungen auf göttliche Sichtungen im Weltall waren groß.

Als Christiaan Barnard die erste Herztransplantation am Menschen durchführte, war ich voller Bewunderung und voller Skepsis. Die Erwachsenen hatten sehr unterschiedliche Anschauungen zu dieser Thematik. Im Fernsehen wurde, wie bei der Mondlandung, tagelang darüber berichtet. Das Publikum schrie bravo und war begeistert, aber es meldeten sich auch viele Stimmen, die die Menschen warnten, Gott spielen zu wollen. Die Pille, Abtreibungen, Terroristen, Krieg. Es gab so viele unbegreifliche Dinge auf der Welt, die durch Menschenhand und Menschenhirn angerichtet wurden. Die vielen verschiedenen Meinungen, die sich widersprachen aber jede für sich einleuchtend erschien. Hippies und Gammler waren für meinen Vater ein ständiger Aufreger. Die Frisuren der Beatles hatte er damals akzeptiert. Er nannte die Pilzköppe „gepflegt“, aber was sich jetzt der Welt präsentierte, empfand er und ein großer Teil seiner Generation als abstoßend und asozial. Ich fand die tanzenden, singenden Leute höchst interessant. Die weiten Flattergewänder der Frauen, das offene lange Haar, Blumenkränze um Hals und Kopf und immer gut gelaunt. Dass die gute Laune eine gewollte Nebenerscheinung des Drogenkonsums war, wusste ich nicht. Drogen und Drogenprobleme gab es in der DDR, jedenfalls für Otto Normalverbraucher, nicht. Unsere Eltern brauchten sich diesbezüglich keine Sorgen um uns zu machen. Alkohol und Nikotin spielten da schon eine ganz andere Rolle, vor allem weil uns vom Elternhaus bis zum Lehrerzimmer und von dort zur *Moccabohne* ein Erwachsenenleben vorgelebt wurde, in dem ohne Schnaps und Nikotin gar nichts lief.

Von einem Tag auf den anderen mutierte ich zu einem Rühr-mich-nicht an. Zarteste Berührungen, liebevolle Klapse, Kalt-Warm-Reize, Reibung durch Kleidungsstücke, hatten einen unerträglichen Juckreiz zur Folge. Meine Haut sah an diesen Stellen aus, als wäre ich in einen Brennnesselstrauch gefallen. Damals dachte ich, so muss es sein, wenn man wahnsinnig wird. Die äußeren Reize waren unvermeidbar, und so kratzte ich mich durch die nächsten Tage, verzweifelt und hilflos.

Als Mutti sah, dass diese Unpässlichkeit von alleine nicht aufhörte, ging sie mit mir zu einem Hautarzt in der Klement-Gottwald-Allee. Doktor Saitmacher war ein herzensguter, mitleidiger Mensch. Er nahm sich viel Zeit für mich und meine Haut, zeichnete mit einem Holzspachtel imaginäre Kreuze mit unterschiedlichem Druck auf meinen Rücken und meine Arme und war über die heftige Reaktion meiner Haut erschrocken. An einem anderen Tag folgten Allergietests mit verschiedenen Mitteln, die in meine Haut geritzt wurden, Pflasterstreifen, versetzt mit verschiedenen Flüssigkeiten auf dem Rücken, brachten mehr oder weniger schnell neue Erkenntnisse über meine verschiedensten Unverträglichkeiten. Dann sprach der Dermatologe, dieses Wort war mir unterdessen geläufig, Klartext. Er sprach zu mir und Mutti durfte mithören, aber ich war die Patientin, seine Patientin.

Er nannte meine Hautkrankheit erst Nesselsucht und einen Atemzug später *Urtikaria.* Nun gut, wenn ein Hautarzt ein Dermatologe sein konnte, war es auch möglich, dass eine Nesselsucht einen Spitznamen trägt. Er nannte den Vorgang von Berührung oder Temperaturwechsel bis zum Juckreiz eine *physikalische Allergie.* Meine anderen Testergebnisse zeugten von Allergien gegen die Inhaltstoffe von Waschmitteln oder Chemikalien, die für die Verarbeitung von Textilien und Leder gebraucht wurden. Mit einem Augenzwinkern empfahl er mir, dass ich mir später ausschließlich einen reichen Mann suchen sollte, der mich in feinstes Linnen und in Seide kleiden würde, der mir nur hochkarätigen Schmuck schenken und mich in Watte packen würde. Dann wandte er sich an Mutti. „Stress in der Schule oder Familie können unter anderem Auslöser dieser Erkrankungen sein. Haben Sie da mal ein Auge drauf“, riet er, „Meistens vergehen diese Allergien, wenn ein Mädchen angefangen hat zu menstruieren.“ Er schaute mich kurz an und wartete ab, ob ich auf dieses Wort reagieren würde. Als nichts geschah, sprach er wieder zu Mutti. „Ich würde Ihrer Tochter gerne ein paar Tropfen verschreiben. Für Tabletten ist sie noch zu jung. Die Tropfen nimmt sie am besten abends vor dem Schlafengehen. Sie machen müde und sollten gut gegen den Juckreiz helfen. Dieses Fläschchen gebe ich Ihnen erst mal so mit und Sie beobachten die Verträglichkeit. Fünfzehn Tropfen täglich sollten ausreichen.“

Doktor Saitmacher schob ein kleines Fläschchen über seinen Schreibtisch. Ich las *Prothazin* und gab dem guten Geist der Hoffnung in dieser kleinen Flasche genau diesen Namen.

„Sie sollten natürlich trotzdem alles Vermeidbare weglassen“, gab er meiner Mutter noch mit auf den Weg. Als er mir die Hand reichte und mir bis zum nächsten Termin alles Gute wünschte, suchte ich in meinem Kopf schon nach einem reichen, liebevollen Ehemann.

Drei Tage zuvor hatte ich mit langen Ärmeln und Hosen am Sportunterricht teilgenommen, um direkten Hautkontakt mit dem Stufenbarren zu vermeiden. Frau Bolz, die damit auch aus dem Weiß in die Grautöne wechselte, befürchtete, ich hätte die Krätze. Was Mutti sofort voller Empörung bei einem Eltern-Lehrer-Gespräch richtig stellte und sich solche Bemerkungen vor der Klasse verbat.

Abends, lange vor dem Ausziehen, nahm ich meine ersten Tropfen des Medikaments. Mutti hatte erst mal vorsichtig ihre Zungenspitze in den Teelöffel gesteckt, um sich ein Bild von dem Geschmack und seiner Zumutbarkeit für mich machen zu können. Sie verzog das Gesicht, als hätte sie vom Elend dieser Welt gekostet, griff zur Zuckerdose und reichte mir meine Medizin mit dem berühmten Teelöffel Zucker. Das Elend der Welt war nun versüßt, aber es schmeckte trotzdem abscheulich und lange. Nun musste es nur noch helfen. Und das tat es. Diese Hilfe war jeden Geschmack wert. Ich konnte mich wieder jederzeit umziehen, waschen und bewegen, ohne dafür die Quittung zu erhalten.

Regina, die schon so viele Jahre meine beste Freundin war, bekam noch ein Geschwisterchen. Ihre Familie war nun mit Umziehen beschäftigt. Wir hatten Glück, sie zog nur eine Bushaltestelle entfernt Richtung Rennbahnstraße und Papas Betrieb. Ein noch größeres Glück war, dass sie, als einziges Mädchen in der Familie, ein eigenes Zimmer bekam. Die vier Jungs bewohnten zwar einen größeren Raum, aber Reginas Zimmer war für uns purer Luxus. Seit längerer Zeit besaß Regina eine Modepuppe namens Barbie. Diese Puppe saß den ganzen Tag in einem ordentlichen Schrankfach, welches Regina gehörte. Ich war voller Begeisterung und Neid auf dieses wunderbare Spielzeug. Regina hütete diese Puppe wie ihren Augapfel und so richtig zum Spielen kamen wir damit nie, denn ich hatte keine. Die Puppe sah aus wie eine kleine Version von Hanny West. Das war die Hauptdarstellerin einer gleichnamigen Krimiserie, die ich aus dem Fernsehen kannte. Hanny spielte eine umwerfende Privatdedektivin, deren Fälle mich nicht interessierten, deren Mode und Frisur und freche Sprüche ich aber absolut toll fand. Was hatten wir denn schon für eine Ahnung von Barbiepuppen? Bei uns gab es keine zu kaufen und Mutti schickte meinen Wunsch auf die Reise in Richtung Westen. Es war mir egal, wer mir diesen Wunsch erfüllte, denn ich weiß heute nicht mehr, wer von unseren vielen Verwandten mir so eine Puppe mitbrachte. Eines Tages war sie da. Auf ihrer Verpackung stand Petra, auch das war mir egal. Sie glotzte ein bisschen unsympathisch. Die von Regina hatte feinere Augen, mit angemalten Wimpern. Meine hatte ein gegossenes Gummioberlid mit dickem schwarzem Strich, aber sie hatte einen wunderschönen dunkelbraunen gedrehten Pferdeschwanz, der mich erst mal über das Geglotze hinwegtröstete. Als erstes kontrollierte ich Petras Anatomie. Ihr Körper war käseweiß und die Beine hohl und empfindlich. Das ganze Material lag Welten hinter Reginas Puppe zurück. Als ich den Pferdeschwanz der Puppe öffnete, hätte ich heulen können. Sie hatte einen unerschütterlichen Pony. Der ganze übrige Kopf aber besaß nur einen Haarkranz. Öffnete man das Haar, kam eine Glatze zum Vorschein. Diese Puppe verpflichtete mich zum Dank und ich fand sie trotzdem absolut abscheulich. Die arme Petra, die ja für sich als Billigausgabe nichts konnte, durfte nur unspektakuläre Rollen spielen und bekam meinen alten Plüschaffen zum Mann.

Mutti hatte ein ganzes Arsenal Stopfgarn in einer großen Tüte gehortet. Immer wenn einer starb, schien Mutti das Stopfgarn zu erben. Perücken fingen an modern zu werden und so kam ich auf die Idee, meiner Petra aus Stopfgarn eine lange Haarpracht zu fertigen. Die störrischen Haare, samt Pony mussten erst mal ab. Ich schnitt rigoros alles ab, pulte die Stoppeln aus den vorgestanzten Löchern und führte eine Kopfamputation an der Puppe durch. Dann nahm ich einen Faden Stopfgarn, der aus mehreren dünnen Fasern bestand, fädelte ihn ins Nadelöhr, steckte mit ganzer Kraft die Nadelspitze in Petras Gummikopf, zog die Nadel durch die Kopfhaut und ließ sie am Halsloch wieder raus. Dann wurde der Faden aus dem Öhr gezogen, verknotet, zurück an die innere Schädeldecke gezogen, und die erste Haarsträhne saß perfekt. Nach einer Weile taten mir die Finger weh und ich nahm eine Zange zuhilfe. Stundenlang war ich beschäftigt und freute mich über meine Idee und den Erfolg. Petra war nach wie vor nicht die Schönste, aber sie hatte versöhnliches langes, volles, schwarzes Haar.

Die Art und Weise unseres Spiels mit diesen damenhaften Puppen bekam eine ganz andere Qualität als das Spiel mit den stets unzufrieden schreienden Babypuppen. Wir bauten aus Schuhkartons Möbel, fingen an, erste Garderobe zu gestalten und die beiden Puppen miteinander das tun zu lassen, was Frauen so tun. Sie machten sich schön, gingen auf Männerfang, bekamen Babys, hatten aufregende Berufe und stritten sich teilweise gehörig. Regina hatte ein Tonbandgerät und eines Tages wurde aus unserer täglichen Puppen-Tragikomödie ein kleines Hörspiel. Hierzu brauchten wir eine Schüssel Wasser, Raschelpapier und alle möglichen anderen Hilfsmittel für Hintergrundgeräusche. Die Hauptdarsteller sprachen wir natürlich selbst und bewegten dabei die Puppen, als würden sie in Hollywood gefilmt.

Reginas Schwester wurde geboren. Nun war Regina nicht mehr das einzige Mädchen in der Familie. Es entstand ein kleiner Konkurrenzkampf. Wessen Schwester ist niedlicher? Wer kann besser malen? Wer ist die Schönste? Schiedsrichter spielten immer die Brüder und das war, wenn ich Glück hatte, höchstens eine Stimme für meine Seite.

Mein Vater war sehr stolz darauf, dass er es jedes Jahr schaffte, eine Reise für unsere ganze Familie zu ergattern. Wir fuhren immer mit der Eisenbahn, immer innerhalb der DDR zu ganz unspektakulären Orten mit unspektakulären Herbergen. Trotzdem fand ich jede Reise toll, denn jedes Ziel war anders als zu Hause. Der Geruch auf den Bahnhöfen, die qualmenden und dampfenden Lokomotiven, das Einschlafen im offenen Abteil zwischen Koffern, Reiseproviant und meinen Eltern. Landschaften, die trotz der verdreckten Fenster erkennbar waren. Wälder, Berge, Flüsse und Seen. Die vorausgeschickte Phantasie, die mir kleine Tümpel, Wanderwege, Kühe, Pferde und Schafe in Aussicht stellte, Abende, an denen wir alle gemeinsam am Tisch spielten oder draußen waren zum Abwerfen oder Federballspiel.

Die Reisen waren vom FDGB[5] und zeitlich ziemlich begrenzt. Elf Tage standen den Urlaubern zu, sich möglichst gut zu erholen. Dann war Schluss und die nächsten rückten an. Papa schaffte es nie, eine Ostseereise oder eine nach Oberhof zu ergattern, vielleicht war es auch gut so. Denn da wo wir hinfuhren, gab es keine riesigen Speiseabfertigungshallen, keinen unüberschaubaren Tourismus oder Westler, die mit ihren Devisen überall reinkamen, die besten Plätze in Restaurants belegten und sich am Strand Liegen und Sonnenschirme leisten konnten. Wo wir hinfuhren, gab es nur uns und Leute wie uns. Scheunen, Pferde, Sprungschanzen, Tümpel oder kleine Badebecken und hin und wieder einen Reisebus für eine Tagestour.

Ich freute mich, meine Eltern so entspannt zu sehen. Sie genossen es, einfach mal nichts zu planen, nichts zu tun und sich die Mahlzeiten vom Buffet zu holen oder sie serviert zu bekommen. In den Sommerfe-

[5] Freier Deutscher Gewerkschaftsbund

rien, als Danni noch ein Baby oder Kleinkind war, gab es dann vorerst keine Familienreise.

Wir sollten an den Ferienspielen am Faulen See in Hohenschönhausen teilnehmen. Hier fühlten wir uns wie bei einer vormilitärischen Ausbildung: Fahnenappell, unappetitliches Essen, Trillerpfeifen, Gehorsam, Drill. Dazu kamen ekelhafte Toiletten und eine echte Mückenplage. Nach drei Tagen brauchten wir da nicht mehr hin. Wir verbrachten die Ferien in den umliegenden Freibädern, wahlweise Freibad Pankow, Orankesee oder unserem geliebten Weißen See.

Im folgenden Jahr fuhr ich von der Kirche aus nach Zinnowitz ins St.-Otto-Heim. Dieses Feriendomizil für Kinder kannte ich noch aus meiner Kindergartenzeit. Diesmal gehörte ich aber zu den Großen, denn es waren Ferien und in der Zeit gehörte das St.-Otto-Heim den Schulkindern. Ich war das erste Mal allein auf Reisen. Bei den Kindergartenfahrten war Mutti immer als Begleitung mitgekommen. Der Abschied tat schon weh, aber als ich im Reisebus mit all den gleichaltrigen Mädchen saß und die Abschiedstränen getrocknet waren, freute ich mich auf ein paar Wochen mit viel Spaß, Sonne, Wasser und Strand. Hier gab es keinen Fahnenappell, hier gab es den Morgengottesdienst, keine Jungs, keinerlei Prügeleien, viel Spaß, Theaterstücke und neue Lieder. Mutti schickte mir regelmäßig wunderschöne Ansichtskarten vom Fasching in Köln. Wo hatte sie die bloß her?

Übers Wochenende hatte sich hoher Besuch im St.-Otto-Heim angekündigt. Unser Bischof, Erzbischof Kardinal Bengsch. Diesen Mann kannte ich bisher nur im Bischofsgewand mit einer purpurnen Kappe auf dem Kopf und einem gleichfarbigen breiten Bauchband. Ich schwamm in der Ostsee, als ein kräftiger, riesengroßer, behaarter Mann rennend den heißen Ostseestrand aufwirbelte, um sich mit einem Bauchklatscher, direkt neben mich ins Meer zu stürzen. Das Wasser schäumte, der Kardinal tauchte und kam drei Meter hinter mir wieder zum Vorschein, klatschte mir eine Ladung Wasser ins Gesicht, lachte und schwamm der Sonne entgegen.

Onkel Ottchen, Papa und Martin kamen mich dort für einen Nachmittag besuchen. Wir gingen den Weg durch den Wald zur Ostsee runter, breiteten unsere Decke aus, gingen baden und erzählten von unseren unterschiedlichen Erlebnissen. Als der Abschied kam, ging Martin etwas langsamer als die zwei Männer. Er vertraute mir ein

Geheimnis an. „Oma Guste ist gestorben“, sagte er und wusste wohl, dass mich meine Betroffenheit nicht umhauen würde. „Papa will es dir erst sagen, wenn du wieder zu Hause bist, um dir deine Ferien nicht zu versauen.“ Nein, Papa brauchte nicht zu wissen, dass wir Geschwister um diese Oma nicht trauern würden. Bisher war sie halt da und nun war sie tot. Vielleicht würde es weniger Streit geben, wenn diese Frau nicht mehr lebte. Wir wussten nicht viel über sie, aber eine mütterliche Frau war sie nie gewesen. Wo sie auftauchte wurde gestritten. Mutti hatte oft ihretwegen geweint. Darum brauchte ich mich jetzt nicht mehr zu sorgen. Jetzt war mir auch klar, woher Mutti die Karten vom Kölner Karneval hatte. Oma fuhr manchmal nach Köln, dort wohnte ihr Cousin Fritz. Sicher hatten sich die Ansichtskarten in ihrem Nachlass angefunden.

Auf der letzten Postkarte, die Mutti mir nach Zinnowitz schickte, stand, dass Danni jetzt laufen könne. Ich bekam Heimweh und freute mich auf meine kleine Schwester, meine Eltern und sogar auf meinen Bruder.

Es gab nun noch ein Grab mehr, das gegossen und gepflegt werden musste. Oma lag bereits unter der Erde, als ich wieder nach Berlin kam. Sie war an Unterzuckerung gestorben. Kein Arzt hatte erkannt, dass sie Diabetikerin war.

Es gab außerdem meine kleine Schwester, die noch mehr Aufmerksamkeit brauchte als bisher. Denn Danni hatte mit ihrer aufrechten Gangart ganz neue Möglichkeiten für sich entdeckt und vor nichts Respekt. Sie war nicht nur ein Sonntagskind, sondern galt als großer Trost unserer Mutter, die ja Jahre zuvor eine Totgeburt erlebt hatte. Martin und ich konkurrierten um ihre Gunst, um ihre Küsse um ihre Liebe. Sie bekam Honig an den Schnuller, wurde verwöhnt bis zum Gehtnichtmehr, galt als besonders klug und jeder lachte bis zu einem gewissen Alter über ihre Frechheiten. Ich war raus aus der Schusslinie, mein Gesang auf Feiern war nicht mehr gefragt, das Augenmerk der Familie richtete sich auf den kleinen vorwitzigen Sonnenschein.

Seit längerer Zeit brauchte Papa nur noch alle 14 Tage am Samstag zu arbeiten. Nun hatte er sogar jeden Samstag frei. Wir Kinder mussten zwar weiterhin an diesem Tag die Schulbank drücken, dankenswerterweise aber mit etwas reduziertem Stundenpensum. Ich bekam von meinen Eltern zwei Mark Taschengeld in der Woche. Wollte ich mehr, musste ich etwas dafür tun. So fuhr ich am Sonnabend nach dem Unterricht nicht nach Hause, sondern zu Onkel Ottchen in die Wohnung. In seinem Junggesellenhaushalt gab es immer was zu tun. Ich klopfte die Teppiche, wischte den Boden, wischte Staub, putzte Fenster und erledigte kleinere Einkäufe. Manchmal schwatzten wir auch nur oder erledigten die Arbeiten gemeinsam. Egal wie, es gab immer ein Fünfmarkstück von ihm und meistens fuhr er mich auch noch nach Hause. Wir verstanden uns prima, der ältere Herr und ich. Er hatte dramatisch abgenommen, war ein kleiner zarter Mann geworden. Auch er war unterdessen Diabetiker und sehr penibel, was seine Ernährung betraf. Seine neue Figur, seine Stehkragenpullover und das Sakko darüber gaben ihm einen intellektuellen Touch.

Mit seiner sonoren, ausgebildeten Stimme konnte er von Dingen erzählen und Zusammenhänge herstellen, die ich äußerst interessant fand. Er erzählte von den Weltkriegen und wie seine Familie gelebt hatte, von seinen vielen Reisen, auch ins westliche Ausland. Alle Fragen die ich ihm stellte, beantwortete er mit Ruhe und Bedacht, und wenn er nicht gerade Probe oder Aufführung hatte, gab es für ihn kein Zeitlimit.

Einmal, ich war beim Fensterputzen und konnte durch das eine geputzte Fenster die Langhansstraße und ihre kleinen Läden gegenüber der Wohnung klar und deutlich erkennen, da stellte er sich in den Raum und betrachtete das klare und das verschmutzte Fenster. Über seine eigene Gedankenwelt scheinbar höchst erfreut rief er mich zu sich heran, stellte sich hinter mich und legte seine alten, gepflegten Hände auf meine Schultern. „Schau dir mal diese beiden Fenster an!", sagte er. Ich schaute mit einem Fragezeichen auf der Stirn in Richtung der Fenster und wartete auf eine Kritik an meiner Putzerei und sah doch nichts weiter als klare und dreckige Scheiben. „Wenn du nicht nur mit den Augen guckst, kannst du da den Osten und da den Westen erkennen." Er zeigte auf das verschmutzte Fenster und bezeichnete dieses als Osten, das andere geputzte Fenster war der Westen. Onkel Ottchen war kein Freund von Schwarz-Weiß-Malerei und er erklärte mir seinen Vergleich näher. Ich sollte ihm verraten, welche Eigenschaften ich von einer Fensterscheibe erwartete. Nun ja, darüber hatte ich noch nie nachgedacht, fand die Frage ein bisschen komisch und erzählte von Fensterscheiben. Sie sollten Licht ins Haus lassen,

Geräusche dämmen, Wärme oder Kälte dort lassen, wo sie hingehören, Mücken aussperren, Eisblumen Platz bieten, beschlagen, damit ich Herzen und Blumen darauf malen kann, quietschen, wenn ich mit dem Finger darüber rubbelte und klirren, wenn ein Ball reinfiel. Wirklich mehr fiel mir dazu nicht ein.

Onkel Ottchen lächelte über meine kindlichen Einfälle und gab zu, dass mir bei weitem mehr eingefallen war als ihm. Er fing an, meine Ideen auf das Wichtigste zu beschränken und erklärte mir, dass beide Scheiben ihren Sinn vollkommen erfüllen. Wenn ich jetzt aufhören würde zu putzen, würde das nichts am Zweck der Fensterscheiben ändern. Beim nächsten Putzen vielleicht auch noch nicht so sehr. Aber eines Tages könnte man durch die eine Scheibe nicht mehr durchsehen. Sie würde auch kein Tageslicht und keine Sonnenstrahlen mehr reinlassen. „Irgendein Passant schreibt vielleicht *Sau* in den Dreck der beschmierten Scheibe und genau an dieser Stelle, wo einer der Wahrheit einen Platz gibt, kann man wieder Licht und Wärme und die Umgebung wahrnehmen. Die andere Scheibe kommt ihrer Pflicht nach, denn sie wird gepflegt und gereinigt. Da schaue ich gerne durch, und wenn eine Taube es wagt, daran zu scheißen“, – ja, das hat er so gesagt – „dann nimmt man einen Lappen und beseitigt das Malheur. Bei der verdreckten Scheibe wäre es um den Lappen zu schade.“ Ich musste diese ganzen Vergleiche erst mal in meinem Kopf ankommen lassen, sie verarbeiten. Aber grundsätzlich hätte man aus diesen Erklärungen ein Fenstergedicht oder mindestens eine Geschichte schreiben können. Onkel Ottchen war noch nicht fertig.

„Vor den Fenstern steht nun ein Politiker aus dem Westen und einer aus dem Osten und sollen jeweils das ihre und das andere Fenster beschreiben. Der aus dem Osten sieht durch das Wort *Sau* einen vergleichsweise hellen Schein durchschimmern und ist darüber sehr erfreut, weil er zukunftsweisend auf den Weg des Sozialismus zeigt. Dann greift er nach den Riemen der schweren Jalousie und lässt sie mit lautem Getöse runterknallen.

Das geputzte Fenster ist ihm zu dekadent, das einfallende Licht zu grell, das Gegenüber zu leicht erkennbar und wenn man nachts hineinschaut, erkennt man sein eigenes wahres Spiegelbild. Man sollte einen Stein reinwerfen, vielleicht ist das klirrende Geräusch von angenehmer Helligkeit.

Nun beschreibt der Politiker aus dem Westen, was er sieht. Er betrachtet zuerst die saubere Scheibe, ist erfreut über den Glanz, kritisiert, dass die Taubenschissstelle nicht optimal nachpoliert wurde, stellt bröckelnden Kitt fest, der nachgebessert werden muss, um der Scheibe besseren Halt zu geben. Ein neuer Rahmenanstrich wird auch gleich verordnet und die Auslagen in den Schaufenstern der kleinen Läden gegenüber, ringen ihm ein mitleidiges Lächeln ab.

Dann richtet er seinen Blick auf das andere Fenster. Er vermutet einen Engpass bei den Reinigungsmitteln, verursacht durch engstirnige Planwirtschaft. Er gibt zu, dass das Wort *Sau* ein Hoffnungsschimmer sein könnte, denn nicht jeder würde sich so viel Wahrheit trauen. Er stellt die Prognose, dass in ein paar Jahren keiner mehr durchblicken wird und der kleine Hoffnungsschimmer *Sau* durch Straßenstaub und Vogelkacke nicht mehr zu erkennen sein wird."

Da standen wir nun beide mitten im Zimmer, starrten die gesprächsstoffreichen Fenster an und ich war hin- und hergerissen, ob ich weiter putzen sollte. Aber die fünf Mark und das Wochenende lockten und ich machte mich voller Gedanken an die Arbeit.

Es gab politische Themen, die mich interessierten. Zum Beispiel, dass unser ehemaliger Bürgermeister, den ich aus frühesten Kindertagen schon an der Stimme erkannte, nun Bundeskanzler war. Der Unterschied, was ein Bundeskanzler und was ein Bundespräsident oder ein Bundestagspräsident war, interessierte mich nicht. Ich mochte Willy Brandt. Die Erwachsenen machten sich mal wieder große Hoffnungen. Von Entspannungspolitik war die Rede. Das Fernsehen hatte wirklich großen Einfluss auf unsere „Familienpolitik". Als Willy Brandt Erfurt besuchte und von Willi Stoph empfangen wurde, schrie das Volk nach seinem Willy. Man jubelte ihm zu, freiwillig. Die Jubelschreie wurden im Ostfernsehen als euphorische Rufe nach Willi Stoph interpretiert. Das Westfernsehen sah das ein bisschen anders, und Papa auch und somit auch ich.

Die Supermächte der Welt, die von denen unser gesamtes Wohl und Wehe abhing, nannten sich Breschnew und Nixon. Von beiden hörte ich nichts Gutes. Eigentlich hörte und las man in der DDR außer Phrasendrescherei und Lügen gar nichts über den sozialistischen Alltag.

Die Lehrer schienen diesbezüglich keine Redeerlaubnis mit uns zu haben. Sie traktierten uns lediglich mit altbewährten Liedern, Buchbesprechungen und Texten und mit Erzählungen über die alten, quasi schon mumifizierten Kommunisten und Widerstandskämpfer. So konnten sie sich wenigstens nicht selbst das Maul verbrennen.

Wir machten ein bisschen Klein-Klein-Sozialismus im Klassenraum, beförderten die Jung- zu Thälmannpionieren, später zu FDJlern, spielten ‚Timur und sein Trupp', sammelten Altstoffe und wählten die Ranghöchsten für den Gruppenrat. Klassenkonferenzen wurden abgehalten und die Allerranghöchste, die Gruppenratsvorsitzende, befragte in direkter Ansprache jeden Einzelnen von uns, ob wir Westfernsehen guckten oder Westsender hörten und wenn ja, warum, und ob wir das unserem Staat gegenüber richtig fänden. In den Pausen waren die Filme und Werbeeinlagen, die neuesten Hits und Schlager aus dem Westen das Thema schlechthin. Jetzt, bei direkter Befragung mit Protokoll, wurde geschwiegen, rumgedruckst, gelogen.

Nur wenige trauten sich, Rede und Antwort zu stehen oder Empörung wegen der Frage und der offensichtlichen Lügen zu zeigen.

Ein paar Tage später war ich zu Besuch bei der Gruppenratsvorsitzenden und mein erster Blick ging zu ihrem Fernseher und das eingestellte Programm. Das Westfernsehen war eingestellt und ich stellte meine Freundin zur Rede. Sie fing entsetzlich an zu weinen, bereute wahrscheinlich, mich überhaupt mit in die Wohnung genommen zu haben.

Sie tat mir leid, war in einer Situation, in die meine Eltern mich nie gezwungen hätten. Sie befürchtete nun auch noch den Gesichtsverlust vor der Klasse. In erster Linie sah ich mich als ihre Freundin und schwieg der Klasse gegenüber. Meine Empörung hielt sich auch in Grenzen, denn mir war, nach allem, was ich über sie und ihr Elternhaus wusste, sowieso klar gewesen, dass sie ihr Amt benutzte, um uns alle vorzuführen. Im Nachhinein machte ich mir Gedanken, ob nicht sogar sie die Benutzte war. Sie und meine Klassenkameraden wurden gegeneinander ausgespielt, aufgehetzt, aufgefordert zu denunzieren und zu bespitzeln. Die Pionierorganisation als Wegbereiter in die sozialistische Zukunft, in die FDJ, in die Partei, in die Stasi.

Mein Weltbild formte sich. In unserem Pfarrhaus versammelten sich regelmäßig die Kinder- und Jugendgruppen. Das war sozusagen ein katholischer Jugendclub. Bis zu einem bestimmten Alter hatte jede Gruppe eine Gruppenleiterin, die erwachsen sein und ein Auge und ein Händchen für Heranwachsende haben musste. Unsere Gruppenleiterin hieß Christina. Sie war Kunststudentin und die Tochter eines sehr bekannten Malers. Seine Kunstwerke kannte ich aus verschiedenen Kinderbüchern und aus dem Magazin, welches man mit viel Glück und guten Beziehungen einmal im Monat kaufen konnte.

Wir Mädels waren eine tolle Truppe. Meist waren wir zu sechst, man durfte aber auch Gastkinder mitbringen. Am liebsten spielten wir chinesisch Tischtennis oder, in den Wintermonaten, Verstecken im Dunklen. Wir kannten uns alle von frühester Kindheit an. Vom Kindergarten, der Frohen Herrgottsstunde, dem Beicht-, Kommunion- und Religionsunterricht. Auch manche Eltern von uns kannten sich schon seit frühester Jugend. So wurde unsere Pfarrei immer mehr zu meinem Treffpunkt mit Gleichaltrigen. Gerne besuchten wir auch unseren Pfarrer oder Kaplan in ihren Räumlichkeiten. Da saßen dann die älteren Jugendsemester zusammen, spielten Monopoly oder Karten und führten aufregende Diskussionen über Außerirdische, die auf der Welt Spuren hinterlassen oder vielleicht sogar die ersten Menschen hier in ein vorbereitetes Nest gebracht hatten. Keiner gebot Einhalt. Niemand sprach Verbote aus, worüber nicht gesprochen werden durfte. Jede Diskussion war erwünscht und gestattet und unsere Seelsorger, die uns allen mit ihrem Theologiestudium und ihrem großen Wissen Meilen voraus waren, stellten klar, sprachen dagegen oder halfen aus, wenn die Diskussionsrunde nicht weiterwusste. Ich bewunderte die fast erwachsenen jungen Leute. Sie waren so selbstbewusst, kämpften und stritten für ihre Ansichten und Meinungen, konnten auch nachgeben, sich überzeugen lassen oder einfach abwinken und das Thema beenden. Vor allem die jungen Frauen, die etwa in Christinas Alter waren, machte ich mir zum Vorbild. Sie ließen sich nicht einschüchtern von ihren männlichen Altersgenossen. Sprachen laut und überzeugt und sahen dabei so gut aus, dass ich es kaum erwarten konnte, endlich erwachsen zu sein.

Manche von ihnen waren schon ein Paar und saßen händchenhaltend und vertraut beieinander. Da hörte ich natürlich schon die Hochzeitsglocken läuten.

Einmal nahm Christine uns mit zu sich nach Hause. Ich erinnere mich an einen Altbau in der Tassostraße Ecke Klement-Gottwald-Allee. Da durfte ich einen Blick auf den gewaltigen Schreib- und Arbeitstisch ihres Vaters werfen und war überwältigt von all den Pinseln, Stiften, Farben und Arbeitsmaterialien ihres Vaters. Hier wäre ich gerne länger geblieben, zuschauen hätte mir gereicht, sehen wie ein Künstler arbeitet. Die Zeit des Bleibens war leider viel zu kurz, aber sie hat sich mir eingebrannt.

Von der Pfarrjungend aus fuhren wir auch gerne übers Wochenende nach Alt-Buchholz. Wir fuhren mit der Bahn nach Schöneiche und wanderten den Rest des Weges durch den Wald. Hier empfing uns ein modernes Haus, das liebevoll gestaltet und eingerichtet war. Es gab mehrere Schlaf- und Gemeinschaftsräume für jugendliche Besucher. Hier wurden Seminare für angehende Gruppenleiter oder bestimmte Wochenendthemen erarbeitet. Hier nahm ich auch erstmals an einer Beatmesse teil, in der ich erfuhr, wie schwungvoll und mitreißend eine andere Art von Kirchenmusik sein konnte. Niemand hatte etwas dagegen, dass mit den Füßen gewippt und in die Hände geklatscht wurde. Diese Messen empfand ich als äußerst mitreißend und es tat mir leid, dass es sie nur so selten gab.

Ich war nun in einem Alter, in dem ich das letzte Mal an einem Kinderferienlager teilnehmen durfte. Mutti arbeitete bei Stern-Radio in der Liebermannstraße in Weißensee. Ihr Betrieb hatte gleich hinter dem bestehenden Ferienlager ein kleines Bungalowdorf für Urlauber eingerichtet. Die Anlage befand sich in Godendorf, in der Nähe von Neustrelitz. Zu dieser Anlage gehörte auch eine große ältere Gaststätte, die für die Ferienlagerkinder und für die Urlauber genug Platz bot. Auch dieses Ferienangebot gefiel mir sehr gut. Was brauchen Kinder mehr, als andere Kinder? Unsere beiden Gruppenleiter waren toll und wir Mädchen schmachteten sie an. Natürlich gab es sehr unterschiedliche Reifestufen in unserer Gruppe. Manche Mädchen waren schon sehr damenhaft und einige noch wie kleine Kinder. Ich gehörte schon in die reifere Liga, obwohl mir bisher weder ein Busen noch die Menstruation meine Zukunft als Frau bestätigen wollten. Vielleicht hatte ich es diesem Umstand zu verdanken, dass ich noch von echtem Liebeskummer verschont blieb. Für die Jungs im Ferienlager war ich ein guter Kumpel und ein Liebesbriefbote, den man zwei Wochen ungestraft mit Frage- und Antwortbriefen hin- und herschicken konnte. Ich fühlte mich auch ein bisschen beobachtet, denn meine Eltern hatten sich für diese Zeit einen der Bungalows gemietet und konnten so jeden Tag, wenn auch am Rande, ein Auge auf mich werfen.

Es gab natürlich den unvermeidlichen Fahnenappell, aber es gab auch eine Disco, ein Neptunfest, Wanderungen, Spiele, Sport und Zeiten nur für uns. Meine auserkorene Freundin hieß Marina und sie war mit Abstand das fraulichste und hübscheste Mädchen der Gruppe. Unsere Väter kannten sich vom Fußballverein. Das war für uns aber zweitrangig. Wir verstanden uns einfach gut. Manchmal waren wir sehr romantisch oder auch hormonvernebelt und sangen immer wieder ein Lied von einem Indianerjungen, der keine weiße Frau haben will, sich in ein Indianermädchen verliebt und auf dramatische Art und Weise erfährt, dass seine Angebetete seine Halbschwester ist. Die letzte Strophe war immer vertränt und verrotzt, aber wir sangen tapfer jeden Tag dieses Lied. Dann gab es noch eins, in welchem sich ein junges Mädchen mit seinem lieben verstorbenen Mütterlein unterhält und über die böse Stiefmutter klagt, die sie kämmt, bis die Kopfhaut blutet und ihr nur Wasser und hartes Brot zu essen gibt. Wenn die Indianerjungen-Tränen getrocknet waren, stimmten wir dieses Lied an und heulten um die tote Mutter mit ihrem gepeinigten Kind.

Selbstverständlich gab es auch eine unter uns, die die Macht der Gruppe zu spüren bekam. Kinder können grausam sein. Wir nannten sie Koffer-Erna. Koffer-Erna passte nicht zu uns. Sie lebte in einer Welt der Siebenjährigen. Sie petzte und heulte, spionierte und sabotierte. Das reichte uns, um sie auszugrenzen. Koffer-Erna drohte immer damit, gleich ihren Koffer zu packen und zu gehen. Das hätte ihr einiges erspart. In der letzten Nacht wurde sie unser Opfer. Marina, natürlich, wer sonst, hatte davon gehört, dass man Schlafende zum Bettnässen bringen kann, wenn man ihnen kalte nasse Lappen um den Puls wickelt. Irgendetwas hat daran nicht richtig funktioniert. Das Bett blieb trocken, bis wir auf die Idee mit der Ersatzpfütze aus dem Zahnputzbecher kamen. Das war gemein und wurde niemals aufgeklärt.

Ich selbst stapfte immer noch säulenförmig durchs Leben. Ich war zwar insgesamt rundlich aber es fehlten mir die erhofften Details am Oberkörper. Nur meine langen, schlanken Gliedmaßen ließen mich im Rock wie ein Mädchen aussehen. Was meine Beine an Länge mehr hatten als die anderer Mädchen, hatte Mutter Natur an meinem Oberkörper eingespart. Der war so kurz und gedrungen, dass er keinen Platz für eine Taille fand. Meine Haare ließ ich jetzt wachsen. Da hatte ich mich durchgesetzt, vorerst.

Ein paar Monate versuchte ich mich im Ruderverein in Grünau. Das war nicht der Sport meiner Träume, aber Rolf und sein Vater hatten mich dafür erwärmen können. Es wurde weiblicher Nachwuchs gebraucht, und meine Arm- und Beinkraft und wahrscheinlich überhaupt meine Sportlichkeit, ließen hoffen, dass Rudern ein Sport für mich sein könnte. Praktischerweise wurde ich nach Grünau mit dem Auto mitgenommen und wieder nach Hause gebracht. Nur das war, speziell für meinen Vater, das Interessanteste am Rudern.

Ich saß vorerst als einziges Mädchen in einem Achter, lernte beim Rudern die wichtigsten Begriffe vom Trainer, der unser Steuermann war und führte eine Art Schattendasein. Die anderen Sportler kamen und gingen aus anderen Kabinen als ich. Sie hatten Zeit sich kennen zu lernen. Ich war allein, bis ich im Boot saß und allein wenn ich das Boot verließ. Die feuchten Bootshäuser und Umkleiden rochen noch intensiver als die Baracken im Schwimmbad Weißensee.

Der Sport selber gefiel mir gut und ich werde nie erfahren, ob ich für ihn geschaffen war. Meinem Vater gefiel es nicht, dass ich als einziges Mädchen in einem Boot voller Jungs war. Meine Fantasie reichte nicht aus, um seine Bedenken zu verstehen und so verging mir der Spaß. Mutti sah es mal wieder nur von der praktischen Seite. Das Mädchen wird mitgenommen, zurückgebracht, ist an der frischen Luft, betätigt sich sportlich und kommt mal raus. Was ich da tat und ob ich Spaß dabei hatte, war kein Thema. Ich war halt kein männlicher Fußballspieler.

Onkel Ottchen wollte noch mal einen Versuch zur Talentförderung im musischen Bereich bei mir starten. In seiner Welt existierte aber leider nur die klassische Musik. Er versuchte, mich für das Klavierspiel zu erwärmen. Ich konnte schlecht einschätzen, wie gut oder schlecht er selber spielte, es reichte aber aus, um sich selbst beim Singen zu begleiten. Sein theoretisches Wissen war für den Anfang auf jeden Fall ausreichend, seine Musikpädagogik mangelhaft. Wir kamen nicht weiter und mein Interesse ließ immer mehr nach. Dann fuhr er mit Mutti und mir zur Musikschule in die Florastraße nach Pankow. Dort wurde ich das erste Mal gefragt, welches Instrument mich denn überhaupt interessieren würde. „Akkordeon!", rief ich erfreut darüber, dass mich überhaupt mal einer fragte. „Warum möchtest du Akkordeon spielen lernen?", fragte mich der Musiklehrer – oder war es der Direktor? „Das kann ich überallhin mitnehmen und fröhliche Musik spielen, singen und alle Leute können danach tanzen", war meine ehrliche Antwort. Ich sah Onkel Ottchens Kopfschütteln und registrierte es genau. Mutti schien Akkordeonmusik auch toll zu finden. Sie war es ja, mit der zusammen ich die schönsten Volkslieder und Schlager hoch und runter sang, manche sogar zweistimmig. Während Onkel Ottchen mein Talent den Bach runtergehen sah, erkundigte Mutti sich nach dem Instrument.

„Das müssten Sie für Ihre Tochter kaufen. Es könnte schwierig werden, ein neues Akkordeon zu bekommen, aber vielleicht haben Sie ja Glück und bekommen ein gebrauchtes. Aber Vorsicht, wenn man sich nicht auskennt, kann man schnell das Falsche oder ein defektes kaufen. Ein gebrauchtes Instrument sollte nicht teurer als vierhundert Mark sein. Neue kosten etwa achthundert Mark." Ich sah Muttis Gesichtszüge entgleisen. „Das können wir uns auf keinen Fall leisten", sagte sie resignierend und zog die Schultern bis an die Ohren. Der Musikpädagoge sprang ein. „Wenn du Freude an einem Instrument zum Mitsingen und Mitnehmen hast, versuch es doch einfach mit einer Gitarre." Das war ja nun was ganz anderes. An eine Gitarre hatte ich bisher noch nie gedacht und ich ließ mich nicht so schnell überzeugen. „Überlege es dir", sprach der Lehrer und reichte erst mir, dann den anderen die Hand und schob uns aus der Tür.

Wie kann ein ahnungsloser Mensch sich entscheiden, welches Instrument für ihn das richtige ist, wenn auch noch Geldmangel in der Familie herrscht? Onkel Ottchen war raus aus dem Spiel. Akkordeon und Gitarre waren für ihn keine Instrumente und das, was man damit machte, keine Musik.

Mutti hatte bei unserer Nachbarin mal eine Gitarre an der Wand hängen sehen. Vielleicht hatte sie Ahnung davon und konnte uns beraten.

Die Gitarre gehörte Siegmar, ihrem Sohn. „Der benutzt die aber nie, hat auch nie richtig spielen gelernt", sagte Frau Bloesse. Mutti erkundigte sich, ob man sie ihr verkaufen würde. „Nein, nur ausleihen", erwiderte unsere Nachbarin, „wenn mein Sohn sie wiederhaben will, müssen Sie sie zurückgeben." Sie nahm die Gitarre von der Wand und überreichte sie Mutti. Eine geliehene Gitarre war nun eigentlich auch nicht das, was wir wollten, aber wenigstens war es erst mal umsonst.

Der Musiklehrer rümpfte die Nase, als er mein Instrument sah, auf dem sich zwei Palmen voreinander zu verneigen schienen. „Für den Anfang reicht es erst mal", sagte er. Verträge und Unterschriften wurden gemacht, und ab nächsten Monat war ich Musikschülerin an einer Musikschule.

Ich fand das alles reichlich kompliziert. Niemand kannte sich mit einer Gitarre auch nur annähernd aus. Welche Saiten waren die richtigen? Warum waren die Noten ganz anders als beim Klavier, woher bekam ich eine Gitarrentasche, einen Kapodaster und Noten? Ich stand allein auf weiter Flur. Dauernd bekam ich zu hören, dass ich recht vorsichtig sein sollte, denn das war ja nicht meine Gitarre. Wenn ich übte, nannten meine Eltern es ‚rumklimpern', und überhaupt war die Gitarre kein Akkordeon. Mein Musiklehrer merkte sehr schnell, dass ich ohne Unterstützung von Seiten meiner Familie allein auf weiter Strecke stand. Er demotivierte mich, kritisierte meine harten Anschläge und bezeichnete mein Können als Katzenmusik. Riss eine Saite, war kein Geld für neue Saiten da oder es gab keine zu kaufen. Kurzum, der ganze Hick-Hack um die Gitarre war eine Totgeburt. Das Beste daran war der Weg zur Musikschule, den ich sehr wichtigtuend mit meiner Gitarrentasche bestritt und mir am Bahnhof Pankow für den restlichen Fußweg jedes Mal ein Softeis leistete. Das gab es nur dort und wäre der einzige Grund gewesen, beim Gitarrenspiel zu bleiben.

In meiner Klasse gab es einen Jungen, der, in Anlehnung an seinen Nachnamen, Kuhni gerufen wurde. Kuhni war eins von vier Kindern in seiner Familie und ich hatte mich unsterblich in ihn verliebt. Er war ein relativ kleiner Junge mit blonden Löckchen, die er hegte und pflegte. In seiner Federtasche befand sich ein kleiner Spiegel und in seiner hinteren Hosentasche ein Stielkamm. Klappte Kuhni seine Federtasche auf, erblickte er sich selbst, griff nach hinten und zog den Kamm aus seiner Tasche. Konzentriert, als wäre er morgens allein im Bad, kämmte er seine Locken. Die Lehrer tolerierten es, lächelten manchmal über diese Marotte, ich liebte sie. Mein Herz verlor ich, als wir vor versammelter Klasse ein Gedicht von Georg Christoff Dieffenbach, „Waldkonzert“, aufsagen mussten. Mir ist es immer leicht gefallen Gedichte oder Lieder auswendig zu lernen und diese laut und deutlich vorzutragen. Bei Kuhni war das ganz anders. Schüchtern und verschämt stand er vor der Klasse, starrte mit gesenktem Kopf auf den Fußboden und brabbelte sein Gedicht mit vielen Aussetzern vor sich hin. Ihn so zu sehen, ließ mich dahinschmelzen. Am liebsten hätte ich mich neben ihn gestellt und geholfen. Kuhni stotterte sich an die Stelle mit dem Distelfink ran.

> Der Distelfink spielt keck vom Blatt
> die erste Violin,
> sein Vetter Buchfink nebenan
> begleitet lustig ihn...

Kuhni kannte wahrscheinlich den Begriff Vetter nicht, auch seine Rechtschreibung ließ zu wünschen übrig und so machte er kurzerhand aus ‚sein Vetter Buchfink‘ ‚sein dicker Buchfink‘ und sorgte so ganz ungewollt für einen Riesenbrüller in der Klasse. Ich glaube, er wurde noch ein paar Zentimeter kleiner, begriff überhaupt nicht, worüber gelacht wurde, brach das Gedicht ab und setzte sich schmollend und mit Wuttränen in den Augen auf seinen Platz. Von nun an schlug mein Herz für diesen Jungen. Kuhni war in der Klasse allgemein beliebt und bei mir nun besonders. Die Jungs untereinander lästerten oft. Im Sportunterricht traf es auch immer wieder Kuhni. Er war normal sportlich und durch seine Größe natürlich nicht so schnell wie unsere besten Sportler. Womit man ihn verspottete waren seine Hallenturnschuhe, die beim Hundertmeterlauf nicht wirklich männlich rüberkamen. Er war „der Junge mit den Ballettschuhchen“, und je nach Tageslaune konnte er darüber lachen oder beleidigt sein. Kuhni war oft beleidigt und dann nur mit einem Blick in die Federtasche zu versöhnen. Wir beide hatten es schwer miteinander, so schwer, wie eine erste Liebe überhaupt nur sein kann. Ich schmachtete und er beachtete mich nicht. Leider war es nie umgekehrt. Er schien auch immer auf der Suche nach was anderem zu sein und fand er es, war ich abgemeldet, unglücklich und bereit ihm immer wieder eine neue Chance zu geben.

Wir waren Kinder auf der Startbahn in die Pubertät und egal was wir machten, es war immer falsch.

Was meinen körperlichen Reifeprozess betraf, ging dann auf einmal alles ganz schnell. Plötzlich bekam ich heftigen Muskelkater, der sich als Regelblutung entpuppte und dann knallten die Knospen. Ich war hoch erfreut, mich nun doch auf dem Weg zu einer Frau zu befinden. Meine Aggressionen den unverblümten Jungs gegenüber wechselten zu kokettem Witz, ironischem Spott oder Klugscheißerei ohne Androhung von Prügel.

Natürlich entging mein unaufhaltsamer Reifeprozess auch den Augen meines Vaters nicht. Vorher war ich nur ein Mädchen, seine Dicki, seine Kleine. Obwohl seine Weitsicht, sein Sinn für die kommende Realität, ihn und mich schon vorgewarnt hatten. Jetzt kam es ganz dicke. Ich stand unter Beobachtung und das Misstrauen machte sich breit.

Wenn Papa getrunken hatte, und das war unterdessen täglich der Fall, kam es zu Streit. Ich bot ihm die Stirn und widersprach und rechtfertigte mich, war erbost und wütend und fühlte mich ungerecht behandelt.

Nachts kam Papa oft in unsere Stube, setzte sich auf Martins Bettkante und erklärte uns die Welt, die sich scheinbar immer um das Gleiche drehte: die Rolle der Frau, die Wichtigkeit der Jungfräulichkeit, die Schutzlosigkeit der Mädchen, die bösen Buben und Männer, die alle nur das Eine wollten, der heilige Stand der Ehe. Martins Rolle wurde mit ganz anderen Worten besetzt. Er wurde zum Beschützer und Aufpasser, zum zweiten Mann in der Familie, mit ganz speziellen Freiheiten und Befugnissen. Papa sprach sogar von seinem Sterben und von Martins Thronfolge, wenn er mal nicht mehr da sein würde. Das war starker Tobak für uns und wurde wieder und wieder in dieser Form besprochen. Es endete oft mit Tränen und Mutti stand machtlos vor der Tür und tat ihr Bestes, meinen Vater ohne Streit aus unserer Stube zu holen.

Papa war kein Mensch, der sich verbal entschuldigen konnte. Seine Entschuldigungen bestanden aus kleinen Mitbringseln, Versprechen und Gras über die Sache wachsen lassen. Er war ein Ruheloser auf der Suche nach seiner Insel und im Alkohol fand er sie vielleicht für ein paar Stunden, um danach noch ruheloser zu sein.

Irgendwann kam zu Papas ewiger Schwafelei auch noch Wut dazu. Diese Wut ließ er an allem Möglichen, aber nicht an uns aus. Lebensmittel flogen an die Wand, Gegenstände gingen kaputt. Die Angst in unserer Familie war allgegenwärtig. Martin zog sich zurück, starrte stundenlang auf die Straße und kehrte unserer Familie den Rücken. Ich blieb bei Mutti und beobachtete das Geschehen. Wenn Papa seinen Rausch ausschlief, entfernte Mutti, wie eine Sklavin, immer wieder die Spuren von Papas Raserei. Nach dem Erwachen ahnte er, dass er wieder Dinge getan hatte, die nicht seinem nüchternen Naturell entsprachen. Dann ging Mutti leidend wie eine Märtyrerin durch die Wohnung, sprach mit Papa gar nicht und mit uns nur flüsternd und das Leben in unserer Familie war anstrengend.

Papa gab mir eines Tages ein Buch zu lesen, Jack Londons *König Alkohol*. Es spielte in einer anderen Zeit und wies doch so viel Ähnlichkeiten mit den gesellschaftlichen Abläufen und Zwängen unserer Gesellschaft auf, dass ich anfing, ihn ein wenig zu verstehen. Ich fand eine Entschuldigung in diesem Buch, auch wenn es für meine Altersstufe nicht geschrieben war. Wer das Milieu lebte, verstand. Papas Bruder, Muttis Bruder, Muttis Vater, Papas Kollegen, Fußballkameraden. Sie und ihre Familien hatten ganz ähnliche Probleme wie wir, aber man sprach nicht drüber. Die Gesellschaft nicht und die Familien nicht. Frauen gaben ihren Männern Alibis, entschuldigten sie beim Arbeitgeber, im Freundes- und Verwandtenkreis. Sie vertuschten die Schäden an Körper und Seele und reparierten und entfernten die Zeugen der Materialschlachten. Die Frauen flüsterten und klagten untereinander und miteinander und gaben sich schicksalsergeben dem von den Männern erwarteten Rollenverständnis hin.

Eines Tages, ich befand mich im Kinderzimmer, hörte ich aus Richtung Wohnstube einen besorgniserregenden dumpfen Rums. Danach war Ruhe. Ich lief in die Wohnstube und fand meinen großen, starken Vater auf dem Teppich liegend, ohnmächtig vor. Der schwere Holztisch lag mit der Tischplatte nach unten halb über seiner Brust und streckte alle Viere von sich. Aufgeregt versuchte ich zu helfen. Zog den Tisch von Papa runter, kniete mich zu ihm und tätschelte erst zart, dann heftiger sein Gesicht. Blut war nirgends zu sehen und eine Erklärung für den Sturz auch nicht. Allerdings roch ich die Erklärung: Papa war betrunken. Er kam langsam zu sich und wieder auf die Beine, versuchte mir zu erklären, dass er gestolpert sei und sich am Tisch festgehalten hatte. Als er stand und scheinbar alles in Ordnung war, nahm er mich in den Arm und ließ mich seine verschwörerische Stimme hören. „Das darfst du nicht Mutta sagen", flüsterte er in mein Ohr. „Sie würde sich nur unnötige Sorgen machen. Ist ja auch nichts weiter passiert, guck!", sagte er, packte den schweren Holztisch und stellte ihn mit einem Schwung wieder auf seine vier Beine, legte die Tischdecke darauf, sammelte die Kippen in den am Boden liegenden Aschenbecher und fegte mit Handfeger und Schaufel die Asche zusammen. Dann legte er sich aufs Sofa und schlief den Schlaf der Gerechten.

Natürlich ließ ich mich nicht zu Papas Geheimnisträger machen. Einerseits saßen mir der Schreck und die Sorge viel zu sehr in den Knochen und andererseits schien er Muttis und meinen Zusammenhalt stark zu unterschätzen. Natürlich bekam sie einen fürchterlichen Schreck, denn der Sturz hätte auch anders ausgehen können. Es tat ihr auch für mich sehr leid, dass ich Zeugin und Ersthelferin sein musste. Dann zeigte sie mir eine Tablettenpackung, die sie aus der Innentasche von Papas Sakko zog. *Faustan* stand darauf und ich hatte sofort die Assoziation, dass diese kleine Pille den stärksten Mann, wie mit einem Fausthieb mitten in die Magengrube, umhaut.

„Diese Art von Tabletten", erklärte Mutti, „nennt man auch l.m.a.A.-Tabletten. Die Abkürzung steht für ‚Leckt mich am Arsch' und soll dem Betreffenden das Gefühl vermitteln, dass ihn alles um ihn herum nichts angeht. Diese Tabletten haben Einfluss auf die Psyche, sollen ruhiger machen. In Verbindung mit Alkohol sind sie allerdings höchst gefährlich. Weil Papa wenigstens noch einschätzen konnte, dass der Fehler bei ihm lag, hat er ein Geheimnis daraus machen wollen."

Was sich zwischen meinen Eltern abspielte, worüber sie sprachen, wenn sie allein waren, weiß ich nicht. Ich versuchte, beide zu verstehen und ihr Handeln zu begreifen.

Papa war längst nicht mehr der Held meiner Kinderzeit. Er hatte sich selbst vom Siegertreppchen auf die Strafbank begeben und von mir nicht mehr zu erwarten als Wut, Mitleid und Solidarität mit Mutti.

Das Schlimmste an meiner Situation war, dass ich den Mann auf der Strafbank liebte, irgendwo tief in mir spürte ich, dass auch er mich liebte und seine ganze Familie und den Fußball und seine Arbeit und den Alkohol, der ihm vor Jahren als geselliger Freund über den Weg gelaufen war und ihm nun dauernd ein Bein stellte. Ich befürchtete, irgendwann könnte Papa sich nicht mehr aufrappeln und der Alkohol sich als riesiger Klumpen auf ihn setzen und nie wieder frei geben.

Regina und ich waren nach wie vor beste Freundinnen. Sie war immer auf dem Laufenden, was Schlagersänger, Hits, gefragte Schauspieler und deren Mode betraf. Unser Fernsehgerät verfügte schon längere Zeit über kein zweites Programm mehr und eine Reklamation wäre nicht nur dreist, sondern unmöglich gewesen. So rauschten die Hitparade und Enterprise und viele andere aktuelle Sendungen an mir vorbei. Aber Regina versorgte mich gut mit Neuigkeiten aus der verbotenen Welt und so wurde ‚einfach nur Quatschen' zu unserer liebsten Betätigung. Wir schwärmten uns gegenseitig von unseren neuesten Entdeckungen und Erfahrungen in punkto Jungs vor, und von Zeit zu Zeit gab es auch echten, herzzerreißenden Liebeskummer. Zuerst einmal mussten ja alle männlichen Wesen einen Schnurri, Schnurrbart, haben. Ich schloss mich ihrer Meinung gerne an, kannte aber nur Grünschnäbel ohne Schnurri.

Da gab es einen Bauarbeiter, in den sich Regina verguckt hatte. Er hatte sie, wie Bauarbeiter das so tun, scheinbar ein bisschen angeschäkert und sie fuhr, wie Teenager das so tun, voll drauf ab. Reginas Vater bekam davon Wind und untersagte ihr den Kontakt und das Geflirte mit Männern. Und als brave Tochter sah sie deshalb den schnurrbärtigen Heinz nie wieder, wenn's im Herzen auch ein bisschen weh tat. So sahen wir uns unter den gleichaltrigen oder etwas älteren Jungs um. Es gab immer mal einen Schwarm, den näher zu betrachten sich lohnte.

Wir hatten für uns auch ein neues Hobby entdeckt. Wir fingen an, gemeinsam eigene Garderobe zu häkeln und starteten gleich mit einem großen Projekt. Regina häkelte sich eine Weste und Hotpants und ich mir eine Weste und einen Rock. Da hatten wir gut zu tun, konnten dabei plappern, lachen, fluchen, uns gegenseitig beraten und hatten hinterher richtig Freude an unseren selbstgefertigten Sachen. Unsere gemeinsamen Zeichenstunden waren weniger geworden, aber wenn, entwarfen wir jetzt Mode. Regina war SHOP 13 und ich war SHOP 24. Das war auch eine Idee von ihr, wahrscheinlich in Anlehnung an irgendeine Werbung.

Wir waren wirklich noch völlig weltfremd in Sachen Liebe und Sexualität. Wir tasteten uns langsam und vorsichtig, naiv, romantisch und oftmals überrascht an die Realitäten des Verliebtseins und des Schmachtens heran.

In meiner Klasse gab es schon echten Pärchenbetrieb. Zwei Mädchen waren schon sehr weit entwickelt für ihr Alter und beeindruckten mich mit ihrem Wissen über Sex und ihrem Umgang mit Jungs. Irgendwie rutschte ich da in eine Clique rein, die sich Abend für Abend auf und vor den Parkbänken in einem kleinen Park mit Tümpel in der Amalienstraße traf. Da wurde geraucht, getrunken, geknutscht und sehr erwachsen getan. Ich stand mittenmang, betrachtete die Lage und fühlte mich einerseits abgestoßen und andererseits hingezogen zu diesem Kreis junger Leute.

Hier entdeckte ich viele neue, aber auch altbekannte Gesichter aus der Schule oder unserem Wohngebiet. Manche kannte ich aus der Badeanstalt, manche von der Eislaufbahn und viele waren mir ganz fremd. Die Gestalten an dieser Anlaufstelle wechselten auch ständig, richtige Freundschaften oder die große Liebe würde man da wohl nicht finden. Es wurde gepöbelt und gemotzt, randaliert und Musik gehört. Gespräche wie zwischen Regina und mir oder in unserem Pfarrhaus, wenn sich die Jugendlichen trafen, kamen nicht zustande. Ich war dann doch eher angewidert von dem Treiben dort und die jungen Männer machten mir den Eindruck, als würden sie es mit den Mädchen, die meist sehr viel jünger waren, nicht ernst meinen. Das war nicht meine Welt. Ich hatte mal reingeschnuppert und es sein lassen. Es gab bessere Freunde als diese Clique.

Am Hamburger Platz zum Beispiel war auch ein ähnlicher Treffpunkt. Hier traf ich ausschließlich auf bekannte Gesichter aus der Klasse, der Schule oder unserer Gegend. Hier konnte man über die Lehrer ablästern oder über Mitschüler, über den Staat oder die Hosen, die man uns im Osten als Jeanshosen andrehen wollte. Kuhni und seine Freunde aus unserer Klasse, Barni und Hofi, waren hier auch oft zu finden. Allerdings fand mein Langzeitliebeskummer, den ich mit Kuhni hatte, hier neue Nahrung.

Überraschend tauchte hier eines Tages ein mir bekanntes Mädchen aus der Musikschule, Verona, auf. Sie erkannte mich sofort wieder und wir kamen ins Gespräch. Sie hatte ihren Musikunterricht auch längst aufgegeben. Meist traf sie sich mit Gleichaltrigen auf einem Spielplatz in ihrer Wohngegend in Prenzlauer Berg. Aber heute war sie hierher gekommen, um sich mit einem Lars zu treffen, der sie aber leider versetzt hatte. Verona schien ohne Hobbys und Interessen zu sein. Wir schwatzten ein bisschen über Gott und die Welt und dann zeigte ich ihr meinen Kuhni und erzählte ihr von dem ganzen unreifen Hin und Her zwischen uns beiden.

Sie sah wohl, dass ich litt, obwohl sie, mit einem abschätzenden Blick auf Kuhni, nicht so recht verstand, warum. „Neulich habe ich im Fernsehen was über Hypnose gesehen", erklärte sie mir eifrig, als wäre sie dadurch zur Expertin geworden. „Da werden die Leute in Schlaf versetzt und dann wird ihnen eingeredet, dass sie dies oder das machen oder lassen sollen und das klappt dann auch." Ich dachte kurz über das Gesagte nach und suchte nach der Verbindung zu meinem Liebeskummer. „Ich könnte doch mal versuchen dich zu hypnotisieren", schlug sie vor, ohne einen Gedanken daran zu verschwenden, wie dumm sich diese Idee anhörte. Andererseits macht Versuch klug und schaden würde es ja nicht können, sondern wäre vielleicht sogar recht spaßig. Bestenfalls wäre Schluss mit Trübsalblasen.

Natürlich konnten wir die Hypnoseversuche nicht mitten auf dem Hamburger Platz veranstalten. Wir setzten uns in den Bus und fuhren zu mir nach Hause. „Meine Eltern sind auf Arbeit, meine Schwester im Kindergarten und mein Bruder im Freibad", erklärte ich, als ich Veronas forschende Blicke bemerkte. Ich machte uns einen Waldmeistersirup und ließ mir die Hypnotisiererei, der ich sehr skeptisch gegenüberstand, erklären. „Wir brauchen zuerst mal eine Schnur und einen kleinen Gegenstand, um ein Pendel zu bauen", forderte Verona und schien eine ziemlich genaue Vorstellung von diesem Pendel zu haben. Eine Schnur war schnell gefunden, aber welcher Gegenstand war klein und doch schwer genug, um gleichmäßig zu pendeln? Dannis Kastanienkette vom letzten Herbst fiel mir ein. Die Kastanien waren schon etwas verschrumpelt und hingen säuberlich aufgefädelt am Küchenfenster. Ich zerschnitt die Kette, nahm eine Kastanie mit dem praktischen Loch, fädelte, knotete und das perfekte Pendel war fertig. Im Kinderzimmer setzten wir uns gegenüber auf den Boden.

Wir waren nicht so ganz ernsthaft bei der Sache. Wir lachten und kicherten wie es nur junge Mädchen können und das Pendel tat seine Pflicht und pendelte ernsthaft zwischen unseren Gesichtern hin und her. Verona flüsterte Beschwörungsformeln, die mich zum Einschlafen bringen sollten. Ihre Stimme war ziemlich monoton und hätte zum Einschlafen gereicht. Allein, das Schauen auf das Pendel und in Veronas gespanntes Gesicht hielt mich wach und ich hatte Mühe, nicht zu lachen.

Verona schimpfte mit mir und ihrem Arm, der langsam lahm wurde, und meine Gedanken schweiften ab zu Kuhni mit seinen betörenden Locken und suchten nach einem anderen Ausweg aus dem Liebeskummer. Plötzlich hatte ich eine grandiose Idee. Martin hatte eine kleine Eisenbahn aus Metall, diese sollte mit Äther betrieben fahren. Ob sie es jemals getan hat, weiß ich nicht mehr, aber das kleine Fläschchen Äther stand in seinem Schrank. Ich musste an meine Narkose von der Mandeloperation denken. Widerliche Empfindungen stellten sich ein und ich überlegte kurz, ob ich das Fläschchen überhaupt erwähnen sollte. Aber was tut man nicht alles, um vom Liebeskummer loszukommen. So erzählte ich Verona von dem Äther, vom sicheren Einschlafen und von ihren Sprüchen, die sie mir dann im Schlaf einreden sollte. Sie war sofort begeistert und für jedes Experiment offen. Ich holte Watte aus dem Bad, legte sie über meine Nase und Verona versorgte sie mit ein paar Tropfen Äther. Es stank entsetzlich. Ich sah wieder die Bilder aus dem OP, aber ich war weit davon entfernt einzuschlafen. Eine höhere Dosierung brachte auch keinen Erfolg und wir gaben resigniert auf. Ich musste also mit meinem Unglück weiterleben und war um eine Erfahrung reicher. Antriebsmittel für kleine Modelleisenbahnen sind nicht für Operationszwecke geeignet, sie riechen nur so.

Verona musste nach Hause und ich sah sie nie wieder. Die Stube musste gelüftet und alles wieder an seinen Platz gestellt werden. Das Pendel hängte ich als ergänzende Kette zu den anderen Kastanien ans Küchenfenster, nahm meine Tasche und ging los, um Danni aus dem Kindergarten abzuholen. Einen Lutscher hatte ich ihr versprochen, wenn ich käme. Also machte ich einen kurzen Abstecher zum Konsum. Drei Kunden waren vor mir dran, kurz nach mir betrat ein älterer Herr den Laden. Die Kunden vor mir fingen an heumzuschnuppern. „Hier riecht es so nach Krankenhaus“, sagte die Dame vor mir. Ich schnupperte mit, tat so, als könnte ich mir den Geruch nicht erklären. Alle guckten den alten Mann hinter mir an. Ich guckte sicherheitshalber mit.

Zu unserem Pfarrhaus gehörte auch eine kleine Bibliothek, die nach der Sonntagsmesse für alle Gemeindemitglieder geöffnet war. Hier zu stöbern war für mich die reinste Freude. Hier lief mir erstmals Pipi Langstrumpf über den Weg, deren Geschichten ich buchstäblich verschlang, und die Kinder von Bullerbü als Buch. Erich Kästner mit seinen berühmten Geschichten für Kinder und Autoren, von denen ich bis dahin noch nie etwas gehört hatte. Es gab ganze Serien von Büchern, die für junge Mädchen geschrieben waren. So auch die Dolly-Bücher von Enid Blyton. Diese Mädchenbücher öffneten mir eine Welt, die mit meiner fast nichts gemeinsam hatte. Vielleicht habe ich sie deswegen auch verschlungen. Pädagogische Inhalte interessierten mich nicht. Wenn ich las, war ich eine aus Dollys Truppe. Es gab keine Pioniere, keine FDJler, keinen Ideologiekampf. Es war wie Märchenstunde in der heutigen Zeit. Die Tatsache, dass Dolly Klassensprecherin wurde und dieses Amt engagiert und mutig ausfüllte, ließ mich auf eine Idee kommen. Ich erzählte in meiner Klasse davon. Klassensprecherin zu sein setzte nicht voraus, dass man Pionier oder FDJler war. Jeder Schüler, jede Schülerin, die das Vertrauen der Klasse hatte, konnte das werden. Meine Mitschüler bestärkten mich und konnten sich vorstellen, mich zur Klassensprecherin zu wählen.

In jeder Hinsicht bestärkt und ermuntert zogen wir in kleiner Kolonne zum Büro unseres Schuldirektors. Wir waren vollkommen begeistert von dieser Idee. Als wir ankamen, stoppte uns natürlich erst einmal Frau Schmidt, unsere Schulsekretärin. Anfangs war der Direx nicht zu sprechen, als sie aber erfuhr, mit welchem Anliegen wir kamen, schenkte sie uns ihre volle Aufmerksamkeit und hielt ein Gespräch mit dem Direktor für unbedingt notwendig. Nach einer kurzen Rücksprache zwischen Tür und Angel, durfte ich, nur ich, in das Büro des Direktors. Er empfing mich mit einem teils belustigtem, teils besorgtem Gesicht. Er gehörte zwar ganz zur Fraktion der Bonbonträger, ließ sich aber ganz eindeutig unter sympathisch und gerecht einordnen.

Seine Tochter war in meiner Klasse und ich gehörte zu einem Kreis Kinder, die zu ihr eingeladen und von ihren Eltern herzlich empfangen wurden. Angst zu haben tat nicht Not. Mein Herz klopfte trotzdem schnell und laut. Denn der offizielle Ruf ins Büro kam selten vor, meist wenn man etwas ausgefressen hatte. Die Tür öffnete sich erneut und Frau Rademacher, die stellvertretende Direktorin, erschien mit ernster Miene.

Nun sollte ich mein Anliegen unter sechs Augen formulieren. Eifrig erzählte ich von der Autorin Enid Blyton und ihrer Buchserie Dolly und von der Tatsache, dass es in anderen Ländern die Möglichkeit gab, eine Klassensprecherin oder auch einen Klassensprecher zu wählen, der nicht irgendwo organisiert, sondern einfach nur vertrauenswürdig sein musste. Mehr als für das Amt interessierten sich beide Zuhörer für die Bücher und deren Herkunft. Ob meine Eltern wüssten, dass mir solche Literatur zugänglich sei, welche Bücher ich noch lesen würde. Ich zählte alles auf, unter anderem auch *Ede und Unku, Bootsmann auf der Scholle, Tinko, Karola und die Zauberperle.* Erleichtert stellte man fest, dass meine Leseinteressen völlig unvoreingenommen von irgendwelchen Ideologien waren. Ich las querbeet alles, was mich interessierte, egal woher die Literatur kam. Ein Blickaustausch von Direktor zu Direktorin schien Einigkeit im weiteren Verfahren zu bedeuten. „Die Idee, die du vorgetragen hast, kommt aus dem kapitalistischen Ausland. Hier, in den Schulen der DDR, gibt es keine Klassensprecher und wir werden sie auch deinetwegen nicht einführen", sagte Frau Rademacher und wünschte sich, dass ich die Quellen meines Wissens kritischer betrachten würde. „Wir behalten dich im Auge", sagte Frau Rademacher und verließ mit strenger Miene den Raum und stieß auf die Mädchentraube, die vor dem Sekretariat noch immer auf mich wartete. Der Direktor begleitete mich hinaus, legte versöhnlich seine Hand auf meine Schulter, reichte mir die Hand und riet mir, vorsichtiger zu sein.

Eine Meldung an höhere Stellen gab es offiziell nicht. Mein Schulalltag verlief so weiter wie bisher. An meinem Leseverhalten änderte sich allerdings auch nichts.

Mutti erklärte mir, dass die vielen Westartikel, seien es Bücher, besondere Spiele, Filzstifte und besondere Materialien, die sich in unserem Pfarrhaus für die Kinder und Jugendlichen ansammelten, keine Produkte aus der DDR, teilweise sogar verbotene Produkte waren. Unser Erzbischof war Bischof von ganz Berlin. Egal ob Ost oder West. Er hatte seinen Arbeitsplatz auf beiden Seiten der Mauer und durfte mit seinem Mercedes mehrmals im Monat die Grenze passieren. So brachte er nach und nach auf seinen Rückwegen gefragte Produkte mit und stellte sie der Gemeinde zur Verfügung. Das fand ich ausgesprochen nett von ihm, er dachte an seine Schäfchen und an mich und brachte mir Bücher mit, die bei unseren Schuldirektoren Kopfschütteln verursachten.

Meine Schuleuphorie gehörte seit Jahren der Vergangenheit an. Selbst das Schreiben von Einkaufszetteln war unterdessen eine lästige Pflicht.

Der Schulalltag brachte, jetzt in der Oberschule, erst die Fächer Physik, Chemie, Biologie, fakultativ Englisch und später Astronomie, Staatsbürgerkunde, UTP (Unterrichtstag in der Produktion), ESP (Einführung in die sozialistische Produktion) und TZ (Technisches Zeichnen) mit.

Der fakultative Englischunterricht hatte sich für mich schon bald erledigt. Es soll ja singende Köche und singende Friseure geben – wir hatten einen singenden Englischlehrer, dem oft seine Utensilien fehlten. Herr Streitthoff war ein älterer kleiner Herr mit graumelierten Löckchen und einem dicken Bauch. Er hörte sich gerne singen, es hieß sogar, er hätte eine Gesangsausbildung gehabt. Selbst seine Sprechstimme hörte sich immer nach Gesang an, allerdings nach sehr theatralischem Gesang. Auf seiner Unterlippe und in seinen Mundwinkeln fanden sich immer Spuren weißer, dicker Spucke, die sich beim Sprechen und Singen wie kleine dünne Nudeln zwischen den Lippen reckten und streckten. Wir Schüler hingen mit unseren Blicken an seinem Munde und verfolgten gespannt das Nudelballett. Von Zeit zu Zeit, wenn die Spannung ihren Höhepunkt erreichte, flog eine der Nudeln in hohem Bogen durch die Klasse und blieb irgendwo als kleiner weißer Punkt liegen. Ich war schon immer ein Kind gewesen, das sich schnell ekelte, und war regelrecht angewidert von der Spuckerei. Der Lehrer ohne Utensilien griff, um etwas nachzuschlagen, nach meinem Englischbuch. Da stand er nun und las uns etwas vor und schickte eine der kleinen Nudeln direkt auf die Seite meines Buches. Ich war entsetzt und angeekelt. Als er mir das Buch zurückreichte, lehnte ich ab. „Das Buch können Sie behalten, da haben Sie gerade reingespuckt!“, sagte ich und erntete riesiges Gelächter. Ein paar Sekunden durfte ich mich in dem Gelächter sonnen, dann musste ich die Klasse verlassen und durfte am Englischunterricht nicht mehr teilnehmen.

Es kam immer wieder vor, dass ich mich in dieser Art mit Lehrern anlegte. Wir hatten eine Zeichenlehrerin, die mir unbedingt ihren Malstil aufdrängen wollte. Wir sollten einen Tag in der sozialistischen Produktion malen. Mein abgebildetes Mädchen war groß und schlank und sah auch im Kittel wunderschön aus. Das Mädchen war damit beschäftigt ein Werkstück mit einer Schiebelade auszumessen. Frau Ulbricht, meine Zeichenlehrerin, kritisierte dieses Bild vor der ganzen Klasse. „Die sieht ja aus wie ein Mannequin", stellte sie fest und fand meine Abbildung unangemessen für die sozialistische Produktion. Ich sah die Mädchen meiner Klasse beim UTP vor meinem geistigen Auge. Aufgebrezelt bis zum Gehtnichtmehr, rank und schlank, lackierte Fingernägel, Lidschatten und Wimperntusche. Mein Bild war realistisch. So sahen wir Teenager auch im UTP aus. Natürlich sahen die gezeichneten Werke über den sozialistischen Alltag in der DDR anders aus. Die Frauen waren sehr rustikal und nach Schweiß riechend dargestellt, aber das war nicht mein Bild. Wir diskutierten noch kurz hin und her und dann kam mir eine Gemeinheit über die Lippen, mit der ich mich, wegen meiner rustikalen Bauweise auch schon des Öfteren hatte auseinandersetzen müssen. „Nur weil Sie selbst so klein und dick sind, müssen ja nicht alle Frauen so aussehen. Sie sind nur neidisch auf diese Figur, weil die die Hälfte von Ihrer ist." In der Klasse herrschte Schweigen. Nicht mal ein Lachen war mir vergönnt. Ich musste den Klassenraum verlassen und den Rest der Stunde zwischen Kleiderhaken und Anoraks verbringen.

Mein Stachel, der in meiner frühesten Schulzeit von Frau Plath angelegt worden war, wurde zum Giftstachel, der immer dann zum Einsatz kam, wenn ich mich oder jemand anderen als angegriffen verstand. Manchmal wurde ich ironisch, sarkastisch oder zynisch, ohne zu wissen, was das eigentlich ist.

Nicht für die Schule, für das Leben lernen wir war einer der vielen klugen Sprüche, den mir eine Lehrerin in mein Poesiealbum geschrieben hatte. Das Poesiealbum hatte Danni längst zerfetzt, aber dieser Spruch saß fest. Das Leben, Leben lernen und Schule und die Willkür einzelner Lehrer passten für mich nicht zusammen. Es fehlte die Harmonie. Ich lernte in der Schule fürs Leben, hätte aber bessere Lernerfolge auf dem Zeugnis gehabt, wenn ich den Mund gehalten hätte.

Man hatte mich auf dem Kieker, kam aber nicht so richtig an mich ran.

Wir machten eine Klassenfahrt. Burg Rabenstein im Fläming war unser Ziel. Schon Wochen vorher waren wir sehr aufgeregt. Fünf Tage unter Jugendlichen auf einer Burg, das ließ viel Spielraum für Fantasien und Träumereien. Die Burg wurde in den Jahren 1209 bis 1212 erbaut und hatte schon so manchen kühnen Knaben und manch edles Fräulein kommen und gehen sehen.

In unserer Klasse gab es schon so einige, die einen festen Freund oder eine feste Freundin im Klassenverband oder außerhalb hatten. Die schöne Jugend, die meine Omi so gerne wehmütig besungen hatte, hatte uns in jeder Hinsicht voll im Griff. Ich steckte immer noch mit meinem Kuhni fest. Wir waren weder Fisch noch Fleisch, wir waren einfach nur zwei Grünschnäbel, die nichts wirklich miteinander anfangen konnten.

Die Burg war seit vielen Jahren eine Jugendherberge. Für mehr hätte es auch nicht gereicht. Jugendliche brauchten Abenteuer, Verpflegung und ein Bett. Es gab natürlich getrennte Schlafräume für die Mädchen und für die Jungs, kleinere Räume für die Lehrer und Begleitpersonen und einen großen Saal für alle. Die Toiletten befanden sich im Burghof, was sehr gewöhnungsbedürftig war. Der Hof war nachts stockfinster. Es gab weder Fackeln an den Wänden noch irgendeine elektrische Beleuchtung. Quer im Hof stand ein altes Gemäuer, das einmal ein Stall oder eine Schmiede oder beides gewesen sein könnte.

Bevor unsere Klasse kam, sollen in der Burg Dreharbeiten für den Film *Die Hosen des Ritters von Bredow* stattgefunden haben. Hier spielten Armin Müller-Stahl und Rolf Hoppe mit, was den ganzen Burgaufenthalt noch spektakulärer für uns machte. Natürlich blieben Wanderungen durch Feld und Flur und die Besichtigung von drei alten Bäumen nicht aus. Hatten wir dafür einen Sinn? Die wenigsten. Wir wollten den Burgfrieden genießen, heumstöbern im alten Gemäuer und ansonsten unter uns sein. Zu dieser Zeit waren die Dinge, die uns gefielen, entweder fetzig oder, noch besser urig. Diese Burg war wirklich urig und ihre Mauern konnten uns so manchen Schauer über den Rücken jagen. Höhepunkt der Klassenfahrt war für mich der Disco-Abend. Die Vorbereitungen,

Deko, Getränke, Knabbereien, Umstellen der Tische und Stühle, trafen wir Schüler. Dann ging es ans Schönmachen. Für wen?

Für uns selber und für die galanten Ritter, denen wir natürlich gefallen wollten. Kuhni wurde auch Kunibert gerufen, in Anlehnung an den Abendgruß vom Westsandmännchen. Da gab es als Marionettenspiel die Geschichten von den Rittern Kunibert und Heiner. Kuhni war hier also genau am richtigen Ort und ich machte mir für den Abend allerlei Hoffnungen, was meine Schmachterei nach ihm betraf. Aufgehübscht waren wir alle. Ich trug eine weiße Hose und einen lindgrünen Pullover. Das Haar war frisch gewaschen und frisiert und die Farben fürs Gesicht gingen reihum bei uns Mädchen.

Eigentlich war es nicht anders zu erwarten gewesen, es dauerte lange, bis die Jungs sich zu tanzen trauten, sie begutachteten uns und diskutierten. Wir Mädchen konnten auch ohne Jungs tanzen und das taten wir auch. Der Burghof war schon finster, als wir in Kolonne die erste Pipi-Pause einlegten. Wir stürmten die beleuchtete Treppe runter und standen im Schwarzen. Es nieselte und der Hof war noch mit gutem alten Kopfsteinpflaster ausgelegt, welches nun glatt und glitschig war. Die Dunkelheit traf mich wie eine Wand. Rechts ging es zu den Toiletten. Wir Mädchen gackerten und schnatterten wild durcheinander und dann war da plötzlich diese riesige alte verrostete Schüssel, die dicht an der Burgwand zur Hälfte in die Erde eingegraben war und wohl dazu diente, Regenwasser aufzufangen. Nun fing sie mich. Ich rutschte aus, stützte mich mit den Armen am Boden der Schüssel ab, schlug mit dem Nasenrücken am anderen Ende der Schüssel auf, tunkte meine Brüste in das ekelhaft riechende Wasser und versaute mir die weiße Hose am anderen Ende des Schüsselrandes. Mehrere Hände packten mich und bewahrten mich so vor einem Vollbad. Ich war erschrocken und blickte in erschrockene Mädchengesichter. Das schadenfrohe Lachen war verstummt. Mein Gesicht war voller Blut und ich musste erst mal ins Licht und dann zu Frau Bolz, um mich verarzten zu lassen. Als ich zur Disco zurückkehrte, hatte ich meine guten gegen gewöhnliche Sachen getauscht, die Gesichtsfarbe war der Blässe gewichen und über meinem Nasenrücken klebte ein auffälliges Pflaster. Mitleidige Blicke trafen mich, auch von Kuhni, der unterdessen tanzte, aber nicht mit mir.

Unsere Klassenlehrerin verließ uns und wir bekamen einen wirklich gutaussehenden älteren Herrn, der Russisch und Staatsbürgerkunde unterrichtete, zum Klassenlehrer. Er erinnerte mich an den französischen Chansonnier Jean-Claude Pascal und er schien sich selbst auch für ebenso charmant und unwiderstehlich zu halten. Wo er herkam, wussten wir nicht. Er gehörte nicht zu unserem bekannten Lehrerstab. Die Fächer, die er unterrichtete, waren auch nicht gerade unsere Favoriten. So gesehen hatte er es nicht leicht mit uns, aber seine Ignoranz und sein Aufdrängen seiner Meinung, das Abstrafen anderer Meinungen machte ihn bei den meisten von uns unbeliebt. Mit uns Mädchen nahm er sich Vertraulichkeiten heraus, die den meisten unangenehm waren. Ein schneller Griff hierhin, ein schneller Griff dahin, scheinbar vollkommen unverbindlich, als würde man kleinen Kindern im Vorbeigehen durchs Haar wuscheln, aber es bot Gesprächsstoff und brachte uns Mädchen in Hab-Acht-Stellung, wenn er sich näherte.

Auch unser sehr verehrter Schuldirektor verließ uns. Wir Schüler waren wirklich betroffen, auf Herrn Scharenberg in Zukunft verzichten zu müssen. Ein Herr Fischer stellte sich als neuer Schuldirektor vor. Ein sportlicher Typ ohne charakterliche Auffälligkeiten, weder positive noch negative. Er würde sich bewähren müssen.

Viele Mädchen aus der Klasse, die mit Westbeziehungen, hatten bis eben noch die Chiquita-Werbeplakette mit dem Abbild von Heintje am Reißverschluss ihres Anoraks getragen und die unvermeidlichen eingerollten Buffyzöpfe, bekannt geworden durch die Fernsehserie „Lieber Onkel Bill", über den Ohren. Nun standen wir im Umkleideraum vom UTP-Unterricht und grölten Conny Kramer. Fernab von Drogenproblemen trauerten wir um Conny, um die große Liebe und die scheinbare Hoffnungslosigkeit. Mein Vater kommentierte, dass nun natürlich wieder die Erwachsenen schuld seien und zog sich diesen Schuh nicht an. Nun ja, am Tod von Conny hätte Papa auch wirklich nichts ändern können. Auch nicht an Hippies, Punks und Gammlern.

Waren die Meldungen aus dem Fernsehen und Rundfunk erschreckender geworden oder waren meine Augen und Ohren interessierter als früher? Der Vietnamkrieg war älter als ich, der Terrorismus tobte und sorgte für Horrormeldungen. Papa sagte, die ganze Welt gerate aus den Fugen. Niemand habe mehr vor irgendwas Respekt.

Im Kino sah ich den Film *Blutige Erdbeeren*. Das wurde uns wahrscheinlich erlaubt, weil er die Abgründe Amerikas, der USA, zeigte. Die Geschichte um die Studentenbewegung und die Proteste um den Vietnamkrieg, bekam ich nur am Rande mit. Die Musik lockte, zumindest meine Altersstufe, ins Kino. Ja, ich sah auch das brutale Vorgehen der Polizei gegen die Jugendlichen und fragte mich damals noch nicht, wie in der DDR mit Andersdenkenden umgegangen wurde. Wie sollte man sich auch ein Bild von der Welt machen, wenn man in einem Käfig saß? Natürlich fand ich den Anschlag auf das Olympische Dorf in München dramatisch und ich hatte für die Opfer großes Mitgefühl. Aber den Durchblick, warum Flugzeuge entführt, Menschen ermordet, Politiker und damit auch ganze Staaten erpresst wurden, hatte ich nicht. Ich konnte auch niemals verstehen, warum sich Katholiken und Protestanten bekriegten, und jeder von sich dachte er tue es Gott zum Wohlgefallen.

In dieser Zeit damals starb Tante Anni, die älteste Schwester meiner Oma und die Frau des reichen Onkel Rudolf.

Onkel Rudolf war nun Witwer und sein Sohn lebte in Westdeutschland. Da gab es vier Enkelkinder, einen Jungen und ein Mädchen, in meinem Alter in der Familie seines Sohnes, und von seiner verstorbenen Tochter gab es zwei Enkelsöhne, die ebenfalls in Westdeutschland lebten.

Alles was er noch an Familie im Osten hatte, waren alte, zum Teil gebrechliche Menschen und meine Familie. So wurde der Entschluss gefasst, dass ich zu seiner Unterstützung in ein Zimmer seiner Wohnung ziehen sollte. Später, wenn alle Formalitäten geklärt wären, wollten oder sollten auch meine Eltern in dieses Haus ziehen, den Onkel päppeln, das Haus in Stand halten und den Garten pflegen. Ich zog mit sehr gemischten Gefühlen dort ein. Täglich holte ich nach der Schule das Mittagessen für den Onkel und mich von zu Hause ab, erledigte Einkäufe und sorgte im Haushalt für Ordnung. Ich hatte vorher keinerlei Vorstellungen, was auf mich zukommen würde. Mein Schulweg wurde dadurch viel länger und der Onkel schwamm auf der Welle des Diktators weiter, so wie er es zuvor bei seiner Frau gemacht hatte. Die Sparsamkeit des alten Herrn war legendär. Er heizte – es war Winter – das Haus nicht. Er gab mir den alten Morgenrock von Tante Anni, den sollte ich tragen, wenn mir kalt war. Das Mittagessen erwärmte er selbst und stellte den warmen Topf auf den Tisch, denn er wollte sparsam mit Energie umgehen und hatte da kein Vertrauen zu mir. Das Essen kam auf keinen Teller, das sparte Porzellan und Abwaschwasser. Der Topf stand zwischen uns wie ein Trog. Ich konnte schon wirklich froh sein, einen eigenen Löffel bekommen zu haben. Onkel Rudolf sabberte und kleckerte und ich hatte zu tun, am Tisch nicht kotzen zu müssen. An Essen war jedenfalls nicht zu denken.

Im Haus roch es nach kaltem Zigarrenqualm, Medikamenten und altem Mann. Das Einkaufen in der Kaufhalle wurde auch mir verboten. Das war eine sozialistische Einrichtung und er wollte die Privatläden unterstützen, erst auf Tante Annis, nun auf meine Kosten. Der einzige Vorteil, den ich hatte, war ein eigenes Zimmer. Man sagte, Onkel Rudolf wird wunderlich. Er schien wirklich in der Welt seiner Kindertage und seiner Jugend zu leben. Er war, dachte er, ein frommer Christ. Aber in Wahrheit war er ein Tyrann. In seinen besseren Tagen war er immer mit dem Moped zur Arbeit gefahren. Aus dieser Zeit hatte er noch einen großen Schubkasten voller Motorradhandschuhe. Eines Tages fehlte einer. Wie und warum er das festgestellt hatte, weiß ich nicht. Vielleicht machte er regelmäßige Inventuren, wenn ich nicht da war. Irgendwann hatte er mal Kuhni vor dem Garten auf der Straße stehen und auf mich warten sehen. Jedenfalls unterstellte er mir den Handschuhraub für meinen herumlungernden Freund. Der arme Kuhni hatte nicht mal ein Moped, und wenn ich aus Liebe geklaut hätte, dann hätte ich ihm ein ganzes Paar Handschuhe gemopst. Mutti kam die Sache aufklären und fand den einzelnen Handschuh im Schubkasten eine Etage tiefer.

Eines Tages, als ich aus der Schule kam, erzählte mir Onkel Rudolf eine fantastische Geschichte. Er hatte beim Händewaschen seinen Ehering verloren. Der war irgendwo unter die Badewanne gerollt, und er hatte schon Angst gehabt, das Gold könnte in den Abfluss gerollt sein. Er hatte gesucht und gesucht und war dann zum Standbild des heiligen Antonius gegangen, das schon seit ewigen Zeiten auf dem Korridor ausharrte. Antonius gilt unter anderem auch als Heiliger, der verlorene Dinge zurückbringt. Diesem Umstand hat er auch den Beinamen Schlamperltoni zu verdanken. Onkel Rudolf klagte ihm sein Leid um den verlorenen Ehering und versprach, nächsten Sonntag 100 Mark in den Opferstock zu legen, wenn er ihn den verlorenen Ring finden ließe. „Und siehe da“, sprach der Onkel, „beim nächsten Blick unter die Badewanne fand ich den Ring!“ Vor meinem inneren Auge spielte sich ein lächerliches Kopfkino ab. Ich wäre für 100 Mark liebend gerne unter der Badewanne rumgekrochen, den Deal mit Antonius hätte man dann immer noch machen können. 100 Mark, das war viel Geld, dafür würde ich oft putzen gehen müssen, um so einen Betrag zusammenzukriegen. Ob Onkel Rudolf sein Versprechen an Schlamperltoni gehalten hat? Ich bezweifle es sehr. Er sprach nie mehr darüber.

Meine Samstagsputzerei hatte sich so nach und nach auf drei Stellen erhöht. Eine frühere Freundin meiner Omi und später noch deren Bekannte baten um Hilfe. Die beiden zahlten leider nur in Naturalien. Puddingpulver aus dem Westen, rote Zwiebeln, Schokolade. Onkel Rudolf war meine Putzerei bei anderen Leuten, selbst bei seinem Schwager Ottchen, ein Dorn im Auge. Ich war jetzt sein Eigen und hatte ausschließlich ihm zur Verfügung zu stehen. Wenn ich nicht da war, stöberte er in meinen Sachen herum, das erfuhr ich erst, als die älteren Herrschaften unserer Verwandten mit dem Finger auf mich zeigte und Bestrafung forderte, weil Onkel Rudolf in einem meiner Holzkästen drei Zigaretten gefunden hatte.

Es ging hier nicht um Sorgen, die sich irgendjemand um meine Gesundheit machte. Es ging ausschließlich um mein äußeres Erscheinungsbild als Mädchen. Zigaretten rauchen ging gar nicht, das war nicht weit vom Alkoholtrinken und Männerbekanntschaften entfernt. Mein Ruf schien ruiniert. Mutti und Papa holten mich zurück. Es kam zu einem großen Streit, bei dem der Onkel uns allen zeigte, wie er wirklich tickte. Er warf meinen Eltern an den Kopf, dass meine kleine Schwester in seinem Garten zukünftig sowieso nicht hätte spielen dürfen, dass er sich niemals von seiner großen Wohnung getrennt hätte und in eine der kleineren gezogen wäre und dass mein evangelischer Vater in seinem Haus noch nie willkommen gewesen war.

Mutti war einerseits froh, dass es so weit gekommen war. Der Streit hatte Onkel Rudolfs wahres Gesicht gezeigt. Vielleicht war er unterdessen einfach auch senil. Die Pläne, in sein Haus zu ziehen und ihn zu betreuen und später auch zu pflegen, waren im Ärger verpufft.

Nicht viel später kam der Onkel ins Heim, sein Haus kauften die Currywurstnachbarn. Onkel Kalle, sein Sohn, musste aus Westdeutschland kommen und die Geschäfte selbst abwickeln. Und dann kamen die bösen Gerüchte um mich als Kanaille und meine Familie als Betrüger und Erbschleicher.

Meine Mitschüler, also der Kreis Mädchen und Jungen, die bereits die Qualifikation zum Thälmannpionier erfolgreich abgeschlossen hatten, qualifizierten sich nun zu FDJlern mit Jugendweihenachweis. Die Gesprächsthemen der Mädchen drehten sich um Frisuren, Kleiderwünsche, die der Handel nicht erfüllen konnte, und um Schuhe, die irgendwo in den leeren Regalen der Schuhgeschäfte aufgetrieben werden mussten. Man brauchte kein FDJler oder Jugendweihling zu sein, um zu wissen, was da passierte. Die Jugendlichen selber hatten zum größten Teil ganz andere Vorstellungen als der Staat, der die Jugendorganisation favorisierte und die Jugendweihe-Feierlichkeiten veranstaltete. Die Euphorie der Jungpioniere war verschwunden, die Thälmannpioniere schwammen meist schon gelangweilt, aber ohne aufzumucken, noch mit. Die FDJler dachten taktisch. Sie rechneten sich bessere Zukunftsaussichten aus, wenn sie organisiert waren. Die Teilnahme an der Jugendweihe gehörte dazu. Das staatliche Spektakel um diese Feier war riesig. Vater Staat persönlich drückte seine herangewachsenen Kinder an die Brust und ihnen dabei gleichzeitig diesen klebrigen Bonbon aufs Auge. Was ließ man sich nicht alles gefallen als Jugendlicher, dem eine große Feier mit ihm als Mittelpunkt bevorstand. Wenn wohlgefüllte Briefumschläge, große Geschenke und schicke Garderobe lockten, konnte man schon mal ein Gelöbnis auf den Gastgeber sprechen. Der Gastgeber selbst hatte es den jetzt Jugendlichen ihr Leben lang vorgemacht, wie man mit Heuchelei und Lügen bequem durchs Leben kommen konnte.

Als Christ brauchte man sich keine Sorgen um eine diesbezüglich schlechte Nachrede zu machen. Christen hatten in der sozialistischen Gesellschaft keinerlei Vorteile zu erwarten, weil sie fromm oder gläubig waren. Christen konnten selbst entscheiden, welche Sakramente sie empfangen, welche Bekenntnisse sie sprechen wollten. Natürlich standen wir alle in diesem Alter auch noch sehr unter der Fuchtel unserer Eltern. Christen und FDJler, oft auch christliche FDJler, waren letztendlich geprägt von ihrem Elternhaus.

Das Jugendweihespektakel bestimmte, besonders ein paar Wochen vor der Feier, unser Schulleben. Von meiner Firmung oder von der Einsegnung unserer Mitschüler nahm die Schule keinerlei Notiz. Wir Handvoll Christen wussten, worum es bei den anderen ging, aber von denen hatte keiner eine Ahnung was bei uns lief.

Mutti hatte plötzlich ein Kleid in der Hand, das ich mal probieren sollte. Ein schlichtes Etwas, zwischen Beige und Gelb, mit dunkelbrauner Knopfleiste am Hals. „Passt“, sagte Mutti und damit war ich für die Firmung eingekleidet.

Die Übungen und Vorbereitungen liefen für unseren Pfarrer sehr viel nervenschonender als zur Erstkommunion ab. Wir waren ja auch unterdessen disziplinierter und ernsthafter als sechs Jahre zuvor. Wir waren aber auch entschieden weniger Zöglinge als noch zur Erstkommunion und das, obwohl die Firmung in diesem Jahr zwei Jahrgänge umfasste.

Die Firmung bedeutete die Vollendung der Taufe. Taufe, Kommunion und Firmung sollten für einen katholischen Christen eine Einheit sein. Bis dahin hatten es viele von uns nicht mehr gebracht.

Unser Kardinal Bengsch, der mich vor Jahren in der Ostsee nass gespritzt hatte, der uns mit Spielen und Büchern aus dem Westen versorgte, stand nun vorne in unserem Altarraum und spendete uns das Sakrament der Firmung.

Papa fand an diesem ganzen Ritual natürlich den kleinen Backenstreich, der genau bis zum Zeitpunkt meiner Firmung dazu gehörte, am interessantesten. Ja, er machte sich gerne lustig über die Katholiken und ihre wunderlichen Rituale.

Ich bekräftigte mein Taufgelöbnis, wurde mit *Chrisam*[6] gesegnet und bekam von unserem Bischof die Hand auf die Wange gelegt. Was nichts anderes als ein Ritterschlag war. Die Gewähr dafür, dass der Heilige Geist mir helfen werde, für meinen Glauben und die Kirche zu kämpfen.

Zuhause gab es eine festliche Kaffeetafel an diesem Tag und ein Geschenk wurde in Aussicht gestellt. Ich hatte mich in eine dunkelblaue, samtige Liege verliebt, deren Bettkasten mit weißem Leder abgesetzt war. Diese sollte mein Firmungsgeschenk von meinen Eltern

[6] geweihtes Salböl

sein. Ich hatte Pech, viele Monate verstrichen. Der Einzige, der auf meiner Liege Platz fand, war ein länglicher weißer Streifen aus Karton, auf dem stand: BERATUNGSMUSTER[7]. Jeder Erwachsene in der DDR wusste, was dieses Schild bedeutete: „Such dir was anderes aus oder warte!" Das war meine erste persönliche Erfahrung mit diesem Schild. Mutti und Papa hatten sie schon oft gemacht, wenn sie endlich das Geld für eine Neuanschaffung zusammenhatten. Das war mein Willkommensgruß im Erwachsenenleben des real existierenden Sozialismus.

Wer die Geduld hatte, seiner Modepuppe in stundenlanger Kleinarbeit Stopftwist durch die Gummikopfhaut zu knüpfen, der brachte auch die Geduld auf, auf seine Traumliege zu warten. Neun Monate später hatte ich sie. „So lange müssen andere auf ihr Kind warten", dachte ich und stellte mir ein Baby mit einem Schild um den Arm vor, auf dem BERATUNGSMUSTER stand.

In der DDR war es üblich, dass Jugendliche ab vierzehn Jahren ein paar Wochen in den Ferien arbeiten gingen. Hier konnte man so gut wie sonst nirgendwo sein Taschengeld aufpeppen und kam den größeren und großen Wünschen sehr schnell näher. Ich hatte meinen ersten Arbeitseinsatz im VEB Stern Radio Berlin. Der Betrieb war mir nicht fremd, Mutti arbeitete dort seit Jahren als Sekretärin in der Verwaltung. Ich kam in die Produktion ans Fließband und freute mich eigentlich auf die Arbeit. Dann machte es sich der Unglücksrabe auf meiner Schulter bequem und sorgte für eine Vereiterung meiner Zahnwurzel am Schneidezahn. Mit diesem Zahn war ich schon lange in Behandlung, immer wieder fiel die Plombe raus und jetzt, wo sie endlich hielt, stellten sich noch gemeinere Kalamitäten ein. Ich bekam einen OP-Termin, wurde geschnitten und genäht und schwoll derartig an, dass mein Gesicht dem eines Affen sehr ähnlich war. Ich ging trotzdem arbeiten, stellte mir Kühlwasser an den Arbeitsplatz und befummelte die zukünftigen Kofferradios so gut ich konnte. Natürlich verbrachte ich die Pausen wie ein graues Mäuschen. Kantinenessen konnte ich sowieso nicht zu mir nehmen und ich wollte auch nicht gerne Schaulaufen mit diesem Gesicht machen. Alles heilte gut ab. Nach einer Woche konnte ich auch mit in die Kantine und freute

[7] Auf den Schildern in den Geschäften wurde BERATUNGSMUSTER stets in Großbuchstaben geschrieben, daher wird diese Schreibweise hier beibehalten.

mich, so nette und mitfühlende Kollegen und Kolleginnen zu haben. Viele von ihnen waren ungelernte Arbeitskräfte. Tag für Tag saßen sie mit ihren Lötkolben, Schraubenziehern oder kleinen Zangen auf ihren Plätzen und verrichteten wieder und wieder die gleichen Handgriffe. Manchmal flogen mir derbe Witze um die Ohren oder ölige Putzlappen durch die Luft. Schrilles Lachen oder eine herzliche Pöbelei folgte und weiter ging die Arbeit. Im Hintergrund spielte immer Musik. Nur DDR-Hörfunk war erlaubt, schließlich befanden wir uns in einem sozialistischen Produktionsbetrieb. Frank Schöbel mit seinem Sommernachtsstern war wo man hinhörte absoluter Favorit. Ich liebte dieses Lied auch und war als Jugendliche direkt stolz auf unseren Frank, dass sein Lied auch im Westen Erfolg hatte.

Was hatte mir die Arbeit nach drei Wochen gebracht? Einen richtigen Batzen Geld. Das von Schülern verdiente Geld war steuerfrei, wir konnten alles behalten und hatten so, unterm Strich mehr Geld in der Lohntüte als die älteren Kollegen. Was brachte mir die Arbeit noch? Im Gegensatz zum UTP lernte man hier richtiges Arbeiten – in einem Umfeld von Menschen, die über die erfreulichen Höhepunkte ihres Lebens, aber auch über Probleme sprachen, wie Krankheiten, ungewollte Schwangerschaften, erfreuliche Schwangerschaften, Wohnungsprobleme, Geldsorgen, Probleme bei der Beschaffung wichtiger Konsumgüter, Aussicht auf die Rente und der Genehmigung, dann endlich mal in den Westen zu dürfen, und hinter vorgehaltener Hand Geschimpfe auf Staat und Regierung und die alten machtgierigen Männer, die überall in der sozialistischen Welt wie Diktatoren ihre Weltanschauungen dem Volk aufs Auge drückten. Diese ganzen Sorgen, Erfreulichkeiten und Ansichten kannte ich aus unserer Familie. Welche Erfahrung ich aber ebenfalls mitnahm, war die, dass diese Art von Arbeit niemals meine Zukunft werden sollte. Für das viele Geld und die netten Menschen um mich herum, hielt ich das gut drei Wochen lang aus. Für ein ganzes Arbeitsleben aber hätte es mich frustriert.

Ich fühlte mich jetzt als vermögendes Mädchen und lud meine kleine Schwester zum Eisessen ein. Wir fuhren mit dem Bus zur Spitze. Dort gab es die Bäckerei Gustke und direkt daneben den Treffpunkt, ein Café mit Eis- und Kuchenangebot. Ich fühlte mich sehr erwachsen mit meinem gefüllten Geldbeutel und meiner kleinen Schwester an der Hand. Wir bestellten uns jeder einen großen Eisbecher und Limonade. Danni schaffte ihren Becher nicht, wurde unruhig, bockig und rannte aus dem Café hinaus. Ich musste schnellstmöglich hinterher, draußen war zu viel Straßenverkehr, um die Kleine gehen zu lassen, noch dazu in bockigem Zustand. Ich holte sie ein, redete mit ihr, beruhigte sie und versprach ihr einen Kinobesuch. Das Café war aus meinem Sinn völlig verschwunden. Wir überquerten die Gustav-Adolf-Straße und gingen auf der Prenzlauer Promenade zum Kino Rio, um zu sehen welche Filme liefen. Vor den Schaukästen stellte ich fest, dass mir mein Einkaufsbeutel samt Portmonee, Schlüssel und Dannis Teddy fehlten. Ich sah die Kellnerin aus dem Treffpunkt mit raschen Schritten und verärgertem Gesicht auf mich zu kommen. Schon von weitem beschimpfte sie mich als Zechprellerin und letzten Dreck. Ich war vor Schreck stocksteif. Ich hatte vergessen zu bezahlen! Hatte vor Schreck, als Danni auf die Straße rannte, nicht mehr daran gedacht zurückzugehen. „Der Beutel mit meinem Geld hängt doch an meiner Stuhllehne“, entgegnete ich beschämt. Die Kellnerin wollte meine Einwände nicht hören. Wie eine Kuh trieb sie mich schimpfend vor sich her Richtung Treffpunkt.

Ich hoffte sehr, dass mein Beutel noch am Stuhl hängen würde. Zu meiner Erleichterung sah ich ihn schon von der Straße aus durch das große Schaufenster. Die Kunden im Laden sahen mich an, als hätte ich ein brutales Verbrechen begangen. Versöhnlicher wurden die Blicke erst, als ich an meinen Beutel ging und das Geld herausholte. Wäre ich wirklich eine absichtliche Zechprellerin gewesen, hätte ich wohl nicht mein ganzes Geld zurückgelassen und ganz bestimmt nicht Dannis Teddy, dessen Fehlen der ganzen Familie den Schlaf geraubt hätte. Der Geschäftsführer lenkte ein, beruhigte die Kellnerin und bezeichnete ihre Reaktion als etwas übertrieben. Danni verstand die ganze Aufregung nicht, griff nach ihrem Teddy und tröstete ihn.

Ich hatte seit Wochen einen neuen Verehrer. Der junge Mann stand jeden Abend mit seiner, auf rücksichtsvolle Lautstärke gedrosselten Kofferheule, unter unserem Fenster und starrte nach oben. Manchmal sah er mich den Müll runterbringen oder von irgendwoher nach Hause kommen. Er sprach mich nie an, er lächelte immer nur. Er war eigentlich gut da unten aufgehoben. Die Bushaltestelle und die Telefonzelle konnten den Anschein geben, dass er auf alles Mögliche wartete. Sein Lächeln aber sagte mir, er warte auf mich. Einerseits fühlte ich mich natürlich geschmeichelt. Wer hatte schon einen solchen Verehrer mit so viel Ausdauer. Seine Erscheinung riss mich allerdings nicht gerade vom Hocker. Er hatte zwar langes Haar, aber genau dieses ließ keine größeren Schlussfolgerungen auf sein Gesicht zu. Seine Figur war eher klein, was mir bei Kuhni nichts ausgemacht hatte. Er trug Jeans und einen Parka. Natürlich holte ich irgendwann Mutti ans Fenster und zeigte ihr den jungen Mann. Ich erzählte ihr von seiner Beharrlichkeit, von seinem abendlichen Hochgeglotze und davon, dass der mich ganz schön nerve. Ich sah schon das Mitleid in ihren Augen – das sie nicht für mich, sondern für den Glotzi da unten aufbrachte. Ohne weitere Worte ging sie zur Wohnungstür und verschwand nach unten. Ein paar Sekunden später sah ich sie vom Fenster aus an der Haustür und hörte, dass sie den jungen Mann zu sich rief. Was quatschte sie da bloß mit ihm? Würde sie ihn bitten zu verschwinden und mich in Ruhe zu lassen? Dafür war das Gespräch zu lang. Horchte sie ihn aus? Empörung und Neugier wechselten sich bei mir ab. Gespannt wartete ich auf Muttis Erscheinen, als sie sich mit freundlichem Handschlag von ihm verabschiedet hatte und er mit beschwingten Schritten abrauschte.

Wie eine Heldin stand Mutti vor mir, als sie mir verkündete, dass ich mit Glotzi am kommenden Samstag ein Rendezvous hätte. „Er heißt Wolfgang“, verkündete sie, „und scheint ein sehr netter junger Mann zu sein.“ Um meine Empörung raus zu lassen, musste ich erst mal tief Luft holen. Hatte Mutti mich gerade verkuppelt? Befanden wir uns im 19. Jahrhundert, wo die Tochter des Hauses in die Hände eines vertrauenerweckenden jungen Mannes gegeben wurde? Was hatte sie alles über ihn erfahren, was irgendein Vertrauen gerechtfertigt hätte? War er zufällig katholisch? Reich? Beruflich mit toller Perspektive? Mehr als über das Samstagstreffen überhaupt, ärgerte ich mich über Mutti. Wie kam sie dazu, mir so eine Peinlichkeit zu bereiten? „Gib ihm doch eine Chance“, sagte sie, ohne sich bewusst zu sein, was in mir gerade vor sich ging. „Er geht mit dir Kahn fahren am Weißen See, ein Eis essen und bringt dich dann wieder nach Hause.“ Wie aufregend dachte ich, beruhigte mich langsam und konnte mich den Rest der Woche über nichts Anderes mehr ärgern.

Meine drei Putzstellen mussten diesen Samstag eine Katzenwäsche in Kauf nehmen. Ich flog mit Staublappen und Schrubber durch die Wohnungen und war schon um 15.30 Uhr zu Hause. Eigentlich hätte ich jetzt gerne gemacht, was ich wollte, vielleicht auch gar nichts. Aber um 16.00 Uhr würde Wolfgang mich abholen kommen. Höchste Zeit, mich fertig zu machen. Glotzi war pünktlich. Kurz und rücksichtsvoll sein Klingeln. Ich nahm meine Tasche und wollte runtergehen. Plötzlich stand Mutti mit im Treppenhaus und begleitete mich. Ich hatte schon von Anstandsdamen gehört, die das junge Paar immer begleiteten und nicht aus den Augen ließen. Mutti hatte Hausschuhe an. Es war also höchst unwahrscheinlich, dass sie uns begleiten würde. Sie gab Wolfgang vertrauensvoll die Hand. „So, hier ist sie", sagte Mutti, noch bevor wir uns begrüßt hatten. „Ich möchte, dass sie so wiederkommt, wie sie jetzt ist." Nein, das hatte sie jetzt nicht wirklich gesagt?! Ich ließ die gehörten Worte in mir nachklingen. Sie konnte nur das gemeint haben, was ich verstanden hatte. Die Szenerie wurde immer peinlicher. Am liebsten wäre ich wieder nach oben gegangen. Ich hatte noch gar keine Übung darin, gegen meine Mutter, die immer sofort traurig wurde, aufmüpfig zu sein. Mit Muttis Blick im Nacken verschwanden wir in der Laubenkolonie der Amalienstraße.

Das große Schweigen begann. Ich hätte leicht ein Gespräch anfangen und führen können, aber ich wollte nicht. Eigentlich war ich auch mit Glotzi sauer, weil er sich, um seiner eigenen Feigheit willen, auf Muttis Vorschläge eingelassen hatte. Ich kann mich überhaupt nicht an ein Gespräch zwischen uns erinnern. „Kahn fahren?", fragte er mich. „Ja", sagte ich und dann saßen wir uns eine Stunde im Boot gegenüber, ohne irgendetwas voneinander zu erfahren. Wenn ein Lüftchen wehte, konnte ich für Sekunden wenigstens sein Gesicht sehen. Er hatte Schlupflider und sah schüchtern aus. Mittelmaß, aber nicht schlecht. Mit dem Rudern hatte er Schwierigkeiten. Vielleicht hätten wir lieber das Tretboot mieten sollen oder mir die Ruderei überlassen.

Die Atmosphäre war eigenartig. Die Luft war heiß und feucht. Da war die Entscheidung für eine Kahnpartie nicht die schlechteste. Ein Bad in der Wanne wäre mir aber auch ganz lieb gewesen. Ich machte mir Gedanken, wie ich in diese blöde Situation hatte geraten können. Hatte Mutti Papa versprechen müssen, besonderes Augenmerk auf auftauchende Verehrer zu lenken?

Diesen Part hatte in unserer Familie eigentlich Martin schon inne. Akribisch musterte er jeden Jungen, der sich in meine Nähe wagte. Lästerte mit Papa zusammen über meinen Geschmack und ging doch nur nach Äußerlichkeiten, denn keinen lernte er jemals näher kennen. So auch Hofi und Barni, zwei Kumpels aus der Klasse, die wirklich einfach nur gute Freunde waren. Sie waren nicht die Klassenbesten und hatten lange Haare. Und man hatte sie rauchen gesehen. Sie kamen einmal zu Neujahr vorbei, um ein schönes neues Jahr zu wünschen. Unter Androhung von Gewalt schmiss Papa die beiden raus.

Aus dem Eisessen wurde nichts. Als wir den Kahn verlassen hatten, fiel mir ein, dass ich noch verabredet sei, sagte danke und tschüss und ließ Wolfgang an der Anlegestelle zurück. Bestimmt glotzte er mir noch eine Zeit lang hinterher. Er war noch nicht soweit. Er musste erst Sprechen lernen. Ein bisschen tat er mir leid, aber mein Mitleid wurde mit jedem Schritt, mit dem ich mich entfernte, kleiner.

Ich machte einen Spaziergang um den See. Auf der Planschwiese herrschte noch fröhliches Treiben. Ich setzte mich dort auf eine Bank und dachte nach. Was stimmte mit mir und den Jungs und Papa nicht? Warum funkte Mutti jetzt auch noch dazwischen? Oder hatte sie es nur gut gemeint? Wo war das Vertrauen hin, das Papa früher zu mir hatte, wenn Dicki ihm die Frühstücksstullen brachte oder ihn aus der Kneipe abholte? Ich hatte doch nichts weiter getan als ein Mädchen zu sein. Es war noch nie etwas passiert, womit dieses Misstrauen, diese Ablehnung mir und den gleichaltrigen Jungs gegenüber, begründet gewesen wäre. Wenn ich recht überlegte, war mir jede Schwärmerei verboten.

In meiner Stube hing ein BRAVO-Poster von Peter Wyngard, dem Schauspieler, der mit Department S berühmt geworden war. Das Poster hatte ich von Regina bekommen. Ich kannte die Serie gar nicht, aber Regina fand die Sprüche von ihm so toll und erzählte mir oft von ihm. Wahrscheinlich hatte sie genügend Fotos und bot mir deshalb eins an. Ich hatte keine Gelegenheit, an Bravo-Poster zu kommen und der faltige, braungebrannte Mann mit dem gelben Hemd, dem Schnurrbart und dem Goldkettchen um den Hals, gefiel mir optisch gut. Da hing er nun, der arme Peter und wurde Opfer wüster Beschimpfungen. Papa konnte es nicht fassen, dass ich mir alte Männer an die Wand klebe, er konnte nicht nachvollziehen, dass ich diesem

Typ Mann überhaupt etwas abgewinnen konnte. „Der könnte doch dein Vater sein", brüllte er und ich wünschte insgeheim, dass es so wäre. Papa hatte mehrere seiner Kollegen zu Besuch. Seit Stunden saßen sie in der Wohnstube, tranken, qualmten und das anfängliche Gerede wurde zum Gefasel und ging, jedenfalls von Papas Seite aus, in Stänkern und Geschimpfe über. Er stellte mich gerne bloß, vor allem wenn Männer oder Jungs in der Wohnung waren. Er kritisierte auf gemeinste Weise mein Aussehen, meine Figur, mein Können. Das passierte ausschließlich im Suff, wahrscheinlich hatte er es am nächsten Tag vergessen, ich aber nicht.

Da saß ich nun zwischen zig kleinen Kindern auf der Planschwiese und sann über das Leben als solches und über meins im Speziellen nach. Die Verabredung, die Mutti für mich organisiert hatte, konnte nur eine Konsequenz aus Papas Misstrauen sein. Vielleicht hielt sie es für besser zu wissen, mit wem ich ausging. Vielleicht hatte sie Angst, ich könnte mich mit jemandem verabreden, von dem keiner eine Ahnung hätte, wer er war. Ich hatte ihr längst verziehen. Hatte mich ja gekonnt aus der Affäre gezogen. Allerdings taten meine Eltern alles dafür, dass ich mich demnächst in Heimlichkeiten oder Ausreden oder Lügen retten würde, wenn ich in irgendeiner Weise Kontakt zum zwielichtigen Geschlecht aufnahm.

Die Begegnung auf der Schlittschuhbahn fiel mir ein. Da war ein Mann gewesen, der mich mit zu sich nach Hause nehmen wollte. Ein kleiner Junge in meinem Alter war bei ihm. Der Mann wich mir nicht von der Seite. Ich ging in die beheizte Umkleidebaracke und versicherte ihm, dass ich nur meine Schuhe anzöge und dann käme. Er versprach zu warten. Schnurstracks eilte ich zum Vordereingang hinaus, passierte die Rennbahn- und die Gustav-Adolf-Straße mit Schlittschuhen an den Füßen und stürmte nach oben. Damals erzählte ich vertrauensvoll meinem Vater, dass da ein Mann sei, der mich mitnehmen wolle. Umgehend zog Papa Mantel und Schuhe an. Ich wechselte auch mein Schuhwerk, und ohne Zeit zu verlieren liefen wir gemeinsam zur Eisbahn. Der Mann war noch da. Papas Wangenknochen und seine Schläfen arbeiteten. Ohne irgendeine Frage zu stellen oder dem Mann die geringste Chance auf Erklärung zu geben, packte er ihn am Kragen und zog ihn ganz nah an sich ran. Papas Gesicht war zur Faust geballt. Er drohte mit Prügel und Totschlag. Der kleine Junge und ich und die umstehenden Leute betrachteten die Szene erschrocken. Papa konnte, wenn er wütend war, nicht reden. Er musste handeln. Ich hoffte, sein Tatendrang würde nicht mit ihm durchgehen. Papa ließ den fremden Mann mit einem Ruck nach hinten in eine Schneewehe fallen. Der Junge weinte vor Schreck. „Nächstes Mal gibt's eins aufs Maul", sagte Papa, nahm meine Hand, holte meine zurückgelassenen Stiefel ab und ging mit mir nach Hause. Ich wusste nicht, ob mir diese Problemlösung gefallen hatte. Einerseits war Papa mein Retter, mein Held. Ob der fremde Mann aber einfach nur ungeschickt in seiner Konversation mit kleinen Mädchen war oder einer von der Sorte, vor dem kleine Mädchen oder Jungen auf der Hut sein müssen, haben wir auf diese Art nicht erfahren, nicht mal, ob der kleine Junge überhaupt zu ihm gehörte. Auch andere Streitigkeiten schien Papa immer wieder mit Prügeleien lösen zu wollen. Brillen oder deren Gläser zerbrachen, Uhrengläser gingen zu Bruch, Handknöchel verschorften. Das waren stumme Zeugen, die mir leider nicht mehr erzählten. Ich hörte immer nur geflüsterte Satzfetzen der Erwachsenen.

Ja, ja wir treffen uns auf jeden Fall,
Sommer '73 zum zehnten Festival …

Dieser Ohrwurm, der sich voller Fröhlichkeit in die Gehörgänge der DDR-Jugend gewunden hatte, begleitete die Vorbereitungen der Weltfestspiele und das Fest selber. Unsere Schule stand Kopf. In allen Klassen fanden Einquartierungen eingeladener Jugendlicher aus der Gegend um Cottbus statt. Nicht nur unsere Schule, sondern ganz Ostberlin traf Vorbereitungen, um ausgesuchte junge Leute aus der ganzen Welt als Gäste zu empfangen. Die Gäste aus der Zone waren automatisch auch Gastgeber. Unsere Schulgäste waren Spielmannszüge, die mit musikalischer Unterhaltung zum Gelingen des Festivals beitragen sollten. Tage vorher mussten die Klassenräume geleert und mit Feldbetten ausgestattet werden. Viele Schüler der Oberstufe verpflichteten sich einzuspringen. Und so arbeiteten wir in den Ferien tagelang, um bei den Vorbereitungen zu helfen. Wir ackerten trotz großer Hitze und großer Anstrengungen mit Spaß. Wir freuten uns auf die vor uns liegende Zeit der Weltfestspiele, waren erstaunt, was es in den Geschäften plötzlich ohne Mangel zu kaufen gab, und welche Pracht unsere Schaufenster ausstrahlten.

Aus der Zone hörte man Klagen. Dort herrschte mehr als nur die gewohnte Mangelwirtschaft. Uns und unseren Gästen aus aller Welt ging es richtig gut. Die großen Reisebusse fuhren in Etappen vor und spuckten junge Musiker samt ihren Trompeten, Trommeln und Flöten auf unseren Schulhof. Alle wurden herzlich begrüßt und in ihre Schlafräume geführt. Die Organisation funktionierte prima, wäre aber ohne den freiwilligen und kostenlosen Einsatz Tausender Jugendlicher nicht durchführbar gewesen. Wir machten uns keine Gedanken darüber welche Strategien und Pläne ausgeklügelt wurden, dass die Versorgung aller so gut klappte. Es funktionierte und das reichte uns. Wir hatten unsere Dienstpläne, die zum Beispiel Auskunft darüber gaben, wer wann für den Ordnungs- oder Sicherheitsdienst oder für das Befüllen der Proviantbeutel zuständig war. Schüler und Lehrer arbeiteten in Schichten und wir fanden dennoch genug Zeit, uns in der Schule oder an irgendeinem angesagten Platz, überwiegend auf dem Alex, zu treffen und zu amüsieren. Berlin, Ostberlin, platzte aus allen Nähten. Es gab keine öffentlichen Plätze, keine Wiesen oder Parkanlagen in denen nicht gesungen oder diskutiert wurde. Nie zuvor sah ich so viele Menschen verschiedenster Nationalitäten wie in diesen Tagen. Die Menschen und ihre Sprachen waren exotisch, ihre Trachten und Kleider fremd und ungewöhnlich und ihr Auftreten und Gebaren teilweise von so ungenierter Fröhlichkeit, dass ich sie um diese Unbefangenheit beneidete. Fast jeder von uns hatte ein Freundschaftstuch um seinen Hals, auf dem man sich als Andenken eine Unterschrift oder kleine Zeichnungen machen ließ. Die wenigsten von uns hatten irgendwelche politischen Interessen oder gezielte Programmveranstaltungen im Sinn, die es zu absolvieren gab. Wir ließen uns treiben und mitreißen und bekamen fast eine Woche lang den Mund vor Staunen nicht zu. Wir durften den Rest der Welt nicht besuchen, aber der Rest der Welt schien bei uns zu Gast zu sein und machte von seinem Gastrecht, im größten Streichelzoo der Welt, Gebrauch.

Mitten in die Ausgelassenheit platzte das Gerücht, Walter Ulbricht liege im Sterben. Wir hatten nicht wirklich Angst oder Sorge um ihn. Sorgen machten wir uns, ob unser fröhliches Treiben ein abruptes Ende finden und unsere weißen Tücher gegen schwarze getauscht werden müssten. Ich hielt Walter Ulbricht, den Mann, über den es die besten Witze im ganzen Osten gab, sowieso für einen Spielverderber und Querulanten in meinem Leben. Warum wusste von einem Staatsmann niemand so recht, wie es ihm ging? Sein eigenes Volk tappte feiernd weiter im Dunklen und machte ein Blindekuh-Spiel daraus. Bis Ulbricht sich angeblich ein letztes Mal an seine sozialistische Pflicht erinnerte und tapfer und gefasst von seinem Sterbebett verkündete, dass die Jugend der Welt sich vom fröhlichen Feiern nicht abhalten lassen solle. Sein letzter selbstloser Wunsch war: Die Weltfestspiele sollen weitergehen! Wir hatten ja seine Mauer, seine Witze und die Briefmarken mit seinem Konterfei, die uns noch lange an ihn erinnern würden.

Ulbrichts Tod ist in diesen Tagen nicht offiziell an uns verkündet worden. Nicht mal einen Fahnenappell war er unserer Schule wert. Die Gerüchte wurden einfach nicht mehr dementiert und die Flaggen wurden auf Halbmast gesetzt. Ulbricht, Stoph und Honecker waren für uns kein Thema. Damit konnte man sich in späteren Zeiten auseinandersetzen. Jetzt hieß es, das Stückchen Welt, das uns besuchte, näher kennenzulernen und mitzumachen, was immer sich bot. Den äußeren Rahmen bestimmte bei den meisten sowieso das Elternhaus. Wenn die älteren Jugendlichen sich noch treiben ließen, mussten wir nach Hause gehen.

Jeder zweite von uns hatte sich verliebt. Jeder dritte hatte sich in der kurzen Zeit mehrmals verliebt. Es gab Tränen zum Abschied und Treueschwüre. Adressen wurden ausgetauscht und Andenken verschenkt. Wir waren Teil eines großen Getriebes gewesen und doch nur unbedeutende Kleinteile, die weder an Gesprächsrunden noch an kulturellen Veranstaltungen teilgenommen hatten. Wir wurden weder von der Stasi noch von der Polizei behelligt. Wolf Biermann, der sich singend und trotz Auftrittsverbot unters Volk gemischt hatte, wurde übersehen? nicht erkannt? aus diplomatischen Gründen nicht an seinem Tun gehindert? Oder war er aus politischen Gründen mit seinem Bekanntheitsgrad und seinen Texten letztendlich doch ein willkommenes Aushängeschild?

Unsere Schule wurde wieder für Unterrichtszwecke hergerichtet. Wir hingen beeindruckt und mit einer erschütterten Gefühlswelt in punkto Liebe in den erlebten Tagen fest.

Papa betrachtete mich argwöhnisch in dieser Zeit, konnte aber gegen meine freiwilligen Schuleinsätze nichts machen, und alles brauchte er auch nicht zu wissen. Ich war vorsichtig geworden mit meinen unschuldigen Schwärmereien und Erlebnissen. „Interpimper“ nannte Papa die Weltfestspiele der 50er Jahre. Diesen Stempel drückte er auch meinen Festspielen auf. Genug Randbemerkung seinerseits, um mich schweigen zu lassen.

Nach diesem Sommer war ich Schülerin der zehnten Klasse. Bis auf ein paar Neueinsteiger oder Schulabgänger kannten wir Schüler uns nun seit der Einschulung. Innerhalb dieser Klassengemeinschaft gab es in den vielen Jahren die verschiedensten Freundschaften, Interessensgemeinschaften, Hauspartykreise und Zwangsgemeinschaften. Ich fühlte mich überall dazu gehörend. Spitze Bemerkungen zu meiner christlichen Überzeugung kamen nicht aus dem Klassenverband, sondern von Lehrern oder Erziehern, denen es Spaß machte, uns Schüler möglichst klein zu machen. Fiese Lehrer gab es überall, bedenklich war nur, dass sie immer den längeren Arm hatten und den längeren Ärmel, um ihre gemeinen Joker in ihnen verstecken und zum richtigen Zeitpunkt ausspielen zu können. Ja, es war oft ein unfaires Spiel, was mit uns getrieben wurde, aber es traf jeden mal.

Mein Klassenlehrer wurde oft in schwierige Diskussionen von mir verwickelt. In einem Nach-dem-Unterricht-Gespräch warnte er mich vor meinem falschen Spiel. Im Staatsbürgerkundeunterricht hatte ich eine glatte Eins. Meine Kenntnisse im Marxismus-Leninismus standen verbrieft mit blauer Tinte auf jeder Klassenarbeit und darunter immer eine rote Eins. Auch die Mitarbeitszensur war erste Sahne, denn ich arbeitete immer mit, hatte den bestdurchgeschüttelten Zeigefinger der ganzen Klasse und weil es oft der einzige Finger war, wurde ich drangenommen, obwohl der Lehrer wusste, dass meine anschließenden Nachfragen ihn in die Bredouille bringen würden. Oft hatte ich die halbe Klasse auf meiner Seite, die andere Hälfte schwieg feige oder folgte dem Unterricht seit Beginn der Stunde nicht mehr.

Eines Tages bat ich unseren Lehrer, er möchte doch mal alle Anwesenden aufstehen lassen, die aus voller Überzeugung und nicht aus Bequemlichkeit Mitglied in der Freien Deutschen Jugend geworden seien. Nach einem peinlichen Schweigen platzte eine Bombe. Herr Schindler rastete völlig aus, verhaspelte sich beim Sprechen, besser gesagt beim Schreien, griff mich persönlich an, indem er mich bezichtigte, eine generell negative Einstellung zu haben und wechselte nach diesem beeindruckenden Wutanfall das Thema. Meine Frage galt als nicht gestellt. Wir, Herr Schindler und ich, waren nun Feinde. Er war mächtiger als ich, aber mein geäußertes Gedankengut war gefährlich für die Klasse und für seine Autorität.

In den ganzen Jahren waren wir natürlich auch von Mitschülern umgeben, die besonderer Sorgfalt in Erziehungsfragen bedurft hätten, diese aber nicht bekamen. Ich meine nicht die frechen Jungs, die ein großes Maul und nichts dahinter hatten, sondern die, die aus so schwierigen Elternhäusern kamen, dass die Lehrkräfte resignierten.

Beispielsweise Harald. Dieser Junge war ein einziges Muskelpaket. Seine Kraft und Ausdauer machten ihn zu einem der besten Sportler unserer Schule. Seine Außenseiterposition, in die er durch seine sozialen Unfähigkeiten geraten war, machte ihn unberechenbar und gefährlich, auch für sich selbst. Um überhaupt bemerkt zu werden, fraß er jeden Dreck. Er kaute Metallknöpfe, Büroklammern, Rasierklingen, Fensterscheiben. Riss seinen Mund auf, zeigte seine blutige Zunge und ergötzte sich am hysterischen Geschrei der Mädchen. Er brachte pornografische Bilder mit in die Schule und unterstellte, dass unsere Eltern, das, was wir da sahen, auch tun würden. Ich war entsetzt, erzählte meiner Mutter davon und sie kam mit einer heiklen Beschwerde in die Schule. Harald fehlte immer mal wieder für längere Zeit. Auch andere Jungs aus anderen Klassen fehlten, ohne dass nach ihnen gefragt wurde. Es gab das Gerücht von Jugendwerkhöfen, Zuchthäuser für Jugendliche. Ein Thema, das es weder im Elternhaus noch im offiziellen Schulbetrieb gab.

Wir schleppten ein Mädchen von Klasse zu Klasse mit, für welches die Schulzeit die Hölle auf Erden gewesen sein muss. Sie war sehr dick und hatte eindeutige Hinweise auf geistige Behinderung. Sie lispelte stark und ihre Mimik war immer freundlich und heiter. Nichts schien sie von den bösen Scherzen zu begreifen, die nur Kinder anderen Kindern antun können. Sie schnaubte unablässig. Unter ihrem Pult sammelten sich massenhaft vollgerotzte Taschentücher an und wenn der Vorrat alle war, schnaubte sie sich in die Hände. Wir ekelten uns vor diesem Mädchen, keiner wollte sie anfassen. Es sei denn, dass die Jungs ihren Unmut an ihr ausließen und ihr *Muckis*[8] und Tritte

---

[8] Boxhiebe auf den Oberarm

verpassten. Auf dem Schulhof schnappten sich die größeren Jungs das Mädchen und sie musste sie als ihr Pferd im Galopp über den Schulhof tragen. Sie wurde gedemütigt und geschlagen und sie lachte darüber und fühlte sich wahrscheinlich dazugehörig. Den Lehrern kann die Hilflosigkeit des Mädchens nicht entgangen sein. Niemals schritt einer ein, niemals wurde in der Klasse über die spezielle Situation dieser Klassenkameradin gesprochen. Beim Schwimmunterricht fiel uns ein riesiger brauner Leberfleck auf ihrer Pobacke auf. Das bedeutete für sie noch mehr Häme und Ablehnung. Als wir älter wurden, gehörte sie dann dazu, mehr nicht. Meine Aufmerksamkeit ihr gegenüber bestand nur darin, sie manchmal vor zu großen Übergriffen zu schützen. Ich entsinne mich, einmal bei ihr zu Hause gewesen zu sein. Sie hatte in einem modernen sauberen Elternhaus ein kleines hübsches Zimmer für sich allein. Unsere Unterhaltung war sehr einfach, denn sie war irgendwann in ihrem kindlichen Niveau stecken geblieben. Gespräche unter Gleichaltrigen waren ihr nicht möglich. Körperlich reif war sie allerdings lange vor uns anderen Mädchen. Durch ihre gesamte Körperfülle machte sich ihr Busen nicht so sehr bemerkbar, aber in der Umkleidekabine beim Sport sahen wir Erstaunliches. Ihr Umgang mit den Monatsbinden war dann ähnlich unhygienisch wie vorher mit den Taschentüchern, nur dass sie sie nicht unter die Bank legte.

Eines Tages zeigte sie mir Liebesbriefe von einem Jungen aus einer höheren Klasse. Da kam es eindeutig zu Verabredungen mit ihm oder mehreren Jungen. Ihre Antworten zeigte sie mir auch. Sie sprach von Liebe und von Ewigkeit und von diesem schönen Gefühl im Bauch, das er ihr machte, wenn er bei ihr sei. Ich versuchte, sie zu warnen, aber ihr kindlicher Geist und ihr weibliches Verlangen verstanden mich nicht. Sie verließ uns in der achten Klasse.

Eva, ein Mädchen aus meiner Parallelklasse wurde Opfer eines nazistischen Übergriffs. Sie wurde von mehreren Jungs gedemütigt und verprügelt, weil sie Polin war. Eine riesige Wandtafel wurde auf dem Schulflur gestaltet. Die Jungen wurden angeprangert und namentlich genannt. Eine lange Haarsträhne, die man Eva herausgerissen hatte, wurde auch an dieser Wand befestigt. Dieser brutale Angriff auf das Mädchen hatte für die Jungs eine ernsthafte Bestrafung zur Folge. Ob dies aus einer Initiative der Schulleitung oder auf Drängen von Evas

Eltern geschah, weiß ich nicht. Im Laufe meiner zehn Schuljahre war dieses Vorgehen das einzige Mal, dass für uns Schüler ersichtlich und nachvollziehbar ein größeres Vergehen bestraft wurde.

Die Qualität des Unterrichts hatte nicht nur mit dem Fach, sondern am meisten mit dem Engagement des Lehrers zu tun. Im Physikunterricht, der in einem extra für dieses Fach eingerichteten Raum stattfand, wurde sogar geraucht. Es wurde gewedelt und gefächert, damit die Rauchschwaden nicht durch den Raum waberten, aber der Geruch war eindeutig. Unser Lehrer, der auf ganz merkwürdige Weise auch noch schielte, weshalb man auch nicht wissen konnte, wohin er sah, nahm diese Vorgänge nicht wahr oder er ignorierte sie absichtlich. Auf Gedeih und Verderb zog er seinen Stoff durch und ließ sich durch die Provokationen nicht aus der Fassung bringen.

Ein Sport- und Geografielehrer erfreute sich besonderer Beliebtheit bei uns Schülern. Er hatte immer lockere Sprüche drauf, warf mit Kreide, Schwamm und Schlüsselbund durch die Klasse, wenn er auf Unaufmerksamkeiten stieß, und vom Hörensagen wussten wir, dass er kleine private Partys bei sich zu Hause veranstaltete, zu denen ausschließlich Jungs eingeladen wurden. Wie gesagt, das kam aus der Gerüchteküche angebrodelt. Hier waren eher die Jungs die Insider. Der Rest war Fantasie und meine reichte dafür nicht aus.

Die dicke Zeichenlehrerin, die auch Geschichte unterrichtete, kam eines Tages nach den Sommerferien sehr verschlankt und sportlich daher. Sie war ganz zu Recht stolz auf ihren Diäterfolg, und längere Zeit war sie deswegen Gesprächsthema bei uns Mädchen. Vorher plädierte sie für rustikal gestaltete Arbeiter- und Bauernmädchen. Jetzt zeigte sie selbst Figur, Make-up und moderne Kleidung. Wahrscheinlich hätte sie an ihrer Körpergröße auch gerne etwas geändert.

Unser gesamter Lehrkörper bestand halt auch nur aus ganz normalen Menschen. Aus Menschen, die sich in Schubladen pressen ließen, um ihren Beruf ausüben zu dürfen, aus Menschen, die vergessen hatten, dass sie auf ihr heranreifendes Gegenüber großen Einfluss nahmen, aus Menschen, die ihren Beruf und uns Schüler mochten. Manche tranken Alkohol in der *Moccabohne*, manche missbrauchten ihr Amt, manche ignorierten und resignierten und manche haben es verdient, dass man den Hut vor ihnen zieht, weil sie es geschafft haben, ihre Schüler ein Leben lang zu begleiten.

In der achten Klasse verließen uns auch die Schüler, die sich durch besondere Leistungen in den verschiedensten Fächern hervorgetan hatten. Hier ging es aber nicht nur darum, der Klügste der Klügsten zu sein. Die besten Chancen, auf die erweiterte Oberschule zu kommen, hatten die Kinder, die keinem Akademikerhaushalt entsprungen und natürlich Mitglied der FDJ waren. Ich weiß nicht, welchen Berufen die Eltern unserer Eliteschüler nachgingen. Aber von der Statistik her muss es wohl wirklich so gewesen sein. Wer weiß, wie viele Kinder aus Arbeiterfamilien überhaupt den Leistungsstand erreicht haben, um in die engere Auswahl zu kommen. Gefragte Berufsziele, wie Lehrer oder Offizier, eine dreijährige Verpflichtung für die Nationale Volksarmee und gelebte Eintracht mit Volk und Vaterland von Pionierzeit an, Jugendweihenachweis und politisches Engagement brachten einen da schon ein großes Stück weiter. Als Normaloschüler hatte man darüber wenig Informationen und wohl auch keinen Informationsbedarf. Mit Beginn der Siebzigerjahre soll sich die Regelung mit den bevorzugten Arbeiter- und Bauernkindern gelockert haben. Die Einplanung der zukünftigen Studenten für spezielle Berufe für die in der DDR Bedarf bestand, war ein typisches Geplane der Partei. Leider wurden immer mehr kluge Köpfe zum BERATUNGSMUSTER. Das heißt, sie waren eingeplant und sollten später auf dem Arbeitsmarkt erscheinen, sie fingen aber an, selbständig zu denken, ihre Gedanken auszutauschen und laut zu formulieren. Was zur Konsequenz hatte, dass sie ihr Studium abbrechen mussten und sogar mit Haftstrafen zu rechnen hatten oder mit Ausbürgerung.

Die Sache mit Wolfgang, dem Glotzi, hatte sich erledigt. Die kleine, unerwähnte Verliebtheit während der Weltfestspiele auch. Denn es folgte, trotz Adressenaustausch, kein Briefverkehr. Kuhni war nach wie vor, mal mehr und mal weniger, mein unerreichbarer Schwarm. Ein anderer Junge aus meiner Klasse machte mir den Hof. Ein Junge, der mit seinen Erlebnissen mit Mädchen aus seiner Vergangenheit prahlte und wegen diesem Gerede schlechte Voraussetzungen schuf. Der Junge hieß Lutz und gehörte eher zu den gutaussehenden und klugen Köpfen der Klasse. Ich fühlte mich einesteils geschmeichelt, wartete aber auf diesen Funken, der überspringt, und auf die Schmetterlinge, die sich in meinem Bauch einfach nicht einfinden wollten. Lutz hatte mir sehr geholfen, was meinen Aufholbedarf im Fach Mathematik anbelangte. Aus Dankbarkeit dachte ich, ihm einen kleinen Schritt entgegengehen zu müssen. Waren wir verabredet stand ich auf dem Balkon und wartete fieberhaft auf sein Erscheinen. Sah ich den Bus kommen und ihn aussteigen, war meiner Eitelkeit wohl schon Genüge getan, er hätte direkt mit dem nächsten Bus wieder zurückfahren können. Papa enthielt sich zunächst aller lästerlichen Worte. Lutz war halt kein Gammler und kein Dummkopf. Dann aber, als er ihn im Wohnzimmer begrüßte, wurde Papa unruhig. Er stand vom Sofa auf, klopfte seine Hosentaschen ab, suchte mit seinem Blick Tisch und Schrankwand ab und steckte sich zerstreut und ganz nebenbei eine Zigarette in den Mund. Mein höflicher Verehrer hatte natürlich nichts Besseres zu tun, als seine Streichholzschachtel zu zücken und meinem Vater Feuer anzubieten. „Danke sehr!“, sagte Papa, „ich wollte nur mal sehen, ob du rauchst.“

Lutz wurde rot und schob verlegen seine Streichhölzer in die Hosentasche zurück und hatte sich seinen Platz in der Kategorie „Böser Junge“ bei meinem Vater gesichert. Zum Glück protzte er vor Papa wenigstens nicht mit seinen amourösen Abenteuern, wie er es gerne vor den Jungs in der Schule tat. Es bestanden übrigens ernsthafte Zweifel, ob diese seiner Fantasie oder wirklich Erlebtem entsprungen waren. Meine Antennen mahnten jedenfalls zur Vorsicht. Ich muss zugeben, auch ich hatte mich schon mit Legenden interessant gemacht. Ich erzählte von Jungs, die nicht existierten. Mein Medikament bekam ich unterdessen in Form von Tabletten. Grün und klein sorgten sie für Juckreizfreiheit. Herumzeigen tat ich sie als Antibabypille, verpackt in eine dramatische Liebesgeschichte, die irgendwann ihr Ende gefunden hatte und eine neue beginnen ließ. Man musste sich irgendwie interessant machen. Die einen stopften sich ihren BH mit Watte aus und täuschten falsche Tatsachen vor und meine Fantasie ließ halt andere Geschichten zu. Dass ich in sexueller Hinsicht nur über ein Halbwissen und Hörensagen verfügte, wussten nur meine engeren Freundinnen. Diese wussten aber auch, dass mir meine Jungfräulichkeit sehr am Herzen lag. Mein Vater hatte mir mein Hymen derart ans Herz gelegt, dass ich meinte, dieses dünne Häutchen wäre das wichtigste Organ einer Frau, welches um jeden Preis geschützt und behütet werden müsse, bis eines Tages die Hochzeitsglocken läuteten und am Morgen schon die Nacht der Nächte ankündigten. Die Kirche tat natürlich ihr Übriges mit dem ganzen Keuschheitswahn. Die Sexwelle schwappte über die Mauer und war zusammen mit Oswald Kolle mal ernstes und mal witziges Gesprächsthema im Kreise der Erwachsenen.

Kurz nach den Weltfestspielen lernte ich einen Palästinenser, der seinen Wohnsitz in Westberlin hatte, kennen. Meine erste Erfahrung mit einem richtigen Mann, der allerdings so schmerzhaft küsste, nach zehn Minuten von Liebe sprach und gleich in ein Hotel mit mir gehen wollte, dass ich mich ohne Ausrede einfach so verflümte. „Männer wollen immer nur das Eine", dachte ich mit Papas Worten und merkte sehr wohl, dass ich in der Lage war, auf mich selber aufzupassen.

So leid es mir tat, die Sache mit Lutz wurde nichts. Ich fühlte mich bedrängt, Schmetterlinge stellten sich trotz allen Wartens nicht ein und selbst kleinste Räupchen wollten nicht erscheinen. Ich glaube schon, dass seine Gefühle für mich echt waren, denn ich merkte, dass er litt. Das hatte er nicht verdient, aber mich auch nicht.

Das letzte Schuljahr unterschied sich sehr von allen vorangegangenen Jahren. Das Wissen, dass nach den nächsten und damit letzten Sommerferien eine ganz andere, nämlich die Erwachsenenwelt, auf uns wartete, die letzten Paukereien und Vorbereitungen auf die schriftlichen und mündlichen Prüfungen, Vorbereitungen für die Abschlussfeier, Schreiben von Bewerbungen und immer wieder Liebeskummer ließen selbst die größten Phlegmatiker der Klasse in Bewegung geraten. Vielleicht war es gut, dass wir in einem Alter waren, wo Druck und Antrieb von Elternhaus und Schule zwar maulend, aber doch selbstverständlich angenommen wurden. Noch waren wir nicht Fisch, nicht Fleisch, warfen gerne das Handtuch und blieben in Duckhaltung, bis uns einer an die Hand nahm und unsere Wege strukturierte.

Ein Festkomitee wurde gegründet. Engagierte und kreative Köpfe waren gefragt, und ich war einer von ihnen. Eine Abschlusszeitung sollte gedruckt werden. Kleine Geschichten, Gedichte, Rückblicke auf unsere zehn Schuljahre samt Lehrkörper und erwähnenswerten Schülern. Es tat sich monatelang nichts. Diese Art von Kreativität juckte in meinen Fingern. Aber niemand schien so wirklich interessiert daran, an einer Klassenzeitung mitzuwirken. Ich sprach mit Herrn Schindler, der mir versprach, einen Termin in der Schule festzulegen, an dem erst einmal besprochen werden sollte, was in eine Abschlusszeitung hineingehörte und was nicht. Herr Schindler vergaß oder ignorierte sein Versprechen. Es kam zu keinem Treffen und ich machte mich allein ans Werk, dichtete und schrieb und malte und vergaß die Prüfungsvorbereitungen und den Liebeskummer und die Bewerbungen.

Textauszüge und gelungene Illustrationen machten in der Klasse die Runde und Herr Schindler wurde neugierig. Er zitierte mich zu sich und forderte Einblick in meine Arbeit. Der Trotz und mangelnde Lebenserfahrung ließen mich den längeren Hebel vergessen, an dem er saß. „Es ist meine Zeitung, ich habe sie allein getextet und illustriert. Niemand, auch Sie nicht, hat sich bis jetzt dafür interessiert. Es wird eine Überraschung, die allein auf meinem Mist gewachsen ist, und ich werde Ihnen vor der Abschlussfeier nichts davon zeigen." So lautete meine konsequente Antwort. Herr Schindler schluckte kurz, ballte sein Gesicht zur Faust und warnte mich vor Ärger und Konsequenzen. „Welche Konsequenzen?", dachte ich und befand, dass mir bei der Abschlussfeier nicht mehr viel passieren konnte.

Meine Mutter besorgte mir Ormig-Papier und zeigte mir, wie ich mit diesem stark färbenden Material umgehen musste. Eine Schreibmaschine hatte ich nicht und so schrieb ich alles fein säuberlich mit der Hand, malte und verzierte, korrigierte mit einer Rasierklinge und war dann doch froh, als ich endlich fertig war. Mutti nahm den Packen Blätter mit zur Arbeit, spendierte der Frau aus der Ormigabteilung eine Tüte Kaffee und zwanzig Mark und ließ sie 50 Exemplare meines Werkes drucken. Gespannt wartete ich auf die Fertigstellung und hielt drei Tage später einen gehörigen Blätterbatzen in den Händen. Alles sah gut aus. Jetzt musste nur noch sortiert und gelocht, Bänder durch die Löcher gezogen und Schleifen gebunden werden. Mein Zimmer roch nach Spiritus. Die Zeitungen brachte ich zum Ausdünsten und Trocknen auf den Wäscheboden. Fertig. Ich war sehr stolz auf meine Arbeit und musste mich nun wieder den weniger schönen Aufgaben des Lebens stellen.

Hierzu gehörten die intensiven Prüfungsvorbereitungen. Bis auf Mathematik machte ich mir um nichts wirklich Sorgen. Mein Wissen und Können war solide, Prüfungsängste kannte ich nicht und der besondere Ehrgeiz, meinen Gesamtdurchschnitt in letzter Sekunde zu verbessern, stellte sich nicht ein. Mir würde es reichen, meine bisherigen Zensuren zu bestätigen.

Mein Berufswunsch war es, Schneiderin zu werden. Mein Traum war es, mit dem praktischen Können und dem theoretischen Wissen eigene Modelle zu entwerfen, zu fertigen und für teures Geld zu verkaufen und nebenbei berühmt zu werden. Meine Vorstellungen waren für mein Alter entschuldbar naiv. Aber Träume und Vorstellungen hatte ich schon. Bis Papa mit mir zur IHK, besser gesagt, zu seinen speziellen Kontakten ging. Diese Spezialkontakte konnten mir leider nicht helfen. Der Herr dort legte mir sehr nahe, Mitglied der FDJ zu werden. Dann hätte ich mit meinen Zensuren eine reelle Chance, einen Ausbildungsplatz zu kriegen. Er erzählte etwas von FDJ-Klassen, die das höhere Ziel jedes Berufsschullehrers wären. Angeblich gab es bisher nur organisierte Bewerber und da würde man sich ungern nur meinetwegen den erstrebten Status entgehen lassen wollen.

Ich begriff eigentlich nicht so richtig, was eine Schneiderin mit der FDJ am Hut haben musste. Meine Omi hatte bewiesen, dass das Schneiderhandwerk zwar einer gewissen Organisation bedurfte, aber nicht der der FDJ. Papa nannte das Erpressung und eine Riesenschweinerei. Ich nannte es Enttäuschung und eine Riesensauerei und mir war sofort klar, dass ich mich jetzt, zum Ende meiner Schulzeit auf dieses Geschäft keinesfalls einlassen würde. Ich war eine stolze Christin, hatte genug Selbstbewusstsein und hielt mich für unverzichtbar in der ostdeutschen Modebranche. Alleine bekamen die doch nichts in die Läden, was uns Jugendliche auch nur einigermaßen zufrieden stellte. Erst mal müssten sie weiterhin ohne mich auskommen, aber dann würde ich der DDR und dem Rest der Welt zeigen, wie gut ich war.

Nun ja, die DDR – und wahrscheinlich auch der ganze Rest der Welt – verzichtete auf mein Können, meine Fantasie und meine Kreativität und bildete lieber weniger motivierte Blauhemdenträger aus und ließ die Jugendlichen weiterhin mit mürrischen Gesichtern ihren Einkaufsbummel machen.

Meine guten und sehr guten Deutschzensuren brachten mich auf den Beruf der Sekretärin. Den gab es nicht. Es gab den Facharbeiter für Schreibtechnik in den Spezialrichtungen Stenotypistin und Phonotypistin. Das würde bedeuten, dass ich nicht, wie in meiner Kindheit auf umgestülpten Konfektkisten, sondern auf einer richtigen Schreibmaschine schreiben dürfte und müsste. Die Geheimnisse der Stenografie würden sich mir erschließen und endlich hätte ich dann auch ein Telefon mit einer echten Drehscheibe. Wäre das ein Beruf für mich? Es gab Zeiten, da konnte ich mir nichts Besseres vorstellen. Unterdessen hatte ich aber bei Mutti gesehen, wie diese Arbeit in der Praxis ablief. Texte schreiben, die andere diktiert hatten, egal ob einem die Formulierung gefiel oder nicht. Zahlenkolonnen tippen, den ganzen Tag, Kaffee kochen und lächelnd servieren, Akten ordnen, Unterlagen suchen und nur sehr begrenzt kreativ sein. „Letztendlich", sagte Mutti, „hängt doch alles davon ab, ob die Kollegen nett sind und man sich jeden Morgen darauf freut, sie zu sehen." Ich musste ihr zustimmen. Schule, Klasse, Jugendgruppe. Überall konnte man sich wohlfühlen, wenn die Menschen in Ordnung waren, mit denen man Umgang hatte. So entschloss ich mich, Facharbeiter für Schreibtechnik zu werden, und mich bei der Interflug zu bewerben. Mutti und ich fuhren mit der S-Bahn nach Schönefeld. Meine Bewerbungsunterlagen hatte ich dabei und mein Optimismus war, trotz der versagten Schneiderlehre, ungebrochen. Ich war von dem Flughafen, den Hallen und der Technik natürlich sehr beeindruckt. So etwas kannte ich bisher nur aus dem Fernsehen. Wir fragten uns nach der Kaderabteilung durch und kamen doch mindestens bis zu der Stelle, bei welcher den zukünftigen Bewerbern eine Handvoll Fragebögen gereicht wurde, die ausgefüllt den Bewerbungsunterlagen beizufügen waren. Stehend überflogen wir die Fragen und waren uns einig, dass es sinnlos war, überhaupt einen Versuch zu starten. Haben sie Verwandte oder Kontakte ins westliche Ausland? Natürlich hatten wir die und zwar richtig viel und richtig gerne. Denen hatten wir zu verdanken, dass unser Leben ein wenig Luxus und Farbe hatte, dass meine Eltern sich nur selten Sorgen um die Garderobe ihrer drei Kinder machen mussten, dass wir mehr als einmal im Jahr köstliche Bananen und Orangen bekamen und dass mein Wunsch, einmal dem Osten zu entkommen, durch ihre Erzählungen über Reisen, Lebensumständen, Freiheiten immer größer wurde. Wir hätten sehr gekonnt lügen müssen, Verwandte und Freunde verleumden, schleimen, heucheln, vielleicht doch noch schnell in verhasste Organisationen eintreten, und hätten dann am Ende doch das Ziel verfehlt.

Die Stasi, wenn sie wollte, wusste alles.

Mutti ließ ihre guten Kontakte bei Stern-Radio spielen und siehe da, ich bekam einen Lehrvertrag – ohne Jugendweihe, ohne FDJ, aber wahrscheinlich mit Gottes Segen.

Hinter ‚Abschluss eines Ausbildungsvertrages' konnte ich nun auch einen Haken machen. Blieben noch die Prüfungen und der altbekannte und manchmal auch ein neuer Liebeskummer, den ich von irgendwelchen Veranstaltungen enttäuscht mit nach Hause nahm und voller Selbstmitleid auslebte.

In unserem Nachbarhaus wohnte Gisela, eine junge Frau, mit der ich mich im Laufe der Zeit angefreundet hatte. Sie war eine patente Frau mit munteren braunen Augen und einer auffallend großen Nase. Anfangs unterhielten wir uns von der Straße in ihr Fenster hinein. Später ging ich bei ihr wie selbstverständlich aus und ein und führte aufschlussreiche Gespräche mit ihr. Sie war eine Freundin, die man jedem Mädchen meines Alters wünschen sollte. Ehrlich, hilfreich und nicht geizig mit ihrem Wissen über Liebe, Sexualität, Männer und hin und wieder Haushaltsarbeit. Der Zufall wollte es, dass sie Jahre vorher den FA für Schreibtechnik als Ausbildungsberuf hatte und mir nun wichtige Ratschläge geben und Illusionen nehmen konnte. Gegen meinen allgemeinen und ganz besonderen Liebeskummer war sie jedenfalls die beste Medizin.

Die Prüfungen rückten langsam näher und schienen unterdessen allgegenwärtig zu sein. Zunächst wurden wir für die schriftlichen Prüfungsarbeiten fit gemacht. Manche Schüler stöhnten wegen der Monotonie der Wiederholungen. Andere waren ganz erstaunt, dass es da etwas gab, was sie schon längst wissen sollten, das aber für sie völliges Neuland war. Die meisten waren froh, das eine oder andere noch einmal gesehen und gehört zu haben. Zu denen zählte ich.

Unsere Musiklehrerin bat mich, freiwillig an der mündlichen Musikprüfung teilzunehmen. Sie wollte mich als Erste aufrufen, um bei den anderen das Lampenfieber wegen des Vorsingens zu entschärfen.

In welche mündlichen Prüfungen ich noch kommen würde, stand noch nicht fest. Das würden die schriftlichen Aufgaben mit ihrer Benotung entscheiden.

Ich hatte großes Pech. Ausgerechnet vor der schriftlichen Matheprüfung wurde ich krank. Meine Klassenlehrerin schickte mich nach

Hause. Ich hatte hohes Fieber, eine dicke rote Zunge, Hautausschlag und war völlig apathisch. Ein herbeigerufener Arzt diagnostizierte Röteln. Ein paar Tage und einen Arzt später wurde Scharlach ins Spiel gebracht. Fest stand jedenfalls, ich würde eine Soloprüfung in meinem Spezialfach Mathematik absolvieren müssen und mit diesem Wissen im Nacken beschlich mich dann doch die Prüfungsangst.

Meine treuen Klassenkameraden ließen mich nicht im Stich. Lutz, der trotz großer Bemühungen nicht bei mir punkten konnte, ließ es sich nicht nehmen, mir nochmals Nachhilfeunterricht zu geben.

Als dann der Tag der Nachprüfung kam, war ich wirklich die einzige Schülerin, der im Kartenraum ein sonniges Plätzchen eingerichtet wurde, und ein Lehrer, unser Physiklehrer mit dem schiefen Blick, war meine persönliche Aufsicht.

Alles war gut, denn ich war gut. Lutz hatte mit seiner Vorbereitung für mich direkt ins Schwarze getroffen. Meine Vorzensur und meine Prüfungszensur stimmten allerdings nicht überein, ich musste zur mündlichen Prüfung vorstellig werden, hatte Glück und Erfolg und rutschte im Fach Mathematik eine ganze Note höher.

Mein Klassenlehrer zeigte mir nun seinen längeren Arm. „Deine sehr gute Benotung im Fach Staatsbürgerkunde steht in keinem Verhältnis zu deinen Standpunkten und Diskussionsbeiträgen in diesem Fach“, sagte Herr Schindler und setzte mich davon in Kenntnis, dass ich im Fach Staatsbürgerkunde geprüft werden müsse. Wie alle Schüler bekam natürlich auch ich ein Thema, auf welches ich mich vorbereiten sollte.

Die friedliche Koexistenz lautete meine Aufgabe. So setzte ich mich hin und schrieb einen zwei DIN A4-Seiten langen Aufsatz zu diesem Thema. Martin und Rolf überflogen meinen Aufsatz und hatten dem nichts hinzuzufügen. Am nächsten Tag überreichte ich die Vorarbeit zur Prüfung meinem Klassenlehrer. Eisig und schweigend legte er meine Blätter in seinen Papphefter. Am nächsten Tag sollte ich wieder vorstellig werden. Eisig und mit den Worten: „Ist in Ordnung so“, händigte er mir meine Schriftstücke wieder aus und entließ mich. Völlig angstfrei und nach meinem Ermessen gut vorbereitet ging ich zur mündlichen Prüfung. Man ließ mich reden. Ich erzählte meinen ganzen Text so, wie ich ihn zuvor geschrieben hatte. Die Prüfungskommission bestand in meiner Erinnerung aus fünf Personen. Unserem neuen Schuldirektor, seiner Vertretung und meinem Klassenlehrer und zwei mir unbekannten Herren. Sie stellten so gezielte Fragen, als hätte ich persönlich die friedliche Koexistenz ins Leben gerufen und formuliert. Schon während der Prüfung wurde mir klar, dass jetzt gerade der längere Hebel seine Wirkung zeigen würde. Ich wurde aus dem Raum geschickt, ich wurde wieder hereingerufen und dann darüber informiert, dass ich durch die Prüfung gefallen sei. Mir bedeutete das Fach Staatsbürgerkunde nichts. Eigentlich zeugte das Nichtbestehen der Prüfung von meiner Einstellung zu diesem verlogenen Unterrichtsfach. Mein Notendurchschnitt auf dem Endzeugnis war mir allerdings nicht egal. Sah ich ein Lächeln auf Schindlers Gesicht? – Ja, eher ein diabolisches Grinsen. Hatte er mir gezeigt wo der Hammer mit Zirkel und Ährenkranz hing? -Nein, das bildete er sich nur ein. Er hatte mir ein Stückchen mehr vom real existierenden Sozialismus, von seinem Machtgefüge und meiner Ohnmacht gezeigt. Erhobenen Hauptes kehrte ich der Prüfungskommission den Rücken und verließ den Raum. Ich ging zum hinteren Treppenhaus, setzte mich auf die Stufen und heulte aus Wut und Trauer um meinen Notendurchschnitt und hatte die leise Hoffnung, dass in so einem Fall eine Nachprüfung erfolgen muss.

Zu Hause erzählte ich nichts davon. Ich war es schon lange gewöhnt, meine Probleme alleine zu lösen. Die Zeit verging, die Prüfungen waren vorbei und Herr Schindler schrieb nun die Abschlusszeugnisse mit seinem langen Arm und ohne Einsichtnahme der Schüler.

Die Abschlussfeier im Kulturhaus *Peter Edel* rauschte an mir vorbei. Wir amüsierten uns, wie Jugendliche das überall und zu jeder Zeit können, hörten Ansprachen und Abschiedsreden, tanzten ein bisschen und nahmen unsere Abschlusszeugnisse entgegen. Meine Zeitung durfte nicht verlesen werden, aber ich verteilte sie wenigstens und ging sehr früh nach Hause. Das war´s gewesen. Meine Schulzeit war vorbei und ich hatte mich durchgeschlagen ohne Geheuchel und Lügerei. Ich hatte meinen Standpunkt vertreten, teilweise hart gekämpft, hatte einen großen Freundeskreis, der mir erst einmal noch erhalten bleiben würde, und ich hatte viel gelernt in diesen zehn Jahren. Gut vorbereitet auf das Leben nach den letzten Sommerferien war mir auch bald schon die Staatsbürgerkundeprüfung ziemlich schnuppe.

Was mir nicht schnuppe war, war die Tatsache, dass mein Willy, der Mann, dem in meiner Kindheit regelmäßig der Schuh gedrückt hatte, und der symbolisch gesehen in meinem tiefsten Innern immer mein Bürgermeister bleiben würde, sein Amt als Bundeskanzler verlor. Die Geschichte darum fand ich ähnlich verwirrend wie den Watergate-Skandal in Amerika, nach dem sich Nixon allerdings viele Jahre mit Vertuschung und Lügen noch über Wasser halten konnte. Willy Brandt bewahrte Haltung, wie bei seinem Kniefall 1970 in Polen, sein Vertrauen in seinen Mitarbeiter Guillaume war vielleicht wirklich, für einen Staatsmann, zu blauäugig. Meinen Kindheitsbürgermeister machte es mir noch sympathischer. Ein Mann, der an das Gute im Menschen glaubte, auch wenn dieser ein ehemaliger DDR-Bürger war. Willy Brandt nahm seinen Hut, trat zurück und reichte seinem Nachfolger, Helmut Schmidt, die Hand.

Mein zukünftiger Ausbildungsbetrieb suchte Schüler, die in den großen Ferien als Küchenhilfe in Godendorf arbeiten würden. Die Zeit, dort als Ferienkind meine Zeit zu verbringen, war vorbei. Meine Schulfreundin Silvana war sofort von meinem Vorschlag begeistert und begleitete mich zu meinem Betrieb und später nach Godendorf. Wir bekamen ein gemeinsames Zimmer im Verwaltungs- und Restaurantgebäude. Hier hieß es nun wirklich stramm arbeiten. Der Oberchef war ein sehr mürrischer und unnahbarer Mann mit einer netten Frau und einem gut aussehenden, fast erwachsenen Sohn, Frank. Unsere direkte Vorgesetzte hieß Frau Engel. Dieser Name war für sie Programm. Sie war auch nur unter dem Namen Engelchen bekannt. Es ging uns gut bei ihr. Wir gaben uns auch alle Mühe, zuverlässig und fleißig zu sein. Morgens mussten alle Tische für die etwa einhundert Ferienlagerkinder gedeckt werden. Marmelade, Käse, Wurst wurden portioniert bereitgestellt, Abfallkübel in Bereitschaft gehalten, Besteck ausgegeben und aus einem riesigen Kessel der heiße Tee in Kannen gefüllt. Mittags und abends wiederholte sich das Spektakel. Der Vormittag ging mit Abwaschen und Speisenvorbereitung ruckzuck vorbei. Eine große Kartoffelschälmaschine und überdimensionales Kochgeschirr mussten bedient und befördert werden, Gemüse geputzt und Nachschub aus dem Anhänger des Chefs in die Küche getragen werden.

Unter den Ferienkindern befand sich auch eine Gruppe mit französischen Jungs. Ich habe keine Ahnung, warum in diesem Ferienlager kleine kapitalistische Kinder versorgt wurden, aber ein paar von denen hatten es schon faustdick hinter den Ohren und flirteten durch die Durchreiche Silvana und mich an, ohne auch nur ein Wort deutsch zu sprechen. Charme hatten die Jungs und wenn man genau hinhörte verstand man in jedem Satz die Worte Je t´aime und Amour. Sie waren mit ihren höchstens zwölf Jahren schon in der Lage, heftig zu flirten. Wir freuten uns über diese charmante, nicht ernst zu nehmende Anmache. Silvana und ich waren beliebt bei den Ferienkindern. Sie merkten wohl, dass wir gerade eben den Absprung in die Erwachsenenwelt machten, aber mit einem Fuß noch in den Kinderschuhen steckten. Silvana hatte ein Auge auf Frank geworfen. Er war ein drahtiger, braungebrannter junger Mann mit blondem Haar und feinen Gesichtszügen. Ein Jüngling. Wie das Leben so spielte dauerte es nicht lange und ich hatte mich auch erst vergafft, dann verliebt. Das Ferienlager hatte nämlich nicht nur Gruppenleiter, sondern auch einen eigens dafür angestellten Bademeister. Dieser hieß Karl-Heinz und war schon ein Bär von einem Mann. Schwarzhaarig von Kopf bis Fuß, braungebrannt, athletisch und eigentlich Student mit Ferienjob. Karl-Heinz entdeckte mich an der Essenausgabe und flirtete ganz anders als die kleinen Franzosen. Ich hatte den Eindruck, jetzt auf das Exemplar Mann gestoßen zu sein, vor dem mein Vater in kleingläubiger Schwarzmalerei immer befürchtet hatte, dass ich ihm eines Tages begegnen könnte. Kalle wurde er genannt und war allseits sehr beliebt. Von seiner Entscheidung hing das Badengehen der Kinder ab. Natürlich wollte ihn jeder zum Freund haben und ich hatte ihn dann ein paar rosarote Tage lang. Meine strenge Schulung von Papas Seite, ließ mich verliebt, aber vorsichtig sein. Engelchen beobachtete seine Herangehensweise mit Argusaugen. Papa hätte seine Freude an ihr gehabt. Ein paar Tage später sah ich ihn dann mit einer anderen jungen Frau bei einer Kahnpartie. Er war nicht so fair, mit mir zu sprechen. Er ignorierte mich einfach. Engelchen nahm mich zur Seite, als sie sah, wie fertig mich der Liebeskummer machte. Sie sagte mir, dass sie mit ihm gesprochen und ihm mein Alter vorgehalten hätte. Wahrscheinlich hatte ich mich in dem Moment für ihn zu einer heißen Kartoffel verwandelt, die er einfach fallen ließ, und sich einer anderen zugewandt, an der er sich nicht die Finger verbrennen konnte. Die Abende verbrachten die Erzieher und das Personal im großen Gemeinschaftsraum. Hier waren Silvana und ich die Jüngsten unter den Alten. Viele mitleidige Blicke trafen mich, viele vorwurfsvolle trafen Karl-Heinz. Er amüsierte sich und ich heulte, er ruderte mit der kalten Kartoffel ins Schilf und ich ging in meine Kammer, verfluchte Karl-Heinz und Engelchen und die Jugendschutzgesetze und mich gleich noch dazu, weil ich mich für völlig liebesuntauglich hielt.

Am Abschlussabend des Ferienlagers hatte ich dann meine kleine Rache. Die Erzieherin der ältesten Mädchengruppe nahm mein Angebot, für die Kinder ein Gedicht zu schreiben, welches sie dann vorlesen sollten, gerne an. Jeder Erwachsene bekam sein Fett weg. Alle konnten drüber lachen, denn es war witzig und in keiner Weise unverschämt. Nur die Strophe für Kalle war ziemlich spitz und gemein und sorgte für unverhohlenes Gelächter im Raum. Mit rotem Kopf und höchst verärgert verließ Kalle die Feier und ließ sich auch den Rest des Abends nicht mehr sehen. Ich hatte meine Genugtuung, blieb mal wieder auf dem Liebeskummer sitzen, packte meinen Koffer und mein gut gefülltes Portmonee und fuhr, um einiges an Erfahrung reicher, nach Hause.

Hier musste alles recht schnell gehen. Schmutzwäsche waschen, trocknen, bügeln, Koffer packen. Der letzte Urlaub mit meinen Eltern stand bevor. Martin kam nicht mit. Er durfte schon eine unbegründete und mir gegenüber gemeine Selbständigkeit pflegen, um die ich ihn beneidete. Er war halt ein Junge und bei Jungs war alles anders. Damit hatte ich mich abzufinden und da wurde auch nicht drüber diskutiert. Ich stand diesem letzten Urlaub recht trotzig gegenüber. Papa, Mutti, Danni und ich am Arsch der Welt in Thüringen. Was konnte mich da schon erwarten? Es war einer der langweiligsten Urlaube, die ich je erlebt habe. Zwei junge Männer, deren Kontakt ich unter normalen Umständen nie gesucht hätte, waren in meiner Verzweiflung die einzigen Gleichaltrigen für mich. Langweilig waren sie, natürlich, wer fährt denn in diesem Alter auch alleine in den Wald? Es gab kein Schwimmbad, das Wetter war kalt und verregnet, die Pension auf Rentner ausgerichtet und jeder Ausflug wurde mit dem Bus und der Familie gemacht. Die Jungs hatten auch noch lange Haare und es hätte nicht viel gefehlt, dann hätte das gereicht, um mir den Kontakt und das bisschen Musikhören auf dem Zimmer der beiden auch noch zu verbieten. Vielleicht lag Papas gut gelaunte Großzügigkeit auch daran, dass Deutschland die Fußballweltmeisterschaft gewonnen hatte. Der Jubel um das Sparwasser-Tor machte ihm allerdings schon zu schaffen. „Die tun so, als hätten se die WM gewonnen", kommentierte er verdrossen.

Den Tagesablauf bestimmte meine Schwester, die ständig am Essen rummäkelte (nicht ganz grundlos) und Gesellschaftsspiele für kleine Kinder favorisierte. Einen Lichtschein am Ende des Tunnels hatte ich allerdings. Ich würde zwei Tage früher nach Hause fahren als meine Familie, erneut meine Sachen umpacken und mich auf eine Reise nach Warschau, Polen, begeben. Natürlich mit Aufsichtspersonen und in der Gruppe, aber immerhin ohne Eltern und Geschwister. Die Reise hatte mir Stern Radio spendiert, weil man dort mit meinen Abschlusszensuren recht zufrieden war. Und so wurde eine Fahrt gestartet, die für manche Lehrlinge der krönende Abschluss ihrer Lehre und für die anderen der köstliche Auftakt sein sollte.

Papa setzte mich in den Zug, der mich nach Berlin bringen würde. Ich war froh, diesen Urlaub hinter mir zu haben und noch froher, die nächste Reise vor mir zu haben. Mein Geld tauschte ich in Złotys ein, machte mich so schön wie möglich, packte meinen Koffer neu und fuhr zum Ostbahnhof ... wo mich keiner erwartete. Ganz schön ratlos stand ich jetzt da, zweifelte erst an mir, dann an der Welt, fuhr wieder nach Hause und rief in der Betriebsschule an. Dort zeigte man sich höchst verwundert über meinen Anruf und die Fragestellung. Die Gruppe war schon in Polen angekommen. Ein zukünftiger Lehrling, der mich aus der Oberschule kannte, hätte mir Bescheid sagen sollen, dass der Reisetermin zwei Tage früher anberaumt worden war. Ich sah diesen vertrottelten zukünftigen Lehrling direkt vor mir. Man nannte ihn in der Schule Opa, weil er nicht nur so langsam wie ein alter Mann war, sondern auch so langsam dachte. Er hatte mich nicht angetroffen, lautete die Auskunft. Er hatte aber auch nicht daran gedacht, eine schriftliche Nachricht zu hinterlassen. Ich merkte, wie sich die Kampfeslust in mir regte. Mein Verschulden war es nicht. Die Reise war ein offizielles Geschenk und ich beklagte, ohne Einwilligung meiner Eltern, die noch im Familienurlaub seien, ganz allein, ohne Geld und Nahrung dazustehen. Ich sollte in zwei Stunden noch einmal anrufen, man werde sehen, was man machen könne. Zwei Stunden später war die Lösung des Problems gefunden. Ich sollte zum Betrieb kommen, mir Geld für eine Bahnfahrkarte holen, mich in den nächsten Zug setzen und am nächsten Morgen von einer kleinen, feinen Delegation am Warschauer Bahnhof in Empfang genommen werden. Mein Herz schlug vor Freude Purzelbäume, pumpte voller Elan Sauerstoff und Kraft in meinen unterdessen recht hungrigen Körper und half mir, zuerst den Betrieb, erneut den Ostbahnhof und den nächsten Zug nach Polen zu erreichen. Ich hatte einen Sitzplatz in einem geschlossenen Abteil. Um mich herum sprach man ausnahmslos, sehr laut und strapaziös für müde Ohren, Polnisch. Mein Magen knurrte und meine Augen und mein Geruchssinn mussten sich damit zufriedengeben, dass alles um mich herum mit Essen beschäftigt war. Die Gesellschaft wurde immer lustiger, denn es gingen mehrere Wodkaflaschen durchs Abteil. Vielleicht feierten sie immer noch ihren unverhofften großen Erfolg bei der Fußball-WM. An Schlafen war nicht zu denken. Manchmal nickte ich ein. Mein Hungergefühl und das Gegröle der immer lustiger werdenden Polen ließen Schlafen nicht zu. Draußen ging die Sonne auf und versprach mir einen schönen Sommertag. Sie tippte mit ihren heißen Strahlenfingern auf die beschmierten unappetitlichen Zugfenster und brachte die daran klebenden Insekten und das Abteil zum Brutzeln. Ich versuchte Wolkenbilder zu entdecken und träumte in den Himmel hinein von den vor mir liegenden Tagen. Noch eine Stunde, dann würde der Zug in Warschau eintreffen. Hoffentlich klappte die Abholung. Ich nahm meine Tasche und ging zur Toilette, bevor der ganze Zug voller Menschen erwachte und sich Schlangen vor den Klos bilden würden. „Gibt es überhaupt hygienische Zugtoiletten?“, fragte ich mich, als ich die kleine Klozelle mit ihren undefinierbaren Pfützen, Klecksen und Gerüchen betreten hatte. Ich versuchte, ohne Brillenberührung zu pinkeln, ein Rumpeln ging durch den Zug und ich saß. Kein Klopapier, keine Seife im Spender, keine Handtücher. Vom Frühstück in Thüringen hatte ich noch zwei Servietten in der Handtasche. Die retteten die Situation. Der beschmierte Spiegel gab ein Plätzchen frei um meine Augen neu anzumalen. Ein wenig 8x4 aus dem letzten Westpaket sorgte für frischen Duft über altem Schweiß. Haare kämmen, fertig. Noch vierzig Minuten bis zur Ankunft. Ich blieb vor meinem Abteil im Gang stehen und ließ die

Landschaft an mir vorbeiziehen. Der Durst quälte mich unterdessen am meisten. Ich ärgerte mich über meine eigene Organisation. Eine Flasche mit Leitungswasser hätte ich auf jeden Fall einpacken müssen. Die Menschen im Zug erwachten zum Leben. Manche drängten auf die Toiletten, anderen schoben sich mit ihren Koffern und Taschen den Ausgängen entgegen, manche standen am offenen Fenster und rauchten. Ich fühlte mich sehr erwachsen unter all diesen Leuten. Allein unterwegs, allein für diese Fahrt gestritten. Gleich würde ich wieder unter der Fuchtel von wirklich Erwachsenen stehen, die mir den Tag einteilten, Verhaltensregeln diktierten, mir hoffentlich aber auch ein voluminöses Frühstück, die Möglichkeit einer Morgendusche und einen Schlafplatz geben würden. Ich holte meinen Koffer und meinen großen weißen Strohhut aus dem Abteil. Hier herrschte unterdessen Ruhe. Die Luft war ein Gemisch aus Alkohol, Rauch, Schinkenknacker und Schweiß. Die Fahrt ging für diese Gruppe sicherlich weiter. Ein verschlafener Mann winkte mir freundlich zu, als ich das Abteil verließ, ich nickte zurück. Der Zug wurde langsamer und kam mit einem lauten langgezogenen Quietschen zum Stehen. Ich reihte mich in die Schlange der Kofferträger ein. Wie hell es auf einmal war. Für einen Augenblick streikten meine Augen. Ich blieb auf dem Bahnsteig stehen. Man wollte mich suchen. Erkennungszeichen weißer Strohhut mit roter Rose. Der Bahnsteig lichtete sich und ich wurde erkannt und gefunden. Zwei Frauen und ein Mann holten mich ab. Monika und Ursula aus der DDR und ein Kraftfahrer aus Polen. Wir schienen es eilig zu haben, denn außer der kurzen Vorstellung und der Aufforderung meinen Koffer zu nehmen fand kein Austausch von Höflichkeiten statt. Der Herr ließ es sich aber nicht nehmen, mir den Koffer mit einem Lächeln aus der Hand zu nehmen und dann zügig voranzuschreiten. Es herrschte typisches Großstadtgetriebe. Die heiße Luft roch nach Abgasen und waberte durch Warschau auf die gleiche Art wie in Berlin. Straßenbahnen, Omnibusse, viel Verkehr wie in Berlin. Ich fühlte mich gleich wie zu Hause, bis auf die fremde Sprache, die mich eindeutig zum Touristen machte. Wir fuhren nicht weit, aber relativ lange durch den dicken Berufsverkehr und landeten irgendwann auf dem Gelände der Berufsschule der Firma Unitron. Einem polnischen Radiohersteller. Sicherlich gab es freundschaftliche Bande zwischen den beiden sozialistischen Betrieben und der Lehrlingsaustausch gehörte mit dazu. Die Schule war ein altes, ehrwürdiges Gebäude mit einem Hof und einem Sportplatz ausgerüstet. Ich wurde erst mal in den Keller geführt, der zu einem ansprechenden Speiseraum umgebaut war. Hier wurde ich von einer großen Meute junger Leute erwartet, gemustert und halbherzig begrüßt. Die Mädchen musterten mich, die Jungs wogen ab. Alle hatten jedenfalls erst einmal ein Gesprächsthema. Ich wurde an einem gedeckten Frühstückstisch platziert, langte kräftig zu und hörte meinen Empfangsdamen vom Bahnhof zu, welche Regeln herrschten, welche Verbote unbedingt zu beachten waren, wo sich Duschen und Schlafräume befanden und wie sich mein erster Tagesablauf von dem der anderen unterscheiden würde. Die gesamte Gruppe machte sich auf zu einer Stadtbesichtigung. Ich sollte erst mal in Ruhe duschen und mich ein paar Stunden ausruhen. Die Schlafsäle waren eigentlich Klassenräume, die mit Feldbetten ausgestattet waren und mich sehr an unsere Schulräume während der Weltfestspiele erinnerten. Ich verschwand mit frischen Sachen und einem Badelaken über dem Arm im Duschraum und ließ den Mief und Dreck der letzten zwei Tage in der Warschauer Kanalisation verschwinden. Eine herrliche Bettschwere stellte sich ein und ich freute mich auf mein Feldbett. Da winkte das nächste Problem. Der Mädchenschlafsaal war zugeschlossen. Ob es einen Hausmeister im Objekt gab, wusste ich nicht, mir fehlte auch sämtlicher Elan, nach einem zu suchen, um dann zu hören, dass er auch keinen Schlüssel hatte. Ich sah mich schon auf der kleinen feuchten Holzbank in der Dusche schlafen, als ich an der Tür zum Jungenschlafraum rüttelte. Oh Wunder, sie ließ sich öffnen, und ich fühlte mich von 12 Betten eingeladen, mich auf ihnen auszuruhen. Unschlüssig schaute ich mich um und fühlte mich wie Schneewittchen, die mit sieben fremden Betten auch die Qual der Wahl hatte.

Die Bettenreihe gegenüber der Tür war mein Favorit. Hier entschied ich mich für ein Bett das an der Wand zwischen den Fenstern stand. Da würde mir die Sonne nicht ins Gesicht scheinen und wer zur Tür reinkam konnte gleich den „Fremdkörper“ im Bett sichten. Hoffentlich war der Junge, dessen Bett ich nun in Beschlag nahm, keine Zicke, dachte ich noch und schlief sofort erschöpft aber glücklich ein.

Mein Aufwachen Stunden später war dann die Fortsetzung des Schneewittchenromans. Zwölf fremde junge Männer standen um meine Pritsche rum und beratschlagten flüsternd untereinander was nun zu tun wäre. Genau genommen waren es elf Fremde. Einer von ihnen war mir als Opa bekannt, als der Opa, der in all seiner Tüddelichkeit keinen Weg gefunden hatte, mir Bescheid zu sagen, dass die Reise früher losgehen würde. Wie betrunken und ohne Orientierung blickte ich mich um, kam kurz zu mir und hatte nichts Besseres zu tun, als der Männerwelt von meinem komischen Traum zu erzählen. Ich raffte mich auf schnappte meine Wäsche und das Badelaken und bereitete der Peinlichkeit ein Ende. Ich fühlte zwölf Augenpaare in meinem Rücken und hörte, wie das Schweigen mit mir den Raum verließ. Monika entschuldigte sich bei mir, denn sie hatte den Mädchenschlafraum in Gedankenlosigkeit verschlossen. Jetzt lernte ich auch Detlef kennen, der dritte im Bunde der Erzieher. Er hatte, ganz in Gedanken, vergessen, den Schlafraum der Jungen abzuschließen. Ein glücklicher Zufall an Gedankenlosigkeit also.

Im Mädchenschlafraum herrschte munteres Treiben. Durch die säuberlich aufgehängten Kleider an den Fensterhaken und dem Duft nach allen möglichen kosmetischen Gerüchen unterschied er sich deutlich von dem der Jungen. Koffer standen geöffnet neben den Betten, Kämme, Bürsten und Haarschmuck ordentlich daneben drapiert. Die Stimmen waren hell, und aufgeregtes Gekicher kam aus der einen oder anderen Ecke. Mein Bett wurde mir gezeigt. Ich lernte Biggi kennen. Sie war so etwas wie unsere Rudelführerin, die Alphawölfin. Biggi hatte gerade ihre Lehre beendet und schien schon sehr erfahren zu sein. Sie nahm sich meiner an und erzählte mir von den Unternehmungen, die ich leider schon verpasst hatte und von denen, die uns noch erwarteten. Sie erzählte von Basketball auf dem Schulhof, von einer kleinen Sporthalle mit Tischtennisplatte und sie stellte mir alle Mädchen der Gruppe namentlich vor. Sie warnte mich vor der strengen Erzieherin Ursula und gab einen kurzen Einblick in die Gruppe der Jungs, die wohl recht patent sein sollte. Ein Discobesuch war in Aussicht gestellt worden und ob ich ihr nicht mal meinen Hut ausleihen könnte.

Es dauerte nur das erste Mittagessen lang, dann war ich in der Gruppe integriert. Wir waren wirklich ein toller Haufen. Ich hatte keinen Grund enttäuscht zu sein. Die Mädchen waren fröhlich und die Jungs ungemein interessant. Zwei von ihnen zog ich für mich insgeheim in die engere Wahl. Nachmittags fuhren wir mit der Straßenbahn zum Einkaufsbummel. Ich hatte einen Stehplatz und stand ganz nah bei einem der Jungs, die mir gut gefielen. Ich versuchte mit ihm ins Gespräch zu kommen, wusste aber nicht, ob er desinteressiert an mir war, schwerhörig oder schüchtern. Dass er Peter hieß, wusste ich schon von Biggi, dass seine Schuhspitzen interessanter waren als ich, verriet mir sein Blick. Die Bahnfahrt endete und wir verteilten uns und mischten uns unter die polnische Bevölkerung. Bis auf die Dinge des täglichen Bedarfs hatte Polen viel für uns junge Leute zu bieten. Kosmetika, Modeschmuck, ausgefallene Garderobe, Westschallplatten und allen möglichen Schnickschnack konnte man für relativ wenig Geld erwerben. Das Rumgestöber in den Läden machte Spaß und die Anwesenheit der anderen Mädchen war inspirierend. Ein grasgrüner langer Mantel fiel mir ins Auge und wurde umgehend mein. Armreifen, Ketten und Ringe wechselten den Besitzer und zum Schluss standen wir mit vollen Taschen und ohne Geld da. Am vereinbarten Standort trudelten drei Stunden später alle pünktlich ein. Jeder hatte etwas erstanden, was er vorzeigen wollte. Alle waren zufrieden mit ihren Einkäufen. Die Straßenbahn brachte uns wieder zur Schule. Es gab viel zu bereden, denn noch am gleichen Abend, so hatte es Monika verkündet, sollte unser Discoabend in der Warschauer Altstadt stattfinden.

Die Einkäufe waren schnell verstaut und das Abendbrot fix gegessen. Der Aufenthalt unter der Dusche und vor dem Spiegel dauerte schon sehr viel länger. Haare mussten geföhnt, Gesichter geschminkt werden. Biggi sprühte sich ihr teures Deo auf den Schlüpfer, was ich einen Moment lang für reinste Verschwendung hielt. Der Inhalt unserer Koffer stürzte uns in eine gewisse Ratlosigkeit. Die mitgeführte Garderobe hatte immer ein gewisses Manko. Der schönsten Bluse fehlte der Rock, dem hübschesten Kleid die passenden Schuhe und der fetzigsten Hose die passende Jacke. Es fand ein großer Kleidertausch statt. Ich bekam von Biggi ein Minikleid, in dem meine langen schlanken Beine besonders gut zur Geltung kamen. Strumpfhose, meine weißen Lackschuhe dazu, fertig war die Laube. Der neue grüne Mantel musste natürlich auch mit und hielt meine Beine hübsch verdeckt, bis wir im Discokeller angekommen waren.

Ich war beeindruckt. Das war mein erster Besuch in einer öffentlichen Discothek. Die Beleuchtung versetzte mich in Euphorie. Überall gingen Lichter passend zum Takt an und aus, große silberne Kugeln hingen an der Decke und reflektierten und brachen das Licht. Bunte Lichter standen auf den Tischen und Girlanden in allen möglichen Metalltönen hingen im Raum. Die Musik dröhnte und ließ meinen Brustkorb beben. Für Biggi schien das alles nichts Neues zu sein. Für mich war es eine unbekannte Welt, die meine Beine automatisch in Bewegung brachte.

Die Eingeweihten hoppelten längst auf der Tanzfläche herum. Allein, zu zweit oder dritt, egal ob Junge oder Mädchen. Ich brauchte erst mal eine Einwirkzeit. Ich wollte nicht irgendwie mit irgendwem herumtanzen. Ich wollte von einem Herrn aufgefordert und zur Tanzfläche begleitet werden. Plötzlich stand er vor mir, der ignorante, schwerhörige, schüchterne Schuhspitzengucker. „Darf ich bitten", sagte er und streckte mir lächelnd seine Hand entgegen. Genauso hatte ich es mir vorgestellt. Romantik trotz flimmernder Deckentechnik, ein Lächeln trotz lauter rumsender Bässe. Wir kamen nicht mehr zum Sitzen. Peter hatte einen Tanzstil, wie ich ihn noch nie bei einem Mann gesehen hatte. Jede Bewegung saß. Er hatte sichtlich Spaß am Tanzen und ließ mich nicht eine Minute aus den Augen. Er gefiel mir ungemein gut. Sein langes lockiges Haar, seine männliche Figur, seine Garderobe, seine Zuvorkommenheit. Für eine Unterhaltung war die Musik viel zu laut, aber wir wechselten Blicke und fingen an, uns synchron zu bewegen. „Hilfe!", schrie mein Herz, „nicht schon wieder, ich halte den folgenden Liebeskummer nicht mehr aus." Mein Verstand aber hatte die Ruhe weg. „Lass sie mal machen", widersprach er meinem Herzen. „Irgendwann kriegt sie es auch ohne Liebeskummer hin." Manchmal gingen wir raus um frische Luft zu schnappen. Ein Knistern lag in der Luft und ich stand unter Hochspannung. In der Straßenbahn hatte ich erfahren müssen, dass Peter kein Freund großer Worte war, also hielt ich den Mund und wir konnten gut gemeinsam schweigen.

Am nächsten Morgen durften wir ausschlafen. Die Sonne schien schon dick und fett in unsere Fenster rein, als wir eine nach der anderen aufwachten. Irgendwie schien sich jede von uns in irgendwen verliebt zu haben. Jede schwärmte mehr oder weniger von irgendeinem Typen aus der Gruppe oder aus der einheimischen Gästeschar. Wir trotteten unter die Duschen, lachten, sangen und waren vollkommen unbeschwert.

Den Tag durften wir gestalten wie wir wollten. Ein paar Jungs fuhren zu einem Trödelmarkt, um Platten zu kaufen. Diesen Tipp hatten sie von Detlef bekommen. Wir Mädchen spielten Tischtennis oder saßen auf dem Schwebebalken, ließen die Beine baumeln und quatschten. Da meldete sich Sybille zu Wort. Sybille war von sehr kräftiger Statur und besaß ein noch kräftigeres Selbstbewusstsein. Sie trug ihr langes, glattes dunkles Haar mit einem exakten Mittelscheitel. Sie erinnerte an eine Indianerin. Sie war temperamentvoll und wahrscheinlich ihrem Alter entsprechend klug. Sie fing an, von meinem favorisierten Peter zu schwärmen, von meinem Tänzer der Disconacht, von dem Mann, der der Verursacher meines nächsten Liebeskummers werden sollte, wenn es nach meinem Herzen ging, und der, wenn es nach meinem Verstand ging, eine Chance dazu erhalten sollte. Aber doch nicht so schnell, nicht während dieser Reise, dachte ich bei mir und machte schon mal meine Krallen scharf. Sie hatte sich eigentlich schon einen Freund aus der Gruppe angelacht, schien diesen aber eher für die zweite Wahl zu halten und bot ihn mir in aller Ernsthaftigkeit zum Tausch an. „Wie blöd ist das denn?“, fragte ich mich und beschloss, dieses Mädchen nicht wirklich ernst zu nehmen. Männertausch, was für eine absurde Idee, über die Köpfe der Herren hinweg. Wir gehen also zu ihnen und erzählen ihnen, wir hätten sie untereinander eingetauscht wie Lackbilder oder Briefmarken oder Bierdeckel? Und trottlig wie Männer sind, gehen die darauf ein und lassen sich mal ebenso verhökern, weil die verwöhnte Sybille sich das so und nicht anders in den Kopf gesetzt hat?! Darüber gab es für mich keine Diskussion. Sybille erschien mir viel zu unreif, um überhaupt einen Freund zu haben. Außerdem war Peter nicht mein Freund. Er war in meinem Leben nicht mehr und nicht weniger als ein beeindruckender junger Mann, der richtig gut tanzen konnte, gute Umgangsformen besaß und mich hoffen ließ, dass unser Tanzabend eine Fortsetzung fände. Jetzt war er jedenfalls auf dem polnischen Trödelmarkt und bis zum Abend war es noch ein paar Stunden hin. Sybille hatte einen großen Vogel, dachte ich bei mir, würde sie aber ganz genau im Auge behalten. Dummheit konnte gefährlich sein.

Mit einer großen Ausbeute an Schallplatten kam der männliche Teil unserer Gruppe zurück. Sofort reagierte der Buschfunk, dass in der Nacht eine Fete im Herrenzimmer geplant war. Wieder hieß es, nach dem Abendbrot schönmachen und dabei sein. Im Raum der Jungs stand eine abgeschlossene Musikanlage. Für einen ausgebildeten Schlosser, kein Problem. Das Schloss wurde geknackt, die Anlage angeworfen, Weinflaschen und Knabberzeug standen bereit und die Feldbetten standen übereinander an der Wand. Ich staunte über die Umtriebigkeit der jungen Männer. Sie hatten sich wirklich bemüht dem Raum Atmosphäre zu verschaffen. Die einzige Beleuchtung bestand aus vielen Kerzen und sorgte für Romantik pur. Natürlich ließen wir Mädchen uns nicht lange bitten. Wir schlichen unbemerkt in den Herrenruheraum und tanzten bei gedämpfter Musik. Wir flüsterten miteinander und freuten uns über die Heimlichkeiten. Vielleicht dachten wir das aber auch nur und waren von den Gruppenleitern längst entdeckt und in Ruhe gelassen worden. Peter holte mich zum Tanzen. Wieder ließ er es nicht zu, dass ein anderer ihm zuvorkam. Die Art des Tanzens war anders. Die Musik viel gedämpfter, langsamer, romantischer. Keine Musik um mit Abstand zu tanzen. Man war gezwungen sich in die Arme des Tanzpartners zu begeben oder alleine für sich zu schaukeln oder die Tanzerei ganz sein zu lassen. Ich war verzaubert. Peters Hände auf meinem Rücken übten einen Reiz aus, der mich immer drängender in seine Arme trieb. Es folgte der erste Kuss und alles andere geht keinen was an. Ich hätte mich die ganze Nacht mit ihm hin- und herwiegen können. Engelbert Humperdinck und Tom Jones sangen die schmalzigsten Liebeslieder und taten ihr Bestes, um diese Nacht unvergesslich werden zu lassen.

Die Tür ging auf, Licht flutete den Raum und die ganze Romantik der letzten Stunden verschwand unter Ursulas strengem Blick. Es folgten Schimpftiraden und Marschbefehle fürs Bett. Aufgebrochene Musikanlage, offenes Feuer im Raum, womit sie die Kerzen meinte, Alkohol für Minderjährige. Wer weiß, was sonst noch passiert wäre, wenn sie jetzt nicht erschienen wäre. Eine Auswertung am nächsten Tag würde folgen. Wir Mädchen wurden regelrecht aus dem Zimmer gescheucht. Wie die Hühner, wenn der Fuchs kommt, rannten wir in unsere Stube und prusteten dort unser Lachen heraus. Was sollte schon passieren? Jung und verliebt zu sein konnte uns keiner verbieten. Wir gingen als Kolonne aufs Klo, schminkten uns ab und legten uns ins Bett.

Er hat mich geküsst, dachte ich glücklich in den dunklen Raum starrend, als sich die Tür leise öffnete und das Flurlicht mir zeigte, dass Peter den Raum betrat. Zielstrebig kam er an mein Bett und flüsterte mir eine gute Nacht zu. Biggi schimpfte mit ihm, stand aber sofort auf und schob Wache an der Tür. Sie zählte bis 60, dann sollte Peter den Raum verlassen. Sie zählte nochmals und nochmals und irgendwann schaltete sie das Licht an. Der Abend war vorbei. Peter ging und ich hielt mich für das glücklichste Mädchen der Welt.

Die Standpauke und die Auswertung der vergangenen Nacht würden warten müssen. Gleich nach dem Frühstück sollte uns der Reisebus abholen für eine Fahrt mit Führung durch die Altstadt.

Bis auf einen kurzen Blickkontakt hatte ich Peter heute noch nicht gesehen, geschweige denn, mit ihm gesprochen. Das lag sicherlich an meinem gesenkten Haupt, mit dem ich seit dem Aufstehen durch das alte Gemäuer schlurfte. Was, wenn er heute nichts mehr von mir wissen will? Wenn er einfach so tut, als wäre nichts geschehen? Ich wollte nicht so denken, aber ich konnte nicht anders. Meine Gedanken kreisten um die letzte Nacht. Wie sollte sich ein Mann wie er in eine wie mich ernsthaft verlieben? Die Zweifel nagten an mir, ich nagte am Frühstück. Ich war die Letzte, die den Raum verließ und zum Bus ging, der auf dem Hof wartete. Die Gruppe hatte ihre Plätze schon eingenommen. Nur Monika und Ursula warteten mit einer Zigarette in der Hand, dass auch ich endlich in den Bus stiege und sie die Türen schließen konnten. Als ich die drei Stufen erklomm, merkte ich, wie mir die Hitze in den Kopf stieg. Ich fand nun selbst Interesse an meinen eigenen Schuhspitzen und ließ sie nicht aus den Augen. Würde irgendwo ein Platz für mich frei sein? Würde ich ihn aus dem Augenwinkel, ohne den Kopf zu erheben finden? Der Gang im Bus schien mir kilometerlang. Ein Kloß in meinem Hals drückte mir die Luft ab. Rechts von mir kam ein freier Sitzplatz in Sicht, eine Männerhand klopfte darauf herum, als wollte sie eine Katze zum Raufspringen ermuntern. Ich blickte auf. Peters Hände klopften. Er lächelte mich an und freute sich, als ich sein Platzangebot annahm. Wie konnte ich nur so schüchtern und dumm sein? Peter legte ganz selbstverständlich seinen Arm um mich. Die Altstadt war mir egal, die Fahrt war mir egal, die Leute um uns und selbst die strengen kritischen Blicke von Ursula waren mir egal. Ich saß auf dem besten Platz der Welt.

Wenn zwei völlig fremde Menschen aufeinanderstoßen und sich mögen, gibt es immer sehr viel Redebedarf. Mich interessierte alles, worüber Peter mit mir sprach. Natürlich interessierte es mich, denn ich stellte die entsprechenden Fragen und er antwortete. Ich hatte eine kleine Schwester, er einen Neffen im gleichen Alter. Peter erzählte oft von ihm, was ihn sehr sympathisch machte. Der Kleine hieß Frank und sagte anstatt Schmetterling Letterping. Peter hatte Bilder von ihm und zeigte sie mir. Ich lobte die tollen Aufnahmen. Auf einem Bild war er selbst, als Weihnachtsmann verkleidet, zu sehen. Peter erzählte von seiner Mutter, die Fotografin war, und von seinem Vater, der Ökonom mit Schreibtisch vor und Drehstuhl unter sich war. Seine große Schwester, die einige Jahre älter war als er und deren Mann, der aus Sachsen kam und ihn mit seiner frechen Klappe und seinen handwerklichen Fähigkeiten sehr zu beeindrucken schien, stellte er mir auch kurz vor. In meinem Kopf entwickelten sich Bilder von einer netten Familie. Ich stellte mir die Wohnung einer Fotografin vor. Eine Künstlerin, mit schwarzem Kleid und Federboa, mit einer langen Zigarettenspitze. Die Wohnung war dezent chaotisch, überall Fotos an den Wänden, hier und da Scheinwerfer, deren dicke schwarze Kabel sich durch die ganze Wohnung zogen, alte, gediegene Möbel mit Bergen von Büchern und Fachliteratur, Spezialkameras und Zubehör und mitten drin – mit einem Stehkragenpullover und einem weißen langen Schal – der Gatte in einem alten Ohrensessel sitzend und klassische Musik hörend. So waren meine persönlichen Vorstellungen von Peters Familie. Ich hätte was drum gegeben, seine Vorstellungen von meiner Familie als Bilder zu sehen.

Wir wurden von Tag zu Tag vertrauter miteinander und machten fast keinen Schritt mehr ohne den anderen. Sybille war ausgekickt, Biggi und ich wurden Freundinnen und unsere ganze Gruppe verließ Warschau, um das Land in Richtung Lodzsch zu erkunden. Hier wartete erneut eine Jugendunterkunft auf uns, die aber eher an eine Jugendherberge oder ein Studentenwohnheim auf dem Lande erinnerte. Die Zimmer waren kleiner und die Gruppen mussten sich in Grüppchen aufteilen. Letztendlich fanden wir uns doch alle wieder in einem Raum ein. Diesmal waren aber polnische junge Männer mit anwesend, die sich von Zeit zu Zeit in unsere Gruppe mischten, Wodka und Papyrossis anboten und für guten Zeitvertreib sorgten. Wir besuchten ein Salzbergwerk mit beeindruckenden Kunstwerken aus Salzkristallen, eine ganze Kapelle war unter Tage zu besichtigen. Aber was ist das schon alles gegen ein glückliches Verliebtsein? Unser Verhalten fiel auf und machte den Aufsehern vom Gruppenrat Sorge. Das mahnende Gespräch, nach unserer heimlichen Zimmerfete, hatte alle betroffen. Nun stand ein Gespräch zwischen den Oberräten und uns als Paar an. Wir wurden kritisiert, ermahnt und gewarnt. Mich hätte man vielleicht noch damit beeindrucken können, aber nicht an der Seite dieses Mannes. Peter war fast 19 Jahre alt, er war Geselle, verdiente eigenes Geld und konnte über den „Ältestenrat" nur lachen. Wir waren ja auch nichts weiter als ein verliebtes Paar, das ständig mit den Köpfen und Händen und Mündern zusammenhing, wie alle Pärchen dieser Welt es taten. So etwas kam auch bei sozialistischen Auslandsreisen vor.

Die Reise war vorbei, Zug und Bus brachten uns zu unserem Betrieb. Noch als Gruppe warteten wir auf unsere Koffer, nahmen tränenreichen Abschied voneinander, versprachen Briefe, Telefonate, Besuche oder ein Wiedersehen als Kollegen im Betrieb. Peter und ich fuhren gemeinsam mit dem 55er Bus nach Hause. Unser nächstes Treffen war längst verabredet und trotzdem schmerzte mich der Abschied. Fast zwei Wochen lang hatten wir wie die Kletten verbracht. Noch vier Stationen, dann würde ich aussteigen und ihn weiterfahren lassen müssen. Seine Eltern gehörten zu den Glücklichen, die über einen Telefonanschluss verfügten. Die Nummer kannte ich längst auswendig.

Busstationen liegen nie weit genug auseinander für einen Abschiedskuss, und so endete auch unserer viel zu schnell. Da stand ich nun mit meinem Koffer, meinem weißen Strohhut und dem grünen Mantel auf der Rennbahnstraße und winkte meiner nun wohl wirklich ersten großen Liebe hinterher. Erst als der Bus nicht mehr zu sehen war schleppte ich meinen Koffer in die Gustav-Adolf-Straße, an Papas Betrieb vorbei, an Reginas Haustür vorbei und ging zurück. Regina rief mich. Sie hatte mich vorbeilaufen gesehen und guckte nun, neugierig auf Neuigkeiten, aus dem Fenster. Es tat so gut, sie zu sehen und ihr meine neueste Liebesgeschichte zu erzählen. Sie war schon seit ein paar Monaten in festen Händen und eine glückliche junge Frau. Natürlich freute sie sich für mich mit. Wir hatten genug Liebeskummeraustausch hinter uns. Sie sah ein paar Schwierigkeiten auf mich zukommen, weil ich mich ja in einen Polen verliebt hatte. Das kommt davon, wenn man zu schnell erzählt. Ich korrigierte, Peter sei Berliner aus Pankow. Regina zeigte sich beruhigt. Wahrscheinlich hatte sich für ein paar Schrecksekunden lang schon mein nächster Liebeskummer vor ihrem inneren Auge abgespielt. „Bin ja mal gespannt, was dein Vater dazu sagt", sagte sie und verdrehte mitleidig die Augen. „Ich weiß noch gar nicht, ob ich es ihm gleich erzähle, oder erst mal mit meiner Mutter spreche", antwortete ich vorsichtig, als ob zu laute Worte bis auf den Betriebshof meines Vaters dringen könnten. Ich musste los und winkte Regina ein Bisbald zu, nahm meinen Koffer und fing an, mich auf zu Hause zu freuen. Nur noch eine von den Fröhlich-Schwestern, die mit der krummen Nase, winkte mir erfreut zu, als ich ihr Fenster passierte. Ihre kleine Schwester war vor ein paar Jahren gestorben.

Mir fiel auf, wie viel sich in den letzten paar Jahren in unserem Wohngebiet verändert hatte. Brachte eine längere Abwesenheit solche Gedanken mit sich oder die Tatsache, dass man erwachsen wurde und anfing, seiner Kindheit nachzuhängen? In Tante Vivis Wohnung wohnte schon lange eine Familie mit drei Kindern und von den vielen bewunderten jungen Damen meiner Kinderzeit wohnten viele nicht mehr im Elternhaus. Sie hatten Familien gegründet und waren einfach weg. Die Eltern, damals noch junge Leute, würden nun zur älteren Generation unseres Häuserblocks zählen und die neuen Familien mit ihren sehr viel jüngeren Kindern waren eher für Danni als für mich interessant.

Ich war vor unserer Haustür angekommen. Den kleinen Gemüseladen mit dem uralten Ehepaar gab es auch schon lange nicht mehr. Die gegenüberliegende Amalienstraße hatte sich von ihrer Laubenkolonie verabschieden müssen, die einem Sportplatz und einem Schulneubau gewichen war. Hier würde nun meine Schwester ihre Schullaufbahn bestreiten. Ihr zukünftiger Schulweg war beneidenswert kurz. Sie würde aber auch niemals mit dem LKW von Papas Arbeit zur Schule befördert werden und morgens nicht den Geruch von der Elfe-

Schokoladenfabrik genießen können. Die Gummibude, die VVB[9] Gummi und Asbest, würde ihr den penetranten Gummigeruch ins Klassenfenster tragen oder die Gerüche der Gasanstalt würden für dicke Luft im Klassenzimmer sorgen. Es gab auch keinen Laden mit Brühwürfeln oder Zuckerstangen zum Abschlecken und keinen Bäcker mit köstlichem Weißbrot. Es hatte immer alles zwei Seiten.

Selbst für Verspätungen, die ich immer bequem auf den Bus schieben konnte, würde sie sich was anderes einfallen lassen müssen. Mit diesen Gedanken ging ich die Treppen rauf. Der Koffer schien noch schwerer geworden zu sein. Er knallte gegen jede Stufe. Unsere Wohnung war, bis auf unsere dicke Katze, leer. Müde kam sie mir entgegen, krallte ihre Pfoten in den Korridorläufer, reckte sich mit einem Hohlkreuz und fing an, meine Beine zu umschmeicheln. Wenigstens eine, die mich begrüßt, dachte ich bei mir und gab Molly ein paar herzliche Streicheleinheiten, bis sie das Interesse an meiner Person verlor und zu ihrem Sessel zurückkehrte. Danni war im Kindergarten, Papa auf Arbeit und auch mein Bruder befand sich seit einem Jahr in der Lehre und musste seinen Pflichten bei der Erfüllung der Planwirtschaft nachkommen. Mutti lag im Krankenhaus. Das war schon längere Zeit so geplant. Sie lag in Pankow in der Augenklinik. Mutti hatte auf beiden Augen den Grünen Star, wie Omi, und eine ganz neue Operationstechnik sollte ihr helfen, nicht zu erblinden. Ich schämte mich ein wenig, bis eben den Gedanken an Muttis Operation verdrängt zu haben. Machte das Verliebtsein blöd und oberflächlich? Ich war eigentlich hundemüde, die Nacht im Zug forderte ihren Tribut. Trotzdem machte ich mich frisch, zog mich um, ging zur gleichen Bushaltestelle, an der ich vor einer Stunde schon gestanden hatte und fuhr Mutti besuchen.

Sie sah schon ein bisschen abenteuerlich aus, mit ihrer Augenklappe. Mutti freute sich, dass ich sie sofort besuchen kam. Wir gingen runter in den kleinen Park und merkten gar nicht, wie die Zeit verging. Ich sprudelte aufgeregt all meine Neuigkeiten heraus. Erzählte von dem verpassten Abreisetermin, von den Startschwierigkeiten mit dem abgeschlossenen Mädchenschlafraum und natürlich auch von Peter. „Ich wusste es, dass Du verliebt bist“, sagte sie, von

---

[9]Vereinigung Volkseigener Betriebe

sich und ihrer Tochterkenntnis überzeugt. „Du läufst, als würdest du tanzen, dein ganzes Gesicht strahlt und du siehst absolut glücklich aus. Wann werde ich ihn kennen lernen?“, hakte sie nach und schaffte es in keiner Weise, ihre Neugier zu verbergen. „Ich glaube morgen schon“, antwortete ich und hoffte, dass es ihr recht war, meinen neuen Freund erst einmal nur mit einem Auge in Augenschein nehmen zu können. Sie bat mich, eine Thermoskanne Kaffee mitzubringen. Der Kaffee in der Klinik schmeckte scheußlich. Da war Pfefferminztee das Kleinere von zwei Übeln. Mutti und ich drückten uns zum Abschied sehr lange und ausgiebig. Sie war optimistisch, was ihre Operation betraf. Bevor ich ging, bat sie mich noch, Danni aus dem Kindergarten abzuholen. Sie würde bei Papa anrufen und ihm sagen, dass er sich diesen Weg dann sparen könne. Auch das noch, dachte ich und spürte, wie mir der Nachmittag aus den Händen glitt. Danni abholen bedeutete immer auch Betreuung, Bespielen, Aufpassen und nerviges Gezanke um jedes Nein, das man aussprach. Lächelnd versprach ich, mit dem Bus gleich eine Station weiter zu fahren und dann zum Kindergarten zu marschieren. Der Alltag hatte mich schon wieder voll im Griff.

Unterwegs dachte ich an den Koffer mit Schmutzwäsche, an den hoffentlich nicht leeren Kühlschrank, wenn ich der Kleinen ihr Abendbrot machen müsste und an das Wiedersehen mit Papa. Würde er Mutti besuchen gehen? Oder in die Kneipe bei Tiefbau oder erst das eine dann das andere? Würde unser Wiedersehen herzlich oder voller Misstrauen sein? Was nützte es, darüber zu spekulieren? Ich würde abwarten, welche Situation sich mir bot und dann entscheiden, ob ich Papa überhaupt gleich von Peter erzählte. Mutti nannte dieses Vorgehen stets weibliche Diplomatie, ich nannte es, die Unberechenbarkeit des Lebens einzuplanen.

Die Kinder spielten im Freien. Danni kam mir freudig entgegengehopst, als sie mich erblickte. Ich drehte sie, bis mir schwindlig wurde und bereute es sofort, denn sie wollte immer mehr und immer mehr. Mir fehlte die Autorität mich durchzusetzen, ich war eben nur die große Schwester, zuständig für Spaß und Freude. Die Erzieherin sprang hilfreich ein und schickte Danni hoch, Jacke und Stullentasche holen. Dann zuckelten wir ab. Ein bisschen wie Mutter und Kind, ein bisschen wie Dick und Doof und ein bisschen wie Plüsch und Plum.

Bevor wir nach oben gingen, wagte ich einen Blick in unsere Telefonzelle. Sie schien in Ordnung zu sein. Das Kabel war nicht durchgeschnitten, der Hörer tutete und der Geldschlitz war nicht verstopft. Das Telefonbuch war zerfetzt und in der Zelle roch es scharf nach Urin. Aber sie funktionierte. Es sei denn, jemand hatte das Sprechmembran aus dem Hörer geklaut. Notfalls also, im Falle aller äußerster Sehnsucht, könnte ich Peter anrufen. Dazu würde aber eine Portion Mut gehören. Man wusste ja vorher nie, wer nachher am anderen Ende zum Hörer griff.

Während Danni noch über ihren Abendbrotteller gebeugt mit mir darüber diskutierte, dass eine Honig- oder Nudossistulle besser als Leberwurst gewesen wäre, kam Papa nach Hause. Er hatte nur eine ganz leichte Bierfahne und nahm mich ungewohnt herzlich in den Arm. Danni ertrug diesen Anblick nicht. Sie meldete ihre Stullenreklamation gleich an die nächsthöhere Instanz ... und bekam ein Honigbrot von Papa.

Wir sprachen von meiner Reise, aber der Fernseher lief schon wieder und das Interesse an mir erlosch. Im Gegensatz zu unserer Erziehung, also der von Martin und mir, durfte Danni trödeln. Sie guckte in die Röhre, forderte erneut Trinken und noch eine Stulle und beschäftigte mich wie ein Kindermädchen. Ich sah meinen Koffer im Flur stehen und holte die verschmutzten Sachen raus. Die alte Wellradwaschmaschine würde heute noch zum Einsatz kommen müssen, ich hatte nichts Frisches mehr im Schrank. Papa fing an, sein Bett zu bauen. Er klappte beide Seiten der Couch auf. Als er mein fragendes Gesicht sah, erklärte er mir, dass die Kleene bei ihm schläft, solange Mutta im Krankenhaus liegt. Punkt. Eigentlich konnte es mir egal sein, umso mehr Ruhe hätte ich in meiner Stube, dachte ich, und widmete mich meiner Wäsche. Die Maschine würde die nächsten zwei Stunden gut zu tun haben. Zwischendurch machte ich Danni bettfertig, lagerte sie in Muttis Bett und ließ die Wanne volllaufen, um die Wäsche in gewohnter Handarbeit zu spülen und auszuwringen. Dann würde die Schleuder meine Wringarbeiten zur Vollendung bringen und ich alles nach oben auf den Trockenboden bringen.

Martin trudelte nun auch ein. Er hatte nach der Arbeit noch Fußballtraining gehabt und machte einen ziemlich geschafften Eindruck. Er warf seine Sporttasche in seine Stube und begrüßte mich mit einem erfreuten Hallo. Ich saß in meiner Stube am Tisch und versuchte meinem Tagebuch meine neueste Liebes- und Reisegeschichte anzuvertrauen. Ich hatte so viel zu erzählen und so viele Gefühle zum Ausdruck zu bringen, dass ich gar nicht wusste, wo ich anfangen sollte. Bis jetzt stand da nur, wie immer „Mein liebes Tagebuch".

Martin setzte sich auf das ehemalige BERATUNGSMUSTER, die blau-weiße Liege, die nun, wegen meiner Beharrlichkeit, als mein Bett im Zimmer stand. In seinem Ausbildungsbetrieb hatte es schweren Ärger gegeben. Seine Ausbildung fand in einem KFZ-Betrieb in der Behaimstraße statt. Überwiegend kursierten Gerüchte, Genaues wusste keiner. Die Werkstatt wurde jedenfalls geschlossen und Martin fand mit Papas Hilfe eine neue Ausbildungsstätte. Diesmal in einer Barkasbude in der Pappelallee. Er hatte seinen Traumberuf so gut wie in der Tasche. Meine Neugier wuchs, wie sich bei mir alles gestalten würde. Ich vertraute Martin an, dass ich einen Freund hätte. Hinterher bereute ich es. Eigentlich hatte ich mich schon oft genug über ihn aufgeregt, wenn er sich unbegründet abfällig über meine Freundschaften ausließ und das dann auch noch in Papas Beisein zum Thema machte. Aber nun war es heraus und ich würde mit seiner schlechten oder guten Kritik an Peter leben müssen.

Unvermeidbar war, dass nun auch Danni in der Türe stand. „Papa schläft schon", sagte sie und, „ich will was trinken." Ich klappte mein Tagebuch zu und ging mit ihr in die Küche. Wie die Zeit verging, die alte Waschmaschine war schon fertig mit ihrer Arbeit. Danni bekam etwas Wasser, dann schickte ich sie nochmals aufs Klo und ließ nebenbei die Wäsche in die Wanne gleiten, um sie zu spülen. Ich brachte die Kleine ins Bett. Papa schlief den Schlaf der Gerechten. Die Vorgänge würden sich noch mehrmals wiederholen, ehe ich mit der Wäsche auf den Trockenboden gehen konnte. Dreimal spülen, dreimal Danni ins Bett bringen, Weichspülen, Danni ins Bett bringen, Martin ins Bad lassen, Wäsche schleudern, auf den Boden gehen, Danni stand plötzlich hinter mir. Sie wollte mir helfen. Ein anderer Ausdruck für „ich will nicht schlafen". Der Tag war lang. Mit Peter zu telefonieren konnte ich vergessen, es war unterdessen zu spät und Danni würde mich wahrscheinlich auch noch bis auf die Straße verfolgen.

Morgen würde ich ihn wiedersehen! Ein letztes Mal an diesem Tag brachte ich Danni ins Bett und ging selber schlafen. Die restliche

Wäsche musste warten, mein Tagebuch musste warten. Kaputt und mit glücklichen Gedanken schlief ich ein.

Papa weckte mich morgens. „Du musst Danni in den Kindergarten bringen", sagte er ohne jegliches Fragezeichen. Die Männer der Familie waren mit ihrer Morgentoilette und Frühstücken beschäftigt. Die Kleine schlief noch und ich hoffte, das bliebe noch eine Stunde so. Keinesfalls würde ich sie zu Hause behalten. Wenn Mutti Peter kennenlernte, wollte ich Danni nicht dabeihaben. Im Bad war ich schnell fertig. Danni hätte gerne noch länger geschlafen. Kein Wunder, wenn man bis in die Nacht seiner Schwester hinterhergeistert. Ich blieb erbarmungslos. Danni wurde ins Bad geschickt und vertrödelte dort meinen kostbaren Morgen. Zum Glück hatte ich keinen Zeitdruck. Nach langen Diskussionen um modische Aspekte war das Kind angezogen. Mit ihrer Brottasche und ihrem völlig unnötigen Regenschirm verließen wir endlich die Wohnung.

Erst auf dem Rückweg fing ich an, den Morgen zu genießen. Zwei Wochen Ferien, letzte Ferien, blieben mir noch, dann würde meine Ausbildung beginnen.

Peter würde mit seinen zwei alten Schulfreunden eine Woche lang nach Binz auf einen Zeltplatz fahren. Ich würde in Weißensee sitzen, den Kalender und die Uhr betrachten und hoffen, dass die Zeit bis zum Wiedersehen schnell verginge.

Als ich die Wohnung betrat, fiel mein erster Blick auf die Uhr im Wohnzimmer. Es war 9.30 Uhr. Ich dachte kurz über die Reihenfolge meiner Vormittagsbeschäftigungen nach. Um 13 Uhr müsste ich losgehen. Bis dahin könnten die Wäscheberge, auch die der Familie, gewaschen und auf dem Boden sein. Zwischendurch würde ich duschen, mich auf den Balkon setzen und meinem Tagebuch das Neueste vom Neuen berichten. Die Katze hinterließ nach jedem Klogang Streu auf dem Linoleum und dem Korridorteppich. Staubsaugen müsste also auch noch erledigt werden. Papas und Dannis Bett brauchte ich nur zu ordnen. Besuch wurde nicht erwartet. Die Stunden vergingen wie im Fluge, fast hätte ich den Kaffee für Mutti vergessen. Der 55er brachte mich nach Pankow, wo ich mit Peter am Bahnhof verabredet war. Die Strecke war mir vertraut. Das Freibad Pankow mit seinem Zehnmeter-Turm war mir wohl bekannt und nur ein paar Haltestellen weiter. Im Sommer vor zwei Jahren hatte ich hier meinen ersten

Sprung gewagt. Allerdings nicht mehr so unbefangen wie Jahre zuvor vom 5er in Weißensee.

Als der Bus um die Ecke bog, konnte ich Peter sofort zwischen den dahineilenden Passanten entdecken. Ich dachte, ich sehe nicht richtig. Wo waren seine schönen langen Haare? Da stand er mit einem Blumenstrauß in der Hand, ordentlich gekleidet und neugierig in den ankommenden Bus starrend. Ja, er sah immer noch gut aus, aber die Haare waren ab. Wir begrüßten uns, als hätten wir uns seit einer Ewigkeit nicht mehr gesehen. Er wolle einen guten Eindruck machen, sagte er mit einer streifenden Handbewegung durch sein kurzes Haar. Er hatte mir erzählt, wie sehr seine Eltern seine Frisur verabscheuten. Da hatte er sich gedacht, er tue uns einen Gefallen damit, wenn er sich bei meinen Eltern gar nicht erst so blicken lässt. Wie Recht er hat, dachte ich im Stillen und freute mich, dass er damit zumindest meinem Vater ganz schön den Wind aus den Segeln genommen hatte. „Die Blumen sind für deine Mutter", sagte er und schien zu hoffen, dass ich jetzt nicht enttäuscht war. Wir spazierten die Berliner Straße runter bis zur Johannes-R.-Becher-Straße. Hier herrschte reges Treiben, denn es war Markttag und auf der Mittelinsel der Straße flanierten die Leute von Stand zu Stand, musterten die bunten Blumensträuße, kauften Gurken und Sauerkraut vom Fass und freuten sich über das frische Angebot an Obst und Gemüse der Saison, welches es in dieser Form selten in Kaufhallen zu kaufen gab.

Fünf Minuten später standen wir vor der Augenklinik. Peter fragte mich noch, ob er besondere Dinge im Umgang mit meiner Mutter beachten müsse. „Nein, die ist ganz unkompliziert", antwortete ich aus voller Überzeugung und machte mir selbst überhaupt keine Sorgen, dass Peter irgendwie bei ihr in Ungnade fallen könnte. Ich sah Mutti in der Sonne sitzen. Sie hatte sich ein Plätzchen auf einer Bank ausgesucht, von dem aus sie den Eingang gut im Auge hatte, und das im wahrsten Sinne des Wortes. Auf dem rechten Auge hatte sie einen frischen Verbandmull, um den herum die Haut von Salbe glänzte. Wir begrüßten uns herzlich wie immer, mit einer liebevollen Umarmung und einem Küsschen auf den Mund. Dann, noch bevor ich etwas sagen konnte, streckte Mutti Peter die Hand entgegen, lächelte ihn an und sagte: „Sie müssen Peter sein. Ich freue mich, Sie kennen zu lernen." Peter grüßte zurück und überreichte mit einer charmanten Geste den kleinen Blumenstrauß. Die Kommunikation zwischen uns dreien funktionierte hervorragend. Die Blumen brauchten bei der Hitze unbedingt Wasser und wir brauchten drei Tassen für den mitgebrachten Kaffee. Bei der Gelegenheit zeigte Mutti uns ihr Zimmer. Eine alte Dame lag auf ihrem Bett und ruhte, hob aber kurz die Hand zur Begrüßung. Mutti hatte sich im Flur eine Vase besorgt. Sie stellte die Blumen auf ihren Nachttisch und bedankte sich noch einmal. Wir verließen das Zimmer und suchten Tassen, Zucker und Milch. Vor Ort bereiteten wir alles zu und gingen wieder runter auf die Parkbank. Mutti machte sich Sorgen, ob zu Hause auch alles funktionierte. Ich beruhigte sie und lobte alle in den höchsten Tönen. Ihre Hand tätschelte meinen Schenkel, was so viel hieß, wie „Schön zu wissen, dass du zu Hause bist". Mutti drehte sich von der Sonne weg. Vor Helligkeit und Wärme hatte die Schwester sie gewarnt. Möglichst sollte sie überhaupt im Schatten sitzen. Ich kramte meinen Regenschirm aus der Tasche und funktionierte ihn zum Sonnenschirm um. Mutti freute sich über den Kaffee und rauchte eilig, denn auch das Rauchen hatte ihr der Arzt verboten, eine halbe Zigarette. Peter musste grinsen. Ich hatte das Gefühl, er könnte Mutti gernhaben. Sie plauderte über ihre Operation und über die Schwestern und den wunderbaren Arzt. Sie erzählte von Danni, deren Einschulung immer näher rückte und von ihrer Arbeit im Betrieb, womit sie natürlich ein gutes Thema getroffen hatte, denn sie und Peter waren ja schließlich Kollegen. Ich ließ die beiden plaudern und ging zur Toilette. Die Zeit drängte, Danni musste noch abgeholt werden und ein paar Minuten wollte ich gerne noch mit Peter alleine sein.

Wir verabschiedeten uns und Mutti ließ es sich nicht nehmen, auch Peter ganz schnell feste zu drücken. „Morgen kommen Danni und Papa dich besuchen", versprach ich ihr. Peter nahm meine Hand und wir gingen los, mit dem einäugigen Blick einer wohlwollenden Mutter im Rücken.

Mit der Straßenbahn fuhren wir zur Vinetastraße. Hier wohnte Peter mit seinen Eltern. Wir wollten nur einmal um den Block gehen, an Peters Wohnung vorbei und uns dann an der Bushaltestelle wieder verabschieden. Die Berliner Straße war an diesem Ende genauso turbulent wie am anderen Ende. Die U-Bahn endete hier und entließ oder empfing unzählige Menschen, die die Treppen hinauf und hinunterliefen, zu Bushaltestellen oder Straßenbahnen eilten oder von hier aus ihr Ziel zu Fuß erreichen wollten. Als wir links in die Vinetastraße einbogen, herrschte sofort Ruhe. Der Trubel lag hinter uns, und vor uns lag eine beschauliche Straße, gesäumt von schattenspendenden alten Platanen und kleinen Vorgärten. Trabbis und Wartburgs warteten in ihren Parklücken geduldig auf ihre nächste Fahrt und ein paar Kinder liefen mit ihren Rollschuhen auf der Fahrbahn, als gäbe es keinen Straßenverkehr. Balkone an den Fassaden sorgten für reiche sommerliche Farbenpracht. Ein besonderes Balkonexemplar sorgte bei mir für Gelächter. Auf ihm „blühten" rote Fahnen und Papiernelken. Eine Wandzeitung mit sozialistischer Propaganda sorgte für Abwechslung. Ringsum linkisch befestigte Weihnachtsbaumbeleuchtung. Eine zerlumpte DDR-Fahne hing über der Brüstung. Hier konnte die Geschmacklosigkeit nicht mehr übertroffen werden. „Hier sieht's immer so aus", kommentierte Peter, der diesen Anblick schon gewohnt war. Der ist bestimmt der ganze Stolz seiner Partei, dachte ich lächelnd.

„Hier wohnen wir", sagte Peter und zeigte mit dem Finger auf eine Parterrewohnung mit verglastem Balkon. Außer sauberen Fenstern und hübschen Gardinen gab es nichts zu sehen. Gegenüber befand sich eine kleine Grünanlage wie auf einer Insel. Hier stießen die Vineta- und die Westerlandstraße in hübscher Harmonie aufeinander und umschlossen die kleine Parkanlage. Wir bogen links in die Trelleborger- und wieder links in die Elsa-Brandström-Straße ein. „Dort wohnt Bodo", zeigte mir Peter mit einer Handbewegung nach rechts. Bodo war einer der beiden besten Freunde von Peter. Einer der Freunde, mit denen er in drei Tagen nach Binz auf den Zeltplatz fahren würde. Da war wieder einer von diesen großen, trocknen Klößen in meinem Hals. Von der Sorte, die einem die Luft nehmen, die Augen feucht machen und nachher schwer im Magen liegen. Gleich würden wir wieder die Berliner Straße erreicht haben und meine Bushaltestelle. Es war erst Nachmittag und ich musste meinen Abholpflichten und meinem Nachmittagsprogramm mit Danni nachkommen. Den ersten Bus ließen wir wegfahren. Den nächsten würde ich nehmen müssen, um nicht die Letzte im Kindergarten zu sein. „Kommst du heute Abend noch mal her?", fragte Peter, „Ich würde dir gerne Bodo und Zachi, den Zweiten der beiden Freunde, vorstellen." Nun ja, ein Abend mit ihm und guten Freunden war besser, als ein Abend ohne Peter zu Hause.

Ich war auch ziemlich gespannt auf seine Freunde, von denen er mir schon viel erzählt hatte und die scheinbar recht unterhaltsame Gesellen waren. „Vor Zachi“, sagte er, „muss ich dich allerdings warnen, der spinnt gerne. Wenn dir an seinen Geschichten irgendwas übertrieben oder unmöglich erscheint, dann hat er wahrscheinlich wirklich gerade wieder gelogen. Nimm es mit Humor, sonst ist er nicht zu ertragen.“

Es war die Zeit des Berufsverkehrs, die Busse fuhren in kurzen Abständen. Mein Bus kam und nahm mich mit. „Welche Zeit, wo?“, rief ich durch die noch geöffnete Bustür. Die Tür schloß sich, Peter zeigte acht Finger und mit dem Zeigefinger auf die Stelle wo er stand. Ich nickte lachend und der Bus brachte mich nach Weißensee. Meine Gedanken kreisten um Peter und Papa. Ich hätte die beiden gerne noch vor Peters Ostseereise miteinander bekannt gemacht, zumal Martin eingeweiht und sein Schweigen nicht garantiert war. Er sprach manchmal mit einem Grinsen im Gesicht nur Anspielungen aus. Das fand ich schlimmer, als direkt verraten zu werden. Denn es schaffte Misstrauen und stellte den anderen unter Zugzwang, nähere Erklärungen abzugeben. Als ich mit Danni nach Hause kam, saß Papa mit einer Tasse Kaffee und der unvermeidlichen Zigarette auf dem Fußende seines Bettes und sah fern. Molly lag schnurrend neben ihm und ließ sich von uns in ihrer Ruhe nicht stören. Papa freute sich, dass wir Mädels wieder da waren und wurde erst einmal von Danni in Beschlag genommen. Sie erzählte und erzählte, mal empört über die anderen Kinder, mal begeistert von ihren Unternehmungen. Im Fernsehen lief das Regionalprogramm, Werbung, das HB-Männchen wütete über den Bildschirm und Dannis Blicke waren gefangen genommen von den Bildern und ihr Plappermaul schwieg. „Alles in Ordnung bei Mutta?“, fragte Papa mich interessiert. Ich erzählte ihm von meinem Besuch und bat ihn, ihr morgen eine Thermoskanne Kaffee mitzunehmen. „Ich wollte mit dir auch noch was anderes besprechen“, sagte ich mit einer Stimme, die wie eine Vorwarnung klang. Papa schaute mich aufmerksam und etwas besorgt an. „Ich habe in Polen einen Jungen kennengelernt.“ Junge hörte sich besser und in Papas Ohren bestimmt geschmeidiger an als Mann. Papas Rücken wurde ganz gerade und seine Kieferknochen fingen an zu arbeiten. „Ich würde ihn gerne mal zu uns einladen. Mutti hat ihn heute schon kennen gelernt.“ Papa stand auf und ging in die Küche. Er setzte Wasser für die nächste Tasse Kaffee auf, füllte seinen großen Pott mit Kaffeepulver und dachte nach. Ich war ihm gefolgt und versuchte seine Mimik und seine Körpersprache zu entschlüsseln. „Er ist Pole?", war seine erste besorgte Frage und noch bevor ich antworten konnte stellte er fest, dass das einige Schwierigkeiten mit sich bringen könnte. Die Entfernung, die andere Kultur und so weiter und so weiter. Ich ließ ihn ausreden und stellte dann alles richtig. Deutscher, ausgelernter Maschinenschlosser, wohnt in Pankow. Ich weiß nicht, ob ihm nicht doch eine, wahrscheinlich zum Scheitern verurteilte, Fernbeziehung zu einem polnischen Mann besser gefallen hätte. Der Kaffee wurde aufgegossen und Papa setzte sich auf einen Küchenstuhl, füllte Kaffeesahne und Zucker in seine Tasse und rührte nachdenklich in seinem Kaffee herum. Molly war uns gefolgt und stieß fordernd ihren leeren Futternapf um. „Dann bring ihn mit und stell ihn mir vor", sagte er in einer Art, als würde er kein Problem damit haben. Nun war es raus ... ich war wirklich erleichtert, die Gelegenheit für ein Tochter-Vater-Gespräch beim Schopf gepackt zu haben. Er stellte auch keine weiteren Fragen, nahm seinen Kaffeepott und setzte sich wieder vor den Fernseher in die Wohnstube. „Ich bin abends verabredet!", rief ich in die Wohnstube. Papa nickte stumm und ohne die Augen vom Bildschirm zu nehmen. „Mach mal für die Kleene noch Abendbrot! Um elf biste wieder hier!" Zu diesem Kommentar verdrehte ich genervt die Augen und machte mich ans Stulleschmieren. Natürlich gleich mit Honig und Schokolade, die Diskussion vom Vorabend ersparte ich mir heute. Die Uhrzeit und die Sehnsucht mahnten zur Eile.

Gleich drei junge Männer erwarteten mich an der Bushaltestelle in Pankow. Der lange, dünne Blonde mit einem Gesicht wie Darrin aus „Verliebt in eine Hexe" musste Bodo sein und der recht griffige schwarze Lockenkopf war Zachi. Wir begrüßten uns wie alte Freunde, ich merkte aber schon, dass ich gemustert wurde und die beiden Neuzugänge in meinem Leben Blicke untereinander austauschten. Wir beschlossen, in eine nahe gelegene Kneipe in der Berliner Straße zu gehen. Bei einem Glas Bier ließ es sich gut plaudern. Die Männer erzählten von ihren zurückliegenden Urlaubswochen. Sie scherzten und lachten und trafen genauere Absprachen für ihre Fahrt nach Binz. Zachi hatte sein exotisches Aussehen von seinem Vater. Der war gebürtiger Algerier. Diese Familienkonstellation war für die damaligen Verhältnisse außergewöhnlich. Zachis Eltern mussten also schon vor der Mauer ein Paar gewesen sein. Zachi erzählte von seiner Freundin Annette, die heute leider keine Zeit hatte. Aber er schwärmte von ihrem Aussehen und wie klug sie war. Peter und Bodo tauschten Blicke aus. Bodo schien solo zu sein. Er liebte seine Colly-Hündin Senta und Ireen Sheer. Die drei jungen Männer verloren sich mit jedem Bier mehr und mehr in ihren alten Geschichten über gemeinsam Erlebtes. Es war amüsant ihren Gesprächen zu folgen und ich stellte sie mir halbnackt vor einem Zelt sitzend im gelben Ostseesand vor. Ich beneidete Bodo und Zachi um die Woche mit Peter. Es hätte unsere Woche, unser Zelt und unser Strand sein sollen. Die Männer zahlten die Zeche und Bodo und Zachi verließen uns. Wir hatten noch eine halbe Stunde, bevor ich nach Hause musste. Wir schlenderten die Berliner Straße ab, guckten in die Schaufenster und auf die Vorankündigungen des Kinos ODEUM. Immer wieder blieben wir stehen und küssten uns. „Hättest du Lust übermorgen zu uns zu kommen?“, fragte ich Peter und erzählte ihm von meinem Gespräch mit Papa. Mir wäre es einerseits schon lieber gewesen, wenn Mutti auch anwesend gewesen wäre, andererseits hätten wir diesen Vorstellungstermin dann hinter uns. „Ab morgen gehe ich noch mal 2 Tage arbeiten, sonst reichen meine Urlaubstage nicht aus“, sagte Peter. Ihm war die ganze Vorstell-Geschichte scheinbar auch nicht angenehm. „Morgen muss ich noch einige Besorgungen für die Reise machen“, sagte er, „aber übermorgen könnte ich nach der Arbeit kommen.

Holst du mich dann um vier vom Bus ab? Dann gehen wir gemeinsam zu dir.“. Ich freute mich über diese Zusage und war im Kopf auch schon mit der Nachmittagsplanung der nächsten 2 Tage beschäftigt. Natürlich tauchten da immer wieder Danni und Krankenhaus auf. Ich würde Danni morgen gleich nach dem Mittagsschlaf abholen und mit ihr zusammen Mutti besuchen. Am frühen Abend würde Papa bei Mutti sein. Vielleicht könnte ich mich abends mit Regina treffen, am besten bei uns, dann könnte ich nebenbei die Kleine versorgen und hüten und darauf achten, dass sie pünktlich ins Bett kam.

So wie ich es geplant hatte kam auch alles. Außer von Mutti. Da kam eine Hiobsbotschaft. Ihr operiertes Auge hatte sich infiziert. Der Erfolg der Operation schien in Frage gestellt. Mutti war sehr geknickt. Außerdem hieß das, dass sie vorläufig noch nicht nach Hause kommen dürfte. Danni quängelte rum. Mutti lag in einem Einzelzimmer und durfte nicht raus. Das war für die Kleine natürlich langweilig. Mutti brauchte ihre Ruhe und so gingen wir kurze Zeit später schon wieder nach Hause. Das Tor auf Papas Arbeit stand noch auf. Wir gingen über den Hof und in die Baracken und suchten ihn. Papa war im Pausenraum und freute sich über unseren unerwarteten Besuch. Er war schon frisch geduscht und umgezogen, nur die Haare mussten noch gekämmt werden. Ich fühlte mich an meine Kindheit erinnert, als Papa noch der Mann meiner Träume, der Größte und Stärkste, der Klügste und Schönste war. Wo war all das geblieben? Ich erzählte ihm von Mutti und der Infektion. Ich versprach ihm, abends bei Danni zu bleiben. Papa wollte sofort zu Mutti fahren. Wir gingen noch gemeinsam zum Tor. Papa schloss ab und unsere Wege führten in entgegengesetzte Richtungen. „Kann Peter morgen kommen?", rief ich ihm noch hinterher. Er drehte sich kurz um. „Meinetwegen", antwortete er und setzte seinen Weg mit gewohnt langsamen Schritten fort in Richtung Bus.

Die Verabredung mit Regina klappte. Wir machten es uns auf dem Balkon gemütlich. Es gab so viel zu erzählen, denn bis auf den kurzen Austausch unter ihrem Fenster, hatten wir uns lange nicht gesehen. Wir hatten alle beide mal keinen Liebeskummer und konnten uns gegenseitig die Ohren voll schwärmen. Regina war mit ihrem Freund schon ziemlich lange zusammen. Sie hatte ihn bei einem großen Treffen der evangelischen Kirche kennengelernt. Den gleichen Glauben zu haben, war natürlich eine gute Grundlage für eine gemeinsame Zukunft. Peter war nicht einmal getauft. Für ihn waren Kirchen nichts anderes als prächtige Museen und dass moderne Menschen an einen Gott glauben konnten, ließ diese in seinen Augen fast suspekt erscheinen.

An den Heiligen Geist glaubte man allerdings in seiner Familie – und zwar immer dann, wenn man einen Schuldigen für verlegte oder kaputte Dinge brauchte. Reginas Freund hatte den Wehrdienst aus Überzeugung, also auch aus Glaubensgründen verweigert. Er musste als Bausoldat dienen, ohne Gewehr, dafür mit Spaten. Der Dienst wurde ihm durch viele willkürliche Gemeinheiten extrem schwer gemacht. Es gab nur wenige Männer in der DDR, die sich trauten, diesen Weg zu gehen.

Danni war heute in ihrem Bett eingeschlafen. Da konnte sie uns hören und sehen. Auch mit ihrem Abendbrot hatte ich mich heute durchgesetzt. Es wurde immer später. Martin war unterdessen zu Hause und guckte fern. Papa ließ auf sich warten. Auf dem Rückweg von der Klinik musste er bei Tiefbau vorbei, das war für ihn schwer zu schaffen. Sicher saß er jetzt mit ein paar bekannten Männern von der Arbeit oder vom Fußball zusammen bei Bier und Schnaps und philosophierte über das Leben im Allgemeinen und im Besonderen.

Immer wieder schaute ich über die Balkonbrüstung und hielt nach ihm Ausschau. Dann sah ich ihn. Sein Weg war heute mindestens einhundert Prozent länger als sonst, denn er lief in Wellenlinien seinem Ziel entgegen. Ihn so zu empfangen machte mir vor Regina nichts aus. Sie kannte ihn lange genug und hatte ihn schon des Öfteren in diesem Zustand erlebt. Martin räumte die Wohnstube und verschwand im Bett. Regina und ich räumten den Balkon und empfingen Papa in unserer Aufbruchsstimmung. Er machte Späßchen, zog Regina, die gerade noch in der Ausbildung zur Köchin war damit auf, dass sie letztens im Konsum Tütensuppe gekauft hatte. Regina sah auf die Uhr. „Ich muss jetzt gehen“, sagte sie und verschwand mit einem Gutenachtwunsch aus der Wohnung. Papa wurde nun melancholisch. Einen Kaffee wollte er noch trinken und dann ins Bett gehen. Ich kochte ihm eine Tasse und hörte mir geduldig und ohne Widerspruch sein Gerede an. Er sprach von Verantwortung, die man als Mann und Vater hat, von seiner Arbeit, die körperlich so schwer war, dass man sich schon mal einen schönen Feierabend genehmigen durfte. Er sprach von Sorge um mich, denn ich schien ja nun langsam eine richtige Frau zu werden, und von allem Kummer und jedem Leid, das er scheinbar besonders heute mal wieder im Alkohol ertränken wollte. Aber er stritt nicht mit mir. Das empfand ich als sehr angenehm in seinem Zustand und ich musste wirklich aufpassen, mich nicht zum Mitleid mit ihm hinreißen zu lassen. Es würde auch heute keinen Sinn mehr haben, ihn nach seinem Besuch bei Mutti zu befragen oder einen Schlachtplan für die nächsten Tage zu entwerfen. Morgen früh hätte er sowieso alles vergessen.

Da saß er, dieser mir rätselhafte Mann und schlürfte seinen Kaffee. Ein Mann wie ein Baum, sportlich, allgemein beliebt, mit einer netten Familie und vor allem einer liebenden und verständnisvollen

Frau gesegnet. Was ging in ihm vor? Worüber konnte er nicht sprechen? Was hielt ihn ab, seinen Sorgen und Ängsten einen Namen zu geben? Er war als viertes von fünf Kindern, groß geworden im Nazi-Deutschland, mit Idolen, die noch vor Beginn seiner Pubertät vom Thron stürzten und wie Seifenblasen zerplatzten. Viel zu früh schon unterwegs, überlebenswichtige Lebensmittel, Brennmaterialien oder Bekleidung für die Familie zu „organisieren". Viel zu früh erwachsen geworden mit einer Bürde auf den Schultern, die er noch nicht bewältigen konnte. Manchmal erzählte er von seinen Heldentaten aus der Zeit, als er noch ein halbes Kind war. Wie flink er war, wenn er Kohle vom fahrenden Eisenbahnanhänger auf die Gleise warf, um sie hinterher mit seinem Bruder in einer Nacht- und Nebelaktion heimlich aufzusammeln und wie einen Schatz nach Hause zu tragen, zu jung, die Gefahr zu erkennen, jung genug, es als Abenteuer zu bewerten. Trost und Zuspruch von der Mutter gab es nicht. Es hagelte Ohrfeigen. Wenn Papa etwas Gutes von seiner Mutter erzählte, war es die Tatsache, dass sie früher einmal hervorragend Kasatschok hatte tanzen können. Über das Leben, das Großwerden in seiner Familie erzählte er nie mehr als kleine Episoden mit seinen Geschwistern.

Vielleicht war der Fußball das Überlebenselixier seiner Kindheit gewesen. Die Kinder, die Jugendlichen, die mit ihm durch dick und dünn gingen, ihm beistanden, ihn trösteten. So wurde das Fußballspiel sein König im Leben. Er setzte es auf einen Thron und vergötterte es. Die damit einhergehende Kameradschaft, die Erfolge und die Niederlagen, die anschließend in froher Runde begossen werden mussten. Das Erwachsenwerden mit all seiner Verantwortung kam dazwischen, störte und war Realität, kein Abenteuer.

Papa ging ins Bett und ich verfolgte unbemerkt sein Tun. Es war schon oft vorgekommen, dass er in diesem Zustand seine Brieftasche irgendwo in der Wohnung versteckte und am nächsten Tag das große Suchen begann. Manchmal hatte er noch unklare Erinnerungen daran und konnte wenigstens Hinweise geben, ob im oberen oder unteren Bereich der Wohnung gesucht werden musste. Manchmal setzte er auch eine Prämie für den Finder aus. Jetzt ging er ins Bett und schlief trotz seiner empfundenen Probleme schnell ein.

Noch vor wenigen Jahren hatte ich oftmals Angst, Papa könnte nach seiner Heimkehr am Gasherd das Feuer anmachen oder das Gas aufdrehen und vergessen. Meine kindliche Angst ging so weit, dass ich nachts heimlich aufstand und den großen Haupthahn auf dem Korridor zudrehte. Das gab mir eine gewisse Sicherheit. Papa rauchte auch im Bett und auf dem Sofa. Meist behielt Mutti ihn im Auge, bis er die letzte Zigarette des Tages geraucht und ausgedrückt hatte. Manchmal schlief er mit Glimmstängel zwischen den Fingern ein, wachte auf, wenn es heiß wurde, oder Mutti kam ihm zuvor und nahm ihm die Zigarette aus der Hand. Überall in unserer Wohnung gab es kleine angeschmogte Zeugen seines sorglosen Umgangs mit glühenden Zigaretten. Tischkanten, Tischdecken, Papas Oberhemden, der Mülleimerdeckel.

Morgen früh würde er wohl einen Kater haben, aber er würde keinesfalls verschlafen. Erstaunlicherweise kann ich mich überhaupt nicht erinnern, dass der Alkoholgenuss bei ihm jemals dazu geführt hätte, dass er verschlief oder nicht zur Arbeit ging. Seine Laune war vielleicht im Keller, aber er ging immer pünktlich aus dem Haus und erfüllte vor Ort seine Pflichten.

Danni schlief friedlich. Ich deckte sie zu und ging auch ins Bett. Morgen würden die beiden Männer meines Lebens erstmals aufeinanderstoßen. Barni, Hofi und Lutz fielen mir ein und Papas kleine und große Gemeinheiten ihnen gegenüber. Ich hatte keinen Grund, dem nächsten Nachmittag sorglos entgegenzusehen. Hoffentlich kam Papa auch nüchtern nach Hause, das Treffen könnte sonst als Fiasko enden.

Pünktlich stand ich, mit meiner kleinen Schwester bewaffnet, am nächsten Tag an der Bushaltestelle. Danni war völlig aus dem Häuschen. Ihre Schwester hatte einen Freund, was für eine aufregende Sache für eine Sechsjährige. Sie fragte mir Löcher in den Bauch, auch nach Dingen, die sie wirklich nichts angingen. Endlich kam der Bus. Peter sah man seine Überraschung wegen Danni an. Unseren Begrüßungskuss beobachtete sie genau und kommentierte ihn unfein mit Iiih und Bah. Völlig unbefangen ergriff sie meine rechte und Peters linke Hand und hatte sich so den goldenen Platz in der Mitte gesichert. Wie eine sehr junge Familie gingen wir nach Hause.

Papa saß im Wohnzimmer vor dem laufenden Fernseher, einem Pott Kaffee und einem vollen Aschenbecher. Mit den Worten „Tina hat ihren Freund mitgebracht!“ stürmte Danni in die Wohnstube und begrüßte Papa. Papa zeigte sich von seiner besten Seite. Er nahm Peter zur Kenntnis, stand auf, reichte ihm, wie es nur Männer können die Hand, bot ihm einen Platz an und fragte, ob er einen Kaffee trinken möchte. Also besser ging es nun wirklich nicht. Hatte Mutti ihn gestern ins Gebet genommen? Mir war die Situation direkt unheimlich. Ich ging Kaffee kochen und erschien ein paar Minuten später im Wohnzimmer. Papa und Peter unterhielten sich ganz normal. Danni gab ihren Senf dazu und man konnte fast von einer Familienidylle sprechen. Molly musterte und beschnupperte den unbekannten Gast, hielt ihn scheinbar für ungefährlich und geruchsneutral und sprang zu Papa auf das Sofa.

Ich war regelrecht platt. Da machte ich mir nun so viele Tage Gedanken über das erste Zusammentreffen von Peter und Papa und dann das. Unsere Pötte standen bunt gemixt auf dem Tisch, dazwischen der Ascher und eine Packung Hansakekse. Das Gespräch zwischen den Männern war im Fluss. Peter erzählte von seiner Arbeit und seinen Kollegen, von seinen Eltern und der Familie seiner Schwester. Er ließ nichts aus, um sich als Kind aus gutem Hause, mit Verantwortungsgefühl und auf jeden Fall zwei rechten Händen darzustellen. Seine neue Frisur hatte wahrscheinlich viel dazu beigetragen, den Weg für ein vorurteilsfreies Gespräch zu ebnen.

In den Vormittagsstunden war ich durch unsere Wohnung gewirbelt, um Peter am Nachmittag eine aufgeräumte Wohnung vorzeigen zu können. Natürlich hatte Molly schon wieder überall ihre krümeligen Fußstapfen hinterlassen, aber Danni hatte noch keine Zeit gefunden, das gewohnte Chaos in unserer gemeinsamen Stube anzurichten. Bad und Küche waren hygienisch einwandfrei und Martins Stube blieb zu. Das Kennenlernen war zu meiner Zufriedenheit gelaufen. Martin tauchte irgendwann auf und setzte sich zu uns. Auch dieses Kennenlernen verlief auf normalem Weg.

Ich wollte heute unbedingt noch zu Mutti. Peter und ich fuhren zu ihr, um uns nach ihrem Befinden zu erkundigen. Es war noch keine wirkliche Besserung in Aussicht, aber ihr Zustand hatte sich auch nicht verschlimmert. Sie freute sich mit uns, dass Peter vor den Augen meines Vaters auf Gnade gestoßen war. Sie musste den ganzen Tag schon an uns denken und hatte mehrere Stoßgebete zum Himmel geschickt. Mutti sorgte sich sehr um die Abläufe zu Hause, es beruhigte sie, zu hören, dass ich sie so gut wie möglich vertrat. Sie sollte mit dem Gesundwerden hinne machen, damit sie zu Dannis Einschulung wieder zu Hause war.

Peter war weg und hatte mich mit einem großen Batzen Sehnsucht zurückgelassen. Der Alltag bot genug Abwechslung und Pflichten, um die vor mir liegende Woche auszufüllen, aber er fühlte sich nicht gut an. Regina oder Gisela bestritten mit mir die trostlosen Abende und ich schrieb kunstvoll gefertigte Briefe an Peter. Keine aufdringlichen Liebesbriefe, sondern Karikaturen über mein Leben ohne ihn. Lustige Illustrationen und eine kunstvolle Schrift, alles auf Pergament, besser gesagt Butterbrotpapier, verewigt. Ein paar Tröpfchen Parfüm auf dem Papier sorgten für besonderes Briefaroma und buntbemalte Briefumschläge kündigten schon im Vorfeld etwas Besonderes an.

Immer wieder überlegte ich mir, wie unser Wiedersehen nach dieser langen Woche aussehen könnte. Käme er überhaupt wieder oder würden sich auf dem Zeltplatz ganz neue Perspektiven für ihn auftun? Die Perspektiven waren in meinem Kopf natürlich andere Mädchen, die ihm vielleicht den Kopf verdrehten, ihm die Abende vor oder im Zelt vertrieben. Mein Vertrauen in unsere Liebe war noch nicht gefestigt und ich bei weitem nicht selbstbewusst genug, um diese Gedanken aus meinem Kopf zu verscheuchen. Auf jeden Fall wollte ich gut aussehen, wenn er kam. Mein Haar sollte frisch gewaschen und frisiert und meine Garderobe ansprechend schick sein.

Ich saugte gerade mit wirrem Haar und Haushaltskluft Staub, als es klingelte. Ich dachte an unsere Nachbarin, an den Postboten oder irgendjemanden, der seinen Schlüssel vergessen hatte. Vor der Wohnungstür stand niemand, ich bediente die Türöffnung und hörte eilige Schritte die Treppe heraufkommen. Mein Herz setzte vor Schreck aus, als ich Peter erkannte. Lachend stand er in der Tür, braungebrannt und sich selbst als Geschenk bringend. Mein Gott, dachte ich, wie sehe ich aus, sprang ihm entgegen und minutenlang lagen wir uns küssend in den Armen.

Die Überraschung war gelungen. Peter schien sich für mein Äußeres nicht weiter zu interessieren. Er hatte Sehnsucht gehabt und seine Urlaubswoche vorzeitig beendet. Mehr Liebesbeweise brauchte ich erst einmal nicht. Er bedankte sich für die außergewöhnlichen Briefe. Einer hatte ihn nicht mehr erreicht. Man würde ihn nachschicken oder Bodo und Zachi brachten ihn mit. Die beiden waren noch in Binz geblieben, Peter hatte sie für mich sitzengelassen.

Mein Selbstbewusstsein, mein Vertrauen in Peter und in die vielbesungene Liebe ist an diesem Tag enorm gewachsen. Ich hielt mich nicht nur für ein glückliches Mädchen, ich war es.

Am nächsten Tag kam Mutti aus dem Krankenhaus zurück. Der Infekt war auskuriert und die Operation galt als gelungen. Von einer Operation am anderen Auge wollte Mutti vorläufig nichts wissen. Um ihren Augendruck in den Griff zu kriegen, würde sie sich regelmäßig Medikamente träufeln müssen.

Mutti war noch nicht wieder voll belastbar, aber sie war wieder da und nahm den organisatorischen Ablauf des Haushaltes und die Bedürfnisse meiner Schwester wieder in ihre Hände.

Das Ende meiner letzten großen Ferien stand nun unmittelbar bevor und mein Kennenlernen von Peters Eltern, was mir einiges Herzklopfen bereitete.

Auch ich wollte einen frischen Blumenstrauß in der Hand haben, wenn ich Peters Mutter das erste Mal begegnete. Schnittblumen in den Blumenläden Ostberlins zu ergattern, war eine Herausforderung für sich. Man konnte denken, die Schönheiten der Natur weigerten sich zu wachsen, aber nein, sie kamen einfach nur in zu geringer Stückzahl in die Blumenläden und die, die dann eintrafen gehörten zur allgemeinen Bückware, wie Räucheraal, Schinken, Orangen und Bananen. Das alles gab es natürlich wegen seiner Verderblichkeit nicht als BERATUNGSMUSTER. Unsere Friedhofsgärtnerei hatte im Moment gar keine Schnittblumen, sie hatte aber auch keine dekorativen Topfpflänzchen für den Wohnzimmertisch. Die Gärtnerei aus unserer Laubenkolonie war mit den Kleingärten zusammen verschwunden und mit ihr auch mein buckliger Gärtner. So schlenderte ich durch den verbliebenen Teil unserer Kleingartenanlage. Hier hatten die Laubenpieper oft ein kleines Tischchen mit eigener Blumenproduktion oder billigem Obst- und Gemüseangebot stehen. Ich hatte Glück und erstand einen kleinen Handstrauß mit gelben und roten Pompomdahlien.

Peter erwartete mich schon an der Bushaltestelle und wir gingen gemeinsam das erste Mal in sein Elternhaus, von dem ich bisher nur die Fensterfront kannte und von dem ich ganz bestimmte Vorstellungen hatte. Zwei nette Herrschaften öffneten uns die Tür, noch bevor Peter den Schlüssel ins Schloss stecken konnte. Obwohl der Korridor geräumig war, standen wir zu viert auf einem Quadratmeter Teppichfläche. Hier kam niemand auch nur einen Schritt weiter, bevor er nicht die Schuhe ausgezogen hatte. Ich bekam ein paar ausgediente Herrenpantoffeln zugewiesen und hatte noch keine Gelegenheit gefunden, der Dame des Hauses meinen Blumenstrauß zu überreichen. Peters Vater wollte mir schon mal aus dem Mantel helfen. Dann hätte aber der Strauß durch den Ärmel gemusst. Ich drückte Peters Mutter den Strauß in die Hand und bedankte mich höflich für die Einladung. Jetzt konnte ich mich aus dem Mantel schälen, die Schuhe wechseln und erste Eindrücke sammeln.

„So“, sagte Peters Mutter, „dann geht euch mal die Hände waschen und dann können wir Kaffee trinken.“ Mich hatte schon lange niemand mehr zum Händewaschen geschickt. Peter und ich folgten aber widerspruchslos der Aufforderung und sahen uns im Spiegel über dem Waschbecken grinsend an. Gemeinsam betraten wir die Wohnstube. Peters Eltern hatten es sich bereits auf zwei Sesseln gemütlich gemacht. Wie es aussah, sollten wir ihnen gegenüber auf dem Sofa Platz nehmen. Ich wollte mich gerade hinsetzen, da rief Peter: „Moment!“ Er ergriff eine exakt zusammengelegte Sofadecke, die dekorativ zwischen den mittig geknickten dicken Sofakissen lag, faltete sie auseinander und legte sie gekonnt über die Sitzfläche des Sofas. Erst jetzt durfte allgemeines Hinsetzen erfolgen. Da saßen wir nun. Vor uns ein herrlicher Kuchen, feinstes Geschirr aus Sammeltassen und Kristallkuchentellern, Sahnekännchen und Zuckerdose in feinster Komposition zur Kaffeekanne passend. Eine Kerze brannte, im Stövchen brannte ein Teelicht und mein kleiner Strauß Dahlien rundete die fein gedeckte Kaffeetafel gleich neben dem silbernen Serviettenhalter ab. Teelöffel und Kuchengabeln lagen bereit. Die Dame des Hauses tat jedem ein Stück Kuchen auf und Peter griff zur Kaffeekanne, unter deren Tülle ein strahlend gelber Tropfenfänger hing. Für alles war gesorgt. Im Hintergrund spielte leise Musik und eine Stehlampe sorgte für gedämpftes Licht.

Ich schaute mich um und suchte die Scheinwerfer, Fotoapparate und dicken Kabel. Es gab nichts zu sehen, was auf einen Künstlerhaushalt hingedeutet hätte. Wir saßen uns steif gegenüber und aßen

Kuchen, der wirklich hervorragend schmeckte. Das musste ich jetzt sagen, dachte ich, lobte mit noch vollem Mund den Kuchen, erschrak über mein Reden mit vollem Munde, verschluckte mich heftig und stieß beim Husten mit meinem Knie an den Tisch, der ungewohnt niedrig war und Couchtisch genannt wurde. Leise schäpperten die zierlichen Kaffeetassen und entließen etwas Kaffee auf die Untertassen. Nun standen die Tassen in Pfützen, was für Aufruhr am Tisch sorgte. Außerdem war zu allem Übel auch noch die Tischdecke verkrumpelt. Aufgeregt sorgte Peters Mutter am Tisch für Ordnung. In diese höchst peinliche Situation hinein fing nun meine Befragung an. Meine Eltern waren von Interesse, meine Geschwister, meine Berufsvorstellungen. Ich gab gewissenhaft Antwort auf alles und hatte keine Erinnerung, wann ich mich schon einmal so unwohl, wie gerade jetzt gefühlt hatte.

Ich saß in einem Ausstellungsraum. Nichts deutete darauf hin, dass in diesem Zimmer eine Familie jemals ein ganz normales Familienleben führte. Jedes Ding, überaus schöne Dinge, hatte seinen Platz. Die Bücher standen nach Größe sortiert in der Schrankwand. Jeder Kerzenständer, jede Schale hatten ihr fest angestammtes Fleckchen zugewiesen bekommen. Am Ende des Zimmers stand ein großer Esstisch mit 6 passenden Stühlen ringsum. Eine edle Tischdecke, farblich passend zu den außergewöhnlichen Übergardinen, protzte mit einer großen Blumenvase und einem üppigen Blumenstrauß. Eine schwere Holzschüssel, gefüllt mit Walnüssen und einem farblich passenden Holznussknacker vollendete das Ambiente. Es war alles gediegen und schön und für mich vollkommen ungewöhnlich. Nirgendwo lag eine offene Zeitung mit ungelöstem Kreuzworträtsel, nirgendwo ein offenes Buch oder ein Gesellschaftsspiel. Auf dem Boden lag ein riesiger Teppich, dessen Fransen scheinbar gerade noch frisch gekämmt worden waren. Über der Couch hing ein großer goldgerahmter Ölschinken mit einem röhrenden Hirsch und Bergen im Hintergrund. Eine geflieste Blumenbank mit gepflegten Grünpflanzen deutete eine Unterteilung des Zimmers in Fernseh- und Essbereich an. Wohldrapierte Familienfotos hatten in edlen Rahmen ihren scheinbar endgültigen Platz in den offenen Fächern der Schrankwand gefunden. Ein mit Kuhfell überzogener Pouff stand griffbereit, zum Hochlagern der Füße bei gemütlichen Fernsehabenden. Über der Rückenlehne des Hausherrn lag ein Tuch, welches den Sessel wahrscheinlich vor Haarpomade schützen sollte, falls die Fernsehabende zu gemütlich wurden.

Peters Mutter hatte sich unterdessen auf mein Schwesterchen eingeschossen. Danni war im gleichen Alter wie ihr Enkelchen und da kam schon einiger Gesprächsstoff über Kleidchen und Schuhchen, Mützchen, Täschchen und Mäppchen zusammen. An jedes Wort das es möglich machte, hängte Peters Mutter meist ein Chen, manchmal auch ein Lein hinten ran. Manchmal hatte ich Mühe, ihre Worte überhaupt sinngemäß zu erfassen. Jedenfalls war ich zum ersten Mal seit langer Zeit unendlich froh, eine kleine Schwester zu haben, sorgte sie doch schließlich bis zum Ende der Kaffeezeit für einen mehr oder weniger netten Gesprächsstoff.

Wie zwei Synchronspringer erhoben sich Peters Eltern plötzlich und fingen an die wunderschöne Kaffeetafel auf ein Korbtablett zu bauen. Der restliche Kuchen wurde in die Küche geschafft und wir machten Anstalten, helfen zu wollen. „Nein, nein, lasst mal, wir machen das schon“, wehrte der Hausherr jegliche Hilfe unsererseits ab. Bevor wir das Zimmer verließen legte Peter, hier, bei sich zu Hause Peterchen genannt, die Sofadecke unbewusst aber gekonnt wieder genauso zusammen wie sie vorher war und legte sie von schräg nach links zwischen die Kissen. Diese bekamen einen neuen Ritterschlag in die Mitte und wir verzogen uns in Peters Zimmer.

Nicht nur ich atmete tief durch. Auch dieses Kennenlernen hatten wir nun mehr oder weniger erfolgreich hinter uns gebracht. Ich verglich die beiden Ereignisse miteinander und versuchte unsere Wohnung, unsere Gepflogenheiten, den türkisch aufgebrühten Kaffee in Pötten, den vollen Aschenbecher, die Kekspackung und die lockere Atmosphäre bei uns mit Peters Augen zu sehen. Ich kam mir schon ziemlich proletenhaft vor, wenn ich das mit dem Auftritt seiner Eltern von heute verglich. Wir, also Peter und ich, kamen aus zwei völlig verschiedene Welten. War mir meine lieber, weil ich an sie von frühester Kindheit an gewöhnt war? Mir war meine Welt entschieden sympathischer.

Nun saßen wir im nächsten Ausstellungsraum auf einem Sofa mit Decke. Ein wirkliches Jungenzimmer war es nicht. Im vorderen Bereich stand ein runder Esstisch mit vier Stühlen, im hinteren Teil des

Zimmers eine Junggesellencouch mit einem Couchtisch und zwei kleinen Sesseln.

Helle Holzschränke mit Gardinchen in den Fenstern standen nebeneinander im Zimmer. Ein passendes Sideboard bot Platz für ein großes Tonbandgerät und ein altes Radio. Dazwischen immer wieder ausgesuchte Nippes, bestehend aus Keramikschüsseln, Vasen und Krügen. Ganz vorne, gleich hinter der Tür, stand ein Wandklappbett. Dort schlief Peter seit seinen Kindertagen. Der verglaste Balkon vor Peters Fenster konnte sowohl von seinem als auch vom Wohnzimmer aus betreten werden.

Wir saßen ein bisschen wie auf einem Präsentierteller. Peter schaltete sein Tonbandgerät an und sorgte für Musik. Dann verließ er kurz den Raum und kam mit einem Stapel Fotoalben zurück, die er mit Schwung auf den Tisch legte. Er setzte sich zu mir auf das Sofa, zog sich ein Album auf den Schoß und zeigte mir Bilder aus seiner Kindheit. Ich sah ihn als Baby, seine wunderschöne Mutter in jungen Jahren, seinen Vater, als er noch dunkles Haar hatte und einige Kilo weniger auf dem Leib. Peters Schwester, ein goldiges Mädchen, lächelte mich mit einer großen Zahnlücke an. Zwei hübsche Kinder dachte ich bei mir und bewunderte die exzellenten Aufnahmen und die Gestaltung der Alben. Hier fand ich nun die Künstlerin, die Frau mit dem Auge für Schönheit und dem Gespür für Harmonie. Ich sah Peter vor meinen Augen groß werden. Er lernte Laufen, kam in den Kindergarten, wurde ein Schulkind. Seine Jugendweihebilder ließen schon ahnen, wie er jetzt aussah. Jedes Foto war perfekt inszeniert. Der Scheitel saß immer exakt, die Lippen hatten immer Glanz und das Modell war immer freundlich lächelnd zu sehen. Momentaufnahmen fehlten. Kein beschmierter Babymund, keine Wutanfälle, keine Tränen. Peter erzählte, wie viele Nerven es kostete, das Fotomodell der eigenen Mutter zu sein. Ja, ich sah schon, selbst im Meer beim größten Badespaß wurde in die Kamera gelächelt. Peter brachte die Fotoalben wieder weg. Draußen wurde es langsam dunkel und wir trauten uns überhaupt nicht irgendetwas miteinander anzufangen. Mir war, bis auf Peter alles befremdlich in dieser Wohnung.

Die Tür ging auf und die freundliche Hausfrau erschien mit einem gefüllten Wäschekorb. Sie griff nach dem Bügelbrett, das an Peters Schrank gelehnt stand und fing ganz selbstverständlich mit den Vorbereitungen für Bügelarbeiten an. Wir hatten nun die Wahl, entweder der Hausfrau beim Plätten zuzusehen oder die Flucht zu ergreifen. Wir taten Letzteres.

Wir wollten gern allein sein, hatten aber sowohl bei mir als auch bei Peter in der Wohnung kein Glück damit. So spazierten wir diesmal nicht zur Bushaltestelle, sondern machten uns zu Fuß auf den Weg nach Weißensee. Wir kamen durch ein Neubauviertel, das noch sehr viel Baustellencharakter hatte, zur Prenzlauer Promenade. Als wir diese überquert hatten, empfing uns eine dunkle Laubenkolonie, mit hohen Hecken, versteckten Ecken und einem sternenübersäten Himmel. Peter zeigte mir den großen Wagen und den Polarstern. Den Mond fand ich selber. So spazierten wir durch diese riesige Kleingartenanlage, blieben immer wieder mal in dunklen Ecken stehen und erzählten und erzählten von den 19 bzw. 16 Jahren, die wir beide, ohne einander zu kennen, auf der Welt waren. Wir ließen uns treiben, gespannt, an welchem Ende der Laubenkolonie wir eine Straße erreichen würden.

Das hatte etwas Bildhaftes an sich, dachte ich damals für mich, denn wir waren noch nicht so weit, dass ich mit Peter über solche Gedanken gesprochen hätte. Ein frisch verliebtes Paar streift durch dunkle verworrene Gänge, es sieht nicht, wohin der Weg führt, aber beide vertrauen darauf, dass sie gemeinsam eine Straße finden, der sie bis ans Ende folgen werden. Und über uns der große Wagen, der Polarstern und der Mond. Mehr Romantik kann man mit sechzehn Jahren wirklich nicht erwarten. Ich verinnerlichte diese Gedanken und nahm mir vor, sie in meinem Tagebuch festzuhalten.

Wir kamen am Steinberg raus. Das war ja schon so gut wie meine Heimat. Von hier aus führten alle Wege irgendwie an irgendeine Stelle der Gustav-Adolf-Straße. Wir gingen weiter zum Obersteiner Weg und erreichten viel zu schnell die Gustav-Adolf-Straße. Wie selbstverständlich nahmen wir den Weg zur Rennbahn zur Bushaltestelle Richtung Pankow. Es war unterdessen recht kühl geworden, eng umschlungen standen wir wie zwei Heimatlose und fanden kein Ende des Abschiedes. Der Bus fuhr jetzt im Zwanzigminutentakt und einen hatten wir schon ungenutzt wegfahren lassen. Der Nächste würde Peters sein. Ich spürte unausgesprochene Worte, Fragen, Vertraulichkeiten, die sich noch keiner von uns auszusprechen traute, in unseren Blicken waren sie eindeutig zu sehen, aber unsere Münder schwiegen. Wir mussten uns gegenseitig Zeit geben, mit dem, was gerade mit uns und unseren Gefühlen geschah, umzugehen. Morgen war Freitag, das Wochenende begann und Peters Eltern würden auf ihr Grundstück nach Stolzenhagen fahren und wir hätten, wenigstens tagsüber, bei ihm „sturmfreie Bude".

Das Wochenende verging viel zu schnell. Ich hatte nun die ganze Wohnung von Peters Eltern gesehen und war zwischen beeindruckt und irritiert völlig hin- und hergerissen. Das Schlafzimmer war ein Traum von Ästhetik. Eigentlich war es nicht anders als tausende von Schlafzimmern in der DDR. Aber die kleinen Details, die Farbabstimmungen und Nuancen ließen es wie eine Filmkulisse oder wie aus einem westlichen Möbelkatalog erscheinen. Auf dem Nachtschrank der Mutter fielen mir drei wunderschön geformte Nagellackfläschchen auf, die genau dort und keinesfalls woanders hätten stehen dürfen. Über den Betten lag eine metallen schimmernde, blaue Tagessteppdecke mit einem Volant, der genau bis auf den Boden reichte und natürlich auch farblich auf die Bettumrandung abgestimmt war.

Das Bad war gefliest und in Rosé- und Hellblautönen gehalten. Überall standen Körperpflegemittel aus dem Westen. Vom Deodorant über Badezusatz bis zum Aftershave. Sogar die Zahnpasta und die Seife kamen von Drüben oder aus dem Intershop. Herrlich flauschige Badvorleger lagen hier, der Klodeckel war mit passendem Überzieher verkleidet. Das unvermeidliche gehäkelte Toilettenpapierhütchen für die Reserverolle stand auf dem Fensterbrett.

In der Küche überraschte mich eine Heizungsanlage, die ich so noch nirgends gesehen hatte. Peter sagte mir, dass das eine Etagenheizung sei, von der aus man die gesamte Wohnung beheizen konnte. Sie fachmännisch zu bedienen war schon eine kleine Herausforderung, aber wenn sie erst mal in Schwung gebracht war, war sie für den ganzen Haushalt eine Entlastung. Erst jetzt fiel mir auf, dass es in den Stuben keine Öfen gab. Heizkörper wie bei einer Fernheizung spendeten hier Wärme wie in einer Neubauwohnung. Die Küche war insgesamt nicht sehr groß, bot aber Platz für einen kleinen Tisch mit zwei Stühlen. Bemalte Küchenbretter und ein rot-weiß karierter Pantoffel aus Stoff, in dem Plastikquirle und Kochlöffel ihr Dasein fristeten, hingen an der Wand. Von der Zitronenpresse über den Toaster bis hin zum Mixgerät fanden sich auch hier ausschließlich Produkte aus dem Westen. In so einem Haushalt, an dessen Flurgarderobe ein Sakko mit „Bonbon“ hing, konnte man schon nachdenklich werden.

Ich beließ es bei Nachdenklichkeit und stellte keine neugierigen Fragen. Eigentlich ging mich das auch gar nichts an. Vielleicht würde ich irgendwann von ganz alleine hinter das Geheimnis des Widerspruchs kommen oder Peter selbst würde mich darin einweihen.

Das Wochenende war jedenfalls eine herrliche Gelegenheit für Nähe und besseres Kennenlernen gewesen. Wir tasteten uns langsam vor und waren uns einig, dass keinesfalls eine Schwangerschaft jetzt schon unsere Liebe besiegeln oder begraben sollte. Um das zu schaffen gab es nur eins, absolute Enthaltsamkeit – was mir noch sehr recht war – oder die Pille – die ich für irgendwann in Aussicht stellte.

Ein altes rotes Backsteingebäude in der Pappelallee in Prenzlauer Berg empfing mich und mit mir etwa hundert neue angehende Facharbeiter für Schreibtechnik. Fast alle hielten ihr Schreiben der Schule in der Hand, auf denen vermerkt war, in welchen Räumlichkeiten wir uns um welche Uhrzeit einzufinden hatten. Das Innere der Schule war nicht wirklich schön, aber doch beeindruckend. Die Masse der Mädchen ging zielgerichtet zur Treppe und in den ersten Stock. Man erkannte an den neugierigen Blicken, welche der Damen schon das zweite Lehrjahr bestritten. Diese wussten, ohne sich umzusehen, wohin sie ihr Weg führte. Die Neuen mussten ihren Weg erst erkunden. Ungewöhnlich ruhig und gesittet ging es hier im Gegensatz zu meiner alten Schule zu. Hier wurde nicht gedrängelt, nicht geschubst, nicht gerempelt und nicht gepöbelt. Hier waren erwartungsvolle junge Damen unterwegs, die in der Oberschule zumindest gelernt hatten, wie man eine Treppe hinauf- und heruntergeht. Die Gesichter, in die ich schaute waren mir so fremd, wie alles, was in den nächsten Stunden auf mich zukam. Ich hatte eine Zahl im Kopf. 7403, das war die Bezeichnung meiner Klasse für die vor mir liegenden zwei Jahre meiner Ausbildung.

Die alten schweren Holztüren zu den einzelnen Klassenräumen standen weit geöffnet und trugen die Bezeichnungen der Klassen auf einem DIN A4-Bogen mit großen schwarzen Ziffern. 01, 02, 03. Hier war mein Klassenraum. Zusammen mit anderen Mädchen betrat ich das Zimmer, suchte mir möglichst mittig einen freien Platz, ließ den großen Raum und die alte Architektur auf mich wirken und wartete ab. Manche Mädchen schienen sich zu kennen, gezielt suchten sie nach Tischen, an denen noch beide Plätze frei waren. Sie unterhielten sich, stimmten sich ab und nahmen Platz. Die meisten kamen allein, schauten sich um, fragten wie in einer Gaststätte nach, ob dieser Stuhl noch frei wäre und ließen sich nieder. Ein fast schwarzhaariges schlankes Mädchen mit dicken Augenbrauen und blauen Augen trat auf mich zu und stellte auch mir die Frage nach dem freien Platz neben mir. Ich nickte freundlich und zog den Stuhl einladend ein klein wenig nach hinten. „Ich heiße Ute", stellte sich die Fremde vor und reichte mir ihre Hand, deren Finger von wunderschönen langen lackierten Nägeln geschmückt wurden. Ich reichte ihr auch die Hand und stellte mich vor, ein gemeinsames Lächeln besiegelte unsere vorläufige Banknachbarschaft.

Der Raum war eingerichtet wie ein typisches DDR-Klassenzimmer. Spreelackarttische, Holzstühle, ein großer Lehrertisch mit dazugehörigem Stuhl. Vorne eine große Tafel die man aufklappen und nach oben oder unten verschieben konnte, der unverzichtbare Kartenhalter, ein alter, großer Klassenschrank aus hellem Holz. Ungewöhnlich für einen Klassenraum war das klobige Handwaschbecken aus ehemals weißem Porzellan. Rechts an der Wand befanden sich Wandleisten mit großen und kleinen Haken für die Garderobe. Ich hatte nichts Spektakuläres erwartet und war nun auch nicht enttäuscht. Eine Frau betrat den Klassenraum und schloss auch gleich hinter sich die Tür. Ein Kenner wie ich wusste sofort, dass das nur unsere Lehrerin sein konnte. Sie stellte ihre Aktentasche auf ihren Stuhl, hängte ihre Jacke um die Lehne, stellte sich vor uns hin und ließ ein paar Sekunden ihre neue Klasse, die neuen Gesichter, auf sich wirken.

Da vorne stand eine Frau, die für mich die Bildung in Person war. Alles an ihr stimmte. Hätte man mich beauftragt das Bild von einer Lehrerin zu malen, hätte ich diese als Vorlage oder Modell genommen. Sie war eher klein als groß und hatte eine kerzengerade Körperhaltung. Sie war schlank, hatte kurzes, gewelltes rotblondes Haar. Ihr Gesicht war zart und hatte eine kleine Nase, die die schwere Last einer großen Brille mit dicken Gläsern tragen musste. Die Brille vergrößerte ihre Augen und gab ihrem Gesicht dadurch einen puppenhaften Ausdruck. Sympathisch, dachte ich und hoffte nun auch noch auf eine angenehme Stimme meiner neuen Lehrerin. Sie begrüßte uns freundlich und stellte sich mit dem Namen Drenkhahn vor, den sie auch gleich mit schöner Schrift an die Tafel schrieb. Sie sprach deutlich, mit geschulter Stimme, nicht sonderlich laut, die Klasse würde schon ruhig sein müssen, um sie zu verstehen. Frau Drenkhahn erzählte einiges über die täglichen Abläufe, die Fächer, die verschiedenen Räume und die auf uns zu kommenden Anforderungen in der Schule. Sie entschuldigte sich fast für den Altbau, in dem wir uns befanden, für den bröckelnden Putz, für die Jalousien, die teilweise nicht mehr richtig hochzuziehen gingen, und für eine jämmerliche Turnhalle, die, da sie ziemlich weit entfernt lag, unseren Sportsgeist schon vor dem Sportunterricht herausfordern würde. Ein Lächeln machte sich auf ihrem Gesicht breit, als sie uns verkündete, dass unsere Beschulung im zweiten Lehrjahr an einer anderen Schule, einem Neubau am S-Bahnhof Nöldnerplatz in Lichtenberg stattfinden würde. Sie ließ einen Augenblick verstreichen, denn ein Raunen ging durch die Klasse. Wahrscheinlich hatten sich alle Mädchen gerade ihren dann zu bestreitenden Schulweg vor Augen geführt. So raunten manche erfreut und manche verärgert. Frau Drenkhahn wartete mit gefalteten Händen ab, bis sich die Klasse beruhigt hatte. „Meine Damen“, sagte sie dann, „wenn sie erst einmal ein Jahr in dieser Schule hier verbringen mussten, werden sie froh sein, egal wie lang oder unbequem der Schulweg ist, in einen Neubau umziehen zu dürfen.“ Sie sagte das sehr überzeugt, wahrscheinlich unterrichtete sie schon viele Jahre an dieser Schule und hatte auch als Lehrerin hier unschöne Erfahrungen gemacht.

„Ich bin für die nächsten zwei Jahre ihre Klassenlehrerin. Das heißt, dass sie mit allen schulischen Belangen und Problemen zu mir kommen können. Außerdem werde ich sie im Fach Stenografie und Schreibmaschine unterrichten. Sie stellte uns noch einige andere Fächer vor. Betriebsökonomie, Deutsch, Staatsbürgerkunde, EDV, Sport, Bürokommunikation. Die meisten von uns stöhnten laut, als sie das Wort Staatsbürgerkunde hörten, manche aber auch über das Fach Sport. Frau Drenkhahn schien an diese gestöhnten Kommentare gewöhnt zu sein und überhörte sie geflissentlich. Sie erzählte uns etwas über Kürzel und Anschläge, von den Anforderungen, die wir diesbezüglich erfüllen müssten, um am Ende der Ausbildung die Prüfungen zum Facharbeiter zu bestehen. Mit einer soliden Grundlage an Wissen und natürlich auch mit viel Fleiß, denn Stenografie und das Blindschreiben auf der Schreibmaschine waren nur durch viel Übung zu erlernen, würden wir alle unser Ziel erreichen. Das hörte sich optimistisch an. Ich war bereit, die Ärmel hochzukrempeln und mein Bestes zu geben. Frau Drenkhahn ließ beschriftete Zettel durch die Klasse geben, auf der unser Stundenplan und bestimmte Klassenräume vermerkt waren. Sie erzählte uns etwas über Praktikumszeiten, wenn andere Ferien hatten, über Krankschreibungen vom Arzt, wenn wir aus gesundheitlichen Gründen nicht zur Schule oder zum Betrieb kommen konnten. „Muttibriefe werden in Krankheitsfällen nicht anerkannt. Für Sie gilt das Arbeitsrecht, wie für jeden berufstätigen Erwachsenen", sagte sie, nahm das Klassenbuch aus ihrer Aktentasche und schlug es auf.

„Muttibriefe und Ferien gibt es also nicht mehr", wiederholte ich sinngemäß Frau Drenkhahns Worte für mich und musste grinsen. Schluss mit Kindheit, der Ernst des Lebens fing nun wirklich an.

Frau Drenkhahn wirkte hinter dem großen Lehrertisch noch etwas kleiner. Mit erhobenem Haupt bat sie uns alle, uns vorzustellen und kurz etwas über den jeweiligen Ausbildungsbetrieb zu erzählen. Jede von uns sollte, wenn sie sich vorstellte aufstehen und laut und deutlich sprechen. Es ging der Reihenfolge nach von vorne nach hinten durch die Klasse und bei jedem Namen blickte sie suchend in das Klassenbuch, machte einen kleinen Vermerk, wahrscheinlich ein Häkchen, fragte von Zeit zu Zeit etwas nach und blickte ansonsten scheinbar zufrieden in die Klasse. Nun lernte ich auch meine Mitstreiterinnen vom VEB Stern Radio kennen, Christina und Astrid. Das KWO, Kabelwerk Oberspree, war mit sieben und damit den meisten Lehrlingen in unserer Klasse vertreten. Ute gehörte auch zu ihnen. Alle anderen Namen würde ich mir im Laufe der Zeit einprägen.

Der Unterricht fand in Blöcken statt. Das hieß, wir hatten für die einzelnen Unterrichtsfächer jeweils Doppelstunden. Die Lehrerin hatte die Uhrzeit im Auge und war alleinige Herrin der Pausen- und Unterrichtszeiten. Damit war uns, wie in den zurückliegenden Jahren üblich, die Möglichkeit genommen, mit Ertönen des Klingelzeichens die Bücher zuzuklappen, die Bänke zu räumen und mitten im Satz des Lehrers aus der Klasse zu rennen. Das gehörte wohl auch zum Berufsleben und Erwachsensein dazu.

An diesem ersten Tag lernten wir auch noch andere Lehrer und ihre Fächer kennen, machten eine Besichtigungstour durch das gesamte Schulgebäude, sahen die Schreibräume, auf deren Bänken zig uralte schwarze Schreibmaschinenoldies der Sorte Rheinmetall auf uns Neuanfänger warteten. Die maroden Toilettenräume hatte jede von uns für sich besichtigen können. Sie sprachen mit ihren Wasserflecken an den Decken, den vergammelten Rohren, Fliesen, Waschbecken und den verkeimten und angeschlagenen Toilettenbecken ihre eigene Sprache und brachten dem Schulneubau sehr schnell unsere vollste Sympathie ein.

Auf den Schulhof führte uns ein kleines Treppchen am Hintereingang. Dieser Hof war voller Charme. Große Kastanienbäume und an den Seiten wilde Sträucher, wuchernder Efeu, der die uralten Mauern emporkroch und ihnen den letzten Halt zu geben schien, bestimmten das Bild. Irgendwann, vielleicht erst gestern, hatten Kinder den brüchigen Asphalt des Hofes mit Kreidemännchen, Sonnen und Blumen verziert. Eine Hopse, wie das Haus vom Nikolaus, erinnerte mich an meine zurückliegende Kinderzeit. Den Schulhof mussten wir uns mit einer anderen Berufsschule teilen. Gleich neben unserer Schule erlernten die zukünftigen Floristen ihr Handwerk und ich fragte mich, wie die wohl mit dem Leerstand der Blumenläden am Ende ihrer Ausbildung zurechtkommen würden.

Der erste Schultag war geschafft, erleichtert und voll neuer Eindrücke verließen wir die Schule. Jedes Mädchen trat seinen Heimweg an. Meiner führte mich zur Straßenbahnhaltestelle. Ein Blick auf die Uhr und in die überfüllte Bahn machte mir die Dimension des Erwachsenenlebens etwas deutlicher. Der Tag begann früher, er dauerte länger, der Feierabend begann später und der Weg war unbequemer. Nicht einmal den freien Samstag hatte ich als Trost, an dem musste ich nach wie vor zur Schule.

Dannis Einschulung fand, bis auf ein Stück Kuchen zum Kaffee, ohne mich statt. Peter und ich lernten nach und nach unseren Verwandten-, Freundes- und Bekanntenkreis kennen. Das ist eine sehr gute Art, auch seinen Partner näher kennenzulernen. Jeder hat irgendwas aus einer gemeinsamen anderen Zeit und von gemeinsamen anderen Orten des Menschen zu erzählen, dem so frisch verliebt, noch das ganze Augenmerk gilt. Kindheitsgeschichten, Schulerlebnisse, unbekannte Vorlieben und Abneigungen. Es ist fast so, als würde man den anderen studieren, seine Reaktionen und Macken einordnen, und man lernt gleichzeitig die Menschen kennen, die ihn geprägt, erzogen und beeinflusst haben. Neue Gesprächsthemen werden geschaffen, man kann loben und lästern und manchmal auch etwas eifersüchtig, mitleidig oder entrüstet sein. Meine Schaltzentrale im Kopf hatte sich längst ein kleines Schatzkästchen angelegt. Hier hinein kamen alle Informationen über Peter, die ich irgendwo erhaschen konnte. Lag ich abends im Bett wurde in Gedanken sortiert und abgewogen. *Wichtig*, *Unwichtig*, *Vergessen*, *Aufheben für später* oder *Noch mal nachfragen* waren die allgemeinen Ablagen in meinem Gehirn. Eine gab es für allerhöchste Priorität und Alarmbereitschaft. In der landeten die Namen Krystiana und Gabriele, genannt Gabi.

Ich verstand so viel von weiblicher Diplomatie, dass ich mit diesen aufgeschnappten Mädchennamen keinesfalls bei Peter mit der Tür ins Haus fallen durfte. Ich hätte mich selbst der Eifersucht, des Misstrauens und der Neugier bezichtigt, das galt es zu vermeiden.

Peter und seine beiden Freunde schienen mir diejenigen, die einzigen zu sein, die sich mit Krystiana und Gabi überhaupt auskannten. Bodo erzählte zwar viel, wenn der Tag lang war, aber er machte Peter gegenüber, einen völlig loyalen Eindruck. Zachi ließ sich leichter um den Finger wickeln. Zachi war ein kleiner Münchhausen, der immer noch eins draufsetzen, übertreiben und lügen musste. Er schien den Drang zu haben, sich um jeden Preis ins Scheinwerferlicht des Lebens stellen zu wollen und dazu war er auch bereit, andere Menschen zu verleumden, sie bloßzustellen oder deren Intimität öffentlich zu machen. Hauptsache man hörte ihm zu, bewunderte, beneidete und lobte ihn. Die Freundschaft mit Annette hatte schon so manche Talfahrt deswegen erlebt und schien kurz vor dem endgültigen Aus zu stehen.

Es war wohl schon Anfang Oktober, als wir das erste Mal gemeinsam nach Schildow, in die Kleingartenkolonie von Bodos und Zachis Eltern fuhren. Wir saßen in einem nicht sonderlich gepflegten, aber gut bestückten Garten. Das Laub hatte schon die ersten Herbstfarben angenommen und in Kisten und Körben lagerten Äpfel, Kürbisse und Zwiebeln. Wir saßen an einem schäbigen Holztisch mit einer befleckten und wettergegerbten Wachstuchdecke, auf Stühlen, deren Lack nur noch zu erahnen war und deren Metallbeine so verbogen waren, dass ein Stillsitzen unmöglich war. Ein Glas Selters stand vor mir, und Peter und ich warteten, dass Zachi sich umzog, denn wir waren gemeinsam mit Bodo und seiner Familie verabredet. Eine große Colliehündin wirbelte heran und drohte die Gartenpforte zu stürmen. Nicht viel später entdeckte ich Bodo. Peter öffnete die Tür und ließ die beiden herein. „Wollt' mal sehen, wo ihr bleibt, und Senta musste sowieso noch mal raus", sagte Bodo, reichte mir die Hand und sah sich um. Zachi war noch in der Laube. „Ich gehe mal mit Senta den Weg runter", sagte Bodo. Peter schloss sich ihm an. Ich blieb zurück mit meiner Selters, dem kippligen Stuhl und Zachi, der scheinbar Probleme mit seiner Garderobe hatte. Die Knöpfe an seinem Hemd schließend, kam er endlich heraus und ich ergriff die Gelegenheit beim Schopfe.

„Wie geht's Annette?", fragte ich einleitend und höchst interessiert. Zachi kratzte sich den Hinterkopf. „Weiß ich nicht so richtig", antwortete er, wir haben uns lange nicht gesehen. „Komisch, ich dachte ihr geht zusammen, habt ihr euch gestritten?" Meine Stimme hatte einen wirklich mitfühlenden Beiklang. „Tut mir leid, hat sie denn keine Freundin, die du mal ins Vertrauen ziehen könntest?", fragte ich so, als wäre das bei mir und meinen Freundinnen gang und gäbe, zwischen zerstrittenen Partnern zu vermitteln. „Krystiana?", fragte Zachi und ich hörte meinen inneren Jubelschrei. Ich hatte zumindest die Ecke gefunden, in der ich nach Krystiana fragen musste. „War das nicht auch mal Peters Freundin?", fragte ich und kam mir auch wirklich schon ein bisschen schäbig vor. Zachi freute sich, dass das Gespräch nun von ihm weg und zu Peter und Krystiana geführt hatte. Er plauderte ein bisschen aus dem Nähkästchen und ich versuchte möglichst desinteressiert zu erscheinen. Krystiana schien zweigleisig gefahren zu sein. Peter kam dahinter und sie war für ihn gestorben. Keine Szene, kein Trara und auch nichts, worüber ich mir Sorgen machen müsste.

„Ist Gabi auch eine Freundin von Annette?", bohrte ich weiter. „Nö", antwortete Zachi, „Gabi war mit uns in einer Klasse und ist auch mal mit Peter gegangen, Schulliebe, völlig harmlos, ein ewiges Hin und Her zwischen den beiden", antwortete Zachi und ahnte nicht, wie wichtig mir diese Auskünfte, die ich wie belangloses Zeug entgegennahm, waren. Zachi verschloss Laube und Garten und wir warteten auf Peter und Bodo. Senta hatte uns schon längst erreicht und auf dem

Weg eine große Staubwolke hinterlassen. Wahrscheinlich war sie unterdessen schon in ihrem Heimatgarten angekommen.

Der Garten von Bodos Eltern lag nur zwei kurze Wege entfernt. Er schien luftiger und gepflegter zu sein. Auf einer kleinen Wiese stand eine riesige Holzumrandung als Freiluftstall für ein riesengroßes, fettes Kaninchen, das Bodos Schwester gehörte. Bodos ganze Familie war versammelt, Vater, Bruder und Schwester saßen bereits an der gedeckten Kaffeetafel. Die Mutter kam gerade mit einer großen Kaffeekanne aus dem Haus und machte mit ihrem Strahlen der Sonne Konkurrenz. Wir hatten miteinander keinerlei Anlaufschwierigkeiten. Ich wurde genommen, wie ich war und fand eine Gastfreundschaft vor, wie sie auch bei uns üblich war (wenn nicht gerade langhaarige Jungs vorbeischauten).

Hier konnte man es bis in die späten Abendstunden aushalten. Der Kaffee wurde durch Bier und Schnaps ersetzt, die Frauen machten auch hier den Abwasch und sorgten selbstverständlich für Abendbrot.

Seit August hatten die USA einen neuen Präsidenten, Gerald Ford. Zuvor war er zum Vizepräsidenten ernannt worden und musste nun, als Nixon für Volk und Vaterland endgültig nicht mehr haltbar war, dieses Amt antreten. Er setzte die von Nixon eingeleitete Entspannungspolitik fort. Seit September bestanden nun auch diplomatische Beziehungen zwischen den USA und der DDR. Die USA steckten in einer tiefen Krise, was das Vertrauen in die Politik wie auch in die Wirtschaft betraf. Wir kleinen Leute bekamen nichts oder nicht viel davon mit. Die Umsetzung der Entspannungspolitik war auf den unteren Ebenen noch nicht angekommen. Die DDR fand weltweit immer mehr Anerkennung als selbständiges Land. Das schmeichelte den alten sabbernden, senilen Herren in den oberen Etagen, die sich ihr Leben mit vielen Privilegien hübsch eingerichtet hatten und aus dieser Distanz scheinbar wirklich nicht merkten, wonach das Volk hungerte. Das Volk selbst aber war schon so verquickt mit seinen Lebensumständen, mit der bequemen Unselbständigkeit, dass es schon zufrieden war, wenn es auf der großen Welle des Mitschwimmens bei geschlossenem Mund, hin und wieder ein bisschen BERATUNGSMUSTER- oder Bückwarentreibgut aufsammeln konnte.

Erstmals wurde mir das Amt des Bundespräsidenten, dem ranghöchsten Politiker Deutschlands, auffällig. Walter Scheel sang sich mit einem mir wohlbekannten Volkslied in mein Herz. Als er damit vorstellig wurde, war er noch Stellvertreter Willy Brands und Minister des Auswärtigen Amtes. Hofiert von Wim Thoelke sowie Wum und Wendelin in der Quizsendung „Der große Preis", der Plattenindustrie und der „Aktion Sorgenkind", die größter Nutznießer der eingehenden Gewinne wurde. Hoch auf dem gelben Wagen hielt er Einzug in sein neues Amt und die Rolling Stones trotteten hängenden Hauptes in den Charts hinterher.

In meiner Schule hatte ich mich eingerichtet. Die Frau der ersten Stunde, also Ute, blieb meine Banknachbarin und wurde immer mehr zu meiner Freundin. Irgendwann nahm sie mich mit zu sich nach Hause. Ute wohnte in Lichtenberg in der Archenholdstrasse. Hier lebte sie mit ihren Eltern und ihrem Bruder in einer geräumigen Vierzimmerwohnung. Sie selbst hatte das kleinste Zimmer, aber ihr Familienleben war so offen und unkompliziert, dass sie dieses wirklich nur zum Schlafen brauchte. Mike Krüger, ein mir noch völlig unbekannter Barde, hing als großes Poster an ihrer Wand. War sie ein Fan von ihm oder hatte es auch bei ihr an der Möglichkeit gefehlt, an andere Poster heranzukommen?

Utes Eltern waren sehr fröhliche und bescheidene Menschen. Manchmal beneidete ich sie um das wahnsinnig gute Verhältnis zu ihrem Vater. Sie schien noch immer seine Prinzessin aus den Kindertagen zu sein, genoss sein volles Vertrauen in ihre Person und zeigte sich gegenüber jeder Freundin von Ute sehr aufgeschlossen. Utes Mutter zeigte sich genauso unkompliziert. Sie quatschte und lachte gerne und ging neben ihrer Arbeit als Zeitungs- und Briefzustellerin vollkommen in ihrer Hausfrauen- und Mutterrolle auf. Ihr Ehemann, so nett er war, beschränkte sich, wie fast alle Männer dieser Generation, eher auf den handwerklichen Teil der anfallenden Arbeiten. Äußerlichkeiten spielten im Alltag dieser Familie keine wirkliche Rolle. Utes Vater hasste seine Zahnbrücke und so ließ er sie, wenn er nicht gerade auf Arbeit oder bei einer Feierlichkeit war, einfach weg und zeigte sein herzliches Lachen unbekümmert mit ohne Zähne. Seinen Kullerbauch versteckte er auch nicht. Dieser war Teil seines Lebensstils und auf den schien er stolz zu sein, und ich fand immer, dass er das auch konnte. Utes Bruder war etwas jünger als sie. Die beiden schienen ein sehr gutes Verhältnis zueinander zu haben. So kam es, dass ich mich fast wie ein Familienmitglied in dieser Familie fühlte und oft und gern mit Ute nach Hause ging.

Mit der Ausbildung hatte ich meine Probleme. Ich war eindeutig zu langsam und eindeutig zu faul, dagegen etwas zu unternehmen. Meine rechte Hand, die wunderbare Schönschriften, Stickereien und Gemälde anfertigen konnte, hatte mit Geschwindigkeit nichts am Hut. Stenografie war ähnlich wie das Erlernen einer neuen Sprache. Ich hätte Kürzel üben sollen, anstatt mich, so oft es nur ging, mit Peter zu treffen. Langsam vor mich hinschreiben klappte recht gut, war aber nicht der Sinn der Stenografie. Auch das Erlernen des Schreibmaschineschreibens hatte seine Tücken. Es kam mir so vor, als würden wir wochenlang immer wieder die gleichen Buchstabenkonstellationen schreiben. Dabei hatten wir ein Blatt Papier über den Handrücken zu liegen, um gleich vom ersten Griff, also vom blinden Finden der Ausgangsstellung bis zum ersten Buchstaben, alles ohne Hilfe der Augen zu schaffen. Wir schrieben im Takt. Manchmal dröhnte es in meinen Ohren, als würde eine Kompanie Soldaten über eine Betonbrücke marschieren. Die uralten Schreibmaschinen taten ihr Übriges, um uns und besonders mir den Anfang schwer zu machen. Die zarteren Mädchen hatten Mühe mit jedem Anschlag und praktisch einem Finger, den schweren Wagen der Maschinen in die Höhe zu bringen. Bald kam es zu Überanstrengungen und Sehnenscheidenentzündungen. Kräftigere Mädchen, und zu denen zählte ich, durchlöcherten mit ihren harten Anschlägen das Papier. Ich kann nicht sagen, dass mir das alles keinen Spaß gemacht hätte, aber der Zeitdruck machte mich fertig. Nach den ersten Stenogrammen bemerkte ich eine erhöhte Nervosität, wenn Frau Drenkhahn die Stoppuhr hervorholte. Sie erkannte sehr schnell meine persönliche Macke und wartete geduldig, bis ich Ringe und Uhr abgestreift und meine Ärmel oben hatte. „Bereit?“, fragte sie in meine Richtung und los gings.

Unser Deutschlehrer, ein großer, junger bärtiger Mann mit einer dunklen Brille, hatte es sich scheinbar zur Aufgabe gemacht, jede von uns, in Sachen Deutsch, von ihrem hohen Ross zu holen. Natürlich waren wir in der Oberschule alle recht gut in diesem Fach gewesen, das hatte uns ja schließlich die jetzige Ausbildung ermöglicht. Wie wenig wir aber in Wahrheit wussten, zeigte er uns mit einem ersten Diktat. Es hagelte Vieren und Fünfen. Die Klasse war mehr oder weniger erschüttert und übte sich in Demut. Er, Herr Beil, wollte Experten aus uns machen, das war nicht nur sein Ziel, sondern das der Ausbildung. Orthographie, Rechtschreibung, Grammatik. Ich konnte diesen Fächern außer ein paar Aha-Momenten, immer noch nichts abgewinnen. Texte zu verfassen und Aufsätze zu schreiben, waren dagegen genau mein Ding. Ein Gedicht hin und wieder, selbst verfasst oder wenigstens interpretiert, wäre fein gewesen, war aber nicht vorgesehen.

Im Staatsbürgerkundeunterricht glänzte ich wieder. Der neue Lehrer interessierte sich für die Abschlusszensuren scheinbar nicht. Er war erfreut über mein Wissen und stellte sich jeder Diskussion. Jeder Beitrag, egal aus welcher Anschauungsecke er kam, wurde freudig von ihm entgegengenommen und zerpflückt. Nicht immer zu meiner Zufriedenheit, aber immer fair und unaufgeregt. Ja, auch dieses Fach konnte Spaß machen, wenn vorne der richtige Lehrer stand und man es nicht allzu ernst nahm mit der geschönten Wahrheit.

Das Fach Betriebsökonomie, die Einführung in die EDV und die Einsatzweise der Gerätschaften für die Bürokommunikation waren wirklich langweilig. Hier fehlte einfach die Technik. Über Telefonanlagen, Faxgeräte und Rechner zu sprechen, ohne auch nur eins davon im Klassenzimmer zu haben, war graue Theorie. Lochkarten und die Befehle 1 und 0 drohten mein Gehirn zu erweichen. „Ist doch alles ganz logisch“, erklärte unsere Lehrerin, Frau Schönfelder und lächelte über die Mädchen, deren Köpfe qualmten und die größtenteils dem Fach nichts abgewinnen konnten. Frau Schönfelder war eine monumentale Frau. Wenn sie einen Raum betrat, füllte sie ihn aus. Wenn sie dann noch ihre Stimme einsetzte, herrschte gebannte Stille im Raum. Sie konnte ein Kumpel sein, aber sie vertrug an sich oder ihrem Unterricht keinerlei Kritik und so dauerte es nicht lange und ich hatte bei ihr, auf gut Deutsch gesagt, verschissen. Eine wirklich neue Erkenntnis war für mich, dass das Verfahren, mit dem meine Abschlusszeitung gedruckt worden war, in der DDR nicht Ormig-Verfahren sondern Spirit-Umdruck genannt wurde. Das Wort Ormig hatte einen kapitalistischen Beigeschmack. Komisch, dachte ich damals, die Abteilung nannte sich bei Stern-Radio offiziell Ormigdruckerei und das Verfahren war auch so in aller Munde. Vielleicht war unsere Lehrerin ein bisschen übereifrig.

Eine spaßbringende Angelegenheit in der neuen Schule war das Fach Sport. Die kleine Turnhalle war wirklich unter jedem Niveau, aber es gab während der Ausbildung eine ganz neue Kategorie von Wettkämpfen. Eigentlich wurde der Wettkampf „Stärkster Lehrling gesucht" genannt. Extra für die Damenwelt wurde dieser Begriff in „Sportlichstes Mädchen gesucht" umbenannt. Hier wurden Medizinbälle wie sonst Kugeln gestoßen, Springseilsprünge eine Minute lang auf Tempo abgezählt, der Dreisprung vermessen, und wir mussten uns an die Sprossenwand hängen und, auch auf Tempo, eine Minute lang, die exakt durchgedrückten Beine im 90° Winkel heben. Auch das Boden- und Geräteturnen machte Spaß und der Sportlehrer hatte mich genau im Auge. Sportlich zu sein, schneller, stärker, ausdauernder als die anderen, beste Sportzensuren zu bekommen, genau das ist es, was das Selbstbewusstsein eines eher rustikal gebauten Mädchens braucht. Ich legte mich ins Zeug und hatte erst einmal überzeugende Ergebnisse im Schulmaßstab.

Ideologisch ging es in der neuen Schule so weiter wie zuvor. Meine künstlerischen Fähigkeiten waren für Wandzeitungen, zum Texte Erarbeiten und natürlich auch für das Fest der Deutschen Sprache gefragt. Mein fehlendes Blauhemd war immer wieder mal ein Problem, führte aber niemals zum Ausschluss von irgendwelchen Wettbewerben. Man ließ mich die Schule in jeder Hinsicht vertreten.

Irgendwann gab es eine Veranstaltung für Jugendliche, bei der das neue Jugendgesetz gefeiert und besprochen werden sollte. Kein Mensch interessierte sich dafür, die Schule brauchte aber Delegierte, die dort erschienen. Ich meldete mich aus wirklichem Interesse, denn ich hatte an solchen Feiern noch nie teilgenommen und wollte Atmosphäre schnuppern und lernen. Frau Drenkhahn nahm mein Angebot dankbar an, machte aber zur Auflage, dass ich in einem möglichst unauffälligen Oberteil zu dieser Feierlichkeit erschiene. Unauffällig wurde auch gleich noch genauer definiert. Möglichst in Blau und keinesfalls helle oder Kontrastfarben zu FDJ-Hemden. Ich kann heute nur noch sagen, dabei sein war alles. Ich stand mit einer blauen Bluse, mit goldenen Knöpfen zwischen blauen Blusen mit goldenem Emblem, habe vergessen, wo ich überhaupt gewesen bin, ich nehme an im Palast der Republik. Eine nichtssagende Veranstaltung mit jubelnden, verklärten Jugendlichen, alten Säcken auf dem Podium und manchem jüngeren Redner aus den Reihen der FDJ. Viel Geschwafel, viel sozialistische Oktoberclubmusik, sonst nichts. Es gab nichts, was sich zu merken lohnte.

Der Frauentag, auch wenn wir noch sehr junge und unreife Frauen waren, wurde gefeiert. Im Vorfeld sollte jede Klasse Vorschläge machen, welche engagierte Schülerin aus unseren Reihen würdig wäre, an höherer Stelle, ich weiß leider nicht mehr wo, eine Auszeichnung entgegen zu nehmen. Das Votum der Klasse fiel eindeutig auf mich. Ich merkte, dass es unserer Klassenlehrerin sehr unangenehm war und ihr die folgenden Worte, die sie nun an mich und die Klasse richten musste, leidtaten. Sie würdigte mein großes Engagement für die Schule, hob meine sportlichen Leistungen und meine stete Bereitschaft hervor, über das schulische Lernen hinaus, für die Klassengemeinschaft und unsere Schule immer da zu sein. Dann kam das große Aber. Sie könne mich nicht delegieren, weil ich kein Mitglied der FDJ sei. Es gab vereinzelte Widersprüche, einen kleinen kurzen Protest der Allgemeinheit. Frau Drenkhahn schlug eine andere Schülerin, Susanne, für diesen Festakt samt Auszeichnung und Prämie vor. Da war auch schon die Luft raus aus dem Protest. Susanne war die Leistungsstärkste von uns und lieferte damit von Haus aus die besten Argumente. Sie war von ihrer gesamten Art auch wirklich schon eine Frau und es war zu vermuten, dass sie bei der Entgegennahme der Auszeichnung nicht nur ihr blaues Hemd, in dem sie wahrscheinlich auch schlief, sondern auch ihr blaues und rotes Pioniertuch um den Hals tragen würde. Ja, sie war die einzig Richtige.

Im Nachhinein ärgerte mich die Tatsache, dass kein Mädchen meiner Klasse gewagt hatte, für mich und für das Abstimmungsrecht zu streiten, mehr, als die Tatsache, dass Susi auf dem Weg war, meine Auszeichnung entgegenzunehmen

Wenn in der DDR Ferienzeit war, hatten wir angehenden Schreibtechniker unser Betriebspraktikum. Wir lernten die verschiedensten Verwaltungsbereiche unseres Ausbildungsbetriebes kennen, die allgemeine Verwaltung, die unter anderem die Aufgabe hatte, Büromaterial und Einrichtungsbedarf der anderen Abteilungen zu organisieren und zu verwalten. Gleich neben diesem Büro befand sich der Betriebsschutz und direkt gegenüber die Obst- oder Saftbar, an die sich der große Speisesaal des Betriebes anschloss.

Die Poststelle befand sich hinter den Räumlichkeiten des Pförtners. Hier kamen alle Briefe und Fernschreiben an, die, nachdem sie mit Eingangsstempel versehen wurden, an die einzelnen Direktionsbereiche weitergeleitet wurden. Dazu musste man mit dem ganzen Packen Briefe den Betriebshof überqueren, das Verwaltungsgebäude aufsuchen und dann vorgehen bis zur „Seufzerbrücke". Die Brücke war ein nachträglicher Verbindungsbau zwischen den Verwaltungen. Auf ihr befanden sich die Schließfächer der Direktoren und die aller Fachrichtungen. Man hatte auf ihr gut und lange zu tun, wenn man alle Briefe verteilte. Bei jedem Schritt, den man tat, stöhnte und ächzte sie leise und man meinte tatsächlich, ein Seufzen herauszuhören.

Das Beste an jedem Praktikum war, dass Peter und ich uns zum Mittagessen trafen. Ich war seine offizielle Freundin, jeder konnte das sehen. Wir trafen uns morgens im Bus und fuhren nachmittags gemeinsam zurück. Meist landeten wir bei uns und machten dann erst Pläne, wie der Nachmittag und Abend aussehen würde.

Während des Praktikums hatte ich endlich Gelegenheit, an moderneren Schreibmaschinen mein Können zu trainieren. Das Texteschreiben war uns verboten. Wir konnten längst noch nicht die gesamte Tastatur der Maschinen blind greifen. Ein vorzeitiges Geschreibe wäre kontraproduktiv gewesen und nicht im Sinne der Ausbildung.

Mutti und ich waren nun auch Kolleginnen und telefonierten von Zeit zu Zeit miteinander oder ich machte kurze Abstecher in ihr Büro, wenn ich sowieso schon auf der Seufzerbrücke stand. Ich war der Service, der ihr den Weg zur Brücke ersparte. Manchmal schaffte ich es auch, Biggi an ihrem Arbeitsplatz zu besuchen oder meine Kollegen aus der Zeit der Schülerferienarbeit.

Viel später erst, mit dem Praktikum, welches in den Sommerferien lag und ganze acht Wochen dauern würde, wurde mir ein fester Platz in einem Büro eingeräumt und mir eine Sachbearbeiterin als Betreuerin zur Seite gestellt. Frau Stanisch war eine resolute Frau. Sie saß als einzige Frau mit fünf weiteren Kollegen, immer zwei zu zwei gegenüber an insgesamt sechs Schreibtischen, die zusammengestellt wie eine riesige Tafel aussahen. In diesem Büro, das merkte ich sofort, herrschte dicke Luft. Mein Schreibtisch stand an der Wand, so dass ich beim Arbeiten die ganze unterkühlte Mannschaft im Rücken hatte. Direkt hinter meiner Wand hatte der Chef sein Büro. Hatte man mich ihm als Verpflichtung aufs Auge gedrückt? Er schien nicht ganz glücklich über mich als noch unfertige Schreibkraft zu sein. Dazu kam noch, dass seine Sachbearbeiterin, die eigentlich vom Schreibtisch aus Material für die Fertigung ordern sollte, sich nun auch noch um mich und meine Belange kümmern musste. Herr Richert, der Abteilungsleiter, schien damit nicht einverstanden gewesen zu sein. Vielleicht war er auch nicht gefragt worden. Eigentlich wäre eine Betreuung für mich aus meinem Fach auch viel hilfreicher gewesen. Herr Richert wies mich an, Texte und Zahlenkolonnen zu schreiben. Das durfte ich zu diesem Zeitpunkt noch nicht und so kam es tagtäglich zu Streitigkeiten. Frau Stanisch ging jeglichem Streit mit ihrem Chef aus dem Weg, was ich gut verstehen konnte, denn sie musste es noch eine Weile mit ihm aushalten. So ergriff ich selbst die Initiative und ging zu unserer betriebseigenen Berufsschule hinüber und beschwerte mich über meinen Chef und die geballte dicke Luft in unserem Büro. Die Ausbilder guckten sich kurz an, als hätten sie genau das befürchtet und versprachen mir, zu helfen und nach anderen Möglichkeiten Ausschau zu halten.

Wahrscheinlich war es gar nicht so einfach, eine angehende Schreibkraft unterzubringen, der das Schreiben, das nutzbringende Schreiben auf der Schreibmaschine, noch verboten war. Als Praktikant war man anfangs immer erst ein Störfaktor. Damit hatte man selbst schon genug zu kämpfen, wenn dann aber auch noch Betreuer und ein nettes Arbeitsklima, Verständnis und vernünftige Beschäftigung gewünscht wurden, hatte man als Ausbildungsbetrieb nur beschränkte Möglichkeiten. Drei Tage später schien eine Lösung gefunden worden zu sein. Ich durfte meine Sachen packen und umziehen.

Ich wanderte aus, in ein geräumiges helles Büro, in welchem sieben Frauen, ein lustiger Haufen, mich empfingen. Ich hatte überhaupt noch keinen Durchblick durch die vielen Abteilungen und Unterabteilungen unseres Betriebes. Hier gab es aber nicht nur einen weiblichen Abteilungsleiter, sondern auch noch einen männlichen Hauptabteilungsleiter. Beide Leiter saßen zusammen in einem separaten Büro. In Empfang nahm mich die Sekretärin der Abteilung, eine noch sehr junge Frau, die selbst einmal als Lehrling in diesem Betrieb angefangen hatte und hier unterdessen verwurzelt war. Ich sollte sie Bärbel nennen, was ich prima fand und mir das Gefühl gab, von ihr einen Vertrauensvorschuss bekommen zu haben. Vielleicht spielte auch der Bekanntheitsgrad meiner Mutter, die sich im Betrieb großer Beliebtheit erfreute, eine entsprechende Rolle. Bärbel stellte mich allen Kolleginnen vor, die mir erfreut die Hand reichten und mich ohne Vorurteile als jüngstes Küken bei sich aufnahmen. Außer Barbara gab es noch eine andere recht junge Frau, alle anderen waren eher in Muttis Alter oder älter. Die Abteilungsleiterin war etwas distanziert, aber keinesfalls unfreundlich. Dann lernte ich den Hauptabteilungsleiter, Herrn Dyballa kennen. Er war nicht einfach nur ein Chef, ich hatte den Eindruck, seine Frauenbrigade war sein Fan-Club. Dieser Mann beeindruckte mich mit seiner väterlichen und ruhigen Art. Alle Probleme, egal ob im Arbeitsbereich oder im privaten Leben seiner Mitarbeiter, packte er mit an. Man nannte ihn im Betrieb Dybi und Mutti freute sich mit mir, dass ich in dieser Abteilung untergekommen war. Ich hatte einen kleinen Behelfsschreibtisch aufgestellt bekommen. Auf ihm stand eine Schreibmaschine, Utensilienkästen mit Bleistiften, Büroklammern und Kugelschreibern. Locher und Klammeraffe lagen bereit. Bärbel und ich führten ein richtiges Einführungsgespräch über die Abteilung und die Erfordernisse, die im Laufe der Zeit auf mich zukommen würden. Ich fühlte mich wohl. Die Frühstückspause versammelte alle um einen großen Tisch. Wie eine Familie saßen wir zusammen und besprachen brötchen- oder filinchenkauend, den kommenden Tag, die anstehenden Probleme, private Freuden oder Ärgernisse. Praktikantin zu sein, bekam ab jetzt eine neue Bedeutung. Ich kam morgens schwungvoller aus dem Bett, freute mich auf meinen neuen Kollegenkreis und ich übte auf meiner Schreibmaschine, bis die Walze qualmte.

In diesen Praktikumssommer musste ich nun auch meinen Urlaub unterbringen. Peter hatte die Idee, seine Eltern zu fragen, ob wir auf ihrem Grundstück in Stolzenhagen unseren gemeinsamen Urlaub verbringen dürften. Ich glaube, mit dieser Frage hatten seine Eltern nicht gerechnet und ein klares Nein war nicht so einfach auszusprechen, denn Peter hatte viel Zeit und Schweiß investiert, um zu helfen, dieses Grundstück so herzurichten, wie es seinen Eltern gefiel. Vor Peters Urlaubswunsch hatte die Regierung aber das Jugendschutzgesetz gestellt und dieses musste nun dafür herhalten, dass man eine Hürde für uns aufstellte. Peters Eltern wollten meine Eltern kennenlernen und erfahren, ob diese mit unserer fortschreitenden Paarbeziehung überhaupt einverstanden seien und diese absegneten. Ich fand das nun schon etwas befremdlich. Denn im Frühjahr, nachdem wir bereits seit acht Monaten ein Paar waren, hatten Peters Eltern ihm ein Sexualkundebuch auf den Tisch gelegt. „Mann und Frau intim“ lautete sein Titel und es gab keinerlei Kommentare dazu. Wir belächelten dieses, sicherlich gut gemeinte Geschenk, und schauten mal nach, ob wir denn auch alles richtigmachten.

Im Januar hatte Mutti mich zum Frauenarzt begleitet und mir beratend beigestanden, die Pille verordnet zu bekommen. Es war mein erster Termin überhaupt bei einem Gynäkologen, was mir schon Tage vorher den Schlaf raubte. Wir waren sehr gewissenhafte „Triebtäter“, Peter und ich. Vier Wochen Wartezeit waren angesagt, um eine garantierte Schwangerschaftsverhütung zu betreiben und diese hielten wir akribisch ein. Das ganze Unternehmen Pille war eine Geheimaktion. Papa durfte davon nichts erfahren. Er war ein absoluter Pillengegner, räumte dieses kleine runde Ding den Frauen doch Möglichkeiten ein, ihr Leben, auch ihr Sexualleben, viel entspannter zu gestalten. Für Papa war die Pille ein Freibrief für ungezügelte Frauen. Es hatte auch gar keinen Sinn, mit ihm darüber zu sprechen. Wahrscheinlich hätte ich eher den Papst als Papa von den guten Seiten der Pille überzeugen können. Jetzt also sorgten sich Peters Eltern um meine Jugend und um Peters Kopf, der keinesfalls in einer Schlinge landen sollte. Papa war von einem Besuch bei Peters Eltern nicht angetan. Er wollte nicht. Mutti hingegen war aufgeschlossen. Sie wollte gerne Peters Eltern kennenlernen und fuhr eines Abends zu ihnen hin.

Wir hielten uns da raus, sollte die ältere Generation sich ruhig beschnuppern und kennenlernen. Mutti würde in Zukunft wissen, warum wir nur in Abwesenheit seiner Eltern bei Peter waren. Natürlich wartete ich gespannt auf Muttis Heimkehr. Lächelnd kam sie die Treppen hoch und freute sich, dass ich alleine war und wir sofort anfangen konnten, ihren Besuch auszuwerten. Es gab erst mal, so war Mutti eben, nur Gutes zu berichten. Sie war von dem Ehepaar, vor allem von dem guten Aussehen meiner Schwiegermutter in spe, sehr beeindruckt. Über Karlchen hin und Urselchen her musste sie lächeln. Beide waren aber sehr freundlich und aufgeschlossen. Auch sie hatte mehrere Fotoalben der Familie angeschaut und war über Glanz und Glorie einer scheinbar typischen DDR-Familie mit normalen Berufen und extravaganter Arbeitszeit für die Frau des Hauses gebührend erstaunt.

Natürlich waren auch ihr die vielen Produkte aus dem Westen aufgefallen und der Bonbon an Karlchens Revers. Unterm Strich aber war sie sehr zufrieden mit ihrem Besuch und hatte naürlich gegen einen Urlaub ihrer Tochter mit dem Sohn des Hauses nichts einzuwenden.

Ich hatte meinen ersten Weihnachtsbesuch in diesem Haushalt vor Augen. Ich deckte den Tisch und dachte, alles gut und richtig zu machen, bis mir die perfekte Hausfrau sagte, dass man die kleinen Löffelchen für das Dessert mit dem Stiel zur rechten Seite legt. (Da denk mal einer über Löffelchen und ihre richtige Stellung nach.) „Wir werden wohl Martina noch auf eine Haushaltsschule schicken müssen", sagte sie in Peters Richtung und ich merkte sofort an seinem Blick, dass ihm diese Bemerkung nicht nur leidtat, sondern peinlich war. Ich merkte, dass ihm der Stiel des Löffels piepegal war und er froh sein würde, wenn wir das Weihnachtsessen hinter uns hatten und zu Bodo gehen konnten.

Die meisten Bemerkungen über mich wurden meistens in meiner Abwesenheit gemacht. Die Tatsache, dass Peter mit einer Katholikin seine Zeit verbrachte, war, besonders für Peters Vater, sehr unangenehm. Hatte der Schwiegersohn der Familie schon ein großes, aufmüpfiges Maul, auch was die Politik im Staat und die Parteizugehörigkeit seines Schwiegervaters betraf, setzte ich jetzt noch, mit meinem christlichen Glauben, dem Fass die Krone auf. Der Freundeskreis von Peters Eltern bestand ausschließlich aus Genossen. Nette, oberflächliche Menschen, die an reich gedeckten Tischen Platz nahmen und sich gegenseitig mit Geschichten aus der guten DDR die Ohren voll säuselten. Alle machten Urlaube, von denen meine Familie nur träumen konnte, alle hatten Grundstücke, an die meine Familie nie herangekommen wäre. Alle hatten Autos und Sorgen und Probleme, die meine Familie nicht hatte.

Erfreut stellte ich fest, dass auch Peter mehr und mehr anfing über das Leben im Allgemeinen und unseres im Besonderen nachzudenken. Der Kreis seiner Kollegen, Arbeiter im Blaumann, hatte ihm eine ganz neue Art der Anschauung eröffnet. Seine Kindheit und Jugend ließen ihn fröhlich und ohne viel nachzudenken durch seinen unbeschwerten Alltag gehen. Aber nun hörte er von allen Seiten, wie beschwerlich das Leben sein konnte, er sah die Misere in seinem Beruf, wenn Material und Ersatzteile fehlten, wenn Maschinen repariert werden mussten, die keinen Pfifferling mehr wert waren. Er musste feststellen, dass Christenmenschen keine vom Heiligen Geist umnachteten Irrläufer der Gesellschaft waren, sondern sehr wohl ein Bild von der realen Welt hatten und sich kreative Gedanken darum machten, ohne Angst zu haben, ihr Ansehen zu verlieren. Peter fing an, materielle und ideelle Träume gegeneinander abzuwägen. Es gab viel zu bereden und zu diskutieren zwischen uns, unseren Freunden und deren Familien.

Unser Urlaub in dem kleinen netten Häuschen in Stolzenhagen war also genehmigt. Die Wochenenden würden wir zwar nicht allein verbringen können, aber während der Woche waren wir unter uns. Peter kannte die Spielregeln und Pingelichkeiten seiner Eltern ganz genau und machte zur Urlaubseröffnung einen Kurzlehrgang mit mir, um mich vor aufgestellten Fettnäpfchen zu schützen. Auch hier hatte jedes Dingelchen sein Fleckelchen. Mit den mir bekannten Lauben in den verschiedensten Laubenkolonien war dieses kleine Häuschen nicht vergleichbar. Peter und ich packten morgens unsere Siebensachen, die aus Badezeug, Handtüchern und Proviant bestanden, schleppten Peters großes Schlauchboot durch den Stolzenhagener Wald und verbrachten möglichst den ganzen Tag auf dem See. Es war ein wunderbarer Urlaub, mit Freilichtkino und dem Film *Angélique* – genau das Richtige für verliebte Mädchen meines Alters – mit stockfinsteren Nächten und sternenübersätem Himmelszelt, mit der Sicherheit der Pille im Kopf und im Handgepäck, mit Frühstück auf der Terrasse und vierundzwanzig Stunden am Tag Peter an meiner Seite.

Das Praktikum und der Urlaub lagen in guter Erinnerung hinter mir. Die Schule hatte mich wieder, die neue Schule. Der Weg dorthin war nicht so bequem wie der zur Pappelallee, aber das Ziel war bei weitem angenehmer. Der Schulneubau lag etwa fünfhundert Meter vom S-Bahnhof Nöldner Platz entfernt. Ein Fußweg, der gut zu bewältigen war. Wir Mädchen begrüßten uns herzlich und hatten nach Praktikum und Urlaub natürlich viel zu berichten. Manche verzehrten sich vor Liebeskummer und manche waren frisch verliebt. Schnatternd wie die Enten bezogen wir kurz vor 8.00 Uhr unser neues Schulgebäude. Von außen sah es so einfallslos und schmucklos wie alle neuen Schulgebäude in der DDR aus. Innen überraschte es dann schon mit Auslegware in den Klassenräumen und hellem PVC-Boden in den Gängen. Jedes Mädchen hatte ein abschließbares Spind, in welches die Garderobe und die Schuhe, auch die eingeforderten Hausschuhe, gehörten. Schwere Unterlagen oder auch das Sportzeug konnten hier untergebracht werden. Für meine bisher elfjährige Schulerfahrung war das hier absolut exklusiv. Die Klassen waren hell und die Fenster mit funktionierendem Blendschutz ausgestattet, Bänke und Tische waren neu. Die alten Schreibmaschinen hatten den Umzug wohl nicht mehr miterleben dürfen. Viele alte, aber auch neue elektrische und mechanische Schreibmaschinen standen nun für unser zweites Lehrjahr bereit. Die Toilettenräume erstrahlten in neuen Fliesen und mit neuer Badausstattung. Selbst eine neue Turnhalle ergänzte unsere Schule. Der Schulhof war noch etwas gestaltungsbedürftig, aber das würde dem Lernen keinen Abbruch tun. Ich hatte immer noch zu tun, tempomäßig den Anschluss zu behalten, wahrscheinlich würde ich in der Zukunft nicht die beste, aber vielleicht die lustigste oder die sportlichste Sekretärin sein, oder die, die den besten Kaffee kochen kann.

Irgendwann, am Anfang meiner Beziehung zu Peter, hatte Papa geäußert, dass wir ja auch erst einmal meine Lehre abwarten könnten. Das war wohl ein bisschen weltfremd dahingesprochen. Er hat das auch nie wieder thematisiert. Manchmal fragte ich mich nun aber doch, ob meine Eltern, Papa und Mutti, von einem anderen Stern kamen. Mutti und ich standen im „Unternehmen Pille“ noch immer unter höchster Geheimhaltungsstufe. An den Wochenenden, wenn Peters Eltern in Stolzenhagen waren, schlief ich bei ihm. Aber immer noch dachten Mutti und ich uns Lügen über meine Abwesenheit aus. Mal erzählte ich, ich schliefe bei Ute, manchmal ging ich mit auf Fahrt von der Gemeindejugend und manchmal war ich irgendwo, nur um keinen Preis der Welt bei Peter. Wenn unsere Familien anwesend waren, fanden wir einfach keinen Augenblick für Zweisamkeit. Danni hockte in meiner Stube und wenn Mutti und Papa zum Kartenspielen bei Freunden waren, legten wir Danni zwar in Muttis Bett, aber dann kam Martin und gesellte sich zu uns. Auch wenn wir uns in kuschliger Zweisamkeit auf meiner Liege in der Waagerechten befanden, setzte sich mein großer Bruder auf die Kante und erzählte vom Fußball und vom Leben. Machte er das, weil er aufpassen wollte, dass nichts passierte oder war er wirklich noch so ein grüner Stoffel, dem jegliches Empfinden für Zweisamkeit fehlte? Oder dachte er, man müsse sich als stellvertretendes Familienoberhaupt auf die Bettkante der Schwester setzen und schwafeln? Irgendwann im frühen Herbst waren Onkel Heiner und Tante Doris zum Kartenspielen bei uns. Die Männer hatten, das konnte man deutlich erkennen und hören, schon recht tief ins Glas geschaut, als ich abends nach Hause kam. Ich sagte nur kurz guten Tag und verschwand ins Bad, um mich bettfertig zu machen. In der Wohnstube fing ein Gespräch über mich an. Soviel konnte ich deutlich heraushören. Vielleicht ging es um die Ängste der Väter, ihre Töchter könnten mit einem Kind im Bauch nach Hause kommen und ihr Leben lang diesen Makel mit sich herumtragen. Nur so konnte ich mir erklären, warum ich die Stimme meiner Mutter plötzlich laut sagen hörte: „Jetzt hört doch mal auf, Tina nimmt seit Monaten die Pille!“ Wie elektrisiert zog ich mir die Hosen hoch und erwartete eine Reaktion. Mein Vater brüllte wütend und wohl auch völlig überrumpelt zurück: „Na ist ja toll, dann kann se ja jetzt mit jedem ins Bett.“ Das war kein Angriff auf Peter, das war ein Angriff auf mich. Ich verließ schnurstracks das Bad, schnappte meine Jacke und meine Tasche und verließ mit lautem Türknall die Wohnung. Oben von der Treppe hörte ich Mutti meinen Namen rufen. Ohne zu antworten verließ ich das Haus und lief in die Nacht hinein. Ich lief in Richtung Pankow, allerdings nicht durch die dunklen Gärten und Wege, sondern gezielt bis zum Hamburger Platz, rechts um die Ecke und dann die Pistoriusstraße immer geradeaus, über den Steinberg, zur Prenzlauer Promenade. Die Thulestraße brachte mich direkt zur Vinetastraße und dann stand ich auch schon vor Peters Fenster und dann verließ mich der Mut. Die Wohnung war dunkel, alle schienen zu schlafen. Hätte ich geklingelt, wären Peters Eltern gleich mit an der Tür erschienen und hätten für Pantoffeln und Händewaschen gesorgt. An Peters Fensterbrett kam ich nicht ran. Eigentlich fragte ich mich auch schon, was ich da überhaupt wollte. Es war unterdessen recht kühl geworden, ich war hundemüde und wütend und traurig und lief den ganzen Weg zurück bis zur Rennbahn. Dort gab es wildes Gelände, welches mir seit meiner Kinderzeit bestens bekannt war. Dort ließ ich mich auf einer ausgedienten Holztür nieder, die irgendeiner scheinbar dort entsorgt hatte und schlief frierend irgendwann auch ein. Es muss die Zeit des Herbstpraktikums gewesen sein, denn als ich wach wurde, ging ich zum Bus und fuhr in meinen Betrieb. Die Tür zu unserem Büro war nicht verschlossen und so setzte ich mich an meinen kleinen Tisch, legte die Arme auf die Schreibmaschine und darauf meinen Kopf und schlief neben der warmen Heizung an meiner Seite sehr schnell ein. Thea, eine meiner Kolleginnen, die ich sehr mochte und die so etwas wie eine mütterliche Freundin für mich geworden war, weckte mich besorgt und erstaunt. Ihr, und nur ihr erzählte ich, was passiert war und wie wütend und enttäuscht ich war und wo ich mich die ganze Nacht herumgetrieben hatte. Thea war eine Mutter mit einem Sohn in meinem Alter. Sie dachte, solidarisch wie Mütter sind, sofort an Mutti. „Sicherlich macht sie sich große Sorgen um dich und ganz bestimmt ist ihr euer Geheimnis im Hin und Her des Geredes einfach so herausgerutscht. Wer weiß, wie das bei dir zu Hause weiterging? Vielleicht ist deine Mutter völlig verzweifelt. Versuch sie doch mal anzurufen." Thea reichte mir das Telefon rüber und wählte die Hausverbindung an. Am anderen Ende hörte ich Muttis Stimme, ich konnte nicht sprechen, nur heulen, aber sie erkannte sofort, dass ich am anderen Ende der Leitung war. Thea nahm mir den Hörer aus der Hand und sprach für mich von Mutter zu Mutter. Sie schienen sich einig zu sein. Mir wurde ein heißer Tee und zwei Brötchen gereicht. Dann sollte ich nach Hause fahren, mich ins Bett legen und ausschlafen. Papas Arbeitsstelle passierte ich auf der anderen Straßenseite. Keinesfalls wollte ich ihm jetzt begegnen. Unsere Streitigkeiten nahmen immer neue Qualitäten an. Zu Beginn der Ausbildung und mit meinem ersten Lehrgeld – das waren 75 Mark – war ich damals freudestrahlend auf seinem Hof eingekehrt und wedelte und prahlte mit meinem Verdienst. Im Spaß, jedenfalls hatte ich das so verstanden, griff Papa nach dem Geld, ich zog es ihm weg und sagte: „Finger weg, das ist mein Geld." Das hatte erst mal keine Konsequenzen, wir lachten zusammen und verabschiedeten uns ganz normal. Als er abends dann nach Hause kam, natürlich mit einer „Fahne" im Gepäck, stellte er mich wütend zur Rede. Ich hätte ihn vor seinen ganzen Kollegen blamiert, alle hätten sich über die Frechheit seiner Tochter lustig gemacht. Er kam wütend auf mich zu und mir fehlten die Worte des Widerspruchs. Ich hatte einen Staubsauger in der Hand, den ich ihm, nun gleichfalls wütend, vor die Füße warf und schnellstmöglich die Wohnung räumte. Damals rannte ich hinüber auf den Friedhof, setzte mich in die Nähe meines riesigen Jesus, heulte und ging mit Friedhofsschluss in unser Wartehäuschen. Mutti sah mich vom Balkon aus und rief mich hoch. „Er schläft", sagte sie. Das bedeutete Sicherheit, Schweigen, nicht mehr dran rühren. Papa würde wohl morgen entweder alles verdrängt oder wirklich vergessen haben.

Zuhause legte ich mich ins Bett, konnte aber lange nicht einschlafen. Ich verstand nicht, wie Mutti das aushalten konnte. Viele Übergriffe, gerade so am Rande des Zuschlagens, fielen mir ein. Danni war noch ganz klein und Mutti hatte sie auf dem Arm. Da wurde sie wütend von Papa geschubst, haute mit dem Kopf an den Ofen, presste die Kleine noch fester an sich. Ich sah den fliegenden Gasanzünder, der mich nur knapp verfehlte und dann kaputt in der Ecke lag, sah das Kreuz meiner Halskette auf den Fußboden fallen, als er mir wütend an den Kragen ging. Was war los in unserer Familie? Was machte der Alkohol mit meinem Vater? Was machte mein Vater mit meiner Mutter? Dass sie immer wieder verzieh und erduldete und vor sich hin litt? Sie war doch eine kluge, gewitzte Frau, die anderswo ohne Angst für ihre Kinder einstand, wo steckte diese Frau, wenn Papa wütend wurde? Was für ein Vorbild war er für meinen Bruder, der schon in seiner Kindheit Freude daran gehabt hatte, mich mit gefährlich ausstaffierten Waffen durch die Wohnung zu jagen? Mich mit Fäusten zu verprügeln und zu meinen, er wäre das Oberhaupt der Familie, wenn Papa nicht anwesend war. Es gab so viel nachzudenken, so viel in Erwägung zu ziehen.

Mein Leben in unserer Familie war nicht berechenbar. Alles war dem Alkohol überlassen. Papa konnte nicht merken, wie sehr unsere Beziehung gestört war, denn er vergaß und ich nicht. Ich verzieh das eine oder andere ohne seine Entschuldigung, ich hoffte, auch für Mutti, auf bessere Zeiten, aber die ließen auf sich warten. Wenn Papa nüchtern war oder nur einen ganz kleinen Rausch hatte, war er mein Vater. Morgens weckte er mich mit einem gedämpften Ruf in die Stube hinein. Eines Tages stand ich früher auf, stand für ihn völlig unerwartet in der Küche und registrierte, wie er schnell ein Glas Milch hinterm Küchenvorhang verschwinden ließ. Ich tat so, als hätte ich nichts gesehen, als Papa aber im Bad war, schaute ich mir das Glas Milch näher an. In der Milch war eindeutig Alkohol. Ich sprach im Laufe des Tages mit Mutti darüber.

Es wurde Zeit, dass Papas Problem beim Namen genannt wurde. Er trank nicht nur hin und wieder einen über den Durst, er trank nicht nur, wenn er in Gesellschaft war oder sich langweilte oder zuviel zu tun hatte. Mein Vater trank immer und ich sprach es erstmals aus. Mein Vater war Alkoholiker und er brauchte Hilfe, keine Entschuldigungen. Sich selbst oder jemand anderen der Alkoholsucht zu bezichtigen, war ein heißes Eisen, ein Tabu. Alkoholiker zu sein bedeutete, dass man sein Leben nicht im Griff hatte. Das passte nicht in Papas Bild. Er war der Mann, der auf Arbeit seinen Männern sagte, wo es langging, er war beim Fußball noch immer ein gefragtes Mannschaftsmitglied, seine Freunde zählten auf ihn und er war, obwohl Mutti arbeitete, der Ernährer der Familie. Das Glas „Milch" war ein eindeutiger Hinweis darauf, dass er morgens zumindest seinen Alkoholspiegel auf ein Mindestmaß bringen musste, um gut in den Tag starten zu können. Vielleicht, wahrscheinlich hatte er selbst sich längst eingestanden wie es um ihn stand, aber er konnte nicht aus seiner Haut, nicht um Hilfe bitten, nicht vor anderen, nicht mal vor Mutti eingestehen, was mit ihm los war. Mutti gab mir Recht, traute sich aber nicht, das heiße Eisen anzupacken. Es blieb alles wie es war, Ehestreit mit Androhung von Konsequenzen, Streit mit mir, wegen mir oder weil ich Mutti zu Seite stand. Streit oder Auseinandersetzungen mit Martin? Da muss ich leider passen, Martin war in der, ihm vorgelebten Männerwelt, angekommen. Er und Papa waren längst Verbündete im Fußball und natürlich wurde hier und da ein Gläschen zusammen getrunken. Martin war unterdessen volljährig, Geselle und verdiente sein eigenes Geld. Er war nur sich selber Rechenschaft schuldig. Seine Prüfungsarbeit bat er mich damals, mit Maschine abzutippen. Es ging um den mir bis dahin völlig unbekannten Begriff *Lichtmaschine*. Die Arbeit war meine erste große Herausforderung. Ich packte sie und war sehr stolz auf mich. Wie war das mit dem Alkohol damals überhaupt? Ich entsinne mich, schon lange bevor ich sechzehn war, mit meinen Kumpels Barni und Hofi mehrmals in Kneipen gesessen und Bier getrunken zu haben. Die Wirte nahmen es mit dem Jugendschutzgesetz nicht so genau. Auch wenn wir am Wochenende für Papa Schnaps oder Zigaretten holen sollten, sind wir immer mit erfülltem Auftrag nach Hause gekommen. Das hatte für Eltern eine gewisse Bequemlichkeit und für die Verkäufer den erwarteten Umsatz. Tabak und Alkohol waren allgegenwärtig. Keiner dachte darüber nach. In den Schulen qualmte es aus dem Lehrerzimmer aus allen Ritzen, die Lehrer saßen in Moccabohnen oder sonstigen Lokalitäten und genehmigten sich einen. Familienfeiern kamen erst dadurch überhaupt in Schwung. Die einen nannten es Bier und Schnaps, die anderen ein Weinchen oder ein Likörchen, die einen betranken sich, die anderen regten sich an und wer nichts wollte, musste schon eine gute Ausrede, mindestens Magengeschwüre oder eine erfolgreiche Entziehungskur hinter sich haben. Erst jetzt, wo ich selbst in dem Getriebe der Betriebsfeiern und Heimpartys steckte, kam ich hinter die Botschaft des Romans *König Alkohol* von Jack London, den Papa mir vor Jahren schon zu lesen gegeben hatte. Peter ging es in seiner Werkstatt nicht anders. Kaum dass er sich als Lehrling dort blicken ließ, wurde er für die Beschaffung des Alkoholbedarfs der Brigade außer Haus geschickt. Das Problem in den Betrieben war bekannt, aber die, die dagegen etwas tun konnten, waren selbst Gefangene dieses Problems. Jeder kam irgendwann dahinter, was und wie viel gut für ihn war. Jugendliche, Jungen und Mädchen, probierten sich aus. Die meisten bekamen die Kurve zu einem vernünftigen Umgang mit Alkohol, die anderen blieben auf der Strecke. Thematisiert wurde das Problem entweder nie oder wenn es fast zu spät war. Wenn der Arbeitsplatz flöten und die Familie den Bach runterging. Die kleinen Faustantabletten, die Jahre zuvor in Verbindung mit Alkohol Papa die Beine weggerissen hatten, schienen auch sehr verbreitet zu sein und waren relativ einfach zu haben. Aber Drogenprobleme kannten wir in der DDR nicht und auch keinen Conny Kramer.

Peter und ich hatten uns eingerichtet. Wir spielten Halma oder Karten und warteten ab, ob sich irgendwo eine Gelegenheit zur Zweisamkeit fand. Das war besonders in den Wintermonaten ein Problem, denn da blieben Peters Eltern auch am Wochenende zu Hause und in Peters Stube wurde gegessen, genäht und gebügelt. Unsere Eltern etwas aufgeschlossener und verständnisvoller uns gegenüber zu machen, hatten wir längst aufgegeben. Unsere Vorstellungen einer gemeinsamen Zukunft nahmen, auch in Bezug auf eine eigene Wohnung, langsam Formen an. Peter drückte sich davor, gleichzeitig auch das Wort Verlobung auszusprechen, denn das hätte eine Hochzeit zur Folge haben können und er vermutete ganz richtig, dass ich mir dazu ein langes weißes Kleid, einen Schleier, eine Kutsche und natürlich Gottes Segen in der Kirche wünschte. In meinem Tagebuch existierte längst ein Hochzeitsbild von uns. Ich hatte es aus unseren Passfotos, dunkelblauem Velourspapier und weißen Servietten als Collage gefertigt. Peter vermied es, meinen Glauben seinen Eltern gegenüber auch nur zu erwähnen, seit sein Vater einmal ihm gegenüber den Wunsch geäußert hatte, ich möge doch meine Kette mit dem Kreuz abnehmen, wenn ich zu Besuch kam. Ich verstand dieses Anliegen nicht, war aber mit meinen verliebten sechzehn Jahren dumm genug, meine Kette zu Hause zu lassen, wenn ich wusste, dass ich Peters Eltern begegnen würde. Später, leider zu spät, schämte ich mich für mein eigenes Verhalten. Stolz und kämpferisch hatte ich immer mein Kreuz vor mir hergetragen und nun, wo ich verliebt war, knickte ich ein. Im Schlafzimmer von Peters Eltern hing ein Hochzeitsbild mit einer wunderschönen Braut in Weiß, mit Schleier, glücklich strahlend. Dieses Bild ließ auf eine kirchliche Trauung schließen. Genau so war es auch. Peters Schwester war Jahre zuvor auch noch getauft worden, eine Entscheidung, die bei Peter nicht mehr getroffen wurde, denn bald nach seiner Geburt zog seine Familie vom Westteil der Stadt in den Osten. Diese ganzen Entscheidungen, das Wie und Warum, wurde in seiner Familie nie besprochen. Die akribisch geführten Fotoalben zeigten keine weiteren Aufnahmen von Hochzeit oder Kindstaufe in der Kirche. Wo der Glaube geblieben war, was ihn zerstört hatte, keine Frage und keine Antwort. Die Partei bestimmte fortan das Leben, und die hatte fraglos immer Recht.

Peter litt seit seiner frühesten Jugend unter hohem Blutdruck. Wahrscheinlich hatte er den von seinem Vater geerbt. Er wurde in Buch[10] medizinisch behandelt und konnte lange Listen verschiedenster medizinischer Versuche und Behandlungen nachweisen. Vor Jahren, schon bevor ich ihn kannte, musste er seiner ersten Muste-

[10]Klinikum im Berliner Stadtteil Buch

rungsaufforderung nachkommen und wurde wegen seiner Hypertonie nicht bei der Nationale Volksarmee aufgenommen. Eine einmalige Musterung kam aber nicht in Frage, Peter wurde wieder und wieder zur Vorstellung gebeten und ich empfand jeden Termin als eine Bedrohung. Ich ging die Berliner Straße in Pankow auf und ab. Hier, am U-Bahnhof Vinetastraße war ich mit Peter verabredet, wenn er von der nächsten Musterung zurückkam. Plötzlich stand seine Mutter neben mir, die Einkäufe in ihrer Tasche hatte und eigentlich nach Hause wollte. Sie blieb an meiner Seite stehen und wir fixierten gemeinsam die Richtung, aus der er kommen würde. Er strahlte heute anders, anders als ein Mann, der gerade seine Freundin und seine Mutter Seite an Seite stehend entdeckt hat. Er strahlte überlegen, zutiefst zufrieden und mit sich selbst im Reinen. Peter fiel seiner Mutter – warum zuerst ihr? – um den Hals, um dann mit den Worten „Endgültig ausgemustert!" auch mich in den Arm zu nehmen. Diese Aussage hatte ein paar Tränen meinerseits verdient. Tränen der Erleichterung, der Freude, des Glücks. Jetzt konnte die Zukunftsplanung beginnen. Peter nahm die Einkaufstasche, und wir gingen zu ihm nach Hause, wo sein Vater schon mit einem gedeckten Tisch in Peters Stube wartete. Genosse hin, Genosse her, er freute sich ehrlichen Herzens, dass seinem Sohn die anderthalb Jahre Dienst für Volk und Vaterland erspart blieben. Für ihn waren allerdings die finanziellen Vorteile besonders wichtig. Der Sold eines Wehrpflichtigen war gering, der Verdienstausfall groß. Außerdem wirkte sich die Abwesenheit vom Arbeitsplatz auf die nächste Lohnerhöhung aus. Das mütterliche Herz seiner Frau und das Herz der liebenden Frau waren zweitrangig.

Meine Prüfungen lagen schon weit hinter mir. Ich hatte den Facharbeiterabschluss nicht mit Bravour, aber zufriedenstellend gemeistert. Deutsch gesamt: 1; Sport: 1; Staatsbürgerkunde: 1. Beim Maschineschreiben und beim Stenografieren hakte nach wie vor das Tempo. Aber ich verließ mich auch jetzt noch voll und ganz darauf, dass ich den besten Kaffee kochen würde. Mit einem Lächeln serviert würde das einiges wieder gut machen.

Noch bevor ich mit der Arbeit richtig loslegen konnte, wartete schon wieder etwas Neues auf mich. Ich hatte mich für das Kinderferienlager des Betriebes als Gruppenleiterin zur Verfügung gestellt und wurde genommen. Jahre zuvor hatte ich in Alt-Buckow, von der

Kirchenjugend aus, ein Seminar besucht, in dem sich alles um Gruppenarbeit mit Kindern drehte. Viele Kindergeburtstage mit Sing- und Tanzanimation hatte ich an Danni und ihren diversen Freundinnen schon erfolgreich ausprobiert, Kreativität lag mir im Blut und für den Notfall waren genug andere Gruppenleiter um mich herum, um mir mit Rat und Tat zur Seite zu stehen. Das einzige Problem war die Trennung von Peter. Dafür winkte hinterher ein gemeinsamer Urlaub in Wesenberg an der Müritz. Es war an einem Montagmorgen, als ich mit Koffer und Reisetasche zur Arbeit fuhr. Schon aus der Ferne sah ich drei Reisebusse vor den Pforten des Betriebes, unzählige Kinder und Eltern, die aufgeregt durcheinander plapperten und versuchten, ihre Koffer irgendwie loszuwerden. Der Leiter des Kinderferienlagers hielt eine kurze Ansprache, stellte die einzelnen Gruppenleiter vor und las dann von einer langen Liste die Namen der Kinder vor und sagte ihnen, zu welchem Gruppenleiter sie sich stellen sollten. So wie ich es mir gewünscht hatte, bekam ich die Gruppe mit den jüngsten Mädchen anvertraut. Zwölf kleine hüpfende Dinger, die voller Vorfreude oder hin- und hergerissen zwischen Abschiedsschmerz und großem Abenteuer waren. Es trafen mich freundliche und skeptische Blicke, sowohl von den Kindern als auch von den Eltern. Ich würde beweisen müssen, dass der Vertrauensvorschuss, den man mir gab, nicht wie heiße Luft verpuffte. Biggi stand neben mir und machte lustige Kommentare zum Zeitgeschehen. Sie hatte sich auch als Gruppenleiterin eintragen lassen und ich war froh, sie dabei zu haben. Peter, schon arbeitsbereit im Blaumann, kam sich von mir verabschieden. Er richtete seinerseits einen bedenklichen Blick auf die mir anvertrauten kleinen Quirle, sah mich etwas mitleidig an und war wohl froh, mich nicht begleiten zu müssen.

Die Koffer waren verstaut. Die eine oder andere Mutter kämpfte mit den Abschiedstränen. Ich hatte auch mit diesem Problem zu tun, schließlich lagen zwei Wochen ohne Peter vor mir. Das Ferienlager enttäuschte mich. Seit der Zeit, als ich hier selbst zu Gast gewesen war, schien nichts mehr an Renovierungsarbeiten gemacht worden zu sein. Das gesamte Ferienlager war eine optische Herausforderung. Die kleinen Mädchen sahen das noch nicht so eng, sie stürmten den Raum und belagerten, so schnell sie nur konnten, ihr favorisiertes Bett. Sie öffneten ihre Koffer und Taschen, verloren den Überblick über ihre

Sachen und ich fühlte mich sehr an zu Hause erinnert, wenn Danni anfing zu räumen. Hier hatte ich nun das gesamte Chaos mal zwölf. Zum Glück verfügte ich über eine laute Stimme. Die Mädchen folgten meinen Anweisungen, sortierten erst einmal ihr Waschzeug samt Zahnbürste und Becher, versorgten ihre Kuscheltiere, legten Nachthemden und Schlafanzüge auf die Kopfkissen und überließen es mir, die Koffer der Reihe nach auszupacken. Ich ging nach Wetterlage vor. Ließ Regenjacken und Gummistiefel in den Koffern, und alle anderen Kleidungsstücke landeten in den Spinden zwischen den Doppelstockbetten. Zwei Mädchen mussten sich jeweils einen Spind teilen. Die Koffer wurden unter die Betten geschoben, Jacken an die Garderobe gehangen und langsam trat eine überschaubare Ordnung ein. Ein kurzer und schmerzloser Fahnenappell wurde abgehalten, bei dem es um organisatorische Fakten, besonders um Zeitabläufe mit den Essens- und Schlafenszeiten der Kinder ging.

Die Mittagszeit war angebrochen, die Sonne stach und die Kinder wurden unruhig. Wir gingen die zweihundert Meter zum Essenssaal, der Erinnerungen an meine Zeit als Ferienkind und als Küchenhilfe mit sich brachte, an meinen schweren Liebeskummer wegen Kalle, worüber ich jetzt, bestens getröstet wie ich war, nur noch lächeln konnte. Der Saal hielt mit der Schäbigkeit des gesamten Ferienlagers gut mit. Noch ein paar Jahre, dann würde hier wohl alles den Bach runtergehen. Es war nur eine Frage von ein paar Stunden, dann klebte die kleine Mädchenbande an meinem Schürzenzippel und hatte mich als vorläufige Leitkuh und Ersatzmutter angenommen. Von kurzen Wanderungen über tägliches Baden im See, Disco, mit Zeitbegrenzung für die Jüngsten, Malen, Basteln und Beaufsichtigung von Freispielzeit, Vorbereitung und Feiern des Neptunfestes, mit anschließender Feier im Speisesaal, boten mir die Mädchen vom frühen Morgen bis in den späten Abend ein abwechslungsreiches Programm. Zickenkriege mussten geschlichtet, Mückenstiche, Sonnenbrände und kleine Wunden versorgt und so manches abendliche Heimweh sehr intensiv weggetröstet werden. Die Mädchen wussten, wenn alles schnell ging und alle im Bett lagen, dann gab es eine noch nie zuvor gehörte Geschichte. Meine Geschichten schienen gut zu sein, oder langweilig. Bevor ich mit dem Erzählen fertig war, schliefen die meisten schon selig mit ihren Kuscheltieren oder Puppen im Arm.

Die Nächte gehörten dann uns, den Gruppenleitern, dem Bademeister, der Lagerleitung und dem Küchenpersonal. Die Abende waren schon recht kühl und so saßen wir gemeinsam im Speisesaal, legten die Füße hoch und erzählten bis spät in die Nacht.

Zwei von uns wurden im Wechsel etwa bis Mitternacht als Wachtposten fürs Ferienlager abgestellt. Dann übernahm die Lagerleitung den Rest der Nacht. Biggi, Monika, eine direkte Kollegin von ihr, und ich teilten uns einen Schlafraum im Verwaltungstrakt. Es waren lustige Nächte. Biggi vertraute uns an, dass sie wahrscheinlich schwanger sei. Ob sie darüber eher erfreut oder überrascht oder ärgerlich war, erfuhr ich nicht. Aber ein neues Abenteuer schien sie zu erwarten, etwas ganz anderes, für sie noch nie Dagewesenes. Und so, wie sie mich damals in Polen mit ihrem Deodorant auf dem Schlüpfer überrascht hatte, überraschte sie mich jetzt mit der einfachen Lösung, über dreckige Füße Socken zu ziehen, damit das Bett nicht schmutzig wurde. Manchmal wünschte ich mir ihre Leichtigkeit, mit der sie durchs Leben ging. Meine Zeit als Gruppenleiterin ging zu Ende. Ich fuhr nicht mit dem Bus nach Berlin zurück. Meine Mädchen drückten mich herzlich, versprachen, mir zu schreiben und machten einen zufriedenen Eindruck, als ich sie hinter den Scheiben des Reisebusses winken sah. Ich blieb so lange auf dem staubigen Weg stehen, bis alle drei Busse verschwunden waren. In ein paar Stunden würde Peter mit seinem neuen Motorrad hier aufkreuzen. Eine Übernachtung hatte man mir hier noch gestattet, dann würden wir gemeinsam an die Müritz fahren und Urlaub machen. Ich ging nach oben, räumte das Zimmer auf, ging duschen und machte mich dann bis zum Abwinken schön. Ich wollte gut aussehen, wenn Peter kam und musste vorher noch einige Kämpfe mit meiner Garderobe ausfechten.

Das Geräusch des Motorrades versetzte mich in Hochstimmung. Ich rannte die Treppen runter und fiel Peter freudig um den Hals. Es gibt Abschiede und Wiedersehen, die vergisst man nie. Wir konnten uns am nächsten Morgen Zeit lassen. Der Bungalow, den wir gemietet hatten, stand uns erst ab 12.00 Uhr zur Verfügung. Wir frühstückten jetzt im Gaststättenbereich. In Godendorf war überall Ruhe eingekehrt. Kein Kinderlärm, keine Urlauber, nur noch Küchen- und Putzpersonal war vorhanden und die Gaststättenbetreiber. Peter ging hoch und holte mein Gepäck, um es ohne mein Zwischengefummel gekonnt am Motorrad zu verstauen. Als ich hinter ihm saß, genoss ich es, meine Arme um ihn zu schlingen und meine Wange an seinen Rücken zu legen. Wie hatte ich das vermisst. Pünktlich um die Mittagszeit standen wir vor unserem Urlaubsziel. Ein hübscher kleiner Bungalow in einem gepflegten Garten. Wir kamen nicht rein. Der Hausherr erschien mit dem Schlüssel nicht und es waren keine Nachbarn in Sicht, die uns irgendwie hätten helfen können. Peter lud das Gepäck vom Motorrad und fuhr zu der uns bekannten Wohnadresse des Vermieters. Hier erfuhr er, dass die Familie umgezogen war. Wohin wusste keiner. Unterdessen tauchte ein sehr junger Herr dann bei mir auf, es schien der Sohn des Hauses zu sein. Ohne Entschuldigung und ziemlich gelangweilt übergab er mir den Schlüssel und verschwand. Als Peter genervt eintrudelte, war ich schon beim Ausräumen. Es war schon alles sehr viel anders, als wir es uns vorgestellt hatten. Es fehlte an Ausstattung und Sauberkeit und das Doppelbett, von dem die Rede gewesen war, stand doppelt übereinander. Wir hatten Stunden zu tun, um alles so herzurichten, wie es unseren Ansprüchen entsprach. Wir gingen erst abends Mittagessen, erledigten Einkäufe für den täglichen Bedarf und kamen dann endlich in Urlaubsstimmung. Wir planten die nächsten Tage. Mit dem Motorrad waren wir frei, alleine zu entscheiden, wann wir wohin wollten. Wir waren nur sehr wetterabhängig. Diesbezüglich hatten wir wirklich Glück. Der Sommer dauerte an. Die Nächte waren erfrischend kühl, ließen aber Grillabende und Sitzen unterm Sternenzelt bis spät in die Nacht hinein zu.

Die Selbstversorgung kostete viel Zeit. Ich war ehrlich erstaunt, wie schwierig es war, bestimmte Speisepläne in die Tat umzusetzen. Oft planten wir um. Das Obst- und Gemüseangebot war völlig unzureichend und alles was in irgendeiner Form mit Fleisch zu tun hatte, musste dem Zufall überlassen bleiben. Wenn wir unterwegs waren, kehrten wir in am Weg liegende Lokalitäten ein. Auch hier driftete das Angebot der Speisekarte weit vom tatsächlichen Angebot ab. Die Qualität war oftmals katastrophal, aber der Hunger triebs rein. Mehrmals haperte es eigentlich nur am Service. Wenn es schon nur Rhabarbersaft gab, warum dann lauwarm? Leipziger Allerlei gab es überall. Das schienen die Gaststättenbetriebe gehortet zu haben und gerne herzugeben. Die Betreiber der Gaststätten lebten nach dem Motto

„Friss oder stirb“. In den privatbetriebenen Gaststätten sah es etwas anders aus. Hier versuchte man mit persönlichem Engagement so viel wie möglich aus dem Geschäft herauszuholen. Aber diese Leute hatten es schwer, diesen Leuten wurde es extra schwergemacht, denn Privatbetriebe jeder Branche störten das Gesamtbild der sozialistischen Wirtschaft. Wir wollten uns nicht ärgern, wir hatten schließlich Urlaub und machten in jeder Hinsicht das Beste draus. Die Mecklenburger Seenplatte hatte von Natur aus genug zu bieten, so viel, dass die elf Urlaubstage, die wir hier verbringen wollten, gar nicht ausreichten. Peters Motorrad reizte mich. Ich stellte es mir toll vor, vorne auf dieser Maschine zu sitzen und die Regierungsgewalt über ihren Motor zu übernehmen. Die Haare fliegen im Wind, die Maschine macht, was ich will und alle denken oh toll, ein Mädchen auf einem Motorrad. Peter ließ sich von mir überreden, eine Kunst, die ich schon lange beherrschte. Wir fuhren auf einen etwas breiteren Waldweg und schmissen Theorie und Praxis in einen Topf. Meine Ungeduld und Quengligkeit, mit beidem konnte Peter nur schlecht umgehen, verschafften mir sehr bald die erhoffte Fahrerposition. Die Maschine anzulassen, aufzusitzen und mit Peter auf dem Sozius, loszufahren schien mir eine leichte Übung zu sein.

Doch leider ging diese leichte Übung nur ein paar Meter weit gut. Vor mir tauchten Wurzelwerk und Mullersand[11] auf. Die Räder kamen ins Schlingern, meine Hände wussten nicht mehr was sie tun sollten, weil mein irres Gehirn ihnen ständig neue Anweisungen gab. Peter versuchte von hinten mit Worten mein Gehirn zu erreichen, als er merkte, dass das sinnlos war, sprang er vom sinkenden Schiff. Die Maschine machte, was sie wollte und es flogen auch keine Haare im Wind. Ich wars, die flog. Das Motorrad kippte um, mein Kopf schlug auf den Boden und da lag ich dann. Das Dröhnen im Schädel hörte sich bedrohlich an, dann bemerkte ich einen tierischen Schmerz im linken Bein. Peter hatte mich natürlich längst von der Maschine befreit und sie im Handumdrehen aufgebockt. Die Schmerzen wurden unerträglich, der Schock tat ein Übriges. Wir setzten uns an den Waldrand und warteten ab, bis ich mich beruhigt hatte. Ich konnte mit dem linken Bein nicht auftreten, ich konnte auch nicht klar denken. An meiner

[11] grauweißer, fein rieselnder Sand

rechten Wade entwickelte sich eine Brandblase, da war ich wohl mit dem heißen Auspuff in Berührung gekommen. Peter verfluchte meine Überredungskunst, er hätte mich nicht fahren lassen dürfen. Egal wie, ich musste umgehend in ein Krankenhaus. Ich biss die Zähne zusammen und wir fuhren nach Neustrelitz in die Klinik. Wir ließen es nach Soziusunfall aussehen. Aber keinen Menschen interessierte es wirklich, wie es zu dem Unfall gekommen war. Ich wurde untersucht und geröntgt und bekam einen Gipsverband bis hoch zum Knie. Einen Liegegips, der mich völlig gehunfähig machte. Ich bekam keinen Transport, hüpfte mit einem Bein zum Motorrad und Peter rauschte mit mir zum Bungalow. Fehlte uns die Erfahrung, Rechte einzufordern oder war das Standard in der DDR? Vielleicht konnte man die Berliner mit ihrer großen Klappe auch nicht leiden und sagte sich, wer nicht fragt, kriegt keine Antwort. Peter musste, bis auf das Zusammenlegen und Einpacken der Wäsche, alles alleine machen. Der Urlaub neigte sich sowieso dem Ende und es war nun auch keiner mehr.

Am nächsten Morgen brachte Peter mich zum Zug. Es war September, die Ferien vorbei und deshalb bekam ich wahrscheinlich auch einen Sitzplatz. Peter holte das Gepäck, machte die Schlüsselübergabe und verschwand Richtung Berlin. Ich meisterte die gesamte Umsteigerei hopsend, mit meinem Körbchen unterm Arm und dankte dem lieben Gott für meine Sportlichkeit. Viele Leute schauten mich kopfschüttelnd an. Natürlich konnte keiner erkennen, dass mein Gips ein Liegegips war und natürlich hätten sich normale Menschen wenigstens in ein Taxi gesetzt, selbst wenn man darauf eine Ewigkeit hätte warten müssen. Als ich dann endlich zu Hause war, völlig fertig und derangiert, als ich dann auf meiner Liege lag und die Decke anstarrte, fragte ich mich, warum wir auf die Idee mit einem Taxi nicht gekommen waren oder warum wir nicht Onkel Ottchen gefragt hatten, ob er mich abholen käme. Wie unorganisiert und dumm junge Leute sein können, dachte ich, und bat den lieben Gott um etwas mehr Hirn. Liegt es am Alter, dass man den anderen, den Erwachsenen unbedingt beweisen möchte, dass man alles, aber auch wirklich alles, ganz alleine packt? Die folgenden Wochen waren hart, aber eine gute Schule. Papa hatte eine Idee. Er konnte ja leider bestenfalls immer nur ein bisschen mitleidig gucken. Ein Späßchen über meine Tollpatschigkeit oder meinen Größenwahn kam ihm leichter von den Lippen als bedauernde, mitleidige Worte. Aber er ging los und kaufte etwas für mich. Er kaufte zwei Schrubber, stellte sie auf den Stiel und befestigte unten Gummipfropfen, die man eigentlich beim Mosten zum Verschließen der Flaschen nahm. Dann nahm er zwei weiche Sofakissen, legte diese über den Schrubber und befestigte sie, indem er Paketschnur in dichter Linie um Schrubber samt Kissen wickelte. Mit diesen Prachtexemplaren stand er plötzlich in meiner Stube, grinste übers ganze Gesicht und hielt sich und seine Erfindung für genial. Ich wusste nicht so richtig, was er von mir wollte, als er mich bat, mich hinzustellen. „Heb mal den Arm", sagte er und schob mir den ersten Schrubber unter die Achse. „Zu lang", brubbelte er, verließ mit beiden Schrubbern das Zimmer, suchte eine halbe Stunde lang seinen Fuchsschwanz und fing an die Schrubberstiele abzusägen. Flaschenstöpsel rauf, fertig. Natürlich wusste ich unterdessen, was er vorhatte. Nun landeten beide Schrubber unter meinen Achseln und ich hatte auf Anhieb einen viel besseren Stand als zuvor. Wie ein Trainer baute Papa sich vor mir auf, hielt die Arme breit auseinander, wie früher, wenn ich ihm als kleines Mädchen entgegenrannte und am Ende der Kür mit Drehen bis zum Schwindligwerden belohnt wurde. „Alles eine Frage der Balance", sagte Papa, „versuch es, ich halte dich."

Die Krücken drückten ein bisschen unterm Arm, aber ich war auch total verkrampft. So zottelten wir als Zweiergespann, Vater rückwärts voraus und ich hinterher, zum Korridor, in die Küche und wieder zurück. Mein Gipsbein durfte nicht den Boden berühren. Nur das rechte und die Krücken gaben mir Halt. Nach zehn Minuten ging es schon ganz gut. Bremsen musste ich noch lernen, das fand ich beim Schlittschuhlaufen auch am schlimmsten. Nun fand ich Papa und seine Erfindung auch genial. Kurze Wege zur Toilette oder um mich ein wenig auf den Balkon oder vor den Fernseher zu setzen, machten mir bald keine Mühe mehr. Am Schwung, der schwer zu kontrollieren war, musste ich noch arbeiten. Aber manchmal hatte es seine Vorteile, zum Beispiel um schwungvoll aufs Klo zu kommen. Da standen sie nun an meinem Bett wie meine Leibgarde, die wertvollsten Krücken der Welt. Sie waren der Beweis dafür, dass mein Vater sich Gedanken um mich machte, dass er mir helfen wollte und ein Mann der Tat war, wenn er die Gelegenheit dazu bekam. In diesen Tagen tat er noch etwas Ungewöhnliches: er kam mit einem Buch, das zweite in meinem

Leben, das er mir ans Herz legte. *Die gute Erde* von Pearl S. Buck. Eine mir bis dahin völlig unbekannte Autorin. Ich verschlang dieses Buch. Was hatte die Lebensgeschichte eines chinesischen Bauern an sich, dass mein Vater sie mir ans Herz legte? Allein der dramatische Inhalt, in dem es um wirkliche Werte im Leben eines Menschen geht, um Konflikte, Einsichten, Freude, Trauer, Entbehrung, Angst vor Obrigkeiten, Geistern und Göttern, waren ein Fingerzeig auf das Empfinden meines Vaters. Er und der Bauer Wang, zwei Menschen, die es nicht schafften, ihre Gefühle zu zeigen oder über sie zu reden. Ein anderer Zeitvertreib tauchte noch auf. Mein langersehnter Radiorecorder, den ich schon vor ewigen Zeiten im Betrieb bestellt hatte. Peter brachte ihn mir mitsamt zwei guten Cassetten, die er im Intershop für mich gekauft hatte. Ganz so dumm, wie beim Motorradfahren stellte ich mich hier nicht an, aber es dauerte, bis ich die vielen Knöpfe ihrer Funktion zuordnen konnte. Peter erklärte mir, worauf ich alles achten musste, wenn ich Aufnahmen machen wollte. Er erzählte von dem Ärgernis, dass die Moderatoren entweder vorneweg oder am Ende eines Songs gerne mit aufs Band wollten. Er zeigte mir, was bei Bandsalat zu tun war und nannte mir ein paar Sender und Sendungen, wo gute Hits gespielt wurden. Dann packte er einen festen Koffergurt aus. Er befestigte ihn an einem Träger meines Bücherbords, das mittig über meinem Bett hing. Darin sollte ich mein Bein von Zeit zu Zeit hoch lagern. „Das entlastet die Wirbelsäule", sagte er besorgt und stellte das Halmaspiel auf den Tisch.

Nun hat Kranksein ja wirklich zwei Seiten. Ich hatte das Unangenehmste überstanden und genoss es, fast täglich von den verschiedensten Freunden und Bekannten und Kollegen hofiert zu werden. Jeder brachte etwas mit, wollte mir Gutes tun, schmolz vor Mitleid dahin und vertrieb mir mit Alltagsgeschichten die Langeweile. Ich hatte Zeit zum Malen, Lesen, Häkeln, Tagebuch Führen und Briefe Schreiben. Bei den Fahrten im Rettungswagen zum Krankenhaus, die gab es also tatsächlich, lernte ich einen jungen Mann, auch mit Liegegips, kennen, mit dem ich regelmäßig die langen Wartezeiten verschnatterte. Wir bekamen am gleichen Tag einen Gehgips verpasst. Nach einer Trockenzeit von zwei Tagen, durften wir laufen. Der junge Mann fragte mich, ob wir uns nicht genau in zwei Tagen treffen wollten, um die Vormittagszeit, vielleicht am Milchhäuschen totzuschlagen. Völlig unbekümmert nahm ich seinen Vorschlag an und genau so unbekümmert erzählte ich Peter von diesem Treffen. Seine Reaktion folgte prompt. Er zeigte sich erstmals von seiner eifersüchtigen Seite. Das war für mich noch besser, als mich mit diesem Mann zu treffen. Im Nachhinein fand ich seine Reaktion völlig normal, hätte er dasselbe gemacht, hätte ich mich wahrscheinlich nicht mehr eingekriegt. Ich versprach ihm, zu dieser Verabredung nicht hinzugehen. Vielleicht hätte ich da auch ganz alleine gestanden, weil der junge Mann eine Freundin hatte, die genau so reagiert hatte, wie Peter.

Seit einiger Zeit hatten wir Kontakt zu Gabi. Wie das kam, hatte mich damals nicht wirklich interessiert, aber wir waren eines Tages eingeladen. Vielleicht war auch nur Peter eingeladen und nahm mich einfach mit oder er hatte mein Mitkommen zur Bedingung gemacht. Wir fuhren mit der S-Bahn zur Frankfurter Allee. Dort, hinter der Ringbahnhalle wohnte Gabi in einer kleinen Altbauwohnung, die sie sich mit ihrem eigenen Peter, ihrem Ehemann, und ihrem Sohn Patrick, der noch ganz winzig klein in einem Gitterbettchen in der Küche lag, teilte. Nun lernte ich also Peters Pendant zu meinem Kuhni kennen. Wir wurden freundlich begrüßt und mit Kaffee und Rhabarberkuchen bewirtet. Gabi zeigte sich als gute Gastgeberin, ich merkte aber immer wieder, wie sie mich abcheckte und möglichst leise, als würde sie auf ihr Baby Rücksicht nehmen, mit meinem Peter tuschelte. Ihr Peter war ein eindrucksvoller Mann. Groß, braungebrannt, dickes blondes Haar. Gabi war eine sehr schlanke Person, mit längerem braunem Haar, blasser Haut und braunen kleinen Augen. Nicht unbedingt schön, aber mit einem mädchenhaften Charme. Der Abend zog sich dahin. Es gab auch noch Abendbrot, als Gabis Peter plötzlich anfing, ein Filmvorführgerät aufzubauen. Er hatte drei Filme, die er uns unbedingt zeigen wollte. Ich weiß nicht, ob die Art Filme, es waren Pornos und ich hatte so etwas noch nie gesehen, bei ihm oder ihm und Gabi zum Standard gehörten, wenn man das erste Mal aufeinandertraf. Peter zeigte sich, wie Männer sind, keinesfalls empört. Wahrscheinlich überwog bei ihm die Neugier. Mir selbst war die Flimmerstunde eindeutig zu intim. Ich wollte so etwas gar nicht und schon überhaupt nicht mit fremden Menschen ansehen. Ich benahm mich aber wie ein erwachsenes Menschenkind und ließ die flimmernde Peinlichkeit über mich ergehen. Wie kam es, dass dieses Paar dann plötzlich zu unserem gemeinsamen Freundeskreis zählte? Ich hatte keine Ahnung. Ich hätte auf beide gut verzichten können, aber Gabi zählte zu den Freunden aus Peters Vergangenheit und tauchte mal mit und mal ohne Mann zu Peters und zu meinem Geburtstag auf. Ich glaube, ohne ihren Mann war sie mir lieber. Mit ihm konnte sie sich, bis auf den ersten Eindruck, immer nur blamieren. Er soff bis er faselte, fing dann an zu stänkern und schlief dann ein. Irgendwann schlief auch die Freundschaft ein und wir hatten keinen Kontakt mehr.

Bodo hatte nun auch eine Freundin. Wochenlang erzählte und schwärmte er von einer langmähnigen goldblonden Kollegin, nach der er sich regelrecht verzehrte. Colliehündin Senta und Ireen Sheer waren in seiner Rangliste längst auf Platz zwei und drei gerutscht. Ganz vorne, auf einem goldenen Thron, saß nun ein Mädchen namens Dagmar. Nachdem sie sein Flehen erhört hatte, durften wir sie endlich kennenlernen. Ja, da hatte sich Bodo wirklich eine Prinzessin erobert. Von Kopf bis Fuß, vom Haar bis zur Garderobe passte wirklich alles in das Bild, das Bodo uns gemalt hatte. Dagmar war ein überwiegend fröhlicher Mensch. Sie lachte viel, sie trank viel und wenn es zu viel war, kotzte sie, wenig majestätisch, aus jedem griffbereiten Fenster. Manchmal schlug auch ihre Laune von einer Sekunde zur anderen um. Dann hockte Bodo treudoof vor ihr und winselte um schönes Wetter.

Martin war bei der Armee. Stationiert in Brandenburg. Sein Zimmer wurde für diese Zeit meiner Schwester zur Verfügung gestellt. Das war schon mal eine große Entlastung für mich. Ich hatte jetzt mein Zimmer für mich allein. Wir spielten immer noch Halma oder Karten, ein Anklopfen oder einfach mal nicht zur Tür reinkommen war in meiner Familie nicht zu erwarten. Danni war unterdessen dem Niedlichsein entwachsen. Es war anstrengend, sie auszuhalten. Sie hatte auch gar keine Vorlieben für irgendwelche Beschäftigungen oder Hobbys. Ihre Aufgabe war es, jeden einzelnen in der Familie alle drei Minuten mit irgendetwas anderem zu beschäftigen. Wenn ich sie mir anschaute, hatte ich das Gefühl, sie sei in einer ganz anderen Familie groß geworden als Martin und ich. Nun ja, sie war zehn Jahre jünger und mit dem Bewusstsein aufgewachsen, der große Trost unserer Mutter und von uns dreien die Klügste zu sein. Das schafft schon einen großen Vorschuss an Lorbeeren. Ich hielt sie nicht für besonders klug, sondern für unerzogen, vorlaut und altklug. Vielleicht langweilte sie sich oder litt, ohne dass sich damals jemand darüber ernsthafte Gedanken gemacht hätte, unter dem Gesamtpaket unserer Familiensituation.

Mein Verhältnis zu Martin blühte, seit all den Jahren die wir nun Geschwister waren, erstmals auf. Das war relativ einfach, er war fast nie da und wenn er auftauchte, war er verdienter Mittelpunkt der Familie. Er tat mir echt leid in seiner Situation als Soldat. Andererseits zeigte er erstmals, dass er seine Familie vermisste. Die Schule, durch die er gehen musste, war hart. Bei der NVA[12] floss auch der Alkohol in Strömen und wenn Martin von seinem Dienst erzählte, waren es fast ausschließlich irgendwelche Besäufnisse, von denen er sprach. Er bediente und fuhr einen LO, einen Armee-LKW. Auf der Autobahn hatte er eines Tages an der Abfahrt nach Berlin vorbeifahren müssen und hätte vor Sehnsucht und Verzweiflung fast ins Lenkrad gebissen. Wenn er auf Urlaub kam, war das wie ein kleines Fest zu Hause. Mich tröstete das, denn es zeigte doch, dass unsere Familie noch immer füreinander da war. Martin küsste und drückte sogar mich, wenn er kam, und er wurde von Urlaub zu Urlaub erwachsener. Molly, unsere unterdessen uralte Katze, die in der Familie als Martins Katze galt (was so nicht stimmte), verweigerte sich ihm. Lag es an der Uniform, am fremden Geruch oder daran, dass sie sich von ihm im Stich gelassen fühlte? Das haben wir leider nie erfahren. Sie hatte ihre Prinzipien und verteidigte sich mit Kratzen, Beißen und Fauchen, wenn Martin sich ihr näherte. Auch das tat mir sehr leid für ihn, aber keiner von uns konnte daran etwas ändern. Manchmal beschlichen mich Gedanken an unsere gemeinsame Kindheit. Bis auf wenige Ausnahmen war unsere Geschwisterbeziehung ein einziger Austausch von Gemeinheiten gewesen. Seine kräftemäßige Überlegenheit machte mir, wenn er mit allen möglichen Gegenständen auf mich eindrosch, erst Angst, dann wurde ich wütend und fing an mich zu wehren. Martin machte mit mir, was er von Papa lernte. Er hielt mich klein. Dass ich unserer Katze einen Puppenpullover anzog, machte mich zum Tierquäler. Dass er mit unserem Goldhamster in der Hand eine Hechtrolle auf sein Sofa machte und dem Hamster dabei das Genick brach, fand niemals irgendeine Erwähnung. Seine vielen Unfälle, die aus Ungeschick

[12] Nationale Volksarmee

und Dummheit passierten, machten ihn zu einem echten Jungen. Er machte mich, besonders im Kreis seiner Kumpels, fertig. Kontrollierte meinen Umgang und demütigte mich mit immer neuen Gemeinheiten vor seinem Freundeskreis. Jetzt, als wir beide fast erwachsen waren, hatte ich ihm verziehen und hoffte auf eine bessere Beziehung für unsere Zukunft.

In der DDR war es vollkommen normal, wenn Leute untereinander ihre Wohnungen tauschten. Das war an sich auch eine für die Gesellschaft sehr gute Möglichkeit, Wohnraum bedarfsgerecht zu belegen. Peters Eltern dachten darüber nach, ihre sehr geräumige Wohnung gegen zwei kleinere zu tauschen. Sollte es dazu kommen, würden Peter und ich die kleinere der Wohnungen bekommen. Es kann schon sein, dass Peters Eltern befürchteten, eines Tages die Frage gestellt zu bekommen, ob ich bei ihnen einziehen könne. Diesbezüglich hatten sie Erfahrungen mit ihrer Tochter und ihrem Schwiegersohn machen dürfen. Es war wohl nicht so idyllisch gewesen. Für zwei Personen, die außerdem noch für viele Monate im Jahr ein Häuschen samt großem Grundstück zur Verfügung hatten, war die Wohnung in der Vinetastraße wirklich zu groß. So wurde inseriert und auf Inserate geantwortet. Uns, Peter und mir, konnte das alles natürlich gar nicht schnell genug gehen, aber vernünftig betrachtet, brauchte man auch nichts übers Knie zu brechen, wir hatten Zeit. So kam es, dass wir uns von Prenzlauer Berg über Friedrichshain und Weißensee diverse Wohnungen anschauen gingen. Es fand sich keine Konstellation, in der alle Tauschpartner glücklich geworden wären. Natürlich hatten Peters Eltern klare Vorstellungen von dem, was sie wollten. Eine Fernheizung sollte sein, in Pankow sollte es sein, Küche und Bad mit Fenster und nicht zu klein, mindestens zwei Zimmer und auf alle Fälle mit Balkon. Auch wir wollten nicht in irgendeinen Rennstall oder eine Wohnung ziehen, für deren Sanierung man ein Vermögen bezahlt hätte oder deren Klo eine halbe Treppe höher gewesen wäre. Hier kam jetzt ein uns völlig fremder Mann ins Spiel, der scheinbar auch Annoncen las. Er kündigte seinen Besuch telefonisch an und fragte nach, für wen denn die gesuchten Wohnungen überhaupt sein sollten. Als er von Peter und mir hörte, wollte er am liebsten umgehend kommen und ein Angebot, einen Vorschlag zu machen. Alle warteten gespannt in der Vinetastraße auf einen Herrn Wüste mit Angebot.

Pünktlich stand ein rotblonder, großer, schlanker Herr mittleren Alters mit gepflegtem Aussehen und einem lässigen Anzug, an dessen Revers gut sichtbar ein Parteiabzeichen steckte, vor der Tür. Er durfte mit Straßenschuhen den Korridor passieren und die Wohnstube betreten und wurde auf einem der Sessel platziert. Sehr gespannt warteten wir nun auf die Enthüllung des Angebotes. Wie ein Geschäftsmann sprach Herr Wüste erst einmal einleitende Worte. Er erwähnte unsere Inserate und hatte die Idee, uns seine Wohnung anzubieten. Diese befand sich in Prenzlauer Berg, Gaudystraße, Altbau, Seitenflügel, drei Treppen, Zimmer, Küche, Innentoilette. Das hörte sich ja schon mal ganz gut an, aber wir alle warteten auf den Haken. Herr Wüste erzählte von sich und der Wohnung, von seinem Leben als Junggeselle, von seiner großen Liebe, die er jetzt getroffen hatte, davon, dass diese große Liebe unterdessen seine Verlobte sei und er gerne zu ihr in ein größeres Haus ziehen würde. Nun dachte er sich, dass er uns ja seine kleine Wohnung anbieten könnte und Peters Eltern nur noch eine Wohnung für sich zu suchen bräuchten, was den ganzen Vorgang erheblich vereinfachen würde. Damit hatte Herr Wüste Recht. Alles was er sagte erschien einleuchtend. Wir schauten ihn alle an, wie kleine Kinder, die zur Bescherung endlich ins Zimmer gerufen werden. Jetzt kam die Sache mit dem Pferdefuß. Natürlich konnte er uns nicht aus purer Menschenfreundlichkeit die Wohnung überlassen. Da hatten der Gesetzgeber und die Wohnungsverwaltung dann doch noch ein Wörtchen mitzureden. Aber, ich könnte in diese Wohnung als seine Verlobte einziehen, mich polizeilich dort anmelden, dann könnten wir die Verlobung platzen lassen und ich dürfte als sitzengelassene Braut bleiben. Die Geschichte, mit mir in der Hauptrolle, war schon mal sehr ergreifend und schlüssig. War man erst mal angemeldet, konnte man nicht mehr rausgeschmissen werden. Aber jetzt platzte die Bombe: 5000 Mark – in Worten: fünftausend – wollte Herr Wüste für dieses Geschäft bar auf die Hand haben. Die alten Küchenmöbel ließe er drinnen stehen und es gäbe auch keine sofort erforderlichen Renovierungsarbeiten, setzte Herr Wüste schnell nach, noch bevor unsere Kinnladen wieder oben waren. Das ist ja mal ein ausgekochtes Schlitzohr, dachte ich. Meine Hauptrolle in diesem Sketch sah ich schon den Bach runtergehen, da sagte Peters Vater: „Wir werden das in Ruhe besprechen. Rufen Sie morgen wieder an, die Telefonnummer haben Sie ja." Herr Wüste wurde zur Tür begleitet, sagte: „Morgen 19.00 Uhr!", und ging. Draußen stieg er in einen neuen Wartburg, in welchem eine Frau, scheinbar seine wirkliche Braut, auf ihn wartete, und düste los. Wir standen da und schauten uns perplex an. Fünftausend Mark, da musste ich passen. Nicht mal ein Mitspracherecht stand mir bei dieser Summe zu. Peter brachte mich zum Bus. Er schien ernsthaft zu überlegen, ob er das Angebot annehmen sollte. Peter hatte seit ein paar Monaten ein Motorrad, er hatte mir zwischendurch eine Reiseschreibmaschine geschenkt, liebäugelte mit einem Lederanzug und einem Integralhelm für die Motorradfahrten und er war auch sonst immer sehr großzügig mir gegenüber. Woher wollte er fünftausend Mark nehmen? Peter merkte wohl, dass es langsam Zeit für eine Erklärung war. Er erzählte mir von seinem Großvater mütterlicherseits, der in Westberlin ein Grundstück gehabt hatte. Diesen Grund hatte er vor Jahren verkauft und den Erlös seiner Tochter und deren Kindern vererbt. Wegen der Mauer kam man aber nun nicht so einfach an das Geld heran. Mit Peters achtzehntem Geburtstag durfte er aber so gut es ging von Ost nach West darüber verfügen. Am Wittenbergplatz gab es einen Rechtsanwalt, Dr. Goldberg, der das Geld verwaltete. Dieser allein durfte aber nicht darüber verfügen, sondern es gab eine Kommission, die alle Entscheidungen beraten und abstimmen musste. Ich war ganz still und hörte aufmerksam zu. Ich erfuhr, dass es nicht nur Intershops gab oder Exquisitläden, sondern dass man über eine Firma namens GENEX[13] Westartikel oder gefragte Ostartikel kaufen konnte. Hier stand natürlich nicht das Schild BERATUNGSMUSTER davor, nein, diese Artikel bekam man schnell und in erwarteter Qualität. Peters Motorrad und meine Schreibmaschine waren auf diesem Weg zu ihm gekommen. Es gab natürlich auch die Möglichkeit der Bargeldauszahlung. Dann brauchte man aber einen mutigen Kurier, der das Geld über die Grenze brachte. Mir wurde langsam einiges klar, und viele Fragen, die ich mir bisher gestellt hatte, beantworteten sich nun von ganz alleine. Jede Aktion musste natürlich auch bezahlt werden. Die Anwaltskanzlei kostete viel Geld, es gab aber keine Alternative. Der Kurier ließ sich ebenfalls gut bezahlen, was sein gutes Recht war. Man musste also mit dem Geld im Westen umsichtig haushalten, um

[13]Geschenkdienst und Kleinexporte GmbH – Handelsunternehmen

möglichst lange etwas davon zu haben. Peter konnte uns eine Wohnung nicht über GENEX oder im Intershop kaufen, aber er konnte aus 100 DM etwa 500 Mark machen und aus 1000 DM 5000 Mark. Dazu schien er jetzt bereit zu sein. Die Aussicht, eine eigene Wohnung zu haben, in der das Halmaspiel im Schrank bleiben konnte, war zu verlockend. Am nächsten Abend fand die Wohnungsbesichtigung statt und die Geldübergabe. Peters Vater bestand auf eine Quittung, die Herr Wüste auch ausstellte. Zwei Schlüsselbunde mit je drei Schlüsseln wurden auf den Tisch gelegt, die Verschwörer gaben sich einen festen Händedruck und Herr Wüste ging. Bevor er die Wohnungstür öffnete, warnte er eindringlich davor, dass Peter zu schnell in die Wohnung mit einziehe. Die Nachbarschaft sollte glauben, ich sei die einzige und richtige Braut des Herrn Wüste. Die folgende Woche verbrachten wir wie in einem Rausch. Die Schränke aus meinem Zimmer, Regale, meine Liege, Grünpflanzen, Geschirr, Besteck, Handtücher, ein kleiner Tisch und natürlich meine gesamten persönlichen Sachen, landeten in der Gaudystraße. Herr Wüste hatte den Zustand seiner Wohnung natürlich geschönt. Peter fing an zu renovieren. Er verließ aber am späten Abend immer die Wohnung, um nicht als heimlicher Geliebter der Braut in Verdacht zu geraten. Zu den Leuten im Haus hatte ich eigentlich gar keinen Kontakt, das Risiko war sehr überschaubar. Wir hatten eine glückliche Zeit in unserer kleinen Altbauwohnung, nicht mehr lange, dann würde auch Peter über Nacht bleiben dürfen.

In einem Lichtenberger Konfektionsgeschäft entdeckte ich einen Wintermantel. Wenn ich mich richtig erinnere, kam er aus Jugoslawien. Er war wadenlang, schwarz. Leicht tailliert und hatte an allen Umsäumungen dichten schwarzen Webpelz. Allein das Preisschild hätte mich eigentlich davon abhalten müssen, ihn überhaupt anzuprobieren. Ich tat es aber trotzdem und war hin und weg. Dieses Kleidungsstück war das schönste, was ich bis dahin jemals an meinem Körper hatte. Es ließ mich schlank und vornehm erscheinen und schien eigens für mich genäht worden zu sein. Der Verkäufer in diesem Geschäft war der Vater einer ehemaligen Klassenkameradin. Wir kannten uns recht gut und sein Verkäuferblick sagte ihm, dass ich mit mir und dem Mantel und dem Preisschild daran einen harten Kampf ausfocht. Er bot mir an, das gute Stück ein paar Tage für mich aufzuheben. Vielleicht fand ich ja einen Weg der Finanzierung. Dieser Vorschlag beruhigte erst mal meine Gedankengänge. Vorläufig könnte mir niemand den Mantel vor der Nase wegschnappen. Ich hätte Zeit, etwas zu organisieren, zu schnorren, zu erbetteln. Mutti gab mir den Tipp mit der Betriebskasse. Dort hatten alle Werktätigen die Möglichkeit, sich zinsgünstig kleinere Summen auszuleihen und diese in kleinen Raten zurückzuzahlen. Papa war davon nicht begeistert. Er schimpfte auf den Staat, dass seine Tochter, obwohl sie arbeiten ging, nicht genug verdiente, um sich einen Mantel leisten zu können. Vielleicht wäre er auch froh gewesen, wenn er selbst genug Geld gehabt hätte, um mir den Mantel zu spendieren oder mir doch wenigstens finanziell helfen zu können. Ich sprach mit den Damen unserer Betriebskasse und wir wurden uns einig. Ich lieh mir ein ganzes Monatsgehalt, 475 Mark, und durfte in übersichtlichen Raten abzahlen. Der Mantel war mein und als ich ihn nach Hause trug, machte ich mir Gedanken über das teure Leben. Darüber, wie schwer es war, auf etwas zu verzichten und durch irgendwelchen Billigkram, den man nicht mochte, zu ersetzen. Mit 475 Mark würde ich nicht weit kommen im Leben. Ich müsste ein Geizkragen werden, ein Knauser. Das war nicht meine Lebensart. So sann ich in der S-Bahn über meine Zukunft nach. Wäre ein anständiger Kleiderschrank für diesen Mantel nicht besser gewesen? Aber wann hat man denn schon mal das Glück, so ein Schmuckstück zu ergattern ohne dass das Schild BERATUNGSMUSTER darunter stand? Ich kam zu dem Schluss, dass der Mantel an der Flurgarderobe auch erst mal ganz gut hing und bereute die Aktion mit dem Geldausleihen überhaupt nicht. Der Mann von Peters Schwester sprach mich an. Er suchte für seine Taktstraße im Wohnungsbaukombinat eine Sekretärin. Bis zu 200 Mark mehr Geld wäre für mich drin. Da hatte ich auch schon den nächsten Floh im Ohr, der mir keine Ruhe mehr ließ. Ich ging zu meiner Kaderabteilung und erzählte dort von meinen neuen Aussichten. Man könnte mich innerhalb des Betriebes versetzen, war die Antwort, aber mehr als 50 Mark mehr in der Lohntüte könne man mir vorläufig nicht einräumen. Der Floh in meinem Ohr hüpfte empört hin und her und ich erzählte der Dame, wie frustrierend es war, ausgelernt zu haben, arbeiten zu gehen, sein Bestes zu geben, um sich dann nicht einmal einen Wintermantel leisten zu können. Natürlich erzählte ich ihr nichts von der Exklusivität meines neuen Mantels, dass ich für ihn aber ein Darlehen aufgenommen hatte, erzählte ich ihr schon. Es nützte nichts. Es gab keine besser bezahlten Sekretärinnenstellen im VEB Stern Radio. Ich bedankte mich, ging zurück an meinen Arbeitsplatz und schrieb die Kündigung. Meine Brigade war erstaunt über mein schnelles Handeln. Andererseits konnten sie verstehen, dass ich die Chance auf den neuen Posten nicht verpassen wollte. Hier in der Abteilung gab es bereits eine Sekretärin, die war noch jung, machte ihre Arbeit zu aller Zufriedenheit und sie war beliebt. Hier wäre ich für lange Zeit immer eine Tippse geblieben, die mal hier und mal da von jedem, der kam, schnell mal was aufs Papier bringen sollte. Ein Stenogramm oder einen richtigen Brief hatte ich in diesem Büro noch niemals geschrieben. Ein paar Wochen blieben mir ja noch und dann ging ich leichtfüßig mit schwerem Herzen.

Meine neue Arbeitsstelle befand sich in Friedrichsfelde, ganz in der Nähe des Tierparks. Hier stand noch, mitten im Baustellenbetrieb, eine uralte Villa, deren Räumlichkeiten, auch das Nebengelass, als Büros genutzt wurden. Alles um mich herum war erst einmal sehr gewöhnungsbedürftig. Ein Sekretariat war eigentlich nicht vorhanden. Es war einfach noch nicht angelegt. Mich erwartete kein Schreibtisch, keine Registratur, keine eigene Schreibmaschine, sondern ein völlig heruntergekommenes Büro, in welchem zwei Frauen hinter ihren Schreibtischen residierten und mich von oben bis unten musterten. Die Tür zum Nebenzimmer ging auf und Peters Schwager, mein neuer Chef, stand vor mir. Er begrüßte mich sehr herzlich, stellte mir die beiden Damen vor und bat mich, ihm zu folgen. Wir gingen ins Nebenzimmer, in dem noch ein Herr, ein älteres Semester, mit Schreib- und Rechenarbeiten, beschäftigt war. Das war dann wohl der stellvertretende Chef. Er stellte sich vor und stand höflich wie ein Gentleman auf, als er mir die Hand für einen festen Händedruck reichte. „Hencke“, sagte er lächelnd und wandte sich sofort wieder seiner Arbeit zu. Mein neuer Chef und ich, setzten uns an eine separat stehende lange Tafel, die aus vier quadratischen Tischen bestand, über Eck zusammen und besprachen meinen Arbeitsvertrag. Erstmals fiel mir auf, dass Peters Schwager mich, solange er mich kannte, immer beim Vornamen genannt hatte, das tat er natürlich auch jetzt. Ihn und seine Frau sprach ich aber immer noch mit Sie an, das konnte ich doch jetzt, wo Peters Schwager auch noch mein Chef war, nicht einfach von mir aus ändern. Ich blieb bei „Herr Frischer“. Vielleicht würde es ihm oder seiner Frau eines Tages auffallen, dass hier irgendwas nicht stimmte. Herr Frischer nannte mir meine Aufgaben, die genau dem entsprachen, womit er mich Wochen vorher angeworben hatte. Zuerst einmal musste eine Registratur angefertigt werden. Viele leere Ordner standen bereit, beschriftet und befüllt zu werden. Er zeigte mir, sowohl auf seinem als auch auf Herrn Henckes Schreibtisch mehrere, sich türmende Papierstapel, die gelocht und abgeheftet werden mussten. Ich wäre ansonsten die Sekretärin für ihn und Herrn Hencke, es könnte aber auch sein, dass hin und wieder mal ein Meister, die Ökonomin, die in einem weiteren Büro auf dieser Etage arbeitete, oder einer der Bauleiter mit dem Wunsch für ein Schriftstück auf mich zukämen. „Die Meister“, erklärte er mir, „sitzen unten im Hof im Quergebäude. Auf dem Hof befinden sich auch die Toiletten, rechts vom Hauseingang.“ Herr Frischer erzählte mir etwas über die einzelnen Gewerke, die zu unserer Taktstraße gehörten. Da gab es in erster Linie den Gerüstbau, dann gab es die Glaserei und die Klebetechnik. Unsere Taktstraße befasste sich mit Gesundheitszentren, Apotheken und Kindergärten. Die Details über meinen Aufgabenbereich schrieb Herr Frischer gleich mit Federhalter in den Vordruck. Dann kamen wir zu einem weiteren Teil meines zukünftigen Aufgabengebietes, den ich freiwillig, aber gegen Bezahlung in ein paar Wochen übernehmen konnte. Ich sollte zur Entlastung eines Meisters den Frührapport übernehmen. Hierzu riefen mich jeden Morgen nach Arbeitsbeginn die Brigadiere, Meister oder aber die Bauleiter an und gaben mir Bescheid, welche Arbeiter aus welchem Grund nicht zur Arbeit erschienen waren und gaben mir außerdem Zahlen über den täglichen Stand der Planerfüllung durch. Das alles sollte ich aufschreiben, zusammenfassen und an die nächsthöhere Instanz telefonisch weitermelden. Hierfür winkte mir dann eine Zulage, die mich tatsächlich auf eine Summe bringen würde, die fast 200 Mark über meinem bisherigen Gehalt lag. Davon war vorher allerdings nicht die Rede gewesen. Herr Frischer konnte sein Gehaltsversprechen, das Mehr in meiner Lohntüte, nur dann zahlen, wenn ich freiwillig eine Arbeit übernahm, die scheinbar kein anderer machen wollte. Wie groß der Aufwand für diese Tätigkeit war, konnte Herr Frischer mir nicht genau sagen, manchmal riefen die Kollegen nicht an, manchmal waren sie umgekehrt auch lange nicht erreichbar. Wenn aber alles klappte, war es eine Arbeit von zwanzig bis dreißig Minuten. Meine Verpflichtung wäre äußerste Pünktlichkeit, um eingehende Anrufe auch entgegennehmen zu können. Nach kurzer Überlegung erklärte ich mich einverstanden. Diese Nebenabsprache wurde aber nicht im Arbeitsvertrag, sondern auf einem gesonderten Stück Papier festgehalten. Dann erzählte mir Herr Frischer noch etwas über Bauleitersitzungen und Treffen der Meister oder Brigadiere, die dann an dieser Tafel – er tippte mit beiden Zeigefingern auf den Tisch – stattfinden würden. Da wäre es schön, wenn ich an diesen Tagen für Kaffee und Getränkebedienung sorgen würde. Das hielt ich nun wiederum für selbstverständlich. Eine Adresse war noch wichtig, denn unter dieser waren die Direktoren und der Verwaltungsapparat des WbK, des Wohnungsbaukombinates, Panoramastraße 1, am Fuße des Fernsehturms, erreichbar. Herr Frischer ging mit mir durch die Villa. Mein zukünftiges Büro und die zwei Damen kannte ich bereits, links vom Korridor kam man in das kleine Büro der Ökonomin, Frau Prätz, und ihres Mitarbeiters Herrn Pötzschke. Beide schoben fast gleichzeitig die unterste Schublade ihres Schreibtisches zu, und schauten gleichzeitig erschrocken und erleichtert zur Tür. Ich sah eine unglaublich massive ältere Frau, die mir freundlich die Hand reichte und sich vorstellte. Ihr Gegenüber war das ganze Gegenteil seiner Chefin. Hager, grauhaarig, wie ein Mann in besten Jahren, der vorzeitig gealtert ist. Auch er begrüßte mich freundlich und hoffte auf gute Zusammenarbeit. Der letzte unbekannte Raum war die Küche. Hier wollte man sich weigern hineinzugehen. Der lange, schmale Gang war vollgestellt mit Getränkevorräten und Leergutkästen. Ein paar H-Milchtüten standen neben einem Vorrat an Kaffeesahne. Gebrauchte Kaffeetassen und Gläser gaben sich ein Stelldichein mit verschmutzten Tellern, auf denen Ketchupspuren oder Käserinde oder Wurstpelle scheinbar übernachtet hatten. Herr Frischer selbst war nicht erfreut über den Anblick, der sich uns bot. Bei nächster Gelegenheit, und die kam gleich nach unserem Rundgang, würde er ein Machtwort sprechen. Für mich stand jedenfalls fest, dass ich hier keinesfalls Abwaschdienste machen würde. Wir verließen die Villa und gingen in die Baracke der Meister. Nur einer von ihnen arbeitete an seinem Schreibtisch. Die anderen Tische, mit sehr überschaubarer Arbeit, standen leer. Ein Spind stand offen, aus dem mich eine frivol lächelnde Schönheit mit nacktem Busen, gespreizten Schenkeln und entblößter Vagina anstarrte. Ich versuchte, das zu ignorieren, gab Herrn Streumann die Hand und verließ schnellstmöglich die Baracke. Die Toilette war noch sehenswert. Für die Damen gab es tatsächlich ein eigenes kleines Klo auf dem Hof und dieses hatte, entgegen meinen Befürchtungen, eine richtige Wasserspülung und ein Handwaschbecken. Herr Frischer beendete den Rundgang. Wir gingen zurück an meinen noch nicht wirklich vorhandenen Arbeitsplatz, holten aus dem Chefzimmer einen der quadratischen Tische und einen Stuhl und ich blieb mit den Anfängen meiner Arbeit erst einmal mir selbst überlassen. Am Anfang war das Wort, dachte ich mir, denn mir fielen die turmhohen Papierstapel ein, die sich auf den Schreibtischen der Chefs befanden. Ich klopfte an und ging rein und bekam am Rande mit, dass hier gerade über das Küchenchaos beratschlagt wurde. „Kann ich die ersten Stapel schon mal sichten?“, fragte ich. „Gute Idee“, sagte Herr Hencke und reichte mir einen seiner höchsten Stapel rüber. Ich legte den Beginn meiner Arbeit auf meinen kleinen Tisch und fing an zu sichten und mir ein Bild von den Belangen meiner neuen Arbeitsstelle zu machen. Zwei Augenpaare verfolgten kommentarlos jeden meiner Schritte. „Ich würde gerne einen Kaffee trinken“, sagte ich in die Runde, schaute meine neuen Kolleginnen an und fragte, ob ich ihnen auch eine Tasse aufbrühen sollte. Das Eis war gebrochen. Ich wagte mich in den Schweinestall von Küche und fing an, die nötigen Tassen und Zubehör herauszusuchen. Da stand auch schon die jüngere Kollegin, Frau Grüner, hinter mir und bot ihre Hilfe an. Frau Grüner hatte ein Spitzbubengesicht mit kleinen, frechen braunen Augen. Sie war kleiner als ich und hatte eine untersetzte frauliche Figur. Ihr Haar war erkennbar blond gefärbt und machte keinen gepflegten Eindruck, auch ihre Zähne schienen von dieser „Blondfärbung“ etwas abbekommen zu haben. Wir unterhielten uns nebenbei über unsere Familien. Ich hatte den Eindruck, sie hätte gerne etwas mehr über mich, unseren Chef und meine Beziehung zu seiner Familie erfahren. Ich ließ mich aber nicht aushorchen, erzählte ihr von meiner kleinen Schwester, die für unterhaltsamen Gesprächsstoff immer wieder herhalten musste. Im Büro war die andere Kollegin, Frau Scholz, gerade damit beschäftigt, auf den Tischen etwas Platz für den heißen Kaffee zu schaffen. Sie bedankte sich ausgesprochen herzlich und erkundigte sich, ob ich Sahne in meinen Kaffee haben möchte. Frau Scholz sah nur auf den ersten Blick jünger aus, als sie in Wirklichkeit war. Wenn sie an ihrer Zigarette zog, zeigten sich viele tiefe Falten um ihren Mund. Ihr mit falschem Blond auftoupiertes Haar schien die letzte Rettung vor einem Graukopf zu sein. Ihre Hände, ihre Augen, ihr Hals, zeigten mir, dass sie mindestens Mitte Fünfzig sein musste. Aber sie kleidete sich modern und hatte eine gute Figur. Zwischen den beiden Frauen spürte ich ein gewisses Konkurrenzverhalten. Ging es hierbei um die Arbeit, um ihr Aussehen, Alter oder um die Gunst der männlichen Arbeitskollegen? Die nächsten Wochen und Monate würden mir Klarheit über die Charaktere der Frauen geben. Im Moment fand ich sie interessant und war gespannt darauf, sie näher kennenzulernen.

Peter brauchte ich nicht näher kennenzulernen, um zu wissen, dass er, und nur er, für mich der Mann fürs Leben war. Für ihn hätte sicherlich alles noch jahrelang so wie bisher weitergehen können. Er schien nichts zu vermissen, weder einen Ring am Finger noch Familienplanung und schon gar nicht den Segen eines Pfarrers. Er stand zwischen zwei Stühlen und fing gerade an, es sich dort so gemütlich wie möglich zu machen. Am schönsten wäre es gewesen, wenn keine Seite zur Hochzeit oder wenigstens zur Verlobung gedrängt hätte. Sich austoben, sich die Hörner abstoßen, wie man so schön sagte, das konnte er auch mit mir. Das schien ihm auch zu gefallen, darüber brauchte er niemandem Rede und Antwort zu stehen. Heiraten, das würde voraussichtlich zu Stress führen. Die Dame seines Herzens träumte seit ihrer frühesten Kindheit von Glockenklang und Orgelmusik an diesem Tag. Sein Vater missbilligte jede Art von kirchlichen Ritualen. Darüber würde es auf der einen Seite Diskussionen, dumme Witzchen und Häme und auf der anderen Seite Unverständnis und wohl auch Tränen geben. Beides konnte Peter nicht ertragen und richtete sich auf eine glückliche Zeit des Schweigens über brisante Themen ein. Ich ging ihm gehörig um den Bart, war mir nicht zu schade ihm einen hingehauchten, vorsichtig geflüsterten Heiratsantrag nach dem anderen zu machen. Peter legte dann einen verstörten Blick auf, wand sich wie ein Aal und fing an, über Belanglosigkeiten, wie das neue Tapetenmuster, zu sprechen. Meine erneuten Vorstöße zeigten ihm aber dann doch sehr genau, dass ich für meinen Teil gerne anfangen würde, Zukunftspläne, konkrete Zukunftspläne, zu schmieden, die weit über das kommende Wochenende oder das nächste Weihnachtsfest hinausgingen. Er gestand mir, dass er über solche Dinge, besonders was Konfessionen oder diesbezügliche Zugeständnisse betraf, mit seinen Eltern nicht reden konnte. Es gab so viele Fragen in seinem Leben, im Leben seiner Eltern, die einfach nicht besprochen wurden. Es gab ein großes Hin und Her. Ohne Sprechen würde es nicht gehen, ohne Kirchenglocken auch nicht, und welche der beiden Familien sollte nun mit ihren kommunistischen oder christlichen Vorstellungen durch die Zielgerade rennen? Es war fast so weit, dass wir uns trennen wollten. Noch war dieser Gedanke nur als Alternative ausgesprochen worden, aber er war vorhanden. In Gedanken führte ich mir die Hochzeit ohne Kirchenglocken und Gottes Segen vor Augen, ich versuchte die Reaktion meiner Eltern, besonders Muttis, einzuschätzen. Was würde die Verwandtschaft sagen und was würde es für meinen Glauben bedeuten? Konnte eine Katholikin überhaupt einen Ungläubigen heiraten? Was würde Mutter Kirche dazu sagen. In meiner Familie ging es nicht nur um Glaube, sondern um Traditionen. Spätestens in der Generation meiner Omi fingen diese an zu bröckeln. Dies hatte immer wieder, mal mehr und mal weniger, zu Familienstreitigkeiten geführt. Omi selbst hatte einen evangelischen Mann geheiratet, von dem sie zwischenzeitlich, bis zur nächsten Hochzeit, sogar geschieden war. Mutti und Papa gehörten verschiedenen Religionen an, Tante Lieschen und Onkel Piepse kamen aus verschiedenen Ställen, aber alle waren wenigstens getaufte Christen. Niemals hätte ich verlangt, dass Peter sich mir zuliebe taufen ließe, das hätte ich genauso als Heuchelei empfunden, wie, um eine bessere Ausbildung zu kriegen, schnell in die FDJ einzutreten. Könnte ich mit diesem Mann auch ohne kirchliche Hochzeit glücklich werden? Sollte ich warten, bis mir ein frommer Katholik vor die Füße fiele, der mich bis ans Ende meines Lebens nerven, langweilen und vielleicht schikanieren würde? Ich hatte immer, mein ganzes Leben lang, auf Gott vertraut, erst kindlich naiv, dann dankend, dass er mich mit Grips und Gesundheit ins Leben geschickt hat. Mein Gott, der, an den ich glaubte, würde keine Kirche brauchen, um meine Ehe, meine Zukunft mit Peter zu segnen, mein Gott konnte alles, überall auf der Welt, auch auf einem sozialistischen Standesamt. Ich gab nach. Ich wusste nicht, ob Peter jemals in der Lage sein würde, dieses große Opfer, das ich ihm und seinem Vater brachte, zu erkennen. Ich fing an, mir meinen Glauben und meine Beziehung zur Kirche, für mein Leben nach meinem Bedarf umzumodellieren. Einmal entschlossen, machten wir nun Nägel mit Köpfen. Wir schauten eigentlich nur pro forma in die Schmuckläden unseres Einzelhandels und waren nicht wirklich enttäuscht über das Angebot an Eheringen. Goldschmuck jeglicher Art war in der DDR schwer zu bekommen. Es gab Angebote im Goldtausch. Man konnte dann einen Ring oder Ketten erwerben, wenn man altes Gold beim Juwelier hinterließ. Beides wurde dann miteinander verrechnet. Das fiel natürlich nicht unter die Rubrik BERATUNGSMUSTER, aber der Vermerk über diese Art von Geschäft lag in den Schaufenstern mit aus. Wir gingen also den Weg des geringsten Widerstandes. Wir gingen in den Intershop des Hotels Metropol. Das war ein neues Hotel, eins, das einem schon beim Eintritt den Duft und das Flair der großen weiten Welt vermittelte. Ostler mit Einkaufsbeutel passten hier eigentlich nicht rein. Sie hatten neugierige Blicke, neugierige Nasen und Ohren. Schauten sich um wie Aliens, die gerade in einer neuen Welt gelandet waren. Auch unsere Augen streiften den Luxus, suchten aber ganz zielgerichtet nach dem Intershop und wurden schnell fündig. Die flimmernde, funkelnde Schmuckabteilung lockte mit ihrem Glanz und unsere Blicke blieben bei den Ringen in den gläsernen Vitrinen hängen. Peter und ich spürten dieses körperliche Unbehagen, wenn man von einem Extrem in das andere rutscht. Eiskalt – kochend heiß, finster – hell, trocken – nass, kein Angebot – Überangebot. Dem kundigen Blick der Verkäuferin konnte es nicht entgangen sein, dass hier Einheimische in eine Welt eingebrochen waren, die nicht für sie geschaffen war. Sie fragte aber sehr höflich und korrekt nach unseren Wünschen und wir stellten fest, dass wir bis auf „Eheringe“ keine weiteren Wünsche formulieren konnten. Es gab Goldausführungen jeder Art, 333er, 585er, Goldkombinationen in Gelb- und Weißgold, mit Diamanten, gemustert, poliert oder matt. Natürlich gab es eine genau so große entsprechende Preisscala und diese wurde zum ersten Kriterium unserer Vorauswahl. Es gab ein großes Angebot an 333er Goldringen mit hübschen Mustern. Die Entscheidung fiel schwer, wir waren es nicht gewohnt, solche Entscheidungen zu treffen. Meist hieß es, „friss oder stirb“, und man fraß. Aber die heutige Entscheidung würde, wenn das Leben nicht doch anders pinkelte, als wir es uns kurz vor unserer Verlobung noch vorstellten, bis an unser Lebensende an unserem Ringfinger glänzen, erst am linken, dann am rechten. Wir trafen dann doch recht schnell eine Entscheidung. Ein Exemplar gefiel uns beiden auf Anhieb am besten. Diese Ringe sollten uns durch unser ganzes Eheleben begleiten. Wir ließen Einladungen für unsere Verlobung drucken. Bestellten einen Mittagstisch für unsere Eltern und uns in der *Mazurka*, einer Restaurantbar in der Klement-Gottwald-Allee. Onkel Ottchen stellte für die große Feier ab Nachmittag seine legendäre Fetenwohnung zur Verfügung. Es klappte alles. Unsere Eltern betrieben leichte Unterhaltung am Mittagstisch. Sie kannten sich bisher gar nicht oder nur ein wenig. Papa verbiss sich jede Art von Spöttelei und legte einen wirklich guten Start als Brautvater hin. Unsere Eltern staunten nicht schlecht, als wir uns an den Tisch setzten und demonstrativ die Ringe an unseren Fingern zeigten. Wir waren bereits verlobt. Diesen ganz besonderen Augenblick wollten wir für uns alleine haben. Keine Fotos, keine Vorreden, keine Küsse vor den Augen unserer Eltern. Wir kamen als verlobtes Paar an den Tisch und fertig. Ich trug für diese besonderen Stunden ein tomatenrotes Kostüm. Die Farbe war für mich eher ungewöhnlich. Das Oberteil hatte Puffärmel und ein angesetztes Schößchen. Der Rock war weit und der Stoff edel und schwer und unterfüttert. Peters Schwester hatte mich eines Tages in ihr Schlafzimmer gerufen und mir das Kostüm zur Anprobe gegeben. Sie hatte es wohl für sich haben wollen. Es passte weder zu ihrem Umfang noch zu ihrer Körperlänge. Mir passte es perfekt, wenn es auch nicht mein typischer Stil war. In einem Laden hätte ich es ignoriert und ich hätte es mir, auch nach einer Anprobe, keinesfalls gekauft. Peter trug es am selben Abend aus Karolas Wohnungstür in einer Plastetüte hinaus und überreichte es mir beim Abschied. „Das kannst Du dann zur Verlobung tragen“, sagte er und überreichte mir das Kostüm, als wäre es ein Geschenk von ihm. Was er nicht wusste war, dass ich mir selbst Stoff gekauft hatte, schwarz mit roten Rosen, und mein erträumtes Verlobungskleid nach meinen Wünschen entworfen und bei einer Schneiderin in Auftrag gegeben hatte. Wäre es undankbar, Karolas Geschenk nicht anzuziehen? Zum Glück unterteilte sich die Verlobung in zwei Feiern. Im Familienkreis würde ich Karolas und am Nachmittag mein Kleid tragen. Da gab es aber auch etwas, das ich nicht wusste. Peter hatte für das Kostüm mit Westgeld bezahlt und sein Schwager, der gerne ausgelassen plapperte, erzählte vor meinen Kolleginnen, was ich meinem Verlobten wert sei, dass er mir ein so teures Kleidungsstück geschenkt hatte. Die Feier am Nachmittag war stimmungsvoll bis ausgelassen. Onkel Ottchens neue Superstereoanlage, deren Boxen in die Wand eingebaut und von Fachleuten mit Ohrgefühl aufgestellt worden war, brachte auch unsere Stimmungsmusik gut rüber, obwohl sie eigentlich nur an Klassik und Sportübertragungen gewöhnt war. Auf dem Klavier stapelten sich die Geschenke. Von Bettwäsche über Handtücher bis zum Toaster war alles dabei. Blumensträuße, meist aus den heimischen Gartenkolonien, und Grünpflanzen verzierten den Gabentisch. Unsere Eltern kamen sich näher und meine Schwiegermutter, die ich offiziell seit dem Essen in der *Mazurka* Mama nennen sollte, konnte sich vor der Anzahl von Motiven vor ihrer Fotolinse kaum retten. Es war ein wundervoller, gelungener Tag. Mein zweites Kleid fand Gefallen bei Peter und den Gästen. Wir waren zufrieden und glücklich und konnten nun in eine gemeinsame Zukunft schauen.

Es dauerte ein viertel Jahr, bis ich endlich einen richtigen Schreibtisch an meinen Arbeitsplatz gestellt bekam. Vielleicht gab es sogar Büromöbel mit dem Vermerk BERATUNGSMUSTER. Ein viertel Jahr ist allerhand Zeit, die Arbeitsabläufe zu verinnerlichen und den neuen Kollegenkreis kennen zu lernen. Wir Frauen waren hier die klare Minderheit und waren gut beraten, wenn wir zusammenhielten. Mit den Bauarbeitern vor Ort hatten wir nur selten etwas zu tun, aber die Bauleiter, Meister und Brigadiere gingen bei uns abwechselnd ein und aus oder kamen zu Sitzungen als geballte, durstige Ladung bei uns an. Die Ordnung in der Küche war mit einfacher Strafandrohung nicht in den Griff zu kriegen und so standen wir emanzipierten Frauen doch täglich in der Küche und sorgten per Lappen, Schwamm und Geschirrhandtuch für eine, leider immer nur kurz anhaltende, Ordnung und Sauberkeit. Mir gefiel, trotz der wirklich primitiven Unterbringung, meine Arbeit, das Kommen und Gehen der Männer, die teilweise in sehr rauem Umgangston miteinander sprachen, andererseits aber immer für frischen Wind in unserer alten Villa sorgten. Eines Tages, als unser Chefbüro voll fachkundiger Männer war und ich den Kaffee und die Erfrischungsgetränke servierte, traf mich ein Schlag auf den Hintern. Ich wusste genau, dieser Übergriff konnte nur von Peters Schwager kommen. Da folgten auch schon die Worte: „Ich darf das, ich bin ja ihr zukünftiger Schwager." Herr Frischer grinste in die Runde und dann mich an. Die übrigen Männer grinsten auch, keiner sagte etwas. Ich nahm mein Tablett und verließ den Raum und war empört. Vor mir sah ich eine Filmszene aus dem 17. Jahrhundert, wo die Kerle in einem Wirtshaus sich erdreisteten, auf jeden Frauenhintern zu schlagen, Schürzenbänder zu öffnen und die Frauen auf ihren Schoß zu zerren. Meistens grölten und kicherten die Weibsbilder dann – die waren aber auch keine Sekretärinnen. Ich fühlte mich ziemlich degradiert und wusste erst einmal nicht so richtig, wie ich mich dagegen wehren sollte. Bei Stern Radio, auf einer größeren Weihnachtsfeier, gab es auch kleine Übergriffe, die aber nicht so offensichtlich waren. Da hatte mir ein leitender Mitarbeiter erst aufs Knie und im zweiten Versuch auf den Schenkel gefasst. Ich konnte ihn geschickt und mit weiblichem Charme abweisen. Meistens spielte dabei Alkohol eine tragende Rolle. Hier war aber kein Alkohol im Spiel und der Schlag auf meinen Hintern war für alle Anwesenden offensichtlich gewesen. Im Film reagierten die Frauen oft mit einer Ohrfeige, mitten ins Gesicht des Frechlings. Schade, dass ich diese Reaktion nicht hatte. Ich würde auf jeden Fall mit meinem Chef darüber sprechen müssen, denn noch mal würde ich ihm das nicht durchgehen lassen. Am selben Tag noch kam es zu einem Vieraugengespräch zwischen uns. Ich sagte Herrn Frischer ganz eindeutig, dass ich diesen Umgang mit mir nicht dulden werde. Ich fragte ihn, ob er den Zustand, dass er mich vor allen Kollegen duzte und ich noch immer Herr Frischer zu ihm sagte, normal fände. Er stutzte kurz, so, als wäre ihm dieser Umstand noch niemals aufgefallen. Auch dass ich zu Peters Schwester noch immer Frau Frischer sagte, während sie mich beim Vornamen nannte und mit Du ansprach. Wir einigten uns endlich auf ein gemeinsames Du. Mein Vater hatte immer viel Wert auf diesen Unterschied vom Sie zum Du gelegt. Er war der Meinung, dass dieses gesellschaftliche Geduze die Gefahr der Kumpelhaftigkeit, besonders unter vom Rang her unterschiedlichen Kollegen, mit sich bringen würde. „Du Arschloch", sagte er, kommt einem leichter über die Lippen als „Sie Arschloch". Womit er in seiner blumigen Sprache auch Recht hatte. Herr Frischer war also ab sofort Dieter und er räumte mir auch ein, seine Frau, Karola, beim Vornamen zu nennen. Er würde mit ihr reden. Jetzt noch eine Entschuldigung für den Schlag auf meinen Hintern zu verlangen, hätte Dieters Einsichtigkeit wahrscheinlich überstrapaziert. Ich beließ es dabei, dass wir darüber gesprochen hatten und ich ihn eindeutig in die Schranken gewiesen hatte. Ein anderes Thema war allerdings die Bezahlung des Frührapportes. Die Arbeit war mühsam. Nicht, weil es für die Brigadiere zu schwer war, ihre angetretenen oder krank gemeldeten Kollegen zu zählen, sondern weil an der Planerfüllung andauernd etwas herumgedoktert werden musste, um die oberen Etagen gnädig zu stimmen. Es war so etwas wie eine Schönheitsoperation an Zahlen und Prozenten. Man könnte es auch sozialistische Lügen nennen oder Manipulation. Die vorgegebenen Planzahlen waren Utopien. Es mangelte in großem Maßstab an Baustoffen, Baumaschinen und auch an der Arbeitsmoral. Die Rapporte wurden geschönt weitergeleitet, zusammengefasst und geschönt weitergeleitet und zusammengefasst und geschönt weitergeleitet und nachher schlugen sich die alten Minister samt Staatsratsvorsitzendem auf die Schulterpolster ihrer Exklusiv-Anzüge und feierten sich und die Planerfüllung, schulterten ihre Gewehre und gingen in der Schorfheide auf Jagd, während die Aktuelle Kamera, das Neue Deutschland und die Junge Welt die abgesegneten Unwahrheiten über unser erfolgreiches sozialistisches Wirtschaftssystem verbreiteten. Bisher hatte ich die zusätzliche Bezahlung für meine Rapport-Arbeit noch nicht erhalten. Dieter sprach von Ungereimtheiten in meinem Arbeitsvertrag und dass die hierfür zuständigen Direktionsbereiche meiner Extrabezahlung nicht zustimmen würden. Das kleine Notizblatt, auf dem er damals die Vereinbarungen für die Zusatzleistungen festgehalten hatte, war komischerweise nicht mehr auffindbar. Andererseits fehlte in der Beschreibung meines Arbeitsplatzes der Rapport. Es erforderte einigen Mut, mich an die Konfliktkommission unseres Betriebes zu wenden. Ich stellte mich damit der Direktion und meinem unmittelbaren Chef ins Schussfeld der Ungnade. Mein eigenes Rechtsempfinden ließ aber nichts anderes zu. Der Streitwert, um den es ging, lag noch weit unter 1000 Mark und war von arbeitsrechtlicher Natur. So konnte sehr wohl diese Kommission, die den Gerichten für Bagatellfälle oder kleinere Vergehen vorgeschaltet war, ein verbindliches Urteil fällen. Ich hatte das Glück, nicht nur Recht zu haben, sondern es auch zugesprochen zu bekommen. Der Betrieb musste mir das ausstehende Geld auszahlen. Ob ich weiterhin den Rapport machen würde, war mir freigestellt, ob mit oder ohne Bezahlung oder mit verbindlicher Änderung in meinem Arbeitsvertrag, lag an mir und dem Betrieb. Ich machte weiter, auch ohne Extrabezahlung, es hätte sonst Kollegen getroffen, die mit meiner Auseinandersetzung mit den Chefetagen nichts zu tun hatten. Dieter blieb nicht lange mein unmittelbarer Chef. Kollege Hencke wurde sein Vorgesetzter und damit mein Chef. Wie es dazu kam, haben wir im Damenbüro nie erfahren. Es grassierten Gerüchte, die aber nie offiziell bestätigt wurden. Herr Hencke verstand die Kunst des Diktierens, bei ihm wurden nun auch endlich meine Stenografiekenntnisse eingefordert. Er hatte auch nichts dagegen, wenn ich ihm Vorschläge wegen seiner Ausdrucksweise machte oder bei Wiederholungen Synonyme verwendete. Freitagnachmittag war unsere Villa bis auf uns drei Büromiezen, fast immer leer. Alle hatten irgendwelche imaginären Pflichten auf irgendwelchen Baustellen zu erfüllen. So mancher Sack Zement und viele Anhänger voll Bauholz oder Sanitärbedarf, landeten an diesen Nachmittagen auf den Grundstücken derer, die sich von allem nahmen, was sie wollten. Das war nicht mehr als ein Kavaliersdelikt und in den sozialistischen Betrieben gang und gäbe.

Die Arbeit unserer Konfliktkommission hatte mich beeindruckt. Ich bewarb mich um eine Mitgliedschaft, um selber mitwirken zu können. Meine Bewerbung wurde angenommen. Ein paar Schulungen musste ich besuchen und irgendwann fand dann unsere erste gemeinsame Sitzung, eine konstituierende Sitzung, statt. Mit dem Wort *konstituierend* konnte ich nichts anfangen. Ich war enttäuscht, dass es keinen wirklichen Fall zu entscheiden gab. Wir trafen uns erstmals in diesem Kreis, um uns kennenzulernen und miteinander Gespräche zu führen. Um uns noch ein bisschen besser kennenzulernen gingen wir hinterher noch auf einen kleinen Umtrunk in die *Letzte Instanz*, eine Altberliner Kneipe in Mitte. Ein bisschen fröhlicher als sonst, trat ich meinen Heimweg in die Gaudystraße an. Bestimmt würde Peter schon auf mich warten. Ich hatte ihm so viel zu erzählen. Sein Motorrad stand unter der Laterne vor der Haustür. Es fielen dicke schwere Schneeflocken vom Himmel, die sich auf dem Boden sofort auflösten. Es wird Zeit, dass Peter nachts nicht mehr nach Hause fahren muss, dachte ich, mit einem Blick auf die Pfützen, die ich im Hinterhof schimmern sah. Oben brannte Licht. Ich freute mich auf den wärmenden Kachelofen, auf mein Abendbrot und heißen Tee. Der Flur zum Seitenflügel war beleuchtet. Als ich meinen Briefkasten aufschloss, hörte ich laute Stimmen, Geschimpfe und Gepolter. Ich ging so schnell ich konnte nach oben und erkannte die Stimmen von Peters Eltern, von Peter und ich vernahm fremde, unbekannte Männerstimmen. Dann stand ich vor einem Chaos. Über die gesamte dritte Etage lag meine Wäsche, meine Schuhe, Bücher, Hausrat und Bettzeug wie hingeschmissen, dazwischen Peter mit seinen Eltern, die mit dem Aufsammeln meiner Habseligkeiten beschäftigt waren. Meine Möbel standen vor der Wohnungstür und mich trafen vorwurfsvolle Blicke. „Schön, dass du auch schon kommst", sagte Peter, der scheinbar mit der Situation, die ich mir nicht erklären konnte, überfordert war. „Wüste ist zurück", erklärte er, „er hat dich rausgeschmissen, will in seine Wohnung zurück." Peter wollte abends in unsere Wohnung gehen und hatte den Treppenflur so vorgefunden, wie er jetzt war. Er konnte nicht handeln, eingetragene Mieterin für diese Wohnung war ich. „In der Wohnung ist Polizei, die hab ich gerufen, meine Eltern habe ich auch angerufen, damit sie uns mit dem Auto beim Transport der Sachen helfen können." Mir war, als hätte mir jemand den Boden unter den Füßen weggerissen. Das war eine Situation, mit der ich nie im Leben gerechnet hätte. Ich schloss die Tür auf und sah zwei Polizisten und die selbstgerechte Visage des Herrn Wüste. Er schien sich sehr sicher, mich noch am gleichen Abend endgültig los zu sein. Die Polizisten verhielten sich neutral. Sie ließen sich meinen Ausweis zeigen und stellten fest, dass ich zu dieser Wohnung das gleiche Zutrittsrecht und für diese Wohnung das gleiche Wohnrecht hatte wie Herr Wüste. Wüste grinste und er grinste mit der Erfahrenheit eines reifen Mannes. Ihm war wohl klar, dass ich von meinem Recht, in dieser Wohnung zu bleiben, keinen Gebrauch machen würde. Was sollte ich mit einem fremden Kerl in einer Einzimmerwohnung anfangen? Ich verließ heulend die Wohnung. Das große Chaos im Flur hatte sich etwas gelichtet. Zwei Koffer und eine große Reisetasche, gefüllt mit meinen tausend kleinen Dingen, die meinen ersten Hausrat ausgemacht hatten, standen bereit für meinen Abgang. Ein paar kleine Möbel konnten heute schon mit, den Rest würden wir morgen holen. Peter fuhr mich nach Hause, brachte mich, wie eine verstoßene Braut, in mein Elternhaus zurück. Heulte ich immer noch oder schon wieder? Ich hatte gerade eine schlimme Niederlage erlitten, meine Gedanken drehten sich im Kreis. Peter schaute Mutti an und sie waren sich einig, dass jetzt nur sie helfen konnte. Papa stand im Wohnzimmer wie ein Baum, mit beiden Fäusten in der Hosentasche. Ich war froh, dass er Herrn Wüste nie begegnet war. Seine Kieferknochen arbeiteten, aber er blieb ganz ruhig. Mutti bereitete mir in meiner alten Stube ein Bett, als ich aus dem Bad kam, lag eine Wärmflasche darin. Ich bedankte mich und weinte und heulte mich langsam in den Schlaf. Es war die Nacht vom 5. zum 6. Dezember. Ich sah wie im Traum die Tür aufgehen, ein schmaler Lichtstreifen aus der Küche drang in die Stube herein. Ich erkannte Mutti, hörte etwas knistern und rascheln, als sie neben meinem Bett stand. Sie ordnete meine Bettdecke und strich mir über das Haar. So leise wie sie gekommen war, verließ sie das Zimmer und ich wusste, dass soeben der Nikolaus seine Gaben in meine Hausschuhe gesteckt hat. Ich war wieder zu Hause und schlief getröstet weiter.

Am nächsten Morgen sah alles schon ganz anders aus. Es war Samstag, ich brauchte nicht zur Arbeit, bekam ein köstliches Frühstück vorgesetzt und hatte den Kopf frei für Angelegenheiten in Gerechtigkeit. Die Quittung über die 5000 Mark hatte Peters korrekter Vater bestimmt aufbewahrt. Sie könnte ein Beweis für Wüstes Machenschaften sein. Mir kam die Möglichkeit in den Sinn, dass ich nicht die erste und auch nicht die letzte „Verlobte" dieses Herren gewesen sein mochte. Der Mann war ein Betrüger, nicht ein versetzter Bräutigam, den die Not in die Kriminalität hetzte. Ich hatte keinerlei Mitleid mit ihm und in meinem Kopf entstand ein Plan. Am Vormittag trafen wir uns alle noch einmal vor meiner Wohnungstür in der Gaudystraße, um die restlichen Möbel zu bergen. Ob Wüste hinter der Tür stand und lauschte oder ob er den Schlaf der Gerechten schlief oder ganz abwesend war, interessierte mich nicht. Er war in meinem Kopf, was so raumfüllend war, dass ich an nichts anderes mehr denken konnte.

Ich hatte die Telefonnummer des Leiters unserer Konfliktkommission, Herrn Richter. Was Rechtsfragen betraf, war er ein erfahrener Mann, und ich wusste, dass ich bei ihm einen Stein im Brett hatte. So wagte ich es, ihn von Peters Eltern aus anzurufen. Alle saßen gespannt herum und hofften auf einen guten Rat. Herr Richter, sein Name war Programm, war erstaunt und erfreut, dass ich ihn anrief. Noch mehr freute er sich, dass ich an ihn gedacht hatte, um mir einen rechtlichen Rat zu holen. Er hörte sich meine, unsere, Geschichte an, fragte nach, zeigte Empörung und Mitgefühl und manchmal sah ich ihn im Geiste direkt vor mir, wie er mit erhobenem Zeigefinger kopfschüttelnd und missbilligend seine Kommentare abgab. Am Ende meiner Geschichte heulte ich wieder und hatte Mühe den letzten Satz zu beenden. Peters Mutter reichte mir ein Taschentuch. Herr Richter, hörbar gerührt von meinen Tränen, versprach mir, sich klug zu machen. Er schüttelte keine klugen Ratschläge aus seinem Ärmel, aber er hatte wohl so einige Beziehungen im Hinterkopf, die er fragen könnte und die vielleicht wüssten, was zu tun war. Am Montag, versprach er, würde er mich auf der Arbeit anrufen.

Das Telefon war dann am Wochenanfang meine heilige Kuh. Argwöhnisch behielt ich es und jeden, der es benutzte, im Auge, kontrollierte, ob der Hörer auch richtig aufgelegt war, und empfand zu lange Telefonate als persönlichen Angriff. Dann, um die Mittagszeit, kam der erlösende Anruf. Herr Richter, noch immer mitleidig an mein Geheul denkend, erkundigte sich erst einmal, wie es mir unterdessen gehe. Er freute sich, dass ich mich beruhigt hatte und bereit schien, der Gerechtigkeit auf die Sprünge zu helfen. Er erzählte etwas von „Die Flucht nach vorn antreten, den Stier bei den Hörnern packen, und Angriff ist die beste Verteidigung". Abgesehen davon, dass mein Verhalten in dem ganzen Fall nicht korrekt gewesen sei, riet er mir, Herrn Wüste anzuzeigen oder zumindest dem tatsächlichen Wohnungseigentümer von Wüstes Machenschaft zu berichten Er riet mir, einen Gang ins Rote Rathaus zu machen. Hier saß der Magistrat, der offiziell für die Belange des Volkes, das Parteiwohl immer im Auge behaltend, zuständig war. Dort sollte ich bei der zuständigen Stelle meine Geschichte erzählen. Nichts beschönigen, nichts auslassen, mich zerknirscht und reumütig zeigen, um Hilfe bitten und auf jeden Fall die 5000-Mark-Quittung nicht vergessen. „Der Weg wird dich auf alle Fälle nicht ins Verderben stürzen", sagte Herr Richter. „Es kann nicht schlimmer, nur besser werden."

Es war schon dunkel, als ich am folgenden Tag vor dem beeindruckenden roten Ziegelbau stand. In fast allen Fenstern brannte Licht. Der Neptunbrunnen hinter mir musste ohne Wasser schweigen. Neptun und seine Nymphen schienen trotzdem bestens gelaunt zu sein, sie trugen kleine Mützen aus Schnee und kannten keine Wohnungsnot. Sie schienen mich wegen meiner Mutlosigkeit zu belächeln. Trotzig ging ich die Stufen zum Rathaus hinauf und war beeindruckt von der protzigen Platzverschwendung des Treppenhauses. Meinen Ausweis hatte ich griffbereit. Der Pförtner schickte mich mit meinem Anliegen in eine der höheren Etagen. Es war still auf den Fluren. Hier und da öffnete sich mal eine Tür und geschäftige oder suchende Schritte hallten durch den Gang. Ich las die Zimmernummern und suchte einen Hinweis auf Wohnungsangelegenheiten. Schneller als mir lieb war, stand ich davor. Sollte man anklopfen oder lieber warten, bis einer herauskam? Schüchtern wie ein kleines Mädchen stand ich vor der großen Tür. Mein Herz raste. Was würde mich hinter dieser Tür erwarten. Ich atmete tief durch und klopfte bescheiden, fast geräuschlos, als mir auch schon ein wirklich Mut machendes Herein half, die Türklinke herunterzudrücken und meinen Kopf ganz vorsichtig in den Türspalt zu stecken.

Ein altes Büro mit alten Möbeln und einem Herrn, der gut in dieses Ambiente passte, empfing mich. Ich schaute in das vertrauenerweckende Gesicht eines Herren, der vom Alter her mein Opa hätte sein können. Er schien zu merken, dass ich voll innerer Aufregung war und reichte mir über den Schreibtisch mit einer Andeutung des Aufstehens, die Hand. „Sommer", stellte er sich vor, und ich musste einen Moment lang an Frau Sommer aus der Kaffeewerbung denken. Er lud mich ein, mich ihm gegenüber hinzusetzen und ihm mein Anliegen vorzutragen. Ich erzählte alles hübsch der Reihe nach. Aus seinem Gesicht konnte ich Verständnis, Empörung und Mitleid, je nachdem, bei welchem Teil meiner Geschichte wir angekommen waren, ablesen. Ich erzählte ihm von der Beratung unseres Leiters der Konfliktkommission und reichte ihm ganz zum Schluss die Quittung über den Schreibtisch. Interessiert und über die Dummheit des Herrn Wüste lachend, dass er seine Machenschaften auch noch quittiert und unterschrieben hatte, legte Herr Sommer eine kurze Denkpause ein. Dann fing er an, seine Gedanken zu formulieren. „Verliebt", sagte er, „noch sehr jung und unerfahren", damit musste er mich, nicht Wüste, meinen. „Ohne Aussicht auf eine eigene Wohnung. Dann kommt ein erfahrener, vertrauenerweckender Herr, macht sich die Wohnungsnot zu Nutze und verkauft dem armen Mädel für teures Geld etwas, das ihm gar nicht gehört. Ausnutzung einer Notlage, Betrug, Bereicherung." Meine Ohren wurden immer spitzer, meine Gemütslage veränderte sich langsam ins Positive. „Nun ja", sagte Herr Sommer, „ganz unschuldig sind Sie ja nicht, dass alles so gekommen ist. Wir haben natürlich großes Interesse daran, diesem Herrn das Handwerk zu legen. Nicht Sie, sondern wir werden Klage erheben und diesem Herrn Wüste Recht lehren." Mir fiel ein kolossaler Brocken vom Herzen. Herr Sommer kam auf das Geld zu sprechen. „Es kann sein, dass Sie Ihr Geld nicht wiedersehen. Denn nach einem Prozess ist der Staat berechtigt, das Geld zu behalten. Es besteht aber die Möglichkeit, dass Sie es in voller Höhe oder nach Abzug einer kleinen Strafgebühr doch erhalten."

Ehrlich gesagt war für mich das Geld schon in den Hintergrund getreten, die Genugtuung, dass dieser wüste Mensch bestraft würde, reichte mir für den Augenblick aus und sorgte in meinem Inneren für ein Siegerlächeln. Dafür konnte man mich gerne als naiv und zu jung und zu verliebt bezeichnen. „Wir werden diesem Herrn, bevor wir ihn in die Wüste schicken, nahelegen, dass es für seinen Prozess und dessen Ausgang von Vorteil ist, wenn er Ihnen das erschlichene Geld sofort zurückgibt", sagte Herr Sommer, der wegen seiner eigenen Eingebung über das ganze Gesicht strahlte wie die Sommersonne. Meine Hoffnung auf Gerechtigkeit wurde immer größer. „Hm", sinnierte Herr Sommer, „das wird wohl außerdem einen Parteiausschluss zur Folge haben und Konsequenzen für den Arbeitsplatz." Herr Sommer hatte sich nebenbei ein paar Notizen gemacht. An diese heftete er nun geschickt den Beweis, die Quittung. Er stand auf, begleitete mich zur Tür, deutete einen kleinen Diener an und entließ mich mit dem Wunsch, dass die nächste Verlobung hoffentlich ein Happyend haben würde. Ich zeigte ihm verschmitzt meinen beringten Finger an der linken Hand. Beschwingt und gut gelaunt lief ich schnell durchs Treppenhaus, winkte dem Pförtner und lachte dem noch immer grinsenden Neptun und seinen Weibern frech ins Gesicht. Schon eine Woche später rief ein sehr kleinlauter Herr Wüste bei meinen Schwiegereltern an und bat sie, das Geld welches er uns schuldete, bringen zu dürfen. Ich sah ihn nicht mehr, aber Peter hatte den Eindruck, er war einen Kopf kleiner geworden.

Es war mal wieder Weihnachten. Unsere Weihnachtsstimmung hielt sich in Grenzen, denn wir hatten das Halmaspiel wieder auf dem Tisch stehen und keine eigenen vier Wände. Wir zehrten noch von unserem Sieg gegen Wüste und waren heilfroh, mit einem blauen Auge davongekommen zu sein. Aber wie sollte es nun weitergehen? Den Heiligen Abend verbrachten wir in meiner Familie. Es war einerseits schön, hier zu sein, alles war mir vertraut und die Familie war beisammen. Alle machten aus meiner Heimkehr das Beste, aber ich hatte den Duft der Eigenständigkeit gerochen und Träume mit ihm verknüpft und nun war nichts geblieben, außer einer vorläufigen Gastrolle in der eigenen Familie. Pünktlich zwischen Frühstück und Gänsebraten traf ich am nächsten Tag bei Peter ein. In der Wohnung roch es köstlich nach Rotkohl und gebratener Gans und ein festlicher Tisch erwartete uns. Es ging noch immer alles sehr steif zu. Wir alle übten ein herzliches, familiäres Miteinander, aber es fehlte die Leichtigkeit. Im Fernsehen gaben sich Dagmar Frederick und Heinz Quermann die größte Mühe, den Menschen Festtagsstimmung ins Haus zu bringen. Mit dem Essen mussten wir noch einen Moment Geduld haben, die Gans wollte nicht braun werden. Geschäftig lief Peters Mutter hin und her. Sie hatte den Tisch gedeckt und die kleinen Löffelchen lagen vorschriftsmäßig auf dem Esstisch. Gegenüber auf dem Couchtisch lagen kleine, hübsch verpackte Geschenke für Peter und mich, und auch wir hatten ein paar Kleinigkeiten gekauft und ich hatte sie, geschmackvoll verpackt, für Peters Eltern mitgebracht. Es gehörte zum guten Ton, sich nicht auf die Geschenke zu stürzen, sondern das Papier vorsichtig zu öffnen. Man konnte es glatt zusammenfalten und wiederverwenden, auch die Bänder landeten niemals im Müll, sie wurden gebügelt und zusammengerollt für die nächste Feier. Wir packten erlesene Süßigkeiten, Dominosteine, Lübecker Marzipan, gefüllte Schokolade und eine prachtvolle Dose mit Elisenlebkuchen aus. Auf dem Tisch lag noch ein Geschenk, ein Briefumschlag, beklebt mit weihnachtlichen Abziehbildern und beschriftet mit der typischen Handschrift meiner Schwiegermutter. Für Peter und Martina stand darauf und auch er hatte eine rote Schleife als Zierde. Briefumschläge beinhalteten meist Geld, wovon man natürlich nie genug haben konnte, und nette Worte bezüglich des Verwendungszweckes. Peter öffnete den Umschlag vorsichtig, er wollte der Dekoration auf dem Umschlag gebührende

Beachtung schenken und keinesfalls neugierig wirken. Eine Weihnachtskarte mit Winterlandschaft hielt er in der Hand und auf seinem Schoß lagen zwei Schlüssel, die gerade mit einem metallischem Klang, aus der Karte herausgefallen waren.

Aufgeregt, nun doch, lasen wir die Zeilen auf der Karte, fröhliche ... blablabla ... wir hoffen ... blablabla ... Wohnung, die sofort besichtigt und im Januar bezogen werden kann. Meine Nackenhaare richteten sich sprunghaft auf und meine gesamte Aufmerksamkeit gehörte dem ganzen Text. Ich musste ihn mehrmals lesen, bevor ich meine Fassungslosigkeit ablegen und meine riesige Freude zeigen konnte. Meine Tränen schienen, obwohl es diesmal Freudentränen waren, zu dieser Zeit aus einer nie versiegenden Quelle zu kommen. Peters Eltern erstaunten mich. Sie hatten in größter Geheimhaltung und in wirklich kurzer Zeit für uns ein Weihnachtswunder auf die Beine gestellt. Eine Vollkomfortwohnung, ein Zimmer, Einbauküche, Bad, Korridor mit Einbauschränken, Balkon, Erdgeschoss. Was spielte es jetzt für eine Rolle, dass diese Wohnung in Friedrichshagen, im Südosten von Berlin lag? Es spielte gar keine Rolle. Es gab eine S-Bahn und wir hatten ein Motorrad und wir hatten genug Zeit, um die verschiedensten Ziele zu erreichen. Außerdem hatten wir auch keine Qual der Wahl. Wir wollten endlich allein sein und die Entfernung war fast so etwas wie ein Garant dafür. Natürlich hatten Peters Eltern auch bekommen, was sie wollten. In der Wisbyerstraße würden sie sehr bald eine Zweizimmerwohnung beziehen, in Pankow, mit Fernheizung, mit Balkon und einer größeren Küche als die, die sie bisher hatten. Die Gänsekeulen, der Rotkohl, die Klöße, alles schmeckte an diesem Feiertag ganz bestimmt köstlich und doch war das jetzt nebensächlich geworden. Das Gespräch drehte sich ausschließlich um die neuen Wohnungen und wie Peters Eltern es geschafft hatten, so heimlich, still und leise den perfekten Tausch zu machen. Schade, dass meine Eltern kein Telefon hatten, ich hätte ihnen so gerne sofort von unserer wunderbaren Weihnachtsüberraschung erzählt. Natürlich durften wir weder beim Hinaustragen des Geschirrs noch beim Abwaschen helfen, das konnte alles Peters Vater am besten. Wir wurden ins „Kinderzimmer" geschickt, es war Ruhezeit. Heute würden wohl auch weder Bügelbrett noch Nähmaschine in Gebrauch genommen werden. Peter klappte seine Couch auf, legte die unvermeidliche Decke drauf und zwei Kissen und wir versuchten, uns der Mittagsruhe hinzugeben. Peter hatte den Schlüsselring mit den Schlüsseln an seinem Zeigefinger. Er streckte den Arm lang aus und ließ sie klingeln wie Weihnachtsglöckchen. Verträumt schauten wir beide auf die kleinen Metalldinger und konnten nicht mehr aufhören zu träumen und zu planen und zu verwerfen und neu zu planen. Übermorgen, spätestens, würden wir uns in die S-Bahn setzen und nach Friedrichshagen, unserem neuen Wohnbezirk fahren und unsere Pläne konkretisieren können. Zuhause wurde unser Weihnachtsgeschenk natürlich mit einem lauten Hallo begrüßt. Besonders Danni, die nach meinem Auszug das Mädchenzimmer für sich hatte, freute sich über die neuen Aussichten und dass meine Stippvisite nicht von allzu langer Dauer war. Noch konnte sie abwechselnd in unserem oder Martins Zimmer hausen, aber Martin war unterdessen ein Zwipi, ein „Zwischenpisser", wie man die zukünftigen Entlassungskandidaten bei der Armee inoffiziell nannte, und würde bald sein Zimmer wieder in Dauerbeschlag nehmen wollen.

Mit Zollstock, Schreibblock und Stift ausgestattet fuhren wir am 27. Dezember in den Vormittagsstunden los, um unser Weihnachtsgeschenk in Augenschein zu nehmen. Das Wetter war für Dezember viel zu warm, fast frühlingshaft. Einen Teil der Strecke kannte ich gut, von meinem alltäglichen Anfahrtsweg zur Arbeit. Die S-Bahn fuhr immer weiter und mir wurde bewusst, wie weit sie mich von Mutti wegbrachte. Endlich waren wir in Friedrichshagen. Der alte Bahnhof hatte nur einen Ausgang und wir verließen ihn nach rechts. Dort sah man eine belebte Straße, in die andere Richtung ging es raus in die freie Natur. Der erste Eindruck von unserem neuen Stadtbezirk war anheimelnd. Wir befanden uns auf der Bölschestraße, die breit genug für Schienenverkehr und Busse war und auf ihren Bürgersteigen hübsche kleine Geschäfte hatte, ein Kino, Gaststättenbetriebe und schöne alte Hausfassaden. Wir mussten nicht weit laufen – was ich schade fand – um einen malerischen Durchgang zur Albert-Schweitzer-Straße zu finden. Wir landeten abrupt in einem Neubaugebiet. Der Unterschied zum vorherigen Stadtbild kam für mich so unvermittelt, dass ich mich umdrehte, um mich zu vergewissern, ob das Bogentor, der malerische Durchgang, von dieser Seite auch noch zu sehen war. Die Neubauanlage machte einen sehr gepflegten Eindruck. Die Häuser waren nicht zu hoch und die Blocks in großzügigen Abständen gebaut worden. Gepflegte Grünanlagen und saubere Wege bestimmten das Bild. Unsere Wohnung befand sich gleich im ersten Haus am letzten Eingang. Die Spannung stieg, als Peter erst mal einen Scherz von einem vergessenen Schlüssel in meine Richtung machen musste und mit erschrockenem Gesicht seine Hosentaschen durchsuchte. „Da ist er ja!", rief er erleichtert grinsend und öffnete die gläserne Haustür. Die erste Wohnung im Flur war unsere. Ich war gespannt wie eine Bogensehne kurz vor dem Abschuss. Und dann kam der große Moment. Wir standen in der gleichen Wohnung, wie sie Dieter und Karola hatten, es fehlten nur zwei Zimmer. Das fensterlose Bad, die Küche mit Durchreiche, die Einbauschränke, die Wohnstube, der Balkon. Alles gleich. So war es nun mal mit den Neubauwohnungen, wir waren eigentlich nicht mal überrascht. Ich öffnete die Schränke auf dem Korridor. Was für eine Menge Platz, dachte ich, während Peter schon mit Zollstock, Block und Stift durch die Räume fegte, um alle Längen- und Breitengrade unserer Wohnung zu notieren. Für mich spielte die Höhe eine wichtige Rolle, denn ich wollte mich ans Werk machen und Gardinen für die riesige, aber einzige Fensterfront der ganzen Wohnung nähen.

In so einer leeren Wohnung kommt man schnell ins Träumen. Alle Möglichkeiten sind noch offen, alle Entscheidungen kann man noch verwerfen. Das interessanteste aber ist, dass man sich, wie in unserem Fall, als Paar einig werden muss. Der Geschmack, die Wünsche, die Anforderungen sind unterschiedlich und teilweise geschlechtsspezifisch. Farbvorstellungen unterscheiden sich, der eine denkt eher praktisch, der andere favorisiert die Ästhetik. Aber die Ästhetik des anderen kann für den einen schon wieder Kitsch und Platzverschwendung sein. Worüber wir uns sofort einig waren, war, dass unsere zukünftige Schlafcouch in der Wohnzimmernische, zwischen Durchreiche und Fenster, stehen würde. Ich öffnete den Balkon, um frische Luft in die Wohnung zu lassen. Mein Blick fiel auf einen breiten Hof mit einer großen Wiese und vielen Wäschepfählen. Ich sah mich schon die ersten Wäschestücke hier aufhängen, wenn der Frühling kam. Meine Kindheit, mit den Puppen in den selbstgebauten Wiegen fiel mir ein. Vielleicht würden hier auch kleine Mädchen ihre Decken ausbreiten und kichern und singen und ihre Puppen versorgen. Als wir die Wohnung verließen und die Tür verschlossen, hatte ich das gute Gefühl, dass uns das keiner wieder wegnehmen konnte, denn es war unsere Wohnung. Keiner konnte unsere Möbel auf den Flur stellen, denn die Wohnung war unsere und vollkommen leer.

Wir fuhren zu Peter nach Hause und wurden dort schon neugierig erwartet. Die Wohnung zu beschreiben war einfach. Kannte man Karolas Wohnung, kannte man auch unsere. Wir gingen in Peters Stube und entwarfen einen groben Plan von der gesamten Wohnfläche. Wir stellten uns Möbel, eine Schrankwand, einen Tisch, Sessel, die Schlafcouch vor und versuchten alles im Zimmer unterzubringen. Die Auslegware könnte das erste Problem werden, denn bevor alles andere in die Wohnstube kam, musste die Auslegware liegen. So viele Beziehungen konnte kein Mensch haben, um das alles schnellstmöglich zu besorgen. Unser ehrlich verdientes Geld hätte auch niemals ausgereicht, um unsere Wünsche zu erfüllen. Eigentlich wäre ich auch damit zufrieden gewesen, die Wohnung so nach und nach, vielleicht auch mit Gebrauchtmöbeln einzurichten. Peter hatte aber seine eigenen Vorstellungen von Wohnungseinrichtungen. Er hatte auch keine Geduld, von Laden zu Laden zur rennen und sich BERATUNGSMUSTER anzusehen oder nach Bückware zu fragen. Er konnte es sich leisten, keine Geduld zu haben, denn er hatte die Übersicht über seine Finanzen und er hatte zu Hause einen GENEX-Katalog. „Wenn ich fertig mit den Malerarbeiten bin, will ich nicht noch wochenlang auf Auslegware und Möbel warten“, sprach der neue Hausherr, und legte los.

1978 – 1992

Es gab einiges an Balkon- und Campingmöbeln in unseren Familien. So campten wir erst einmal in unserer Wohnung und genossen unsere Zweisamkeit. Es war Peters erste eigene Wohnung, die er herrichtete, und es fehlte immer mal wieder an ein wenig Farbe, einem Stück Tapete oder an gequollenem Tapetenkleber. Aber er machte seine Sache wirklich gut. Vieles hatte er sich bei Dieter abgeschaut und vieles war einfaches Ausprobieren, bis es klappte. Ganz ohne Vorahnung war ich auch nicht, mein Vater hatte schon immer in unserer oder anderer Leute Wohnung renoviert, aber da suchte ich lieber das Weite, denn er war ständig am Fluchen und Schimpfen und man ging ihm besser aus dem Weg. Ich musste feststellen, dass auch Peter bei der Arbeit gehörig fluchen konnte. Er entwickelte einen Sprachschatz, den ich ihm gar nicht zugetraut hatte. Nun konnte ich aber nicht mehr einfach so das Weite suchen. Mitgefangen, mitgehangen, da mussten meine Ohren und ich jetzt durch. Die Bestellungen über GENEX liefen. Wir hofften, dass die Auslegware als erstes geliefert würde. Wie ich jetzt erst erfuhr, erledigte eine Cousine meiner Schwiegermutter, die im Westen wohnte, die Einzelheiten der Bestellungen. Für die Freimachung des Geldes sorgte allerdings die Anwaltskanzlei. Ich ließ das alles an mir vorbeirauschen. Es interessierte mich nicht wirklich, wie diese ganzen Geschäfte funktionierten. Es war so ähnlich wie Weihnachten, ich freute mich über die schönen Gaben, empfand Dankbarkeit, nahm sie an und hatte keinerlei Interesse daran zu erfahren, wie viel Lauferei und schwer verdientes Geld in jedem einzelnen Geschenk steckten. Trotz der Reihenfolge der Bestellungen kam dann aber leider nicht die Auslegware als erstes an, sondern unsere Couch und zwei Sessel. Die Couch trug den klangvollen Namen Dagmar, wie Bodos prinzessinnenhafte Freundin, und ich hatte sofort die Assoziation, dass mein Peter von nun an jede Nacht auf Dagmar verbringen würde. Das tat aber eine schier unübersehbare Menge von Männern, die sich ein Wohn-Schlafzimmer einrichteten, ebenfalls. Es gab nur Dagmar. Auch meine Eltern hatten sie zu Hause, wenn auch schon etwas abgewetzt und verlebt. Dagmar bestand aus zwei Klappliegen. Zusammengeklappt tarnte sie sich als ganz normales Sofa. Die Betten konnte man einzeln oder als Ehebett ausklappen. Zwei Keilkissen, deren Installation Abend für Abend ein Geschicklichkeitsspiel waren, dienten tagsüber als Rückenlehne, nachts als Kopfstütze. Die Bezüge gab es in verschiedenen Farben. Meine Eltern hatten eine rote Dagmar. Unsere war goldfarben, wie das Haar von Bodos Freundin. Ich bin keine Expertin für Statistiken oder Hochrechnungen, aber ich könnte mir vorstellen, dass 70% der Babys in den siebziger und achtziger Jahren in der DDR auf Modell Dagmar gezeugt wurden. Wäre sie nicht so oft als BERATUNGSMUSTER deklariert worden, hätte es vielleicht sogar mehr Kinder, oder viel frühere Entbindungstermine gegeben. Wir schliefen nun auf jeden Fall bequemer als auf unseren Campingbetten. Leider hatten wir noch keinen Fernseher und so kam es, dass Peter im Bett lag und die Decke anstarren musste. Ich sah, wie sein Gesicht immer unzufriedener wurde. „Täusche ich mich, liegt es am Licht oder ist unsere Decke rosa geworden?“, fragte er mehr sich selbst als mich. „Sie ist rosa. Omaschlüpfer-Rosa“, antwortete ich und war froh, dass er es selbst bemerkt hatte. Unsere ausgewählten Farbtöne sollten in der Wohnstube aus Gelb- und Orangetönen bestehen. Peters Farbenmix für die Decke war wirklich unpassend. Nun waren wir froh, dass noch keine Auslegware im Zimmer lag. Gleich am nächsten Tag stand Peter wieder auf der Leiter und färbte unsere Decke in einen zarten Orangeton um.

Seit ich nach dem Stoff für mein Verlobungskleid unterwegs gewesen war, wusste ich, dass es keinen Sinn haben würde, sich von Stoffen und deren Beschaffenheit im Einzelhandel eine Vorstellung zu machen. Ich nahm das Unternehmen Gardinen in Angriff und machte mich auf den Weg zur Frankfurter Allee. Hier malte ich mir die größten Chancen aus, Gardinen in Orange oder Gelb in guter Stoffqualität zu kriegen. Ich hatte nicht wirklich eine Ahnung, was ein Fachmann unter guter Stoffqualität verstand, aber ich kam mit einem riesigen Stoffpaket aus dem Laden heraus und hatte genau meine Farbtöne in einem großblumigen Muster gefunden. Der Stoff war aus reinster Chemie, bügelfrei, nicht fusselnd, waschbar und bedruckt. Die Verkäuferin hatte mir erklärt, wie das Annähen des Kräuselbandes funktionierte, hatte mir gleich zwei Spulen passenden Garns empfohlen und mich, Gott sei Dank, vor dem Abschneiden des Stoffes, darauf aufmerksam gemacht, dass es einen kleinen Stoffverlust geben würde, wenn ich genau auf Muster nähen wollte. Das ist ja wie beim Tapezieren mit Mustertapete, dachte ich, als ich unternehmungslustig und stolz wie ein Spanier den großen Laden verließ. Eine – meine! – erste Nähmaschine wartete in Friedrichshagen auf mich und ein leerer Fußboden, auf dem ich die Bahnen auslegen und abschneiden konnte. Peter erwartete mich schon und hatte die Maschine bereits auf den Campingtisch gestellt und mit Maschinenschlosserblick untersucht. Er startete mit mir einen Schnellkurs in Nähmaschinenkunde, denn er war seit vielen Jahren auch der Oberinspektor der Maschine seiner Mutter. „Die untere Spule bringt den Oberfaden, und die obere Garnrolle sorgt für den Unterfaden", sagte er wie ein Mann, der genau weiß, wovon er redet. Er zeigte mir ein paar Kniffs und Tricks, erklärte, in welche Richtung die Fäden laufen mussten und was ich im Fall von reißenden Fäden, Verknoten des Garns oder zu straffen Nähten zu tun hätte. Kleines Handwerkszeug kam ins Spiel für die winzig kleinen Schrauben an der Spulkapsel. Wir übten, die Spule zu befüllen, und ich merkte, dass der Campingtisch viel zu leicht war, um der Kraft und dem Gewicht der Maschine etwas entgegensetzen zu können. Ich hoffte, er würde durchhalten und nicht die Grätsche machen. Zwei Tage lang waren ich und die Gardinen sehr raumeinnehmend. Dann hingen sie senkrecht vor den Fenstern und gaben der gesamten Stube ein neues Gesicht. Die Stores kaufte ich dann natürlich auch in der Frankfurter Allee. Die Auswahl war gering, es gab kleine Abweichungen im Muster. Die Verarbeitung war bedeutend schwieriger, aber wir schafften das, Peter, mein Maschinchen und ich.

Es trudelten immer mehr qualitativ gute Ostprodukte aus dem Westen bei uns ein. Ja, das hört sich verrückt oder paradox an. Hochwertige Produkte aus der DDR wurden in den Westen exportiert, was sie bei uns zu Bückware oder BERATUNGSMUSTERN machte, und über die Firma GENEX wieder importiert. Eine halbautomatische Waschmaschine, eine Schleuder, ein großer Fernseher, ein Kühlschrank, ein kleiner Tiefkühlschrank. Ich empfand den ganzen Segen als Wahnsinn und öffnete ihm meine Arme und die Wohnungstür. Wie gut es uns geht, dachte ich manches Mal und musste an meine Eltern denken und wie schwer es für sie war, wenn neue Einrichtungsgegenstände gebraucht wurden. Einen Waschhalbautomaten hatte Mutti unterdessen auch. Tante Lieschen hatte ihn spendiert unter der Bedingung, dass Mutti deren Wäsche, mit Hin- und Rücktransport, mitwäscht. Onkel Ottchen klinkte sich mit ein, und so war Mutti nicht nur um eine Waschmaschine, sondern auch um eine Menge Dreckwäsche und Pflichten reicher.

Mein Geburtstag rückte näher. Wir machten eine große Hausparty als Einweihungs- und Geburtstagsfete. Die ältere Generation wurde zum Kaffeetrinken eingeladen und nach dem Abendbrot hinauskomplimentiert. Dann, als die junge Generation, unser Freundes- und Bekanntenkreis, eingetrudelt war, der Alkohol seine Runde machte und der Übermut Oberhand gewann, drehte Peter die Musik auf volle Lautstärke. Es hallte durch die Wohnung und wir trampelten, klatschten und grölten ausgelassen mit. Dagmar, die Prinzessinnenhafte, ließ es sich nicht nehmen, auch mal aus unserem Balkon zu kotzen, als einer der Gäste auf dem Klo ein lautes Bummern an der Wohnungstür vernahm. Er lallte uns die Information zu und wir rechneten mit verärgerten, intoleranten Nachbarn, die vielleicht gleich, als Gruppe vereint, vor unserer Wohnungstür stehen würden. Wir nahmen es leicht, öffneten beschwingt die Tür und schauten in die ernsten Gesichter von zwei Polizisten. Das war schon mal was anderes als aufgebrachtes Mietervolk. Die Musik aus der Wohnstube wurde von irgendjemandem leiser gestellt. Die Polizisten betraten die Wohnung und schauten sich um. „Es gab eine Beschwerde“, sagte der jüngere der beiden. „Laute Musik, Gestampfe und Gejohle nach 22.00 Uhr. Die Hausbewohner können nicht schlafen und Ihre Feier scheint auch noch nicht zu Ende zu sein“, stellte der ältere fest. Beide schauten in die Gesichter dümmlich grinsender junger Leute, die an diesem einmaligen Spektakel nichts Schlimmes finden konnten. Martin lud die Polizisten zum Mitfeiern ein und war dafür, die Mieter des ganzen Hauses dazu zu bitten. Die Polizisten merkten sehr schnell, dass sie kein ernstzunehmendes Gegenüber in unserem Kreis mehr finden würden. Sie stellten einfach ein Feierverbot in Aussicht, falls wir den erlaubten Lärmpegel noch einmal überschritten. Das heißt, sie kamen ihrer Pflicht nach, rechneten aber damit, dass keiner aus unserer Runde ernsthaft von ihren Worten beeindruckt war. So kündigten sie an, die Stereoanlage mitzunehmen, wenn noch einmal eine Beschwerde einginge. Das war schon härterer Tobak, eindringlich und glaubhaft. Wir schworen

Reue und Ruhe und höchstens noch Zimmerlautstärke. Die Polizisten gingen. Ihre Androhung hatte ihnen Respekt verschafft und außer einem Spaß hätte keiner von uns eine ernsthaft pampige Bemerkung gewagt. Mit dem Abgang der Polizisten war die ausgelassene Stimmung gleich mit zur Tür hinaus spaziert. Wie auf einer Rentnerparty saßen oder standen wir nun mit unseren Gläsern in der Hand in Grüppchen herum, philosophierten, diskutierten. Wir waren nicht ernsthaft bei der Sache, aber die Eintönigkeit des Alltags, die Vorschriften, die Verbote, die Regeln, das Fehlen der Freiheit und der Entfaltung eigener Vorstellungen nach eigenen Fähigkeiten waren unser Gesprächsstoff. Für junge Leute fehlte es an so vielen Möglichkeiten. Individualität war nicht gefragt. Wer nicht mit den Wölfen heulte ging unter oder musste kämpfen. Die Musik aus dem Westen war von Staats wegen verpönt, aber wir liebten sie, ebenso die Frisuren, die Mode, Bücher und Zeitschriften. Alles Verbotene bekam einen eigenen Glanz. Wir glorifizierten, was wir nicht selbst erkunden durften. Begehrten, was wir nicht haben konnten, suchten in den Westmedien nach Inspirationen und Wahrheiten, die uns vorenthalten waren, angeblich, um uns zu schützen. Erwachsene junge Menschen, die geschützt wurden mit Hilfe von Beton, Stacheldraht, Selbstschussanlagen, Medienmanipulation. Junge Erwachsene, die in allem eingeschränkt wurden, wenn sie nicht mit den Wölfen heulten und es wagten, ihre Gedanken zur Diskussion zu stellen, aufzuschreiben, aufzumalen, herauszusingen. Es gab noch ein paar Würstchen und belegte Brötchen zum Verzehr. Die Runde wurde müde, vor allem die Männer fielen von Zeit zu Zeit in einen Kurzschlaf. Die Feier quälte sich durch die halbe Nacht. Irgendwann würde auch die S-Bahn wieder fahren und die Gäste den Heimweg antreten.

In der Zeit, als die Pille den Markt endgültig eroberte, gab es auch noch die ärztlich verordnete Pillenpause. Wahrscheinlich war es aus medizinischer Sicht wichtig für den weiblichen Körper, ein paar Monate von der Pille auszuruhen. Vielleicht gab die Pausenzeit auch Aufschlüsse über das gesunde Funktionieren des weiblichen Zyklus', vielleicht wollte man auch ganz einfach den vielen nicht gezeugten Kindern zwischendurch mal eine sportliche Chance geben. Ich befand mich jedenfalls im Frühjahr in der Pillenpause. Meine Wünsche hinsichtlich einer Familienplanung liefen mit Peters Wünschen nicht ganz synchron. Ich muss aber zugeben, dass gerade die Zeit in der neuen Wohnung mit all ihren Möglichkeiten und dem Genießen des Alleinseins wirklich nicht der beste Zeitpunkt für eine kurzfristige Familienplanung war. Peter wollte mit mir allein sein, die Wohnung genießen, die Freizeit ausnutzen. Für September planten wir unsere Hochzeit und danach wollten wir über Jugendtourist eine Reise, unsere Hochzeitsreise, nach Bulgarien machen. Es gab vieles, was Peter wollte und es gab vieles, was ich wollte. Wir waren noch so jung, aber schon seit vier Jahren ein Paar, wir hatten wirklich noch so viel Zeit, unseren Nachwuchs einzuplanen. Ich war einsichtig genug, das zu akzeptieren und meinen ganz persönlichen Wunsch nach einem Baby hintenan zu stellen. Der Frühling scherte sich nicht um Vernunft und Verzicht, der Frühling mit seiner milden Luft, den aufspringenden Knospen, dem Sonnenschein und Vogelgezwitscher, ließ uns unvorsichtig und sorglos werden. Bald schon begrüßte mich jeder neue Morgen mit einer unaussprechlichen Übelkeit, ich grüßte, ins Toilettenbecken kotzend, zurück. Dann ging es mir besser und ich ahnte, ich hoffte auch ein bisschen, die Natur, die gerade dabei war, das Leben neu in die Welt zu bringen, hätte auch von mir ihren Tribut gefordert. Ganz leise dachte ich das, es sollte erst einmal zwischen mir und dem wahrscheinlichen Resultat der Pillenpause ein Geheimnis bleiben. Unsere Auslegware wurde geliefert und Peter hatte zu tun. Ich versuchte weiterhin, das Geld, das wir von Wüste zurückbekommen hatten, unter die Leute zu bringen. Wie ein Hamster, der den drohenden Winter kommen sieht, sackte ich alles ein, was wir für einen funktionierenden und gemütlichen Haushalt benötigten. Wir genossen unsere neue Wohnlage, machten Spaziergänge zum Müggelsee, fuhren mit den Schiffen der weißen Flotte, besuchten den Müggelturm. Wir hatten oft Besuch, denn unsere Wohnung eignete sich gut als Start- und Zielpunkt vieler Unternehmungen. Das Motorrad machte uns mobil, solange uns das Wetter keinen Strich durch die Rechnung machte und wir genossen das selbständige Leben in vollen Zügen. Morgens verließen wir meistens gemeinsam das Haus. Peter setzte mich vor meiner Arbeitsstelle ab, und weil ich durch diese Wegplanung fast eine Stunde vor meinem offiziellen Arbeitsbeginn in unserer Baustellen-Villa eintraf, übernahm ich, solange es kalt war, auch noch den Part des Heizens sämtlicher Büroräume. Die morgendliche Übelkeit hielt länger an, als ich gedacht hatte, mir wurde unterdessen ständig schlecht, und ich hatte einen unstillbaren Appetit auf herzhaftes Essen. Salami, Linseneintopf, saure Gurken riefen mich sogar nachts aus dem Bett, ließen mich essen, erzeugten Übelkeit, ließen mich das Toilettenbecken hospitieren und befriedigt weiterschlafen. Noch immer in geheimer Mission. Mitte Mai hatte ich einen Termin bei einem Gynäkologen in unserer Nähe. Ich war mir sicher, er würde meinen eindeutigen Verdacht bestätigen oder auch nicht und dann wäre es wohl an der Zeit, Peter entweder in meinen hartnäckigen Magen-Darm-Infekt oder in seine zukünftige Vaterschaft einzuweihen. Meine Mutter war die einzige, mit der ich über meine Vermutung gesprochen hatte, und ein Blick auf meine entblößten oberen Attribute mit ihren dunkelbraunen, riesigen Stielaugen in der Mitte, ließen sie nicken und lächeln und mich in den Arm nehmen, und bestätigte damit meine Annahme. Der 11. Mai, der Tag der Wahrheit, ließ viel zu lange auf sich warten. Ich hatte mir frei genommen und schlief so lange, wie es die Übelkeit zuließ. Unterdessen hatte ich ein natürliches Brechmittel für mich entdeckt. Ein Apfel und ein paar Schluck schwarzen Kaffees sorgten zuverlässig für ein Erbrechen, das die üblen Magensäfte hinaustrieb und mir meistens für viele Stunden Ruhe bescherte. An diesem Tag wollte keine Ruhe einkehren. Ich musste schnell duschen, mich anziehen und einen meiner bis dahin wichtigsten Termine meines Lebens wahrnehmen. Der Weg, die Bölschestraße runter bis zum Marktplatz, erschien mir länger als sonst. Die Geschäftsauslagen interessierten mich nicht, mich interessierte nur der Eingang zur Frauenarztpraxis. Ich betrat den kühlen Altbau und lief erwartungsvoll die Treppe hinauf. Die schwere, alte Praxistür ließ sich nur unter Quietschen und Stöhnen öffnen und ich betrat den Empfangsraum, dessen Dielenknarren sich wie das Echo der alten Tür anhörte. Hinter einem alten Tresen, sah ich, in ihrem kleinen, abgegrenzten Raum, eine scheinbar noch ältere Sprechstundenhilfe sitzen, die erst mich und dann ihr Sprechstundenbuch anschaute, als wäre ich um diese Zeit eine störende Überraschung. Hörte ich auch von ihr ein Knarren und Stöhnen? Für mich war heute ein guter Tag, den wünschte ich ihr auch und nannte meinen Namen. Wieder starrte sie in ihr Buch. „Schwangerschaft nehmen Sie an“, sagte sie und ihre dunklen buschigen Augenbrauen kamen sekundenschnell unter dem goldenen Brillenrand hervorgehuscht und landeten direkt unter einer faltigen, sorgenschweren Stirn. Sie atmete für ihre folgende Frage, die sie wahrscheinlich x-mal am Tag über den Tresen hauchte, tief durch. „Angenommen Sie sind schwanger, möchten Sie dann das Kind behalten oder die Schwangerschaft abbrechen lassen?", fragte sie mich so, wie früher Frau Leib aus dem Konsum, wenn sie wissen wollte, ob ich feine oder lieber grobe Leberwurst haben wollte. Mit allem hatte ich gerechnet, aber diese Frage, noch bevor überhaupt feststand, ob ich ein Kind erwartete, befremdete mich. „Natürlich möchte ich mein Kind haben!", antwortete ich entrüstet und hatte nicht die leiseste Ahnung, dass diese Frage gestellt wurde, um auch in einer Frauenarztpraxis rationell und ökonomisch arbeiten und das danach folgende Getriebe in Gang setzen zu können. Wahrscheinlich wurden schwangere Frauen ohne Kinderwunsch einer anderen Behandlung unterzogen. Die Augenbrauen der Schwester hatten sich wieder unter den Brillenrand verkrochen. Ich beantwortete nun die Fragen nach meinen technischen Daten und bekam ein Glas über den Tisch geschoben. „Gehen Sie jetzt auf die Toilette und machen Sie ihren Mittelstrahl in dieses Glas." Der Finger der Frau zeigte Richtung WC. „Dann stellen Sie das Glas hierher." Der Finger wanderte wie ein Uhrzeiger zu einem Tablett neben dem Empfangstresen. Ich nahm das Glas und dachte über das Wort Mittelstrahl nach. Hatte ich im Sexualkunde- oder Biologieunterricht den Mittelstrahl verschlafen? Mein Strahl kam immer aus der Mitte. Der Druck mit dem er kam konnte unterschiedlich sein, aber niemals die Richtung, aus der er kam. Vor ein paar Jahren stand ich schon einmal so blöde mit einem Becher für Sputum in der Hand auf dem Flur der Hautklinik der Charité und hatte keine Ahnung, womit ich ihn füllen sollte. „Mit Spucke", erklärte mir damals die nachsichtig lächelnde Schwester. Damals war ich noch fast ein Kind gewesen. Wie würde die unfreundliche Schwester von heute reagieren, wenn eine erwachsene Frau und angehende Mutter nicht wusste, wie und womit sie einen Mittelstrahl in ein leeres Glas bekam? Meine Blase, ich ging mal davon aus, dass deren Inhalt gefordert wurde, war so leer, dass man sich über jede Art von Strahl freuen könnte, der in diesem Glas landete. So nahm ich das Gefäß und gab ihm alles, was meine Blase herzugeben bereit war, basta. Später würde ich Mutti nach der Definition des Mittelstrahls fragen und bestimmt eine Antwort mit Aha-Effekt bekommen. Das Wartezimmer war riesig. Rings an den Wänden standen dunkle Holzstühle und in der Mitte ein kleiner runder Tisch mit alten Ausgaben der „Für Dich“ und des „Magazins“, das normalerweise in der DDR nur unter der Hand zu bekommen war. Eine ältere Frau, die selbst den Wechseljahren schon lange entwachsen sein musste, saß mit dem Rücken zum Fenster und strickte an einem hellgrünen Babyjäckchen. Vielleicht wird sie Oma, dachte ich und musste an Mutti und ihre freudige Reaktion denken, als ich sie in mein Geheimnis einweihte. Was passiert aber, dachte ich, wenn ich nicht schwanger bin? Sollte ich dann wieder mit der Einnahme der Pille anfangen? In mir sträubte sich alles. Mein Herz und mein Kopf liefen schon auf Hochtouren was die Mutterschaft betraf. Das könnte ich den beiden nicht einfach wieder ausreden, wie nach einem Aprilscherz. Mein ganzes Ich schrie nach einem Baby und ich beruhigte mich, denn es sprach alles dafür. Ich wischte meine kalten, feuchten Hände zum wiederholten Male an meinem weißen Rock ab und erkannte schon eine kleine graue Spur der Nervosität auf ihm.

Die ältere Dame schien keinen oder einen späteren Termin zu haben, denn ich wurde vor ihr aufgerufen und verschwand in einer der drei Umkleidekabinen. War ich gerade noch nervös gewesen, weil ich eine andere Diagnose als eine Schwangerschaft befürchtete, schlug meine Aufregung jetzt in die Normalität des Lebens der meisten Frauen um, wenn sie sich in die Hände eines Frauenarztes begaben. Jetzt gleich würde eine männliche Stimme nach mir rufen und ich würde wie Sterntaler vor ihm stehen, meine intimsten Einzelheiten mit ihm besprechen müssen und ihm Einblick gewähren in Körperregionen, die niemanden etwas angingen. Mein dummes Herz klopfte wie wild, da hörte ich auch schon meinen Namen. Der Doktor, ein Mann im besten Alter, begrüßte mich sehr freundlich und zeigte mit einer einladenden Handbewegung auf den Stuhl, der noch unheimlicher und angsteinflößender als jeder Zahnarztstuhl war. Der Arzt und ich hatten noch keine drei Worte miteinander gesprochen, aber locker sollte ich sein, nicht so verkrampft und nicht so ängstlich. Ich stellte ihn mir auf diesem Stuhl vor, wie sein Intimstes vor mir lag oder hing und er mir ausgeliefert war und locker und unverkrampft und nicht so ängstlich sein sollte, während ich kalte, verchromte Instrumente benutzte, um sein Inneres zu erforschen, um dann einfach nur „So“

zu sagen. Der Doktor sagte auch „So". Ich durfte den Stuhl verlassen und mich auf ein gemütliches Plätzchen am Schreibtisch des Doktors setzen. „Sie sind schwanger", teilte er mir ohne irgendein Minenspiel mit. „Alles ist normal und Sie sind gesund. Wie ich sehe, sind Sie alleinstehend, wollen Ihr Kind aber haben", sagte er mit einem Blick auf meine Karteikarte. „Ich gratuliere Ihnen, im Dezember sind sie Mutter." Mit einem Anflug von Warmherzigkeit verabschiedete er sich von mir. „Ihre Unterlagen für die Schwangerenfürsorge bekommen Sie draußen von der Schwester. Gehen Sie so schnell wie möglich zu ihrem Ersttermin." Der Doktor wurde mir durch seine letzten Worte, vor allem aber wegen seiner umwerfenden Diagnose gleich viel sympathischer. Ich verschwand in meiner Kabine und hörte, wie schon die Nächste aufgerufen wurde.

Mit mir allein und meinen Gedanken und Gefühlen konnte ich nun meine Tränen nicht mehr zurückhalten. Ich war biologisch und von Amts wegen schwanger, ich war gesund, hatte einen tollen Vater für mein Kind und wir hatten eine eigene Wohnung. Ich hatte ein Recht darauf, glücklich zu sein und machte nun von diesem Recht Gebrauch, indem ich die Freudentränen laufen ließ und wie im Tanzschritt nach Hause ging.

Modell Dagmar, das Sofa, das wohl nicht ganz unschuldig an meinem gesegneten Zustand war, umfing mich mit Ruhe und Behaglichkeit. Ich träumte von der Rolle meines Lebens, auf die ich mich schon seit meiner frühesten Kindheit vorbereitet hatte, von meinem noch sehr winzigem Stück Glück in mir, welches nun von Tag zu Tag etwas größer werden würde. Versonnen streichelte ich meinen Bauch, mit dem ich seit ewigen Zeiten schon auf Kriegsfuß stand, der jetzt die Behausung meines Kindes war und den ich nun auch anfing zu lieben. Was würde Peter wohl zu dieser Neuigkeit sagen? Wie könnte ich ihm, der gerade anfing unsere Zweisamkeit in vollen Zügen zu genießen, beibringen, dass sich da in mir etwas ereignet hatte, das der Zweisamkeit und der Ruhe ein baldiges Ende bescheren würde. Es knisterte auf meinem Bauch und mir fiel der Brief ein, den ich gerade eben aus dem Briefkasten genommen hatte und noch ungeöffnet zwischen meinen Fingern hielt. Der Absender war nicht erkennbar, aber es war ein offizieller, kein privater Brief. Ich öffnete ihn und las die Bekanntgabe des Liefertermins für unsere Schrankwand. Nächste

Woche schon, dachte ich. Da wird Mutti einspringen und mir helfen müssen. Manchmal war es wie Telepathie. Unser Telefon, das immer noch von unserem Vorgänger in der Wohnung stand und nur für ankommende Anrufe frei war, klingelte und Mutti war dran. Natürlich wusste sie, dass heute mein großer Tag mit dem wichtigsten Termin aller Zeiten war. Ich war so froh, ihre Stimme zu hören und ihr meine Neuigkeiten mitteilen zu können. Es sprudelte aus mir heraus und wir lachten und heulten gemeinsam und wir sorgten uns gemeinsam um Peters Reaktion. „Mach dich schick und koch ihm was Schönes", empfahl mir die Frau, die mir weibliche Diplomatie immer so sehr ans Herz gelegt hatte. Lächelnd und mit Sehnsucht nach Mutti im Herzen legte ich auf. Koch ihm was Schönes, dachte ich noch und hatte auch schon das überzeugendste aller Gerichte im Kopf: Bratnudeln. Peter liebte feurig gewürzte Bratnudeln, mit Zwiebeln, Speck und jeder Menge Eier. Drei Stunden blieben mir noch, bis er nach Hause kam, Zeit genug, um chic zu werden und ihm seine geliebten Bratnudeln, deren Duft ihm schon im Hausflur in die Nase steigen würde, zu machen. Ich fand Gefallen an meinem Plan, setzte Wasser auf und stand gedankenverloren neben dem Topf, bis das Wasser Blasen warf. Salz und Nudeln rein, weiter in den Topf starren. Ich hatte Zeit und wollte keinesfalls, dass die Nudeln zu weich wurden, nur weil ich mit dem Schickmachen beschäftigt war. Immer wieder fischte ich mit dem Schaumlöffel eine Nudel aus dem Topf. Nach neun Minuten waren sie perfekt. Durchs Sieb abgießen, mit kaltem Wasser abschrecken, in der Spüle stehen lassen, bis die Nudeln trocken waren. Ein Blick in den Spiegel sagte mir, dass die Sache mit dem Schönmachen nicht allzu viel Zeit in Anspruch nehmen würde. Geduscht und Haare gewaschen hatte ich heute schon. Vielleicht könnte der Lockenstab noch mal für etwas Ordnung auf meinem Kopf sorgen. Die Augenbrauen, die der liebe Gott nicht nur bei Mutti, sondern auch bei mir vergessen hatte, musste ich noch einmal nachziehen. Lippenstift brauchte ich nicht, der störte beim Küssen und man konnte nie wissen, wie wichtig das Küssen heute noch werden würde. Der Rock, mit den verräterischen grauen Schweißspuren meiner Hände fiel mir auf. Ich hatte keinen anderen und eine Hose hätte mich heute keinesfalls schöner oder begehrenswerter gemacht. Dem Vierbahnenrock war es egal, ob ich den Reißverschluss links oder rechts trug, er war von jeder Seite gleich. Also drehte ich das vergraute Vorderteil einfach nach hinten. Meine plüschpuschligen Hausschuhe mussten von den Füßen. Heute konnten mir nur hochhackige Schuhe wirklich weiterhelfen. Ein Kittel musste her, ein Dederon-Kittel, der meine Kleidung schützte und in keinem Haushalt einer guten Hausfrau fehlen durfte. Dederonkittel, dachte ich und musste an ein Stenodiktat in der Berufsschule denken. Diese Kittel fühlten sich an wie Papas Nylonhemden aus dem Westen. Wahrscheinlich war es die gleiche oder eine sehr ähnliche Faser wie Nylon. Aber die Kittelfaser nannte man DDRon, weil sie eine Erfindung der DDR war und auch hier hergestellt wurde. Beide Fasern waren jedenfalls superpraktisch zum Waschen und man schwitzte in ihnen wie doll und verrückt und sie nahmen freudig jedes Brandloch an, das sich ihnen bot. In solche Gedanken vertieft, fing ich an, die Zwiebeln zu schneiden. Meine Wimperntusche fiel mir ein und ich drehte den Wasserhahn auf und pellte die Zwiebel unter dem laufenden Strahl. Sehr langsam und mit abgewandtem Gesicht schnitt ich sie nur nach Gefühl in feinste Streifen. Die Wimperntusche hielt perfekt. Nun noch den Speck, durchwachsen, wie Mutti es nannte, mager und fett zu gleichen Teilen in kleine Würfel schneiden. Tomaten oder Paprika wären gut gewesen, aber nach denen hielten wir so zeitig im Jahr umsonst Ausschau in den Läden. Tomatenketchup aus Bulgarien hatten wir geöffnet im Kühlschrank zu stehen und fünf gehortete Flaschen im Vorratsschrank. Der würde meinen Kochkünsten zu einem furiosen Finale verhelfen. Peter war jetzt auf jeden Fall schon unterwegs. Es wurde Zeit, für den Empfangsduft im Hausflur zu sorgen. Alles sollte fast fertig sein, wenn er kam. Ich zerließ etwas Butter auf der Pfanne und ließ den Speck vom Brett. Innerhalb kürzester Zeit füllte ein köstlicher Duft die Wohnung und somit auch den Eingangsbereich des Hausflurs. Sollten die Spießer im Haus, die wegen ein bisschen lauter Musik und Ausgelassenheit gleich die Polizei gerufen hatten, ruhig neidisch auf Peters Mittagessen werden. Der Speck durfte nicht zu hart werden. Ich hütete ihn mit meinem Pufferheber. Meine Gedanken schweiften schon wieder ab. Wie kam ich eigentlich dazu, Peter zu unterstellen, er würde sich über Nachwuchs nicht freuen? Vielleicht täuschte ich mich ja mit seiner Sehnsucht nach Zweisamkeit. Vielleicht war er ja reif für die Vaterrolle. Wir hatten diese Thematik noch niemals eingehend besprochen. Alles was er wusste, war, dass ich reif war und dass ich jedes Kind, das sich mir bot, mit Handkuss behalten würde. Ich schickte dem Speck die Zwiebeln und die Nudeln hinterher. Sechs Eier lagen in ihrer Naturverpackung bereit und mussten noch eine Weile auf ihren Einsatz warten. Ich hatte den Plan, Peter mit zwei Neuigkeiten zu überraschen. Zuerst würde ich ihm den Brief mit dem Liefertermin für die Schrankwand zeigen. Da war pure Freude Programm. Dann würde ich ihm die Geschichte von der Pillenpause und Modell Dagmar und meinem heutigen Frauenarztbesuch samt Resultat erzählen, natürlich ohne Kittelschürze und ohne sichtbaren Fleck im Rock. Dann würde ich ihn mit seinen Gedanken alleine lassen, mich in die Küche zurückziehen und die Eier in die Pfanne schlagen, ihn und sein Minenspiel durch die Durchreiche im Auge behalten, den richtigen Moment zum Servieren abpassen und mit einem charmanten Lächeln die Bratnudeln samt Ketchup servieren. Gerade als die Nudeln die nötige Goldbraunfärbung angenommen hatten und ich die Hitze der Kochplatte auf das Minimum reduziert hatte, schloss Peter die Wohnungstür auf. Seinen Motorradhelm auf die Flurgarderobe legend gab er bestens gelaunt seiner Freude über den appetitlichen Geruch in Flur und Wohnung Ausdruck. Er nahm mich in den Arm, ohne auch nur einen Blick auf meine unverschämte Schönheit zu werfen, und guckte über meine Schulter in die Küche, um einen Blick auf die verheißungsvolle Pfanne zu riskieren. Er freute sich, als hätte ich ihm ein Viergängemenü zubereitet, fragte ganz nebenbei wie es mir gehe und ob das Essen bald fertig sei. Ich drückte ihm eine Gabel in die Hand, hauchte ihm ins Ohr, dass ich zwei Neuigkeiten für ihn hätte und schickte ihn ins Wohnzimmer. Wie immer ließ er sich auf Dagmar nieder und schaute mich neugierig und erwartungsvoll an. Ich zeigte ihm den Brief mit der Schrankwandlieferung. „Na endlich", stöhnte er erleichtert auf und ließ das Datum und die ausgedehnte Uhrzeit auf sich wirken. „Muss schon wieder einer von uns extra deswegen einen Urlaubstag nehmen", sagte er und blickte sehnsüchtig zur Durchreiche, als ob er hoffte, dass nun endlich die Nudeln von alleine ihren Weg zu ihm finden würden. Plötzlich schien ihm die zweite Überraschung wieder einzufallen. Er schaute mich abwartend an und ich erzählte ihm die Geschichte von der Pillenpause mit all ihren Konsequenzen. Meine Stimme hörte sich an wie die von dem Frosch aus der Sesamstraße. Peter hörte schweigend zu, versank ein bisschen in

Dagmar und starrte mich an. „Oh, die Nudeln“, sagte ich, als ob mir diese gerade noch kurz vor dem Verbrennen wieder eingefallen wären. Schnell ging ich in die Küche und ließ den sprachlosen Mann auf Dagmar zurück. Ich ließ ihm Zeit zum Nachdenken. Er war allein mit dem Essensduft und dem Wissen, dass eine Familienplanung, auf später verschoben, jetzt zu spät war. Er wusste, dass alles was sich bei mir an Nachwuchs einnisten würde, meins war. Sollte er nun die bewusste Nacht mit mir auf Dagmar bereuen? Sollte er sich vielleicht freuen, dass der Gynäkologe den Beweis seiner Potenz bescheinigt hatte? Ich sah, wie er sich umschaute, in Gedanken den nächsten Umzug, Renovierungsarbeiten, Möbelkauf vor sich sah, sich verabschiedete von der Freude über die Zweisamkeit. Die Eier brauchten eine Weile, ehe sie sich entschließen konnten aus der Schale in die Pfanne zu gleiten. Das Salz rieselte langsamer als sonst und der Pfeffer schien nicht aus der Mühle zu wollen. Ja selbst die Nudeln hatten Mühe, sich auf den Tellern einzufinden. Gut Ding will Weile haben, dachte ich mir, griff die Teller und die Ketchupflasche und betrat mütterlich lächelnd wieder das Wohnzimmer. Die Nudeln vor Peters Nase sorgten für Genuss beim Nachdenken. Sogar an Ketchup mangelte es nicht. „Was hat der Arzt denn noch gesagt?“, fragte Peter mit vollem Mund. „Dass ich gesund bin, alles normal erscheint, und dass ich so schnell wie möglich zur Schwangerenvorsorge gehen soll“, murmelte ich und starrte auf meine Nudeln, als wollte ich deren friedliches Miteinander auf meinem Teller studieren. Essen konnte ich nichts, denn ich war so voll von dem Glück, das ich jetzt unmöglich zeigen durfte, dass ich befürchtete, gleich zu platzen.

„Hast ja hinterher auch immer ´n halben Kopfstand gemacht!“, erklärte er den eigentlichen Grund für die Schwangerschaft. Er ärgerte sich im Nachhinein über diese gemeine Bemerkung und fing dann an über seinen eigenen Witz zu lachen, um ihm die Schärfe zu nehmen. Lachen war gut. Ich konnte nicht umhin, einzustimmen, obwohl mir die Gemeinheit nicht entgangen war. Hinterher Kopfstand gemacht, dachte ich, und fand den Witz, wenn er kein Vorwurf war, wirklich gut. So lachten wir erstmals als Familie. Der werdende Vater zeigte dabei alle Nudeln, die er gerade noch im Mund hatte und ich legte, unbewusst, meine Hände schützend auf den Bauch, damit der Dritte im Bunde nicht so durchgeschüttelt wurde. Es fiel Peter sichtlich schwer, aber er hatte das Bedürfnis, mich jetzt in den Arm zu nehmen. So war es also, Vater zu werden. Unvermittelt, ohne Antragsformular, einfach so. Das Leben würde sich gewaltig verändern. Zeit und Geld würden weniger werden, aber die Augen sämtlicher Frauen in der Familie würden leuchten. So gesehen konnte ein Mann wirklich viele Frauen auf einen Schlag glücklich machen, und vielleicht, wenn man den Dingen ihren Lauf ließ und eine positive Einstellung hatte, würde aus der erwachenden Neugierde bald auch beim Erzeuger des Kindes Liebe werden.

Mit der Aussicht auf Mutterschutz und den damit verbundenen vielen freien Tagen, nahm ich mir einen Urlaubstag zur Entgegennahme der Schrankwand. WIWENA Favorit, Hochglanz, Palisander. Noch früher als die Schrankwand traf Mutti bei mir ein. Es gab so viel zu erzählen und noch mehr zu tun. Aber erst einmal sorgte ich für ein gemütliches Frühstück auf dem Balkon. Jetzt, wo wir unter uns waren und ich nun ganz eindeutig eine erwachsene Frau, sogar mit Kind im Bauch, war, wurde ich mehr und mehr zu Muttis Vertrauter. Die Pille und Schwangerschaftsverhütung im Allgemeinen wurde unser Thema. Mutti erzählte von ihren Ängsten als junge Frau, wie sie von Monat zu Monat hoffte, vor der Hochzeit mit Papa nicht schwanger zu sein. Ich horchte auf. Dieser ganze Humbug um die Jungfräulichkeit in der Hochzeitsnacht, das Getue um die Männer, die alle nur das Eine wollten und die arme Frau dann mit dickem Bauch sitzen ließen oder einfach, weil sie in der Hochzeitsnacht kein intaktes Hymen mehr vorzuweisen hatte. Das war alles Teil einer Taktik und natürlich auch einer Lüge. Mit Druck auf mein reifendes, pubertierendes Gehirn, mit Angstmacherei und falscher Vorbildwirkung hatte mein Vater es geschafft, mir Dinge ans Herz zu legen, sie mit einer Wichtigkeit zu befrachten, dass ich jetzt meiner Mutter sprachlos gegenübersaß. Nein, ich hatte dadurch nicht wirklich etwas versäumt, aber das Bild, das ich von meinen Eltern und ihrer Generation hatte, verschob sich auf einmal. Sicher waren sie als Jugendliche genauso den Begehrlichkeiten ihres Körpers ausgesetzt gewesen wie die Jugend meiner Generation. Sicherlich hatten sie mit Ängsten und Anfeindungen zu kämpfen gehabt, wenn eine vermeintliche Jungfrau plötzlich einen dicken Bauch bekam. In vielen Fällen war es die Kirche, die mit dem Finger auf die Frauen, nicht auf die Männer, zeigte, aber auch die Gesellschaft mit ihren verstaubten Vorurteilen, selbst die sozialistische Gesellschaft, die die Traditionen und Bräuche vergangener Jahrhunderte nicht einfach so abstellen konnte, trug einen erheblichen Teil dazu bei, dass junge Paare, die es ehrlich miteinander meinten und verliebt und bedürftig waren, schlechten Gewissens alles verdrängten, was mit Sexualität in jeder Form zu tun hatte. Uneheliche Kinder wurden mit dem Gefühl groß, die Schande ihrer Mütter zu sein. Das Hörnerabstoßen in der Welt der jungen Männer galt als völlig normal, und Frauen die das Gleiche taten, waren dumme, mitleiderregende Weibsbilder oder Huren. Ich hatte eine Weile zu tun, als Mutti mich in die Wahrheiten ihrer Generation einweihte. Sie erzählte mir von Papas Familie. Von seinen Schwestern und deren Liebesleben, das damals als lotterhaft und oberflächlich gebrandmarkt wurde. Ja, ich erinnerte mich: die eine, die, mit der Papa mich immer verglich, lebte in wilder Ehe, die andere hatte Kinder von mehreren verschiedenen Männern. Aber das waren Frauen, die liebenswert waren, die sozial engagiert und emanzipiert waren. Die sich nicht schämten, so zu sein, wie sie waren. Für die Scham fühlten sich die Väter und die Brüder dieser Frauen zuständig. So wie Papa voller Angst war, ich könnte ein ähnliches Schicksal durch Männerhand erleiden, hatte auch mein Bruder diese Aufsichtspflicht für mich übernommen. Man durfte mich verprügeln und verarschen, aber sich mir sexuell nähern durfte man nicht ungestraft. Die große Sex- und Aufklärungswelle, die seit den sechziger Jahren über unser Land geschwappt war, wurde im Fernsehen bei Faschingssendungen in witziger Weise auf die Schippe genommen, Frauen, die in jeder Hinsicht die gleichen Rechte wie Männer einforderten, wurden als Emanzen beschimpft. Frauen, die sich scheiden ließen, weil sie ihr Bett nicht mehr mit einem Säufer oder Schläger teilen wollten, galten als wortbrüchig, weil sie einst Liebe und Treue versprachen bis in den Tod. Nun aber, entgegen diesem Versprechen, nicht darauf warteten, totgeschlagen zu werden. Ich fing an, Papas Ängste, sein Misstrauen mir gegenüber zu verstehen. Er hatte mich schützen wollen und keine Worte dafür gefunden. Oder wollte er auch sich und seinen guten Ruf schützen? Warum hatte Mutti so lange geschwiegen? Natürlich, auch ihr fehlten die Worte für ein derart komplexes Thema und ihr fehlte der Mut, meinem Vater die Stirn zu bieten. Wir wechselten das Thema, obwohl ich meinem inneren Ärger gerne noch ein bisschen Luft gemacht hätte.

Wahrscheinlich standen wir vor einem Generationsproblem der ganz besonderen und mit Papa der speziellen Art. Wir sprachen über meine bevorstehende Hochzeit. Geplant war sie im September mit anschließender Reise nach Bulgarien. Nun waren Peter und ich entschlossen, im Juli, wenn mein Bauch noch verhältnismäßig klein war, zu heiraten. Ich holte meinen Schwangerenausweis, den ich zwei Tage zuvor bekommen hatte und zeigte ihn Mutti. Das errechnete Geburtsdatum sollte der 13. Dezember, augerechnet der Pioniergeburtstag, sein. Wir würden auch zwei Familiengeburtstage am gleichen Tag haben. Das war aber im Moment das geringste Problem. Es klingelte und, noch bevor ich an der Tür war, ein zweites und drittes Mal. Das konnte nur die Lieferfirma mit der Schrankwand sein. Zwei junge Männer sah ich vor der Glastür des Hauseinganges stehen. Mit den Händen die Augen beschirmend starrten sie ungeduldig durch die Scheibe in den Flur und dachten wahrscheinlich, ich müsste lauernd, schon mit der Klinke in der Hand, hinter der Wohnungstür stehen und auf sie warten. Vor der Tür stand ein großer, weißer Lastwagen ohne irgendeine Kennzeichnung. Die Laderampe war schon heruntergelassen und ihre Warnblinker waren an. Ich öffnete die Tür und bat um etwas Gelassenheit. Die Herren waren sehr kurz angebunden. Gingen zum Wagen und fingen an, ein Element der Schrankwand nach dem anderen abzuladen. Sie transportierten alles gewissenhaft in die Wohnstube. Es dauerte, bis alle Teile abgeladen waren. Wussten die beiden Männer, dass diese Schrankwand über GENEX gekauft wurde, waren sie angehalten, mit der Kundschaft nicht zu reden? Waren sie neidisch oder hatten sie Vorurteile? Lieferten sie nur an GENEX-Kunden aus? Ich wusste es nicht, konnte mir keinen Reim auf ihre Ungeduld und Unfreundlichkeit machen und kürzte das Trinkgeld um die Hälfte. Die beiden würde ich niemals wiedersehen. Da standen nun diese riesigen Kästen, die Peter nach Feierabend zu einer Schrankwand zusammenbauen würde. Mutti und ich machten uns ans Werk mit leichter Seifenlauge und Spüllappen. Wir schraubten die silbernen ringförmigen Griffe an die Türen, polierten die gläsernen Teile der Vitrine und setzten in Gedanken schon mal die Schrankwand so zusammen, wie sie später am wirkungsvollsten und praktischsten stehen sollte. Ich erzählte Mutti von meinem ersten Besuch bei der Schwangerenvorsorge. Ich konnte mir nicht aussuchen, wo ich zu diesen Untersuchungen gerne hingehen wollte. Ich musste nach Köpenick in die Bahnhofstraße. Eine Straßenbahn fuhr direkt von Friedrichshagen dorthin. Entbinden würde ich im Krankenhaus Köpenick. Auch hier gab es keine Entscheidungsfreiheit. Die Schwangerenvorsorge befand sich in einer Altbauwohnung. Die Räume waren heruntergekommen und die ganze Einrichtung war behelfsmäßig und primitiv. Gleich im Vorraum stand eine Waage, an der sich keiner der Dickbäuche vorbeischummeln konnte. Diskretion gab es hier nicht. Vor den Toiletten standen die „Mittelstrahlgefäße", gefüllt oder leer. Blutdruckmessung und Blutentnahme waren ein Teil des regelmäßigen Programms. Die Untersuchungen im Sprechzimmer waren sachlich und unverbindlich. Nirgendwo ein Rosa oder Blau, nirgendwo ein gutes Wort für Mamis, dafür Warnungen vor zu großer Gewichtszunahme, Warnungen vor zu wenig Gewichtszunahme, Warnungen vor Alkohol und Nikotin und nirgendwo ein zuversichtliches Wort. Meine Allergie und die Tabletten fielen dem Arzt ins Auge. Er fand es nicht gut, dass ich diese Tabletten während der Schwangerschaft einnahm. „Versuchen Sie doch, einfach mal ohne auszukommen", legte er mir nahe. Er wusste nicht, für welchen Albtraum er damit bei mir sorgte. Andererseits verschrieb er mir eine Kur, eine Schwangerschaftskur, die ein bisschen Ruhe in mein Leben und das des ungeborenen Kindes bringen sollte. Wie funktionierte das in der DDR? Ich hatte nicht einziges Mal in meinem Leben irgendeinen Kontakt zu unserer Krankenkasse. Es gab nur eine staatliche Krankenversicherung und diese hatte scheinbar nur zu den Ärzten direkten Kontakt. Viele Vorsorgeuntersuchungen, von frühester Kindheit an bis zur Schwangerenvorsorge anschließende Säuglingsfürsorge, Impfungen, Reihenuntersuchungen waren Pflicht. Kuren, Rehas oder Therapien wurden durchgeführt, wenn sich auch deren Ausmaß in Grenzen hielt, wie ich das mit meinem Gipsbein leider so hatte erleben müssen. Aber der Patient selber hatte mit der Kasse nichts am Hut. Noch am selben Abend ließ ich das erste Mal seit vielen Jahren meine Tabletten weg. Nachts wurde ich wach, weil mich ein unbändiger Juckreiz quälte. Die Seite, auf der ich lag, brannte wie Feuer. Ich beeilte mich, ins Bad zu kommen, um Peter nicht zu wecken. Dann sah ich die Bescherung. Meine gesamte rechte Seite schien auf Brennnesseln gelegen zu haben, an den Armen und Fesseln, wo sich die Bündchen des Schlafanzuges befanden, bildeten sich ringsum Quaddeln. Der Gummizug der Hose war als brennendes Muster rund um meinen Bauch zu sehen. Verzweifelt streifte ich alle Sachen ab, die ich anhatte, sofort griff der Juckreiz auf meinen gesamten Körper über und jedes Kratzen hinterließ eine fette Quaddel. Ich griff hastig und verzweifelt zu meinen Tabletten. Es würde lange dauern, bis der Juckreiz abklang. Ich wickelte mich in ein frisches Laken und stellte mich auf den kühlen Balkon. Die Nacht war erfrischend und ich harrte aus, bis die Tablette wirkte, der Juckreiz verschwand und die Müdigkeit mich wieder ins Bett schickte. Noch immer eingewickelt in mein Laken, schlief ich den Schlaf der Gerechten, die soeben eine harte Schlacht verloren hatte. Mutti hörte mir aufmerksam zu. „Vielleicht wird ja nach der Entbindung alles besser“, versuchte sie mich zu trösten. Von der gewagten Prognose meines alten Dermatologen war bisher nichts eingetroffen, was Besserung gebracht hätte. Weder die Menstruation noch der gut situierte Mann, der mich mit Gold behängte und mit Glacéhandschuhen anfasste, noch der Beginn einer Schwangerschaft hatten mich von der Nesselsucht befreit. Sie war ohne Tabletten auch nicht auszuhalten. Es blieb dabei. Täglich mindestens eine und es ging mir gut. Das konnte ich meinem Kind leider nicht ersparen. Wie so ganz nebenbei stellte Mutti mir jetzt eine Frage. Sie steckte dabei ihren Kopf in das Barteil der Schrankwand, als ob sie nicht gesehen, vielleicht nicht einmal gehört werden wollte. „Hast du schon einmal bemerkt, ob Martin Interesse an Mädchen hat?“ Ihre Stimme hörte sich aus dem Barfach heraus ganz ungewohnt an. Die Frage selbst, aus Muttis Mund, schien mir merkwürdig zu sein. Ich überlegte kurz, warum sie mir diese Frage stellte, hatte aber den Eindruck, dass ihr meine Antwort sehr wichtig war. „Natürlich hat er Interesse an Mädchen“, antwortete ich und konnte mir die Frage nach einem Warum nicht verbeißen. „Nun ja“, sagte sie, „Papa und ich fangen langsam an, uns Sorgen zu machen, ob denn mit ihm alles in Ordnung sei, weil er noch nie eine Freundin hatte und auch kein Interesse seinerseits zu sehen ist.“ Ich konnte Mutti beruhigen. Ich erzählte ihr von einer Andrea, die Hockey spielte und eine Zeit lang in Martins Gehirn herumspukte. Dann von meiner Freundin aus der Berufsschule, mit der er auf unserer Einweihungsfeier geschäkert hatte. Mir fielen noch ein paar andere Mädchen ein und Mutti schien beruhigt. Dann hakte sie aber doch nach. „Will ihn keine? Oder woran könnte es liegen, dass er noch keine Freundin hatte?" Oh Gott, da fragte sie mich was. „Ich glaube, das könnte daran liegen, dass er sich irgendwie ziemlich doof anstellt. Er benimmt sich den Mädchen gegenüber wie ein Vierzehnjähriger. Da wird gegen die Oberarme gebufft, der Arm verdreht, das Mädchen trotz Protest auf seinen Schoß gezogen. Außerdem erzählt er nur von seinem Fußball, seiner Arbeit und dem Gesaufe bei der Armee. Damit wird er wohl die Herzen der Damen nicht erreichen. Es fehlt an Charme und leider auch an Taktgefühl. Scheinbar ist er noch nicht so weit." Mutti hatte ihren Kopf schon lange wieder aus dem Barfach herausgezogen und schaute mir ins Gesicht. „Er ist halt noch ein Junge", stellte sie beruhigt lächelnd fest.

Als Peter nach Hause kam, aßen wir zu dritt, eigentlich ja zu viert, Mittag. Peter hätte sich gerne etwas ausgeruht, aber der Aufbau Schrankwand juckte in den Fingern. Er wollte noch am Abend mit dem Gröbsten fertig sein, damit unser Fernseher schon mal den Platz in seinem Fach einnehmen konnte. Die Kabelverlegung würde er dann morgen machen. Während ich in der Küche die Kaffeemaschine in Gang setzte, griff Peter in seinen Werkzeugkasten, holte Schraubendreher und den kleinen Hammer und fing an. Mutti saß auf dem Balkon und hatte ihre Beine auf den kleinen Hocker gelegt. Ich wusste, dass es ihr nicht wirklich gut ging. Immer wieder plagten sie Magenschmerzen, irgendwann wollte sie ihr linkes Auge auch noch operieren lassen, zu Hause hing oft der Haussegen schief und doch strahlte sie immer einen zufriedenen Optimismus aus. Ja, ich hatte zur Genüge auch ihre traurigen, niedergeschlagenen Gemütszustände kennen gelernt, habe sie heulend und verzweifelt erlebt, und doch schaffte sie es immer wieder, sich aufzurappeln, zu verzeihen, zu hoffen und ihre liebenswerte Sonnenseite zu zeigen. Manchmal dachte ich voller Sorge an zu Hause. Ich bekam nicht mehr alles mit, musste darauf vertrauen, was sie mir erzählte, und sie erzählte mir wahrscheinlich längst nicht alles. Vor nicht allzu langer Zeit hatte es Unstimmigkeiten bei einer Revision im Betrieb gegeben. Mehrere Posten der teuren Recorder waren spurlos verschwunden. Kriminelle Machenschaften wurden der Abteilung und damit auch ihr unterstellt. Mutti stand nicht über den Dingen. Sie war eigentlich nie ernsthaft beschuldigt worden, wahrscheinlich gab ihre Position im Betrieb auch gar keine Mitschuld her, aber sie reagierte, ihr Körper reagierte über. Sie bekam eine vorübergehende Gesichtslähmung, war wochenlang ein nervliches Wrack und sehr krank. Nur eine Aufklärung des Falls konnte ihr helfen. In der Abteilung wechselten die Chefs, die vertrauten Kollegen und damit die gesamte Atmosphäre. Nichts war mehr so wie früher. Unterdessen hatte sie eine neue Chefin, eine selbstherrliche, mürrische Frau, die die schlechte Laune wie eine lange, schwere Schleppe hinter sich her schleifte. Wo diese Frau erschien, herrschte bedrückende Stille. Sie kannte kein Bitte und Danke und vergällte den paar übrig gebliebenen Mitarbeitern den Arbeitsplatz. Ein ehemaliger Kollege, der unterdessen in der Gummibude in der Gustav-Adolf-Straße arbeitete, rief nach ihr. Er konnte eine freundliche und fleißige Sekretärin gut gebrauchen. Mutti überlegte noch. Hoffentlich würde sie sich nicht zu lange Zeit lassen, dem Ruf ihres alten Kollegen zu folgen.

Als die Struktur unserer Schrankwand zu erkennen war, entschloss Mutti sich zum Aufbruch. Ich brachte sie zur S-Bahn und wir redeten über meine bevorstehende Kur und die Vorbereitungen zur Hochzeit. Wir mussten schnellstens das Aufgebot bestellen. Hinsichtlich der Feierlichkeiten war unsere Entscheidung auf Weißensee und das Standesamt in der Amalienstraße gefallen. Nächste Woche würden wir das erledigen und dann zum Kaffee bei Papa und Mutti erscheinen. Lange stand ich auf dem Bahnsteig und winkte der S-Bahn nach, die den Menschen mit sich nahm, der mein Leben geprägt hatte wie kein zweiter.

„So", empfing mich Peter, „den Glasschrank könntest Du schon einräumen." Kritisch beäugte er sein Aufbauwerk und wartete auf das gewohnte Lob von mir. „Sieht toll aus", befriedigte ich seine Erwartung. Mit umschlungenen Armen standen wir vor unserem bisher umfangreichsten Bauwerk und bestaunten es so, wie andere Leute die Berge in den Alpen, das Empire State Building in New York, oder die Niagarafälle in Kanada. Der Fernseher lief schon, allerdings war das Kabel noch nicht im hinteren Teil der Schrankwand versteckt. Ein paar weiße Verblendungen fehlten noch und die Böden für meinen Trödel, wie Peter meine Tischläufer, Kerzenhalter und Blumenvasen bezeichnete. Ich kramte aus den letzten Taschen und Koffern die Pappkartons mit den Weingläsern, den Kognakschwenkern und ein paar Sammeltassen heraus. Eine kleine Kristallvase, die Regina mir zu meinem sechzehnten Geburtstag geschenkt hatte, würde einen Ehrenplatz im Glasschrank erhalten. Regina, dachte ich, sie war schon verheiratet und hatte bereits einen Sohn. Sie lebte jetzt mit ihrem Mann im Erzgebirge und uns verband ein ständiger Briefwechsel, der uns über die Ereignisse im Leben des anderen auf dem Laufenden hielt. Sie hatte einen tollen Mann gefunden, mit dem ich allerdings ein bisschen schmollte, weil er mir meine allerbeste Freundin entführt hatte. Immer mehr Dinge fielen mir in die Hände, die mich an liebe Menschen aus meiner Kindheit und Jugend erinnerten oder an bestimmte Feierlichkeiten, die ich auf dem Weg ins Erwachsenleben erlebt hatte.

Peter hatte es sich auf Dagmar bequem gemacht, schaute mal in den Fernseher und mal zu mir und hatte arge Mühe die schweren Augenlider immer wieder nach oben zu bekommen. Ich lief emsig zwischen Küche und Stube hin und her, polierte Gläser, stellte sie erst in das eine, dann in das andere Fach und kam zu dem Schluss, dass wir unbedingt noch etwas dekorativen „Trödel" für den Glasschrank brauchten.

Die folgenden Wochen waren vollgepackt mit Terminen, die S-Bahn wurde mein zweites Zuhause. Die Anmeldung für unser Aufgebot klappte ohne Umstände. Der einzig freie Samstag, der noch zu haben war, war der 22. Juli. Das Datum kam uns gelegen. Allerdings würden wir das erste Brautpaar an diesem Tag sein. Morgens könnte es Zeitdruck geben, denn am Tag zuvor wollten wir einen Polterabend machen. Wenn die Trauung längstens eine halbe Stunde dauern würde, müssten gleich danach alle Gäste versorgt werden. Das könnte schwierig werden, denn die Speisegaststätten öffneten erst am späten Vormittag oder mittags ihre Pforten. Die einzigen, die sich bereit erklärten, uns einen Raum am frühen Vormittag zur Verfügung zu stellen, war die Geschäftsleitung des Kulturhauses *Peter Edel*. Vom Standesamt bis dorthin war es nur ein kurzer Fußweg durch den Park des Weißen Sees bis hoch zu Klement-Gottwald-Allee. Eine Dame zeigte uns den Raum und wir blickten in ein düsteres Abstellzimmer mit alten Tischen, hochgestellten Stühlen, Kartonagen, Leergut und Schränken, auf denen stapelweise alte Papiere und Obstkörbe lagen. Die Jalousien waren verdreckt und hingen schräg in der Mitte der Fenster fest. Vergammelte Grünpflanzen, die kein noch so grüner Daumen mehr hätte retten können, standen anklagend zwischen dem ganzen Gerümpel. „Hier wird natürlich gründlich aufgeräumt", versicherte mir die junge Frau, die sich scheinbar ein bisschen für den uns gebotenen Anblick schämte. Sie hatte wahrscheinlich noch nie zuvor in diesen Raum hineingesehen und wenn doch, dann keinesfalls mit den Augen eines Brautpaares, das vorhatte, hier seine Gäste zum Mittagessen bewirten zu lassen. Wir glaubten ihren Versicherungen, dass bis zu unserer Hochzeit alles picobello sein würde und uns eine weiße Tafel mit Kerzen und Blumenschmuck erwartete. Schnell verschloss sie die Rumpelkammer wieder und bat uns an einen der Restauranttische, um das Menü mit uns abzusprechen. Das Angebot insgesamt war sehr überschaubar und wir entschlossen uns für Rahmchampignons, vorausgesetzt es gab Champignons, Schweinebraten, Kroketten oder wahlweise Dampfkartoffeln. Als Vorspeise war nur eine Tomatensuppe zu haben und das Dessert sollte vom Angebot des Großmarktes abhängig gemacht werden. Wir kannten also nicht das ganze Menü, bestellten auf Verdacht und hofften, dass sich eine Wundertüte für uns öffnen würde. Die Zeit vor dem Mittagessen wollten wir mit einer Kaffeerunde für alle, kleinem Imbiss- oder Kuchenangebot absichern. „Gar kein Problem", erwiderte unser Gegenüber. Ach, und natürlich für alle Gäste ein Glas Sekt zum Anstoßen und genug Alkoholfreies für die Kinder. „Selbstverständlich", hauchte die Dame, schrieb unsere Wünsche auf, quittierte die Anzahlung und steckte sich ihren Kugelschreiber hinter das rechte Ohr. Hinter dem linken trug sie eine Zigarette. Wir verließen *Peter Edel* mit zwiespältigem Gefühl. Scheinbar wurde der Raum seit Jahren nicht mehr für Feierlichkeiten genutzt, und wir waren nun die Versuchskaninchen für den Auftakt.

Nach dem Mittagessen würden wir dann einen Raum zum Feiern, Musik machen und Tanzen, Kaffeetrinken und Abendbrot essen brauchen. Meine Schwiegereltern kamen auf die Idee, es mal in einem Club der Nationalen Front zu versuchen. Diese Clubs waren oft in Wohngebieten untergebracht und vermieteten ihre Räumlichkeiten gegen geringes Entgelt für Feierlichkeiten oder Veranstaltungen. Dort gab es Geschirr und Abwaschmöglichkeiten, vielleicht auch Thermoskannen. Sie versprachen, sich zu kümmern und hatten ein paar Tage später eine Erfolgsnachricht für uns. Das nächste Problem würde mein Brautkleid sein. Mal davon abgesehen, dass ich im normalen Leben schon die Neigung zur Problemfigur hatte, machten die anderen Umstände, in denen ich mich befand, meine Figur noch ein bisschen problematischer. Mein Busen platzte jetzt schon aus allen Nähten und meine fehlende Taille ließ Kleider bei mir überhaupt nur mit besonderem Schnitt gut aussehen. Die Auswahl war schon für Frauen mit Normalfigur recht klein. Eine besondere oder extravagante Vorstellung sollte keine Braut von ihrem Kleid haben, sie wäre enttäuscht worden.

Im Centrum-Warenhaus am Alex war die Brautkleidersituation niederschmetternd. Kleine Boutiquen hatten Kleider in kleinen Größen, für mich war ein weißes Brautkleid von der Stange aussichtslos. Papa hatte einen Fußballkumpel, dessen Frau Schneiderin war. Sie hatte auch mein Verlobungskleid mit all meinen Wünschen perfekt genäht. Sie versprach mir, nun auch mein Brautkleid nach meinen Vorstellungen zu nähen. Ich sollte den Stoff kaufen, und, sie wusste, dass ich das konnte, einen Entwurf machen. So zottelte ich mal wieder durch verschiedene Stoffläden und landete erfolgreich in der Frankfurter Allee. Edle, fließende Stoffe, gab es nicht. Aber ich fand einen weißen Chemiefaserstoff, der sich anfühlte, als könnte ich einen ganzen Tag mit ihm durchhalten. Ich kaufte drei Meter und gewöhnte mich an den Gedanken, dass mein Traum in Weiß seit meiner Kindheit nur in meinem Kopf existiert hatte. Zuhause entwarf ich ein Kleid mit den realistischen Möglichkeiten, die der Stoff und meine Figur hergaben. Der Empire-Stil tat es mir letztendlich an. Die Brust, davon hatte ich mehr als genug zu bieten, wurde durch einen großen halbrunden Ausschnitt betont. Direkt darunter endete der erste Teil des Kleides. Der zweite Teil verlief leicht A-förmig ohne Bauch und Po zu betonen, nach unten. Möglichst lang würde sinnvoll sein, dachte ich, denn nun auch noch die passenden Schuhe aufzutreiben, mit denen ich den ganzen Tag durchhielt und außerdem tanzen konnte, würde die nächste Schwierigkeit sein. In Schuhläden gab es keine BERATUNGSMUSTER, da gab es nur die verschiedenen Antworten der Verkäuferinnen: Leider nicht in ihrer Größe, hatten wir gerade noch, vielleicht nächste Woche wieder, leider nicht in Weiß. Irgendwann hatte man dann das

Glück etwas Weißes in passender Größe zu finden, aber ob es dann auch den eigenen Geschmack traf, war unwahrscheinlich. Ich kaufte mir ein paar ganz simple, nichtssagende Sandalen. Das Kleid würde lang genug sein, um sie den größten Teil des Tages gut zu verdecken.

Irgendwo in Mitte existierte ein Pferdefuhrwerk-Unternehmen. Der Annonceteil der Berliner Zeitung hatte mir das verraten. Eine weiße Hochzeitskutsche war einer meiner Träume, den ich mir unbedingt erfüllen wollte. Wenigstens einen Teil der Strecken, die im Brautkleid bewältigt werden mussten, wollte ich in einer Kutsche den Hufschlag der Pferde hören und wenn ich ganz viel Glück hatte, würde vielleicht auch irgendwo aus der Ferne eine Kirchenglocke läuten. Ich fand den Betrieb und kam mit dem Chef überein. Die Preise waren gepfeffert, aber dieser Luxus war mir nicht zu teuer. Ich bestellte die Kutsche nur für die Tour zum Standesamt und nach der Trauung zum Kulturhaus. Vor der standesamtlichen Nichtkirche wollte ich wie eine Prinzessin, mit gerafftem Kleid, an der Hand des Bräutigams die Kutschenstufen herunterschreiten, meinen Schleier – den ich ja auch noch irgendwo kaufen musste – gekonnt in den Nacken werfen, und dann an Peters Arm meinen letzten Gang als Fräulein machen. Ich fand die Vorbereitungen unserer Hochzeit sehr aufregend. Es war aber auch anstrengend, denn alle Wege mussten in meiner alten Heimat erledigt werden und danach wartete immer ein langer Heimweg auf mich.

Die Schneiderin fand meinen Entwurf gut. Sie empfahl mir eine dezente Knopfleiste mit schönen Knöpfen als Hingucker, um dem Kleid ein wenig die Schlichtheit zu nehmen. Eine breite Schleife, die im Rücken gebunden würde und von den Seitennähten des Kleides ausgehen sollte, empfahl sie auch. Sie schien zu wissen, was sie tat. Sehr gewissenhaft nahm sie Maß, beneidete mich um meinen üppigen Brustumfang und um das schöne Dekolletee. Zwei Anproben vereinbarten wir. Eine in 14 Tagen und die zweite drei Tage vor der Hochzeit. Das fand ich ganz schön knapp, aber sie machte mich auf meinen Zustand aufmerksam. „Gerade im fünften Monat kann es passieren, dass du plötzlich aus dem Leim gehst“, sagte sie mit einem bedauernden Lächeln. „Manche Frauen werden nur nach vorne schwanger, manche rundum und bei anderen ist noch gar nichts zu sehen. Da ist es wirklich das Beste, die letzte Anprobe kurz vor dem Fest zu machen." Das leuchtete mir ein, und überhaupt war das letztendlich ja alles nur eine Frage der Organisation.

Ich hatte einen Spickzettel angefertigt, auf dem unterdessen viele schon erledigte Wege und Termine für die Hochzeit standen. Um den Polterabend in der Wohnung meiner Eltern, brauchte ich mich nicht zu kümmern. Mutti wollte für ein Buffet und das Herrichten der Wohnung sorgen. Da konnte ich mich drauf verlassen und hinter dem Wort Polterabend einen dicken Haken machen. Die Organisation des Raumes in der Pankower Granitzstraße hatten meine Schwiegereltern übernommen. Peters Mutter sichtete auch gleich sämtliche Schrankfächer und Schubkästen auf Utensilien, die vorhanden und brauchbar oder nicht vorhanden waren. Sie machte eine Liste über fehlende Tortenteller, Kaffeemaschine, Tortenheber und verschiedenes Besteck. Weiße Tafeltücher und Servietten, Kerzenständer und kleine Blumenvasen für die Tischdekoration würden wir mitbringen müssen. Außerdem die Stereoanlage und etwas Ausstattung für die Toiletten.

Ein großer Kühlschrank war vorhanden. Wir konnten also einen Tag vorher alles in den Club der Nationalen Front bringen und die Lebensmittel entsprechend lagern. Das große Gerüst der Hochzeit stand. Jetzt ging es an die Kleinigkeiten. Woher bekam ich die gewünschten Zutaten für den Kuchen und die Torten? Ich hatte es wirklich gut, Notfalls würden wir in den Intershop spazieren und das Gewünschte kaufen. Manchmal spielte aber auch der glückliche Zufall eine Rolle und verhalf einem, an Dinge ranzukommen, nach denen man sich sonst die Hacken abrannte. Eines Tages, als ich von der Arbeit nach Hause schlenderte, entdeckte ich auf der Bölschestraße in einem Tabak- und Zeitungsladen im Vorübergehen Pappkartons mit der Aufschrift HORTEX. Mir war dieser Schriftzug bekannt. Die besten Einmachfrüchte aus dem sozialistischen Ausland, ich glaube es war Ungarn, konnte man unter diesem Namen kaufen. Ich ging zurück, wollte mir dieses ungewöhnliche Angebot aus einem Zeitungsladen, nicht entgehen lassen. Vielleicht lagerten ja auch alte Zeitungen in den Kisten. Neugierig betrat ich den Laden, machte einen langen Hals und schaute in die oberste Kiste. Da standen sie, Gläser mit goldgelben Pfirsichhälften. Ich konnte es nicht fassen. Hinter dem Ladentisch stand eine ältere Dame und nickte, meinen verwunderten Blick wahrnehmend, zustimmend zu. Sie schien über die Maßen erfreut zu sein, ihrer Kundschaft mitten im Jahr so eine kulinarische Köstlichkeit für wenig Geld anbieten zu können. Noch immer überrascht, forderte ich freundlich fünf von diesen Gläsern. Sie schüttelte den Kopf. „Zwei!" sagte sie „jeder Kunde bekommt nur zwei Gläser." Nun ja, das traf mich nicht wirklich unvorbereitet, denn eine begrenzte Kundenabgabe der gefragten Artikel war in der DDR durchaus üblich, und es spielte dabei keine Rolle, ob eine Mutter fünf Kinder zu versorgen hatte oder ob eine alleinstehende Oma das Objekt der Begierde haben wollte. Ich versuchte zu handeln. Mein Mutterpass fiel mir ein, ich kramte ihn heraus und bat um eine Ausnahme, weil ich ja schließlich in diesem anderen Umstand war und ständig Gelüste auf dies und das hatte und mein Kind ja auch miternähren musste. Dann zog ich noch die bevorstehende Hochzeit mit dem ganzen Kuchengebacke wie einen Joker aus dem Ärmel. Die Verkäuferin lächelte noch. „Na gut", sagte sie mit einem gütigen Blick auf meinen Bauch, „drei." Sie verließ ihren Platz nicht und auch das Lächeln war aus ihrem Gesicht verschwunden. Ich nahm mir die drei Gläser selber aus dem Pappkarton und steckte sie in meinen Beutel. Der Preis war wirklich spitze. Im Delikatladen oder im Shop hätte ich entschieden mehr bezahlen müssen. Im Kopf durchrechnend, wie viele Torten ich mit diesen Pfirsichhälften wohl belegen könnte, verließ ich den Laden. Zwanzig Meter weiter, vor einem großen Haushaltswarenladen, knödelten drei Jungs mit ihrem Fußball herum. Ich setzte mich auf die breite Treppe vor dem Geschäft und sprach sie an. „Wollt ihr euch jeder einen Fünfziger verdienen?", fragte ich sie und schaute in die Runde. „Ja klar!", kam eine einstimmige Antwort zurück. „Wat solln wa'n machen?" Ich bat sie in den Zeitungsladen zu gehen und jeder sollte mir zwei Gläser Pfirsiche besorgen. Ich drückte ihnen Geld in die Hand, forderte den Fußball als Pfand und sie zogen los wie Superhelden. Fünf Minuten später standen sie wieder vor mir, jeder mit zwei Gläsern in der Hand und einem verschwörerischen Grinsen im Gesicht. Ich hatte nun neun Gläser, vier mehr, als ich ursprünglich haben wollte. Jetzt würde es sogar noch für eine große Bowle reichen. Ich ließ mich nicht lumpen und gab den Jungs zwei Mark, händigte ihnen den Ball aus und steckte die Gläser in meine Beutel. Das war der nächste Haken auf meiner Liste. Am nächsten Tag machte ich erneut erfolgreiche Beute. Eigentlich war ich unterwegs, um mir einen Schleier zu kaufen und hübsche kleine Knöpfe für mein Brautkleid. Man sollte sich so etwas nicht vornehmen, oftmals vertrödelte man zu viel Zeit mit der Sucherei. Man sollte schlendern, so wie den Tag zuvor, die Augen offenhalten und wie ein Sammler alles zusammentragen, was man überhaupt kriegen konnte. So flanierte ich mal wieder die Frankfurter Allee hinauf und hinunter, wechselte von Zeit zu Zeit die Straßenseite und ließ mich inspirieren.

Vor einer Kaufhalle stand eine lange Schlange. Das sah interessant aus, was es da wohl gab? Ich ging mal schauen und stand kurz darauf mittendrin in der Menschenschlange, in der sich jeder Einzelne erhoffte, dass er von dem Schatz, der vorne verkauft wurde, auch noch etwas abbekam. Es war Erdbeerzeit und wenn man etwas Glück hatte, konnte man in der Saison unverhofft auf kleine Stände stoßen, die um sich herum genug Platz für lange Kundenschlangen boten. Die Kaufhallen wären überlastet gewesen, all die Menschen für dieses Stundengeschäft aufzunehmen. Die Ware hätte erst umständlich in die Obstabteilungen gebracht werden müssen und der gesamte Einkaufsbetrieb wäre gestört worden. Manche unerhört raren Artikel wurden teilweise auch direkt von der Laderampe der LKWs verkauft. Es brauchte keine Marktschreier und keine Werbung, die Schlange als solche setzte genügend Signale. Allein der Anblick einer Schlange schien in den Köpfen der Menschen Glückshormone freizusetzen und hieß sie, wie unter Hypnose, das einzig Richtige zu tun, sich einzureihen. Selbst wenn man die Ware nicht für sich brauchte, fiel einem immer irgendein geliebter Mitmensch ein, der sich ein Loch in den Hintern freuen würde, wenn man mit dem Verkaufsschlager vor ihm stand. Manchmal konnte man auch tauschen oder legte sich das eine oder andere schon als Weihnachtsgeschenk in den Schrank. Das war mit Erdbeeren vielleicht nicht gerade die beste Idee, aber ich hatte ja ein Ziel vor Augen. Die meisten Kunden verließen mit zwei Körbchen den Stand. Wie viel Vorrat überhaupt noch vorhanden war, konnte ich aus meiner Position nicht sehen, befürchtete aber, leer auszugehen. Mir fiel dieser praktische Schwangerenausweis ein. Er war so etwas wie ein Freibrief. Er verkürzte jede Warteschlange, verschaffte einem einen Sitzplatz in den öffentlichen Verkehrsmitteln, sorgte aber auch oft genug für Neid und boshafte Reaktionen. Einen Augenblick haderte ich mit mir. Sollte ich mich wirklich nach vorne begeben und auf einen Platz im vordersten Teil der Schlange bestehen? „Dumm bist du und feige, wenn du es nicht tust“, flüsterte mir ein kleines Teufelchen in mein linkes Ohr. „Bleib stehen und warte ab. In der Schlange stehen Mütter mit ungeduldigen Kindern, alte Leute, denen das Stehen schwerfällt, Leute die es vielleicht eilig haben, weil schwere Pflichten auf sie warten“, flüsterte mir ein durch und durch katholisches Engelchen in mein rechtes Ohr. Ich wartete ab, ob sich der kleine Teufel noch mal zu Wort melden würde und dann hörte ich ihn. „Geh nach vorn und mach Beute. Solche Gelegenheiten lassen sich doch nur Dummköpfe und Heilige entgehen. Du hast nur noch ein paar Monate des erleichterten Einkaufs vor dir. Nutze die Gunst der Stunde und Deine Ellenbogen. Wer den Mund nicht aufkriegt, muss mit seinem Gipsbein nach Hause hüpfen.“ Mir fiel mein Heimweg mit dem Liegegips aus dem Urlaub ein. Ich hatte den Mund nicht aufgekriegt, nicht nach meinen Rechten als Patient gefragt und dann eine Tortur erlebt, über die ich unterdessen zwar lachen konnte, die aber umsonst gewesen wäre, wenn ich keine Lehren daraus ziehen würde. Entschlossen verließ ich den hinteren Teil der Schlange, kramte meinen Schwangerenausweis hervor und reihte mich, freundlich auf meinen Zustand hinweisend, in den vorderen Teil der Schlange wieder ein. Ich spürte die bösen Blicke in meinem Nacken und hörte das empörte Geflüster hinter mir. „Siehst du“, sagte das Engelchen „die Leute sind sauer.“ Als ich fünf Minuten später mit meinen Erdbeeren den Stand verließ, hörte ich das Teufelchen: „Siehst du, jetzt hast du, was du wolltest und kannst das nächste Häkchen auf deiner Liste machen.“ Ich gab ihm Recht und ließ nicht zu, dass das Engelchen zu diesem Thema noch irgendeinen Kommentar abgab. Die Erdbeeren, die leider eine ziemlich miese Qualität hatten, wurden geputzt und auf Butterbrotpapier ordentlich nebeneinandergereiht. War eine Lage fertig, kam sie in den Tiefkühler. Nach drei Stunden wurden die gefrorenen Schätze in ein Sammelgefäß umquartiert und für die große Zeit der Erdbeertorte, die Hochzeit selbst, aufbewahrt.

Wenn man Glück hatte, blieb noch ein Schälchen frische Beeren für den sofortigen Verzehr übrig. Peter hatte das Glück.

Na die hatte ja Probleme, könnte man jetzt meinen. Brautkleid, Knöpfchen, Pfirsiche und Erdbeeren. Ich verteidige meine Probleme aber als solche, denn sie waren so alltagsbestimmend und umfassend, so zeitraubend und ärgerlich, so nervend und überflüssig und oft auch in jeder Hinsicht ungerecht. Es gab keine Opposition, die öffentlich irgendetwas kritisiert hätte. Die Aktuelle Kamera und die Zeitungen waren voll von Erfolgsmeldungen. Dazu kam, dass es uns Berlinern, im DDR-Maßstab gesehen, wirklich noch gut ging. Ich hatte gerade mal die Startlöcher ins Erwachsenenleben eines allseits entwickelten sozialistischen Staatsbürgers verlassen, befand mich noch ganz am Anfang einer Laufbahn, die als geradlinig, geschützt und bestens begehbar angepriesen wurde und hatte doch in meinem Leben schon so viele Stolpersteine, Dreckpfützen und Fallstricke gesehen, dass mich der vor mir liegende Weg nachdenklich stimmte. Es ging hier nicht um Pfirsiche, Erdbeeren und kleine Knöpfchen, es ging um Beschönigung, Lügen, Angst und Schnauzehalten und um die Menschen, die am längeren Hebel saßen und ihre Ämter und Ämterchen für sich und ihre im Trockenen warteten Schäfchen missbrauchten. Die Sache mit den Knöpfchen war nun wirklich einfach. In fast jedem Haushalt befanden sich diverse Kisten, mit Knopfsammlungen. Fast keine Hausfrau wäre auf die Idee gekommen, Knöpfe, Reißverschlüsse oder Schnallen jeder Art im Müll zu versenken. Ich kramte ein paar Minuten in Muttis Knopfkiste, die mit jedem Todesfall in der Verwandtschaft immer größer wurde, herum und wurde fündig. Im Scheunenviertel kannte Mutti einen Laden, ich glaube das war der, wo ich damals auch mein Erstkommunionkleid bekommen hatte, der Brautausstattungen führte. Es gab die Auswahl zwischen einem langen und einem kurzen Schleier. Das genügte mir vollkommen und ersparte mir die Qual der Wahl. Ich entschied mich für einen kurzen mit einem winzigen Rosenkrönchen samt Feststeckkämmchen. Zu einem anderen Paar Schuhe hätte ich mich noch hinreißen lassen, aber auch hier gab es keine.

Vor uns lag nun noch das Transportproblem, die Zeitabstimmung und welche Arbeiten in welchem Haushalt erledigt wurden. Mutti und ich waren ein wirklich gutes Team. Ich backte in meinem Haushalt einen Tortenboden nach dem anderen. Ohne Belag und luftdicht verpackt hielten diese unter Umständen wochenlang. Die Zutaten würde ich zu Mutti bringen und dort würden wir gemeinsam die Torten fertig stellen und mit dem Bus in die Granitzstraße bringen und dort direkt in den Kühlschrank. Papa brachte seine Beziehungen zu einem Fleischer in Malchow ins Spiel. Von hier konnten wir gekochten und geräucherten Schinken erwarten und eine ungarische Salami. Tomaten und Gurken gab es unterdessen zwar im Handel, aber wir hatten genug Laubenpieper im Freundeskreis, die uns üppig damit beschenkten. Von Seiten der Verwandtschaft wurden Salate angekündigt, Kuchen in Aussicht gestellt und der alte Nachbar meiner Eltern entsann sich mal wieder seines erlernten Berufes und versprach mir eine wunderschöne Buttercremetorte für die Hochzeitstafel. Onkel Ottchen und sein unermüdlicher Trabbi waren immerzu im Einsatz, um die verschiedenen Örtlichkeiten schnellstmöglich mit dem empfindlichen Gepäck zu erreichen. Die Zeit fing an zu drängen und ich war in den späten Abendstunden noch immer mit dem Texten und Illustrieren unserer Hochzeitszeitung beschäftigt. Was für eine aufregende Zeit, was für ein Stolz, wenn ich auf die Liste mit all ihren Häkchen schaute. Die erste Anprobe meines Kleides lag schon lange hinter mir. Nun kam die letzte, und wenn ich Glück hatte, konnte ich mein Brautkleid heute schon mitnehmen.

Ja, es war ein Traum. Nicht der meiner Kindheit, sondern der realistisch umgesetzte Traum aller sich im Sozialismus bietenden Möglichkeiten. Die Schneiderin hatte sich sehr viel Mühe gegeben und mit der Schleife und der Knopfleiste genau ins Schwarze getroffen. Das Kleid passte perfekt zu mir und den Umständen und dem großen Tag, der nun greifbar vor mir lag. Die Hochzeitszeitung, hatte den gleichen Werdegang hinter sich, wie damals meine Schulzeitung. Mutti hatte die Zuständigkeit dafür übernommen und es lag alles wie gewünscht vor, verbreitete den unangenehmen Spiritusgeruch und wartete darauf, ausgemalt, gelocht und gebunden zu werden. Zum Verlesen der Zeitung hatte ich zwei Musiker bestellt. Von denen wusste noch niemand etwas. Sie sollten mit Akkordeon und Geige für Stimmung sorgen und mich und die Gäste beim Singen begleiten. Das Finale der Vorbereitungen stand nun unmittelbar bevor. Als wir am Freitagmorgen die Wohnung verließen, mussten wir akribisch darauf achten, nichts zu vergessen, was wir die nächsten zwei Tage brauchen würden. Mein Hochzeitskleid samt Schleier und Schuhen, Peters Anzug, samt Hemd und Schlips, warteten in der neuen Wohnung meiner Schwiegereltern auf ihren großen Morgen. Die Nacht vor der Hochzeit würden wir bei ihnen verbringen. Die Hochzeitsnacht in meinem

Mädchenzimmer, bei meinen Eltern. Es war nicht mehr viel Zeit, bis die Poltergäste eintreffen würden und es gab noch viel zu tun.

Bei meinen Eltern herrschte Funkstille. Es hatte wohl einen gewaltigen Krach gegeben, weil Papa vormittags anfing, die Öfen abzuseifen und den gesamten Glasschrank aus- und umzuräumen. Ich kannte ihn gut genug, um Mutti zu verstehen. Solche Riesenaktionen hätte er zwei Tage vorher erledigen und auch beenden müssen. An einem Tag wie heute war für so etwas keine Zeit. Mutti wollte die Wohnstube und mein altes Zimmer für die Gäste vorbereiten und Papa war mit seinem Seifenwasser und dem umständlichen Getue immer im Weg. Mutti hätte ihn am liebsten auf dem Balkon deponiert und die Tür von innen verschlossen. Wir schafften, wenn auch mit großem Zeitdruck, alles. Die Torten waren dekoriert und transportfähig verpackt, die Speisen so geteilt, dass sie für heute und morgen in die richtigen Kühlschränke verbracht werden konnten und Onkel Ottchens Trabbi stand startbereit für eine Fahrt in den Club der Nationalen Front. Ich war schon sehr neugierig auf diese Räumlichkeiten. Bisher kannte ich sie nur von den Beschreibungen meiner Schwiegereltern. Da waren wir. Noch mit den Torten in den Armen wagte ich einen Blick in die Räumlichkeiten. Es war alles sehr spartanisch eingerichtet, aber ordentlich. Erich Honecker glotzte mich von einem riesigen, protzig umrahmten Bild aus an und verdarb mir einen Augenblick lang die Laune. Ich baute mich mit meinen Torten vor ihm auf und versprach ihm einen Luftballon, meinetwegen auch einen roten, der neben anderen Ballons wie zufällig über seinem Gesicht samt Bonbon hängen würde.

Unser Polterabend, der für den späten Nachmittag anberaumt war, verselbständigte sich in eine Feier mit vielen Unbekannten. Damit musste man rechnen. Hatten wir aber nicht. Essen und Getränke reichten aus, notfalls hätten wir noch einmal für Nachschub aus dem Kühlschrank gesorgt. Die Wohnung platzte aus allen Nähten, das war im wahrsten Sinne des Wortes ein echtes „Platzproblem“. Auf meiner Arbeit hatte sich der Polterabend herumgesprochen. Polterabende waren Feiern ohne Einladung und jeder der meinte Hunger und Durst zu haben, kam vorbei. Natürlich freute ich mich über meine unmittelbaren Kollegen, warum aber die Bauleiter oder Brigadiere und Studenten vom Studentensommer bei uns auftauchten, verstand ich nicht. Ein

Bauleiter hatte eine Gitarre mitgebracht. Na wenigstens wird der für Stimmung sorgen, dachte ich, aber so wie er kam, stellte er die Gitarre hinter die Zimmertür und nahm sie von dort aus auch wieder unbenutzt mit nach Hause. Scheinbar war sein Zupfinstrument reinste Angeberei, ebenso wie sein zu einem Geländewagen umgebauter Trabbi. Meine Mädels aus der Berufsschule kamen, viele Verwandte, Freunde und Bekannte, Hinz und Kunz kamen auch und manche kamen nur, um eine Tasse zu zertöppern, Glück zu wünschen und wieder zu gehen, und viele blieben, bis der Zapfhahn geschlossen wurde. Ich versuchte, mich möglichst gerecht um die verschiedensten Gäste zu kümmern, rannte von einem Zimmer ins nächste und vermisste meinen Exfreund, meinen Verlobten und meinen zukünftigen Ehemann. Nach längerem Suchen fand ich ihn mit seinem besten Freund Bodo und einer Flasche Napoleon auf der obersten Bodentreppe. Ich hoffte, Bodo würde ihm nicht zu viele Ratschläge geben und wenn doch, dass Peter diese niemals beherzigen würde, denn das konnte nur nach hinten losgehen. Bei näherer Betrachtung stellte ich beruhigt fest, dass keiner der beiden am nächsten Tag noch irgendeine Erinnerung an die gesprochenen oder gehörten Worte haben würde. Nur eine große Übelkeit und Kopfschmerzen könnten ihnen bezeugen, dass da überhaupt irgendetwas gewesen sein musste. Die Porzellanscherbenproduktion ließ von Stunde zu Stunde nach. Das war auch gut so, denn unterdessen war sie nur noch mein Problem. Ich hatte den Verdacht, Bodo hatte Peter geraten, als Oberhaupt der Familie niemals einen Besen in die Hand zu nehmen. Papa gesellte sich zu Bodo und ich hatte Mühe, Peter davon zu überzeugen, dass es Zeit fürs Bett wurde. Ich hoffte, Mutti würde Hilfe haben, wenn sie die Wohnung nach der Feier wieder aufräumen musste. Als wir gingen, fingen auch viele Gäste an, sich für den Heimweg zu rüsten. Manche von ihnen würden wir am nächsten Tag wiedersehen. Wir standen vor der Tür und warteten auf den Bus, der um diese Zeit oftmals sehr unpünktlich oder überhaupt nicht kam. Ein, für Peters Zustand, längerer Fußweg würde uns noch bevorstehen. Ein Taxi war weit und breit nicht in Sicht. Da hielt ein Trabbi vor unserer Nase, und ein junger Mann fragte, ob er uns irgendwo hinbringen sollte. Was für ein Glück, dachte ich. Seit einiger Zeit waren in Ostberlin sogenannte Schwarztaxen unterwegs. Privatleute, die ihre Haushaltskasse aufbessern wollten, versuchten, unterwegs Personen von der Straße aufzulesen, die auf Busse, Bahnen oder auch auf Taxis warteten. Sie forderten niemals Geld, aber ein ungeschriebenes Gesetz ließ die Kundschaft immer bezahlen. Man war zufrieden, so schnell ans Ziel gekommen zu sein, zu einem Tarif, den jeder Fahrgast selbst bestimmen durfte. Peters Eltern waren längst bettfertig, als wir eintrafen. Ungeduldig warteten sie schon auf uns und die hoffentlich bald einkehrende Ruhe in der Wohnung. Sie waren an späte Schlafenszeiten, tagelange Hektik und Einquartierung nicht gewöhnt. Ihre Welt stand zurzeit sozusagen Kopf. Ein nettes kleines Lager hatten sie uns vorbereitet. Eine Klappcouch mit zwei Kopfkissen und einer großen Decke. Es würde eng werden heute Nacht und heiß, dachte ich, denn der Sommer meinte es die letzten Tage gut mit uns. Meine Schwiegermutter wollte mir noch eine Überraschung bereiten. Sie hatte, obwohl ich dankend abgelehnt hatte, ihre Friseurin zum nächsten Morgen in die Wohnung bestellt. Ich wollte meine Frisur lieber selber machen und mir auch den Schleier nach meinen Vorstellungen stecken. Mich ärgerte das Ignorieren meines Wunsches sehr, aber ich blickte in das strahlende Gesicht meiner Schwiegermutter und konnte nicht anders als Dankbarkeit zu zeigen. Die Aufregung, die Hitze, die Enge und Peters Fahne machten das Einschlafen schwer. Aber irgendwann versank ich in meinen Träumen. Schwiegervaters Schlurfschritte weckten mich am nächsten Morgen und ich fühlte mich bestens erholt und bereit zu neuen Taten. Die Senioren waren im Bad bereits fertig. Nun war ich im Bad dran und versuchte mich zu beeilen. Die Friseurin, die ich überhaupt nicht kannte, fiel mir wieder ein. Hoffentlich gestaltete sie mein Haar nicht zu einer Kaffeehaube, die mir wie eine Bischofsmütze das Aussehen eines Außerirdischen geben würde. Ich saß fertig geschminkt, umgezogen und mit dezentem Schmuck behangen in der Schlafstube meiner Schwiegereltern. Peter hatte sich unterdessen mit schwerem Kopf vom Sofa gequält. Als Wrack betrat er die Badestube und kam erfrischt und wie neu geboren wieder heraus. Er zog sich um, als hätte es niemals einen Bodo, eine Bodentreppe und eine Schnapsflasche gegeben, aß ein kleines Frühstück und brachte mir einen Kaffee vorbei. Da saß ich nun, starrte zwar gekämmt, aber noch immer unfrisiert und mit dem Schleier samt Krönchen auf dem Schoß in den Spiegel, und wartete auf die Frau, die die Braut vollenden sollte. In zwanzig Minuten würde die Kutsche vor der Tür stehen, mir war übel und ich traute mich nicht den Kaffee zu trinken, vor lauter Angst, mich im falschen Moment zu übergeben. Es klingelte und eine aufgeregte, Entschuldigungen plappernde junge Frau betrat die Wohnung. Sie wollte sich sofort ans Werk machen und war erleichtert als sie mein relativ kurzes gelocktes Haar sah. Sie redete ununterbrochen von ihrem Discoabend, von Alkohol und ihrem erschrockenen Aufspringen aus dem Bett, dass keine Zeit blieb, mich zu fragen, wie ich meine Frisur samt Schleier gerne hätte. Sie roch penetrant nach altem Schweiß, nach Alkohol und Zigaretten. Ich saß ganz still und hätte am liebsten das Atmen eingestellt. Als ihr Lockenstab und ihre Bürste ihr Werk vollendet hatten, setzte sie mir den Schleier auf den Kopf, befestigte ihn mit X Haarklammern, zuppelte hier und zuppelte da, und zuppelte mir einen Schleierzipfel durch die Krone. Damit war sie fertig. Ihr Werk war getan. Sie wünschte uns einen schönen Tag und eine schöne Zukunft, ließ noch einmal eine kräftige Schweißwolke zurück und verschwand durch die Tür. Ich verschwand im Bad. Erleichterte mich wie jeden Morgen von meiner Übelkeit, stellte mich vor den Spiegel, und kämpfte mit dem hartnäckigen Zipfel auf meinem Kopf. Jetzt war ich zufrieden, jetzt konnte es meinetwegen losgehen. Es klingelte. Die Kutsche stand vor der Tür. Peter überreichte mir meinen Brautstrauß, warf einen bewundernden Blick auf mich und führte mich übertrieben galant die Treppe hinunter. Meine Schwiegereltern liefen voraus, denn nun war für die Fotografin der Familie die große Zeit der außergewöhnlichen Motive angebrochen. Sie legte sich richtig ins Zeug und zeigte, dass sie ihr Handwerk, ihre Kunst, von der Pike auf gelernt hatte. Karola, Dieter und Frank erwarteten uns schon auf der Straße. Ein paar erste Fotos von uns als Hochzeitspaar wurden geschossen, mit Frank und ohne Frank, auf dem Weg zur und in der Kutsche. Frank durfte mitfahren. Unser Weg führte von der Wisbyer Straße zur Spitze, in die Gustav-Adolf-Straße vor mein Elternhaus, wo ein buntes, gut gekleidetes Völkchen uns erwartete. Meine Familie und unsere Lieben aus Ludwigshafen. Außer für eine schnelle Begrüßung blieb nicht viel Zeit. Danni und Christiane durften auch noch in unsere Kutsche mit rein und los ging die Fahrt zum Standesamt. Der Kutscher machte, wahrscheinlich seinen Pferden zuliebe, einen kleinen Umweg. Wir kamen von der Parkstraße her vor dem Standesamt an, vor dem unterdessen alle Gäste auf uns warteten und uns fröhlich in Empfang nahmen. Der Kutscher hätte auch ein Bierkutscher sein können, ungepflegt und mit mürrischem Gesicht saß er auf seinem Bock, als müsse er seine Droschke gegen Ben Hur verteidigen. Mit uns als Paar voran hielten alle Einzug ins Standesamt. Der Raum war hübsch und standesgemäß dekoriert, die Rede der Standesbeamtin feierlich vorgetragen und kurz. Das Ja-Wort konnte bei keinem von uns in Langatmigkeit ausarten. Jetzt kam der romantische Teil, der Teil, wo hinter dem Brautpaar alle lauernd stehen und darauf warten, wie das Paar sich anstellt. Die Ringe lagen vor uns. Wir spürten die Blicke im Nacken, aber es klappte alles prima. Peters und mein Ringfinger der jeweils rechten Hand trugen nun unsere Ringe als Ehering. „Sie dürfen die Braut jetzt küssen", sagte die Standesbeamtin, und würdevoll, ohne Aufregung, besiegelten wir unser Ja-Wort mit einem kurzen, aber sehr liebevollen Kuss. Leises beifälliges Gemurmel war hinter uns zu hören. Die Unterschriften unter die Eheurkunde zu setzen, war jetzt nur noch eine reine Formsache. Ich hatte meinen neuen Namen schon fleißig geübt und er kam mir fließend von der Hand. Noch einmal in die Kamera lächeln, Foto, Glückwünsche entgegennehmen, Raum verlassen. Nein, das war kein Vergleich zu einer kirchlichen Trauung, aber es hatte seinen Sinn erfüllt, wir waren jetzt offiziell mit Unterschrift und Urkunde Mann und Frau.

Die Kutsche brachte uns zum Kreiskulturhaus. Auch hier kamen wir wieder nach den Gästen an, die geduldig auf uns warteten und bei bester Laune waren. Die Gaststätte war geöffnet. Peter und ich als Gastgeber schritten voran, um den Gästen den Weg zu weisen und vielleicht auf einen Kellner zu stoßen, dem wir Bescheid sagen konnten, dass es jetzt mit der Bewirtung losgehen könnte. Es war niemand zu sehen. Die Gäste strömten schon in den Raum und schauten sich verwundert um. Die weiß gedeckte Tafel war zu sehen. Es fehlten die Platzkarten, die Tischdeko und noch ein paar Stühle. Ein Kellner tauchte auf und war über unser frühes Erscheinen ganz verwundert. Er schien etwas mehr als nur einen Schwips zu haben. Ich nahm ihm die Platzkarten ab und stellte sie nach meinen Vorstellungen auf. Dann wurde in schnellstmöglichem Tempo der Tisch eingedeckt. Stühle wurden herangeschleppt und unsere Gäste halfen so fleißig mit, als müssten sie sich ihr Mittagessen erst verdienen. Dann folgten die Kaffeetassen, der kleine Imbiss mit belegten Brötchen und

Kaffee. Es fehlte an Milch oder Kaffeesahne. Beides war nicht aufzutreiben. Martin ging zur nächsten Kaufhalle und kaufte ein was fehlte. Peter und ich waren beschämt. Der Raum war zwar im Vergleich zu vorher hergerichtet worden, aber auf den Schränken und in den Ecken herrschte immer noch das Chaos. Auch die Jalousien waren zwar etwas höher gezogen und spendeten Licht, sie hingen aber krumm und schief in ihren Rahmen fest. Wir konnten von Glück sagen, dass unsere Gäste Frohnaturen waren und das alles nicht so eng sahen. Die Laune am Tisch war jedenfalls gut, Kaffee und Sekt wurden gebracht und Mutti, die Gute, hatte eine kleine Rede vorbereitet auf einem Zettel im Handtäschchen. Jedes Rein und Raus des Kellners sorgte für neuen Gesprächsstoff. Kerzen wurden angezündet, Blumen auf den Tisch gestellt und die Feier lief.

Der weitere Verlauf des Mittags war eigentlich vorhersehbar. Verbogenes Aluminiumbesteck, Tomatensuppe aus der Tüte, Leipziger Allerlei, keine Rahmchampignons, keine Kroketten, dafür nur Dampfkartoffeln, aber der Schweinebraten war dann richtig gut. Der Kellner fiel unter Generalverdacht, selber gekocht zu haben. Vor dieser Leistung müsste man dann aber doch den Hut ziehen und ihn zum „Aktivisten der sozialistischen Arbeit“ auszeichnen lassen. Als krönender Abschluss wurde ein sehr einfallsreiches Dessert, ein Vanille-Schokoladen-Eis, mit Sahne, bunten Streuseln und einem Alu-Löffel gereicht. Wir waren, wie auch immer, alle satt geworden. Die Stimmung war gut und es erfolgte die Aufteilung aller Anwesenden in BVB- und Autofahrer, um unser nächstes Ziel, den Club der Nationalen Front, zu erreichen. Uns waren zwei Plätze im Auto meiner Schwiegereltern sicher. Peter bezahlte die für einen solchen Anlass sehr übersichtliche Rechnung, gab ein gutes Trinkgeld, falls der Kellner tatsächlich auch noch der Koch gewesen war, und wir rauschten von dannen, ohne *Peter Edel* jemals wieder eines Blickes zu würdigen. Wer das Glück hatte, in einem der Autos mitgenommen worden zu sein, hatte nun das Pech mit anpacken zu müssen. Tische und Stühle mussten U-förmig zusammengestellt und die Tafel gedeckt und dekoriert werden. Ich musste mein Versprechen, das ich Erich gegeben hatte, einlösen. Eine bunte Ballontraube, mit einem roten für sein Gesicht, hängte ich über das Bild. Nun konnte auch ich mich um die anderen, nicht ganz so wichtigen Vorbereitungen kümmern. Meine

Schwiegermutter, Mutti und ich waren ein gutes Team. Hätten wir unsere Kittelschürzen dabeigehabt, wären wir sicher noch besser gewesen. Einige Damen aus der Gästeschar schnitten die Torten auf oder bereiteten schon das Büfett für den Abend vor. Alle versuchten, mich zu schonen, denn ich war heute die Braut und obendrein schwanger. Es kamen viele Gäste, die eigentlich nicht auf Peters und meiner Gästeliste zu finden gewesen wären und nur auf Grund spezieller Wünsche meiner Schwiegereltern anwesend waren. So kam es, dass mehrere Bonbonträger auf Kreuzträger trafen. Natürlich entdeckten beide Fraktionen den armen Erich hinter den Ballons. Von offizieller Stelle wurde mir nahegelegt, schon damit es keinen Ärger gäbe, die Ballontraube woanders zu platzieren. Erich und seine Genossen hatten gesiegt, aber der Kampf war nur ein Waffenstillstand für heute. Die Stimmung war und blieb den ganzen Tag gut. Die Kaffeetafel und das Abendbrot hätten *Peter Edel* blass werden lassen. Jeder, der was mitbrachte, hatte sich richtig ins Zeug gelegt, um seine Beziehungen oder Kochkünste zur Schau zu stellen. Meine Schwiegermutter wusste vor Motiven gar nicht, in welche Richtung sie die Linse ihrer Kamera zuerst halten sollte, und die Kinder wie die Alten waren bestens unterhalten. Die zwei Musiker, die uns leider nach zwei Stunden verließen, begleiteten unseren Gesang rund um die Hochzeitszeitung und es gab kleine lustige Spiele, bis uns die Uhr daran erinnerte, dass unsere Westler leider bald aufbrechen müssten, um pünktlich um 24.00 Uhr den Westteil der Stadt zu erreichen. Der Schleiertanz wurde entgegen des Brauches also schon um 22.00 Uhr gemacht. Eigentlich war es egal, ob ich meinen Schleier noch zwei Stunden länger auf dem Kopf hatte, aber dass eine große Familienfeier wie unsere Hochzeit mal wieder durch die Mauer zerrissen wurde, empfand ich als schmerzlich. Denn nach dem ersten Aufbruch folgte der nächste und die Feier ging ihrem Ende entgegen. Nach den gröbsten Aufräumarbeiten, den Rest würden wir am nächsten Vormittag erledigen, lag nun noch der Heimweg vor uns. Wir fuhren mit Bodo und Dagmar, der echten Dagmar, mit dem Bus nach Weißensee. Meine Füße schmerzten, und doch war ich meinen unscheinbaren Sandalen dankbar, dass sie mich so bequem durch den langen, anstrengenden Tag begleitet hatten. Nun waren auch sie müde und ausgelatscht, ich zog sie aus und trug sie nach Hause. Vor uns die singenden, tanzenden Männer und neben mir eine schweigsam torkelde Dagmar, die weder ein Fenster noch einen Balkon fand, um sich zu erleichtern.

Die Hochzeitsnacht lag vor uns. Bodo und Dagmar hatten noch eine gute Strecke vor sich. Peter und ich aber hatten unser Ziel, mein Elternhaus, erreicht. Peter schlich mit der Schulter an der Wand die Treppen rauf. Über die bevorstehende Nacht brauchte ich mir keine Illusionen zu machen. Außer einen gekonnten Tiefschlaf hinzulegen, würde Peter zu nichts mehr in der Lage sein. Diesbezüglich hatte in den letzten Jahrzehnten die Hochzeitsnacht viel von ihrer Magie, ihrem Image, ihrem Glanz verloren. Die Helden bekamen lange vorher, was sie wollten, und die Herzdamen nahmen lange vorher, was sie wollten. Die Hochzeiten wurden nicht arrangiert, nur die Liebe war der Regisseur. Natürlich spukte der Geist der Nacht aller Nächte immer noch in aller Munde herum. Er sorgte für Witzeleien und für hochgeschraubte romantische Vorstellungen, für gemeine, vorbereitete Eingriffe im Schlafzimmer der frisch Vermählten, deren Betten etwa mit reisgefüllten Luftballons gefüllt und deren Wege zum Ehebett mit Fallstricken und hunderten von Wasserbechern verbaut wurden. Manchmal sorgten solche Misslichkeiten für den ersten Ehekrach oder führten zu großen Zerwürfnissen mit dem Freundeskreis, dem man diese nächtliche Katastrophe zu verdanken hatte. So etwas würde uns im Haushalt meiner Eltern eher nicht erwarten. Deren Generation hatte noch Respekt vor der Hochzeitsnacht und würde sich nicht zu gemeinem Schabernack hinreißen lassen. Als ich in mein altes Zimmer schaute, war ich direkt gerührt. Meine Eltern hatten uns ein Lager bereitet, das uns eindeutig signalisierte: Jetzt dürft ihr! Meine BERATUNGSMUSTER-Liege, die nun im Haushalt meiner Eltern geblieben war, und eine Junggesellencouch waren zusammengestellt zu einem Ehebett. Nach all den Jahren des Abstreitens, dass auch eine Tochter, die gerade noch ein Baby gewesen ist, zu einem erwachsenen Wesen mutieren kann und Dinge tut, die letztendlich oft mit einer Schwangerschaft und, Gott seis gedankt, mit einer Hochzeit enden, gaben meine Eltern grünes Licht und entließen mich ganz offiziell in mein ganz eigenverantwortliches Erwachsenenleben.

Am nächsten Morgen waren unsere Ludwigshafener wieder da. Der Kaffee war fertig und ein reich gedeckter Frühstückstisch erwartete uns. Der Tag wurde geplant und jeder Erwachsene hatte seine zugeteilte Aufgabe. Die erste Fahrt mit Onkel Norberts Auto führte direkt in die Granitzstraße. Meine Schwiegereltern waren schon vor Ort und hatten nicht gerade Däumchen gedreht. Wir mussten das mitgebrachte Geschirr, Speisereste, Blumensträuße, Geschenke und Dekozeug wieder einsammeln. Die Tische und Stühle wurden an ihren alten Platz gestellt und die Küche wieder auf Vordermann gebracht. Nur Erich in seinem protzigen Rahmen schaute faul und selbstgefällig unserem fleißigen Treiben zu. Die Schlüsselübergabe besorgten meine Schwiegereltern. Wir waren uns in den letzten Tagen etwas nähergekommen und wir waren ihnen sehr dankbar für alles, was sie in dieser aufregenden Zeit für uns getan hatten. In meiner unstrukturierten Familie, die noch nicht einmal morgens wusste, was der Tag bringen würde, spielte ein wenig mehr oder weniger Aufregung keine gewichtige Rolle. Für meine Schwiegereltern war das spontane Agieren und eine halbe Woche ohne feste Strukturen ein wirklich großes Opfer gewesen, und wir wussten es zu schätzen.

Vollgepackt mit großen Wäschekörben und Kisten düsten wir mit Onkel Norberts Auto wieder zurück nach Weißensee. Zum Mittag gab es ein Resteessen der letzten zwei Tage. Geschenke vom Polterabend, die noch in der Wohnung meiner Eltern standen, wurden besichtigt und kommentiert. Nun würde es wohl keine Mühe mehr machen, unseren Glasschrank mit hübschen und praktischen Glas-, Kristall- und Porzellanwaren zu bestücken. Ein hölzerner Honiglöffel machte die Runde. Mutti bestaunte ihn und hörte mich sagen: „Schade, so lange haben wir uns nun mit dem flüssigen Honig vom Eierlöffel rumquälen müssen und jetzt, wo wir uns Würfelhonig geleistet haben, bekommen wir so einen praktischen Löffel geschenkt." „Würfelhonig?", fragte Mutti interessiert und auch alle anderen horchten auf, bis ich den Würfelhonig als Witz enttarnte und ihn im Gelächter enden ließ. Ich musste an das vietnamesische Hängebauchschwein denken, das ich meiner Mutter in meiner Kindheit im Spaß als mein zukünftiges Haustier in Aussicht gestellt hatte. Sie reagierte damals höchst ungehalten. Sie erzählte mir etwas von den unermesslichen Dimensionen, die so ein Tier annehmen konnte, von dem Dreck und Gestank und dass ich meine Bestellung des Ferkels bei meinem Mitschüler sofort rückgängig machen sollte. Erst als sie mein blödes Grinsen sah, fielen ihr meine Fantasie und mein schauspielerisches Talent wieder ein. Genau so war jetzt die Sache mit dem Honiglöffel und dem Würfelhonig gelaufen. Es wurde Zeit zum Aufbruch. Ein Blick in meine alte Stube zeigte keine Spuren der vergangenen Tage mehr. Polterabend, Hochzeit, Nachtlager, alles war Schnee von gestern. Der Hausflur hatte leichte Kratzspuren an den Wänden und auf dem Linoleum und würde noch viele Jahre lang von unserer großen Feier zeugen. Wir verabschiedeten uns von unseren Ludwigshafenern. Die überraschend diese lange Fahrt auf sich genommen hatten, um bei unserer Feier dabei sein zu können. Nur Onkel Norbert blieb uns noch eine Weile erhalten, denn er fuhr mich und das vollgepackte Auto nach Friedrichshagen, mit Peter als Lotse auf dem Motorrad voraus. Heute Nacht würden sie wieder die Grenze passieren, in Westberlin übernachten und morgen in aller Frühe wieder der Heimat entgegenfahren. Wann würde man sich wiedersehen? Ich umarmte Mutti, die trotz ihrer schlechten Gesundheit kein einziges Mal schlappgemacht hatte und meine allergrößte und zuverlässigste Hilfe beim Heiraten gewesen war, und Papa, der sich drücken ließ und zufrieden brummte, als wäre ihm durch die Hochzeit eine schwere Last vom Herzen gefallen. Ob die Eheschließung ein Erfolg werden würde, konnte nur die Zukunft zeigen. Der Weg dorthin war auf jeden Fall ein Erfolgserlebnis für alle Familienmitglieder gewesen.

Ich war noch nie ein Leichtgewicht gewesen und hielt es seit dem Beginn der Schwangerschaft auch nicht für nötig, sonderlich auf mein Gewicht zu achten. In meinem Schwangerenausweis war dieses beschämende Detail meiner technischen Daten schwarz auf weiß zu sehen. Unsere Wohnung war bereits seit einigen Monaten unser kleines Nest. Es gab also keinen wirklichen Grund, warum Peter sich nun den Gewaltakt antat, mich über die Schwelle unseres Heims zu tragen. Vielleicht bedeutete das für ihn den krönenden Abschluss aller Feierlichkeiten und den Beweis seiner enormen Männlichkeit gepaart mit einem Schuss Romantik und ein bisschen Wiedergutmachung für die entgangene Hochzeitsnacht. Wir trugen unsere Schätze, die Beute der letzten Tage und das Blumenmeer ins Haus, verabschiedeten uns von unserem Onkel und schickten ihn mit leerem Auto und schlechten Wegkenntnissen zurück nach Weißensee. Peter lebte sein Ruhebedürfnis auf Dagmar aus und ich war für den Rest des Tages mit dem Blumenmeer und unserem Glasschrank beschäftigt. Morgen würde uns der Alltag wieder einholen uns aber hoffentlich nicht so schnell aus dem siebten Himmel vertreiben.

Die nächsten Wochen vergingen mit Arbeit, Vorsorge und ersten Babyvorbereitungen. Unserem märchenhaften Torbogen gegenüber gab es, auf der Bölschestraße, einen Kinderwagenladen. Dort im Schaufenster prahlte ein wunderschönes Modell mit Charme und Nostalgie und einem unerhört hohen Preis. Hier, in den kleinen Läden der Bölschestraße, fand man immer wieder Angebote, die man woanders nicht zu sehen bekam. War die Straße, die ja direkt zum Müggelsee führte, ein Prunkstück für flanierende Touristen? Oder wohnten hier viele Bessergestellte? Ich ging immer wieder mal gucken, ob er auch noch da war, der prachtvolle Kinderwagen. Ich stellte mir vor, welche Wagendecke für ihn am kleidsamsten wäre, sah mich mein Kind mit ihm durch Parks und Straßen schieben und himmelte ihn an. Der Preis war eigentlich nicht nur hoch, sondern unverschämt. Ich wusste nicht so richtig, wie es kam, aber eines Tages standen Peter und ich vor dem Schaufenster des Ladens. Ich guckte so, wie eine Frau zum Beispiel in ein Juweliergeschäft blickt, wenn sie den Liebsten an ihrer Seite hat. Man guckt dann möglichst sehnsüchtig-verträumt, schmachtend. Man kann auch die Stirn an das Schaufenster legen und mit der Hand wie zufällig, zärtlich über die Scheibe streichen, tief einatmen und versonnen stöhnen. Spätestens dann sollte es bei dem Geliebten klick machen. Wenn nicht, hilft nur ein resignierendes, trauriges sich Abwenden vom Objekt der Begierde. Danach wird es zumindest Gesprächsstoff sein, und mit etwas Glück gefällt das Objekt auch dem anderen und er verspricht, sich den Preis mal durch den Kopf gehen zu lassen und dann hat man das gewünschte Stück schon so gut wie sicher in trockenen Tüchern. Im Laden erfuhren wir dann, dass der Wagen zur Gattung der BERATUNGSMUSTER gehörte, was man im Schaufenster natürlich nicht erwähnen konnte oder sollte oder durfte. Wir konnten ihn bestellen und hatten gute Chancen, ihn bis zur Geburt unseres Kindes zu bekommen. Meine Träume wurden langsam immer konkreter. Das altbekannte Babykörbchen wurde generalüberholt und ich ging mal wieder auf Stoffsuche für eine passende Verkleidung. Der Platz, den das Körbchen einnahm machte uns erstmals klar, dass es schwierig werden würde, in unserer wunderschönen aber kleinen Wohnung ein Baby optimal unterzubringen. Spätestens nach dem Sommer würden wir uns auf die Suche nach einer größeren Wohnung machen müssen. Wir waren optimistisch, denn wir hatten als Tauschobjekt eine echte Perle anzubieten, würden von einem kleinen in einen größeren Haushalt ziehen, was keine Platzprobleme bedeutete und wir hatten unterdessen einiges an Umzugserfahrungen.

Ich musste mich jetzt auch auf meine Kur vorbereiten. Mein Bauch fing langsam aber sicher an, die Dimensionen meiner eigenen Kleidung zu sprengen. Mit den Umstandssachen verhielt es sich ähnlich wie mit dem Babykörbchen. Sie wanderten von Dickbauch zu Dickbauch, kamen irgendwann zurück, das Eine oder Andere kam neu dazu oder war endgültig verschlissen. Unter den weiten Hängerchen, wie man die Umstandsblusen damals nannte, konnte man seine eigenen Hosen auch geöffnet und von Hosenträgern gehalten, tragen. Für ein paar Monate ließ sich alles einrichten und für das Ziel, das man vor Augen hatte, nahm man so einiges gerne in Kauf. Die Morgenübelkeit war schon Vergangenheit. Dafür hatte ich jetzt ständiges Sodbrennen und einen höchst empfindlichen Ischiasnerv. Mein Haar und mein Busen wurden dafür immer üppiger.

Ein Reisebus brachte die Berliner Schwangerendelegation nach Buckow in die Märkische Schweiz, zum Kurlauben. Der Bus hielt auf dem Marktplatz und ich fand alles um mich herum märchenhaft. Auf einem kleinen Berg ragte, als hätte er noch nicht genug Höhe, eine alte schlossähnliche Villa auf. Der Anblick war wirklich malerisch. Dort sollte für die nächsten drei Wochen mein Zuhause sein. Für eine schwangere Frau mit Gepäck war der Aufstieg eine kleine Herausforderung. Die Treppen waren krumm und schief und je näher ich die Villa betrachten konnte, umso mehr erkannte ich die Baufälligkeit des alten Hauses. Ich fand es trotzdem schön, denn es war gelegen, als wäre es mit dem umliegenden Wald und Berg zusammengewachsen. Vor dem oberen Eingang war eine wildparkähnliche Ebene geschaffen worden, die mit ein paar Sitzgelegenheiten dazu einladen sollte, im Freien zu entspannen. Hier war geschmacklich ein Totalversager oder ein sehr schmaler Geldbeutel am Werk gewesen. Wie monströse, nasse Dinosauriereier standen dort mehrere hochmoderne Außensessel, die aufgeklappt an das Mobiliar des Casinos von der Raumpatrouille erinnerten. Keine Sitzgelegenheit für eine Waldlandschaft. Die anderen Stühle und Tische waren völlig heruntergekommen und bildeten vom Stil her einen starken Kontrast zu den utopischen Eiern. Das alte Haus war leider auch ohne Stil und Niveau eingerichtet. Für uns Frauen standen überwiegend Dreibettzimmer zur Verfügung, die wie Krankenhauszimmer zweckmäßig, aber ungemütlich und trostlos eingerichtet waren. Durch die persönlichen Gegenstände bekamen aber auch diese Räume ihren eigenen Farbtupfer und die Zimmer dienten überwiegend auch nur der Nacht- und Mittagsruhe. Meine Erwartungen waren von vornherein nicht all zu hoch gewesen. Krankenhäuser, Kurheime, FDGB-Unterkünfte, alles was ich bisher diesbezüglich kennengelernt hatte, unterlag immer der gewohnten Bescheidenheit, Geschmacklosigkeit, Sparsamkeit. Die Menschen, die mit der Fürsorge für uns werdende Mütter beauftragt waren, machten ihre Sache gut. Es gab morgendliche Gymnastik im Bett über eine Lautsprecheranlage, die in allen Zimmern zu hören war. Man hatte unsere Gesundheit im Auge. Schulungen zu den Themen Schwangerschaft, Mutterschaft, Rechte und Pflichten der Eltern, medizinische Aspekte, Verhütung und Hygiene, fanden statt. Ansonsten wurden wir dazu angehalten, möglichst viel zu wandern oder im nahe gelegenen Schermützelsee zu schwimmen, eine Dampferfahrt zu machen oder ganz einfach die malerische Idylle unserer Umgebung zu erkunden. Bestimmt gab man sich in der Küche sehr viel Mühe, uns jeden Tag ein möglichst abwechslungsreiches Essen anzubieten, aber ganz bestimmt bemühte man sich leider erfolglos um frisches Obst und Gemüse für uns. Die Versorgung der Bevölkerung war außerhalb von Berlin noch einmal um einiges schlechter als in der Hauptstadt, dem Schaufenster der DDR.

Peter kam mich in sehr regelmäßigen Abständen besuchen und hörte meine Klagen. Peter, der Mann, der mir nie die Sterne vom Himmel versprechen, sie mir aber bei erster Gelegenheit ordentlich aufgefädelt als Kette überreichen würde, schritt zur Tat. Nun ja, es waren keine Sterne, aber wunderbare rotbackige, saftige Äpfel, mit denen er mich versorgte. Auf dem Weg von Berlin nach Buckow kam er an Apfelbäumen vorbei, die nach ihm schrien, wie die Äpfel der Frau Holle nach der Goldmarie. Rucksackweise brachte er die kostbaren Vitamine angeschleppt, die ich in Reihen auf meinen Schrank legte, von wo aus ich mich jederzeit bedienen konnte. Das ganze Zimmer roch nach köstlichen Äpfeln und es machte seine Runde, dass mein Mann ein motorisierter Vitaminapostel war. Ich teilte meine Äpfel mit den anderen Frauen und erhöhte damit den Bedarf. So entwickelte sich ein gewisses sportliches Kampfgefühl. Mein Robin Hood nahm vom Reichtum der Natur oder der Apfelbauern, und versorgte die bedürftigen werdenden Mütter in Alt-Buckow mit gesundem Obst. Wo, fragten wir uns, landeten diese Äpfel, die es in dieser Qualität niemals in unseren Läden zu kaufen gab? Waren sie reif und fielen vom Baum, wurden sie automatisch zur „Bückware". So waren sie Pflückware.

Die beiden Frauen, mit denen ich mein Zimmer teilte, gehörten zur Gattung der Faultiere. Sie verschliefen die morgendliche Gymnastik, hatten keine Hobbys, lasen nicht. Ich fand, außer dass wir uns freundlich begegneten, keinen Kontakt zu ihnen. Mit einer anderen Gruppe von Frauen freundete ich mich an. Wir unternahmen immer etwas, hatten reichlich Gesprächsstoff und gemeinsame Interessen. Eine von ihnen hieß Steffi. Eine kleine drahtige Frau, mit Stoppelhaarschnitt und der Gelassenheit einer Frau im besten Alter. Sie war fast doppelt so alt wie ich und erwartete ihr erstes Kind. Einmal beobachteten wir, wie eine junge Frau aus unserer Gruppe von ihrem Mann übervorsichtig begrüßt und geherzt wurde. Er streichelte ihren Bauch, beugte sich runter und küsste ihn. Als ich das sah, wurde ich ein bisschen wehmütig und neidisch. „Warum kann dieser Mann seine Freude über das Kind so offen zeigen? Warum stellt meiner sich so an, mir seine Gefühle zu zeigen, wenn es um unser Kind geht?", fragte ich in Richtung Steffi, die sofort ihre Stirn in kluge Denkfalten legte und kurze Zeit später eine wirklich gute Antwort für mich hatte. „Schau dir diesen Mann an", sagte sie. „Der ist bestimmt fünfzehn Jahre älter als deiner. Der ist in einem Alter, in dem man sich ausgetobt hat und vielleicht schon seit vielen Jahren seinem Kinderwunsch hinterherjagt. Jetzt endlich geht sein Wunsch in Erfüllung. Vielleicht hat er auch schon herbe Enttäuschungen erlebt oder Kinder aus einer anderen Beziehung, zu denen er keinen Kontakt mehr hat, oder, oder, oder ... In dem Alter kann alles möglich sein." Das war natürlich ein Aspekt, den ich so noch gar nicht betrachtet hatte. Natürlich lebte Peter noch in einem ganz anderen Lebensabschnitt als dieser andere werdende Vater und hatte von seiner unmittelbaren Zukunft mit mir erst einmal andere Vorstellungen gehabt, als die jetzige Situation war. Mutti und Danni besuchten mich überraschend. Ich merkte sofort, dass Mutti Redebedarf hatte. Die Thematik schien aber nicht für Dannis Ohren geeignet zu sein und so machten wir einen Waldspaziergang zur Wurzelfichte, in der Hoffnung, dass Danni die Herausforderungen der Natur zum Klettern und Springen und Vorauslaufen annahm und wir ungestört reden könnten.

Am Fuß der beeindruckenden Wurzelfichte ließen wir uns nieder. Danni tobte durch den Wald und Mutti fing an zu erzählen. „Stell dir vor, Martin hat eine Freundin." Mir fiel erst mal ein Stein vom Herzen, denn noch vor ein paar Monaten hatte Mutti Besorgnis gezeigt, dass mein Bruder kein Interesse an Mädchen oder Frauen haben könnte. Ich schaute sie fragend an und hoffte, die Geschichte würde nun irgendwie weitergehen. „Als Papa heute früh in Martins Zimmer ging, um sich ein Hemd aus dem Schrank zu holen, lag der mit einer fremden Frau im Bett", erzählte sie mit einem Gesichtsausdruck der Sorge und Empörung. „Papa war überrascht und erschrocken und ihm war das natürlich auch sehr peinlich", erzählte sie weiter, trommelte mit ihren Fingerspitzen nervös auf ihren Oberschenkeln rum und ließ ihren Blick auf Danni ruhen, die noch immer mit den sportlichen Herausforderungen der Fichte beschäftigt war. „Papa verließ, ohne Hemd, sofort wieder die Stube und blieb unentschlossen vor der Tür stehen. Auf einmal ging die Tür auf und die Unbekannte verließ ohne Wort und ohne Gruß auf schnellstem Weg die Wohnung." Mutti schien mit ihren Ausführungen am Ende zu sein und auf meinen Kommentar, vielleicht auch auf meine Empörung, zu warten. „Ja und nun?", fragte ich, „womit habt ihr denn jetzt ein Problem?" Ich kannte ihr Sittlichkeitsproblem eigentlich, das war bisher aber immer auf mich bezogen gewesen. Plötzlich stellten meine Eltern fest, dass mein Bruder spätestens seit der letzten Nacht wohl keine Jungfrau mehr war und verloren auch mal bei ihm die Fassung. „Es geht in erster Linie doch darum", sagte Mutti, „dass man sich Sorgen machen muss, auf was für eine Sorte Mädchen dein Bruder sich da eingelassen hat. Gleich in der ersten Nacht mit ihm ins Bett zu gehen", Mutti schüttelte verständnislos den Kopf und schaute sich nach Danni um, die unterdessen über alte Baumstümpfe und abgestorbene Äste kletterte und gut beschäftigt war. „Aber Martin lag doch neben ihr. Das heißt, er hat sich im gleichen Tempo auf sie eingelassen wie sie auf ihn. Ich kann da keinen

Unterschied feststellen“, sagte ich und wartete auf Muttis Reaktion. „Ja, aber ohne sie uns vorher vorzustellen ... und dann abzudampfen ohne Kommentar! Ich hätte mir das anders gewünscht.“ Ich konnte mir ein kleines Lächeln nicht verkneifen. Was die Umgangsformen, auch und vor allem die meines Bruders, betraf, ernteten meine Eltern jetzt genau das, was sie ihm anerzogen hatten.

Nun kam aber die Angst, er könnte sich in ein leichtfertiges Frauenzimmer verliebt haben. Mein Bruder hatte Tatsachen geschaffen, die Peter und ich jahrelang, mit Rücksicht auf die moralischen Anschauungen unserer Eltern, möglichst verheimlicht oder doch zumindest sehr diskret ausgelebt hatten. „Nun sei doch zufrieden, dass dein Sohn jetzt bewiesen hat, dass sein Interesse an Frauen in voller Wucht vorhanden ist“, sagte ich und strich ihr beruhigend über den Arm. „Aber wie sollen wir uns verhalten, wenn wir ihr gegenüberstehen?“, fragte die Henne ihr Küken. „Tut so, als hätte es den Morgen danach nie gegeben“, riet ich ihr. „Wahrscheinlich ist den beiden die ganze Situation genau so peinlich wie euch.“ Mutti schien sich zu beruhigen. Vielleicht würde diese flüchtende Erscheinung ja auch nie wieder bei uns zu Hause auftauchen. Das fiele dann mit Sicherheit in die Kategorie „der Sohn stößt sich die Hörner ab“. Wir verließen den Wald und gingen Richtung Märchenschloss. Ich musste pünktlich zum Mittagessen da sein. Danach könnten wir auf dem Marktplatz in der Eisdiele noch ein Eis essen gehen. Die Neuigkeit über meinen Bruder und seinen Umgang mit brisanten Themen, beschäftigte mich noch eine Weile. Beneidete ich ihn und seine Flamme um das rücksichtslose, sehr etiketteferne Verhalten meinen Eltern gegenüber? Schadete es meinen Eltern nichts, durch diese Schule gehen zu müssen oder war ich vielleicht selbst ein wenig spießbürgerlich voreingenommen? Die Zeit der Kur dehnte sich wie ein Gummiband.

Nach den drei Wochen war mein Heimweh nach Peter, trotz seiner regelmäßigen Besuche, ziemlich groß. Der Urlaub, die angedachten Flitterwochen in Bulgarien, winkten und ich musste dafür noch einiges vorbereiten und natürlich auch mal wieder arbeiten gehen.

So war das Leben. In Weißensee wurde von Jugendtourist eine Reiseversammlung mit Informationen für alle Gruppenmitglieder veranstaltet. Warum das so war, wusste ich im Vornherein nicht so richtig. Im Nachhinein wurde mir dann einiges klar. Dass es so etwas wie einen Jugendreiseveranstalter in der DDR gab, war mir bis vor ein paar Monaten überhaupt nicht geläufig gewesen. Wenn aber Jugendliche in ein Land fuhren, in dem es ihnen passieren konnte, dass ihnen Leute aus dem kapitalistischen Ausland, also Feinde, über den Weg liefen, mussten die jungen Bürger gestärkt, gewarnt und geschützt werden. Man musste ihnen so etwas wie eine Gebrauchsanleitung, eine Verbots- und Gebotsfibel in die Hand geben und dazu gehörte eine kleine Schulung. Vater Staat wollte uns wappnen. So gingen wir als junge Familie zu dieser Versammlung. Die Blicke richteten sich auf meinen Bauch und die Gedanken des vor mir sitzenden Komitees lagen greifbar in der Luft. Hm, Flugreise, in diesem Zustand, Baden im Meer, Klettern im Hochgebirge. Hoffentlich bekommt sie unterwegs keine Wehen, hoffentlich ist sie kein Klotz am Bein, hoffentlich hat sie den Bauch noch, wenn wir wieder in Berlin landen. Ich unterstelle diese Gedanken, aber die Blicke und die Körpersprache waren eindeutig. Natürlich wurden wir alle erst einmal sehr freundlich empfangen und in die Reise eingeführt. Eine Woche Schwarzes Meer am Strand von Nessebar, dann Weiterflug ins Rilaer Gebirge. Einzelne kulturelle Höhepunkte, die für Unterhaltung sorgen sollten, wurden angeführt und dann kam das eigentliche, staatlich verordnete Thema. Wie verhalte ich mich, wenn ich einem Menschen aus dem feindlichen Lager begegne? Ich wusste, dass die richtige Antwort nicht meinem angeborenen und anerzogenem Naturell entsprechen konnte, und hielt erst mal den Mund. Alle hielten den Mund und warteten gespannt auf die Auflösung des Rätsels.

„Wir vermeiden den Feind, wir lassen uns auf keinerlei Gespräche ein, lassen uns nichts schenken, nehmen keine Hilfe von ihm in Anspruch“, sagte die Dame vorne am Tisch. Mein Kopfkino startete. Ich liege hilflos irgendwo herum, habe Wehen oder einen Unfall gehabt, ein Mensch eilt mir zu Hilfe und ich erkenne an seiner Sprache? Garderobe? seinem unbefangenen Umgang mit mir, dass er meine Hilflosigkeit für hinterhältige Zwecke ausnutzen will. Lehne aus patriotischen Gründen jegliche Hilfe ab und sterbe als Held, wie der kleine Trompeter. „Manche Leute aus dem kapitalistischen Ausland lassen auch bewusst ihre Zeitungen oder Illustrierten am Strand herumliegen“, mahnte die besorgte Dame weiter. „Finger weg! Wir kümmern uns da nicht drum. In diesen Medien stehen sowieso nur Lügen oder

Mist." Ich musste daran denken, wie unter Bekannten solche Lektüren unter der Hand weitergereicht wurden. Besonders beliebt war der Reader's Digest, Kataloge von Versandhäusern, in denen unsere BERATUNGSMUSTER und Bückwaren zu Schleuderpreisen angeboten wurden und an dessen Vielfalt sich unsereins nicht satt sehen konnte. Ja, auch die eine oder andere Sexzeitung tauchte in diesen Kreisen auf, war zerfleddert und besabbert und wurde weitergereicht. Nun gut. Die Kröte schluckte ich, auf Sexzeitungen konnte man vielleicht wirklich verzichten, aber sollte das nicht jeder erwachsene Mensch für sich selbst entscheiden können? Ich musste mir sehr auf die Unterlippe beißen und eine andere Sitzposition wählen, um nicht zu platzen. Sofort richteten sich wieder alle Augen auf meinen Bauch.

Ganz zum Schluss kam dann noch eine Warnung an alle Frauen der Reisegruppe. Wir sollten nach Einbruch der Dunkelheit keinesfalls alleine an den Strand gehen. Hier kam es wohl schon des Öfteren vor, dass die eine oder andere Frau von einheimischen Freunden vergewaltigt wurde. Dieses Thema wurde so am Rande erwähnt, als ob nicht sein konnte, was nicht sein durfte. Diesmal wurde auch nicht der Feind aus dem Westen beschuldigt, sondern der Freund aus dem sozialistischen Lager. Der Freund, der sich einfach nahm, was er wollte, brutal, rücksichtslos, aber in aller Freundschaft. Hä? Hatte ich da was nicht richtig verstanden? Ein Mann, egal, wo er herkommt, der mich vergewaltigt, tut dies immer noch als Freund? Mein Kopfkino fing wieder an zu flimmern. Ein Freund vergewaltigt mich auf brutale Weise am schönen Strand von Nessebar, da kommt ein Feind – ich erkenne ihn an der Westzeitung – daher, und will mich retten und ich will von diesem Feind nicht gerettet werden, während mir mein Freund etwas antut, wovon ich für den Rest meines Lebens traumatisiert sein werde. Was für eine gequirlte Scheiße versuchte man uns da gerade zu erzählen? Hielt man uns alle für Idioten? Diesen Gedanken fand ich fast noch schlimmer, als von einem Feind vor einem Freund gerettet zu werden.

Voll mit neuen Einsichten und Eindrücken, geladen mit heißem Diskussionsstoff fuhren wir zu meinen Eltern und redeten stundenlang über unsere Reiseinformationen. Peter hatte schon Erfahrungen mit dem Fliegen gemacht. Ich flog das erste Mal. Natürlich war es nicht möglich, dass wir Plätze nebeneinander bekamen. So viel Flitterwochenromantik war selbst für eine schwangere Frau nicht vorgesehen. Wenigstens der Blickkontakt blieb uns über drei Reihen hinweg erhalten. Ich flog. Das war doch nun wirklich mal was ganz anderes, als alles was ich bisher erlebt hatte. Das war anders als Kettenkarussell, anders als Motorradfahren und anders als vom Zehnmeter-Turm zu springen. Es gab nur noch zwei Dinge im Leben die schöner waren. Eins davon war, Mutter zu werden. Während draußen die erkennbaren Einzelheiten immer kleiner wurden und das Flugzeug in die Wolken eintauchte, bekam ich eine ungefähre Vorstellung von den Dimensionen unserer Welt. In alle Richtungen existierte nichts als Ferne. Man konnte die Freiheit sehen und spüren, auch wenn man wusste, dass selbst der Luftraum, der so hell und klar war, in Hoheitsgebiete aufgeteilt war, so wie das Meer, das weite Land, die Berge und die Wälder. In Varna empfing uns herrliches Sommerwetter und ein großer Reisebus, der uns an den Sonnenstrand von Nessebar brachte. Das Land, die Leute, die Natur, alles sah anders aus als zu Hause. Die Stadt selber strahlte Armut aus, aber das ländliche Gebiet hatte einiges mit den Vorstellungen vom Paradies gemeinsam. In Nessebar, zwischen den hohen Hotels, verlor das Paradies an Schönheit, aber das Meer, der weite, endlose Strand ließen die Illusion wiedererwachen. Eine Woche lag vor uns. Eine Woche Hotel, Strand, Meer. Die Zimmerchen, die für uns zur Verfügung standen, waren sehr klein, ungepflegt und spartanisch. Das störte uns bei diesem Wetter nicht, denn wir würden unseres nur zur Gepäckaufbewahrung und zum Schlafen nutzen. Wir waren sehr bescheidene Touristen, denn wir hatten keine Ahnung von dem, was die Welt zu bieten hatte. Meine hausfraulichen Qualitäten waren glücklicherweise schlecht genug, um nur schnell das Badezeug aus den Koffern zu packen, mich umzuziehen und der Unordnung den Rücken zu kehren, um schnellstmöglich an den Strand zu kommen.

Da standen wir zwei, eigentlich drei, Flitterwöchner mit den Füßen im nassen Sand und dem Blick übers Meer in eine Sonne die noch hoch genug stand um uns zu wärmen. Es war Nachsaison. Der Strand war fast leer. Ein paar Leute flanierten mit hochgekrempelten Hosen und gerafften Röcken am Ufer entlang. Abendstimmung hielt Einzug. Wir ließen unsere Handtücher am Strand zurück und rannten Hand in Hand in die Wellen. Ließen uns fallen, tauchten auf und waren ausgelassen wie Kinder. Der Hunger trieb uns in das Hotel zurück. Im

Eingangsbereich stand schon die disziplinierte Gruppenleitung und mahnte zur Eile. Einiges erinnerte mich an unsere Reise nach Polen. Es waren immer Aufpasser zugegen, die uns das Gefühl von Enge gaben, da konnten selbst das Schwarze Meer und der Sonnenstrand mit all ihren Weiten nichts dagegen ausrichten. Im Zimmer empfing uns die Hitze eines ganzen Tages. Wir duschten und machten uns fertig für das Abendessen und wahrscheinlich für die erste Gruppenbelehrung. Der Speisesaal sah aus wie eine riesige Schulkantine. Ein liebloses Buffet lud zur Selbstbedienung ein. Wir saßen an einer großen Tafel mit einem ausgeblichenen Tafeltuch, das einmal lila gewesen sein musste. Es hatte scheinbar den gesamten Sommer auf diesem Tisch verbringen dürfen und hunderten von Urlaubern als geduldige Kleckerunterlage gedient. Die Gastronomie war der der DDR sehr angepasst. Wahrscheinlich wollte man dadurch, aufkommendes Heimweh bei den Touristen gleich im „Keim“ der Tischdecken ersticken. Nach dem Essen fand dann die erste Besprechung statt. Wir fingen uns die erste Rüge ein, weil wir unserem Drang gefolgt waren, noch vor dem Essen an den Strand zu gehen, und keiner gewusst hatte, wo wir waren. Wir durften gehen und unseren Abend gestalten, wie wir es wollten. So erkundeten wir die Wege der vielen verschiedenen Hotels und staunten über die kleinen Gaststätten, die wie wohnliche Höfe zwischen den Hotels auf abendliche Besucher warteten. Im Sommer schien hier reges Treiben zu herrschen, denn das Platzangebot war groß. Der Gästeansturm hatte sich mit dem Ende der Saison gelegt und die Kellner standen gelangweilt herum oder saßen in kleinen Gruppen an den Gästetischen. Die vorhandene Kundschaft konnte allein durch die Optik als Menschen aus dem kapitalistischen Ausland ausgemacht werden.

Entspannt und mit auffallend geschmackvoller Garderobe saßen sie vor ihren Rotweingläsern und genossen den Abend bis tief in die Nacht. Vor ihnen lagen ihre Schachteln Westzigaretten und hin und wieder auch eine zusammengerollte Bild-Zeitung. Wer neidisch war, konnte sie gerne als arrogant bezeichnen, für mich waren es ganz normale Urlauber, die ihren Urlaub nach ihren Möglichkeiten gestalteten. Wir hätten uns gern unter sie gemischt, roten Wein getrunken oder alkoholfreien Sekt. Es haperte am Geld. Wir DDR-Touristen durften nur einen bestimmten, sehr geringen Geldbetrag pro Tag umtauschen.

Da überlegte man sich gut, ob diese paar Penunzen einem Glas Sekt geopfert wurden oder ob man sich lieber ein bleibendes Reiseandenken leistete. Bulgarien, unser Bruderland und unser Freund aus dem sozialistischen Lager, legte keinen Wert auf unsere Ostmark. Devisen sollten es sein und das Land hatte von Natur aus genug zu bieten, um Billigtouristen aus ganz Europa anzulocken. Diese Touristen wurden dann hofiert, besser beköstigt und, wenn sie wollten in ganz anderen Hotels untergebracht als wir. Es hieß, der Goldstrand wäre eigentlich die Hochburg der Westtouristen. Der war dann zwar wieder etwas teurer, aber immer noch Billigurlaub für den Feind. Die Abende führten uns und auch andere junge Leute unserer Reisegruppe immer wieder vor das Eingangsportal unseres Hotels. Hier standen Bänke, um die Wartezeiten auf die Reisebusse etwas bequemer zu machen. Hier saßen wir, schwatzten über Gott und die Welt und lernten uns untereinander besser kennen. Jeder hatte irgendeine Flasche mit einem Getränk aus einem der umliegenden Läden in der Hand. Jeder Vorbeikommende konnte sofort erkennen, das sind Ostler. Ostler, denen es schon mal besserging als den anderen, denn sie konnten sich einen Urlaub in Bulgarien leisten. Das vorgesehene Programm für unsere Reisegruppe funktionierte. Vom Folkloreabend bis zum Ausflug nach Alt-Nessebar wurden wir gut unterhalten, beköstigt und beobachtet. Das beste war, wir brauchten uns keine Gedanken um unser Budget zu machen, denn alle genehmigten Höhepunkte waren im Reisepreis enthalten. Das Wetter war leider nicht mehr sommerlich. Das Sonnen am Strand war nur in voller Montur möglich, denn der Wind war kalt und die Luft feucht. Teilweise vergammelten wir die teuer bezahlte Urlaubszeit, weil nicht genug Geld vorhanden war. Nach einer Woche war dann Bergfest. Der damit einhergehende Programmpunkt war ein kleines Lagerfeuer am Meer und Muschelgrillen. Nach dem Abendessen fand sich die Gruppe, die mir unterdessen wie eine sozialistische Brigade vorkam, in warme Sachen gehüllt, am Strand ein. Die Männer waren tagsüber unterwegs gewesen, um nach trockenem Treibholz oder Reisig zu suchen. Das Feuer war dann eher ein Feuerchen. Irgendjemand hatte ein großes, unhandliches und total verrostetes Blech gefunden. Die Suche nach Miesmuscheln war von mittlerem Erfolg gekrönt und ein trockenes Brötchen hatte sich jeder vom Buffet in die Tasche gesteckt. Getränke aus dem Bulgarischen Konsum standen bereit und die Strandparty nahm ihren Lauf. Ich beobachtete das rege Treiben um das Entfachen des Feuers. Hier wurden die Männer zu kleinen Jungs. Gab man ihnen ein Streichholz in die Hand, wurden sie zu Abenteurern. Jeder hatte eine andere Idee, wie man dem starken Wind und feuchtem Holz trotzen und ein Lagerfeuer zustande bringen konnte.

Vom Grillen der Muscheln hatte keiner wirklich Ahnung. Ich fühlte mich wie auf der legendären Schatzinsel gestrandet. Die Muscheln waren natürlich gesalzen, denn sie kamen frisch aus dem Meer und angeblich sollten sich die Schalen bei Hitzeeinwirkung öffnen. Angewidert schaute ich zu. Ich würde keinen Happen von dieser angeblich kulinarischen Köstlichkeit, die mit Sand und Rost vom Blech vermischt war, kosten. Ich knabberte an meinem trockenen Brötchen und studierte das Verhalten der Gruppe. Alle Männer waren in Bewegung und studierten ihrerseits das Verhalten der Muscheln bei Hitzeeinwirkung. Das Feuer qualmte und ich versuchte, irgendeine Lagerfeuerromantik zu entwickeln. Außenstehende hätten vermuten können, wir veranstalten ein Überlebenstraining. Es gab tapfere Männer, die sich einredeten, gerade die größte Köstlichkeit der Welt gegessen zu haben. Peter hatte nach drei Muscheln genug. Er spülte Sand und Rost mit sozialistischer Cola von seiner Zunge und knabberte mit mir zusammen am Brötchen. Ich versuchte den Gedanken an Flitterwochen zu verdrängen. Hier flitterte nichts und das einzig Romantische an der ganzen Reise war bisher der von der Natur gestiftete Sonnenuntergang am Meer und dass ich jetzt frierend, aber beschützt, in Peters Armen lag. Heller Sonnenschein erwartete uns vor dem Hotel, als unser Reisebus eintraf. Es ging zurück nach Varna und von dort aus starteten wir nach Sofia. Die Männer, als Kenner, lästerten über das veraltete Flugzeug, das uns nach Sofia bringen sollte. Ich hatte davon keine Ahnung und war froh, wenn die Abfertigung auf den Flughäfen ohne Verzögerung und Gepäckverlust klappte und uns dem nächsten Reiseziel, wo alles nur besser werden konnte, ein Stück näherbrachte. In Sofia erwartete uns ein uralter Reisebus, der wahrscheinlich schon den zweiten Weltkrieg miterlebt hatte und nun sein Gnadenbrot mit Osttouristen verdienen musste.

An Sofia habe ich keinerlei Erinnerungen. Wir verließen diese Stadt wahrscheinlich auch auf kürzestem Wege und fuhren dem Rila-

Gebirge entgegen. Anfangs verlief die Fahrt normal, aber dann fuhr der Bus nur noch über natürliche Wege mit all ihren Höhen und Tiefen, Hügeln und Löchern, Steinen und Hölzern. Der Bus war schlecht gefedert und mein Bauch hopste mit ihm um die Wette und sorgte für Spannung in der ganzen Reisegruppe. Manch ein Theoretiker fing an zu fachsimpeln, was passieren würde, wenn jetzt das Kind käme. Wäre es dann automatisch ein kleiner Bulgare? Kannte sich jemand im Bus mit Geburtshilfe aus? Ganze Dramen spielten sich in den Köpfen der Reisegruppe ab. Peters Blick zeigte mir, dass ihm das Gehüpfe meines Bauches auch Sorgen bereitete. Er legte seine väterliche Hand auf meinen Bauch, als wollte er unser Kind beruhigen. Die Landschaft um uns herum war beeindruckend. Wie die Wälder aus den russischen Märchenfilmen, dunkel und wild, geheimnisvoll und gewaltig. Der alte Bus schnaufte die Berge rauf und nach einer gefühlten Ewigkeit entließ er uns in den Innenhof eines rustikalen Hotels. Ein dunkler großer Holzbau, mit Verstrebungen und geschnitzten Verzierungen, erwartete uns. Wir waren hier sozusagen am Arsch der Welt gelandet und fühlten uns wie nach einer Zeitreise: um drei Jahrhunderte zurückversetzt. Unsere Gruppenleitung lief geschäftig mit Papieren in der Hand hin und her, fand niemanden, der für unseren Empfang zuständig gewesen wäre, und wartete geduldig mit uns auf das Erscheinen des Hotelleiters. Wir hatten eine lange Fahrt hinter uns und waren hungrig, setzten uns auf einen großen Findling und übten uns in Geduld. Ein zweiter Bus kam vorgefahren und entließ, das konnten unsere geübten Ohren heraushören, eine aufgeregt plappernde russische Reisegruppe. Die Frauen gekleidet in dünne, bunte Fähnchen, mit grell geschminkten Gesichtern und absolut zum Hochgebirge passenden Stöckelschuhen. Unsere Gruppenleitung hatte unterdessen Kontakt zu einem älteren Herrn aufgenommen. Er schien die Ruhe von drei Jahrhunderten für sich gepachtet zu haben, während sein Gegenüber ziemlich aufgeregt und ratlos erschien. Hier lernte ich nun auch, dass in Bulgarien ein Kopfschütteln Zustimmung bedeutete und ein Kopfnicken ein klares Nein war. Eine junge Frau in traditioneller Kleidung schien das Gespräch zu übersetzen. Unsere Reiseleitung tippte wieder und wieder mit dem Zeigefinger auf ihre Unterlagen, der Hotelleiter zeigte mit seinem Finger auf die gerade eingetroffene Reisegruppe, man schüttelte das Haupt, man nickte hin und wieder.

Unsere Reiseleitung resignierte irgendwann und rief eine Gruppensitzung ins Leben, zu der wir uns im Speiseraum des Hotels trafen. Es gab, was natürlich von Seiten der Leitung sehr bedauert wurde, Schwierigkeiten mit der Zimmervergabe. Es standen für die gesamte Gruppe nur drei Zweibettzimmer zur Verfügung. Alle anderen Räume boten Platz für drei Personen. Ein unzufriedenes Raunen ging durch die Gruppe und es kam zu verschiedenen Vorschlägen der Platzvergabe, über die nun diskutiert und abgestimmt werden musste. Es gab die Variante, dass getrennte Frauen- und Herrenzimmer belegt werden sollten, es kam der Vorschlag, dass die Paare durch die Zweibettzimmer rotieren könnten und das jeweils dritte Bett im Dreibettzimmer für den Rest der Zeit von zwei Personen belegt würde. Das Ganze wurde hochgerechnet und abgestimmt. Wir verzichteten auf das Rotieren, bestanden aber darauf, für die gesamte Woche im eigenen Bett zu schlafen. Im Hinblick auf meinen Zustand war es nicht zumutbar, dass wir uns ein Bett teilen sollten. Ich kam mir vor wie im Zirkus. Eigentlich war es eine Zumutung, dass für uns nicht genügend Betten nach Paareinteilung vorhanden waren, dass nun aber alle darauf bestanden eine Nacht für sich haben zu wollen und diesen Murks mit dem Rotieren veranstalteten, ließ mich an der Reife der Reisegesellschaft zweifeln.

Wir mussten es nun in Kauf nehmen, jede zweite Nacht ein fremdes Paar in unserem Zimmer zu ertragen. Das war eine Zumutung und im Reisepreis nicht enthalten. Dazu kam, dass die Zimmer selbst unglaublich ärmlich und lieblos eingerichtet und die Sanitäranlagen verschmutzt und unzuverlässig waren. Was uns blieb war die Einmaligkeit der Natur. Wir wanderten bis zum Abwinken und ich immer tapfer mittendrin. Eine verschlissene Tischtennisplatte war vorhanden und wir machten, überwiegend beim chinesischen Tischtennis, regen Gebrauch davon. Eine Tour zum Rilaer Kloster wurde gleich am zweiten Tag unternommen und diese Fahrt entschädigte mich für einiges, was ich bisher in unserem Urlaub gesehen hatte. Abgesehen davon, dass der Sozialismus dieses uralte Bauwerk leider verkommen ließ. Viel mehr als die Außenfassade bekamen wir nicht zu sehen. Die Touristen, die aus den vorgefahrenen Westbussen stiegen, bekamen eine Führung durch das alte Gemäuer. Devisen öffneten alle Tore dieser Welt. Wir kauften uns ein heißes duftendes Brot in der Bäckerei und waren zufrieden abgespeist. Es blieb uns nicht viel Zeit, den Wald zu erkunden, denn am Morgen des dritten Tages blickten wir auf eine dicke Schneedecke, die alle Erkundungsläufe und Wanderungen auf Eis legte. Wir mussten nun sogar um eine pünktliche Abfahrt zum Flughafen bangen. Die Heizungen waren noch nicht auf den Winter vorbereitet, das warme Wasser fiel aus und wir mussten mit dem vorliebnehmen, was das alte Hotel an Räumlichkeiten zu bieten hatte. Die russische Reisegruppe, die Nutznießer unserer Zweibettzimmer wurde, machte die Unbehaglichkeit des Hotels komplett. Die Damen dieser Gruppe liefen trotz Wintereinbruchs den ganzen Tag mit Stöckelschuhen und Sommerkleidchen herum und verströmten einen Geruch nach Rosenöl, dass einem die Luft zum Atmen fehlte. Dieser Geruch vermischte sich mit dem Knoblauchgeruch aus der Küche und dem alten modrigen Geruch der Unterkunft. Als Wiedergutmachung wurde unsere Reisegruppe befragt, welches Gericht für uns zum Abendessen gekocht werden sollte. Ich äußerte natürlich auch einen Wunsch und wurde von dem alten Mann, der scheinbar zum Küchenvorstand gehörte und an einen bulgarischen Luis Trenker erinnerte, zur Demut aufgerufen. Frauen in meinem Zustand hatten den Mund zu halten. Das tat ich natürlich auch, denn hierzu fiel mir nichts mehr ein und ich blieb längere Zeit sprachlos. Ich wollte nach Hause in unsere Wohnung, zu Modell Dagmar, unserer Badewanne und der sauberen Toilette.

Mitten in der Nacht landeten wir wohlbehalten auf dem Flughafen Schönefeld. Berlin hatte uns wieder. Meine Schwiegereltern überraschten uns am Ausgang und fuhren uns mit ihrem Auto nach Friedrichshagen. Die großen und kleinen Katastrophen unserer Reise machten wir ihnen gegenüber nicht zum Thema. Peters Mutter liebte eine heile ordentliche Welt und Peters Vater die Errungenschaften des Sozialismus. Also teilten wir nur die wunderbaren Eindrücke und Erlebnisse unseres paradiesischen Urlaubs mit ihnen. Die Sonne, den Strand, das Wasser, den Wald, die Berge, den Schnee und das Kloster. Wir waren zu Hause und alles war gut. Meine Schwiegereltern blieben nicht lange, sie waren an so späte Zeiten nicht gewöhnt. Die Badewanne rief und Dagmar lockte. Mit dem Schlaf begann die Zeit der Verdrängung dieser grotesken und teuren Flitterwochen.

Viel Zeit für eine erneute Wohnungssuche und einen Umzug vor dem Entbindungstermin blieb uns nicht. In ein paar Wochen konnte ich in den Mutterschutz gehen. Bis dahin hieß es noch weiterhin arbeiten. Wir inserierten und priesen unsere kleine Wohnung als frisch renovierte, bezugsfertige Wohnung an. Wir suchten eine Dreiraumwohnung mit Balkon und hatten auch sehr bald mehrere Angebote. Ein Ehepaar mit einer kleinen niedlichen Tochter kam uns besuchen. Sie suchten eine kleine Wohnung für ihre alte Mutter, die in ihre Nähe ziehen sollte und im Moment noch in Treptow wohnte. Sie hatten ein Auto und versprachen, uns so gut wie möglich mit allen Wegen und Formalitäten zu unterstützen. Sie beschrieben uns die Wohnung ihrer Mutter und die Wohnlage. Leider verfügte diese Wohnung nur über eine Ofenheizung, dafür hatte sie den großen Treptower Park genau vor der Tür. Die Kleine, die mit kindlichem Charme Peter nicht mehr von der Seite wich, sorgte für einige Sympathiepunkte hinsichtlich unserer Entscheidung. Kurz entschlossen setzten wir uns in die Familienkutsche des Ehepaares und fuhren nach Treptow. Wir besichtigten die Wohnung, die teilweise sehr heruntergekommen und auch ziemlich verräuchert war. Sah man sich die alte Dame an, wurde es höchste Zeit, dass sie der Familie ihres Sohnes näherkam. Sie schien dem Alkohol und dem Nikotin verfallen zu sein, so dass ihre Ernährung und die Ordnung ihrer Wohnung und ganz gewiss auch ihre Gesundheit hochgradig gefährdet waren. Die Wohnung befand sich in der Hans-Thoma-Straße, die direkt rechts von der Straße am Treptower Park lag. Die Eingänge erreichte man über den Hof, der mit seinen Wiesen und Grünanlagen einen gepflegten Eindruck machte. Wäschepfähle für die vor uns liegende Zeit des Windelwaschens standen bereit und es bedurfte nicht viel Phantasie, sich das eigene Kind auf dieser Anlage mitten auf der Wiese, vorzustellen. Abgesehen von den Renovierungsarbeiten, die in allen Räumen sofort fällig sein würden, gefiel uns die Wohnung vom Schnitt her sehr gut. Die Räume waren groß genug und selbst der Balkon erlaubte es, Tisch und Stühle in bequemer Weise aufzustellen. Wir entschieden uns sehr schnell für diese Wohnung. Das Beheizen der Öfen stellte kein wirkliches Problem dar. So ein Ofen konnte auch etwas sehr Gemütliches an sich haben und in den Wintermonaten für Wohlbehagen sorgen. Das Bad war mit einer Gastherme ausgestattet und hatte ein Fenster, was ich als sehr angenehm empfand. Peter zückte den Zollstock, was so viel hieß wie „Wir nehmen die Herausforderung an". Die Kinder der alten Dame hielten ihr Versprechen und unterstützten uns mit dem ganzen Papierkram und den Wegen, so gut sie konnten. Als alles besprochen, organisiert und mit Unterschrift bestätigt war, tobte schon der November.

Wir wollten unbedingt vor der Geburt und vor Weihnachten in der neuen Wohnung sein. Der 13. Dezember, ein Mittwoch, war der Tag der Tage. Das war der Tag meines voraussichtlichen Geburtstermins und unser Umzugstermin. Peter war der Meinung, dass ich mit meinem dicken Bauch nicht allzu viel ausrichten könnte und sollte ich zu der Zeit entbinden, wäre ich wenigstens nicht im Weg. Ich fühlte mich eigentlich nicht wie eine Schwerbehinderte. Vorwiegend ging es an diesem Tag aber darum, unseren ganzen Trödel gegen den der alten Dame in den Wohnungen zu tauschen. Sollte ich im Krankenhaus liegen, hatte Peter die Bahn frei, um zu renovieren. Der große Tag kam und ich hatte, trotz meines dicken Bauches, Kisten und Koffer und Körbe gepackt, Geschirr eingewickelt und Bücher verstaut. Unserem Kind schien das nichts auszumachen. Es meldete kein Kommen an und wollte beim Umzug dabei sein. Die Umzugsbrigade bestand aus Peters Kollegen, der Transporter war ein LKW des VEB Stern-Radio, chauffiert von einem Kollegen aus dem Fuhrpark. Ich machte mich schon am Nachmittag auf den Weg nach Treptow. Dort wollte ich die Arbeiterversorgung vorbereiten und später alle in Empfang nehmen. Die alte Dame öffnete erst nach mehrmaligem Klingeln die Tür. Sie hatte den Umzugstermin nicht realisiert und stand völlig abwesend vor mir. Die Wohnung war noch komplett unvorbereitet. Selbst die welken Blumentöpfe standen noch in Reih und Glied auf der Blumenbank. Ihre Kinder waren noch auf der Arbeit und sie fing hilflos an, ihre Sachen von einem Platz auf den anderen zu schieben. Manche Sachen konnte ich in alte Koffer oder Körbe packen. Vorgesehen war ja, dass Peters Kollegen auch für den Abtransport ihres Umzugsgutes sorgen würden. Aber nun auch noch alles einzuräumen und in Kisten zu verstauen, gehörte nicht zu den vorgesehenen Programmpunkten. Ihre Kinder würden nun wohl auch hier nicht mehr aufkreuzen, denn sie sollten in Friedrichshagen den Umzug entgegennehmen. Aber wie kam die alte Frau in ihrem Zustand dorthin? Arbeit über Arbeit und

Fragen über Fragen. Da dachte man, alles gut und idiotensicher organisiert zu haben, und dann passierten unvorhergesehene Dinge, die man ohne Telefon auch nicht so schnell ausräumen konnte.

Die Zeit verging und es wurde bereits dunkel. Die Versorgung der Männer stand bereit. Ich räumte noch immer die Schränke der Frau aus, legte möglichst alles in eine Ecke. Hauptsache, die starken Männer konnten die leeren Möbel packen und hinausbefördern. Vor dem Fenster klatschten nasse, fette Schneeflocken auf die Straße. Ich musste an die Nacht zum 6. Dezember vor einem Jahr denken, als wir meinen Hausrat aus dem Hausflur der Gaudystraße zusammensammeln und transportieren mussten. Ein Jahr war das erst her und es war so viel geschehen in dieser Zeit. Die alte Dame war fest entschlossen, sich für die Fahrt nach Friedrichshagen ein Taxi zu nehmen. Wahrscheinlich war das mit ihren Kindern so abgesprochen, denn plötzlich klingelte es, das Taxi stand vor der Tür und sie machte sich auf den Weg. Alles andere war nun erst einmal mir überlassen. Ich war froh, sie los zu sein, denn ihre vielen Fragen und ihr überflüssiges Gefummel waren kontraproduktiv. Ich lief ihr noch schnell hinterher, denn sie hatte ein Paar der nun uns zustehenden Wohnungsschlüssel in ihrer Handtasche. Sie saß wie ein Häufchen Elend in dem Taxi und blickte wehmütig hoch, zu ihrem alten Balkon. Wer weiß, wie viele Jahre sie in diesem Haus gewohnt hatte? Auf alle Fälle schien ihr der Abschied von all den Erinnerungen und Gewohntem nicht leicht zu fallen. Widerstrebend händigte sie mir nach längerem Suchen den Schlüssel aus.

Ich packte oben weiter die Schränke der alten Dame aus. Es klingelte Sturm und Peters Kollegen standen schon mit den ersten Umzugskartons aus Friedrichshagen vor der Tür, aber wo war Peter? Er hatte zeitgleich mit seinen Leuten unsere alte Wohnung verlassen, sich auf das Motorrad gesetzt und gemeint, lange vor Eintreffen des Umzugswagens in unserer neuen Wohnung zu sein. Bei dem Wetter und Peters Zuverlässigkeit konnte man schon mal anfangen, sich ernsthafte Sorgen zu machen. Die Kollegen ließen sich nicht beirren, sie schleppten hoch und schleppten runter, hatten immer ein Späßchen für mich auf den Lippen und spitze, lustig gemeinte Kommentare über das Fernbleiben des Hausherrn, der wohl unterwegs konditor'n ging, während die alten Männer schufteten. Mit den tausend

Nippes und Töpfchen der alten Dame kannten die Mannsleute kein Erbarmen, sie fegten es mit der Hand in eine Kiste und waren eins fix drei fertig. Mitten in diesem Gewühl von Männern, Kisten und Möbeln standen plötzlich meine Schwiegereltern vor mir. Sie hatten Putzzeug, eine Schüssel und Lappen dabei und wollten nun Fenster putzen. Der Gedanke war wirklich nett, der Zeitpunkt absolut unpassend und Peter machte uns Sorgen. Erst als alles oben war, was nach oben gehörte und alles unten war, was nach unten gehörte und ich als gute Hausfrau und Arbeiterversorgung zum Sturm auf die Goldbroiler[14] und belegten Brötchen blies, trudelte der Hausherr ein. Ein bisschen beschämt berichtete er von seiner Maschine und einer nassen Zündkerze auf einer dunklen Landstraße. „Ja, ja", sagte einer seiner Kollegen, die Entbindung hätten wir nebenbei auch noch mitgemacht. Alle guckten auf meinen, unterdessen bedrohlich aussehenden Bauch und lachten. Das Essen schien allen zu schmecken und der Kaffee sorgte für neue Schaffenskraft in Peters sozialistischer Brigade. Ein paar spitzfindige Gemeinheiten flogen durch die unüberschaubare Wohnung und ich fragte mich nicht zum ersten Mal, was Männer untereinander austeilen und einstecken können. Zickenkrieg war ihnen so fremd wie schwülstiges Gerede. Peter entdeckte seine Fenster putzenden Eltern. Mit krauser Stirn blickte er mich an und ging sie völlig gefasst begrüßen. Sein Blick verriet mir, dass er heute mit allem gerechnet hatte, aber nicht mit geputzten Fensterscheiben im Umzugsgewühl, bei Dunkelheit und Schneetreiben.

Die Stube mit den nun sauberen Scheiben sollte vorerst unser Wohn-Schlafzimmer werden. Mit Muskelkraft und Kennerblick wurden die hierfür bereitstehenden Möbel schnell noch an den rechten Fleck gestellt. Zwei Männer griffen beherzt nach Dagmar, um sie passgenau an die Wand zu schieben, jeder griff sich noch ein belegtes Brötchen und der Trupp verschwand in der nassen Nacht, um den Kampf mit der Straße, den Möbeln der alten Dame und deren Nippeskartons erneut aufzunehmen. In der Küche standen noch die alten Möbel unserer Vormieterin. Sie brauchte sie nicht mehr und wir waren vorerst froh, bis zur Lieferung unserer Küche, ein paar Unterstellmöglichkeiten, gerade im Küchenbereich, zu haben. In der Küche standen auch

[14]Grillhähnchen des Ostens

meine Schwiegereltern und putzten und scheuerten und polierten so gut es ging den alten Schrank. Jetzt, wo alle anderen weg waren, unterbreitete mir meine Schwiegermutter ihre Vorstellungen von unserer zukünftigen Wohnungseinrichtung. Das war eine Gratwanderung. Wir hatten eine solche Diskussion erst kürzlich geführt, als sie sich völlig entsetzt zeigte, dass ich, entgegen ihrem Geschmack, die Umkleidung meines Babykörbchens kurz, sozusagen als Minirock nähte und sie die Maxivariante favorisierte.

Sie hatte sofortige Appetitlosigkeit und Magenschmerzen angekündigt, ihren Kuchenteller beiseitegeschoben und den Rest des Nachmittages geschwiegen. Mein Körbchen nähte ich trotzdem so, wie ich es wollte, war seitdem aber immer auf der Hut, wenn Peters Mutter Vorschläge machte, die ich oder wir nicht brauchten. So wenig wie eine übernächtigte Friseurin am Morgen meiner Hochzeit.

Auch Schwiegerelterns Auto knatterte irgendwann von dannen. Wir schmückten Dagmar mit Laken und Kissen. Unser Kind blieb ruhig und wir lagen Arm in Arm und waren froh, diesen Tag so gut gemeistert zu haben. Selig und erschöpft schliefen wir die erste Nacht in der neuen Wohnung, gespannt, was uns morgen erwarten würde.

Die Renovierungsarbeiten liefen und wir hatten die Zeit im Nacken. Tapezieren und Streichen konnte Peter auch ohne mich. Jemanden da zu haben, der für sein leibliches Wohl sorgte, ihn bekochte und Kisten und Koffer ausräumte, war eine Hilfe und Zeitersparnis für ihn, sollte ich zwischendurch entbinden wollen, wäre auch das noch möglich gewesen. Am Wochenende würde mein Vater helfen kommen. Bis dahin mussten wir uns allein durchschlagen. Im Dagmar-Zimmer herrschte ein bisschen Adventsstimmung. Hier brannten Kerzen, der Ofen gab gute Wärme her und ich wickelte zwischendurch immer mal wieder ein Weihnachtsgeschenk nach dem anderen ein und drapierte es in der Stube. Für Peters Neffen war ich seit Wochen damit beschäftigt, einen meterlangen rot-weißen Fan-Schal zu häkeln. Auch als Malergeselle, der die abgeschabte vier Lagen alte Tapete einsackte oder auch beim Abpulen half, eignete ich mich noch ganz gut. Im halben Zimmer, das einmal das Kinderzimmer werden sollte, stand meine geliebte Nähmaschine und wartete auf ihren Einsatz, wenn die Gardinen auf ihre neuen Maße geändert würden. Was die Fensterfront betraf, hatten wir uns verkleinert. So blieb genügend Stoff übrig, um die

Wohnzimmergardinen auch im Badezimmer verwenden zu können. In der Straße am Treptower Park nur eine Bushaltestelle von uns entfernt, gab es einen großen Farbenladen, der alles zu bieten hatte, was ein Maler brauchte. Wir waren überrascht über die Vielfalt des Angebotes und wären noch überraschter gewesen, wenn es ausgerechnet jetzt auch noch Raufasertapete gegeben hätte. Raufaser war weder ein BERATUNGSMUSTER noch Bückware, Raufasertapete war so etwas wie ein illegales Zahlungsmittel, die heimliche Westmark, der Zauberschlüssel, der Wünsche aller Art erschloss. So legten Freunde und Verwandte, Kollegen und Bekannte ihre Raufasertapetenreste auf den Tisch und Peter beförderte sie an die Decken und Wände.

Als schmerzlich empfanden wir immer wieder den kolossalen Zeitverlust, den wir mit Rumrennereien nach irgendwelchen täglichen tausend kleinen Dingen erlitten. Nun musste ich auch noch jeden zweiten Tag zur *Reifeprüfung* unseres kleinen Früchtchens. Das war ein weiter Weg zum Krankenhaus Köpenick. Ich bat um die Möglichkeit, in unserer Nähe in ein Krankenhaus gehen zu dürfen. Das war nicht möglich, denn alle meine Unterlagen über den Entwicklungsverlauf unseres Kindes befanden sich in Köpenick und dort sollten sie auch bleiben. Gab es bei den Entbindungen und den daraus resultierenden Kindern auch so etwas wie eine Planvorgabe in den Krankenhäusern? Mussten die Oberhebammen morgens auch zum Hörer greifen und einen Rapport abgeben, wie viele Frauen in welcher Zeit wie viele Kinder bekommen hatten? Konnte man da etwas an den Zahlen verschönern, indem man die Nachgeburten einfach mitmeldete und den Einsatz der Hilfsmittel für eine Geburt und den des Personals ringsum geringer erscheinen ließ? Ich weiß, das ist schon ein sehr sarkastisches Gedankenspiel, aber so etwas bekommt man bei langen Bus- und Bahnfahrten und ewigen Wartezeiten in Krankenhäusern, wenn man kein Einsehen in die Notwendigkeit hat.

Meine Untersuchungen fanden nicht direkt auf der Station statt. Es gab eine pränatale Einrichtung im unteren Bereich des Krankenhauses. Als ich hier das erste Mal die Toilette besuchte, war ich angewidert von dem Bild, das sich mir bot. Direkt an die Heizungsrohre gelehnt standen hier mehrere offene hüfthohe Papiertüten, die bis zum Rand mit blutigen Binden gefüllt waren. Allein der Anblick reichte, um einen Brechreiz auszulösen, der Geruch aber war derart widerlich, dass ich mich nicht zu atmen traute. Der Gedanke, in diesem Krankenhaus entbinden zu müssen, entsetzte mich, denn gerade was die Hygiene im Umgang mit dem Wochenfluss betraf, hatte ich bei der Kur so einiges gelernt. Für mich stand fest, dass mein Kind keinesfalls in Köpenick das Licht der Welt erblicken würde.

Peter qualifizierte sich erneut zum kleinen Hennecke und damit zum *Held der Arbeit.* Die Wohnstube war fertig renoviert und die Auslegware aus Friedrichshagen wurde mit neuen Abmaßen verlegt. Papa kam und half, die Schrankwand in das andere, das Balkonzimmer, zu transportieren. Kabel wurden hinterm Schrank verlegt, Fernseher und Stereoanlage angeschlossen, Gardinen aufgehängt und eine nagelneue Sitzgruppe, die am Vortag geliefert wurde, aufgestellt. Die Sitzgruppe „Längsgestreift", man kann sich ja nicht alles merken, war die gleiche, wie sie auch bei Karola und Peters Eltern zu finden war. Sie war in unterschiedlichen Farben ein genauso gefragtes Ensemble wie unsere Dagmar. Der Ofen wurde beheizt, die Schrankwand eingerichtet, der Adventsschmuck reichlich erweitert und Gemütlichkeit kehrte ein. Zwischen meinen Terminen musste nun auch das Weihnachtsfest irgendwie organisiert und abgesprochen werden. Ich konnte mich auf nichts festlegen, bei mir hing alles von meinem trödeligen Baby ab. Ratschläge bekam ich aus allen Richtungen. Hopsen sollte ich, an Farbe riechen, heiß baden. Wenn Peter nach Hause kam, war sein erster Blick hoch zum Fenster, ob bei uns Licht brannte. Dunkelheit wäre ein sicheres Zeichen gewesen, dass Mutter und Kind sich auf den Weg ins Krankenhaus gemacht hatten.

Meine gepackte Tasche stand schon seit Wochen erst dort, dann hier bereit. Je nach Uhrzeit würde mir sicherlich auch jemand helfen, ein Taxi zu kriegen oder einen Krankenwagen zu holen. Ich war da nicht so ängstlich, irgendwas ging immer. „Du bist ja immer noch hier", war Peters neuester Begrüßungssatz, wenn er mich halb gar in der Badewanne oder hopsend auf dem Korridor vorfand. Das Gehopse, Farbengeschnüffel und die heißen Bäder hatte ich unterdessen eingestellt. Über die Feiertage brauchte das Kind nun auch nicht gerade zu kommen, dann wäre ich Weihnachten im Krankenhaus gewesen. Da gab es wirklich bessere Entbindungstermine und Geburtstage. So pilgerten wir noch von Einladung zu Einladung und von Zuhause nach Köpenick und bekamen einen Weihnachtsbaum aus Honeckers

Jagdgebiet geliefert, schmückten ihn und standen in den Startlöchern zur nächsten großen Runde ins Familienglück. Der Vormittag des Heiligen Abends führte mich erneut zur Voruntersuchung. Praktischerweise hatte ich seit ein paar Tagen schon meinen ersten Kahlschlag im unteren Bereich vorzuweisen. Eine unangenehme Sache, die ich mir gerne erspart hätte. Plötzlich kam eine Schwester mit Rasierzeug und hielt eine vorsorgliche Glatze an meiner intimsten Stelle für angebracht, falls es bei der Geburt schnell gehen musste und dafür dann keine Zeit mehr blieb. Was man als Frau alles über sich ergehen lassen musste, um ein Kind in die Welt zu setzen, hatte ich bis zu diesem Detail nicht bedacht. Der Papst, und davon hatten wir im vergangenen Jahr immerhin drei, sprach sich zwar gegen die Pille und alle möglichen Formen der Empfängnisverhütung aus, aber zum sanften Umgang mit werdenden Müttern sagte er nichts.

Am Nachmittag des Heiligen Abends bemerkte ich ein leises Ziehen über meiner glatzköpfigen Freundin. Es war ein bisschen wie ein zartes Anklopfen meines Inneren. „Mach dich bereit“, schien es zu flüstern, „ich bin auf dem Weg.“ Wir waren zum Gänsebraten am ersten Weihnachtsfeiertag bei meinen Eltern eingeladen. Hätte ich Peter jetzt etwas von dem Geflüster unseres Kindes erzählt, wäre er nie im Leben mit mir noch nach Weißensee gefahren. So verschwieg ich das Geheimnis, von dem nur ich und mein Baby etwas wussten, quälte mich nicht mehr und nicht weniger durch die Nacht als andere Frauen, wenn sie heftige Regelschmerzen haben und machte mich mit Peter und dem noch naturverpacktem Kind auf den Weg zu meinen Eltern, zu meiner Mutti, Mutter, Mama, die wissen würde, was wann zu tun war. Mein Appetit auf Rotkohl und Gänsebraten war ungebrochen. Der Platz auf der elterlichen Dagmar war mir sicher und so verbrachten wir die Kaffeezeit und den Beginn des Abends in weihnachtlicher Harmonie. Die Männer genehmigten sich hier und da ein Schnäpschen und Mutti und ich tauschten bedeutungsschwangere Blicke aus. Jetzt wurde es Zeit, etwas zu sagen. Ich hatte eindeutig Wehen, die schon in messbaren Abständen kamen. Peter und Papa sprangen auf und warteten auf einen Plan.

Mein Plan war der, dass ich nicht in Köpenick, sondern in Pankow, in Maria Heimsuchung, entbinden wollte. Das war Familientradition und mein Wunsch zu Weihnachten. Der zukünftige Vater sollte sich mit dem zukünftigen Großvater auf den Weg machen und meine Tasche holen. Erst ganz zum Schluss, wenn kein Weg mehr nach Köpenick führte, sollte der Rettungswagen gerufen werden, das könnte Mutti auch allein von der Telefonzelle aus regeln und würde notfalls auch ohne Tasche gehen. Wo bekam man an einem Weihnachtsabend in der DDR ein Taxi her? Natürlich, per Schwarzfahrt. Es dauerte nicht lange, da waren die Männer weg. Mir war übel. Vor Schmerzen? Vor Hunger? Vor Aufregung? Ich entschied mich für Hunger und Mutti machte mir eine Hühnerbrühe mit Nudeln warm. Ich aß mit Appetit und behielt die Wohnzimmeruhr im Auge, um bei der nächsten Wehe keinen vollen Mund zu haben. Mutti blieb ganz gelassen. Ich glaube, sie konnte nichts erschüttern und sie hielt meinen Plan, mich bei Maria Heimsuchung einzuschleusen für eine Spezialrubrik der weiblichen Diplomatie. Vielleicht war sie sogar ein bisschen stolz auf mich, ihren Lehrling. Der Schwarztaxifahrer, der auch für den Rückweg zur Verfügung stand, konnte die Umstände der Geburt unseres Kindes für seinen Geldbeutel als Luxusumstände verbuchen. Gespannt kamen die Männer nach oben, ob die Ereignisse schon ihren Lauf genommen hatten oder ob wir immer noch in Warteposition verharrten.

Die Wehen waren schmerzhaft, hörten aber immer wieder auf und kamen noch nicht im Zweiminutenabstand. Peter wurde etwas nervös und holte sich unseren Segen, einen Rettungswagen zu rufen. Dann ging alles ziemlich schnell. Ich wurde nach unten begleitet, Maria Heimsuchung als nächstgelegene Anlaufstelle wurde ausgewählt, Mutti und ich grinsten uns mit einem verschworenem Siegerlächeln an. Ich wurde liegend transportiert, Peter fuhr mit. Die Türen wurden zugeknallt und ich sah meine Eltern Arm in Arm, dem Krankentransport hinterherschauen. Tränen sah ich in Papas Augen und dann waren wir weg. Gerne würde ich jetzt erzählen, wie warmherzig und erfreut ich in Maria Heimsuchung empfangen wurde.

Der Empfang war ernüchternd. Erst bekamen die Fahrer Ärger, weil sie mich dort abgeliefert hatten, und dann bekam ich Ärger, weil ich mich nicht dort befand, wo meine Unterlagen waren. Nun ja, es war Weihnachten. Der Großteil des Klinikpersonals hatte auch Familie und wollte feiern und das Entbindungsheim lief auf Sparflamme und dann kam ich mit meinem dicken Bauch und heftigen Wehen und forderte hier eine Kür. Mich konnte heute nichts mehr erschüttern. Für mich war auch Weihnachten und mein Baby hatte aufgehört zu flüstern, es schrie in mir drinnen, dass es jetzt endlich auf die Welt kommen wollte. Peter konnte nur ratlos abwarten. Eins stand fest, wegschicken würde man mich nicht. Ich sollte mich duschen und bequeme Sachen übers Hemd ziehen und mich zu einem Einlauf einfinden. Auch das noch, dachte ich resignierend. Das war fast noch erheblich fieser als die ungeliebte Untenrumglatze. Peter und ich hatten jedenfalls den Auftrag zu laufen. Immer den kahlen Flur auf und ab, mit zusammengekniffenen Pobacken und möglichst in der Nähe der Toilette. Solange, bis nichts mehr ging. Auch dieses Unternehmen wurde von Erfolg gekrönt,

Peter wurde nach Hause geschickt und ich durfte in den Kreißsaal. Ein weiß gefliester kahler Raum empfing mich. Ich hörte andere Frauen klagen, stöhnen und schreien. Wie viele wir waren, konnte ich nicht erkennen. Helle Trennwände standen zwischen den einzelnen Betten. Mein, mir zugewiesenes Bett befand sich gegenüber der Tür und dem einzigen Wandschmuck, einer großen nervigen Uhr. Unter ihr stand ein mobiler Schreibtisch, mit Papieren und einem Telefon. Der zweite Weihnachtsfeiertag hatte gerade begonnen und ich dachte: Oh du fröhliche Weihnachtszeit. Ich belegte mein Bett und wartete, auf die Schwester, die Hebamme, den Arzt, die nächste Wehe. Bis auf die Wehe ließen alle auf sich warten. Ich erklärte der hässlichen Uhr mit ihrem lauten Tick-Tack den Krieg.

Unbarmherzig kündigte sie mir die nächste Wehe an und vergaß dabei, die Zeit vergehen zu lassen. Eine Namenlose erschien und erzählte mir irgendetwas von Wehenschreiber und dass vorher die Fruchtblase gesprengt werden müsse. Ich sollte mich auf den Rücken legen und ein paar Handgriffe später spürte ich den warmen, feuchten Blasenerguss unter mir. Ein großer Apparat, der weit entfernt an einen Fernschreiber mit Lügendetektor erinnerte, wurde dichter an mein Bett geschoben. Ein Draht, dünn wie ein Klingeldraht, mit einer langen Nadel am Ende wurde mir eingeführt und meinem Kind in die Schädeldecke, in die Kopfschwarte, geschoben. Ob das Teil der Personaleinsparung war, weil nun ja ein Apparat über uns wachte, wurde mir nicht gesagt. Auch nicht, ob es eine medizinische Indikation hierfür gab. Der Apparat blieb angeschlossen bis zum Ende der Geburt. Zwischen den Wehen setzte der Verstand ein und ich fragte mich, ob es mir besserginge, wenn jetzt Peter meine Hand halten würde. Ich musste mich heftig übergeben und hätte das Wiedererscheinen von Muttis Hühnersuppe gerne als Gruß aus der Heimat empfunden, aber mir schien jeder Sinn für Humor abhandengekommen zu sein. Eine Putzfrau, die still mit ihrem Wischtuch um mein Bett herumschlich, mied mitleidigen Blickkontakt mit mir. Ich verliebte mich in die Streben meines Bettes. Sie hielten ohne zu zucken meinen festen Griff und mein Gerüttel und Gezerre an ihnen aus.

Die Frau neben mir schrie heftig, wie um ihr Leben. Solche Schreie hatte ich noch nie in meinem Leben gehört. Die Hebamme kam und giftete sie an, sie solle nicht so ein Getöse machen. Dann gebar die Frau und es wurde, bis auf das leise Gewinsel und Gejammer der anderen Frauen und das Schreien des Neugeborenen, ruhiger. Die Uhr tickte und der Wehenschreiber zeichnete einen Berg nach dem anderen auf das weiße Papier. Irgendwann würde auch ich dran sein, irgendwann hatte dieser Wahnsinn des Schmerzes und des Schweigens der Menschen um mich herum ein Ende. Vor Erschöpfung schlief ich im Minutentakt ein, um wie in einem unendlichen Alptraum wieder wach zu werden. Dann erwachte das Leben um mich herum. Mehrere, mir völlig unbekannte Menschen in weißen Kitteln kamen endlich, um sich zu kümmern. Ich beruhigte mich etwas und sah Licht am Ende des Tunnels.

Das Telefon klingelte und ich hörte meinen Nachnamen. Peter musste am Telefon sein. Er sollte in drei Stunden noch einmal anrufen. Drei Stunden?, dachte ich und hielt mir diesen Wahnsinn vor Augen. Drei Stunden, eine Ewigkeit. Ich merkte jetzt, dass meine Wehen eine neue Dimension bekamen, es war anders, fordernder. Mein Inneres schrie: „Mach mit!“, und die Hebamme schrie: „Hecheln, hecheln, nicht drücken, es ist noch nicht so weit.“ Wer hatte denn nun Recht? Die Presswehen forderten mich auf, ihnen nachzukommen. Das war eine Naturgewalt. Wie hatten Frauen früher entbunden, als es noch keine Maschinen gab, die den Hebammen und Ärzten ihre Arbeit erklärten? Nicht zu pressen wäre ja direkt widernatürlich. Während einer Presswehe wurde der Dammschnitt gemacht, ich merkte nichts davon, denn meine kleine glatzköpfige Freundin hatte keine Lust mehr, noch irgendetwas zu spüren. Da war es, mein Baby. Was für ein wunderschöner, seltsamer Anblick in diesem sterilen Raum.

Ein Menschlein, ein Mädchen, blutig und schmierig und schreiend und so schön, wie sonst nichts auf der Welt. Es wurde in Tücher gehüllt, mir ein paar Sekunden vor die Nase gehalten und aus dem Raum gebracht. Ich wurde versorgt, der Dammschnitt genäht und meine Erschöpfung hielt sich mit der Sehnsucht, das Kind in den Arm zu nehmen, die Waage. Als ich das nächste Mal die Augen öffnete, lag sie da, in ihrem Bettchen nah an meinem. Ich durfte sie nur von oben sehen. Ihre lädierte Kopfhaut, ihren Mund, der dabei war, den Daumen zu verschlingen, und ihre Umrisse. Es war keine Zeit, sie mir zu geben. Ich bekam Peters nächsten Anruf im Halbschlaf mit. „Alles gesund, Mutter und Kind sind wohlauf". Der altbekannte Standardsatz für alle Väter am anderen Ende der Leitung, die Vater eines gesunden Kindes geworden sind.

Als ich wach wurde, befand ich mich in einem ganz normalen Krankenhauszimmer. Zwei weitere Frauen, junge Mütter, teilten mit mir die Stube. Ich war ein bisschen orientierungslos, ohne Zeitgefühl, ohne Kind im Bauch und beim Aufstehen leicht wie ein Federchen. Wäre nicht der brennende Schmerz vom Dammschnitt gewesen, hätte ich mich wohlfühlen können. Meine Blase meldete WC-Bedarf an. Die anderen Mütter und ich kamen ins Gespräch. Eine durfte morgen schon nach Hause gehen. Die andere hatte einen Tag vor mir entbunden. Sie zeigten mir meinen Schrank, in dem meine Sachen aufbewahrt wurden. Auf meinem Nachttisch stand ein schäbiger Messbecher. In der zweiten Etage ein Stapel Binden. Die Frauen, die scheinbar auch nicht vom Dammschnitt verschont geblieben waren, erklärten mir, dass man den Becher zum Nachspülen mit Wasser bräuchte, damit die Wunde nicht so brenne. Das Nachthemd niemals über den Kopf ausziehen, damit keine Bakterien von unten nach oben an die Brust gelangen konnten. Still-BH anziehen und eine Mullwindel vor die Brüste schieben. Ich zog mein OP-Hemdchen aus und war enttäuscht, als ich meinen Bauch sah. Die Leichtigkeit hatte mir ein anderes Bild von mir vorgegaukelt. Ich nahm den Messbecher und eine Binde und ging watschelnd wie eine lahme Ente zur Toilette. Nein, die Zeit der Schmerzen war noch nicht vorbei, es war nur anderes als zuvor. Als ich zurückkam, hatten beide Mütter ihre Babys. Die Hebamme, versprach mir, dass ich mein Kind in den Abendstunden auch bekommen würde und dass sie mir dann ausführlich das Stillen erklären und die Abläufe im Krankenhaus schildern würde. Es klopfte sachte an der Tür. Es war Besuchszeit und Mutti steckte neugierig ihre Nase ins Zimmer und erkundigte sich, ob Herren den Raum betreten dürften. Peter und Papa folgten, hatten Blumen in der Hand und fühlten sich ein bisschen fehl am Platz. Wir verließen das Zimmer und suchten die Kinderstation. Vielleicht konnten wir ja wenigstens einen Blick, einen gemeinsamen Elternblick, auf unsere Tochter werfen. Hinter Glas und ohne Berührung lag unser Kind, friedlich am Daumen nuckelnd, groß, proper und gesund. Die Schwester drehte das Bettchen in unsere Richtung. Neun Monate hatte ich die Kleine in mir gehabt und sie durch meine Bauchdecke gefühlt. Jetzt lag sie da hinter Glas, ohne meinen Herzschlag zu hören, ohne Körperkontakt, ohne ein Angebot meiner Milchbar. Ich betrachtete sie voller Stolz und Glück und war doch im Moment sehr unglücklich mit meinen leeren Armen. Wir setzten uns auf eine Bank im Wartebereich und Peter fing an, in seiner Jackentasche nach etwas zu suchen. Seit Monaten erzählte er etwas von einer Zielprämie, die ich bekommen würde, wenn unser erstes Kind geboren wurde. Immer, wenn sich etwas verzögerte, oder ich genug von der Übelkeit, dem Sodbrennen, dem schmerzenden Ischiasnerv hatte, erinnerte er mich an die Zielprämie, die er nun zwischen seinen Fingern hielt und mir auf den Finger stecken wollte. Es war ein goldener Ring mit einem roten, ovalen Rubin. Er war wunderschön und eine wirkliche Überraschung für mich. Leider passte er nicht, meine Finger waren zu dick. „Wart mal ein paar Tage ab", sagte meine erfahrene Mutter, „nächste Woche wird er passen." Ich steckte den Ring an meinen kleinen Finger und war gerührt. Peter hatte noch eine Überraschung parat, diesmal eine negative. Als er nachts vom Entbindungsheim zu meinen Eltern gefahren war, hatte er aus der Telefonzelle seine Eltern angerufen, um ihnen zu sagen, dass ich nun im Krankenhaus sei. Dabei hatte er seine Brieftasche auf dem Telefonapparat abgelegt und sie dort vergessen. Das Geld für unseren Luxuswagen, seine Papiere und Fotos waren darin. Peter übernachtete bei meinen Eltern und als er morgens wie elektrisiert feststellte, dass seine Brieftasche weg war, lag sie schon nicht mehr in der Telefonzelle. Ich kannte Peter, und ich wusste, dass ihn diese teure Schussligkeit mehr ärgerte als mich. Der gedankliche Abschied von der Luxuskarre fiel leicht. Ich hatte ein wunderschönes Kind, das auch in einer Seifenkiste wunderschön aussehen würde. Ein glücklicher Zufall war, dass Peter, der all die Monate auch den Ring, die Zielprämie, in seiner Brieftasche versteckt gehabt hatte, auf der Rückfahrt vom Entbindungsheim ihn sich noch einmal näher hatte betrachten wollen und ihn dann in seine Jackentasche gesteckt hatte. Die Besuchszeit war zu Ende. In den Räumen und Fluren der Wöchnerinnenstation kehrte wieder Ruhe ein. Die Abendstunden waren angebrochen und mein Abendbrot stand unberührt auf meinem Nachttisch. Ich lauschte auf die Schritte im Flur. Würde irgendwann mal jemand vor unserer Tür Halt machen und mir endlich meine Tochter bringen? Endlich, die Hebamme erschien, drei Babys lagen in dem kleinen Transportbettchen, eins davon, das schönste, war meins. Die Hebamme hatte nicht viel zu tun, um mir das Stillen zu erklären. Die Kleine wusste, was zu tun war. Mit einem raumfüllenden Stöhnen und Schmatzen und mit kraftvollen Zügen tat sie mit meinen Brüsten genau das, was die Natur für uns beide vorgesehen hatte. Sie bemühte sich, satt zu werden und machte mich mit dieser Innigkeit glücklich. Es gab natürlich noch keinen richtigen Sattmacher aus meinen vielversprechenden Milchverpackungen, aber der Impuls war da und vielleicht schon morgen würde ich mein Kind sättigen können. Die Hebamme war sehr zufrieden. Sie erklärte mir ein paar Handgriffe zum Trockenlegen und Wickeln der Kleinen, machte einen Abstecher in die Hygiene und ließ mich dann mit meinem Glück alleine. Ich legte mich mit meinem Kind ins Bett, wollte sie betrachten, ihre Finger zählen und küssen, ihr Gesicht anschauen, ihren Atem riechen, ihr Herz klopfen hören. Ich erzählte ihr von uns, von ihrem Papa, ihren Großeltern und der verrückten Zeit ihrer Geburt. Ich zog den Ring von meinem Finger und steckte ihn auf ihren winzig kleinen Mittelfinger. Ich hätte stundenlang flüstern und küssen und streicheln können. „Manuela heißt du", flüsterte ich in ihre winzigen Öhrchen. „Papa und ich haben diesen Namen für dich ausgesucht und wir hoffen, dass er dir gefällt." Ich hörte Manuelas ersten Pups und empfand ihn als Zustimmung. Ich nahm den Ring wieder an mich. Die Hebamme kam ins Zimmer und holte die Babys – das allerschönste nahm sie auch mit.

Ich wusste aus Erzählungen, dass unser alter Pfarrer es meiner Mutter damals übelgenommen hatte, dass sie mich gleich nach meiner Geburt in Maria Heimsuchung hatte taufen lassen. Diesen feierlichen Akt hätte er gerne selbst, im Kreis der Gemeinde vollzogen. Zumal neugeborene Täuflinge optimal in die Rituale der Osterzeit passten. Ob Mutti mit ihrem damaligen Tempo einer größeren Feier und den damit verbundenen Ausgaben aus dem Weg gehen wollte oder ob andere Gründe für diese schnelle Taufe sprachen, hat sie mir leider nie erzählt. Ich selbst war nun in der Klinik unterwegs, um ein Gespräch mit dem Pfarrer zu führen und um die Taufe meines Kindes zu bitten. Das Gespräch war nicht lang, aber sehr ernüchternd. Aus dem Blickwinkel der Kirche galten Peter und ich vor den Augen Gottes nicht als Ehepaar, denn es fehlte uns die kirchliche Trauung, Gottes Segen. Eine Taufe durfte bei einem Kind aber nur mit der Erlaubnis beider Elternteile durchgeführt werden. Egal ob verheiratet oder nicht. Da stand ich nun, in den Augen der katholischen Kirche eine arme alleinerziehende, katholische und exkommunizierte Mutter und hatte kein Recht auf die Taufe meines Kindes. Ja, ich wollte eine heimliche Taufe. Denn für Peter war die Kirche ein einziges Brimborium mit viel Gehabe um die Sakramente. Er glaubte weder, dass die Taufe einem Menschen im Leben etwas bringen könnte, noch glaubte er, dass es etwas schade, getauft zu sein. Gesetzlich gesehen waren dem Pfarrer jedenfalls die Hände gebunden und Manuela blieb vorerst ungetauft.

Ich hoffte, zum Jahreswechsel wieder zu Hause zu sein. Über den Rückweg hatte ich mir keinerlei Gedanken gemacht. Ich hatte mein Kind, bekam täglich Besuch und hatte mir ein paar Tage Erholung redlich verdient. Peter erzählte täglich von den Fortschritten in der Wohnung. Das Kinderzimmer war so gut wie fertig, für die Details würde ich sorgen. „Soll ich dir für den Entlassungstag deine Stiefel mitbringen?“, fragte Peter mich und schaute in mein erstauntes Gesicht. „Warum sollte ich für den Rückweg Stiefel brauchen?“, fragte ich zurück, und hatte von Nichts eine Ahnung. „Guck mal aus dem Fenster, dann weißt du, wofür du Stiefel brauchst“, sagte Peter und grinste besserwisserisch. Ich schaute hinaus und sah einen Schneesturm toben. „Es ist eisig draußen, ganz Deutschland versinkt im Schnee“, sagte der Mann, der jetzt für Frau und Kind zu sorgen hatte und dem noch keine Lösung eingefallen war, wie er uns nach Hause kriegen sollte. „Der Nahverkehr ist so gut wie lahmgelegt, Taxis kriegt man nicht mal auf Vorbestellung, Schwarztaxifahrer bleiben lieber zu Hause.“

Wir hatten ein Problem, an dem Peter knabberte und das ich als völlig übertrieben abtat. So schlimm wird es schon nicht sein, dachte ich und irrte gewaltig. Am Silvestermorgen gehörten Manuelas Großeltern väterlicherseits zum tapferen Abholstab ihrer Enkelin und Schwiegertochter. Ihr Wartburg stand vor der Tür des Entbindungsheims und die Fahrt hierher war schon sehr abenteuerlich gewesen. Unser kleines, warm verpacktes Bündel trug Peter. Ich bekam einen Kälteschock. Die Straßen waren glatt und rechts und links türmten sich unüberschaubare Schneeberge. Der Verkehr stand fast still. Niemand verließ ohne triftigen Grund das Haus. Mein Schwiegervater war ein sehr besonnener Fahrer, sportliche Raserei lag ihm fern. So tuckelten wir, in der Hoffnung, nicht liegen zu bleiben, immer den geräumten Straßen folgend, erst einmal nach Weißensee zu meinen Eltern. Ich hatte Peter an einem der Besuchsnachmittage ein Rezept für die Apotheke in die Hand gedrückt. Eine Milchpumpe sollte er im Tausch dafür erhalten. Er starrte auf das Rezept und setzte sein Verlegenheitslächeln auf. „Das kann ich nicht abholen", sagte er. „Wenn die mich da was fragen wegen der Größe oder so, weiß ich gar nicht, was ich sagen soll." „Du sollst ja keinen Büstenhalter, sondern eine Milchpumpe holen", antwortete ich und hatte seine Reaktion auf dieses Anliegen schon kommen sehen. „Mir ist das nicht angenehm", antwortete er, „ich werde mal deine Mutter fragen, ob sie das übernehmen könnte. Brauchst du so ein Ding überhaupt?" Ich wusste nicht, ob ich das Ding irgendwann mal brauchen würde, aber wenn, hätte ich es gerne parat gehabt. Peter reichte das Rezept mit Hundeblick an meine verständnisvolle Mutter weiter, dann kam der Schneesturm und Mutti konnte mich nicht besuchen kommen, und nun warteten die Milchpumpe und einige Sachen aus dem Hygienebereich zu Hause auf Abholung.

Wir trugen unsere kleine Prinzessin nach oben, packten sie kurz aus und sie machte von Arm zu Arm die Runde. Peters Vater drängte schnell wieder zum Aufbruch. Das Auto und seine Elektrik machten ihm Sorgen bei der Kälte und der Schnee tat sein Übriges. So zogen wir bald weiter. Mutti drückte mir mit einem lächelnden Blick auf Peter einen Beutel mit Wöchnerinnenbedarf in die Hand. Die Fahrt ging weiter, Richtung Treptow. Das Auto hatte Startschwierigkeiten. Peter und Papa schoben an und dann tuckerte es tapfer los. Wir hatten das

Ziel schon vor Augen, da legte mein Schwiegervater noch eine Kür auf der Elsenbrücke hin. Das Auto drehte sich mehrmals um seine eigene Achse und kam entgegen der Fahrtrichtung zum Stehen. Danach waren alle richtig wach und etwas später auch froh, dass nichts Schlimmeres passiert war. Behagliche Wärme empfing uns zu Hause. Das Kinderzimmer war fertig renoviert. Wir hatten uns auf lindgrüne Wände geeinigt und mein Malermeister hatte diesen Ton hervorragend getroffen. Er wurde von Mal zu Mal besser. Die Kinderzimmergardinen hingen vor dem Fenster, das Babykörbchen stand mitten im Zimmer und der Tisch, der als Wickeltisch dienen sollte, war aufgebaut. Darüber Regale für die tausend kleinen Dinge, die man immer unbedingt in Reichweite haben musste, wenn man ein Baby pflegte und es keine Sekunde aus den Augen lassen durfte. Ich pellte unser kleines Bündel erst einmal aus. Das Köpfchen drehte sich suchend nach allen Seiten und der kleine Mund schien in ständiger Bereitschaft zu sein, Nahrung entgegenzunehmen.

Natürlich hatte unsere Familienfotografin ihre Kamera im Anschlag und so wurde die erste Fotoserie unserer Kleinen mit uns, ihren Eltern, geschossen. Mein Schwiegervater drängte auch hier, in tiefer Sorge um die Zündung seines Autos, schnell wieder nach Hause zu fahren. Er hatte Recht mit seiner Eile, aber es war bereits zu spät, das Auto sprang nicht an. Viele Versuche es zu starten schlugen fehl und das Auto musste in unserer Straße den Kälteeinbruch überstehen. Peters Eltern machten sich auf den Weg zum S-Bahnhof Treptow und hofften auf die S-Bahn. Wir blieben als kleine Familie zurück und ich wollte es mir in der Wohnstube zum Stillen gemütlich machen. Doch was war das? Das Zimmer, das ich noch vor Weihnachten nach meinem Geschmack eingerichtet hatte, erstrahlte nun in Schwiegermutters Glanz. Der gesamte Glasschrank war umgeräumt, die Bücher in den Regalen nach Größe sortiert, der Nähkasten stand optisch hübsch aber unpraktisch in einer der oberen Etagen der Schrankwand. Selbst in den Schränken fand ich die Dinge anders vor. Tischdecken und Tischläufer hatten mit den Fotoalben die Plätze getauscht und mein Kerzenvorrat war im Schubkasten untergebracht.

Peter bemerkte mein Befremden. „Sie hat es gut gemeint", sagte er entschuldigend. „Sie stand einfach vor der Tür und wollte mir helfen. Da konnte ich sie ja schlecht wieder wegschicken. Außerdem war ich froh, dass sie nicht unbedingt beim Tapezieren helfen wollte, sondern in den anderen Räumen kramte." Wir beließen es dabei und wandten uns unserem Kind zu. Peter erlebte das vergnügliche Stillen unseres Kindes zum ersten Mal. Er war völlig überrascht von den wohligen Schmatz- und Stöhngeräuschen seines engagierten Töchterleins. Amüsiert setzte er sich zu uns und lauschte den Klängen. Wir übten, eine Familie zu sein. Unser Kind brachte neue Geräusche, Gerüche, Gewohnheiten und Zeitabläufe in unseren gewohnten Alltag. Vorsichtig strich er über die Wunde von der Nadel des Wehenschreibers an Manuelas Köpfchen. Er stöhnte väterlich, legte sich die bereitliegende Baumwollwindel über die Schulter und wollte die Sache mit dem ausstehenden Bäuerchen mit seiner Tochter selbst erledigen. Wir schrieben den letzten Tag eines wirklich aufregenden Jahres. Draußen tobte ein Jahrhundertwinter und unser Kind versprach uns mit einem nassen Bäuerchen, dass auch das nächste Jahr aufregend bleiben würde.

Der Winter '79 hielt, was er Ende '78 versprochen hatte. Lange, eisig und mit unendlichen Schneemassen machte er uns das Leben schwer. Ich liebte meine Öfen. Wir hatten einen gut mit Briketts und Holz gefüllten Keller und waren Herr der Wärme in den eigenen vier Wänden. Treptow, der Stadtbezirk, den ich nur von ein paar Wandertagen aus der Schulzeit kannte, die uns immer in den Park und zum sowjetischen Ehrenmahl geführt hatten, war mir weitestgehend unbekannt. Noch nie hatte ich mir bewusstgemacht, welche schreckliche Zerrissenheit die Mauer diesem Stadtbezirk angetan hatte. Für die Infrastruktur war es ein Dilemma. Für uns anfangs ein unüberschaubares Chaos an Wegen.

Rechts von uns verlief die verhasste Grenze und links von uns der riesige Park, der zum S-Bahnhof zwar einen asphaltierten Gehweg bot, ansonsten aber mit den Bussen der BVG umständlich und zeitraubend umfahren werden musste. So peilte ich mit meinem orangefarbenen Kinderwagen, der dem normalen Standard entsprach, und dem Kind oftmals Ziele an, die unverhofft weit entfernt waren. Einer meiner ersten Wege führte mich in die Kiefholzstraße. Ich kannte die Kiefholzstraße, die von der Elsenstraße in Treptow abging, hatte aber keine Vorstellung von ihrer Länge und landete nach langem Suchen in Baumschulenweg.

Wollte ich zu unserer Wohnungsbaugesellschaft oder irgendwelche Formalitäten wegen der Geburt unseres Kindes erledigen? Ich weiß es nicht mehr. Ich weiß nur, dass ich mich kilometerweit durch die Schneemassen gekämpft hatte, völlig fertig war und meine neue Wohngegend auf sehr fragliche Weise kennengelernt hatte. Nun wusste ich aber auch, wo ich in Plänterwald die Säuglingsfürsorge und den Kinderarzt finden würde, dass es um den S-Bahnhof Baumschulenweg herum hübsche kleine Geschäfte gab, wie man den Kulturpark Plänterwald erreichte, das Eierhäuschen, das Ausflugslokal Zenner, die Archenhold-Sternwarte und ich lernte die vielen verschiedenen Möglichkeiten kennen, wie man S-Bahn und Busse und Fußwege in diesem Stadtbezirk am effektivsten nutzen kann. Meine Arbeit im WbK ruhte für das vor mir liegende Mütterjahr. Finanziell ging es uns gut. Vater Staat hatte mit unserer Eheschließung dafür gesorgt, dass wir einen zinslosen Ehekredit über fünftausend Mark bekamen, und weil wir diesen Kredit mit einem Kind bedient hatten, wurden uns gleich mal tausend Mark Rückzahlung erlassen. Außerdem gab es zusätzlich noch eintausend Mark für die Geburt jedes Kindes und kleinere Auszahlungen für den Nachweis, dass man eine stillende Mutter war. Wir jungen Ehepaare und Eltern, konnte man meinen, wurden wirklich verhätschelt.

Auf den ersten Blick sah das auch wirklich so aus. Kannte man aber die DDR-Politik, musste jedem klar sein, dass diese Großzügigkeit etwas mit dem Geburtenrückgang in der DDR zu tun hatte und mit der erstrebten Gleichstellung der Frau. Zudem beklagte die Generation unserer Mütter, dass diese Großzügigkeit auf ihre Kosten ging. Die beurlaubten Mütter mussten durch sie ersetzt werden, um den Fünfjahresplan erfüllen zu können. Es gab fast flächendeckend Krippen-, Kindergarten- und Hortangebote für berufstätige Mütter. Dem Staat war viel daran gelegen, die lieben Kleinen von Anfang an in seine sozialistische Obhut zu nehmen. Die Frauen sollten nicht unter dem Joch der Hausarbeit leiden, sondern sich ebenso wie die Männer beruflich entfalten können. Die Sache mit der Hilfe im Haushalt durch die Männer würde sich dann ganz automatisch einstellen. So hoffte man. Wenn man sich auf dem Arbeitsmarkt umsah, sah die Selbstverwirklichung der Frau doch etwas anders aus. Die leitenden Stellungen wurden fast ausschließlich von der Männerwelt belegt. Zwar standen fast alle Lehrberufe auch den Frauen offen, letztendlich arbeiteten diese aber für geringen Lohn in den typischen Frauenberufen. Sie kümmerten sich um die Kinder, die Alten und Kranken der Gesellschaft, standen als Verkäuferinnen und Kassiererinnen oder in den Büros als Sachbearbeiterinnen oder Sekretärinnen auf ihrem Posten. Das Gehalt der Männer war so knapp bemessen, dass sich eine Familie mit kleinen Luxusansprüchen gar keine Nur-Hausfrau mit Kind leisten konnte.

In dieser Zeit lernte ich nun auch die Herz-Dame meines Bruders kennen. Da sie keine Berlinerin war und Martin oft zu ihr fuhr, hatten sich unsere Wege bisher nicht gekreuzt. Was ich bereits wusste, war, dass sie eine angehende Lehrerin für Staatsbürgerkunde und Geschichte war. Das waren dann doch mit Abstand die verlogensten Schulfächer, zumindest was die jüngere Geschichte betraf, die das Schulsystem der DDR zu bieten hatte. Dazu kam, dass sie zum Stamme der Bonbonträger gehörte. Eine besondere Kategorie Mensch, bei der man vorsichtig Tuchfühlung aufnehmen musste, ob sie den Bonbon aus innerster Überzeugung oder aus Bequemlichkeit trugen, um studieren zu dürfen oder nicht nachdenken zu müssen. Ich hatte einige persönliche Erfahrungen machen dürfen mit denen, die wir Bonzen nannten, und von Anfang an ein ungutes Gefühl, was die Wahl meines Bruders betraf.

Es gab Genossen, die in einem Alter waren, in dem es glaubhaft war, dass sie einst der Überzeugung waren, den richtigen Weg in Richtung Kommunismus zu gehen. Das waren Menschen, deren Kindheit oder Jugend von Krieg und Armut und Unrecht gezeichnet war. Menschen, die im Kommunismus, der in seiner Theorie, mit all seiner Menschlichkeit und Gerechtigkeit, wie ein Märchen erschien, die humane Lösung für die Zukunft sahen. Spätestens Stalins Machtgehabe oder der Bau der Mauer in unserem Land hätte für all diese Genossen, wenn sie es ehrlich meinten, das Ziehen der Notbremse bedeuten müssen. Aber dann pfuschte der menschliche Charakter dazwischen. Lebenslügen zuzugeben war schwer, denn man stellte damit seine ganze Vergangenheit in Frage. Also log man weiter, hielt die nächsten Generationen möglichst dumm, unterzog sie einer Gehirnwäsche und hatte dann auch unter den jungen Leuten genug Nachwuchs zum Aufrechterhalten der Lügen. Das funktioniert nicht nur mit dem Kommunismus so, es funktioniert in allen Religionen und Diktaturen. Hat der Mensch dann dort seinen Platz gefunden und holt für sich persönlich das Beste raus, wird er mitlügen und heucheln und abstreiten, um seinen kuscheligen Platz in diesem Dilemma nicht zu verlieren. Ich versuchte ohne Vorurteile auf Martins Freundin zuzugehen, aber schon der Name dieser Frau, Christiana Engel, war mir hinsichtlich ihrer Berufswahl ein Dorn im Auge.

Es war Silvester, der Tag als ich mit unserem Kind aus der Klinik kam, als Martin, nach kurzer Selbsteinladung, mit ihr bei uns aufkreuzte. Unsere kleine Familie hatte eigentlich mit sich genug zu tun. Aber der Anstand ließ eine Absage nicht zu. So kamen sie in den Abendstunden, um mit uns in das neue Jahr zu feiern. Wir spielten also die Gastgeber- und Elternrolle und waren gespannt. Wären Peter und ich zu einer Feier eingeladen worden, hätten wir, auch wenn wenig Zeit blieb, mit Sicherheit vorher eine Kleinigkeit für die Feier selbst oder für die Gastgeber besorgt. Martin und Christiana kamen mit leeren Händen und taten nichts, was in irgendeiner Weise zur Feier beigetragen, noch uns, als junge Familie entlastet hätte. Ich steckte vor kurzem selber noch in der Rolle der „Neuen“ in Peters Familie. Ich wusste, dass es schwer ist, sich in einer fremden Familie zurechtzufinden und man lieber gar nichts, als etwas Falsches machte. Aber wir gehörten alle vier der gleichen Generation an, sprachen die gleiche Sprache und fanden doch von Anfang an keinen Draht zueinander.

Martins Umgangsformen, die wir vorher bei ihm als Solist hingenommen und belächelt hatten, traten nun verstärkt, als doppelte Ladung hervor. Der Gesprächsstoff, den man anzusprechen wagte, verebbte schnell und der Abend zog sich wie ein Kaugummi bis in die Nacht. Es sollte vorerst nicht bei einem abendlichen Besuch oder einem Besuch hin und wieder bleiben. Denn sie kamen mit einer ziemlich umfangreichen Bitte zu mir, die mich voraussichtlich viel Zeit und Überwindung kosten würde. Martin, nicht sie, bat mich, die Abschlussarbeit der angehenden Staatsbürgerkundelehrerin abzutippen. Eigentlich kannte er meine Einstellung. Er kannte mein Problem mit diesem Schulfach, mein Problem mit dem Kommunismus, mein Problem mit den verheuchelten Typen, die uns regierten, lehrten, anleiteten, aufhetzten und bespitzelten. Bis vor Kurzem, als er seine Zeit bei der Nationalen Volksarmee noch verflucht hatte oder als wir als Kinder und Jugendliche über die abenteuerlichsten Fluchtpläne aus der DDR nachgedacht hatten, war unsere Abscheu gegen die DDR eine lebenslange kontinuierliche Gemeinsamkeit, die einzige Gemeinsamkeit, gewesen. Ein Gespräch unter uns Geschwistern wäre dringend angebracht gewesen, denn ich wusste nicht mehr, mit wem ich es bei meinem Bruder zu tun hatte. Selbst in meiner Familie, die mich einst eine große Klappe und Ehrlichkeit gelehrt hatte, fand die Freundin meines Bruders eine solidarische Rückendeckung. „Sie kommt halt aus dem Tal der Ahnungslosen", sagte mein Vater, obwohl das rein geografisch gesehen, nicht wirklich stimmte. Beide Eltern waren in der Partei und als Geheimnisträger Angehörige der NVA. Ein geborgenes Familienleben habe sie nie kennengelernt. Das hörte sich für mich wie ein Entschuldigungsbrief meiner Eltern für Martins Freundin an. Sie baten mich, den Dingen Zeit zu lassen. Zeit? Wofür? Um den eigenen Denkapparat in Bewegung zu setzen? Ich glaube, ich war noch zu jung, um mich dem großherzigen Wollen meiner Eltern entgegenzusetzen. Im Hinblick auf die Zukunft des Familienfriedens hielt ich die Schnauze und stimmte den künftigen Abenden mit dem Besuch von Martin und Christiana und dem Abtippen der Studienarbeit zu.

Christiana hatte von Anfang an die Hosen an. Unser Fernseher lief, ich wusste gar nicht, dass er das konnte, auf Ostprogramm. Ich tippte, versorgte die Gäste und mein Kind, tippte weiter und das junge Paar saß in heftigster Weise knutschend auf unserem Sofa. Peter hatte einen dicken Hals. Ihm war die ganze strapaziöse Situation ein Dorn im Auge. Wir stellten immer wieder fest, dass wir es mit einem Paar zu tun hatten, dem jegliche Umgangsformen fehlten. Im Laufe meiner Tipperei tauchten bei mir Fragen zur Thematik auf. Ich tippte Widersprüche zum gelebten Leben in meinem Land und wollte Antworten, besser noch, eine Diskussion.

Christianas Antworten waren unbeholfen und erschreckend dumm und ich wunderte mich, dass meinem Bruder, der eigentlich schlagfertig und intelligent war, das nicht auffiel. Ich stellte mir vor, wie Christiana vor etwa 30 Jugendlichen stand und denen Rede und Antwort stehen sollte. Eine zarte, blasse Frau, die unaufhörlich ihren Zeigefinger in ihre Haare steckte und an Haarsträhnen nuddelte. Eine Blamage war vorprogrammiert, denn ihre unbeholfene Autorität würde ihr nicht weiterhelfen können. Martin schien bis über beide Ohren verliebt. Ich hielt ihm zugute, dass wegen dieses Zustandes sein Verstand vorübergehend ausgeschaltet war und sich irgendwann wieder einstellen würde. Wir könnten uns dann unterhalten wie zwei erwachsene Menschen. Er brachte mir vielleicht seine neuen Standpunkte nah und wir würden uns darüber verständigen, wie unser weiterer Kontakt zueinander ohne Streitereien verlaufen könnte. Ich erwartete von Christiana nichts, von Martin, der aus demselben Stall kam wie ich, erhoffte ich mir eine Erklärung.

Unsere Kleine gedieh prächtig und raubte mir mein Herz, den Verstand und meine Zeit. Ich konnte Stunden damit verbringen, sie einfach nur anzuschauen oder ihr zuzusehen, wie sie von Tag zu Tag mehr von ihrem eigenen Leben Besitz ergriff. In den Vormittagsstunden hatte ich jetzt oft Besuch. Peters Mutter und Schwester, die unterdessen Kolleginnen waren und in der gleichen Abteilung arbeiteten, kamen in kurzen Abständen, unangemeldet vorbei. Mich beschlich das ungute Gefühl, dass ich kontrolliert werde. Die Kontrollen bezogen sich sowohl auf meine mütterlichen als auch auf meine hausfraulichen Qualitäten. Immer wieder bekam ich Ratschläge, die ihren pingeligen Maßstäben entsprachen, mit mir und meinen Maßstäben aber nichts zu tun hatten. Wo war der Traum von unserem selbständigen Erwachsenenleben nur hingeraten?

Ich fühlte immer mehr, welchen großen Einfluss unsere Familien noch immer auf uns hatten. Wir standen unter dem Druck, es unseren Eltern recht machen zu wollen und bissen uns diplomatisch und ängstlich wie Kaninchen immer wieder auf die Zunge. Wir wurden alle nicht richtig warm miteinander und legten uns gegen die Eisigkeit ein dickes Fell zu. Ich hatte meiner Familie schon längst von unserem finanziellen Glück erzählt. Ich wollte keinesfalls den Eindruck entstehen lassen, unsere Wohnungseinrichtung und unsere Großzügigkeit kämen ausschließlich durch fleißiger Hände Arbeit. Natürlich freuten sich meine Eltern für mich mit. Sie konnten neidlos das Glück ihrer Kinder teilen.

Dann aber meldete sich Onkel Ottchen bei uns zu Wort. Er war ein alter, erfahrener Mann, ein Mensch, der mich geprägt hatte wie ein eigener Opa. Schon seit längerer Zeit fungierte er als unser Geldkurier von West nach Ost. Er nahm, weil das in unserer Familie so üblich war, keinerlei Bezahlung von uns an. Er nannte es prickelnden Nervenkitzel. Respekt hatte er vor allem was nach Bespitzelung roch und er hatte einen dementsprechend gut ausgewählten Freundeskreis. Er riet uns, mit unseren Informationen, auch im Familienkreis nicht zu ausführlich zu sein. Er konnte verstehen, dass ich mir nicht den Anschein geben wollte, wir hätten unseren guten Lebensstandard ausschließlich unserer schweißtreibenden Arbeit zu verdanken, aber er warnte vor Neid und Verrat aus den vordersten Reihen.

Es dauerte nicht lange, da lernten wir unsere Nachbarschaft kennen. Direkt neben uns wohnte eine Familie mit zwei Töchtern. Es war eine nette Familie und die Mädels kamen manchmal zu uns, um unser Baby zu bespielen. Mit manchen Leuten kam man auch nur kurz ins Gespräch, wünschte einen guten Tag und freute sich, wenn man sie das nächste Mal wieder traf. Die von über uns waren unfreundliche Gesellen. Es war ein altes mürrisches Ehepaar, das der ganzen Welt, besonders aber den Familien mit Kindern, den Kampf angesagt hatte. Die beiden schienen den ganzen Tag hinter ihren Fenstern zu lauern, um dann meckernd und belehrend auf die Straße oder den Hof zu rufen, welche Handlungsweisen ihrer Mitbürger gerade wieder nicht tragbar waren. Man hätte ihnen aus dem Weg gehen können. Aber es waren die Leute, zu denen wir Monat für Monat in die Wohnung mussten, um unsere Miete zu bezahlen, und es waren die Leute, die unser Hausbuch führten.

Eines Tages, es war nicht lange nach unserem Umzug, verursachten wir in unserem Badezimmer eine Überschwemmung. Wir hatten keine Idee, wie es dazu hatte kommen können und waren dabei, die Flutkatastrophe in unserem Bad aufzuwischen, da klingelte es. Sicherheitshalber gingen wir zusammen zur Wohnungstür, öffneten und sahen uns einem Herrn gegenüber, der vor Kraft nur so strotzte und den gesamten Eingangsbereich ausfüllte. Er war nicht sehr groß, eher quadratisch, glatzköpfig und braungebrannt.

Meister Proper persönlich, dachte ich, als er sich als der Mieter von unter uns vorstellte. „Bei uns tropft es im Bad durch die Decke", umriss er wortkarg sein Problem. Wir waren wegen seiner beeindruckenden Körperlichkeit zu Salzsäulen erstarrt. Wenn dieser Koloss von einem Mann jetzt einen Wutanfall bekommt, können wir bestenfalls noch die Wohnungstür zuschlagen, ging es mir durch den Kopf. Er setzte ein Lächeln auf und brummte wie ein Bär, der einen Honigtopf wittert. „Soll ich mal nachsehen?" Seine sanfte Brummstimme und sein Lächeln nahmen uns die kindische Angst und wir ließen ihn rein. Zielstrebig ging er ins Bad und sah, dass wir bei uns schon mit der Schadensbeseitigung kämpften. Unsere Waschmaschine war spürbar heiß, aber wir hatten den Waschvorgang sofort unterbrochen. Der Schlauch hing unschuldig über dem Badewannenrand. „Muss wohl ´ne Verstopfung sein", brummte Meister Proper, „ich hol mal was." Er verschwand die Treppe runter, um nach ein paar Minuten, mit einem langen Spiralgebilde wieder in unserer Wohnung zu erscheinen. Er hatte die Ausstrahlung eines Mannes, der genau wusste, was zu tun war. Wir nahmen eine Zuschauerposition auf dem Korridor ein und guckten gespannt seinem Treiben zu. Nach ein paar vorbereitenden Handgriffen schickte er das eine Ende der Spirale in den Badewannenabfluss, drehte und nuddelte das Gebilde in das Loch, bis es immer tiefer darin verschwand. Diese Arbeit schien anstrengend zu sein, denn Peter schwitzte nur vom Zusehen. Meister Proper legte viel Gefühl in seine Arbeit, fast so, als hätte er eine innige Beziehung zu seinem Werkzeug. „Da isses", brummte er zufrieden und zog gekonnt die Spirale samt einem undefinierbaren Dreckklumpen ans Tageslicht. Da lag die Bescherung in unserer Badewanne und ein dicker Zeigefinger popelte den Klumpen auseinander. Viele kleine Streichholzstückchen, versetzt mit Haaren und seifiger Masse waren zu sehen. Meister Proper nickte mit dem Kopf und hatte eine Erklärung für uns. Bevor wir unsere Wohnung bezogen hatten, waren die Bäder gefliest und mit Gasthermen ausgestattet worden. Die Streichholzenden hatten als Abstandhalter zwischen den Fliesen gedient und waren danach scheinbar unbesorgt durch den Abfluss gejagt worden. Das Ergebnis war nun die Überschwemmung. Wir hatten in unserer Familie allein schon durch das Wäschewaschen und Körperhygiene für drei Personen, entschieden mehr Abwasser als unsere alleinstehende Vormieterin. Meister Proper ließ die Wanne halbvoll laufen, zog den Stöpsel und das Wasser verschwand mit Höchstgeschwindigkeit in der Kanalisation. Unser Bad blieb trocken und in der Wohnung unter uns kamen keine weiteren Schäden hinzu. Obwohl nun unsere Unschuld bewiesen war, boten wir Schadensbeseitigung an. „Nee, nee, das mach ich schon selber", sagte Meister Proper, schnappte sich sein Werkzeug und wollte verschwinden. „Ein Bier?", fragte Peter und schien mit dieser Frage den Nerv des Muskelpaketes getroffen zu haben. Wir setzten uns in die Wohnstube und stießen auf gute Nachbarschaft an. Wir hörten, dass in dieser Familie ein Enkelkind unterwegs sei, das im Sommer zur Welt kommen sollte. Ein erster Nachbarschaftsaustausch fand statt, ein bisschen Tratsch und Klatsch und Meister Proper verschwand. Peter und ich waren froh solch einen Nachbarn im Haus zu haben.

Martin war entschlussfreudiger, als ich es ihm zugetraut hatte. Seine Hochzeit war in Planung, hatte aber noch keine festen Konturen. Mutti flüsterte mir zu, dass keine Westler eingeladen werden dürften. Christianas gesamte Familie durfte keine Westkontakte haben. Meine Reaktion darauf war klar und eindeutig. Dann werde auch ich nicht zu dieser Hochzeit erscheinen. Mutti bekam gleich wieder diesen Traurigblick. Schließlich heiratete der Sohn, der Stammhalter unserer Familie, und sie wollte natürlich, dass alles, so wie immer, ohne Streit und Diskussionen über die Bühne ging. Martin bat mich – wieder Martin – mit seiner Braut durch Berlin zu ziehen und mit ihr ein Brautkleid zu kaufen. So machte ich mich mit Christiana auf den Weg. Sie hatte eigentlich Idealmaße und wahrscheinlich entsprechend weniger Probleme als ich. Mir fiel eine Boutique in der Klement-Gottwald-Allee ein, in der ich damals unter anderem auch Hochzeitskleider gesichtet hatte. Ich war froh, sie durch eine Gegend zu führen, die mir bekannt war. Gesprächsstoff zu finden fiel uns beiden recht schwer und die Gegend meiner und Martins Kindheit gab einige Themen her. Wir hatten Glück und fanden wirklich gleich in diesem kleinen Laden ein sehr schönes, passendes weißes Hochzeitskleid für meine zukünftige Schwägerin. Wie man sich mit den Westlern geeinigt hatte, erfuhr ich nie, aber wenigstens die Ludwigshafener waren dabei. Der Bräutigam bat um Peters Hochzeitsanzug als Leihgabe, um sich für diesen einen Tag nicht selbst einen kaufen zu müssen. Peter hatte sein Rumgerenne nach einem schicken Anzug noch gut vor Augen. Es gab im Handel für Otto-Normalverbraucher keine hinnehmbaren Anzüge. Die Schnitte waren schlecht und das Material aus Chemiefasern. Peter hatte schnell einen Abbieger in einen der Exklusivläden gemacht und sich dort auch gleich ein schickes Oberhemd geleistet. Er verzichtete ungern auf seinen Anzug, hätte ihn zu diesem Anlass selber gerne getragen. Mir zuliebe, in Hinblick darauf, dass es nicht jedem so gut ging wie uns, gab er den Anzug meinem Bruder und trug selbst eine unscheinbare Kombination an diesem Tag. Christianas Familie machte einen ganz normalen Eindruck, eine Familie mit vier Kindern. Die Zeit, die wir mit ihr verbrachten, war viel zu kurz, um sich ein Bild machen zu können. Die Feier im Standesamt war wie jede andere auch und hinterher gab es ein Mittagessen für alle Gäste. Keine Feier mit Tanz und Gesang, nichts was in Erinnerung blieb. Der Brautstrauß wurde an einer Gedenkstätte für Widerstandskämpfer abgelegt und dann war auch schon Feierabend.

Manuela entwickelte sich prächtig. Der Park in unserer Nähe, der Stadtbezirk, der erkundet werden wollte, die neue Nachbarschaft und mein Dasein als Nur-Hausfrau-und-Mutter, befriedigten mich. Ich vermisste keine sozialistische Brigade und keinen verlogenen Morgenrapport, keine langen Arbeitswege und schon gar keine Krippe für mein Kind. Meine Hobbys lockten, vor allem in den Nachtstunden. Ich bemalte kleine Sperrholzbrettchen, die Peter mir zugesägt hatte, mit Blumen und Bauernweisheiten, verschenkte oder verkaufte sie. Ich entdeckte die Backknete Suralin, die leider auch eher zur Bückware gehörte und oft in schlechter Qualität war. Daraus formte ich Namensschilder für Haustüren oder Badezimmerhaken mit der Aufschrift ER, SIE, ES oder bei Bestellungen mit den gewünschten Namen. Ich modellierte Osterhasen, Osterküken, Schmetterlinge, Blumenkränze als Dekoration für Blumensträuße oder für den Tisch. Alles wurde aufgefädelt und lackiert und ich hatte viele Aufträge, die nebenbei etwas Geld in die Kasse brachten. Meine handbemalten Ostereier fanden guten Absatz und ich konnte nicht genug kriegen vom Formen und Malen und Basteln. Manchmal stellte ich mich mit meinen Kreationen am Bahnhof hin und verkaufte sie. Hierbei durfte ich mich nur nicht erwischen lassen, denn das war eigentlich verboten. Im Laufe der Zeit lernten wir auch die bessere Hälfte von Meister Proper kennen. Eine liebenswerte Frau mit einem riesengroßen Herzen. Aus unserer Nachbarschaft wurde Freundschaft und die Dame des Hauses, Herta, meine mütterliche Freundin und für unsere Kleine die Hausoma. Herta beschäftigte sich gerne mit Handarbeiten. Sie häkelte Topflappen und verwundert sahen wir, wie Heinz, unser Meister Proper, mit kräftigen Händen und dicken Fingern zu Handarbeitsgarn und Sticknadel griff und die Topflappen mit Sternen verzierte. Er drehte seiner Frau auch sehr geschickt die Haare auf Lockenwickler, er kochte wie ein Sternekoch und hatte immer gute Laune. Im Sommer bekam die Familie ihres jüngsten Sohnes das erste Baby. Herta, die das gesamte Salzwasser der Welt in sich zu tragen schien, weinte in dieser Zeit besonders oft. Aus Freude, aus Sorge und manchmal wusste sie selber nicht warum. Sie entschuldigte sich dann immer und fand sich selbst ziemlich albern mit ihrem Ozean aus Tränen. Wir hatten wirklich Glück mit den beiden von unter uns. Sie waren jederzeit hilfsbereit und, wenn Herta nicht gerade in einem ihrer Ozeane versank, zwei fröhliche Menschen. Mit der Geburt eines kleinen Mädchens in Hertas Familie, kam dann auch Manuelas erste Freundin, Diana, auf die Welt. Unsere Bande waren unterdessen so eng miteinander verknüpft, dass wir unsere Geburtstagsfeiern oder auch Weihnachten und Ostern mindestens für ein paar Stunden gemeinsam feierten. Unser Hausrat und selbst die Möbel wurden dann von unten nach oben oder von oben nach unten transportiert, um große Tafeln aufzubauen und für jeden Gast einen Teller samt Besteck zu haben. Es dauerte nicht lange und Manuela nannte die beiden Oma und Opa. Meine Eltern, die ein wirklich gutes Einvernehmen mit den beiden hatten, sahen darin kein Problem. Meine Schwiegereltern, besonders Peters Mutter, wollten es nicht tolerieren, konnten aber nichts daran ändern. Manuela, die sich als Säugling hervorragend mit dem Vierstundenrhythmus des Stillens abgefunden hatte, fing mit ihrem 6. Lebensmonat an, ein Schrecken der Nacht zu werden. Sie schlief abends gut und zufrieden ein, wenn wir aber ins Bett gingen und ich gerade den zweiten Fuß unter meine Bettdecke schob brüllte sie los. Das ging von 0 auf 100 in einer Sekunde. Wir verhängten ihre Tür, damit sie nicht merkte, wenn bei uns das Licht ausging. Wir benutzten die rauschende Klospülung nicht mehr, sondern kippten Wasser aus einem Eimer in die Toilette. Wir liefen nicht mehr, sondern wir schwebten durch unsere Wohnung. Es half alles nichts, das Kind brüllte. So war überwiegend ich damit beschäftigt, die Kleine zu beruhigen. Peter musste morgens zeitig raus und hatte keinen Nerv, sich mit einem Baby die Nacht um die Ohren zu schlagen. Ihm sträubten sich schon die Nackenhaare in der von Null-auf-Hundert-Sekunde. Manchmal traf mich noch ein mitleidiger Blick, wenn ich mein Bett wieder verlassen musste. Der Kinderarzt und auch die Säuglingsfürsorgerin beruhigten mich. Das Kind war gesund und super entwickelt. Sie war satt, ohne Durst und in dem Moment, wo sie mich erblickte, voller Tatendrang und Unternehmungslust. „Erste Machtspielchen" nannte der Arzt Elas Verhalten. Ich sollte durchhalten, sie keinesfalls aus dem Bett nehmen und bespielen. Sie war kein Säugling mehr und an die Ruhezeiten gewöhnt. Sie verstand halt nur nicht, dass in der Nacht keine Spielzeit war. Ich versuchte es mit späterer Einschlafzeit, mit Trinkangebot und immer wieder zeigen, dass ich da bin. Es nützte nichts, sobald ich das Zimmer verließ, brüllte das Kind. Herta, mit der wir zu dieser Zeit noch nicht so engen Kontakt hatten, erzählte mir später, dass sie sich einmal, als ich das Kind im Hausflur schon in den Wagen gelegt hatte und noch einmal hoch gegangen war, um mein Gepäck zu holen, heimlich die Treppe runtergeschlichen sei und in den Wagen gesehen habe. Sie befürchtete, ein halb verhungertes Kind zu sehen, das nachts wegen Hunger und Durst nicht zur Ruhe kam. Dann sah sie das kleine mopsige Mädchen sie anstrahlen und voller Zufriedenheit mit ihren Händchen spielen. Herta war beruhigt, aber unsere Mitmenschen im Haus waren genervt und teilweise auch sehr verständnislos. Unser erster gemeinsamer Familienurlaub brachte dann von einer Nacht auf die andere die Wende. Peter hatte von seinem Kollegen eine private Adresse zum Urlaubmachen bekommen. Dort hatte eine alte Dame in der Umgebung von Königswusterhausen, ein Haus und zwei Ferienzimmer, die sich im hinteren Teil des Grundstückes befanden. Wahrscheinlich waren das mal Garagen oder Vorratsräume gewesen, die nun an Urlauber vermietet wurden. Ganz vorne in diesem Nebengelass befanden sich eine Waschküche und daneben ein Plumpsklo. Die Zimmer waren mit einem Waschbecken ausgestattet, mit zwei Betten und einem Schrank. Mehr gab die Räumlichkeit nicht her. Wir waren an keinen Luxus im Urlaub gewöhnt und vermissten daher auch nichts. Hauptsache das Wetter erlaubte uns, die Hütte zu verlassen und ausgedehnte Spaziergänge mit Kinderwagen zu machen. In der ersten Nacht zeigte unsere Tochter die überzeugende Kraft ihrer Lungen. Sie schrie und schrie und gab erst Ruhe, wenn ich sie nahm und bespielte. Im Nachbarzimmer wohnte ein älteres Ehepaar, das seinen Nachtschlaf brauchte, und deshalb schlug ich die Ratschläge des Kinderarztes in den Wind und tat alles, um nicht unangenehm aufzufallen. Am nächsten Morgen trafen mich trotz meiner Bemühungen böse Blicke von unseren Nachbarn. Sie hatten natürlich auch viele gute, schon längst von mir ausprobierte, Ratschläge parat. Unsere Wirtin, die Elas Gebrüll bis in ihr Schlafzimmer gehört hatte, empfahl uns, das Kind zum Schlafen samt Kinderwagen in die Waschküche zu stellen und sie einfach mal brüllen zu lassen. Mit dem Segen dieser uralten erfahrenen Frau probierten wir das Unternehmen Waschküche aus. Manuela brüllte und Mama kam nur einmal, Manuela brüllte wieder und Mama guckte nur noch durch das Schlüsselloch, immer wieder, bis eine Bindehautentzündung winkte. Plötzlich trat Ruhe ein. Das war natürlich auch nicht richtig, denn die plötzliche Ruhe beunruhigte mich. Immer wieder starrte ich in den kleinen Raum, es war unterdessen stockfinster und ich konnte darinnen nicht wirklich etwas erkennen. Aber es war ruhig. Wie ungewöhnlich, mitten in der Nacht fand ich Gelegenheit in mein Bett zu gehen und dort auch zu bleiben. Das nette Ehepaar von nebenan hatte gleich am ersten Morgen seine Koffer gepackt und war abgereist. Sie waren zu alt für dieses nächtliche Geschrei, wollten ihren Urlaub genießen und befürchteten noch viele weitere Nächte mit dem Kampf um Ruhe. Manuela behielt ihren Schlafplatz in der Waschküche und schlief seitdem durch. Sie hatte es vorläufig aufgegeben ihre Mutter erziehen zu wollen. Wir hatten den hinteren Teil des Gartens für uns, starteten seit Monaten erstmals ausgeschlafen in den Tag und genossen unseren Urlaub, mit See und Wald und ganz viel frischer Luft. Die Familie der alten Wirtin stellte sich jeden Abend nach der Arbeit ein und wir wurden mehr als uns lieb war, in der Familie aufgenommen. Peter bekam so kleine Aufträge, von Rasenmähen, über Zaunpflege bis zu kleinen Reparaturen im Haus der alten Dame. Das war der Preis für den Familienverbund und störte uns nicht wirklich. Was störte, war, dass der Schwiegersohn des Hauses, der sich selbst für die Verkörperung der Männlichkeit hielt, sein Leben nur im Rausch verbrachte. Er glorifizierte sich und seine Taten, seinen Fleiß, seine Beziehungen, seine Kenntnisse. Er selbst bewohnte ein Haus, das ihm nur zur Miete überlassen war, denn es gehörte eigentlich irgendeinem Westler der keine Gelegenheit hatte, sein Haus und sein Grundstück für sich zu nutzen. Dieser Mann war Polizist und fuhr volltrunken Auto, er bepöbelte ständig seine Frau und ließ sich als Held feiern, weil er das Haus, in dem unsere Wirtin wohnte, allein gebaut hatte. Ich will ihm nichts Böses unterstellen, denn seine Alkoholprobleme waren ähnlicher Natur, wie ich sie ringsum in vielen mir bekannten Familien erlebte. Seine Frau arbeitete in einer Verkaufsstelle für höher gestellte Armeeangehörige. Sie sprach nicht viel davon, denn sie war eine Geheimnisträgerin. Unsere alte

Wirtin hatte viel zu erzählen, vom Krieg, von den Schlachten ringsum in den Wäldern und von den vielen, schrecklichen Vergewaltigungen durch die Soldaten der roten Armee. Sie erzählte von den jungen Mädchen, die immer wieder in ihre Verstecke kriechen mussten, um von den Soldaten nicht entdeckt zu werden, von den Frauen, die sich freiwillig hingaben, um ihre Töchter zu schützen, von der Ungerechtigkeit, dass diese Verbrechen niemals in der Öffentlichkeit erwähnt werden durften und von dem großen Leid, das viele Frauen ihr Leben lang mit sich herumschleppen mussten, manchmal auch mit Kindern in der Familie, die das Resultat der Vergewaltigungen waren. Sie erzählte sehr anschaulich und ihre alten Schwestern, die oft zu Besuch kamen, bestätigten jedes Wort. Diese alte Dame hatte so viel erlebt, wie sie Falten im Gesicht hatte. Sie hatte eine Alltags- und eine Sonntagszahnprothese und sie hatte wunderbare Ratschläge und Tipps für den Küchen- und Putzbereich eines Haushaltes. Sie ging auf die 90 zu und hatte noch immer alle Tassen dort im Schrank, wo sie hingehörten. Ich liebte diese alte drahtige, verschrumpelte Frau. Auch sie betrieb weibliche Diplomatie und schwieg, wenn ihr Schwiegersohn sich den Lorbeerkranz auf sein Haupt setzte. Sie ließ ihn glauben, ihr Held zu sein. In Wahrheit aber schwieg sie ihrer Tochter zuliebe, die jedes Gewitter ihres Mannes über sich ergehen lassen musste.

Unsere Familie hatte über kurz oder lang nun auch eine eigene Staatsbürgerkundelehrerin. In einer Schule, einige Kilometer entfernt von Berlin, sollte sie die Kinder nun lehren, wie toll der Sozialismus auf dem Weg zum Kommunismus und was die Diktatur des Proletariats war, was Marx, Engels und Lenin dachten und geschrieben hatten. Sie blieb dort nicht lange und zog ein paar Wochen später zu meinem Bruder in die Wohnung meiner Eltern. Mein ehemaliges Zimmer bewohnte sie nun mit Martin. Sie richteten sich dort ein Wohn-Schlafzimmer ein, bekamen ihr eigenes „Modell Dagmar“ und hofften auf eine eigene Wohnung. Christianas eigentliche Berufung trat jetzt in ihrem ganzen Ausmaß in Erscheinung. Sie putzte. Meine Schwägerin hatte es nicht besonders leicht in unserer Familie und so war mein Vater von Anfang an so etwas wie ihr ständiger Verteidiger. Er lobte ihre Umsicht im Haushalt, dass sie sogar oben auf den Schränken Staub wischte, unermüdlich mit Putzen beschäftigt war, auch in den Räumen meiner Eltern. Mutti beklagte sich oft bei mir, dass Christiana genau das tat, was mein Vater bei Mutti gern gesehen hätte. Sie war eine Hausfrau in Schürze und Pantoffeln, die den ganzen Tag mit Haushaltsführung verbrachte, während ihr Mann arbeiten ging und das Geld heranschaffte. Papas Lobgesang war so hoch, dass Mutti sich gekränkt fühlte und anfing, ihre Schwiegertochter als Konkurrenz zu empfinden. Christiana wurde schwanger und dem Idealbild meines Vaters immer ähnlicher. Mein Elternhaus wurde mir fremd. Ich verstand den ganzen Zirkus um Martins Frau nicht. Eine ehrliche Aussprache hätte vielleicht etwas bewirken können, aber zu der kam es nicht. Christiana wurde leidend. Eine Eigenart, die ich schon lange vor der Schwangerschaft bei ihr festgestellt hatte. Sie war, wenn man ihren Erzählungen glaubte, einmal ein Allroundtalent gewesen und konnte, bevor das große Leiden über sie kam, alles was irgendeiner von uns auch gut konnte. Sie war oft mürrisch und unzufrieden und hatte meinen Bruder, der sie anbetete und verwöhnte, gut im Griff mit ihren Launen. Natürlich sahen Mutti und ich das sehr parteiisch für meinen Bruder, der von uns aber weder Parteinahme noch Solidarität verlangt hatte, denn er war glücklich und zufrieden und lebte genau nach dem Schema, was auch ihm seit frühester Kindheit eingebläut worden war. Der Mann ist der Ernährer der Familie, kann sein Frauchen und die Kinder ernähren und ein Dach über dem Kopf bieten. Er hat ein Recht auf Fußballtraining, Fußballspiele, Fußballgucken mit Alkohol als Rahmenprogramm. Insofern beneidete ich Christiana nicht um ihre Stellung in der Familie, aber sie schien kein Problem damit zu haben und wenn, wäre ich wahrscheinlich die Letzte gewesen, mit der sie darüber gesprochen hätte. Martin hatte Glück mit seiner Tätigkeit in der Autobranche, verschaffte sie ihm doch die Möglichkeit, gutes Geld zu verdienen und nebenbei Beziehungen, die man im Osten so dringend brauchte, aufzubauen. Nach dem Motto, biete Lichtmaschine suche Fliesen, vielleicht auch „Blaue Fliesen", wie der Deckname der D-Mark in der DDR lautete.

Beim VEB Stern-Radio, genauer gesagt in Peters Brigade, gab es Ärger. Es verging kein Feierabend, an dem er mich nicht mit neuesten Geschichten aus seinem sozialistischen Brigadeleben versorgte. Hauptdarsteller in diesem Szenarium war der Brigadier. Sein Name war Schneider, aber er regierte seine „Männerschaft" wie ein König. Es gab auch eine große, schlanke, blonde Hauptdarstellerin. Sie hieß

Babsi und hatte dem königlichen Schneider scheinbar total den Kopf verdreht. Mit dem Zepter in der Hand und Babsi auf dem erregten Schoß, thronte seine Majestät stundenlang in seinem kleinen Extrakabuff auf seinem Drehstuhlthron und erfreute sich seiner Macht und seiner Potenz. Manchmal öffneten sich die Pforten und der Machthaber betrat mit nörgelndem Gesicht die Werkstatt und verteilte Arbeit. Keine betrieblich notwendigen Arbeiten, sondern Arbeiten für seine und Babsis persönliche Wunscherfüllung. So standen die untergebenen Männer Tag für Tag mehrere Stunden und arbeiteten die Privataufträge ihrer Hoheiten ab. Das sorgte innerhalb der Brigade für tiefste Unzufriedenheit, zumal man ja von der Gunst des Königs, von seiner Einschätzung, seinem Weiterreichen von Daten, abhängig war. In den oberen Etagen schienen die Umtriebe des Brigadiers nicht aufzufallen oder man verschloss die Augen und leitete vielleicht sogar eigene Wünsche über ihn an die kleine Brigade weiter. Die Männer fühlten sich nicht nur ausgenutzt und alleingelassen, sondern auch gedemütigt. Nun war ich wahrscheinlich nicht die einzige Ehefrau, die in den Chor der Männer einstimmte, aber ich versuchte auch noch, die Herren zu mobilisieren. Ich hatte mich schon mehrmals erfolgreich gegen Ungerechtigkeiten, die mir im Leben mit schöner Regelmäßigkeit widerfuhren, zur Wehr gesetzt. Nun bot ich Peters Brigade meine Hilfe an. Ich schrieb einen Brief an den Betriebsdirektor, mit Durchschlag für alle darunterliegenden Instanzen, die Kaderabteilung und den „König" selbst. Er sollte sich ja schließlich auf seine Entthronung vorbereiten können und vielleicht vorher noch ein paar schlaflose Nächte genießen. Mein Brief brachte eigentlich haarsträubende Wahrheiten an den Tag, er hätte sowohl in moralischer Hinsicht als auch vom Interesse des Betriebes her eine drastische Maßnahme gegen den Herrscher herbeiführen müssen. Unerklärlich verlief die Geschichte weiter. Der Herr Betriebsdirektor persönlich kam runter in die Werkstatt. Er schien über das Gelesene empört und redete versöhnlich auf die Männer ein. Der Brigadier wurde seines Postens enthoben und einer aus den eigenen Reihen wurde zum Brigadier ernannt. Die Welle aber blieb aus. Es wurde vertuscht, beschönigt, gelogen und die Betroffenen wurden möglichst aus allem herausgehalten. Bevor der Herr Direktor ging, erkundigte er sich, wer denn der Verfasser des anklagenden Briefes gewesen sei. „Ein früherer Lehrling und spätere Stenotypistin unseres Betriebes. Sie verließ uns wegen schlechter Bezahlung“, sagte Peter und zwinkerte in seine Männerrunde. Der Direktor verließ die Werkstatt, der Ex-Brigadier packte seine Sachen und die Brigade erlaubte sich eine Feierstunde. Später erfuhr man, dass die Klageschrift für Herrn Schneider leider nicht mehr als nur eine kurze Blamage gewesen war. Er wurde heimlich, still und leise sogar befördert und trieb nun in höheren Kreisen sein Unwesen. Was die Gerüchte um seine Person bei den kleinen Arbeitern natürlich noch verstärkte. Hatten die da oben wirklich zusammen geklüngelt oder war er ein Gesandter von Horch und Guck oder bediente er sogar das Gesamtpaket? Wirklich zufrieden konnte man mit dem Ergebnis nicht sein, aber die Männer hatten erreicht, was sie wollten. Sie hatten ihren Werkstattkönig entthront und den Kampf für sich entschieden.

Peter und ich waren in einem Gespräch, hinsichtlich der weiteren Erziehung unserer Tochter, darin übereingekommen, dass unser Sonnenschein keine Kinderkrippe besuchen sollte. Wir wollten mindestens abwarten, bis sie drei Jahre alt war. Sie sollte nicht nur sprechen, sondern auch ihre Gedanken formulieren können. Sollte in der Lage sein, mir zu sagen, wenn es ihr nicht gut ging oder wenn im Kindergarten Dinge passierten, mit denen sie nicht zurechtkam. Wir hatten eine absolute Antipathie gegen das sozialistische Bildungssystem entwickelt und wollten uns mit unserem Kind über seine diesbezüglichen Erfahrungen auseinandersetzen können. Ich dachte auch an meine Kindergartenzeit zurück, in der immer alles aufgegessen werden musste, in der Ellenbogen mit Wucht auf den Tisch geschlagen wurden, wenn man sie angewinkelt und vielleicht auch noch die Hand als Kopfstütze „missbraucht“ hatte. Ich wollte, dass meinem Kind geholfen würde, wenn es geschlagen wurde, und ich wollte, dass die Kleine ein positives Sozialverhalten erlernen und niemals kollektiv ausgelacht werden sollte, weil sie etwas nicht konnte, begriff oder wollte. So teilten wir uns unser verbliebenes Geld aus dem Westen ein, um meinen Verdienstausfall der kommenden Jahre damit abzufedern. Ich war Peter unendlich dankbar, dass er diese Entscheidung mit mir zusammen getroffen hatte. Ich kündigte mit Ausklingen des Mütterurlaubes im Wohnungsbaukombinat und wurde nun endgültig das, was man eine Nur-Hausfrau-und-Mutter nannte. Wir erkundeten per pedes und Kinderwagen unser Wohngebiet, den sehr ausgedehnten Treptower Park, besuchten den Plänterwald oder machten es uns in unserer Wohnung gemütlich. Von Herta hatten wir die alten Kinderzimmermöbel ihrer beiden Jungs bekommen. Dazu hatten wir noch von unserer Vormieterin einen Kleiderschrank und auf dem Trödel gab es einen alten Sekretär für Elas Stube. Diese Möbel wurden gereinigt und mit Dekortapete beklebt. Dann entwarf ich verschiedene Muster für eine Dekoration, brachte diese mit Hilfe von Kohlepapier auf die Möbel und malte sie bunt. Es waren Blumenkränze aus Mohn, Kornblumen, Ähren und Ranken. Als alles fertig war, lackierte Peter die Möbel und wir hatten ein einzigartiges Kinderzimmer für unsere Kleine. Es gab wirklich immerzu etwas zu fummeln und zu tun. Es gab so viel, was mehr Spaß machte und von bleibendem Wert war und allemal besser als das tägliche Einerlei des Haushaltes. Es war natürlich ein Segen, einen Mann zu haben, der die groben handwerklichen Tätigkeiten übernahm, während ich mich um die Feinheiten kümmerte. Ich kaufte mir, obwohl ich noch gar nicht stricken konnte, eine Strickmaschine. Herta, mit ihren Strickkünsten half mir dann, mein Werk abzustricken und maschensicher zu machen. Sie erklärte mir auch geduldig die Anfänge und das Beenden des Strickvorganges. Ich nähte für Verwandte und Bekannte Gardinen, machte Hosen enger oder setzte bunte Stoffe um den Saum, um sie länger zu machen. Es gab genug, womit ich meine Abende ausfüllen konnte, so dass mir meine Berufstätigkeit nicht wirklich fehlte. Was mir fehlte, war die Gesellschaft meiner Kollegen. Ich konnte tagsüber niemanden besuchen gehen, denn alle Leute waren am Arbeiten und wenn Peter nach Hause kam, wollte ich auch zu Hause sein. Auf der Liegewiese am Treptower Park lernte ich eine junge Frau kennen, die sehr freundlich und aufgeschlossen war und die, wie sich herausstellte nur zwei Hauseingänge entfernt von uns, noch bei ihrer Mutter wohnte. Sie hatte einen wunderschönen Schäferhund neben sich liegen, der die Zeit mit seinem Frauchen scheinbar genoss und sich von uns überhaupt nicht stören ließ. Sie hieß Anke und wir beließen es gleich dabei, uns mit dem Vornamen anzusprechen. Anke war eine künstliche, aber natürlich wirkende Blondine mit einem sportlichen, kurzen Haarschnitt und strahlend blauen Augen. Sie war sehr mitteilsam und schien sich zu freuen, auf eine etwa gleichaltrige Frau gestoßen zu sein, die in den Vormittagsstunden zu Hause war. Sie selbst arbeitete im Schichtdienst im Verlag Tribüne, der sich direkt in unserem Wohngebiet befand. Durch ihre Erzählungen lernte ich unsere gesamte Nachbarschaft gleich viel besser kennen, denn sie hatte hier ihr gesamtes bisheriges Leben verbracht. Sie kannte Hinz und Kunz, die kleinen Läden samt ihren Besitzern in der Gegend und sie war in Erwartung einer eigenen Wohnung. Darüber wunderte ich mich etwas, denn es galt als ungeschriebenes Gesetz, dass man entweder verheiratet oder wenigstens ein Kind haben musste, um eine reelle Aussicht auf eigenen Wohnraum zu haben. Vielleicht hatte das ja auch etwas mit ihrem Schichtdienst zu tun oder sie hatte Beziehungen über den Verlag oder direkt im Rathaus. Es war mir egal, ich gönnte es ihr, ohne eine „Wüste-Erfahrung" machen zu müssen, eigene vier Wände zu bekommen. Wir trafen uns nun regelmäßig und kamen uns näher. Ich hatte etwas Hoffnung auf eine langjährige Freundschaft, stellte aber sehr bald fest, dass wir sehr unterschiedlich tickten. Anke hatte keinerlei Interesse am politischen Zeitgeschehen. Sie nahm die Dinge wie sie kamen, interessierte sich überwiegend für sich und ihre eigenen Interessen und hatte viele Wünsche, was meine Fähigkeiten auf der Nähmaschine betraf. Es dauerte nicht lange, dann hatte sie eine Wohnung, gleich bei uns um die Ecke, ebenerdig vom Hof aus erreichbar, runtergekommen, aber mit einem sehr großen Zimmer und einer geräumigen Küche. Ich half ihr beim Renovieren. Wenn die Kleine schlief, machte ich mich in Arbeitsmontur auf den Weg und tapezierte und putzte und fummelte die halbe Nacht mit Anke in ihrer Wohnung rum. Es war anstrengend, aber es schmiedete uns zusammen. Anke war, so schien es mir anfangs, ziemlich pingelig, was ihre Ordnung und Sauberkeit betraf, es dauerte nicht lange, da empfand ich es als Tick oder Macke und ich konnte nicht mehr einfach abwinken und darüber großzügig hinwegsehen oder lachen, ich hielt sie diesbezüglich wirklich für krank.

Sie hatte mir mal von dem Haushalt ihrer Mutter erzählt, von den krankhaften Ordnungsticks, mit denen sie groß geworden war. Am eindrucksvollsten war für mich die Schilderung, dass ihre Mutter ein „beleidigtes Auge" bekam, wenn im Bad Zahnputzbecher und Zahnbürsten herumstanden. Es gab nur einen Zahnputzbecher und eine Zahnbürste für die ganze Familie und beides musste nach dem Zähneputzen im Schrank verschwinden. Ich wusste nicht, ob ich ihr diese Geschichte glauben sollte. Da wurde die Hygiene dem Schönheits- und Ordnungssinn geopfert. Wenn ich mir aber Ankes Ticks vor Augen hielt, konnten sie nur in ihrer Kindheit ihren Ursprung haben. Sie selbst hielt ihre Ordnung für entschieden gemäßigter, legte aber einen fleckenfreien Scheuerlappen zum Füße Abtreten vor die Tür und verlangte, dass man darüber sprang, um ihn nicht zu beschmutzen. Ordnungssinn kann schon manchmal sehr paradox erscheinen. Was mich dabei wunderte, war, dass der Hund in dieser Ordnung seine Existenzberechtigung fand. Anke war nicht auf den Mund gefallen, wenn sie Hilfe brauchte. So dauerte es nicht lange, da holte sie sich einen jungen, gutaussehenden Handwerker vom Bau in die Wohnung, um sich helfen zu lassen. Aus dieser Beziehung wurde sehr bald Liebe und die beiden schienen mir für immer unzertrennlich. Er hieß Erich und stammte aus einer sehr kinderreichen Familie. Manchmal zwinkerten wir uns lächelnd zu, wenn Ankes Ordnungsfimmel anfing, uns zu nerven. Malern ohne zu tropfen, Sägen ohne Späne, Stemmen ohne Staub und Krümel war auch dem vorsichtigsten Handwerker nicht möglich. Anke lachte manchmal selbst über ihre Wünsche und war andererseits schon am Verzweifeln, wie sie in diesem Dreck, der aus meiner Sicht keiner war, noch länger überleben sollte. Ihre schrottige Wohnung entwickelte sich, Dank Erichs Hilfe, zu einer Puppenstube. Es kamen immer wieder neue Wünsche, die er umgehend erfüllte und dabei Staub aufwirbeln musste, den sie ihm dann zum Vorwurf machte. Anke war ein Scheidungskind, was unterdessen schon eine ganz normale Angelegenheit, also nicht mehr sonderlich spektakulär war. Ich stellte mir ihren Vater, der in einer neuen Beziehung, wahrscheinlich auch mit eigenem Zahnputzbecher und persönlicher Zahnbürste lebte, im Haushalt ihrer Mutter vor. Ich kannte keinen Mann, der auf Dauer da reingepasst hätte. Es war sozusagen die nächstmögliche Steigerung des Haushaltes, aus dem Peter mal gekommen war. Anke hatte eine ältere Schwester. Auch diese schien, mit all ihren Eigenheiten, überaus kompliziert zu sein. Zwischen den Schwestern herrschte ständiger Streit und doch konnten sie nicht voneinander lassen. Ich hatte das Gefühl, sie waren einer Hassliebe unterworfen und wussten beide nicht, wie sie damit umgehen sollten. Anke heulte sich oft bei mir über ihre Familie aus, es reichte ihr aber, einen Zuhörer zu haben, denn Ratschläge befolgte sie nicht. Vielleicht fürchtete sie Konsequenzen oder sie hatte noch nicht genug Wasser im Fass, das es zum Überlaufen gebracht hätte. Anke hatte seit längerer Zeit Probleme beim Sitzen. Schmerzhaft verzog sie das Gesicht, wenn sie sich niederließ oder aufstand. Meist blieb sie in letzter Zeit stehen, selbst, wenn wir „gemütlich beieinander saßen“. Ich dachte ein Austausch über Hämorrhoiden-Erfahrungen könnte für sie nützlich sein, denn diese sammelte ich seit meiner Kindheit. Anke schossen die Tränen in die Augen. Erst dachte ich, oh, ist wohl schlimmer als ich glaubte. Aber dann erzählte sie mir von einer Sexpraktik, von der ich noch niemals etwas gehört hatte und die ich unvorstellbar fand. Ein Zäpfchen oder ein Fieberthermometer waren für mich schon eine Zumutung. Was Anke mir da erzählte und dass Erichs ganzes Glück davon abhing und dass sie bereit war, widerwillig diese immer wiederkehrende schmerzvolle Schmach über sich ergehen zu lassen, war das Liebe? Oder hatte sie Angst, er könnte gehen, bevor alle Arbeiten in ihrer Wohnung beendet waren? Da hatte ich eine große Portion zum Nachdenken bekommen. Das konnte mir nichts schaden, denn ich merkte schon, dass ich bei allem Glück nur sehr wenig vom Leben wusste. Was ich aber wusste, war, dass ich bei aller Liebe niemals verstehen würde, warum Frauen sich demütigen, schlagen und beschimpfen ließen und glaubten, dies im Namen der Liebe zu tun. Irgendwo hatte ich gelesen, ich glaube in dem Aufklärungsbuch von Peters Eltern, dass man das pervers nennt, wenn man anderen etwas aufzwingt. Das heißt, wenn Anke voller Freude und Hingabe bei der Sache gewesen wäre, wäre alles im normalen Bereich gewesen. Aber Freude und Hingabe fehlten bei ihr. Sie nannte es Liebesbeweis und ich wusste, dass meine Liebe für ein Benutztwerden niemals ausreichen würde, sie würde augenblicklich sterben und vielleicht in Hass, aber mindestens in Wut umschlagen. Beide, Anke und Erich, erschienen mir in einem neuen Licht. Ich begriff immer mehr, wie wichtig es ist, Menschen näher kennenzulernen, bevor man sich von ihnen ein Bild machen konnte. Anke war, das erkannte ich ziemlich schnell, ein Mensch, der es gewohnt war zu nehmen. Sie hatte auch mir gegenüber ständig irgendwelche Wünsche an Näharbeiten, die ich neben Kind und Haushalt für sie ausführte. Sie ließ es sich aber nicht nehmen, meine Haushaltsführung zu kritisieren. Das machte mich sehr ärgerlich. Einmal bat ich sie, abends bei Ela zu bleiben, weil Peter und ich ins Kino gehen wollten. Anke wand sich wie ein Aal. Sie wollte diese Verantwortung nicht übernehmen. Sie wollte mir auch keine Gefälligkeit erweisen. Sie nannte Manuela ein schwieriges Kind, hatte mir damit direkt ins Herz gestochen und aus einer beginnenden Freundschaft wurde niemals mehr als eine nähere Bekanntschaft.

Gleich bei uns um die Ecke befand sich die Post. Ich wollte ein paar Stunden am Tag wieder arbeiten und hatte die Vorstellung, mit Zeitungen und Post und meinem Kind um die Häuser zu ziehen und mal eben das Gewünschte in die Briefkästen der Leute zu stecken. Ich erfuhr, dass ich zu nachtschlafender Zeit mit den Zeitungen meine erste Tour zu machen hätte, danach zurück zum Postamt kommen müsste, um alle gelieferten Briefe und Karten nach Hausnummern zu sortieren, um dann erneut loszugehen, um die Post den Adressaten auszuliefern. Dies war aus meiner Sicht nur eine Frage der Organisation. Wenn ich in aller Herrgottsfrühe die Zeitungen an den Mann brachte, dann schnell die Post abholte und diese zum Sortieren mit nach Hause nahm, war ich von meiner ersten Tour zurück, bevor Peter zur Arbeit fuhr. So weit die funktionierende Theorie. Die Praxis hatte etwas anderes für mich vorgesehen. Die zeigte mir nämlich sämtliche Ecken und Kanten der Zustellertätigkeit auf, die ich mir leider vorher so nicht vorgestellt hatte. Es war dumm von mir gewesen, mit dieser Tätigkeit im November anzufangen. Es war dunkel, kalt, nass und das Weihnachtgeschäft kam ins Laufen. Ich war ein Neuling auf diesem Gebiet und hatte mich und meine tolle Organisationsfähigkeit total überschätzt.

Morgens waren, wegen einer Schneeflocke oder einer Straßenpfütze oder einer Autopanne der Zulieferer, die Zeitungen noch nicht da. Was mich in arge Schwulitäten mit Peters Losgehen zur Arbeit brachte. Oder es fehlte die Post, was ähnliche Schwierigkeiten mit sich brachte. Ich merkte mal wieder, dass man selbst alles noch so gut organisieren und absprechen konnte, entweder warf Petrus persönlich oder der Gott der Technik große Steine auf meinen Weg und brachte mich zur Verzweiflung. Wenn ich Glück hatte, brachte man mir vom Postamt aus zu spät gelieferte Zeitungen oder auch Postsendungen nach Hause. Dann hatte ich in einer Tour eine Riesenfuhre zu bewältigen und keinen Postwagen, sondern nur unseren Kinderwagen, in dem die Kleine zwischen Postsendungen saß oder lag. Die Zeitungen hatte ich dann unten im Wagen oder am Griff oder um den Hals oder alles zusammen. Meistens ging alles gut und da war es schon anstrengend genug. Ich war Postzusteller in der Karl-Kunger-Straße, die aus Altbauten mit Seitenflügel und Hinterhaus bestanden.

In manche Häuser kam ich gar nicht rein, weil man mein Klingeln nicht hörte, manche Häuser waren verschlossen und der Türöffner nützte gar nichts. Überall wuchtete ich den schweren Kinderwagen mit rein, weil ich Manuela keinesfalls vor irgendeiner Haustür allein gelassen hätte. Es fehlte an beschrifteten Briefkästen, an Briefkästen überhaupt und an funktionierender Beleuchtung der Flure und Höfe. Auf den Briefen standen oftmals keine Hinweise auf Vorder- oder Hinterhaus. Die Türen waren schwer und Manuela hatte von dem vielen Rein und Raus sehr bald die Nase voll von der nicht wirklich frischen Luft, die gerade in den Wintermonaten zwar kalt, aber nicht gerade frisch war. Die Adressaten, die wahrscheinlich die Vorstellung von Leichtigkeit beim Postzustellen hatten, wie ich noch ein paar Wochen zuvor, schimpften und reklamierten und beschwerten sich, beschrifteten aber weder ihre Briefkästen, noch sorgte jemand für Licht in den Fluren. Die Post selber gab die Beschwerden zwar an ihre Mitarbeiter weiter, tat gegen die Umstände, die zu Beschwerden führten aber auch nichts. Vielleicht hätte mal Post von der Post etwas bewirken können, allein, es fehlte in den Reihen der arbeitenden Bevölkerung die Motivation, irgendetwas besser als bisher zu machen und Probleme an der Wurzel zu packen. So schob ich mit den Briefen und den Zeitungen mein Kind von Haus zu Haus und war hinterher völlig erledigt.

Zu meinem Job gehörte es auch, die Fernseh- und Rundfunkgebühren zu kassieren. Es war unglaublich, wie oft ich in den Abendstunden immer wieder vor verschlossenen Wohnungen stand, niemand öffnete und wenn doch, kein Geld im Haushalt war. Wie oft ich mich auf den Weg machen musste, um am Ende immer noch wie ein böser Geldeintreiber abgefrühstückt oder ohne Geld weggeschickt wurde. Interessant war es, einen Blick in die Wohnungen der Leute zu werfen. Das Geschäft spielte sich überwiegend auf dem Fußabtreter vor der Wohnungstür ab, manchmal knallte man mir auch vor meiner Nase die Türe zu, um nur mal schnell das Geld zu holen. Die Wartezeit vor einer geöffneten Tür war mir die angenehmste. Wie waren

Flurgarderoben gestaltet? hörte man Töne aus dem Ost- oder Westfernsehen? Hingen Bilder an den Wänden oder schicke Spiegel? War der Teppich gesaugt? Oder lief mal ein Hund oder eine Katze vorbei? Manche Wohnungen, überwiegend die von alten und kranken Menschen, erschreckten mich. Oft roch es schon vor deren Türen nach Urin oder Krankheiten und Medikamenten. Manche Wohnungen waren voller Unrat, weil die alten Leute ihren Müll nicht runterbrachten oder voller Sammelleidenschaft alles aufhoben. Die Menschen in diesen Haushalten waren meist sehr einsam und die einzigen, die sich freuten, wenn ich vor der Tür stand. Ich wurde hereingebeten und folgte widerwillig. Mir wurde Trinken angeboten und ich log, keinen Durst zu haben. Mir wurden Lebensläufe präsentiert und Krankheiten geschildert, offene Beine gezeigt und Küchen und Stuben, die einen Brechreiz hervorriefen und Mitleid im Gefolge hatten. Für ein lohnendes Trinkgeld war ich noch nicht lange genug im Dienste dieser Menschen, also fand ich auch darin keinen Trost. Ein Bäcker gehörte in meinen Zustellbereich und dieser ist mir durch seine Freundlichkeit und weil wir die Gemeinsamkeit des frühen Arbeitsbeginns teilten in wirklich guter Erinnerung geblieben. Er hatte auch immer einen Keks oder ein süßes Brötchen für Manuela parat und er gab mir zehn Mark Trinkgeld zu Weihnachten, mit einem Dankeschön und einem Lächeln. Im Januar gab ich bekannt, dass ich im Februar mit dieser Arbeit aufhören würde. Das bedauerte man bei der Post. Hier ging es aber nicht um meine Person, sondern darum, dass es wieder einen Zusteller weniger gab und die anderen Kollegen einspringen mussten.

Mutti war schon längere Zeit krankgeschrieben. Ihre zweite Augen-OP lag erfolgreich hinter ihr, aber ihr Magen machte die altbekannten Schwierigkeiten. Sie kam oft in den frühen Vormittagsstunden und half mir beim Sortieren der Post und blieb dann bei Manuela. Sie sah aus, wie ein Häufchen Unglück, blass, dünn und sehr krank. Ich wusste nicht, was sich in meiner Abwesenheit zu Hause abspielte, aber Mutti wirkte überfordert und ratlos und wartete auf eine Kur, die ihr hoffentlich etwas Ruhe bringen würde. Sie fühlte sich zu Gast in ihrer eigenen Wohnung, fand keine Rückzugsmöglichkeit mehr, wenn sie Ruhe brauchte. Danni, die auf mich schon seit ihrem siebten Lebensjahr den Eindruck einer Pubertierenden machte, bereitete ihr Sorgen. Ich dachte bei mir, der Sonnenschein vom Morgen bringt den Untergang am Abend, behielt diesen aufbauenden Satz aber für mich und war froh, dass mein persönliches Arbeitschaos für Mutti eine Rechtfertigung war, ihre eigenen vier Wände zu verlassen und bei mir ein paar Stunden Ruhe zu finden. Seit der Zeit unserer Hochzeit wurde mein Vater friedlicher. Vielleicht wirkte sich mein zuverlässiger, arbeitsamer Handwerker-Bräutigam beruhigend auf sein Nervensystem aus. Er fand zurück zu dem Mann meiner frühen Kindheit, wenn er nicht gerade getrunken hatte. Er wurde gelassener, umsichtiger und eigentlich auch wieder unbeschwerter. Vielleicht hatte die Kralle der Angst, ich könnte unter die Räder kommen, lockergelassen. Vielleicht vertrug er aber auch ganz einfach unterdessen nicht mehr so viel Alkohol wie früher, musste daher zeitiger mit dem Trinken aufhören, wurde gemütlich, witzig und gesprächig oder schlief einfach ein, ohne sich einen Wutanfall von der Seele schreien zu müssen. Er hatte starke Magenbeschwerden und sollte Rollkuren machen. Diese dauerten bei ihm genau so lange, wie er Zeit für das Rauchen einer Zigarette benötigte. Ein Löffelchen Natron hinterher oder einen Bitterlikör und es ging ihm wieder besser.

Er war nun ein guter Vater, der zwar immer noch trank, um einen bestimmten Alkoholspiegel zu erreichen und dann zufrieden zu sein, aber er war ausgeglichener und – und das war für mich ein großer Trost – ein wundervoller, liebender Opa. Ich fing an, meiner Mutter dankbar zu sein, es so lange mit ihm ausgehalten zu haben. Ich konnte meinen Vater wieder lieben und ihn, Dank Muttis Erzählungen, etwas besser verstehen. Auch für Muttis Entscheidung, Papa nicht zu verlassen, hatte ich jetzt, als erwachsene Frau mehr Verständnis als früher. Sie hatte mir von der Scheidung ihrer Eltern erzählt, von den unhaltbaren Kapriolen, die mein unbekannter Opa sich geleistet hatte. Oma war gezwungen gewesen, die Notbremse zu ziehen, wenn sie sich und ihre Kinder nicht in Gefahr bringen wollte. Dafür setzte sie sogar ihren ehrenwerten Ruf in der Familie und Gemeinde aufs Spiel. Andererseits erwartete sie unbedingte Parteilichkeit ihrer Kinder für sich. Mutti war damals noch ein halbes Kind, ein Kind das seinen Vater liebte und sich heimlich auf den Weg machte, ihn zu besuchen. Sie hatte darunter sehr gelitten, denn sie wollte diesbezüglich weder vor ihrer Mutter noch vor ihrem Vater Geheimnisse haben. Sie machte sich Sorgen, dass ihr Vater unter die Räder komme mit seiner Alkohol- und

Spielsucht und ging regelmäßig nach ihm schauen und tat das, was eine Tochter tut, wenn sie ihren Vater, trotz aller Vorkommnisse liebte. Bei uns kehrte, nachdem meine Karriere als „Christel von der Post" gescheitert war, wieder der angenehme Alltagstrott ein. Nicht mehr lange, dann würden die Tage länger und das Wetter besser werden, der Treptower Park würde rufen und unsere Tochter, die unterdessen auf ihren zwei Füßen durch die Wohnung lief, die Wege und Sandkisten und Wiesen des Parks erobern. Mutti fuhr zur Kur ins Erzgebirge und bei Martin und Christiana lief der Countdown zur Geburt ihres ersten Kindes. Ich wünschte den beiden und hoffte für Mutti, dass es dann auch bald eine eigene Wohnung für die junge Familie geben würde.

Zwischen Mutti und Christiana gab es eine kurze Auseinandersetzung. Mutti erzählte mir davon und wollte wahrscheinlich auch Parteinahme meinerseits. Es ging wohl um die Schwangerschaft und den Vorwurf, dass das Austragen eines Kindes keine Krankheit sei. Christiana verlangte wohl sehr viel Rücksichtnahme von allen Familienmitgliedern. Bei Papa und Martin stieß sie dabei auf sehr viel Verständnis. Mutti, die ihre Schwangerschaften mit Freude und einem immer glücklich lächelnden Gesicht verbracht hatte, konnte nicht verstehen, dass auf Christianas Gesicht kein einziges Mal Glücksmomente hinüberhuschten. Sie war kränklich und schlecht gelaunt und niemals in der Lage, sich für einen Liebesdienst zu bedanken. Die Last der ganzen Welt schien auf ihren Schultern zu ruhen und die Männer der Familie verhätschelten und bemitleideten sie. Mutti dachte wohl an ihre Zeit als junge Frau, wie sie mit dickem Bauch in den frühen Morgenstunden, um von den anderen Mietern nicht gesehen zu werden, in den Keller ging, um Holz und Kohlen nach oben zu schleppen. Wie sie ohne Waschmaschine über die Wanne gebeugt Wäsche wusch, wie sie die schweren Einkäufe bewältigte und ihre ständigen Magenschmerzen mit Geduld ertrug. Ich konnte dazu nicht viel sagen. Auch ich erlebte meine Schwägerin als mürrisch, besserwisserisch und undankbar, aber ich erlebte sie zu selten, um darüber urteilen zu können. Natürlich sah Mutti Martins Dilemma, er machte alles, aber nichts richtig. Wie hatte sie so schön gesagt, als ich ihn wie einen Vierzehnjährigen beschrieb? „Er ist halt noch ein Junge." Ja, und das wird es wohl gewesen sein. Er vergötterte seine Frau, ließ keinerlei Kritik gelten und wartete auf die Geburt seines ersten Kindes, die ihm dem Erwachsensein vielleicht ein Stückchen näherbrachte. Die Situation beruhigte sich, als dann das Kind, ein Junge, geboren wurde und als sechste Person im Haushalt meiner Eltern lebte. Da gab es natürlich immer etwas zu tun und zu gucken und zu berücksichtigen. Für ein Baby nahmen alle Beteiligten alles in Kauf. Man brauchte ja nur in das Körbchen zu gucken und schon strahlte die Sonne und alles war vergeben und in meiner Familie auch vergessen.

Ein paar Monate später bezog die junge Familie eine Wohnung in der Liebermannstraße. Sie hatte zwei Zimmer, war aber geräumig und für die Familie völlig ausreichend.

Mein zweiter Sommer mit Manuela und Peter neigte sich dem Ende. Vorbereitungen für die Silberhochzeit meiner Eltern mussten getroffen werden. Vorher verstarb die noch einzig verbliebene Schwester meines Vaters. Es schien, als hätte er einen Schlag in die Magengrube erhalten. Von fünf Geschwistern lebten jetzt noch zwei und von den anderen war keins älter als fünfzig Jahre alt geworden. Gestorben war die Frau, die so außerordentlich unordentlich war, die so viel Güte und Liebe in ihrem Herzen hatte, dass sie ganz selbstverständlich die Kinder ihrer Schwester in ihrer Familie aufnahm, und die seit ein paar Jahren, als sie Oma wurde, auch noch das Kind ihrer geistig behinderten Tochter zu sich genommen hatte und ihr viele Jahre lang eine treusorgende Mutter gewesen war. Um diese Frau konnte man nur trauern und die Familie, die diesen Schatz verloren hatte, zutiefst bedauern.

Die Silberhochzeit wurde, wie konnte es anders sein, in Onkel Ottchens Wohnung gefeiert. Das Spektakel um die Vorbereitungen lief ähnlich ab wie bei allen großen Familienfesten. Papa ließ seine Beziehungen spielen, die besten Köche und Bäcker und Dekorateure des Familien- und Freundeskreises brachten sich und ihre Werke mit ein und die Organisation des gesamten Festes übernahmen Mutti und ich. Eine Festtagszeitung, gefertigt in meinem kleinen „Privatverlag", wurde geschrieben und illustriert und die Bettenvergabe in unseren Haushalten besprochen. Ich nahm das jungfräuliche Kleeblatt, bestehend aus meiner Schwester und meinen beiden Cousinen aus Ludwigshafen bei uns auf. Die Organisation unseres Lebens verlief seit dem Sommer etwas leichter als zuvor, denn wir hatten einem Bekannten sein altes Auto abgekauft. Einen Skoda S100, circa zehn Jahre alt, für zehntausend Mark. Das konnte man fast noch ein Schnäppchen nennen und funktionierte wahrscheinlich auch nur, weil der Bekannte unter enormem Zeitdruck und einer Schuldenpflicht stand. Unser blaues Vehikel, brachte uns, wenn es denn fuhr, schneller von A nach B. Wenn man Pech hatte und während der Fahrt der Gasbowdenzug riss und man wie bestellt und nicht abgeholt neben dem fahruntüchtigen Auto stand, dachte man schon sehnsuchtsvoll an den guten alten Bus oder die S-Bahn zurück. Währenddessen reparierte der Mann mit den goldenen Händen und den stets paraten Flüchen, das Auto, beendete meist erfolgreich seine Bastelstunde und wir fuhren weiter. Es war Mitte Oktober, als der eigentliche Tag der Silberhochzeit war. Er lag mitten in der Woche und es war für die meisten Gäste aus Ost und West schwer, ihn als Festtag einzurichten. In weiser Voraussicht legten wir lange vorher den folgenden Samstag als Feiertag fest und bekamen dementsprechend viele Zusagen. Besucher aus ganz Berlin trudelten ein, Gäste, die eher der Generation meiner Eltern angehörten und meistens auf Beerdigungen zusammentrafen.

An diesem Tag aber war der Anlass von froher Natur und die Freude über das Wiedersehen und die Gespräche über die alten Zeiten mit all ihrer Dramatik und all ihren erfreulichen Höhepunkten sorgten insgesamt für eine harmonische Atmosphäre. Die Anwesenden kannten sich überwiegend seit ihrer Kindheit oder Jugend und jeder hatte mit dem Krieg, der Nachkriegszeit und der Teilung Deutschlands seine eigenen Erfahrungen machen müssen und seine eigenen Schlussfolgerungen und Konsequenzen gezogen. Zwischen all diesen Leuten saß nun auch der Witwer von Papas Schwester. Papas Schwager, Freund, Fußballkamerad und, niemals in der Familie thematisierter, Bonbonträger. Er hatte, was den Alkohol betraf, schon immer mit den anderen Männern mitgehalten. Ich erinnere mich nicht, dass er dann jemals ein Ausbund von Humorigkeit wurde, aber er blieb immer unauffällig. An diesem Tag war das anders. Ich hatte gerade erfolgreich zwei Gedichte aus der Festtagszeitung vorgelesen. Die Gedichte schilderten das Leben der Hausfrau aus dem Westen und der aus dem Osten. Es waren Parodien auf kleine Werbefilme und dem gelebten Leben und ich erntete große Zustimmung und Gelächter.

DAS BITTERE SCHICKSAL EINER HAUSFRAU AUS DEM WESTEN

Für meinen Mann, da tu ich alles,
Denn jeder weiß, ich liebe ihn.
Darum versuch ich wirklich alles,
Stets mit der Mode mitzuziehn.

Ich wasche seine Hemd´n mit Ariel,
Da kann er kleckern wie ein Kind,
Und spülen tu ich mit Lenor nur,
's riecht frischer noch als Wiesenwind.

Die Soßen kriegt er nur von Maggi
Und Fischstäbchen nach Iglo-Art,
Gemüse nur von Bonduelle,
Denn das ist ganz besonders zart.

Zahnpasta kriegt er Blend-a-med nur,
Die mit dem frischen Mint-Geschmack,
Und für sein Auto Autopudding,
Das schont so wunderbar den Lack.

Wenn er nach Haus kommt, glänzt die Wohnung,
Weil Meister Proper stets im Haus,
Die Wohnstube, die glänzt vom Pronto,
Ich lasse nie was Neues aus.

Doch neulich hab, ich seh‘ es ein,
Ich was gemacht, das war nicht fein.
Stellt‘ ihm nen Teller Schappi hin
Und sah darin den tief‘ren Sinn,
„Ein Prachtkerl“ wird er , dacht‘ ich mir,
Seitdem sitz ich alleine hier.

DAS BITTERE SCHICKSAL EINER HAUSFRAU AUS DEM OSTEN

Für meinen Mann, da tu ich alles,
Denn jeder weiß, ich liebe ihn.
Darum versuch ich wirklich alles,
Von Geschäft zu Geschäft zu ziehn.

Ich wasche seine Hemden, Socken
Und Unterhosen – ei wie fein,
Stets mit dem, was sich grade bietet,
Spezialisiert darf man nicht sein.

Weichspülen tu ich ab und zu nur,
Mit Vernell aus dem Intershop,
Denn Weichspüler hier aufzutreiben,
Das ist ein mühseliger Job.

Gegessen wird, was auf den Tisch kommt,
Das weiß man vorher nie genau,
Man muss schon etwas kreativ sein,
Als wirklich gute Ehefrau.

Zahnpasta nehm ich immer jene,
Die ich gerade kriegen kann,
Ein Auto braucht mein Mann nicht putzen,
Wir sind erst in acht Jahren dran.

Wenn er nach Haus kommt, klag ich ihm,
Wie lang ich wieder angestand'n,
Wir krempeln uns die Ärmel hoch,
Denn jetzt ist noch der Hausputz dran.

Auf diese Art sind wir beschäftigt,
Den ganzen Tag geht's hin und her,
Wenn wir erschöpft im Bette liegen,
Dann regt bei uns kein Glied sich mehr.

Der verwitwete Onkel winkte mich zu sich und bot mir den Platz neben sich an, was mich verwunderte, denn unser Verhältnis war eher distanziert. Er fing an, mit mir zu diskutieren. „Du gehst ja hart mit uns ins Gericht", lallte er mit seiner leisen Stimme. Mit Uns meinte er die DDR und somit auch mein Gedicht über die Hausfrau Ost. Versöhnlich tätschelte er meine Hand, als Zeichen, dass er mir verzieh. Ich war den Umgang mit betrunkenen Männern schon lange gewöhnt, lachte ihn an und versuchte eine Diskussion zu vermeiden. Plötzlich fing er an zu weinen und erzählte unter Tränen von seiner geliebten Frau, die in ihrer Zeit des Kennenlernens genauso aussah wie ich und auch so aufmüpfig war und ihn als Genossen oft in Bedrängnis brachte. Er tat mir gerade ganz unermesslich leid und ich fand den Umgang mit ihm sehr schwer, als er ganz plötzlich seinen Arm um mich legte, mich aufdringlich küsste und festhielt und ich mich ihm erschrocken entwand. Wie sollte ich mich jetzt verhalten? Bei Papa Alarm schlagen und eine Prügelei riskieren, nichts sagen und den Onkel für den Rest des Tages ignorieren? Ich sprach mit Mutti, die würde mit ihrem kühlen Kopf und weiblicher Diplomatie vielleicht eine Lösung finden. Mutti behielt wirklich einen klaren Kopf, hielt es für das Beste, Papa nicht hinzuzuziehen, und steuerte auf ihren Schwager zu. Sie setzte sich zu ihm, sprach ein paar ernsthafte Worte, blickte zu mir und zeigte auf Papa. Der Onkel nickte zustimmend, schaute erst Mutti, dann mich bedauernd an, erhob sich, schnappte sich seinen Mantel und verschwand nicht nur von der Feier, sondern auch aus unserem Leben. Ansonsten verlief die Silberhochzeit harmonisch und bei bester Laune aller Gäste. Die Mauer sorgte mal wieder dafür, dass die ersten Gäste zeitig zum Aufbruch bliesen und die Feier zerrissen wurde. Ich suchte Peter, um unseren Heimweg mit ihm abzusprechen. Schließlich waren wir mit drei jungen Mädchen und unserer Kleinen unterwegs. Ich fand ihn außerhalb der Wohnung allein, mal wieder auf einer Treppe sitzend und in Gedanken und Übelkeit versunken. Seit den *Kreuzberger Nächten* lautete das Motto: „Eins von den dreißig Bierchen war wohl schlecht!" Irgendetwas hatte ihm wirklich die Füße weggerissen und nun kämpfte er mit Übelkeit und Bleihintern und versuchte tapfer meinen Anweisungen zu folgen. Ich sammelte meine illustre Runde ein und wir fuhren mit Straßen- und S-Bahn Richtung Treptow.

Meine Cousine Silvia, die Kleine, die geboren wurde, als meine Omi starb, war unterdessen eine junge Dame geworden. Umsichtig und hilfsbereit griff sie mir unter die Arme. Sie erinnerte mich sehr an unsere gemeinsame Großmutter, die sie ja leider nie kennenlernen durfte. Aus meiner Zuneigung zu diesem einst kleinen Mädchen fing an, sich eine Freundschaft zu entwickeln. Wir hatten ähnliche Talente und Vorlieben und Vorstellungen vom Leben. Was uns sehr voneinander unterschied, waren ihre Zurückhaltung und meine große Klappe. Es würden noch ein paar Jahre vergehen müssen, bevor sie eine Frau war. Ich würde gespannt ihre weitere Entwicklung verfolgen und hoffte in ihr auf eine gute Freundin oder vielleicht sogar Seelenverwandte. Die Mauer und die weite Entfernung würden stören, aber wobei, in welchem Lebensbereich, störte denn die Mauer nicht? Entfernungen konnte man leicht überwinden. Das graue Bollwerk Mauer aber nicht. Jeder Abschied von unseren Lieben aus dem Westen, führte mir vor Augen, wie abgeschnitten von der Welt, wie eingesperrt wir waren. Die Gedanken waren frei. Formulierte man sie aber in Diskussionen, Gedichten, Liedtexten oder Büchern konnten sie sehr schnell zu einem Galgen werden. Große Denker, Liedermacher, Schauspieler, Sänger und Sportler ergriffen die Chance zur Flucht oder wurden ihrer Staatsbürgerrechte beraubt und des Landes verwiesen, ausgesperrt aus einer Gesellschaft, die gerade von der Kritik dieser Leute, von deren Gedankengut und ihrem Können hätte profitieren können. Die alten Herren auf ihren hohen Rössern aber hatten ihre sieben Sinne längst eingebüßt und nur noch damit zu tun, ihre Privilegien zu hätscheln und zu verwalten. Volkes Stimme durfte nur nach ihrem Taktstock singen. Wer die Melodie verfehlte, bekam den Taktstock als Prügel zu spüren. Es reichte nicht, klug und ehrlich zu sein. Mut war gefragt, Mut der keine Angst vor Konsequenzen kannte.

Per Annonce suchte ein Journalist aus Treptow nach einer privaten Schreibkraft, nach jemandem, der seine formulierten, handgeschriebenen Texte schnell und zuverlässig zu Papier brachte und darüber schweigen konnte. Dieser Mann wohnte nicht weit entfernt von uns und schien mir eine willkommene Geldquelle zu sein. Ich suchte ihn auf und bekam Aufträge von ihm. Was ich da schrieb, entzog sich meiner Intelligenz. Ich konnte die Gedanken meines Auftraggebers nicht nachvollziehen. Was meine Dummheit mir aber noch zu bemerken erlaubte, war, dass ich es hier mit einem Menschen von der Sorte der „Knallrotsocken“ zu tun hatte, mit einem Menschen, der damit sein Geld verdiente, dem Staat nach dem Munde zu reden, sein eigenes Gehirn auszuschalten, sich eine scheinbar unbedarfte Schreibkraft an Land zu ziehen und diese zur Mittäterin werden zu lassen beim Missbrauch der Medien und Verdummung des Volkes. Nein, so wollte ich mein Geld nicht verdienen. Der Herr war eine kurze Episode in meinem Leben, wie ein Herr Wüste oder mein erster Chef bei Stern-Radio. „Weg mit ihm, er hetzt wie Schnitzler“, dachte ich und ließ ihn auf seinen handgeschriebenen Lügengeschichten sitzen.

Seit längerer Zeit schon wollten wir uns ein Schlafzimmer mit großem Kleiderschrank, Frisierkommode, Bettenumbau und natürlich mit großem Ehebett kaufen. Es war schwer, meine detaillierten Vorstellungen bis aufs I-Tüpfelchen zu befriedigen. Es sollte aus hellem Holz, mit Dekor und die Frisierkommode unbedingt mit einem runden Spiegel sein. Unser Konto im Westen war längst geräumt, wir waren demnach gezwungen, uns auf dem normalen Möbelmarkt umzusehen. Drei Anläufe nahmen wir, um den Kampf um die ausgestellten BERATUNGSMUSTER aufzunehmen. Es gab tatsächlich ein Schlafzimmer, das meinen sehr bescheidenen Vorstellungen entsprach. Dazu muss ich sagen, dass bis auf das Furnier und kleinste Abweichungen, auch die Schlafzimmer alle gleich aussahen. Es war eine 08/15-Produktion mit verwegenen kleinen Abänderungen, und doch hatte man zwischen den BERATUNGSMUSTERN so etwas wie eine Auswahl. Das von mir auserkorene Exemplar gab es zwar mit rundem Spiegel, aber keiner wusste wann. Mit länglichem Spiegel wären wir schon bei der nächsten Lieferung berücksichtigt worden, wobei auch hier kein Verkäufer wusste, von welchem Zeitraum wir sprachen. Ich war dann schnell kuriert von einem Raum, der nur dem Schlafen dienen sollte und freundete mich mit dem Gedanken an, ein Wohnschlafzimmer einzurichten, das tagsüber auch als Mehrzweckraum, Hobbyraum oder Rückzugsmöglichkeit genutzt werden konnte. Mit dieser Idee, die ich auch meinen Schwiegereltern gegenüber verkündete, fiel ich bei meiner Schwiegermutter in tiefe Ungnade. Bei ihr setzte ab diesem Zeitpunkt ein Aktionismus ein, der schlimmstes Übel verhindern und alles zum Guten wenden sollte. Sie besuchte täglich das Möbelhaus und erkundigte sich nach meinem Lieblingsschlafzimmer mit Ausstattung Rundspiegel. Soviel Engagement musste dann auch irgendwann belohnt werden. In Ermangelung eines Telefons trudelte bei uns ein Telegramm ein. Schlafzimmer mit rundem Spiegel heute im Verkauf – vorbestellt – heute noch hinfahren – Gruß Mutti. Wir waren unterdessen selber Eltern und steckten doch noch immer mit einem Fuß im Elternhaus fest. Alles sollte so sein, dass es vor den Augen unserer Eltern bestehen konnte. Schwiegermutter hatte für ihre Fleißaufgabe eine Belohnung verdient und wenn denn ihr Appetit und ihre Seligkeit von einem Schlafzimmer im Haushalt ihres Sohnes abhing, blieb uns nichts anderes übrig, als sie mit einem Dankeschön und dem Kauf des Schlafzimmers zu belohnen. Der Kaufvertrag wurde abgeschlossen und ein paar Wochen später stand unser Schlafzimmer aufgebaut und in heller Pracht, mit silbergrauem Dekor und rundem Spiegel in unserer Wohnung. Der große Kleiderschrank bot Platz für unsere gesamte Garderobe und Wäsche und mit der eisblauen Tagesdecke, den graublauen Übergardinen und der blauen Bettumrandung wirkte es wie ein kleiner Palast. Ja, es war ein echter Hingucker und meine Schwiegermutter konnte ihr beschauliches Leben beruhigt wieder aufnehmen.

Jetzt, wo ich mit Hingabe und Leidenschaft Mutter war, mich mit Zeugung, Schwangerschaft und Geburt bestens vertraut gemacht hatte, spürte ich in mir schon wieder neue Wünsche und Perspektiven erwachen. Ich wollte und zwar möglichst sofort, noch ein zweites Kind haben. Für die präzise Formulierung dieses Wunsches in meinem Inneren sprach so ziemlich alles, nur eine Stolperstelle machte mir Angst. Kann man ein zweites Kind genau so lieben wie das erste? Ich hatte bisher schon so viele Facetten der Liebe kennengelernt und hätte mich selbst gern mit den Worten: „Ja das kann man unbedingt“, beruhigt.

Ich liebte meine Eltern. Meine Mutter vorbehaltlos und ohne Wenn und Aber. Die Liebe zu meinem Vater war schon etwas anders. Es gab Zeiten, da ärgerte ich mich darüber, ihn zu lieben, weil mich das so verletzlich machte und immer wieder zu Enttäuschungen und Schmerzen führte. Meine Geschwister? Ja, auch die liebte ich, sie waren ein großer, bisher entscheidender Teil meines Lebens gewesen. Sie waren meine Familie wie Mutter und Vater. Sehr nervig manchmal, sehr einnehmend, sehr verpflichtend. Immer auch eine Konkurrenz bis hin zur Feindschaft. Empfand ich Liebe für sie? Selbst hier bestand ein Unterschied zwischen Bruder und Schwester. Mein Bruder schien für die Ewigkeit gemacht. Er war da, als ich geboren wurde. Eine Selbstverständlichkeit in meinem Leben, mit der ich so viele gemeinsame Erinnerungen teilte, dass Gefühle der Liebe mir unvermeidlich schienen. Meine Schwester, geboren nach unserem toten Bruder, voller Freude erwartet, beschützt, behütet und natürlich von jedem geliebt, auch von mir, um jeden Preis, egal was kommt. Omi, die immer noch eingebrannt in meinem Herzen auf ihren täglichen Einsatz in meinem Leben wartete. Eine kritiklose Liebe, denn sie wird für immer, durch ihren frühen Tod, nur meine kindliche Seite zum Klingen bringen.

Die Jungs meiner Kindheit und Jugendzeit, die mir einerseits das Hochgefühl von Liebe vermittelten und andererseits für schweren Liebeskummer in meinem Leben gesorgt hatten, fielen raus aus der Kategorie Liebe. Sie waren eher so etwas wie Studienobjekte, an die ich heute lächelnd und mit dem Wunsch, dass sie alle glücklich sein mögen, zurückdenke. Dann kam mit Peter die bis dahin größte Wucht der Liebe in mein Leben. Eine unvergleichbare Liebe, die sich ihren Weg über das Verliebtsein erst bahnen musste. Eine Liebe, die viel Energie brauchte, um vorbehaltloses Vertrauen aufzubauen, die richtig hart an sich arbeiten musste, bevor aus Schwärmerei und Verliebtsein die eindeutige, zu allem bereite Liebe wurde. Sie musste mir ihre Schwächen und Fehler zeigen, ihre Ecken und Kanten und ich musste entscheiden, ob diese Mängel aufgefangen, vielleicht sogar als liebenswert empfunden werden konnten und dann erst war es Liebe. Ganz anders als ich es bisher gekannt hatte. Eine Liebe, die die Basis für den Rest meines ganzen Lebens werden sollte. Dann kam unser erstes Kind und brachte wieder eine neue Facette der Liebe in mein Leben. Da war dieses Habe-habe-Gefühl aus meiner Kindheit zurück. Geboren aus einem unbedingten, natürlichen Wunsch und dann doch ganz anders als mit meinen Puppen aus der Kinderzeit. Geliebt wurde dieses kleine Wesen, als es noch ein Wunsch war, schon lange vor der Zeugung. Es zwang mich, erwachsen zu werden und gab mir dafür genau neun Monate Zeit. Es trat und buffte mich, tyrannisierte meinen Ischiasnerv mit Schmerzen und meine Speiseröhre mit Sodbrennen, zerriss das Unterhautgewebe meiner Bauchdecke und sorgte damit für ein ewiges Andenken in Form von Schwangerschaftsnarben. Es kam unter gewaltigen Schmerzen zur Welt und war dann mein Botschafter der unbestechlichsten Art von Liebe, die es auf dieser Welt gibt. Die Mutterliebe ergriff Besitz von mir, ohne zu fragen, ohne nach Kompromissen zu suchen, ohne eine Zeit des Besserkennenlernens zu fordern. Ich fand dieses Gefühl das überwältigendste überhaupt. Nie mehr in meinem Leben würde es zu toppen sein, jedes andere großartige Gefühl würde sich diesem unterordnen müssen. Was also sollte ich anderes wollen, als genau dieses Erleben noch einmal zu haben? Wenn da bloß nicht dieser Zweifel wäre, ob die Wucht der Mutterliebe sich teilte oder vervielfältigt auf mich zukommen würde. Bevor ich, Peter gegenüber, meinen Wunsch nach einem zweiten Kind formulierte, würde ich in meinem Kopf mit diesem spektakulären Gedanken schwanger gehen. Dann würde ich Bratnudeln machen, mich aufhübschen, die Pille verteufeln und auf seine Wunscherfüllung hoffen.

Erst einmal musste ich mich auf die Suche nach einer neuen Arbeit machen. Die drei Jahre unbeschwerter Mutterschaft gingen ihrem Ende entgegen. Unsere Tochter konnte laufen, brauchte seit ewigen Zeiten keine Windeln mehr, formulierte ihre Vorlieben und Abneigungen in kompletten, verständlichen Sätzen oder Wutanfällen und hatte, im Gegensatz zu mir, den Wunsch nach der großen weiten Welt und dem Loslassen meines Schürzenzippels. Auch unsere Haushaltskasse lichtete sich und hoffte auf das Ende des Tunnels, an dem ich mit hochgekrempelten Ärmeln stand und etwas für ihre Rettung tat, nämlich arbeiten für Lohn und Brot. So musste ich mich kümmern. Ein Kindergartenplatz war das geringste Problem für dieses Unternehmen. Flächendeckend und akribisch geplant standen Plätze für alle Kinder zur Verfügung. Eine Auswahl hatte man nicht. Mein Wunsch nach einem Platz in einem Kindergarten, der idyllisch mitten im Treptower Park gelegen war, wurde mit einem klaren Nein abgelehnt. Jede Nachfrage wurde übergangen. Mein Kind war Teil der Planwirtschaft und gehörte in eine Einrichtung, die der Stadtbezirk mir zuteilte. Ich argwöhnte, ob der Kindergarten im Park nur bestimmten Kindern, von bestimmten Eltern vorbehalten war. Darüber bekam ich keine Auskunft und hatte mich gefälligst mit einer Einrichtung im Grenzgebiet zufrieden zu geben. Hierfür gab es für uns beide Elternteile einen Passierschein, der ausschließlich uns erlaubte, das Grenzgebiet zum Bringen und Abholen unseres Kindes zu betreten. Die Zeiten, in denen ich die Mauer links liegen lassen konnte, waren damit vorbei. Schon der Gedanke daran, mein Kind von nun an täglich ins Grenzgebiet bringen zu müssen und sie dort einen fröhlichen und unbeschwerten Tag haben zu lassen, machte mich krank.

Eine Bewerbung gab ich in diesem grandiosen Farbengeschäft ab, welches uns seit geraumer Zeit mit seinen gut sortierten Angeboten erfreute. Eine zweite Bewerbung brachte ich zum Verlag Tribüne, der gleich bei uns an der Ecke mit der Herstellung seiner Zeitung und Herausgabe diverser Publikationen beschäftigt war. Dieser Verlag interessierte mich eigentlich nicht wirklich. Er war eins von diesen vielen Organen, die, wie alle Verlage in der DDR, streng kontrolliert und ohne Meinungsfreiheit waren. An sich gehörte er dem Freien Deutschen Gewerkschaftsbund an, der alles war, nur nicht frei. Die Nähe zu unserer Wohnung reizte mich und vielleicht auch der Einblick in die Herstellung von Literatur, die Setzerei, die Druckerei, der Geruch nach Druckerschwärze. Der Chef des Farbenladens signalisierte mir Interesse an meiner Arbeitskraft. Vom Verlag kam kein Signal. Ich zog meine Bewerbung zurück und wollte meine Unterlagen wiederhaben. Diese konnte man mir nicht aushändigen, weil sie irgendwo herumschwirrten. Verärgert und empört ging ich nach Hause. Wenige Stunden später stand ein Herr, vielleicht der, dessen Sekretärin ich werden sollte, vom Verlag vor unserer Tür. Ich bat ihn in unsere Stube. Der Herr stand knietief in Erklärungsnot. Er versuchte zu formulieren, dass ein Verlag natürlich nicht einfach so irgendwelche Bewerber als Arbeitskraft annehmen konnte, wenn diese vorher nicht auf Herz und Nieren geprüft wurden. Zuverlässig, politisch korrekt und mit einwandfreier Vergangenheit mussten sie sein. Er legte sich nicht konkret fest, welche Überwachungsmaschinerie für solche Fälle zuständig sei, das brauchte er aber auch nicht. Hierfür kam nur „Horch und Guck" in Frage, und mit denen und ihren Ansichten über mich und mein Leben und mit den Schlüssen, die sie aus ihren Recherchen zogen, wollte ich nichts zu tun haben. Es blieb dabei, meine Bewerbung war zurückgezogen und ich bestand auf die schnellstmögliche Rückgabe meiner Unterlagen. Der Mann in meinem Wohnzimmer tat mir fast leid. Vielleicht wären wir ein gutes Team geworden, denn er war sympathisch und umgänglich und stand da wie ein Angler, dem gerade sein Fisch vom Haken geflutscht ist.

Im Nachhinein war ich froh, wie alles gekommen ist. Der Farbenladen befand sich viel näher am Kindergarten als der Verlag und ein Arbeitsleben zwischen Farben, Lacken und Pinsel brachte mir nebenbei ganz neue Kenntnisse für meine Hobbys. Mein Arbeitsplatz befand sich allerdings hinten im Laden. Hier war ein Büro eingerichtet, in dem ich den größten Teil meiner Arbeitszeit zusammen mit meiner Chefin verbrachte. Der Chef des Betriebes war eine in sich ruhende Persönlichkeit, die immer ein offenes Ohr für die großen und kleinen Probleme ihrer Mitarbeiter hatte. Der Laden funktionierte und war weit über die Stadtbezirksgrenze hinaus ein gefragtes Geschäft. Herr Fiedel, sein Name sprach für ihn, war unermüdlich mit dem Befriedigen der Wünsche seiner Kunden beschäftigt. Er hatte Beziehungen und war eine Beziehung. Auf dem Hof fungierten alte Garagen als Lager und Umfüllstation für Farben und diverse Chemikalien, die in großen Behältern geliefert wurden. Zu den größten Rennern zählten natürlich Raufasertapete, Holzschutzmittel und Chlorbleichlauge. In guten Zeiten traf auch mal ein Eisenbahnwaggon mit Außenputzfliesen oder Fassadenfarbe samt Einlassgrund ein. Alles ladenfüllende Artikel, nach denen sich die Kunden die Hacken abrannten und ihre Beziehungen überstrapazieren mussten. Ich hatte dementsprechend stoßweise sehr viel mit dem Schreiben der Rechnungen zu tun oder ich saß stundenlang am Telefon um die Kundschaft über die eingetroffene Ware zu informieren. Wenn es Raufasertapete, also den Artikel für Otto-Normalverbraucher schlechthin, gab, herrschte im Laden Ausnahmezustand. Die Tapete wurde auf dem Hof angeliefert, durch den ganzen Laden gekarrt und direkt als Gesamtpaket verkauft. Jeder Bürger durfte nur ein Paket kaufen. Es spielte hierbei keine Rolle wie groß seine Wohnung war oder sein tatsächlicher Bedarf. Es fragte auch niemand nach einzelnen Rollen, denn diese waren gutes Tauschmaterial gegen Südfrüchte oder Autoersatzteile oder Elektronikzubehör. Wer mehrere Pakete haben wollte, hatte entweder das Glück in Begleitung zu sein, die selber keine Tapete brauchte oder er musste sich erneut in die Schlange, die 20 bis 30 Meter weit vor den Laden reichte, einreihen, um erneut einen Kauf zu tätigen. Pech war es, wenn der Tapetensegen dann ausverkauft war und nur noch einige wenige Exemplare für besonders gute Kunden als Bückware die Lagergänge blockierten. Eigens für diese Hochzeit des Verkaufs wurde ich gebeten, einen Kassiererlehrgang zu besuchen. Hier lernte ich das Bedienen einer Registrierkasse, die rechtlichen Vorschriften, Sicherheitsvorschriften und die Endabrechnung. Ein bisschen Psychologie für den Umgang mit aufgebrachten Kunden oder ein Erste-Hilfe-Lehrgang für infarktgefährdete Kunden wäre vielleicht auch nicht verkehrt gewesen, gehörte aber leider nicht zum Programm. Herr Fiedel war ein Kommissionshändler. Eine einerseits ungeliebte Kombination in der Verkaufslandschaft der DDR, andererseits unverzichtbar, was das Können, die Motivation und den Fleiß dieser Spezies betraf. Erklärt hatte mir das ja unsere innerfamiliäre Staatsbürgerkundelehrerin schon einmal, als ich ihre Prüfungsarbeit abtippte. „Der Staat ist auf Privat- und Kommissionshändler leider noch angewiesen", erklärte sie mir, „aber er schämt sich dafür." Unser beschämender Kommissionsladen bediente auch Großabnehmer. Zu denen gehörte auch das MfS. Ministerium für Staatssicherheit. Dieses Ministerium meldete sich ab und an, wenn die Mauer an irgendeiner Stelle neue graue Farbe brauchte. Es gab Artikel, die, von oben vorgeschrieben, nur dem Bevölkerungsbedarf zur Verfügung gestellt werden durften. Das MfS hebelte im Bedarfsfall diese Vorschrift einfach aus. Wenn es keine andere graue Farbe gab, wurde graue Fußbodenfarbe für die Malerarbeiten an der Mauer verwendet. Genau betrachtet, nach Definition der alten Männerriege in der Regierung, war die Instandhaltung der Mauer ein Bevölkerungsbedarf. Wollte nicht jeder Bürger hinter diesem sozialistischen Schutzwall in Ruhe leben und arbeiten? Was spielte es da für eine Rolle, ob die Bevölkerung nur noch rote oder auch gar keine Fußbodenfarbe mehr hatte. Für den Weltfrieden spielte es keine Rolle. Der Laden lag direkt an der Protokollstrecke. Das heißt, unsere Regierung selbst oder hoher Besuch aus dem In- und Ausland benutzten die Straße, um zum Flughafen Schönefeld zu kommen. Diesbezüglich bekamen wir Anrufe, an welchen Tagen und zu welcher Zeit die DDR-Fahne vor der Eingangstür gehisst werden musste. Man munkelte in unseren Fachkreisen, dass selbst teure Fassadenfarbe, zu der nicht einmal Einlassgrund geliefert werden konnte, verwendet wurde, um hohen Tieren den Eindruck frischer, gepflegter Hausfassaden vorzutäuschen. Der Blickwinkel aus dem Auto heraus soll hierbei eine

Rolle gespielt haben. Die Fassaden wurden in aller Eile bis zu einer bestimmten Höhe gestrichen, die Haltbarkeit war egal, Geld spielte bei der Augenwischerei keine Rolle. Es gab auch grüne Sträucher ohne Wurzeln, die für solche Anlässe schnell mal von LKWs gefegt in die Vorgärten gesteckt und nach ein paar Tagen wieder abgeholt wurden oder auch nicht. Die Bewohner würden die kahlen Sträucher schon entfernen. Die Protokollstrecke stand unter ständiger Beobachtung. Man brauchte nicht allzu aufmerksam zu sein, um in den angrenzenden Gebüschen des Treptower Parks immer mal wieder vermeintliche Wildpinkler zu entdecken, die in Wirklichkeit horchten und guckten. Man erkannte sie relativ leicht, denn sie standen anders als bedürftige Männer. Sie unterhielten sich mit hochgeschlagenem Kragen mit ihren DDRon-Einkaufsbeuteln, in denen sich Funkgeräte befanden. Was kommentierten diese Herren? Auffällige Postboten in Sicht? Farben-Fiedel hat die Fahne noch nicht gehisst? Westauto, Kennzeichen soundso, biegt in die Hans-Thoma-Straße ein und hält vor Hausnummer 6? Zumindest wohnten wir sicher. Auf der einen Seite der antiimperialistische Schutzwall auf der anderen Seite als Urinierer getarnte Stasi.

In unserem Laden ging auch die Prominenz, die Aushängeschilder der DDR, ein und aus. Wer brauchte denn schon Chlorbleichlauge? Ich wusste bis zu meiner Einstellung im Farbenladen nicht einmal, dass es diesen Artikel gab. Chlorbleichlauge brauchten Menschen, die einen Swimmingpool in ihrem Garten hatten. Nicht die kleinen Schrebergärtner oder Laubenpieper, sondern die, die eigenes Land mit eigenem Haus hatten und sich einen Swimmingpool ohne Luftstöpsel leisten konnten. Meistens wurden die Kübel mit der Lauge gleich im Hof von irgendwelchen Beauftragten abgeholt. Manchmal aber verirrte sich der eine oder andere Sänger, Schauspieler, Entertainer in unser Büro, eigens um mich zu ignorieren und mir den Spaß mit dem Rechnungenschreiben zu überlassen. Eine Sängerin gehörte sogar zur Fiedel-Familie. Meine Chefin zeigte sich einigermaßen enttäuscht, dass ich ihre berühmte Schwägerin nicht erkannt hatte. Manchmal kam es vor, dass wir miteinander diskutierten. Ich zeigte mich überaus verständnislos, dass unsere Prominenz, wenn sie denn bekannt und gefragt genug war, im Ausland und vor allem im westlichen Ausland unterwegs sein durfte und ich nicht. Mein Gerechtigkeitssinn ließ das nicht zu und ich war diesbezüglich auch keinerlei Argumenten aufgeschlossen. „Das sind Künstler“, sagte Frau Fiedel, „die haben ihr eigenes Naturell, das kann man nicht mit normalen Menschen vergleichen.“ Doch, ich konnte das. Ich war nicht neidisch auf das Geld, die Häuser, die Grundstücke, die sie sich mit ihrem Können und ihrer Linientreue verdient hatten, ich war neidisch auf die Freiheiten die sie hatten, auf das Privileg, sich die Mauer von der Seite ansehen zu dürfen, auf der nicht die Fußbodenfarbe aus dem Bevölkerungsbedarf haftete, sondern wo es Kunstwerke und Aufrufe und ganz sicher auch Spuren von echten Wildpinklern zu sehen gab. Von der Seite, auf der Aussichtsplattformen standen, von denen aus man als Tourist in den größten Zoo der Welt starren konnte. Ich hatte einen immer wiederkehrenden Traum. Ich fuhr mit einem roten Cabrio durch Westberlin und suchte die Straße meiner entfernten Cousine Petra, mit der ich mich bei größeren Familienfeiern traf, die mir von ihren Reisen erzählte und deren abgelegte Pullover ich immer wieder gerne trug. Dieser Traum verfolgte mich regelmäßig bis weit in den Tag. Ich fand die Straße niemals, wurde immer kurz vor Erreichen meines Zieles wach und irrte ein paar Tage später wieder die ganze Nacht in Westberlin rum, ohne jemals anzukommen.

Manuelas Start in den Kindergarten verlief für sie ohne Schwierigkeiten. Es war fast verletzend, wie schnell sie den Abschied von mir ohne mit der Wimper zu zucken verkraftete und mich in der Garderobe stehen ließ, um im Gruppenraum zu verschwinden. Ihre Erzieherin war eine Frau im besten Alter. Erfahren, freundlich und vertrauenerweckend. Auf sie bezogen oder auch auf die anderen Erzieherinnen, gab es nichts zu meckern. Der Kindergarten war eine kleine, heruntergekommene Villa, mit einem eigenen Spielplatz vor dem Haus. Direkt am Grundstück schloss sich die Mauer an, der „Schutzwall der Kinder vor dem Feind aus dem Westen”. Betraten wir das Grenzgebiet, mussten wir mit einer Überprüfung unserer Papiere rechnen. Soldaten liefen dort Patrouille. Ausgestattet mit Gewehr und oftmals auch mit großem Schäferhund, empfand ich sie nicht als respekt- sondern als furchteinflößend. Ich sah sie nicht als Beschützer oder Freund meiner Person oder meines Kindes. Für Manuela waren die bewaffneten Soldaten schnell eine Selbstverständlichkeit und das bereitete mir große Sorgen. Neben Kinderliedern und Gedichten zu den vier Jahreszeiten kam sie mit haarsträubenden Texten zur Staats- und Soldatenverherrlichung daher. Sie wurde geimpft mit Gutgläubigkeit und Dummheit, mit Lügen und Texten und Melodien, die für eine Kinderseele so prägend und mitreißend und tröstend sind, wie die Märchen aus alten Zeiten. Es war schwer und wurde immer schwerer, ihre Denkweise zu korrigieren. Nur unser gelebtes Leben zu Hause konnte ein Kontra bieten. Kleine, altersgerechte Gespräche, Beispiele aus unserem täglichen Leben. Warum war die Mauer in all ihrer Feindseligkeit und ihrer Bauweise eindeutig gegen uns gerichtet, wenn sie doch ein Bauwerk sein sollte, das die Bösen von drüben abhielt, zu uns rüber zu kommen? Sie war zu klein und zu dumm, um mich zu verstehen, aber sie sah den Stacheldraht und die Neigung der Mauerkrone zu unserer Seite zeigen, und sie liebte mich ohne Vorbehalt und vertraute mir und brauchte aus meinen Reden und allem, was sie zu Hause sah und hörte, kein Geheimnis zu machen. Sie durfte sagen, was sie dachte und wie ihre Eltern dachten und sie wusste, dass auch mich die Lieder vom siegreichen Sozialismus und den Soldaten, die ihn mit Maschinengewehr und scharfen Hunden verteidigten, als Kind mitgerissen hatten.

Peter und ich waren uns diesmal auch ohne Bratnudeln näher gekommen, was die Planung unseres zweiten Kindes betraf. Noch nahm ich die Pille und hatte Spaß an der Arbeit und noch mehr Freude an der Fülle in meinem Portmonee. Es würde ein zweites Kind geben, aber nicht sofort und ohne Hektik. Auf der Arbeit erreichte mich eines Morgens ein Anruf. „Tina?“, hörte ich Peter mit einer sehr befangenen, ungewohnt gequälten Stimme sagen. Er sprudelte heraus: „Papa ist tot!“ Ich merkte wie mir die Beine versagten, ich auf die Knie stürzte und wie ich in einem unerklärlichen Rausch seine Worte, die gleichzeitig in meinem Kopf zu tausend Fragen wurden, hörte. „Karola und Dieter sind bei Mutti und ich fahre auch gleich hin“, hörte ich ihn sagen und mein schockierter Verstand fragte sich, warum er, warum Karola und Dieter, warum nicht ich und Martin und Danni. Was sollte das? Ich weinte so heftig, dass Peter am anderen Ende der Leitung begriff, dass ich mit seinen ersten Worten sofort den Tod meines Vaters vor Augen hatte und für nichts anderes mehr aufnahmebereit war. Das Wort Papa war mir noch immer fremd für meinen Schwiegervater. Es gab nur einen Papa und das war meiner. Die eine, vielleicht auch zwei Minuten am Telefon, waren der gelebte Albtraum. Als ich wieder ansprechbar und Herr meiner Sinne war, schämte ich mich. Der Tod von Peters Vater, die Richtigstellung, dass es sich nicht um meinen Vater handelte, hatte mich getröstet und auf den Boden der Tatsachen zurückgeholt und ein beschämendes Gefühl meinem Mann und seiner Familie gegenüber hinterlassen. Peter gab zu, dass sein Eröffnungssatz, Papa ist tot, vielleicht etwas ungekonnt formuliert war, aber wann hätte er üben sollen. Er war über den plötzlichen Tod seines Vaters selber so erschüttert, dass er keinen Gedanken an Formulierungen verschwendet hatte, bevor er mir die Botschaft am Telefon mitteilte. Mein Schwiegervater verstarb nach einem Schauer, der ihm den Rücken runterlief und den er noch kommentierte, an einem plötzlichen Herztod. In den nächsten Tagen und Wochen beschäftigte ich mich gedanklich viel mit seiner Person. Ich kannte ihn nur als einen Menschen, mit dem kein Gespräch zustande kam. Seine Kommentare waren immer sehr kurz und zurückhaltend, wie ja, ja oder so, so oder ach nee. Über ihn wusste ich so gut wie nichts. Wenn ich Peter nach Einzelheiten aus dem Leben seines Vaters fragte, stellte ich erstaunt fest, dass er auch nichts wusste, was relevant und aufschlussreich gewesen wäre. Geboren wurde er Anfang der zwanziger Jahre. Er hatte den Faschismus in Deutschland aufkeimen und wachsen gesehen. Wann hatte er sich entschlossen, Kommunist zu werden. Hatte er dadurch Dinge erlebt, über die er bis ans Ende seines Lebens nicht mehr sprechen wollte? Sprach er nur in bestimmten Kreisen darüber? War er sprachlos, weil alles anders kam, als er es sich erhofft und vorgestellt hatte? Warum hatte er mit seiner Familie die Einbahnstraße in den Westen genau in die andere Richtung befahren? Hatte er diesen Schritt bereut? Warum stand er den Religionen nicht nur neutral sondern feindselig gegenüber? Trug er bei seiner ersten und einzigen Fahrt als Rentner in den Westen sein Parteiabzeichen? Warum übernachtete er wie ein armer Mann in der Bahnhofsmission und kam nicht nach Hause und fuhr lieber ein zweites Mal rüber? Warum tat er so, als hätte die Kombination aus Sparsamkeit und Sozialismus ihn zu einem gut situierten Mann werden lassen? Warum sah er heimlich Westfernsehen und schaltete provokant den Sender weg, wenn ich schon fast im Zimmer stand? Warum hatte er bei uns heimlich Orangen gegessen, die Schale ins Klo geworfen und dann nicht einmal darauf geachtet, dass alles weggespült wurde? War er ein Heimlichtuer oder wurde er erst mit fortschreitendem Alter dazu? Seine Frau und seine Tochter beklagten sich oft über sein Nichtstun. Peter erzählte mir, sein Vater hätte das Datum der letzten Renovierung auf die neue Tapete geschrieben, weil er beim nächsten Mal wohl nicht mehr dabei sein würde. Am Tag seiner Beisetzung sprach ich für ihn ein Vaterunser. Das war ein kleiner Vermittlungsversuch einer Katholikin an die höhere Instanz, die nun auf ihn warten und über ihn richten würde. Ich fand es schade, ihn nie besser kennengelernt und verstanden zu haben. Zurück blieb mal wieder eine Witwe, die nun auch zwei Eheringe auf ihrem Finger trug und eine Zeit des Tröstens und der Fürsorge, denn meine Schwiegermutter ertrug es nicht, allein zu sein.

Ich hatte mich unterdessen um Anschluss in meiner neuen Gemeinde bemüht. Ein eigenes katholisches Gotteshaus hatten wir nicht, dieses war, wie die ganze Gemeinde, Opfer des Mauerbaues geworden. Am Treptower Park gab es eine Niederlassung in einem Altbau, welche als Kapelle umgebaut war und eine kleine Räumlichkeit für die Gemeinde darstellte. Hier hatte ich erstmals Kontakt zur Seelsorgerin der Gemeinde. Sie hatte ein offenes Ohr für mich und meine Sorgen. Manuela war noch immer nicht getauft und unablässig der kindlichen Gehirnwäsche im Kindergarten ausgesetzt. Ich wollte für sie ein christliches Zuhause finden, einen Kreis Menschen, dem sie sich anschließen und mit dem sie sich austauschen konnte. Ich wollte und brauchte Hilfe, um meinem Kind einen christlichen Start, eine Basis für sein weiteres Leben zu ermöglichen.

Die Seelsorgerin, Frau Fluss, war eine sehr verständnisvolle und hilfsbereite Frau. Sie bot mir an, Manuela in der Frohen Herrgottstunde einmal in der Woche, im Kreise anderer gleichaltriger Kinder, zu begrüßen und ihr auf kindgerechte, fröhliche Art den lieben Gott und die Kirche näher zu bringen. Die frohe Herrgottstunde war mir noch aus meiner Kindheit ein Begriff. Ich war froh, einen Anfang gefunden zu haben, auch für mich. Mein Herz und mein Geist hingen noch immer in meiner Heimatgemeinde in Weißensee fest. Die Zeit in Friedrichshagen war zu kurz, um Fuß zu fassen, und meine Enttäuschung über die Taufabsage in Maria Heimsuchung empfand ich noch immer als persönliche Verletzung. Zum Abendmahl durfte ich nicht mehr gehen und ich war das, was man eine eingeschnappte Christin nennen konnte. Die Kirche wollte mich und mein Kind nicht und ich wollte, weil mir die Einsicht in diese Handhabung fehlte, auch nicht mehr. Nun hatte ich mich langsam beruhigt und stellte fest, dass ich nur mit Gott und ohne Gemeinde, ohne Zuspruch und Zugehörigkeit ziemlich allein dastand. Zu tief war mein Leben als Kind und Jugendliche in der Kirche verwurzelt gewesen. Sie hat mir immer Rückzugsmöglichkeiten aus dem sozialistischen Alltag geboten und mir Halt gegeben. Das wollte ich für Manuela auch.

Peters Einstellung zur Kirche hatte sich etwas gelockert. Ob das mit dem Tod seines Vaters in Zusammenhang stand, wusste ich nicht. Ich vermutete aber, dass der Druck, den er durch die bissigen Kommentare seines Vaters zu befürchten gehabt hatte, von ihm genommen war. Außerdem hatte sich sein Gesichtsfeld als erwachsener Mann und Vater, als Arbeiter in einer realen sozialistischen Welt, die so viel anders war als die Theorie aus der Kindheit, enorm erweitert und ihm die Augen für Details geöffnet. So kamen wir überein, dass Manuela das Angebot der Seelsorgerin, einmal wöchentlich zur frohen Herrgottstunde zu kommen, annehmen sollte. Sie fand es dort sehr schön und wurde auf kindliche Art in eine Welt eingeführt, die sie bei mir oder meiner Mutter nur am Rande erlebte.

Onkel Ottchen, der Ersatzopa meiner Kindheit, der feine Mann mit dem klugen Kopf, der niemals berlinerte und immer die Sonntagssprache sprach, wurde sehr krank. Anfangs hofften wir noch, sein Elend käme von seinem Diabetes und seiner viel zu kargen Ernährung. Wir hofften, dass eine bessere Insulineinstellung ihm Besserung bringen würde. Aber wir hofften vergebens. Onkel Ottchen hatte Magenkrebs. Eine Operation, bei der ihm der Magen entfernt und mit ärztlicher Kunst ein Teil des Darms als Magenersatz umkonstruiert wurde, war unsere letzte Hoffnung für ihn. Er selbst wollte die Diagnose seiner Krankheit gar nicht so genau wissen, er hatte noch nicht genug vom Leben. Er klammerte sich an die Hoffnung, dass alles gut werden würde. Und tatsächlich brachte die Operation einen Erfolg. Seine Essenszeiten und seine Speisekarte waren nun streng reglementiert und die Mahlzeiten sehr klein portioniert, aber er richtete sich ein und schien sich erst einmal zu erholen. Onkel Ottchen war für mich in unserer Familie eine Instanz. Er verkehrte durch seine Arbeit bei der Staatsoper in Künstlerkreisen und hatte teilweise ein Hintergrundwissen zu Berufsverboten und Ausweisungen der vielen aufmuckenden Künstler in der DDR, welches uns kleinen Ottonormalverbrauchern vorenthalten wurde und viele Geschichten in ein ganz anderes Licht rückte. Er sprach vom Archipel Gulag, schon lange bevor das Buch im Westen veröffentlicht wurde und er hatte ein Gespür für Politik. Vielleicht hatte er auch ein Gespür, eine leise Ahnung, von dem, was ihm in nächster Zukunft drohen würde, davon wollte er aber nichts wissen. Er hatte sich 1978 einen Golf geleistet. Es war einer von denen, die die DDR für ihr Volk gekauft hatte, den sich ihr Volk aber nicht leisten konnte. Onkel Ottchen war an sich ein bescheidener Mann. Die Klangqualität seiner Musik und das Autofahren ließ er sich allerdings etwas kosten. Als ich ein Kind war, fuhr er einen alten Adler, dann schwor er sich auf den Trabbi ein, der immer mal wieder durch ein aktuelleres Modell ersetzt wurde, und dann winkte der Golf als etwas ganz Besonderes. Als dieses Auto dann doch nicht den erhofften Absatz fand, ging die DDR mit den Preisen runter und die, die schon einen Golf hatten, bekamen den Differenzbetrag ausbezahlt. Der Onkel fand das nicht so toll. Sein Traum verlor dadurch ein wenig an Attraktivität und Luxus. Letztendlich liebte er aber sein Auto und das Fahren und seine Musik und sein Leben, und alles war nun in höchster Gefahr.

Ich konnte, was das Autoleben in der DDR betraf, mit zwei Beziehungen dienen. Erstens saß ich an der Quelle zu Autolacken und deren Grundierungen und zweitens arbeitete der Vater meiner Freundin seit Neuestem, als ein Mann, der was zu sagen hatte, in der Golf-Werkstatt des VEB Autotrans Berlin. So versorgte ich Onkel Ottchen mit den anstehenden Werkstattterminen und Peter mit Autolack für unseren alten Skoda. Peters Ersatzteillager befand sich übrigens in seinem Nachtschrank. Neue Klinken, Lampen, Birnchen, Bowdenzüge und Keilriemen lagerten darin und stellten den Inhalt einer Schatztruhe dar. Eines nachts um kurz nach zwei klingelte es bei uns Sturm. Natürlich raste mein Herz, denn nächtlicher Besuch hatte meist nichts Gutes zu bedeuten. Mein Vater und mein Bruder standen vor der Tür und gaben erst einmal Entwarnung. Dann erzählten sie mir, dass der Bruder meines Vaters irgendwo auf der Autobahn mit seinem Skoda liegengeblieben war und Hilfe brauchte, sein Keilriemen war gerissen. Wir gingen ins Schlafzimmer, wo Peter noch immer den Schlaf der Gerechten schlief. Ich rüttelte kurz an ihm, umriss ihm die Geschichte vom liegengebliebenen Skoda und der Notwendigkeit eines neuen Keilriemens. Ohne die Augen zu öffnen kam die Gegenfrage: „Den kurzen oder den langen?“ „Den langen“, antwortete Martin, der mir mit Papa ins Schlafzimmer gefolgt war. Blind klappte Peter sein Nachtschränkchen auf, griff hinein und zog, mit gekonntem Handgriff, den gewünschten Keilriemen ins funzelige Lampenlicht. Das war ein erstauntes und anerkennendes Gelächter mitten in der Nacht in unserem Schlafzimmer und diese Geschichte machte immer wieder die Runde.

Unser Schlafzimmer diente löblicherweise auch noch anderen Dingen als der Aufbewahrung von Autoersatzteilen. So kam es, dass ich endlich ein zweites Mal schwanger wurde und mich an die Auflösung des Rätsels machen konnte, ob eine Mutter mehrere Kinder gleich lieben konnte. Bis dahin war es aber noch etwas Zeit. Wir pflegten unsere Freundschaften, hatten immerzu die Bude voll Besuch, gingen arbeiten und vertrödelten unseren kostbaren Feierabend damit, Kaufhallen und Läden abzuklappern, um die Waren des täglichen Bedarfs einzukaufen. Manchmal kam während der Arbeitszeit die frohe Kunde, in der Kaufhalle gäbe es Bananen oder Apfelsinen oder Pfirsiche. Wenn ich Glück hatte und meine Chefin selbst diesbezügliche Begehrlichkeiten hatte, durfte ich während der Arbeitszeit einkaufen gehen und das Gewünschte holen. Hatte ich Pech, brachte ein Mitarbeiter der Kaufhalle ungefragt ein Päckchen vorbei und nahm ein anderes dafür mit und ich hatte dann eben keine Bananen. Diese Spielvarianten gab es auch mit Käse, Fleisch, Fisch und besonderem Gemüse. Sie waren Alltag, an den ich mich einfach nicht gewöhnen konnte und auch nicht gewöhnen wollte. Brauchte ich frische Blumen, hatte ich unterdessen einen besonderen Trick drauf. Ich bestellte sie für mich selbst im Blumenladen über Fleurop. Gab es Schnittblumen, wurden diese Bestellungen als erste erledigt. So lieferte man mir, meist direkt in den Farbenladen meine bestellten Sträuße. Einmal hatte ich Pech und musste mich mit einer Grünpflanze zufriedengeben. Bei der nächsten Bestellung wusste ich aber, dass ich die Spalte mit dieser Ausweichmöglichkeit nur zu streichen brauchte und dann gab es eben gar nichts. Das ist aber niemals vorgekommen. Die Dienstleistungen in der DDR waren unverschämt preiswert und deshalb leistete ich mir zu bestimmten Feierlichkeiten diesen Luxus und hatte Blumen in der Hand, wenn andere mit Hallorenkugeln kamen.

Wir waren im Farbenladen ein bunt zusammengewürfeltes Häuflein Kollegen. Vom alten erfahrenen Brabbelkopp, der der Rente und seinem ersten Besuch im Westen aufgeschlossen entgegensah, über die alleinerziehende, sich stets beklagende Mutter, bis zu Menschen, denen man anmerkte, dass ihr Bildungsniveau weit über dem lag, um als Verkäuferin von Farben und Tapeten ihr täglich Brot zu verdienen. Da war eine Frau, deren Aussehen und deren Ausstrahlung von ganz besonderer Art war. Wir kamen sehr gut miteinander aus, und es dauerte nicht lange, da gingen wir uns gegenseitig besuchen. Ich erfuhr, dass Charlotta – wir waren sehr schnell beim Du angekommen – eigentlich eine Lehrerin war, einen Ausreiseantrag laufen hatte und daher mit Berufsverbot behaftet war. Sie hatte einen Mann aus Westdeutschland kennengelernt und sich unsterblich verliebt. Diese Art von Ausreiseanträgen nannte man Anträge auf *Familienzusammenführung*. Diese Anträge hatten einen entschieden besseren Ruf als die Anträge aus politischen Gründen. Sie machten sich in der Ausreisestatistik besser. Gaben sie doch vor, dass die Leute nur der Liebe wegen oder um gebrechliche Verwandtschaft zu pflegen, ihrem Land den Rücken kehrten. Bei aller Ehre, mussten auch diese Antragsteller mit langen Wartezeiten und Repressalien rechnen. Meine Kollegin hatte obendrein auch noch einen Sohn, dessen Vater in der DDR sein Einverständnis zur Ausreise geben musste, und so zog sich der ganze Verwaltungskram auch bei Familienzusammenführungen unabsehbar in die Länge. Und ich? Ich hatte schon lange einen neuen Floh im Ohr, der nun Gestalt annahm und einen Namen bekam: Ausreiseantrag! Er war noch ganz klein, der Floh. Brauchte noch Nahrung, die aus Unzufriedenheit der verschiedensten Kategorien bestand, aber er existierte bereits und raubte mir nachts den Schlaf und ließ mich tagsüber umtriebig nach diesbezüglichen Nachrichten und Auskünften forschen. Die abenteuerlichen Fluchtgedanken aus meiner Kindheit und frühen Jugend würden keinesfalls in Frage kommen. Da gab es Leute, die mit einem selbstgebauten Fesselballon geflüchtet waren, mit Kind und Kegel. Der erste Versuch war gescheitert und sie versuchten es erneut. Den Freiheitswillen dieser Menschen konnte ich gut verstehen, dafür aber das Leben anderer, also auch das meiner Kinder zu riskieren, hielt ich für anmaßend und unverantwortlich. Spektakuläre Fluchten gelangen von Zeit zu Zeit immer wieder mal. Wenn es nur um mich gegangen wäre, wäre ich auch durch Tunnel gekrochen, hätte ich mich auch in selbstgebastelte Ballonkörbchen gesetzt und wäre vielleicht auch mit einem Seil und einer Leiter über die Mauer geklettert. Hier aber riskierten Eltern das Leben ihrer Kinder. Wie spektakulär wären die Schlagzeilen ausgefallen, wenn die Flucht Leben gekostet hätte? Wäre es trotzdem ein Disney-Film mit geschöntem Ende geworden? Hätte der Westen Verständnis für diesen unverantwortlichen Freiheitsdrang der Eltern gehabt? Ja, ich gebe es zu, ich war neidisch auf jede geglückte Flucht, solange ich nicht näher darüber nachdachte. Aber irgendwann dachte ich nach, der Neid verging, ein Kopfschütteln setzte ein und ich wusste, dass ich niemals bereit wäre für die Freiheit im Westen, die sich im Osten so spektakulär und riesig anfühlte, irgendein Leben zu riskieren. Ein paar Monate später wurde Charlotta in einem Ostberliner Standesamt getraut und ein paar Wochen danach verließ sie mit ihrem Sohn die DDR und folgte ihrem Mann in den Westen. Wir trafen uns vorher noch ein paar Mal privat, denn als Kollegin erschien sie nicht mehr auf der Arbeit. Ein paar Briefe flatterten später von hüben nach drüben und umgekehrt. Sie erzählten von Freiheit und Kultur, von Reisen und dem Fehlen von Bückware und BERATUNGSMUSTERN. Charlotta war mit ihrem Sohn in ein fertiges Nest zu einem gut situierten Ehemann gezogen. Das konnte man mit den Anfängen anderer Ausreisender wahrscheinlich nicht vergleichen. Ich hielt Charlotta aber für klug genug, trotz der Schmetterlinge im Bauch, den Westen realistisch zu sehen. Ihre Briefe stimmten mich positiv und ließen den kleinen Floh im Ohr wachsen und gedeihen. Ein Paket von ihr trudelte ein. Eine wunderschöne Umstandsbluse, Kleinigkeiten für Ela und das kommende Kind, Deo, Kaffee und Seife waren darin. Im Laufe der nächsten Monate brach der Kontakt ab oder verhinderte eine höhere Instanz unseren Briefverkehr?

Als das Frühjahr kam und mein Bauch sich schon gewaltig der Welt entgegenstreckte, nahmen meine Eltern Onkel Ottchen zu sich. Die Operation hatte ihm vielleicht ein paar Lebensmonate mehr eingebracht, aber nun ging es ganz offensichtlich mit ihm zu Ende. Mutti, die seit einiger Zeit in der „Gummibude“ gearbeitet hatte, reichte ihre Kündigung ein, um ganz für den Onkel da sein zu können. Geistig war er noch hellwach. Ich fuhr fast täglich nach Weißensee und unterstützte Mutti mit meiner Anwesenheit, meinem Zuspruch und dem Sitzen auf der Bettkante des alten, kranken Mannes. Er erzählte so viel aus seinem Leben. Von seinen Hoffnungen und Wünschen, die er als junger Mann hatte. Musik hätte er gerne studiert, lernte aber den Beruf des Schriftsetzers. Die klassische Musik war immer seine große Liebe gewesen. Als Quereinsteiger wurde er dann Sänger im Chor der Deutschen Staatsoper. Er lebte nun in seiner Kindheit und Jugend und fand nur noch zeitweise in sein jetziges Leben zurück. Er verwechselte den Kleiderschrank mit der Toilette und war tief beschämt, als er sich dessen bewusst wurde. Fast täglich kam Besuch aus allen Teilen Deutschlands, um ihn zu besuchen und Abschied zu nehmen und ihm dämmerte langsam, was diese vielen Besuche von Menschen, die er teilweise seit Jahren nicht mehr gesehen hatte, zu bedeuten hatten. Der Onkel verfasste seinen letzten Willen. Wie ein Häufchen Elend saß er bei meinen Eltern im Wohnzimmer und versank im Sessel, als wäre dieser ein riesiges Monster, das ihn verschlingen wollte. Seine Schrift war krakelig und ohne Kraft. Er hatte Mühe, seine Gedanken zu ordnen und zu formulieren. Als er mit dem Kraftakt fertig war, schien er erleichtert und erschöpft zugleich zu sein. Auch Mutti war der Erschöpfung nahe. Die Tage und Nächte als Krankenpflegerin zehrten an ihr. Das Krankenhaus nahm Onkel Ottchen auf und übernahm die Sorge und Pflege des Mannes, dem man nur noch das Sterben erleichtern konnte.

Peter war seit Wochen damit beschäftigt, unseren Škoda zu lackieren. Teil für Teil schaffte er die einzelnen Karosserieteile in den Keller, schliff, spachtelte und lackierte. Unser Hausflur roch intensiv nach Farbe und einige Anwohner fingen an, sich zu beschweren. Peter zog sein Ding durch. Er konnte die Arbeiten nicht mittendrin unterbrechen. Er wollte fertig werden und die Arbeit, die er fast nur noch fluchend bewältigte, abschließen. Unter Berücksichtigung meines Zustandes und unseres geliebten Großonkels, zog sich der ganze Vorgang mit dem Auto sowieso schon viel zu lange hin. Die Trocknungszeiten dauerten länger als geplant und mein Entbindungstermin rückte immer näher. Mir ging es, wie auch schon in der ersten Schwangerschaft, gut. Meine Arbeit ruhte mal wieder und ich konnte Mutti in der schweren Zeit gut zur Seite stehen. Wenn ich Onkel Ottchens Krankenzimmer betrat, wanderte sein Blick über meinen Bauch. Enttäuscht stellte er täglich fest, dass ich noch immer nicht entbunden hatte. „Bevor das Baby nicht auf der Welt ist, werde ich nicht sterben", sagte er eines Tages zu mir. „Ich muss doch wissen, ob alles gesund und ob es ein Junge oder ein Mädchen ist." Das Baby ließ auf sich warten, es hatte in der Geborgenheit meines Bauches mehr Ausdauer als Gevatter Tod am Sterbebett unseres Onkels. Eines Abends erreichte uns die Nachricht, dass Onkel Ottchen gestorben war. Er hatte es geschafft. Die Tatsache, dass er im Krankenhaus alles essen und trinken durfte, sogar Bier, hatte ihm wohl endgültig die Augen geöffnet. „Wenn das alles erlaubt ist, scheint auch alles egal zu sein", sagte er und wünschte sich jeden Tag resigniert eine Flasche Bier. Seine Beisetzung neben seiner Mutter, meiner Uroma, wurde organisiert. Hunderte Menschen kamen zu diesem letzten Abschied und ein Männerchor aus seinem Kollegenkreis sang beeindruckende Trauerlieder. Wir begleiteten einen Menschen zu seiner letzten Ruhestätte, mit dem Gefühl von tiefster Trauer. So wie das Loch im Boden des Friedhofs würde das Loch in unserem Leben sein, das er hinterlassen hatte. Vielleicht würde es sich irgendwann schließen, so wie es sich bei meiner Omi ja auch geschlossen hatte und nur ein Hügel aus allerschönsten Erinnerungen geblieben ist, aber das würde dauern und es würde niemals einen Ersatz für diesen feinen Mann, dem Opa meines Lebens geben. Es gab ein Kapitel im Leben des Onkels, das ich als Kind nicht verstanden hatte. Ich war etwa zehn Jahre alt, als man uns erzählte, dass Onkel Ottchen eine Tochter hätte. Das hielt ich damals für eine groteske Geschichte. Onkel Ottchen hatte keine Frau, wo sollte da eine Tochter herkommen? Unter einer Tochter stellte ich mir ein Mädchen, ein Kind vor. Seine Tochter aber war unterdessen schon erwachsen, eine Frau. Er durfte sie als Kind nicht zu sich nehmen, sie wuchs in einer Pflegefamilie auf, weil ihre Mutter verstorben war (in Wahrheit war sie ermordet worden, was ich aber erst als erwachsene Frau erfuhr) und alleinstehende Männer angeblich nicht für ihre Kinder sorgen konnten. So wurde es uns erzählt und irgendwann glaubte ich es auch, denn es gab Spielfilme aus dieser Zeit, die dieses Szenarium zwar sehr romantisiert, aber doch glaubhaft erzählt hatten. Das war ein typisches Beispiel für das Heimlichgetue der älteren Generation. Onkel Ottchen besuchte seine Tochter in regelmäßigen Abständen aber es wurde ein Geheimnis aus ihr gemacht. Es drangen immer nur versehentlich Informationen an unsere Ohren und wir reimten uns unsere Geschichten selber zusammen. Irgendwann trat diese mystische Erscheinung dann auch in unser Leben, gebar Kinder und sorgte für echte Enkelkinder. Anfangs zehrte die Eifersucht an mir. Als ich die Cousine meiner Mutter dann kennenlernen durfte, war ich beruhigt. Sie war eindeutig ein Kind unseres Onkels. Ihre äußere Erscheinung, ihre Gestik und Mimik und ihre Aufgeschlossenheit waren ihr von ihm in die Wiege gelegt worden. Es fiel mir leicht, sie zu mögen und zu akzeptieren, denn sie war Onkel Ottchens Kind.

Die hinterlassene Wohnung, die wunderbare Feierwohnung, die so viele Verlobungen, Hochzeiten, Erstkommunionen, Taufen, Geburtstage und so manchen Leichenschmaus erlebt hatte, musste geräumt werden. Hier hatte ich mir jahrelang an den Samstagnachmittagen mit Staubsauger, Teppichklopfer und Fenstertuch mein karges Taschengeld aufgebessert und ganz nebenbei anschauliche politische Weiterbildung erhalten. Jetzt musste entschieden werden, welche von den paar bescheidenen Habseligkeiten des Onkels in welche Haushalte kamen oder was als unbrauchbar entsorgt wurde. Der kostbarste Besitz war das Auto, der Golf. Onkel Ottchen hatte verfügt, dass dieser in mein Eigentum übergehen sollte, dafür waren Peter und ich verpflichtet, die anderen Erben mit einer höheren Geldsumme auszuzahlen. Aber erst einmal musste entbunden werden und der Skoda verkaufsbereit sein. Ein Leben war gerade von uns gegangen, da meldete sich mein zweites Kind mit Blasensprung und Wehen als neuer Erdenbürger zur Entbindung an. Peter hatte diesmal nicht meine gefasste Mutter an seiner Seite. Soweit es unsere eckige Wohnung zuließ, lief er im Halbkreis, als er die feuchte Bescherung der Fruchtblase auf dem Teppichboden erblickte. Er versuchte der Held des Tages zu sein, was schon mal daran scheiterte, dass er genau am Entbindungstermin die Türen unseres Autos zum Lackieren abmontiert hatte. Es war noch nicht zu spät, um bei einem Nachbarn mit Telefon zu klingeln, um einen Rettungswagen zu bestellen. Das Abenteuer Geburt begann. Diesmal ging ich nur eine Woche über der Zeit. Alles war wieder in weiser Voraussicht vorbereitet worden. Mein nacktes Untenrum piekte und ich hatte den Optimismus, den ich vor der ersten Geburt hatte, eingebüßt. Ich war auf medizinisches Personal gefasst, das meckernd und überlastet seinen Dienst an mir und meinem Kind verrichten würde und hatte den gesamten Geburtsvorgang entromantisiert. Diesmal hatte ich aber schon im Vorfeld auf eine Rooming-In-Versorgung bestanden. Die Narbe in meinem mütterlichen Herzen, die das Vorenthalten meines ersten Kindes in mir hinterlassen hatte, schmerzte noch immer. Das sollte mir und meinem zweiten Kind diesmal erspart bleiben. Die Geburt nur unter sachlichen Aspekten zu betrachten und das medizinische Personal so hinzunehmen wie es war, machte mir die Sache diesmal leichter. Es ersparte mir Enttäuschungen. Der Rettungswagen brachte mich, wie staatlicherseits zugeteilt, nach Lichtenberg ins Oskar-Ziethen-Krankenhaus. Hier war, bis auf die anderen Räumlichkeiten, nichts anders als in Maria-Heimsuchung, es fehlte das Herz. Die Geburt zog sich nicht ganz so in die Länge wie bei Manuela. Wenn wir uns beeilten, könnte unsere Nummer Zwei sogar mit seinem Uropa zusammen Geburtstag haben. An dieses Datum hatte mich Mutti noch am Nachmittag, als wir bei Kuchen und Kaffee auf ihrem Balkon saßen, erinnert. Peter wurde verabschiedet und ich, als würde eine Sturzgeburt drohen, sofort in den Kreißsaal gebracht. Hier lag ich nun, mit der schönen Regelmäßigkeit der Wehen, die noch in großen Abständen kamen, ohne Zuspruch und Aufmerksamkeit. „Mir doch egal“, redete ich mir wie ein trotziges Kind ein und schaffte es sogar, zwischendurch immer wieder mal einzuschlafen. Es war unerträglich warm und ich hatte großen Durst. Unterdessen war es Nacht geworden und ich konnte niemanden um ein Glas Wasser bitten. Ich erinnere mich nicht an andere Gebärende, wollte kein Solidaritätsgefühl mit anderen Frauen aufkommen lassen. Wir lagen alle mehr oder weniger im selben Boot und hofften auf den Beginn des Tages und genügend Personal um die Geburten, hübsch eine nach der anderen, erledigen zu können. Ich sah keine Uhr, kein Telefon, keine Abstelltische. Nur weiße Wände und Trostlosigkeit. Plötzlich wurde es hektisch. Ich war mir ganz sicher, dass ich heftigste Wehen hatte und sofort entbinden müsste. Ich rief laut nach einer Schwester oder Hebamme. Erstaunlich schnell kam eine Frau im Kittel zu mir und wollte mir einreden, dass ich wohl einen Topf bräuchte, schließlich hatte ich keinen Einlauf bekommen. Sie verschwand und ich dachte über den Unterschied des täglichen Stuhldranges und dem von heftigen Wehen nach. Ich war mir sicher, den Unterschied zu kennen. Die Kittelfrau erschien erneut. Sie hatte einen flachen Krankennachttopf in der Hand und erwartete jetzt von mir eine gekonnte Brücke, um mir dieses Ding unterschieben zu können. Keine Diskussion nützte etwas. Angeblich war es bei mir noch nicht so weit. Es kam zum Streit. Ich war empört, dass ich mein Kind in diesen Topf gebären sollte und weigerte mich, meinen Hintern auch nur einen Zentimeter zu erheben. Nun kam scheinbar eine Hebamme und guckte sicherheitshalber mal zwischen meine Beine. Sie befühlte mich von innen und außen und bat mich, ja, sie bat mich, noch nicht zu pressen. Dann verschwand sie kurz, kehrte mit männlicher Verstärkung zurück und die Geburt nahm ihren Lauf. Es ging auf einmal alles ganz schnell. Ich konnte gar nicht anders, als das neue Leben aus mir herauszupressen. Ich hörte es schreien, bekam zu hören:„Es ist ein Junge“, und lag wieder mit leeren Armen da. Der Mann, scheinbar ein Arzt, fummelte an mir rum. Gesprochen wurde nicht viel und schon gar nicht mit mir. Was passierte jetzt? Ohne Vorwarnung drückte der Arzt auf meinen Bauch. Ich empfand tierischen Schmerz, und im selben Moment zog er die Nachgeburt schmerzhaft aus mir heraus. Irgendwann, es war Stunden später, wurde ich wach. Der Tag schien fortgeschritten zu sein, denn die Sonne blendete mich und ich lag in einem anderen Raum, gewaschen, umgezogen und ohne Erinnerung. Eine Schwester fragte mich, wie es mir gehe. Sie schob mich samt meinem Bett auf den Flur und steuerte mein Zimmer an. Warum ich geschlafen hatte, was gemacht worden war und wo mein Sohn war, erfuhr ich erst einmal noch nicht. Man hatte in einem Entbindungsheim andere Sachen zu tun, als mit versorgten Wöchnerinnen zu schwatzen. Zu meiner großen Beruhigung wurde mir ein paar Minuten später mein Baby ins Zimmer gebracht. Eine nette Schwester oder Hebamme versicherte mir, dass der Kleine gesund sei und im Zimmer bleiben werde. Sie komme nachher noch einmal und werde mir alles zeigen und erklären. Sie nahm das Baby und legte es zu mir ins Bett. Dann verschwand sie und ich war mit meinem Kind allein. „Stefan“, dachte ich, „so siehst du also aus.“ Ein perfekter kleiner Junge lag in meinem Arm und folgte mit Kopf und Mund den Berührungen meines Fingers. Ich müsste lügen, wenn ich nicht eingestehen würde, dass mich die Tatsache, nach einem Mädchen nun einen Jungen geboren zu haben, besonders freute. Ich wusste, dass dieser Aspekt auch für Peter sehr erfreulich war. Welcher Mann freut sich denn nicht, wenn er bewiesen hat, dass er beides kann. Außerdem war der Kleine nun auch der einzige Garant dafür, dass Peters Nachname in die nächste Generation weitergegeben würde. Ich genoss den Anblick meines Sohnes, ich sog seinen Geruch durch die Nase ein, kostete seinen Mund und seine Haut und zählte immer wieder seine kleinen, schlanken Finger. Es blieb bei zehn. Auf der Stirn und im Nacken sah man einen Storchenbiss und ich entdeckte Ähnlichkeiten mit Manuela und Peter. Plötzlich hatte ich die Antwort auf meine Frage und alle Zweifel waren verschwunden. Ich bekam Sehnsucht nach Manuela und Peter, wollte sie Teil haben lassen an meinem überirdischen Glückgefühl, wollte sie in den Arm nehmen und am liebsten nach Hause verschwinden. Liebe konnte sich also vervielfältigen. Niemand musste auf irgendetwas verzichten. Ich war eine glückliche und zufriedene zweifache und unterdessen sehr hungrige Mutter. Im Laufe der nächsten Stunden bezogen noch zwei andere Mütter mit ihren Kindern das Zimmer. Natürlich hatte ich wieder das Glück, das schönste Kind zu haben. Stefan machte einen zufriedenen Eindruck. Er schmatzte und stöhnte nicht ganz so hingebungsvoll an meinen Brüsten, wie seine große Schwester es getan hatte, aber er trank seine Beikost aus der Flasche und würde mit seinem Können den Milchfluss schon in Gang bringen. Am Nachmittag kamen dann Ela und Peter und meine Eltern. Es herrschte nichts als Freude. Wenn Mutter und Kind wohlauf sind, sind die Strapazen rund um die Geburt für alle schnell vergessen. Mir ging es auch gut. Das Kind um mich haben zu dürfen, half über viele Schmerzen hinweg. Es stimmte mich traurig, dass Onkel Ottchen unseren Kleinen nicht mehr kennenlernte. Für Stefan würde er nur in Familiengeschichten existieren. Er bekam als Andenken an diesen Onkel einen zweiten Namen, Georg, denn das war Onkel Ottchens wirklicher Name. Wie in grauer Vorzeit aus dem Namen Georg ein Ottchen wurde ist leider nie bekannt geworden.

Bevor Stefan geboren wurde, hatte ich die Idee, Manuela mit einer großen Babypuppe zu überraschen. Sie sollte an dem Tag, wenn ich aus der Klinik käme, als Elas Kind im Körbchen liegen. Ich wusste, als diese Idee geboren wurde, nicht, wie schwer es sein würde, sie in die Tat umzusetzen. Ich brauchte mehrere Anläufe und viel Zeit, um mein Vorhaben zu verwirklichen. Nun musste nur noch Peter daran denken, diese Puppe, bevor er sich mit der Kleinen auf den Weg machte, aus unserem Kleiderschrank in das Körbchen zu legen. Es funktionierte. Als ich das Baby hineinlegen wollte, rief ich ganz erstaunt, dass kein Platz für unser Kind da sei, weil bereits ein anderes Baby im Körbchen liege. Liebevoll nahm Ela ihr Kind entgegen und wir veranstalteten so etwas wie Synchronpflege. Zwei glückliche, abgehobene Mütter um Peter herum, das war schon fast zu viel für ihn. So pflegten und bemutterten wir zu dritt. Ela und ich das Baby und die Puppe und Peter unseren kleinen, süßen „Golfy".

Dieser ging nach dem Verkauf des Skodas, in den ich mich unterdessen, wegen der roten Lackierung, direkt ein bisschen verliebt hatte, in unseren Besitz über. Den Skoda wurden wir mit Kusshand los. In der DDR blühte das Geschäft mit Gebrauchtwagen. Die anderen Erben wurden ausbezahlt und wir machten von unserem Erbe und unseren guten Verbindungen zur Golfwerkstatt regen Gebrauch. Das kleine Ersatzteillager in Peters Nachtschrank wurde geräumt und zog in den Keller. Klinken, Lampen, Spiegel und der ganze Skoda-Kram konnten noch gute Dienste beim Erwerb von Bückware leisten oder auch ganz einfach nur gute Bekannte aus der Ersatzteilklemme retten.

Erneut lag nun ein ganzes Jahr Babypause vor mir. Eine Zeit, auf die ich mich freute und die ich wieder für Familie und Hobbys nutzen konnte. Meine Kochkünste beispielsweise hatten in den letzten Jahren sehr an Qualität gewonnen. Das Backen machte mir Spaß und ich probierte immer wieder neue Rezepte aus. Das Rumgerenne nach den einzelnen Zutaten war allerdings sehr kontraproduktiv und ließ meine Kochexperimente oft ins Leere laufen. Wenn ich für die Kinder etwas brauchte, seien es Baumwollwindeln oder Gummistiefel, fing die Sucherei und das Abklappern der Geschäfte von Alt-Treptow bis nach Oberschöneweide oder in Richtung Centrum-Warenhaus an und endete oft erfolglos. Wie sollte man in einem Staat mitplanen und mitregieren, wenn es nicht einmal gelang, das Mittagessen für das Wochenende zu planen? Natürlich, erst diese Kaufhalle, dann diesen Fleischer und dann die nächste Kaufhalle aufzusuchen war auch ein Plan, hatte aber mit einem Speiseplan wenig zu tun. Es gab keine Zeitplanung, keine Wegplanung, keine Geldplanung. Wenn man ein Geschäft betrat und es gab Außergewöhnliches, kaufte man es, weil man immer jemanden kannte, der genau das haben wollte. Ich hatte auch immer das Gefühl, wenn ich jetzt nicht zugreife, würde ich nächste Woche genau nach diesem Artikel herumirren und mich ärgern, dass ich ihn nicht gekauft hatte. Einmal brachte ich mehrere Paar Schuhe wegen schiefer Absätze und dünner Sohlen zum Schuster. Ich musste meinen Ausweis vorzeigen, um zu beweisen, dass ich in Treptow wohnte. Der Schuster erklärte mir bedauernd, dass es so schwer war Schuhmachermaterialien zu besorgen, dass er nur noch Schuhe von Leuten aus dem Wohngebiet annahm. Vielleicht hatte er sogar diese Auflage bekommen und durfte nur nicht darüber reden. Ich hatte im Farbenladen genug Vorschriften von höchster Stelle miterleben müssen, die durchaus auch bei einem Schuster angewendet werden konnten. Das ganze Leben bestand unter dem Vorbehalt, wenn ich Glück habe, wenn ich es kriege, wenn es nicht ausverkauft ist. Ich hatte mir sogar mal ein Paar Schuhe gekauft, deren Absätze zwei verschiedene Farben hatten. Ich brauchte sie dringend und es war das letzte Paar in meiner Größe und ich redete mir die Schuhe schön und den Fehler klein und ich nahm sie. Stundenlang war ich vorher durch die Läden gerannt und hatte nun das Glück, wenigstens mit einem Mängelexemplar nach Hause gehen zu dürfen, das nicht einmal im Preis gesenkt wurde. „Sie müssen es ja nicht nehmen", sagte die Verkäuferin, „die nächste Kundin freut sich ohne zu meckern." Natürlich war der Fehler an den Schuhen nicht klein genug, um nicht aufzufallen. Jedem fiel er auf und jeder machte mich drauf aufmerksam und jedes Mal stieg der Ärger in mir auf und erinnerte mich an die aufgezwungene Bescheidenheit, in der wir leben mussten. Ich griff zu Fußbodenfarbe, Mauergrau, und strich die Absätze der Schuhe an. Das funktionierte und konnte jederzeit wiederholt werden.

Die Krone meines Schneidezahns, die ich leider schon seit meinem vierzehnten Lebensjahr hatte, musste erneuert werden. Sie hatte sich gelöst und der Stumpf darunter musste behandelt werden. Es wurden Abdrücke gemacht und die Weißtöne festgelegt und dann gab es einen Termin in drei Wochen für die neue Krone. Einen Ersatz für die Zeit bis dahin gab es nicht. „Im Moment leider ein Engpass", klagte der Arzt und ließ mich mit der Zahnlücke und dem hässlichen Stumpf nach Hause gehen. Mit gesenktem Kopf ging ich durch die Straßen, immer in der Hoffnung, niemanden zu treffen, den ich kannte, und niemandem zu begegnen, der sich nach der Uhrzeit oder einem Weg erkundigen wollte. Zuhause packte ich mein Suralin, die Backknete, aus und fing an zu kneten. Zehn kleine weiße Kugeln, alle in der gleichen Größe, formte ich und modellierte daraus zehn Schneidezähne. Vor dem Spiegel machte ich Anproben direkt am Zahnstumpf, damit das Loch möglichst passgenau und eng war. Die Zähne wurden gebacken und waren nach dem Abkühlen in der gewünschten Form erhalten geblieben. Ich setzte mir einen als Krone auf den Stumpf und war höchst erfreut über das Ergebnis. In Verbindung mit Prothesenpuder hielt so ein Zahn etwa einen Tag. Ich musste also noch ein paar Exemplare herstellen um über die Runden zu kommen. Die Idee erntete viel Beifall und selbst mein Zahnarzt war amüsiert und überrascht von meinem Selbsthilfeprogramm.

Wir hatten neue Nachbarn bekommen. Eine nette Familie mit einer Tochter, die ein paar Jahre älter war als unsere Ela. Die beiden freundeten sich an und für Ela eröffnete sich eine neue Welt. Im Schutz der großen Freundin, fand sie Anschluss zu den anderen Kindern des Wohngebietes. Sie spielte gern und oft auf dem Hof, erlebte ihre ersten verbalen Kämpfe mit den ewigen Meckerfritzen, die sich an den spielenden Kindern störten, kletterte über alte Mauern und klaute wilde Birnen im Hinterhof anderer Leute und hin und wieder bekam sie Besuch oder war zu Besuch in anderen Familien. Wir hatten uns eingelebt in unserem Kiez. An der Moosdorfer Straße existierte sogar noch ein kleiner Tante-Emma-Laden, der weder Konsum noch HO war. Kleinere Einkäufe durfte Ela dort erledigen. Sie wurde zusehends selbständiger und sie und ich waren darauf sehr stolz. Stefan entwickelte sich zu einem kleinen Pedanten. Er war ein Kraftpaket und schaffte es schon im Säuglingsalter, sich an den Gitterstäben seines Bettchens hochzuziehen und zu stehen. Seine kleinen großen Zehen bohrten sich durch das Gestrick der Strampelanzüge. Diese Tatsache behagte ihm nicht. Unzufrieden schrie er, bis sein Zeh wieder aus dem Loch befreit war. Mir blieb nichts weiter übrig, als ihm unter die Strampler feste Socken anzuziehen. Er entwickelte mehrere Macken. Krümel oder Brei außerhalb seines Mundes führten zu Lähmungen. Der kleine Kerl verweigerte jede Bewegung, solange irgendwo ein Krümel an ihm klebte. Er aß sein Brot niemals mit den Händen. Ich schnitt Häppchen und er spießte sie auf. Obst aß er überhaupt nicht. Ich pürierte ihm alles und reichte es ihm als Mus. Dann entdeckte ich die kleinen Babygläschen in unserem Tante-Emma-Laden. Verschiedenste Früchte, die ich im Handel sonst niemals zu kaufen gekriegt hätte, verarbeitet zu feinstem Mus. Stefan liebte sie und freute sich über diesen täglichen Genuss. Ich freute mich über die gesunde Vielfalt und hatte immer einen größeren Vorrat von diesen Gläschen im Haus. Eines Tages machte mich dann „Tante Emma" auf den Umstand aufmerksam, dass es diese Gläschen bald nicht mehr geben werde. Sie waren an den Ostbabys ausprobiert und für gut befunden worden und sollten demnächst als Exportartikel in den Westen verkauft werden und Devisen bringen.

Wenn man nicht gerade eine Privatparty veranstaltete oder zu einer eingeladen war, war es schwer, sich im Osten gut zu unterhalten. War man nicht mit seiner sozialistischen Brigade unterwegs, brauchte man gute Beziehungen, um an Eintrittskarten für gehobene Veranstaltungen oder auch mal an eine Bowlingbahn heranzukommen. Die Wartezeiten waren enorm lang und das Publikum für größere Veranstaltungen wurde auserwählt und durchleuchtet. Peter und ich hatten den Wunsch, mal wieder tanzen zu gehen. Im Zenner, im großen Saal, fanden Veranstaltungen dieser Art statt, bei denen es auch Barbetrieb, Discomusik und gehobene Gastronomie geben sollte. Meine Schwester kam zum Babysitten und Peter und ich warfen uns in Schale. Die Absätze meiner Schuhe wurden restauriert, die Haare auf Wickler gedreht, der halbe Kleiderschrank ausgeräumt und alles verworfen. Aber dann, als das Makeup fertig, der Nagellack getrocknet und die nagelneue Strumpfhose angezogen war, spazierten wir durch den Park zum Zenner. Hier hatte sich schon eine lange Warteschlange aus aufgemotzten Bürgern gebildet, die voller Erwartung und in bester Laune einem schönen Abend entgegensahen. Der Türöffner ließ auf sich warten. Die gute Laune schlug um in unzufriedenes Geraune. Drei große Reisebusse aus dem Westen fuhren vor. Ein Herr verließ einen der Busse, drängte an uns vorbei und führte ein Gespräch von Mann zu Mann, von Westler zu Ostler, oder von großem Tier zu kleinem Ochsen. Wir hörten nichts von diesem Gespräch, bekamen aber so etwas wie eine Vorahnung. Kurze Zeit später wurde die öffentliche Veranstaltung in „Geschlossene Gesellschaft" umbenannt und wir doofen Ostler, die nicht mehr als die Ostmark zu bieten hatten, wurden weggeschickt. Wie die Trottel zogen wir nach Hause. Wir hatten unterdessen wirklich die Schnauze gestrichen voll. Es gab fast gar kein anderes Thema mehr als die täglichen kleinen und großen Katastrophen, mit denen wir zu kämpfen hatten. Die täglichen Ungerechtigkeiten bei der Vergabe von Wohnraum, Genehmigungen von Gasheizungen, Telefonanschlüssen, Reisen, Grundstückskauf und natürlich auch im Hinblick auf kulturelle Veranstaltungen, waren unser geringeres Problem, die Bewältigung und die Unplanbarkeit des Alltags und die Unzufriedenheit und schlechte Laune, die daraus hervorging, machte uns unzufrieden. Der Zwang, Beziehungen haben zu müssen und selbst eine Beziehung zu sein und die Aussicht, unterdessen zwei Kinder dem sozialistischen Einheitsbrei in Kindergarten und künftig auch in der Schule überlassen zu müssen, ließ mich eine diesbezügliche Aussprache mit Peter führen, die zu einem einvernehmlichen Ende führte. Die ständigen Querelen in unserem Alltag gingen auch meinem Angetrauten langsam auf den Geist. Wir waren noch jung, wollten Leben und Zukunftsaussichten haben. Ich führte ihm vor Augen, was es für mich als Katholikin bedeutet hatte, durch ein sozialistisches Schulsystem zu gehen. Wollten wir unsere Tochter diesen dauernden Auseinandersetzungen aussetzen? War sie stark genug, unbeschadet da durchzukommen? Oder wollten wir auch für unsere Kinder einen Weg finden, der ihnen alle Möglichkeiten bot? Ich würde niemals bereit sein, Pionierblusen oder Pioniertücher zu waschen und zu bügeln oder Manuela auffordern, wenigstens ganz leise mit den Wölfen zu heulen. Mein Zorn war unterdessen groß und mein Giftstachel, der seit Beginn meiner Schulzeit gewachsen war, wollte endlich zum Einsatz kommen. Wir berieten die Konsequenzen für uns, wenn wir uns entschließen würden, einen Ausreiseantrag zu stellen. Jahrelanges Warten, Einschränkungen am Arbeitsplatz, Verlust von Freunden und vielleicht auch Streitigkeiten in der Familie, Observierung von staatlicher Seite, Inhaftierung bei kleinsten Bagatellen. Wollten wir das wirklich? Waren wir dazu bereit? Wir stürzten uns in dieses Abenteuer und nahmen den Kampf David gegen Goliath auf. Wir brauchten eine Strategie und Verbündete. Menschen, auf die wir uns verlassen konnten und von denen wir niemals befürchten müssten, dass sie uns verrieten. Schnell waren wir uns auch in diesem Punkt einig. Nur meine Eltern würden die Belastung ertragen und immer hinter uns und unseren Kindern stehen. Einen Ausreiseantrag schreibt man nicht einfach nur so. Aus so einem Antrag musste ganz klar unser Ärger, unser Frust, unsere politische Meinung und die Endgültigkeit unserer Entscheidung hervorgehen. Die Formulierungen durften nicht zulassen, dass wir ein Hintertürchen für uns oder die Regierung offenhielten. So griff ich nach meiner kleinen, zarten Schreibmaschine *Erika*, nahm ein Blatt Papier und quälte die Tasten mit der ganzen Wucht meiner Überzeugung:

„Rat des Stadtbezirks Berlin-Treptow
Abteilung Inneres
1193 B e r l i n, Neue Krugallee
Berlin, den 24.01.1984
Betrifft: A n t r a g auf Ausreise aus der DDR
und Entlassung aus der Staatsbürgerschaft der DDR

Bevor wir auf die Begründung unseres Antrages eingehen, lassen Sie uns vorausschicken, dass wir uns über die Konsequenzen dieses Schrittes im Klaren sind. Seit vielen Jahren schon haben wir hin und her überlegt, um uns nicht eines Tages den Vorwurf von Leichtfertigkeit und Unüberlegtheit machen zu müssen. Wobei die Angst vor der jahrelangen Trennung von Eltern und Geschwistern der einzige Grund war, die Antragstellung immer wieder hinauszuzögern. Wir haben uns nun endgültig für die Antragstellung auf Ausreise nach Berlin (West) und Entlassung aus der Staatsbürgerschaft der DDR entschieden. Wir begründen diesen Antrag mit dem Wesen unserer Gesellschaftsordnung, mit dem wir uns noch nie identifizieren konnten, mit den Auswirkungen des bei uns praktizierten Sozialismus auf die Menschen, ihre unmittelbare Umgebung und deren Arbeitsplatz. Unsere kritische Betrachtungsweise fing bei mir, Martina Fiechnik, schon in der Oberschule, bei meinem Mann während der Lehre an. Wir verglichen die uns in der Schule eingepaukte Theorie mit der am eigenen Leibe erfahrenen Praxis und kamen uns betrogen vor. Mit der Zeit der Wohnungssuche, Eheschließung, Hausstandsgründung und mit un-

serem ersten Kind (1978) kam auch die Zeit der großen Enttäuschungen. Es gab vom Simpelsten, bis zum Gediegensten fast nichts, was es nicht gab. Dinge, die teuer bezahlt wurden, hatten, von der Schrankwand übers Schlafzimmer bis zur Couchgarnitur entweder erhebliche Qualitätsmängel, wurden in falscher Ausführung geliefert oder haben eine unmögliche technologische Ausführung.
Anfangs versuchten wir mit Reklamationen, Eingaben oder sonstigen Beschwerden hier Abhilfe zu schaffen, stellten allerdings bald fest, dass dies ein abendfüllendes, nervenaufreibendes Programm ist und stellten solche Unternehmungen bald ein, zumal man diese ja in jedem Lebensbereich anstreben müsste. Ob es im medizinischen Bereich, in gastronomischen oder anderen kulturellen Einrichtungen oder in der Kaufhalle ist, überall, wo was geboten wird, wird gedrängelt, gespickt und geschummelt.
Von 10 Pfund Kartoffeln wandern 5 Pfund in den Müll, bei 100 Gramm Wurst sind 3 Zipfel bei, und um in die Tanzbar zu kommen, zahlt man am besten gleich 20 Mark Handgeld für den Einlasser. Sind wir auf Reisen im Ausland gewesen (natürlich nur im sozialistischen Ausland) bekamen wir von unseren ‚Brüdern' sehr bald zu verstehen, dass wir Menschen niederer Klasse sind, da wir nicht in DM, sondern in Mark der DDR bezahlten. Wir fühlen uns daher bei unseren Brüdern unwohl und würden es vorziehen, die Welt per Lufthansa, mit einer Reise über Neckermann kennenzulernen.
Mit der Geburt unserer Tochter kam auch das Problem der Kindererziehung auf uns zu. Die ersten drei Jahre, in denen ich das Kind zu Hause behielt, verliefen gut. Dann kam die Kindergartenzeit. Mit der Kindergarteneinrichtung (diese befindet sich im Grenzgebiet) wurden wir auch mit unserem sozialistischen ‚Friedenswall', der Staatsgrenze der DDR, konfrontiert. Von Soldaten vom Grenzturm aus durchs Fernglas beobachtet, ausge-

stattet mit einem Passierschein, mit Blick auf die graue, hohe Mauer und ihre unmenschlichen Anlagen, wurde nun von uns erwartet, dem Kind, das natürlich viele kluge Fragen stellte, eine Lobeshymne über diese Friedensanlage zu singen. Leider liegt es uns überhaupt nicht, mit den Wölfen zu heulen und wir taten es auch jetzt nicht, was bei unserer Tochter natürlich zu Zwiespältigkeit in ihrer Denkart führte. Dinge, die sie im Kindergarten lernte, wurden von uns so nicht akzeptiert. Wir sind nicht gewillt, das Kind mit einem eingebildeten Feindbild zu belasten. Kinder, die in diesem Alter schon so belastet werden, sind in der Zukunft entweder Heuchler oder gut gelungene Dressuren. Wir können das Kind nicht gegen die eigene Verwandtschaft aufhetzen und dann verlangen, dass es sich für mitgebrachte Mandarinen und Bananen beim ‚bösen Westonkel' bedankt. Schon zu meiner Kindheit waren die jungen Eltern froh, ihre Kinder, wenn auch mit kapitalistischen, so doch mit Vitaminen, die es auch damals schon bei uns nicht gab, füttern zu können. Damals wie heute wurde versucht, der Bevölkerung weis zu machen, dass auch wir bald so gut und noch weit besser sein werden. Meine Eltern warten noch heute, sich für empfangene Gaben bei unserer Westverwandtschaft revanchieren zu können. Wie Sie vielleicht bemerken werden, hat sich bei uns ganz schön was gestaut.

Unser zweites Kind ist da und das erste wird in zwei Jahren die Schule besuchen. Der Pionierorganisation wird unsere Tochter nicht beitreten, um ihr aber die Gängelei, die ich, die Mutter, als Nichtpionier und Nicht-FDJler auszustehen hatte, zu ersparen, hat sich bei uns der Beschluss zur Beantragung einer Ausreise noch gefestigt. In vielen Gesprächen mit anderen jungen Leuten stellten wir fest, dass diese ihre Kinder nur deshalb organisieren, weil sie Angst vor Auseinandersetzungen mit der Schule und Angst um das Weiterkommen ihrer Kinder haben. Nicht einer hat den Wunsch, einen kleinen Kommunis-

ten großzuziehen. Da wir aber keine Angst vor Auseinandersetzungen haben, sondern uns unseren ehrlichen Vorstellungen ganz hingeben möchten, da wir nie etwas tun, weil es alle machen, sondern weil wir etwas für richtig oder falsch halten, bitten wir um eine Ausreisegenehmigung. Nur so sehen wir eine Chance, aufrechte, ehrliche Menschen, wie es einst Thomas Morus[15] war, großziehen zu können, ohne ihnen dabei die Chancen für ihr weiteres Leben zu verbauen. Es fällt uns schwer, uns von unserer gewohnten Umgebung, von unseren Eltern und Geschwistern, Freunden und Kollegen zu trennen, zumal wir eine tiefe Bindung zu allen uns lieb gewordenen Menschen haben. Wir wissen aber auch, dass es uns in zwanzig Jahren leidtun würde, nicht die Konsequenzen unserer Anschauungen gezogen zu haben. Da wir laut Verfassung ein Recht auf Freiheit haben und wir unfreiwillig und zufällig in die DDR hineingeboren wurden, möchten wir auf diesem Wege von der uns zustehenden Freiheit Gebrauch machen und uns einen Wohnort auf der anderen Seite der Mauer wählen. Ob wir die Freiheit finden, die wir für uns wollen, können wir nur persönlich entscheiden. Zu oft schon wurden wir von unseren Massenmedien hinters Licht geführt. Lassen Sie uns noch abschließend sagen, dass wir die umfassenden sozialen Maßnahmen mit tiefer Dankbarkeit angenommen haben.
Um unseren Kindern im Kindergarten und in der Schule und auch uns im Berufsleben weitere Diskrepanzen und unnötige Diskussionen zu ersparen, möchten wir herzlichst um eine möglichst schnelle und für uns positive Entscheidung Ihrerseits bitten. Wir möchten in Frieden und auch mit guten Erinnerungen von hier gehen. Besten Dank im Voraus, mit der Bitte, diesen Antrag als Eingabe zu behandeln. Mit freundlichen Grüßen“

[15] Thomas Morus, 1478-1535, englischer Gelehrter und Staatsmann, Autor von *Utopia*, einem Roman, der ein alternatives Gesellschaftssystem entwirft

Wir lasen den Text wieder und wieder durch. Konnte der Empfänger annehmen, dass die Unzufriedenheit unsererseits überwiegend an fehlenden Konsumgütern lag oder ging aus dem Schreiben hervor, dass die Mangelwirtschaft, die uns täglich um die Ohren gehauen wurde und unsere Freizeit raubte, uns auf die Dauer zermürbte? War die Kampfansage klar genug, um erkennen zu lassen, dass es für Diskussionen mit uns längst zu spät war? Hatten wir deutlich gemacht, dass wir auch in Erziehungsfragen niemals bereit sein würden, Kompromisse einzugehen? Konnte der Empfänger herauslesen, dass wir, egal wie, die Konsequenzen dieses Schrittes zu ertragen bereit waren? Wir nickten beide das Schreiben ab und ich übertrug es mit jeweils drei Durchschlägen in Maschinenschönschrift auf ein neues Blatt Papier. Unsere weitere Strategie hatten wir längst bekaspert. Wir zogen unsere Kinder an und fuhren nach Weißensee zu meinen Eltern. Schon jetzt, nachdem wir diesen endgültigen Entschluss gefasst hatten und gemeinsam bereit waren, der DDR die Stirn zu bieten, fühlte ich mich wie ein neuer Mensch. Nicht wie nach einem geglückten Friseurbesuch und auch nicht wie nach einer erfolgreichen Diät. Ich fühlte mich wie ein Ritter, der endlich in den Kampf ziehen durfte. Wie der heilige Georg, der den Drachen zwar immer noch fürchtete, aber bereit war, gegen ihn zu kämpfen. Ich hatte das Gefühl, mein Rücken wurde gerader und mein Stachel mit frischem Gift regelrecht aufgepumpt. Würde man mir meinen neuen Stolz und meine Kampfbereitschaft ansehen oder war das nur ein innerliches Empfinden? Und wie würde es sein, wenn wir eines fernen Tages als Sieger unsere Kinder nehmen und ins gelobte Land ziehen dürften? Die Vorstellung war noch zu abstrakt. Wir würden erst einmal geduldig einen Schritt vor dem anderen machen, hin und wieder unsere Wunden lecken, zweifeln, vielleicht auch verzweifeln, und zuverlässig füreinander da sein müssen. Meine Eltern zeigten sich über unseren Besuch in den Abendstunden sehr überrascht. Sie sahen uns sofort an, dass wir nicht mal einfach so auf einen Pott Kaffee vorbeischauten, sondern ein besonderes Anliegen haben mussten. Wir saßen im Wohnzimmer am großen Tisch und ich suchte nach einleitenden Worten, um meinen Eltern möglichst schonend das Herz zu brechen. Sie waren ganz ruhig und aufmerksam, hörten zu und unterbrachen mich nicht. Die Kinder waren bei Danni im Zimmer und lärmten und tobten mit ihrer unterdessen schon sehr erwachsenen Tante. Als ich den Brief, den Ausreiseantrag, aus dem Umschlag holte, schien meinen Eltern klar zu sein, welchen Schritt wir gehen wollten. Ich las ihn vor und hatte dabei Halsschmerzen und heiße Augen von den unterdrückten Gefühlen. Mutti weinte schon leise vor sich hin und Papas Kiefer mahlten konzentriert und seine Schläfen pulsierten. Nach dem Vorlesen herrschte eine kurze Zeit lang Stille. Meine Schwester stand im Türrahmen und ließ den Tränen freien Lauf. Vergnügt wie zuvor waren nur unsere Kinder, die keine Ahnung davon hatten, für welchen Schritt wir uns, auch für sie, entschieden hatten. Mutti war die Erste, die Worte fand. Sie äußerte tiefstes Verständnis und Bewunderung, dass wir uns zu dieser Entscheidung durchgerungen hatten. Ihre Ängste, Sorgen, Bedenken und Gefühle stellte sie in den Hintergrund. Papa brauchte erst mal einen Schnaps. Dann erzählte er die alten Geschichten von seinen alten Plänen, die DDR zu verlassen, bevor die Mauer gebaut worden war. Er konnte unsere Neugierde, unseren Frust mit dem Eingesperrtsein und unsere Wut auf die Regierung und die ganzen kleinen, schnüffelnden, horchenden, guckenden, denunzierenden Leute um uns herum gut verstehen.

Keiner von beiden versuchte, uns unser Vorhaben auszureden. Beide schienen stolz auf uns zu sein und voller Verständnis und beide versicherten uns, in dieser brisanten Zeit für uns und unsere Kinder da zu sein, egal was passierte. Ela wunderte sich, warum im Wohnzimmer so viel geheult wurde. Ihre Oma und ihr Opa drückten die Kleine an ihre Brust, als hätte sie schon ihr gepacktes Köfferchen in der Hand. Ich packte den Brief wieder weg. Abschicken würden wir ihn erst, wenn der nächste Westbesuch bereit wäre, einen Durchschlag davon in den Westen zu schmuggeln. Ab dem Moment, in dem wir als Ausreisewillige in unserem Staat auffallen würden, würde man uns auch auf dem Kieker haben und jede Post, jeden Besuch, jeden Kontakt dokumentieren, kontrollieren, konfiszieren. Mir fiel ein großer Stein von meinem traurigen Herzen. Die erste Mission hatten wir hinter uns gebracht. Die zweite würde in absehbarer Zeit folgen.

Stefan war nun sieben Monate alt. Er wurde noch gestillt, bekam aber auch schon Brei und Brot und eines Tages einen heftigen Brech-Durchfall. Es war beängstigend. Ich kam mit dem Windel- und Stramplerwechsel gar nicht hinterher. Man konnte ihn auch gar nicht transportieren, ohne Gefahr zu laufen, dass er innerhalb der nächsten drei Minuten auslaufen würde. Wir griffen zu einem unserer Sammelobjekte. Eine große Aldi-Tüte. Bis zur Hüfte steckten wir den Kleinen da rein, Banden eine Elastikbinde locker herum und fuhren mit ihm ins Krankenhaus. Wir kamen sehr schnell an die Reihe und folgten den Ausführungen des Arztes sehr aufmerksam. So ein starker Brechdurchfall führt bei Babys schnell zur Dehydrierung, was lebensgefährlich war. Der Doktor schaute sich Stefans Haut an, kontrollierte seine Vitalfunktionen und erklärte uns ganz genau, was wir in den nächsten Stunden zu tun hatten und worauf wir achten mussten. „Eine Nacht“, sagte er mit erhobenem Zeigefinger in der Stimme, „gebe ich Ihnen den Kleinen noch mit nach Hause. Wenn Sie es schaffen, dass er Flüssigkeit aufnimmt, ohne sich gleich zu übergeben und wenn Sie es schaffen, den Durchfall erheblich zu reduzieren, hat er es geschafft. Dann gehen Sie morgen ganz normal zum Kinderarzt mit ihm. Andernfalls bringen Sie ihn gleich morgens hierher ins Krankenhaus. Dann muss er an den Tropf und zur Beobachtung hierbleiben.“ Hierbleiben, wiederholte ich in meinem Kopf und dachte an die Zeit zurück, als Martin und ich wegen Ruhrverdacht im Krankenhaus gelandet waren, an die Lieblosigkeit und das Ausgeliefertsein, die Trennungsangst und an die Kleine, die von dem großen Jungen Käfer in den Mund gesteckt bekam und sich nicht wehren konnte. Weinend zog ich Stefan wieder an, seine Sachen vom Hinweg landeten in der Aldi-Tüte. Neue Sachen hatte ich in eine Karstadt-Tüte gepackt, in die nun Stefan für den Rückweg verstaut wurde. Die folgende Nacht war sehr innig. Eine Mutter-Sohn-Nacht, die ich mir voller Sorgen und doch mit Erfolg um die Ohren schlug. Vom Teelöffel alle 10 Minuten etwas Fencheltee in Stefans Mund geben. Bei Erfolg die Abstände verringern und bei größerem Erfolg ein viertel Fläschchen geben, immer wieder Zeit verstreichen lassen, immer wieder nachfüttern. Wir hatten Erfolg. Das Erbrechen und der Durchfall waren besiegt. Die Nacht war vorbei und von Erfolg gekrönt. Peter konnte erleichtert zur Arbeit fahren. Ich würde Manuela zu Hause behalten und sie und ihren Magen-Darmtrakt beobachten.

Gleich morgens fuhr ich mit den Kindern zum Arzt, froh, dass der Weg mich nicht ins Krankenhaus führte. Der Kinderarzt war zufrieden mit Stefan und gab mir eine Diätanleitung für die nächsten Tage.

Mich traf fast der Schlag. „Eine Banane täglich" stand unter anderem darauf. Für eine Mutter wie ein Schlag ins Gesicht. Von wo bitte sollte ich Bananen herbekommen? Mit einem solchen Anliegen konnte man nicht einfach mal bei Nachbars an die Tür klopfen und um eine oder mehrere Bananen bitten, als wollte man sich zwei Eier zum Kuchenbacken leihen. Kein Mensch hatte einfach so Bananen und meine Brüste gaben auch keine her. Wie ein Bettler ging ich aber doch, zum Wohle meines Kindes, hausieren und fragte an den verschiedensten Wohnungstüren nach Bananen für mein Kind. Stefan ging es, bis auf sein Hungergefühl, erstaunlich gut. Er hatte sich aufgerappelt und fand den Zustand des Tee- und Milchtrinkens scheinbar fürchterlich. Er nagte mit seinen vier Zähnen und viel Spucke einen Zwieback nach dem anderen zu Tode und blieb unzufrieden. Ich rief Peter auf der Arbeit an. Er startete einen Rundspruch unter Kollegen, ob jemand Bananen zu verkaufen, zu verleihen oder zu vermieten hätte. Auch er hatte kein Glück. Wir verabredeten uns zum Feierabend bei meinen Eltern. Unterwegs gingen mir einige Dinge durch den Kopf. Früher hatte man auch keine Bananen für kranke Kinder, würde es vielleicht auch ohne gehen? Wahrscheinlich schon. Aber den Versuch des Hausierens wollte ich mindestens im Haus meiner Eltern fortsetzen. Vielleicht hatten wir ja Glück. Stefans Unzufriedenheit durch sein Hungergefühl machte mich nach der letzten Nacht ganz verrückt. Der Tee war nicht nach seinem Geschmack und die Milch war dick verpackt unter meinem Schal und Wintermantel. Da war unterwegs kein Rankommen. Es war später Nachmittag, als ich bei meinen Eltern eintrudelte. Papa saß bei seinem Kaffee und Mutti hatte in der Küche zu tun. Sie empfingen uns neuerdings mit gemischten Gefühlen, wenn wir so plötzlich vor ihnen standen. Während mein Blick durch die Küche schweifte, ob da eventuell irgendwo Bananen zu finden wären, erzählte ich von unserem kranken Häschen, das täglich eine Banane essen sollte. Ratlos schaute sich auch Mutti um, ob nicht überraschender Weise vielleicht doch die eine oder andere krumme gelbe Frucht in ihrem Haushalt aufzutreiben wäre. Plötzlich klingelte es. Ich rechnete mit Peter, als plötzlich Muttis Cousine aus Westberlin vor unserer Türe stand. Sie hatte den einen und anderen Besuch erledigt, war auf zwei Friedhöfen gewesen und wollte mal vorbeischauen, ob ein Tässchen Kaffee für sie da wäre. Sie erfuhr natürlich auch von dem Drama der vergangenen Nacht und von Stefans Diätplan und von meinem Gewusel auf der Suche nach Bananen.

„Komm mal mit“, sagte Tante Annelie, schnappte sich ihren Autoschlüssel und strebte der Wohnungstür entgegen. Ich folgte ihr wortlos aber hoffnungsvoll. „Ich wusste ja nicht, ob jemand da ist“, entschuldigte sie sich fast, „darum habe ich noch nichts mit hoch genommen.“ Wir gingen bis zum Hausgiebel, hinter dem ihr Auto parkte. Sie öffnete den Kofferraum und mein mütterlicher Blick fiel zuerst auf eine große Staude herrlich gelber Bananen. Die drückte sie mir in die Hand, froh, nicht nur eine Freude zu machen, sondern helfen zu können. Was war das für ein herrlicher Zufall? So etwas kam doch nur im Fernsehen vor. Wir packten noch die anderen Köstlichkeiten und Duftigkeiten zusammen und gingen wieder nach oben. Der Kaffee stand bereit und ich zerquetschte voller Freude die Banane zu Brei, schummelte etwas in Tee aufgeweichten Zwieback und einen Löffel Honig darunter und hatte einen Teller herrlichen Sattmacher für mein hungriges, nörgelndes Kind. Mit Stefans Zufriedenheit kehrte auch Ruhe ein. Peter hatte sich unterdessen eingefunden und wir erzählten Tante Annelie von unserem großen Vorhaben. Mit großen Augen folgte sie unseren Erzählungen, las sich den Ausreiseantrag in Ruhe durch und gab ihn mir zurück mit den Worten: „Na mutig seid ihr ja.“ Konnten wir nun unserer „Bananengöttin“ auch noch davon erzählen, dass wir den Antrag erst an unsere Behörden schicken würden, wenn ein Durchschlag davon im Westen wäre? Würde sie sich genötigt fühlen ein Exemplar mit rüber zu nehmen oder sich entschuldigen, genau das nicht zu tun? Tante Annelie fragte interessiert: „Wann schickt ihr das Ding denn ab?“ Wir weihten sie ein. Ohne zu zögern und ohne Wenn und Aber fingerte sie sich die zusammengehörenden Durchschläge von unserem Brief ab und steckte das fein und ganz klein gefaltete dünne Papier in ihre Zigarettenschachtel. „Also erst mal nur zur Aufbewahrung?“, fragte sie. „Nur zur Aufbewahrung, für den Fall, dass etwas passiert. Wir wollen, dass dann die richtigen Stellen im Westen informiert werden und etwas mit unserer Unterschrift in der Hand halten.“ Jetzt war es passiert. Der nächste Schritt würde heute Abend getan sein und von uns den daraus resultierenden fordern. Morgen würden wir den Wegbereiter für unsere Zukunft persönlich im Rathaus abgeben und den Stein ins Rollen bringen.

Von nun an hieß es abwarten. Wenn man auf große Dinge im Leben wartet, ist das immer eine schwierige Sache. Sei es ein Heiratsantrag, eine Schwangerschaft oder die Genesung von einer schweren Krankheit. Erwachsene können in dem Fall die gleiche Unruhe entwickeln wie Kinder, die ihren Geburtstag oder den Weihnachtsmann erwarten. Wir hatten keinerlei Vorstellungen, wie die Genossen vom Rat der Stadt, Abteilung Inneres, auf Anliegen wie unseres, reagieren würden. Die Dinge brauchten Zeit. Eine Ausreise aus der DDR war ja irgendwie auch so etwas wie ein BERATUNGSMUSTER. Man wusste, dass es zu haben war, zu welchen Konditionen wusste man nicht. Also übten wir uns in vorgetäuschter Zurückhaltung und lebten unser Leben.

Es gab ja auch noch andere wichtige Dinge im Leben, die getan werden mussten. Manuela kam dem lieben Gott immer näher. Die Frohe Herrgott-Stunde und der sonntägliche Gottesdienst machten ihr Spaß und sie erlebte etwas, was die meisten anderen Kinder nicht erlebten. Wir beteten gemeinsam vor dem Essen und vor dem Schlafengehen und Ela wusste von Gott und Jesus und dem Heiligen Geist mehr, als ihr Vater. Sie kannte nicht nur Laternenumzüge, sondern die Geschichte von Sankt Martin, samt Lied und Bettler und Feuer und Gänsen. Sie wusste, dass Weihnachten eine riesige Geburtstagsfeier von Jesus war und dass sie am letzten Weihnachtsfeiertag direkt ihren Geburtstag mitfeiern konnte. Sie kannte die Geschichte vom gekreuzigten, gestorbenen Jesus, der nach drei Tagen wieder lebendig wurde und für viel Trubel unter seinen Aposteln sorgte. Ihre Welt füllte sich mit Schutzengeln und mit dem Trost, dass auch Onkel Ottchen jetzt im Himmel bei unseren lieben anderen Verstorbenen war und ihm nichts mehr wehtat und es ihm gut ging, auch wenn sein Auto unten bei uns geblieben war. Er brauchte es nicht. Er hatte jetzt Flügel. Elas Welt war jetzt ähnlich wie meine vor 20 Jahren. Voller Trost und Hoffnung und voller Glaube. Mit der Taufe der Kinder tat sich bisher nichts. Ich fühlte mich fremd und allein in unserer Gemeinde und durfte nicht die Sakramente empfangen. Das war der Preis, den ich für Peter bezahlt hatte und den ich nun in schmerzenden Raten abstottern musste.

Es gab so ein Gerücht, auf welches sogar meine Omi schon hereingefallen war und wenn ich richtig nachdenke, vielleicht auch meine Mutter. Stillende Frauen können nicht schwanger werden! Natürlich wussten Peter und ich es besser und eigentlich sogar ganz genau, denn wir waren aufgeklärte Leute, die von ihren Eltern das Buch „Mann und Frau intim“ geschenkt bekommen und es auch gelesen hatten. Wir hatten ein wunderschönes Schlafzimmer und fanden uns so anziehend wie vor acht Jahren, aber ich durfte in der Stillzeit keine Pille nehmen. Die Situation war ähnlich wie zu Elas Zeugung. Spiele mit dem Feuer und du verbrennst dich. Während Peter schon Angst vor kleinsten Brandblasen hatte, konnte ich nicht genug von ihnen kriegen. Damals entwickelte sich die Brandblase zu einem dicken Ballon unter meiner Brust und stand nun als Fünfjährige als Familienmitglied zur täglichen Verfügung. Jetzt bestand wieder diese Brandgefahr und so unwiderstehlich ich jede Blase fand, war sie doch in unserer jetzigen Situation nicht gerade wünschenswert. Peter und Milchpumpen für Wöchnerinnen war ja schon eine sehr schwierige Kombination, die nur mit Hilfe von Schwiegermutter zu bewältigen war. Wo bekam man aber mit einem solchen Alltagshelden die kleinen Gummizipfel her, die „Brandblasen“ verhüten sollten? Er konnte schlecht meine Mutter schicken, und mit irgendjemandem überhaupt dieses Thema zu besprechen, war keine Option für ihn. Er schickte mich. Mein Einwand, dass es diese Zippelmützen auf jedem öffentlichen Männerklo am Automaten gab, zählte nicht. Könnt ja einer kommen, könnt ja einer sehen und Rückschlüsse ziehen oder ihn sogar erkennen. Jemand der bislang vielleicht geglaubt hatte, unsere Kinder wären durch Windbestäubung und den berühmten Kopfstand meinerseits entstanden. Ich zottelte also los. Natürlich war ich auch völlig unerfahren im Kauf von Zippelmützen. Als Jugendliche hatten die Jungs aus meiner Klasse welche angeschleppt und wir hatten sie als Wasserbomben den Leuten vor die Füße geworfen. Das war ein Spektakel, dessen man sich nicht zu schämen brauchte. Auch bei meinen Eltern hatte ich mal ein kleines Döschen unter der Matratze entdeckt. Da wusste ich aber überhaupt nicht, wofür der Inhalt gedacht war und war nur scharf darauf, irgendwann das Döschen zu bekommen, wenn es leer wäre. Ich sah es nie wieder.

Nun machte ich mich als zweifache, aufgeklärte Mutter auf den Weg zur nächsten Drogerie und hoffte auf Diskretion und Zweisamkeit im Laden. Ich sah die kleinen gelben Döschen vor meinem inneren Auge, als ich bei der Verkäuferin drei dieser Packungen über den Ladentisch im Flüsterton bestellte. Lächelte sie etwa? Hatte ich was Falsches gesagt? Mit den Worten: „Kleinen Moment bitte!“, verschwand die Verkäuferin in die hinteren Räumlichkeiten. Die Tür ging auf, die Ladenglocke bimmelte sehr indiskret und ein fremder Mann betrat den Laden und stellte sich direkt hinter mich. „Wie peinlich ist das denn jetzt“, schoss es mir durch den Kopf, als die Verkäuferin mit einem großen, in Seidenpapier gehüllten Paket wieder den Laden betrat. Sie stellte das Paket vor meiner Nase ab, und ich schaute mich verwirrt um, ob ich eventuell beim Bäcker gelandet war. Sie forderte eine Summe, die mir erst einmal die Lust auf den kommenden Abend nahm. Der Herr hinter mir brachte mich, ohne dass er es wusste, um jede Gelegenheit der Nachfrage. Ich bezahlte, nahm das Paket und ging. Der nächste Hausflur war meiner. Ich trug das Paket sehr vorsichtig, denn es machte mir den äußeren Anschein, als wären da Kuchen und Tortenstücke für eine große Gästeschar zum nächsten Sonntagskaffee drin. Ich setzte mich auf die Stufen und enthüllte das Paket. Ja, die Verkäuferin hatte meine Wünsche befolgt. Da waren drei Pappkartons, jeweils gefüllt mit zehn oder zwölf der von mir avisierten kleinen gelben Döschen. Prachtvolle kleine Döschen, aber viel zu viele. Ich wickelte mein „Kuchenpaket“ wieder ein und ging zurück in die Drogerie. Der Herr war unterdessen gegangen, ich ein bisschen mutiger als zuvor und die Verkäuferin sehr aufmerksam und freundlich. Ich schilderte ihr meine Unerfahrenheit und mein Erstaunen über die riesige Menge Verhüterlis, die wir bis ins Rentenalter nicht verbrauchen könnten. Sie verstand mich auf Anhieb, nahm die Packungen zurück, sortierte drei gelbe Döschen aus und erstattete mir den Differenzbetrag. Die Döschen wurden verpackt und fanden wunderbar Platz in meiner Tasche. Diskreter ging es wirklich nicht. Viel Spaß wünschte die Verkäuferin mir noch zum Abschied. Das durfte sie jetzt, wir waren von nun an zwei Verschworene.

Peter hatte gut lachen, als ich ihm abends die Geschichte von meinem Kuchenpaket erzählte. Jetzt ging´s ans Ausprobieren. Ich werde dazu nichts weiter berichten als das, was alle sagen. Peter nörgelte rum. Das war nicht richtig und das war nicht gut und ein bisschen ohne könnte ja nichts schaden. Ich hielt mich da raus. Ich sah die nächste Brandblase vom Spiel mit dem Feuer winken, und ich winkte zurück. Schade um die Mühe, die ich mir mit meinem Weg in die

Drogerie gemacht hatte. Irgendwie schien die Geschichte mit der fehlenden Durchblutung bei gewissen Gelegenheiten im männlichen Gehirn zu stimmen. Mir sollte es recht sein. Ich hatte mein Bestes getan. So lief nun unser erster Ausreiseantrag parallel zu meiner nächsten Schwangerschaft. So richtig glaubte ich zuerst auch nicht daran, dass es schon wieder geklappt haben sollte. Aber mein Körper sang ein anderes Lied. Er schraubte die Milchproduktion zurück, bevor er sie ganz einstellte, verschaffte mir morgendliche Übelkeit und zauberte dieses von innen strahlende Lächeln auf mein Gesicht. Ich musste behutsam sein. Einen Arzt für eine Diagnose brauchte ich nicht. Ich wusste, dass ich erneut Mutter wurde und ich musste nun auf den richtigen Zeitpunkt warten, Peter von dieser Neuigkeit zu berichten.

Begeisterung sieht anders aus, muss ich mal ehrlich sagen. Peter war sprachlos, ratlos und noch ein bisschen voller Hoffnung, dass der Arzt, entgegen meiner Vermutung, keine Schwangerschaft bestätigen würde. Unsere Ausreisepläne änderten sich nicht. Wir wollten das Ding durchziehen bis zum Ende. Ein Einknicken wegen eines Babys hätte bedeutet, dass wir nicht genug Vertrauen zu unserer zukünftigen Heimat gehabt hätten. Die Tatsache einer Schwangerschaft und die damit zu erwartenden Unbequemlichkeiten machten unser Unternehmen zwar schwieriger, sorgten aber andererseits auch für ein dramatisches Ausrufezeichen hinter unserem Ausreisewunsch. Dieses Ausrufezeichen blieb unseren Behörden erst einmal noch verborgen, denn die Schwangerschaft war ärztlicherseits noch nicht bestätigt und würde von uns irgendwann als Trumpfkarte aus dem Ärmel gezogen werden. Im Februar wurden wir ins Rathaus geladen und der Antrag wurde, nach einem 45minütigem Gespräch, abgelehnt. Ich will hier niemanden beleidigen oder üble Nachrede betreiben, aber der Eindruck, dass wir es im Rathaus mit kompletten Idioten zu tun hatten, war sehr tief. Wir saßen drei namenlosen Herren gegenüber, die scheinbar gerade die Ignoranz erfunden hatten. Sie redeten über Sichtweisen und Einsichten, zu denen man in unserem Staat einfach nicht kommen konnte. Sie machten Unterstellungen, verdrehten einem das Wort im Mund, sprachen Androhungen aus. Wir waren dem nicht wirklich gewachsen, denn auf so große Dummheit und Ignoranz unseres Gegenüber waren wir nicht vorbereitet. Wir mussten feststellen, dass alles noch viel schlimmer war, als wir bisher gedacht hatten.

Diese drei Männer repräsentierten die Dummheit unserer Regierung. Sie hatten Macht und waren dumm, und diese Mischung machte sie gefährlich. Wir mussten auf der Hut sein und eine Strategie entwickeln, die diese gefährliche Dummheit berücksichtigte.

In den DDR-Medien existierten Ausreisen und Ausbürgerungen eigentlich gar nicht. Wir informierten uns ausschließlich über die Medien Radio und Fernsehen der Bundesrepublik. Von einer Ausreisewelle war die Rede, von Prominenz, die ausreiste und von einem Dr. Vogel, der die rechtlichen Belange dieser Menschen regelte. Wir waren weit entfernt vom Prominentsein. Für uns und unser Schicksal schien sich kein Schwein zu interessieren. Irgendetwas wollten wir aber tun. So griff ich wieder mal zu *Erika* und schrieb einen Brief an den bekanntesten Anwalt der DDR, Dr. Vogel, der nicht nur für die Ost-West-Belange zuständig war, sondern auch ein Vermittler zwischen Kirche und Staat. Er trug das Umhängeschild *Christ* um seinen Hals und hatte damit einen Vertrauensvorschuss von einer katholischen, einfältigen Ausreisewilligen verdient:

„Herrn Rechtsanwalt Dr. V o g e l
1136 Berlin, Reiler Str. 04
Berlin, den 20.02.1984
Werter Herr Dr. Vogel!

Am 24.01.1984 stellten wir im Rathaus Treptow, Abt. Inneres, einen Antrag auf Ausreise nach Berlin (West) und Entlassung aus der Staatsbürgerschaft der DDR. Dieser Antrag, (man nennt ihn in „Fachkreisen“ Ersuchen), wurde am 16.02.1984, nach ca. 40minütigem Gespräch, von der zuständigen Stelle abgelehnt, mit der kurzen und knappen Begründung, dass es für dieses Ersuchen keinerlei gesetzlichen Bestimmungen gäbe. Da wir aber genau wissen, dass auch andere Familien ohne Familienzusammenführungs-Gründe oder schwere Pflegefälle bei Angehörigen nach Berlin (West) oder in die BRD ausreisen durften, stehen wir nun natürlich vor der Frage, woran hapert es ausgerechnet bei uns. Der Herr im Rathaus antwortete uns leider immer nur auf Fragen, die wir gar nicht gestellt hatten. Aus diesem Grund

> möchten wir Sie, werter Herr Dr. Vogel, bitten, uns hierüber aufzuklären und uns dann auch weiterhin als Vertrauensperson und als Rechtsschutz zur Verfügung zu stehen. Leider liegt auf unseren Antrag keine schriftliche Antwort vor, wir wissen auch nicht, mit wem wir gesprochen haben, da sich weder am 24.01. noch am 16.02. unsere Gesprächspartner aus dem Rathaus vorgestellt haben. Was wir unserem, als Anlage beigefügtem Antrag noch hinzufügen möchten, ist, dass drei Personen unserer Familie (Mutter und beide Kinder) katholisch sind, und dass die Diskrepanzen bei der Kindererziehung in unserem Staat von unserem gelebten Glauben herrühren. In der Hoffnung auf baldige Antwort verbleiben wir mit bestem Dank im Voraus
> Hochachtungsvoll“

Nun hieß es wieder abwarten, was passieren würde. Es passierte in Bezug auf unseren Ausreiseantrag leider nichts.

Dafür erfuhren wir von Seiten unserer Gemeinde großartige Neuigkeiten. Ein neuer Kaplan, der über unsere Seelsorgerin vom Dilemma um die Taufe der Kinder erfahren hatte, kam uns besuchen. Wir saßen gemütlich bei Kaffee und Kuchen mit ihm zusammen, als er kopfschüttelnd die Welt nicht begreifen konnte, dass die Taufe unserer Kinder von Seiten der Kirche abgelehnt worden war. Er versprach Hilfe und schien sich ganz sicher zu sein, dass beide Kinder in absehbarer Zeit getauft werden könnten. Er sprach ein paar Worte mit Manuela und pikste Stefan, der in seinem Laufgitter stand, scherzend mit dem Finger in den Bauch. Entspannt ließ der Kaplan, ohne hinzusehen, seine Hand auf Stefans Laufgitter liegen.

Plötzlich ein Schmerzensschrei. Stefan hatte mit seinen vier Zähnen in den piksenden Zeigefinger des Kaplans gebissen. Dann heulte er vor Schreck über seine eigene Dreistigkeit. Der Kaplan nahm es gelassen, pikste noch einmal, segnete die Kinder und verließ, Zuversicht hinterlassend, das Haus.

Etwa 14 Tage später, genau an meinem Geburtstag, stand Herr Kaplan wieder vor unserer Wohnungstür. Strahlend wie ein Held gratulierte er mir und überreichte mir ein Geschenk in Form einer Urkunde.

Diese Urkunde besagte, dass von nun an meine Ehe aus kirchlicher Sicht anerkannt war. Herr Kaplan gab eine kurze Erklärung hierfür ab. Er hatte bei seiner Beantragung seinen Eindruck von unserer Familie geschildert. Und selbst der hinterhältige Biss in seinen Zeigefinger hielt ihn nicht davon ab, für unsere Kinder eine Taufempfehlung zu schreiben. Er erwähnte auch meine dritte Schwangerschaft als einen ausreichenden Hinweis darauf, dass unsere Ehe vor Gottes Augen wohl auf Gnade stoßen müsse. Diese Formulierungen und Tatsachen brachten mir die *Sanatio in Radice*, übersetzt: *Heilung in der Wurzel*. Dieses ist, wie der Name vermuten lassen könnte, weder ein zahntechnisches noch ein botanisches, sondern ein kirchenrechtliches Verfahren, welches bei höheren Stellen beantragt und nur von diesen genehmigt werden darf. Peter blieb bei diesem Verfahren fast außen vor, es brachte keinerlei Verpflichtungen für ihn. Für mich beinhaltete es aber, dass ich wieder am Abendmahl teilnehmen durfte und verpflichtet war, meine Kinder im katholischen Glauben zu erziehen. Bis zu diesem Zeitpunkt hatte ich von dieser Verfahrensweise noch nie etwas gehört. Auch einen Tauftermin für Stefan und Manuela legten wir gleich fest.

Es war Mitte April und es gab für eine große Feier viel vorzubereiten und zu organisieren. Nach viel Herumgerenne erstand ich für Stefan ein Taufkleidchen. Es war weiß, mit zarter, hellblauer Spitze und nannte sich *Erstlings Festtagskleidchen*. So wie Engel in der DDR den offiziellen Namen *geflügelte Jahresendfiguren* hatten, musste natürlich auch die Bekleidung für christliche Feste umtituliert werden. Für Ela ein festliches Kleid zu bekommen war eine echte Hürde. Erstens hatte sie schon eigene Wünsche hinsichtlich ihrer Garderobe und zweitens war das Angebot unter aller Würde. So bekam sie auch ein schlichtes Kleid in blau weiß und ich versprach, ihr um den Rock und die Ärmel kleine Rüschen zu nähen. Das Schuhwerk wurde dann die nächste Katastrophe, die wir mit ein paar ausgedienten, weil zu klein gewordenen Schuhen unserer Nachbarstochter entschärfen konnten.

Diese ganzen Beschäftigungen vertrieben natürlich die Wartezeit auf irgendeine Reaktion vom Ministerium oder Dr. Vogel. Die Ärgernisse um all die Dinge, die im Handel schlicht und ergreifend einfach nicht zu haben waren, bestärkten uns in unserem Ausreisevorhaben.

Ende März entschlossen wir uns zu einem Rundumschlag. Wir schickten an drei verschiedene Stellen, an Dr. Vogel, an das Ministerium des Innern und an Erich Honecker, am gleichen Tag einen Brief:

„ Berlin, den 28. März 1984 Werter Herr Dr. Vogel

Mit Schreiben vom 20.02.84 baten wir Sie um Ihre Hilfe und um Beantwortung einiger Rechtsfragen zum Thema Ausreiseantrag und Entlassung aus der Staatsbürgerschaft der DDR. Dieses Thema scheint ja in der DDR ein Tabu zu sein, obwohl es in aller Munde ist. Da wir zu unserem Anliegen leider nur Informationen aus den westlichen Massenmedien beziehen können, müssen wir auch auf diese zurückgreifen und das lange Ausbleiben eines Antwortbriefes Ihrer z.Zt. sehr umfangreichen Arbeit zuschieben. Wir bitten Sie aber um Verständnis dafür, dass auch wir eine Zukunft geplant haben, die wir natürlich schnellstmöglich als Gegenwart sehen möchten.

Leider scheint es bei Ausreiseanträgen keine Reihen- dafür aber eine Rangfolge zu geben. Es ist uns sehr unverständlich, warum Personen, die aggressiv in dieser Beziehung vorgehen, siehe Stoph-Nichte Berg[16] innerhalb von 3 Wochen das Land verlassen dürfen, dagegen aber sachlich an die Dinge herangehende Personen ganz offiziell für dumm verkauft werden. Sollen wir dies als Aufforderung betrachten, auch aggressiv oder sogar kriminell zu handeln, nur damit unsere Regierung erklären

16 Am 24.2.1984 war Ingrid Berg, die Nichte des Ministerpräsidenten Willi Stoph, mit Mann, Kindern und Schwiegermutter in der Botschaft der BRD in Prag erschienen und hatte verkündet, das Gebäude nicht eher verlassen zu wollen, als bis ihr von DDR-Seite die Ausreise in die BRD gewährt worden war. Um Aufsehen zu vermeiden, wurde ihr das binnen kurzer Frist auf Vermittlung des Honecker-Vertrauten, Rechtsanwalt Wolfgang Vogel, ermöglicht.

kann, dass ‚kriminelle Elemente' am Werke sind?
Wir sitzen, wie 1000 andere auch, auf einer langen Bank, erleben einen Nervenkrieg wie noch nie in unserem Leben und hoffen auf ein wenig Rechtsberatung oder -beistand.
Wir würden uns freuen, nun bald ein Antwortschreiben von Ihnen zu erhalten und wenn nicht anders möglich, wenigstens ein halbstündiges Gespräch mit Ihnen führen zu können. Andernfalls bitten wir wenigstens um Rücksendung unserer Anlage aus dem Brief vom 20.02.
Ihre Empfangssekretärinnen konnten uns leider keine Auskunft geben, ob dieser Brief bei Ihnen eingegangen ist und wie lang zurzeit die durchschnittliche Beantwortungsdauer auf Anfragen ist.
Mit freundlichen Grüßen"

„An den Generalsekretär des ZK der SED
und Vorsitzenden des Staatsrates der DDR
Herrn Erich H o n e c k e r
1020 Berlin Marx-Engels-Platz
Berlin, den 28.03.1984
Werter Herr Honecker!

Am 24.01.1984 (eine Woche vor Beginn der Ausreisewelle) stellten wir einen Antrag auf Ausreise nach Berlin (West) und Entlassung aus der Staatsbürgerschaft der DDR.
Wir wissen nicht, welche Ausbildung die Personen, mit denen wir im Rathaus Treptow, Abt. Inneres, sprachen, genossen haben, es fehlten ihnen aber nicht nur Kenntnisse über normale Umgangsformen (keiner hielt es, trotz des sehr persönlichen Gesprächs für nötig, sich vorzustellen), sondern es fehlte ihnen auch an Kenntnissen über das tägliche Leben des ‚kleinen Mannes' in unserem Staat. Ansonsten wäre es uns unbegreiflich, wie man sich über unsere Anfragen so hinwegsetzen kann. So schwer es uns fällt, diese Personengruppe nun noch mehr zu kritisieren, müssen wir trotz-

dem feststellen, dass sie nicht die Praxis beherrscht, ihre marxistisch-leninistischen Kenntnisse auf unsere Probleme zu beziehen und uns handgreifliche, plausible Tatsachen nahe zu bringen, die uns in irgendeiner Weise mit unserem Staat ausgesöhnt hätten. Im Gegenteil. Unsere Gesprächspartner ließen uns lediglich merken, dass sie zwar keine Argumente, dafür aber den längeren Hebel haben. Auch die Leitungskader im Betrieb (VEB Stern-Radio) machten sich mit ihren unbeholfenen Agitationen nur lächerlich. Die Gründe für unser Fortwollen sind klar und begründet. Jeder Versuch, uns umzustimmen, muss bei der hier praktizierten Politik scheitern. Da wir uns in unserer Angelegenheit nur auf Informationen aus Massenmedien der BRD berufen können, sind wir leider gezwungen, auf diese zurückzugreifen und fragen uns nun, warum Personen, die aggressiv ihr Recht bestreiten, so schnell ihre Ausreisewünsche erfüllt bekommen (Familie Berg brauchte 3 Wochen) und warum sachlich und korrekt handelnde Personen wieder und wieder zum Narren gemacht werden.
Gibt es etwa auch hierbei Rang- statt Reihenfolgen? Wird von uns auch Aggressivität oder Kriminalität erwartet um der Tatsache zu entsprechen, dass es sich bei den Ausreisenden sowieso nur um ‚kriminelle Elemente' handelt? Vielleicht können Sie, werter Herr Honecker, uns Antwort auf diese Fragen geben. Wir haben uns auch schon um Rat und Hilfe an Herrn Rechtsanwalt Dr. Vogel gewandt, warten aber auch hier schon seit 5 Wochen auf Antwort. Steht seine Arbeit vielleicht auch unter den Fittichen unserer Regierung? Traurig wäre es. Wobei wir sein langes Schweigen seiner momentanen Überbelastung zuschreiben würden. Die Sekretärinnen waren nicht einmal in der Lage, im Posteingangsbuch nachzuschlagen, ob unser Schreiben in der Anwaltskanzlei eingegangen ist. Da bisher leider niemand in der Lage war, uns den einzigen und ganz korrekten Weg für ei-

ne Ausreise zu zeigen (und diesen Weg muss es, wie das Leben zeigt, geben) würden wir Sie herzlichst um Ihre freundliche Unterstützung bitten. Besten Dank im Voraus
Hochachtungsvoll"

„Ministerium des Inneren
1086 B e r l i n, Mauerstraße 29 /32
Berlin, den 28.03.1984
2. A u s r e i s e a n t r a g nach Berlin (West) und Entlassung aus der Staatsbürgerschaft der DDR

Am 24.01.1984 (eine Woche vor Beginn der Ausreisewelle) stellten wir beim Rat des Stadtbezirks Treptow, Abt. Inneres, einen Ausreiseantrag nach Berlin (West) und baten um Entlassung aus der Staatsbürgerschaft der DDR. Dieser Antrag (in Ihren Kreisen nennt man ihn wohl Ersuchen), war sachlich begründet und ließ nach den Erfahrungen unserer Lebenspraxis keinen Widerspruch zu. Ihre Kollegen aus Treptow lehnten aber trotzdem unseren Antrag ab, ohne uns hierfür eine Begründung zu geben. Sicherlich haben es Ihre Kollegen und auch Sie nicht nötig, uns für irgendetwas Begründungen abzugeben, wir sind aber eher der Ansicht, dass Ihnen eine solche auch gar nicht möglich wäre. Jedenfalls keine, mit der Sie den kleinen Mann auf der Straße überzeugen könnten.

Wir haben uns mit einer Eingabe an Herrn Honecker gewandt und ihn um seinen Rat gebeten. Diesen 2. Antrag stellen wir der Form halber, weil ja alles seinen ‚Sozialistischen Gang' gehen muss.

Wir sind gewillt, die Reihenfolge in der Ausreisevergabe einzuhalten, sehen aber nicht ein, warum aggressive Personen aus ‚besseren Kreisen' innerhalb von 3 Wochen das Land verlassen dürfen, wir aber nach 3 Wochen noch nicht einmal von der Ablehnung unseres Antrages wussten. Müssen wir uns, um ausreisen zu können erst zu ‚aggressiven oder kriminellen Elementen' qualifizieren

um dem Staat eine Begründung für unseren Fortgang zu liefern? Ist es so unmöglich, dass normaldenkende Wesen vor dem Sozialismus davonlaufen wollen? Können Sie sich vorstellen, was es heißt, mit 2 Kindern auf einer unabsehbar langen Wartebank zu sitzen und nicht zu wissen, wie die nächsten Monate aussehen werden? Ihnen dürfte ja wohl auch klar sein, dass wir hier keine Zukunft mehr planen. Beherzigen Sie auch, dass neben uns schon morgen Ihre Eltern, Geschwister oder eigenen Kinder sitzen könnten. Genau weiß man das nie. Wir machen Sie darauf nur aufmerksam, um Ihnen eventuelle Gewissenskonflikte zu ersparen.
Wir sind jetzt leider gezwungen, scharfe Geschütze aufzufahren. Gerne würden wir in Frieden gehen, ohne mit dem Staat DDR zu hadern, aber von Ihrer Seite wird scheinbar kein friedliches Gegenüber gewünscht.
Bitte nehmen Sie zur Kenntnis, dass die DDR, als Mitgliedland der UNO die Pflicht hat, nicht nur deren Vorteile zu genießen, sondern auch deren Gesetze und Pflichten einzuhalten. In diesem Sinne wäre also jedes UNO-Mitgliedland verpflichtet, seinen Bürgern zu ermöglichen, in einem Land freier Wahl zu leben und zu arbeiten. Wir fühlen uns mehr denn je als Gefangene und erleben jeden Vorgang zu unserem Anliegen als Nervenkrieg und Psychoterror. Wir hoffen auf baldige Ausreise und verbleiben Hochachtungsvoll“

Es war kurz vor Mitternacht, als ich auch an Tante Annelie noch einen kurzen Brief schrieb, sie sollte informiert sein, war sie doch unsere Mittelsfrau und Vertraute der ersten Stunde.

„Liebe Tante Annelie! Schnell noch ein kurzer Lagebericht und die Bitte, auch diese Durchschläge für uns aufzubewahren, für den Notfall. Wie Du an Hand der Schreiben siehst, sind wir leider noch keinen Schritt weitergekommen, sind aber noch immer voller Optimismus. Ansonsten geht es uns allen gut, was wir von Dir und Deinen Lieben auch hoffen. Eine Neuigkeit gibt es schon wieder. Im Oktober

> wird sich wahrscheinlich unser drittes Kind einstellen. War zwar völlig uneingeplant, wird aber genommen und geliebt wie es kommt. 100prozentig wollte sich die Ärztin noch nicht festlegen, in 14 Tagen werde ich es aber genau wissen. Macht uns natürlich einen ganz schönen Strich durch die Rechnung. Sollten wir in unserer Sache irgendwelche Erfolge zu verzeichnen haben, werde ich Dich sofort anrufen. Drückt uns die Daumen, dass es nicht so lange dauert und ich das ‚Kleine' noch wohlverpackt im Mutterleib rüberkriege, das spart Platz im Auto. Es ist gleich 24.00 Uhr und meine Familie schläft schon. Werde auch in die Federn kriechen.
> Viele liebe Grüße an Dich und Deine Lieben senden ganz herzlich Peter, Ela, Stefan, ?, und Deine Martina"[17]

Den Brief an Dr. Vogel brachten wir persönlich in seine Kanzlei und wurden uns sehr schnell bewusst, dass wir wohl niemals dem Kreis seiner Mandanten angehören würden. Hier war der Ort, wo man über Agentenaustausch, gewichtige Hinterlassenschaften von ausreisender Prominenz oder vielleicht auch devisenbringende Häftlinge, die, in große Reisebussen verstaut, richtig Kohle brachten, verhandelte. Für Leute wie uns interessierte sich, trotz aller geschäftlicher Höflichkeit der Empfangsdamen, kein Mensch. Die beiden anderen Briefe landeten im Briefkasten und nahmen erst einmal ihren ganz normalen Postweg. Sie hinterließen wieder eine Schleppe aus Wartezeit. Wie lang diese Schleppe sein würde, mussten wir abwarten. Vorerst waren wir mit der Taufe unserer Kinder beschäftigt. Tortenbelag wollte organisiert werden, ein paar Köstlichkeiten von der Fleisch- und Wursttheke, Fisch, vielleicht Räucheraal und ein bisschen was anderes als Schmelzkäse. Damit würden viele Personen unseres Familien- und Freundeskreises für längere Zeit gut beschäftigt sein. Ein paar Forumschecks, Raufaser-Tapetenrollen oder in Aussicht gestellte Verbindlichkeiten würden im Tausch gegen die Bückware unter den Ladentischen hin und her gereicht werden und zum Schluss würden alle, das Essen lobend, satt und zufrieden an der Festtagstafel sitzen.

[17] Brief und Durchschläge erreichten die Tante nie. Er wurde abgefangen, und wir fanden ihn später in unseren Stasiunterlagen wieder.

Bis zur Feier, Mitte April, hörten wir wegen unserer Ausreise nichts. Die einzige Rückmeldung, dass sich überhaupt etwas tat, war, dass Peter zu einem Gespräch in die Kaderabteilung zitiert wurde. Dort fand sich, von seinem Brigadier über die BGL[18] bis zum Kaderleiter eine kleine illustre Gruppe zusammen, die unkreativ und unbeholfen das für solche Fälle vorgesehene halbe Stündchen auf das Ziel ihrer Agitationen einredete. Peter hörte nur ähnliches Blablabla wie zuvor im Rathaus, tauschte ab und zu mit seinem Brigadier belustigte Blicke aus. Als ihm das Wort *Rabeneltern* an den Kopf geworfen wurde, die zwei unschuldige Kinder in ein Land bringen wollten, welches mit Atomwaffen ihre sozialistische Heimat bedrohe, korrigierte er die Anzahl der Kinder auf drei. Das war neu für die Kaderabteilung und zwanzig Minuten später wahrscheinlich auch für das Ministerium und die Stasi. Das Gespräch, das geführt werden musste, weil es im sozialistischen Getriebe so vorgesehen war, brachte uns wenigstens die Gewissheit, dass sich etwas tat und für Peter das Verbot, sich mit den Lehrlingen und deren Ausbildung in der Abteilung zu beschäftigen. Peter hatte seinen Brigadier längst in unsere Ausreisepläne eingeweiht gehabt. Der las unsere Briefe und weinte. Er gehörte zu der Generation, die hoffnungsvoll der Rente entgegensah und sich auf den ersten Besuch im Westen freute. Er beneidete Peter um seine Zukunft und um den Mut, diesen Schritt zu tun, und er bedauerte sich selbst, weil es für ihn zu spät war, so mutig zu sein, und dies alles zusammen ballte sich oben in der Stirn und rollte als echte Männertränen über die alternden Wangen des Brigadiers.

Die Taufe wurde ein gelungenes Fest. Die kleine Kapelle war gefüllt mit unseren Angehörigen und Freunden, Ela machte einen auf Engel und stand die ganze Zeit mit feierlich gefalteten Händen und entrücktem Blick auf den Altar zwischen uns und den Taufpaten. Stefan sorgte für Ablenkung und Unterhaltung der leichteren Art. Er war auf meinem Arm, da ließ es sich mutig den Kirchenclown für alle spielen. Die Zeremonie der Taufe, der Gesang, die Gebete, das Glaubensbekenntnis, das Kreuzzeichen auf der Stirn, das Chrisam und das Taufwasser, die Kerze und die Berührung von Mund und Ohren der Kinder, ließen dann selbst Stefan andächtig erscheinen. Natürlich er-

[18]Betriebsgewerkschaftsleitung

innerte der Kaplan sich an den Biss in seinen Finger und war bei der Berührung von Stefans Lippen besonders wachsam. Ich nahm das erste Mal wieder am Abendmahl teil. Die Beichte davor war eine große Hürde gewesen. Aber nun stellte sich in mir eine innere Ruhe ein, eine Zufriedenheit, die ich seit langem nicht mehr gekannt hatte. Ich dankte Gott für unsere Seelsorgerin und den jungen Kaplan, der dafür gesorgt hatte, dass ein sehr wichtiger Teil meines Lebens wieder ins Gleichgewicht geraten war. Unsere Ausreiseanträge und die Tatsache, dass sich gleichzeitig unser drittes Kind auf den Weg gemacht hatte, um der ganzen Angelegenheit noch mehr Dramatik zu verschaffen, sorgte für genügend Gesprächsstoff an der Kaffeetafel. Peters Familie tendierte eher zur Verständnislosigkeit. Wir hatten doch alles, unsere Einrichtung, ein Auto, keine finanziellen Probleme. Der Wunsch nach Freiheit spielte eine untergeordnete Rolle. Wie gut oder wie schlecht es einem ging, wurde an dem Erwerb von Konsumgütern gemessen. Mein Auto, mein Grundstück, mein Haus, meine Schrankwand. Wie sah es mit Meinungsfreiheit aus und mit dem großen Schweigen in Peters Familie, die unterdessen in bestimmten Punkten auch in meiner Familie Einzug gehalten hatte? Es gab Themen, die man in Anwesenheit bestimmter Familienmitglieder nicht mehr ansprach. Das war im Hinblick auf das äußere Familienidyll unerlässlich, sorgte aber für Misstrauen, nicht nur den Nachbarn und Kollegen gegenüber, sondern auch im engsten Familienkreis. Meine Schwiegermutter machte sich allergrößte Sorgen, dass man ihr als zukünftige Rentnerin die Reise in den Westen verbieten könnte. Sie schien nichts zu begreifen. Sie legte uns nahe, ihren Freundschaften, die überwiegend aus Bonbonträgern bestanden, nichts von unseren Plänen zu erzählen. Meine erneute Schwangerschaft stieß auf viel Kritik zum jetzigen Zeitpunkt und überhaupt. Drei Kinder waren schon unfassbar viel, aber in unserer Situation unbegreiflich. Ich setzte mich darüber hinweg. Was sollte dieser Aufstand? Wir hatten das Vertrauen, einer besseren Zukunft entgegenzugehen. Was sollte da ein Kind mehr oder weniger ausmachen, außer dass alles vielleicht ein bisschen umständlicher werden würde. Vielleicht würde die Schwangerschaft ja auch für ein bisschen Dynamik im ganzen Verfahren sorgen. Warum sollte man uns noch eine Kindergeldprämie, samt dem Erlass des Ehekredites schenken, wenn wir sowieso gehen würden? Vielleicht konnte wenigstens einer in den oberen Behörden rechnen und käme zu dem Schluss, dass es finanziell gesehen günstiger wäre, uns noch vor der Geburt des dritten Kindes unserer Wege ziehen zu lassen.

Mein Mütterjahr ging seinem Ende entgegen. Der nächste Schwangerschaftsurlaub winkte aber schon. Ich musste es irgendwie schaffen, die Zeit, in der Stefan betreut werden musste, zu überbrücken. Hierzu boten sich unser Jahresurlaub, getrennt genommen und die Ferienzeit von Danni an. Für die offenen Zeiten könnte ich mich krankschreiben lassen wegen meiner Nesselsucht. Wir würden das Kind schon schaukeln, wie man so schön sagte, und: „Kommt Zeit, kommt Rat". Vor der Zeit unserer Antragstellung waren wir eines Abends zum Essen im Hause meiner Arbeitgeber eingeladen gewesen. Es war ein netter Abend, vielleicht ein bisschen steif, was das Ungewöhnliche der Einladung noch unterstrich. Allgemein üblich war es wohl nicht, dass Angestellte meines Chefs in seinen Privathaushalt eingeladen wurden. Wir überlegten damals natürlich hin und her, was der Grund dafür sein könnte. Entweder waren sie von unserem Vorhaben von anderer Stelle unterrichtet worden und hatten nun die Aufgabe, den Versuch einer Weichenstellung zu unternehmen oder sie hatten Pläne mit mir und ihrem Laden. Wir sollten es nie erfahren, denn wir traten die Flucht nach vorne an und eröffneten den Abend mit der Beichte über unseren Ausreiseantrag. Ob die Informationen für sie neu waren oder das Erstaunen nur gespielt, blieb für alle Zeiten offen. Vielleicht wollten sie ja auch wirklich nur einen Abend lang unsere nette Gesellschaft genießen. Es kam natürlich zu einem Austausch verschiedenster Gesichtspunkte, aber es kam zu keinem Streit. Vielleicht erfüllten die beiden nur ihre staatsbürgerliche Pflicht an uns. Es war auch für sie nicht leicht, unter ständiger Beobachtung der Staatsmacht, den Laden zu betreiben. Als das Mütterjahr zu Ende ging, wurde ich herzlich, aber ohne besonderes Interesse wieder von ihnen im Laden empfangen. Unterdessen wussten alle von der dritten Schwangerschaft und allen war klar, dass mein Bleiben nicht von Dauer sein würde. Ich nutzte die gesetzlichen Gegebenheiten bis zum Erbrechen aus und wir versuchten gemeinsam, meine Arbeitszeit und meinen Arbeitseinsatz bis zum Ende des Sommers vernünftig zu regeln. Wir fanden auch eine gute Lösung für Stefans Betreuung. Ich durfte Briefe und Rechnungen zu Hause auf *Erika* schreiben und brauchte nur zu bestimmten Stoßzeiten im Laden zu erscheinen. Wir waren alle das, was man vernünftig nennt. Hätte ich damals im Verlag Tribüne gearbeitet, wäre wohl alles etwas drastischer verlaufen. Vielleicht hätte ich meinen Arbeitsplatz verloren und wäre irgendwo auf einem Abstellgleis mit unqualifizierter Arbeit gelandet.

Mitte Mai hatten wir bereits unseren dritten Ausreiseantrag formuliert, ihn als Eingabe mit Rückschein eingeschickt und warteten nun wieder in Habachtposition auf die Dinge, die da kommen sollten. Wir schrieben diesmal an den Rat der Stadt Berlin, Abteilung Inneres, ins Berliner Rathaus:

„Berlin, den 14.05.1984
Betrifft: E i n g a b e mit Rückschein!
3. Antrag auf Ausreise nach Berlin West
und Entlassung aus der Staatsbürgerschaft der DDR
Am 24. Januar 1984 stellten wir im Rathaus Treptow unseren 1. Antrag auf Ausreise nach Westberlin und baten um Entlassung aus der Staatsbürgerschaft der DDR. Dieser Antrag wurde, nach einem inhaltlosen Gespräch, schlichtweg abgelehnt, ohne Eingehen auf unser Schreiben und ohne Begründung. Daraufhin stellten wir am 28. März unseren 2. Antrag, adressiert an das MdI, 1086 Berlin, Mauerstraße 29/32. Parallel hierzu schrieben wir einen Brief an Herrn Honecker, mit der Bitte um Rat oder Hilfe in unserer Angelegenheit. Sicherlich haben unsere beiden Schreiben die Empfänger sosehr beschämt, dass sie sich bis heute noch nicht getraut haben, Antwort darauf zu geben. Das MdI hat sich sogar so schnell von unserem Schreiben getrennt, dass glattweg in der Eile vergessen wurde, unser Schreiben im Posteingangsbuch zu vermerken. Oder wird dort für Schreiben wie das unsere gar kein Buch geführt? Genau konnte uns jedenfalls der Herr X vom Ministerrat auch nicht sagen, wo unser Schreiben gelandet ist. Er nahm aber an, dass es an Sie weitergeleitet wurde. Ist das nicht eine zufriedenstellende Auskunft? Wie alle Auskünfte in unserer Angelegenheit, dehnbar wie Gummi und nur mündlich, damit der

Antragsteller auch ja nichts in Händen hat.
Wir verlassen uns nun also auf die Auskunft des anonymen Herrn, der übrigens ein ausgesprochenes Cholerikernaturell hat und auf jede konkrete Frage dementsprechend reagierte – unsachlich, unreal und aufbrausend. Zu alledem kam er sich dann auch noch provoziert vor. Wie soll man mit so einem reden? Wir wollen in unserem dritten Antrag nicht weiter auf die Gründe unseres Ausreisewunsches eingehen, sondern nur nochmals unterstreichen, dass sich unsere Gründe im Umgang mit den Behörden und ihren Beamten noch vermehren und uns von Tag zu Tag zorniger machen. Warum können Menschen Ihrer Überzeugung die Welt nicht mehr real sehen? Haben sie es verlernt oder haben sie zu viele Privilegien zu verlieren, wenn sie sich offen mit den Sorgen der Normalbevölkerung identifizieren würden? Wir wollen niemandem sein Paradies nehmen, aber jedes Individuum hat seine eigenen Vorstellungen vom Garten Eden. Was der gemeinen Stubenfliege recht ist, muss der Honigbiene noch lange nicht billig erscheinen, und wir, entschuldigen Sie den derben Vergleich aus der Natur, fühlen uns mehr als Honigbiene. Wir wollen arbeiten, aber dann auch etwas davon haben. Von einer Veränderung in unserem Privatleben wollen wir Ihnen allerdings noch Mitteilung machen. Wir werden ab Oktober '84 eine 5-köpfige Familie sein, die alle Rechte einer solchen in Anspruch nehmen wird. Diese Tatsache wird dem Staat DDR sehr teuer kommen, vor allem die Vor- und Nachsorge und der Krankenhausaufenthalt für die Geburt. Ein kurzes Nachrechnen würde sich auf jeden Fall lohnen und bedarf auch keiner besonderen Rechenkünste. Wir hoffen, dass unser Schreiben nun endgültig in den richtigen Händen ist und hoffen auf eine baldige Antwort oder Weiterleitung an die zuständige Adresse, da der weitere Aufenthalt in der DDR doch sehr belastend für uns ist.
Mit bestem Dank im Voraus Hochachtungsvoll"

Auch diesem Schreiben folgte nichts als Schweigen. Der Rückschein blieb aus und ich reklamierte, natürlich auch erfolglos, diesen Vorgang bei der Post. Wir würden uns eine andere Strategie einfallen lassen müssen. Wir wollten vermeiden, den so genannten Rechtsweg der DDR zu verlassen, um uns und damit auch unsere Kinder nicht zu gefährden. Eine Inhaftierung hätte für unsere Familie fatale Folgen haben können. Wir standen scheinbar unter Beobachtung und unser Misstrauen wuchs von Tag zu Tag. Im Fernsehen wurde immer wieder über die Ausreisewelle, und von besetzten Botschaften und Niederlassungen berichtet. Der Osten schwieg. Bestenfalls erschienen Berichte von gescheiterten Existenzen, die nach ihrer Ausreise wieder in die DDR zurückkehren wollten. Ich weiß nicht, was diese Leute für Vorstellungen mit dem Westen verknüpften. Es gab viele, die ziemlich rosarote Vorstellungen vom anderen Teil Deutschlands hatten. Leute, die sich nicht an der Politik oder dem Gedanken an Freiheit gestoßen hatten und dann in ein tiefes Loch fielen, weil ihr Konsumbegehren nicht nach ihren Vorstellungen erfüllt wurde. Zumindest waren es Menschen, die eindeutig einmal ausgereist waren und nun Abbitte leisten mussten, vielleicht auch lügen und verleumden, um von der alten Mutter DDR wieder an die ausgemergelte Brust gedrückt zu werden. Was für ein kostbares Futter für die Ostmedien. Wir schrieben damals einen Leserbrief an das *Neue Deutschland* und beschwerten uns über den Dreiaffenjournalismus – nichts sehen, nichts hören, nichts sagen. Dieses Dokument ist leider für mich nicht mehr auffindbar. Es ist aber auch, wie konnte es anders sein, vom *ND* niemals beantwortet worden.

Wir mussten unbedingt am Ball bleiben, uns so stur stellen wie die Organe der DDR, durften keine Angst zeigen und erst recht nicht einknicken. Irgendwann im Mai brachten wir die Kinder in den Nachmittagsstunden zu meinen Eltern, dann fuhren wir zur Westdeutschen Niederlassung in der Hannoverschen Straße.

Getrieben von dem Wunsch aufzufallen, etwas anderes zu machen, als Briefe zu schreiben und dem Warten auf irgendetwas einen Inhalt zu geben. Wir kamen ohne Verzögerung hinein. Mussten wir erst klingeln oder ließ sich die Tür von allein öffnen? Ich weiß es nicht mehr. Mit Betreten der Niederlassung waren wir in einer anderen Welt gelandet. Der Kaffee im Wartebereich duftete wie bei

Muttern. Wir wurden eingeladen, uns zu bedienen und um einen Augenblick Geduld gebeten. Andächtig wie in der Kirche saßen wir da und bestaunten die moderne Einrichtung. Ein Herr empfing uns und lud uns sehr freundlich in sein Büro ein. Ein warmer Händedruck, persönliche Vorstellung und die Bitte, uns zu setzen, nahmen uns das Lampenfieber. Da saßen wir nun und berichteten unserem Gegenüber von unserem Schriftkrieg, von unseren bisherigen Unternehmungen und davon, wie schwer es war, die Füße stillzuhalten und abzuwarten. Er erklärte uns, dass er eigentlich nichts für uns tun könne. Der Herr machte sich ein paar Notizen, schrieb unsere Namen und Adresse auf und gab uns damit wenigstens das Gefühl, dass wir für ihn von Interesse waren. „Wir wollten eigentlich gar nicht zu Ihnen", versuchte ich zu erklären, „eigentlich sind wir hier, um aufzufallen und um kontrolliert zu werden, wenn wir dieses Haus wieder verlassen. Wir müssen irgendetwas tun, um unseren Ausreiseantrag sozusagen zu unterstreichen." Der Herr lächelte und schien zufrieden zu sein, dass wir keine Botschaftsbesetzer waren und uns gleich wieder freiwillig unter das abwartende Ausreisevolk mischen würden. Der Kaffee war alle und unsere Mission erfüllt. Wir bekamen noch gute Wünsche mit auf den Weg und verließen das Gebäude. Wir waren noch keine dreißig Schritte gegangen, da entdeckte ich einen Polizisten auf der anderen Straßenseite, der sich tapfer den Weg durch den Straßenverkehr freikämpfte und direkt auf uns zukam. Peter und ich tauschten zufriedene Blicke aus. Der Polizist positionierte sich vor uns und sprach uns an. Er wollte wissen, was wir da eben in diesem Haus gemacht hätten. Sein Finger zeigte in die Richtung der Vertretung. „Wir haben Kaffee getrunken, Westkaffee!", antwortete ich schnippisch. „Außerdem haben wir mit einem Herrn, der sich uns persönlich vorgestellt hat, über unser Ausreiseanliegen gesprochen. In unseren Behörden spricht ja keiner mit uns." „Ausweise, bitte!", sagte der Polizist in einem Ton, der keinen Widerspruch duldete. Wir hielten bereits unsere Personalausweise in der Hand. Der Polizist verglich die Passbilder mit unseren Gesichtern, griff sich an den Kragen, den er ein wenig hochklappte und las mit halb verdecktem Gesicht und brabbelnder Stimme unsere Daten in ein für uns unsichtbares Mikrofon. Das sah schon etwas bekloppt aus, erfüllte aber genau den Zweck, den wir erreichen wollten. Auffallen um jeden Preis. Der Polizist klappte seinen Kragen runter, händigte uns die Ausweise aus und sprach ein paar von diesen Blabla-Sätzen. „Na dann, tschüss, bis zum nächsten Mal!“, fiel ich ihm freundlich lächelnd in sein letztes Bla. Wir nahmen uns bei den Händen und gingen erhobenen Hauptes los. Mein Herz raste und Peter gab zu, dass es seinem Herzen ähnlich ging. Unser Händedruck gab uns Halt, bis wir dem mürrischen Blick unseres „Freund und Helfers“ entkommen waren. Mit voller Wucht schlug nun das Adrenalin zu. Ernst wurde zu Übermut und Ausgelassenheit. Wir hatten es geschafft, waren aufgefallen, waren gemeldet worden und hatten keine Angst gezeigt. Wir fuhren zu meinen Eltern, drückten erleichtert die Kinder und erzählten wie die Helden von dem großen Abenteuer der kleinen Ausreisewilligen. Auf dieser Schiene mussten wir bleiben. Auffallen, unangenehm werden, unbequeme Fragen stellen, niemals einen Fuß breit gegen die Gesetze der DDR verstoßen. Dummheit vortäuschen und dreist das Ziel verfolgen. Von nun an schauten wir in regelmäßigen Abständen auf ein Tässchen Kaffee in der Hannoverschen Straße vorbei.

Die nächsten Tage führten uns dann ins Berliner Rathaus, eher bekannt als rotes Rathaus. Der Name war Programm. Diesmal gingen wir gemeinsam am Neptunbrunnen vorbei und ich sah den Gott des Meeres noch immer ermunternd lächeln, wie vor etwa zehn Jahren, als ich hier wegen meiner Wohnungsquerelen und Herrn Wüste vorsprach. Ich wünschte mir den väterlichen Herrn herbei, der damals so verständnisvoll auf meine Sorgen eingegangen war, wusste aber, so einen würden wir wegen unseres Anliegens nicht finden. Unsere Ausweise wurden kontrolliert und wir durften passieren. Wir suchten die Abteilung für Inneres und stromerten auf den fremden Fluren des riesigen Hauses herum. Die Abteilung zu finden, nützte herzlich wenig. Wir hatten weder einen Namen noch eine Zimmernummer, nach der wir suchen mussten. So klopften wir uns höflich von Tür zu Tür. Manche blieben verschlossen, hinter manchen hörte man ein „Ja, bitte!“ und andere wurden geöffnet und gleich wieder geschlossen, wenn man von unserem Anliegen hörte. Von unserem Ausreiseantrag hatte hier kein Mensch was gehört. Von einem Posteingangsbuch oder einem Rückschein natürlich auch nicht. Es war nichts eingegangen, keine Antwort in Bearbeitung. Seit unserem Erscheinen war es mit der Stille im Flur vorbei. Die hohen Wände sorgten für Beschallung und eine schwere, scheinbar wichtige Tür öffnete sich mit lautem Knarren und ein schwerer, scheinbar noch wichtigerer Herr erschien mit einem so verbissenen Gesicht, dass man meinen konnte, er litte an einem Geburtsfehler. „Was wollen Sie denn eigentlich?“, dröhnte seine Stimme durch den Gang. Wir erzählten ihm von unserem Schreiben und dem fehlenden Rückschein und der ausbleibenden Antwort. Ich fühlte mich wie in einem dieser Märchen, in denen so ein armer Wurstel von der Sonne zum Mond und vom Mond zu den Sternen und von den Sternen zu den Winden und von denen zum Teufel geschickt wird, um seine überlebenswichtigen Fragen beantwortet zu kommen. Wir standen jetzt vor Letzterem und bekamen die Antworten mit lauter Stimme ins Gesicht geschmettert. „Bei uns sind Sie falsch! Für Leute wie Sie ist die Abteilung Inneres Ihres Stadtbezirks zuständig. Sonst keiner!“ Der wichtige, schwere Herr verschwand mit lautem Rums hinter der wichtigen, schweren Tür. Stille kehrte ein. Peter und ich tauschten stille Blicke, ein stilles Lächeln und fassten uns wieder ganz leise, aber fest bei den Händen und verließen die heiligen, roten Hallen. Ich zwinkerte Neptun zu und seinen drallen Damen. Wer weiß, wann wir uns wiedersehen würden. War die Mission nun auch erfolgreich gewesen oder missglückt? Wir kamen zu dem Schluss erfolgreich. Wir waren aufgefallen, man hatte sich über uns geärgert und man hatte uns die Auskunft gegeben, dass ausschließlich der Rat des Stadtbezirkes Treptow, Abt. Inneres, für uns zuständig sei.

Wir stritten unbeirrt weiter um unser Anliegen und schrieben einen Brief per Einschreiben mit Rückschein:

„Rat des Stadtbezirks Berlin Treptow
Stadtbezirksbürgermeister
1193 Berlin Neue Krugallee
Berlin, den 18.06.1984
Betrifft: 4. Antrag auf Ausreise aus der DDR nach Berlin (West)
und Entlassung aus der Staatsbürgerschaft der DDR
Nachdem wir nun mit unseren Anträgen eine ganze Ost-Berlin-Tournee erfolgreich hinter uns gebracht haben, sind wir wieder an Sie verwiesen worden, als der einzig zuständigen Stelle für unser Anliegen. Es sind nicht die besten, aber scheinbar die einzigen Hände, in die wir un-

sere Zukunft zu legen haben, denen wir auf Gedeih und Verderb ausgeliefert sind. Dass wir vor Monaten über Ihre Bearbeitungsweise, die Antworten und Bescheide auf unseren Antrag empört waren, dürfte ihnen vielleicht noch geläufig sein. Es ist für uns auch erstmalig, dass wir davon hören, dass in einer so wichtigen Entscheidung wie der unseren keine höhere Instanz als die Ihre entscheidungstüchtig sein soll. Wir sehen daran, dass Sie einfach nicht wollen. Wir können uns drehen und winden wie ein Aal, Argumente bringen, Bitten äußern, wenn Ihnen unsere Nase nicht gefällt, werden wir immer auf Ablehnung stoßen.
Im Laufe der letzten sechs Monate haben wir uns natürlich mit Leuten in Verbindung gesetzt, die das gleiche Anliegen haben, wie wir. Es ist nicht zu glauben, was so für Gerüchte über die Verfahrensweise mit Antragstellern im Umlauf sind. Da ist von glatter Erpressung die Rede, von Drohungen, die den hierbleibenden Teilen der Familien ausgesprochen wurden, von Berufsverboten und erzwungenen Unterschriften, den Antrag für immer und unwiderruflich zurückzunehmen. Sogar ein Verhör mit schwerer Körperverletzung ist uns zu Ohren gekommen und von der erzwungenen Unterschrift des Geschlagenen, er sei die Treppe runtergefallen. Haben Sie auch schon von solchen Fällen gehört? Da müssen Sie sich ja vorkommen wie ein Buh-Mann. Wir glauben natürlich diesen Gerüchten nicht, wären ja Zustände wie in Chile, wenn es so wäre. Ist bestimmt alles an den Haaren herbeigezogen, um Leute wie uns in Angst und Schrecken zu versetzen. Aber nun wollen wir wieder zur Sache kommen. Wie uns mitgeteilt wurde, müssten unsere ‚Gesammelten Werke' bei Ihnen vorliegen. Wir hoffen, dass Sie sich die Mühe machen, sich alles durchzulesen. Von unseren zwei Besuchen in der Westdeutschen Niederlassung werden Sie bestimmt schon gehört haben. Umsonst wird uns ja unser Freund und Helfer nicht 250 m weit verfolgt haben. Jedenfalls sind die Leute in der BRD-

Niederlassung alles nette Menschen, die sogar den Anstand besitzen, sich vor Beginn eines Gespräches vorzustellen. Sie selbst sind ja für uns immer nur Zimmernummern irgendeiner Institution und das nicht mal in jedem Fall. Unser hochgeschätzter Herr Honecker hat uns auf unseren Brief leider auch nicht geantwortet. Ist ja auch schon lange her, als er noch mit Hammer und Teerbesen gearbeitet hat und sich in die Lage des Arbeiters versetzen konnte. Heute wird er wohl keinen Gesprächsstoff mehr mit ‚Kleinen Leuten' finden, es sei denn, er kann vom Zettel ablesen.
So langsam kommen wir auch dahinter, warum aufrechte Christen in der DDR diskriminiert werden. Das liegt einfach daran, weil sich jeder Amtsträger im Staate DDR als Gottheit aufspielen darf und niemand da ist, der ihm die Schranken weist. Es gibt in unseren Ämtern größere und kleinere Götter, alle haben die Macht, uns Irdische zu verurteilen und kaputt zu machen, wie ein Spielzeug. Warum lässt man nicht jedes Individuum nach seiner Fasson glücklich werden, und den, der der Meinung ist, hier nicht froh zu werden, gehen? Der Staat tut immer so, als wäre man ihm was schuldig. Dabei haben doch unsere Großeltern und Eltern ihren Teil dazu beigetragen, dass wir ausgebildet werden und gesund bleiben. Das alles verdanken wir keinem Staat, sondern den Arbeitern und Bauern dieses Landes, und die haben wirklich nichts gegen unsere Argumente, sondern sie stehen dahinter, auch wenn sie nicht die gleichen Konsequenzen ziehen wie wir. Verständnis haben sie auf alle Fälle. Wir bekunden nochmals unseren Wunsch nach Ausreise und den Wunsch, unser drittes Kind schon in Freiheit zur Welt zu bringen. Wir bitten um Entlassung aus der Staatsbürgerschaft der DDR, da wir uns ihrer schämen und nichts mit ihr gemein haben wollen. Hochachtungsvoll"

Wer kennt das Gefühl nicht? Man streitet sich, ist hochgradig verärgert und das Gegenüber schweigt. Ehen können daran zerbrechen,

Eltern-Kind-Beziehungen zerstört und Freundschaften zu Feindschaften werden. An unserer Beziehung zur DDR war bereits alles zerstört, was kaputt zu machen ging. Das Schweigen, die Ignoranz, fingen an, uns zu zermürben, denn so ganz nebenbei musste der Alltag in all seiner Vielfalt bewältigt werden und vor mir lag die nächste Geburt. Wir mussten das Schweigen brechen, uns irgendetwas einfallen lassen, um mit den Behörden ins Gespräch zu kommen. Der Westen hatte einen neuen Bundespräsidenten. Einen Mann, der uns als regierender Bürgermeister von Westberlin gut bekannt war, Richard von Weizsäcker. Ich schrieb ihm einen Brief, eine Gratulation zu seinem Amtsantritt, legte ihm unsere Familie ans Herz und bat um Hilfe:

„ Berlin, den 15.07.1984

Werter Herr Bundespräsident!

Bevor wir auf unser Anliegen näher eingehen, lassen Sie sich von uns unsere herzlichsten Glückwünsche zur Wahl Ihres verantwortungsvollen Amtes als Bundespräsident aussprechen. Das Medium Fernsehen brachte Sie uns direkt in die gute Stube und zeigte Sie uns sympathisch und vertrauenerweckend. Diese Ihre Eigenschaften veranlassen uns nun, uns mit einem Problem an Sie zu wenden, auch, da wir meinen, dass Sie mit den Themen Ost-West-Probleme, besonders mit denen in Berlin, bestens vertraut sind. Seit Januar ’84 sind wir bemüht, den Staat DDR ganz legal zu verlassen. Innerhalb von 5 Monaten stellten wir vier Ausreiseanträge nach Berlin-West und baten um Entlassung aus der Staatsbürgerschaft der DDR. Unser Ansinnen ist reinweg politischer Natur. Unzufriedenheit mit unseren Medien, mit den Möglichkeiten der Kindererziehung, die Unmündigkeit Erwachsener in jeder Beziehung, die Diskriminierung, als kirchlich gebundene Menschen zu leben, wie der marxistisch-leninistische Staat es vorschreibt u.v.a.m. Sicher werden Ihnen unsere Gründe hinlänglich bekannt sein, sind sie doch für tausende DDR-Bürger immer wieder die gleichen. Es ist nun nicht nur die Mauer aus Beton und Stacheldraht, gegen die man vergeblich rennt,

die uns zwar keine äußeren Schmerzen, dafür aber innerlich umso erheblicheren Schaden zufügt. Niemand ist für uns zuständig, niemand gibt Antwort auf unsere Schreiben, Briefe verschwinden. Wir wissen nie, mit wem wir gesprochen haben.
Herr Honecker hat auf unser Bittschreiben nicht reagiert, Rechtsanwalt Dr. Vogel reagierte erst nach dem zweiten Brief (nach ca. 8 Wochen) ablehnend auf unsere Bitte um Rechtsbeistand oder Rat. Wir haben auch schon zweimal in der Westdeutschen Niederlassung vorgesprochen, sind dort sehr freundlich aufgenommen worden, man stellte sich vor, sprach mit uns, und konnte uns, wofür wir Verständnis haben, nur tröstende Worte sagen. Wir hatten eigentlich auch nichts weiter erwartet, sind aber unterdessen zu der Einsicht gekommen, dass es vielleicht unsere eigene Dummheit war, die Räumlichkeiten wieder verlassen zu haben. Wenn auch die Öffentlichkeit die Häupter schüttelt über die ‚Botschaftsbesetzer', letztlich wird doch immer nur denen geholfen, die unbequem für Staat und Regierung sind. Sind wir etwa zu vernünftig, um unser Ziel erreichen zu können? Wir hatten bislang nicht die Absicht, die mühevoll aufgebauten ‚Wände' der Ost-West-Beziehungen, mit dem Kopf einzurennen. Jedenfalls wurde uns in der westdeutschen Niederlassung gesagt, dass man die Regierung in Bonn von uns und unseren Ausreisewünschen in Kenntnis setzen würde.
Wir hoffen daher, dass Sie uns in den Akten unter ‚P' wie Piechnik finden werden und uns Ihre Hilfe zuteil wird. Vielleicht täuschen wir uns in Ihren Möglichkeiten, wollen uns aber doch an diese kleine Hoffnung klammern, die Sie oder Ihre Mitarbeiter verkörpern, bis von Ihnen eine Absage kommt. Unsere Zukunft wird für uns erst wieder planbar sein, wenn wir die DDR verlassen haben und uns auf dem Grund und Boden der Bundesrepublik befinden. Ab Oktober '84 werden wir eine fünfköpfige Familie sein, die nur das Ziel der Freiheit vor Augen hat, mit allen Schwierigkeiten, die die Verfolgung des Zie-

les mit sich bringen. Sollten Sie sich bewegt fühlen, uns eine Antwort zukommen zu lassen, möchten wir sie bitten, den Brief nicht direkt an uns, sondern an eine Tante nach Westberlin zu schicken. Die Anschrift lautet: Frau Annelie Mittelsmann [...] Diese Tante wird dann Ihren Brief weiterbefördern. Auch dieser Brief hier wird von einer anderen Tante aus Westdeutschland in den nächsten Tagen über die Grenze gebracht, da wir ernsthafte Bedenken hätten, dass unser Brief Sie erreichen würde. Kopien aller Anträge und Schreiben, die unsere Angelegenheit betreffen, liegen auch bei Frau Mittelsmann vor und können von ihr angefordert werden.
Ihnen und Ihrer werten Gattin wünschen wir viel Freude und Erfolg bei Ihrer neuen Arbeit.
Hochachtungsvoll“

Als dieser Brief glücklich in der Handtasche meiner Tante aus Ludwigshafen den Westen erreicht hatte, schoben wir nochmals ein Schreiben an unseren Treptower Bürgermeister hinterher, und erfuhren per Telefonbuschfunk am gleichen Tag, dass das Bundespräsidialamt schon reagiert hatte:

„Sehr geehrte Frau Mittelsmann!
Der Herr Bundespräsident hat das Schreiben der Familie Piechnik vom 15. Juli 1984 erhalten. Leider ist es dem Bundespräsidenten nicht möglich, für das Ausreiseanliegen der Familie selbst aktiv zu werden. Alle Bemühungen um menschliche Erleichterungen für Personen in der DDR werden vom Bundesminister für innerdeutsche Beziehungen wahrgenommen. Auf Veranlassung des Herrn Bundespräsidenten habe ich daher das Schreiben der Familie P. an den Bundesminister für innerdeutsche Beziehungen weitergeleitet mit der Bitte, doch alle Möglichkeiten auszuschöpfen, damit die Ausreise aus der DDR ermöglicht werden kann.
Mit freundlichen Grüßen
Bundespräsidialamt“

Damit hatten Herr Dr. Weizsäcker und sein Bundespräsidialamt genau das gemacht, was wir uns erhofft hatten. Wir hatten nun einen Schutzengel mit einem scharfen Blick, einem starken Schnabel, scharfen Krallen und mächtigen, schwarzen Flügeln. Nicht die lieblichen Gestalten meiner Kindheit, sondern den Bundesadler hinter uns stehen. Was immer uns in der DDR drohte oder passierte, er würde uns helfen. Darauf vertrauten wir und wurden immer frecher. Mit dem nächsten Brief an unseren Bürgermeister kündigten wir öffentliches Vorgehen an:

„ Berlin, den 26.07.1984
Betrifft: A u s r e i s e a n t r a g – Eingabe
Werter Herr Bürgermeister!

Am 18. Juni 1984 schrieben wir unseren 4. Ausreiseantrag und schickten ihn an Ihre Kollegen der Abtlg. Innere Angelegenheiten. Leider erhielten wir mal wieder keine Antwort, was uns nach unseren bisherigen Erfahrungen mit den Ämtern und Behörden unserer Hauptstadt nicht mehr verwundert. Warum auch sollten Ihre Angestellten gewissenhafter arbeiten als ihre Kollegen aus dem ‚Roten Rathaus', vom Ministerrat oder gar als Herr Honecker. Da wir aber ein Recht auf Antwort haben, möchten wir uns bei Ihrer Belegschaft mal wieder ins Gedächtnis rufen. Aufgeschoben ist ja bekanntlich nicht gleich aufgehoben, und so bitten wir Sie, Ihre Kollegen an uns und unser Anliegen zu erinnern. Ein Problem, das auf die lange Bank geschoben wird, wird ja dadurch nicht besser. Auch Ihre Gegenargumente für unsere Ausreisewünsche können nichts an Qualität und Überzeugungskraft hinzugewinnen. Im Gegenteil, wir werden immer erboster und sehen in jedem kleinen Zwischenfall eine Intrige unseres Staates oder seiner Sicherheitsorgane. Es kann doch nicht im Sinne Ihres Staates sein, dass sich Staatsbürger lieber an ausländische Botschaften oder Niederlassungen wenden, um ihre Zukunftswünsche erfüllt zu kriegen oder nur, um sich mal richtig aussprechen zu können, ohne Schönfärberei und ohne die Angst etwas

> Falsches zu sagen. Wir wollen hiermit nochmals unseren uneingeschränkten Ausreisewunsch bekunden und bitten weiterhin um Entlassung aus der Staatsbürgerschaft der DDR. Wir werden uns keinem Zwang beugen und durch keine Absage resignieren. Notfalls werden wir uns der Öffentlichkeit bedienen und Aufklärung in unserem Kollegenkreis betreiben. Genug Material und glaubwürdige Unterlagen befinden sich hierfür in unserem Besitz. Wir bitten um Mitteilung an Ihre Kollegen der Abteilung für Innere Angelegenheiten. Besten Dank im Voraus, hochachtungsvoll"

Wieder schickten wir einen persönlichen Brief mit einem Durchschlag des Antrages an Tante Annelie los.

> „Berlin, den 26.07.1984
> Liebe Tante Annelie! Ich schicke Dir mal wieder einen Durchschlag unseres letzten Ausreiseantrages zur Aufbewahrung. Habe absichtlich nicht meinen Absender raufgeschrieben, da wir scheinbar schon unter voller Kontrolle unseres ‚Vaterlandes' stehen. Wenn das alles auch viel, viel Nerven kostet, können wir uns doch nicht ein Lächeln verkneifen, wenn wir mit unseren Beamten diskutieren. Wir haben viel gelernt im letzten halben Jahr und empfinden die ganzen Vorgänge hier als reine Verhohnepiepelung. Ich hoffe, dass Du und Tante Trudchen gesund und erholt aus dem Urlaub heimgekehrt seid. Euch telefonisch zu erreichen ist sehr schwierig, schon bei der Vorwahl ist ewig besetzt. Haben letztens im Radio, beim Sonntagsrätsel, Deines Bruders Name als Gewinner gehört. War fast eine kleine Sensation, den Namen M. im Radio zu hören. Ansonsten geht's uns gut, was wir auch von Euch hoffen. Habe nun schon zweimal mit Deinem Mann am Telefon gesprochen. Er spricht so beruhigend und mit so sympathischem Bass, dass er direkt mal das ‚Wort zum Sonntag' reden könnte.
> Viele liebe Grüße an Euch
> Senden die noch immer nur 4 Piechniks"

Mit dem Schutzengel im Hintergrund wurden wir auch geistig neu beflügelt. Was würde denn passieren, wenn wir einfach so tun würden, als hätten wir vom Rat der Stadt eine Antwort auf unser letztes Schreiben bekommen? Wenn wir so täten, als hielten wir endlich etwas zum Herumzeigen im Freundes- und Kollegenkreis in der Hand? Was könnte uns der Rat der Stadt denn mitteilen, was uns verlocken würde, von unserem Ausreiseantrag zurückzutreten? Wie weit könnten wir uns aus dem Fenster lehnen, ohne unsere Kinder zu gefährden, oder war das sowieso schon längst nicht mehr berechenbar? Mit dem Mut der Verzweiflung schrieb ich erneut einen Brief. Eine Antwort auf einen Brief, den wir in Wahrheit nie erhalten haben:

„Rat des Stadtbezirks Berlin-Treptow
Stadtbezirksbürgermeister – 1193 Berlin Neue Krugallee
– per Einschreiben –

Betrifft: Ihr Schreiben, Abt. Innere Angelegenheiten, vom 02.09.1984

Werter Herr Bürgermeister!

Für die Weiterleitung unseres Schreibens vom 26. Juli 1984, an Ihre Kollegen der Abteilung für Innere Angelegenheiten, möchten wir uns bei Ihnen bedanken. Leider können wir uns mit der Antwort nicht zufriedengeben, da sie eine Erpressbarkeit oder Bestechlichkeit unserer Person vorauszusetzen scheint. Wir haben in unseren vielen Ausreiseanträgen unsere politische Anschauung offen dargelegt und empfinden die Vorschläge Ihrer Kollegen als pure Beleidigung unserer Person. In keinem unserer Anträge haben wir jemals versucht, für uns und unsere Familie irgendwelche Bevorzugungen gegenüber der Normalbevölkerung rauszuschlagen. Es ist uns ein Rätsel, wie Ihre, mal wieder anonym gebliebenen Kollegen (Unterschrift völlig unleserlich), auf die Idee kommen konnten, wir seien käuflich. Wir wünschen weder eine große Vollkomfortwohnung noch Qualifizierungsmöglichkeiten am Arbeitsplatz, noch irgendwelche anderen finanziellen oder persönliche Privilegien.

Was wir wünschen ist nach wie vor, schnellstmöglich die

> DDR verlassen und nach Westberlin übersiedeln zu dürfen. Nach wie vor machen wir uns zu diesem Thema natürlich unsere Gedanken. Wir fragen uns, ob Sie mit der Ausreisegenehmigung vielleicht noch warten wollen, bis unser drittes Kind das Licht der Welt erblickt hat und sich mit der Geburt dieses Kindes die Kopfgeldprämie für unsere Familie beträchtlich erhöhen würde. Warum sollte unser Staat davor zurückschrecken, auch schon das ungeborene Leben in seine Spekulationen und Geschäfte einzubeziehen? Wieviel Wert besitzen wir denn eigentlich? Bitte verständigen Sie Ihre Kollegen von der Abteilung für Innere Angelegenheiten davon, dass ihr o.g. Schreiben vergebliche Mühe war, welches bei uns nichts als Empörung hervorgerufen hat. Wir beantragen nachdrücklich die Ausreise und Entlassung aus der Staatsbürgerschaft der DDR, die für uns nur noch Erniedrigung bedeutet. Hochachtungsvoll“

Vor unserem inneren Auge sahen wir nun den Bürgermeister im Halbkreis springen. Würde er sich wirklich fragen, ob irgendein Idiot aus seinen eigenen Reihen gegen die Regeln des Ignorierens verstoßen hatte? Würde man sich auf die Suche nach diesem Schreiben machen und dabei so wenig erfolgreich sein wie wir in den letzten Monaten? Würde man in Erwägung ziehen, dass sich irgendeine Privatperson mit uns einen Spaß erlaubt hätte und würde die Stasi längst nach diesem infantilen Subjekt suchen? Nahm man an, dass es vielleicht einen Brief mit gefälschten Unterschriften und Stempeln gab, der offiziell genug aussah, um ihn herumzeigen zu können? Oder vermuteten die Amtspersonen, dass wir einfach nur einen Schuss ins Blaue gewagt hatten, um zu sehen, was passieren würde? Der Halbkreis, in dem der Bürgermeister sprang, schien ein enormes Ausmaß zu haben. Denn für unsere Ohren folgte erst einmal nichts als Schweigen. Eines Tages hatten wir das Gefühl, dass während unserer Abwesenheit jemand in unserer Wohnung gewesen war. Es war ein unbestimmtes Gefühl, das sich vielleicht auch daraus ergab, dass wir uns insgesamt beobachtet fühlten, und keinem Menschen in der Nachbarschaft mehr über den Weg trauten.

Öffentlichkeit, ich dachte immer wieder darüber nach, welche Wege wir noch einschlagen könnten, um öffentlich zu werden. In der DDR lag in jeder Verkaufseinrichtung ein Kundenbuch aus. Auf dessen Umschlagseite befand sich die Aufschrift: „DER KUNDE HAT DAS WORT". Alle Einträge in diesem Buch mussten so behandelt, also auch beantwortet werden, wie eine Eingabe. Jeder Kunde konnte, durfte und sollte lesen, was andere Bürger zu kritisieren, zu bemängeln oder zu loben hatten, jedem sollten die Antworten zugänglich sein und jeder durfte von seinem Recht Gebrauch machen, selbst etwas in dieses Buch zu schreiben. Auf dieses Buch richtete ich meinen Focus. Natürlich hatte ich so viel zu meckern und zu kritisieren, dass ich für einen handschriftlichen Eintrag viel Zeit benötigt hätte, was vielleicht zu Aufsehen führen und mein Vorhaben unterbrechen würde. *Erika*, meine kleine treue Schreibmaschine, musste ran. Ende September hatte ich genug Informationen über den hinter uns liegenden September. Akribisch hatte ich alles aufgeschrieben, was mir einen Monat lang speziell und ansonsten überhaupt so aufgefallen war, womit wir Kunden uns zufriedengeben sollten. Natürlich, ich war kein Feigling, knöpfte ich mir unsere HO-Kaufhalle am Treptower Park vor. Hier ging ich schließlich fast jeden Tag einkaufen, um hinterher unbefriedigt in weitere Läden zu ziehen, um meine und die Wünsche der Familie zu erfüllen.

„Martina Piechnik, 02. Oktober 1984
1193 B e r l i n Hans-Thoma-Str. 04
Kaufhalle Am Treptower Park 1193 Berlin

Seit ca. 7 Jahren habe ich einen eigenen Haushalt. In dieser Zeit wurde der fast täglich anfallende Einkauf für mich immer wieder ein unerfreuliches Ereignis. Anfangs schleppte ich alle qualitativ schlechten oder ungenießbaren Lebensmittel und Gebrauchsgüter wieder zurück in die Verkaufsstelle, um sie zu reklamieren. Dieses Unternehmen kostete allerdings viel Kraft, Zeit und Nerven, weshalb ich es dann einstellte und mich lange Zeit nur noch vor mich hin ärgerte.

Da ich selbst in einer Verkaufsstelle arbeite, weiß ich, dass der Grund für Reklamationen oft nicht bei der Ver-

kaufsstelle zu suchen ist, sondern schon beim Hersteller oder Transporteur. Entweder liegt mangelhafte Gütekontrolle oder unzulänglicher Transport der Waren vor. Allein im Monat September hätte ich folgende Waren zu bemängeln gehabt, die ich allein in dieser Verkaufseinrichtung eingekauft habe:
9 Tüten H-Milch (sauer), 1 Tüte H-Vanille-Milch (sauer), 3 Portionen Schleckermäulchen (schimmlig), 3 Bratwürste (nach einem Tag klebrig und stinkig), 1 Glas Kindernahrung (sauer), 5 Eis (wahrscheinlich zwischendurch aufgetaut und wieder gefroren verkauft), 3 Dosen Zartcreme (geronnen), 1 Brause (Verschluss undicht, ausgelaufen, viele andere Waren wurden in Mitleidenschaft gezogen), 1 Flasche Wein (kleine Glassplitter in der Flasche), eine große Menge Zigaretten, bei denen der Filter kaputt war oder der Tabak so trocken, dass halbleere Papierhüllen übrigblieben. Dazu kommt noch diverses Obst und Gemüse, welches meist in jämmerlichem Zustand angeboten wird. Auch das Fleisch- und Wurstangebot lässt an Frische und Angebotsvielfalt zu wünschen übrig. Kamm-, Kotelett- oder Schnitzelscheiben sind oft nicht als solche zu verwenden, da sie nicht mal mehr als solche zu erkennen, geschweige denn zu verarbeiten sind. Die Wurst ist oft grau und schon völlig ausgetrocknet. Auch die oft sehr unansehnlichen Kittel der Fleischverkäuferinnen regen nicht gerade den Appetit an. Wobei dies wohl nicht deren schuld ist, sondern an mangelnder Organisation zu liegen scheint, wie auch die Registrierkassen, die über Tage hinaus ohne Bon arbeiten.
Diese Eintragung entstand nicht aus einem plötzlichen Ärger heraus, sondern sie ist das Produkt eines viele Jahre dauernden Ärgers. Sie könnte auch auf jede andere Verkaufsstelle zutreffen. Ärgerlich ist auch der Schmutz überall. Verlässt man die Kaufhalle, hat man klebrige Hände und oft auch verschmutzte Garderobe und Einkaufsbehältnisse.

> Nachdem man zwischen schmutzigem und faulem Obst, klebrigen Marmeladengläsern etc. und feuchten Milchtüten seinen täglichen Einkauf gemacht hat, werden dann noch die hochwertigen Wohnraumtextilien und die empfindlichen Babysachen angefasst, was dann wieder den nächsten Kunden verärgert, da er eigentlich vorhatte, für teures Geld auch einwandfreie und saubere Waren zu kaufen. Viele Mängel könnten von Seiten der Kaufhalle eingestellt werden, wobei die meisten wohl in unserem kränkelnden Wirtschaftssystem zu suchen sind. Solange niemand für seine Schlampereien zur materiellen Verantwortung gezogen wird und solange immer alles vertuscht und schöngefärbt wird, sobald einer kommt, der was zu sagen hat, wird sich auch hieran nichts ändern. Da nützen auch Fähnchen, Mainelken und andere Verkaufsschlager zu Feiertagen nichts. Vielleicht könnte man sich mal freundschaftlich mit Ihren Kollegen von EDEKA, Wertheim oder dem KadeWe o. ä. zu einem Erfahrungsaustausch treffen. Solange die Bevölkerung keine Besserung bei der täglichen Versorgung feststellen kann, wird dies auch immer wieder, wie in meiner Familie, ein maßgeblicher Grund zum Stellen eines Ausreiseantrages ins kapitalistische Ausland sein."

Ich hatte dieses Gemecker gleich auf DIN A8-Blätter geschrieben. Mit diesem Schreiben, einer Tube Klebstoff und einem Stift ausgestattet, ging ich am 2. Oktober in die Kaufhalle, bat am Zigarettenstand um das Kundenbuch und hatte innerhalb von drei Minuten die Seiten eingeklebt, unterschrieben und das Buch zurückgegeben. Ich wechselte einen Blick mit der Verkäuferin, bedankte mich und verließ die Kaufhalle. Öffentlicher ging erst mal nicht. Jetzt würde man wieder abwarten müssen. Mein nächster Einkauf brachte Neuigkeiten. Flüsternd und immer wieder den Blick schweifen lassend, erzählten mir verschiedene Verkäuferinnen, was sich ein paar Stunden nach meinem Eintrag in der Kaufhalle abgespielt hatte. Das Buch wurde eingezogen und umgehend durch ein jungfräuliches Gegenstück ersetzt. Die Dame vom Zigarettenstand musste Rede und Antwort stehen, wie es zu einem solchen Eintrag hatte kommen können. Sie schien eher belustigt zu sein als verängstigt und auch viele andere Verkäuferinnen gaben mir durch ein Lächeln oder Kopfnicken zu verstehen, dass der Spaß an der Sache jedes Verhör durch die Stasi aufgewogen hat. Mutig nannte man mich und ich selber fand diesen Schachzug und den, mit dem imaginären Schreiben vom Rathaus nicht nur mutig, sondern witzig und klug.

Schon sechs Tage später fand sich in unserem Briefkasten eine Einladung, eher eine Vorladung, ins Rathaus, Abteilung Innere Angelegenheiten, Zimmer 110.

Ihre Zeichen Ihre Nachricht vom Unsere Zeichen Fernr. Hausapp. Zi.-Nr.

Sehr geehrte(r) Familie Piechnik!

Wir bitten Sie, am 16.10.1984

in der Zeit von 16.30 bis .... Uhr bei Abt. Innere Angelegenheiten Zimmer-Nr. 110 vorzusprechen.

Grund:

Folgende Unterlagen sind mitzubringen: Schreiben d. Stadtbezirksbürgermeisters vom 2.09.84 (Abt. Innere Angelegenheiten)

Sollten Sie zu der vorgenannten Zeit verhindert sein, bitten wir um rechtzeitige Nachricht.

Berlin, den 8.6.84

Unterschrift

101 26 VV Freiberg Ag 307-76 IV 30 8 150 T. 25 A 19317

Wir waren aufgefordert, am 16.10.1984 um 16.30 Uhr, mit dem Schreiben des Stadtbezirksbürgermeisters vom 02.09.84, zu erscheinen. Bingo! Wir hatten es geschafft, die „obere Etage“ aus der Reserve zu locken. Sie bat um ein Gespräch mit uns und wollte informiert werden, falls wir an diesem Tag nicht erscheinen könnten. Wir hatten das Gefühl, nach einem langen Tauchgang endlich wieder an der Wasseroberfläche angekommen zu sein.

In einem Anflug von begründetem Optimismus und wegen erhöhtem Platzbedarf für die Kinder, entschlossen wir uns zu Umbauarbeiten innerhalb unserer Wohnung. Das große Schlafzimmer sollte zum

Kinderzimmer und das Kinderzimmer zu unserem Schlafzimmer werden. Wir stellten unser schönes, strapaziös erkämpftes Schlafzimmer als Verkaufsannonce und ohne den Hinweis BERATUNGSMUSTER in die Zeitung. Der zweite Versuch glückte. Ein junger Mann kaufte das gute Stück. Wir sagten ihm natürlich nicht, dass dieses Schlafzimmer die Eigenart hatte, bei zu heftigen Bewegungen des Bettes, alle Schrankklappen des Bettenumbaus fallen zu lassen. Dieser Vorgang vollzog sich manchmal mitten in der Nacht, beim Wechsel der Schlafstellung oder aber auch bei sportlicher Betätigung im Bett. Anfangs waren wir sehr erschrocken, unsere schöne Nachttischlampe überlebte den Fall der schweren Klappe nicht und ging zu Bruch. Die Magnete waren für das schwere Holzimitat einfach nicht stark genug. Heinz und Herta witzelten darüber und konnten uns ihre Kommentare zu diesem Krach mitten in der Nacht, einfach nicht ersparen. Unser Einschlafritual änderte sich. Wir öffneten einfach vor dem Insbettgehen alle Schrankklappen rund ums Bett. Der junge Mann würde auch dahinterkommen und bei geöffneten Türen schlafen oder stärkere Magnetverschlüsse einbauen. Noch einmal musste Peter sein ganzes Können in dieser Wohnung zeigen. Er baute einfache Bettgestelle für uns, die nun unser Ehebett wurden. Auch für einen Verschlag für unsere Garderobe, der ohne Türen, dafür mit einem Vorhang für optische Abgrenzung sorgte, konstruierte er. Ela war Feuer und Flamme. Innerhalb der Wohnung umzuziehen war für sie beinahe wie verreisen. Sie hatte ein kleines Köfferchen, das immer dann zum Einsatz kam, wenn Garderobe und Spielzeug transportiert werden mussten. Sie packte in der einen Stube ein und in der anderen Stube aus und tat jedes Mal so, als hätte sie eine Weltreise hinter oder vor sich. Bis jetzt wusste sie von unserem Vorhaben nur so viel, dass wir irgendwann in eine größere Wohnung umziehen und woanders leben würden. Sie fand das in Ordnung, wenn sie nur die alleinige Gewalt über ihr Köfferchen behielt.

Manuelas Kindergarten war umgezogen. Ein Neubau nahe der Elsenbrücke sorgte für helle neue Räumlichkeiten für die Kinder und Erzieherinnen. Das tägliche Unwohlsein durch die Beobachtung von Grenzsoldaten durchs Fernglas, die Kontrollen von bewaffneten Soldaten mit ihren scharfen Hunden, gehörten der Vergangenheit an. Vielleicht würde sich auch die Soldatenverherrlichung ein bisschen legen. Ein paar Monate zuvor, noch im alten Kindergarten, hatte Manuela mich Fähnchen schwingend zur Abholung erwartet. Soldaten waren in der Einrichtung gewesen und die Kinder sangen ihnen zu Ehren schwungvolle Lieder und trugen naive Gedichtchen über die Tapferkeit und den Ruhm der Soldaten vor. Ich zog die Kleine an, und bat sie, die Fahne mit dem DDR-Emblem in den Papierkorb zu werfen. Ein böser Blick traf mich und die Fahne wurde mitgenommen. Noch im Grenzgebiet verlangte ich, dass sie bitte ein paar Schritte hinter mir gehen sollte. Noch mehr böse, aber auch verständnislose Blicke trafen mich. Sie kämpfte zwischen der Welt des Kindergartens und der Welt ihrer Eltern, saß zwischen den Stühlen und konnte natürlich nichts begreifen. Ich setzte mich mit ihr auf die kleine gemauerte Einfassung eines Vorgartens in der Herkomerstraße. Wie konnte man einer Fünfjährigen unsere politischen Ansichten verständlich machen? Ich erzählte ihr die Geschichte vom Westen und vom Osten, nahm einen Stock und malte einen Kreis in die schwarze Erde einer Baumumrandung. Das war Deutschland. Ich halbierte den Kreis mit einem Strich und zeigte ihr, was davon die DDR und die BRD waren. Dann malte ich einen kleineren Kreis in die DDR-Hälfte hinein und teilte auch diesen mit einem Strich in Ost- und Westberlin ein. Ich zeigte ihr, wie die Mauer, die sie ja persönlich jeden Tag vor der Nase hatte, verlief. Erzählte ihr von den Menschen, die hüben und drüben wohnten und durch diese Mauer getrennt waren. So auch die Familie ihrer Oma von der Familie ihres Bruders in Ludwigshafen. Ich kam nicht umhin, ihr von den blöden Streitereien der großen und mächtigen Männer und Frauen zu erzählen, die ihr ganzes Volk in das Gestreite hineingezogen hatten.

„Stell dir vor“, sagte ich, und malte einen neuen Kreis, „du spielst hier und Stefan dort.“ Ich malte zwei Strichmännchen in den Kreis. Manuela schaute auf mein Gemälde und hörte interessiert zu. „Jetzt kommen die Großen und Mächtigen, früher waren es Kaiser oder Könige, heute sind es die Politiker. Sie schicken ihre Soldaten los und dumme einfältige Menschen, die nicht alleine nachdenken können und keine Mama haben, die ihnen was erklärt, und befehlen ihnen, zwischen dir und deinem Bruder eine hohe Mauer zu bauen. Keine Mauer wie auf unserem Hof, die man erklimmen und hinter die man gucken kann, sondern eine von der Art, auf der oben Stacheldraht angebracht ist und nirgendwo ist eine Leiter. Dann stellen sich diese Großen und Mächtigen hin und erklären dir, dass du deinen Bruder nicht mehr sehen darfst, weil er böse und gemein ist. Wäre das möglich?“ Ela starrte auf die Männchen in der Erde, die plötzlich durch einen Strich voneinander getrennt waren und sich nicht mehr sehen konnten. „Die Fahne, die du in der Hand hältst, ist ein Symbol für das Land, in dem wir leben müssen und das die Mauer gebaut hat. Ich mag dieses Symbol nicht. Es tut mir weh, wenn du es so fröhlich schwingst, weil dir im Kindergarten kein Mensch erklärt hat, was es bedeutet. Wenn du diese Fahne jetzt in den Müll schmeißen würdest, verspreche ich dir, dass wir zu Hause eine viel schönere Fahne basteln werden, eine mit bunten Bildern drauf, eine die fröhlich geschwenkt werden kann, ohne dass ich sauer werde.“ Manuela starrte auf den großen und den kleinen Kreis, auf die Striche, die sie teilten, und auf die Männchen, die miteinander spielen wollten und es nicht durften. Dann warf sie einen Blick auf die kleine Fahne in ihrer Hand, zerbrach den Stiel, zerknüllte das Papier und rannte zum nächsten Mülleimer, um die Fahne zu entsorgen. Gedankenversunken gingen wir Hand in Hand nach Hause. Sie hatte eine Lektion gelernt über das Land, in dem wir lebten, über Dinge, die man so oder so erzählen konnte, und von Menschen, die ihr Gehirn aus Angst oder Dummheit oder beidem nicht benutzten. Sie vertraute meinen Worten und wir bastelten zu Hause eine Fahne mit Schlümpfen und Blumen, Sonnenschein und weißen Wölkchen und sie tauchte damit wieder ein in ihre Kinderwelt.

In Martins Familie gab es unterdessen zwei Neuigkeiten. Es gab einen zweiten Sohn und eine eigene Wohnung. Der Beruf und die damit verbundenen Beziehungen meines Bruders schienen es auch in dieser Familie möglich zu machen, dass die Frau zu Hause bleiben konnte. So offen, wie ich damals, als wir noch über Geld aus dem Westen verfügen konnten, gingen Martin und Christiana mit den Details aus ihrem Alltag nicht um. Wir kamen uns nicht näher. Zwischen uns standen zu viele ungeklärte Fragen, die etwas mit unserer Gesinnung zu tun hatten. Wie tickte mein Bruder? Wir standen uns nie sonderlich nahe, aber nun entfernten wir uns immer mehr voneinander. Wir entwickelten natürlich auch ein gesundes Misstrauen. Da war eine Familienangehörige, die keinen Aufschluss gab, ob sie eine überzeugte Genossin war oder gewesen war, eine Frau, die zur Lehrerin für die unbeliebtesten Fächer in den Schulen der DDR ausgebildet wurde, nun aber zu Hause blieb und ein Leben entgegen allen Vorstellungen des sozialistischen Staates führte. Warum tat sie das? Hatte das Leben als Ehefrau und Mutter, das Leben in Berlin und im Kreis unserer Familie sie Anderes gelehrt und hatte sie den Bezug zu ihrer Partei und Gesinnung verloren? War sie gefangen in ihrem alten Leben und ihrer alten Überzeugung und der Familie aus der sie kam? Ich hätte es verstehen können. Wir waren alle im gleichen Alter. In einem Alter, in dem es schwerfällt, sich vom Elternhaus endgültig abzunabeln. Zumal Christianas Elternhaus beruflich voll eingebettet war in unbedingter Linientreue. Eines Tages, es war zu einer Zeit, als mein Bruder zur Reserve bei der NVA eingezogen war, bat mein Vater mich und Peter, doch mal bei Christiana vorbeizufahren, um zu gucken, ob es ihr gut gehe. Wir machten das sofort, meinen Eltern zuliebe. Christiana öffnete uns damals mürrisch die Tür. Sie schien über den unverhofften Besuch nicht erfreut zu sein. Wir richteten ihr Grüße von meinen Eltern aus und gaben ihr zu verstehen, dass die Familie sich um sie sorgte. Eigentlich war das doch eine fürsorgliche Geste innerhalb der Familie. Christiana führte uns halbherzig in die Wohnstube. Hier lief der Fernseher mit einem Film in russischer Sprache mit deutschem Untertitel. Wir saßen eine Weile schweigend da und Christiana schien in ihrem Film zu versinken. Es fand kein Austausch von Neuigkeiten statt, keine Freude, uns zu sehen oder über die Sorge meiner Eltern, ihre Person betreffend. Wir fühlten uns wie Eindringlinge in einen Vormittag, der ohne uns so schön hätte sein können.

Wir wollten dieser unbehaglichen Situation schnellstmöglich entkommen. Ein Problem hatten wir aber noch, welches wir wenigstens ansprechen wollten. Martin und Christiana schuldeten uns seit Monaten hundert Mark. Auch dieses Thema wurde seit damals, als wir ihnen aus der Klemme geholfen hatten, nie wieder angesprochen. Jetzt sprach ich es an, nicht fordernd, sondern eher bittend, falls es möglich wäre. Christiana konnte sehr böse gucken und das tat sie auch jetzt. Schweigend verließ sie mit diesem Blick den Raum, verpasste mehrere schwerwiegende Untertitel im Fernsehen und kam mit dem gleichen Blick und einem gefalteten Hunderter in die Stube zurück. Ohne erklärende Worte warf sie das Geld auf den Tisch. „Hier“, sagte sie und ignorierte uns zugunsten des Films. Befremdet standen wir auf, was für sie ein sicheres Zeichen zu sein schien, dass wir gehen wollten. Wir wurden noch zur Tür begleitet und ohne verbindliche Worte, wenigstens an meine Eltern gerichtet, schloss sich die Wohnungstür. Ich war befremdet und Peter war stinksauer. Die gesamte Situation war uns ein einziges Rätsel. Sie war ein Schlüsselerlebnis, welches dazu führte, dass wir niemals wieder einen spontanen Abstecher in die Wohnung meines Bruders wagen würden. Nach diesem höchst unerfreulichen Besuch fuhren wir noch einmal bei meinen Eltern vorbei und erstatteten ihnen Bericht. Hatten sie uns geschickt, weil sie eine ähnliche Situation für sich vermeiden wollten? Mutti guckte bedrückt und Papa stöberte in seinem Schatzkästchen für Entschuldigungen. „Sie hat höfliche Umgangsformen wahrscheinlich nie kennengelernt", sagte er und ich ärgerte mich mal wieder, was in Papas Augen bei anderen Menschen alles hinnehmbar und entschuldbar war.

Diese Art von Vorfällen waren mir nicht neu. Christiana hatte wohl auch nie die Worte Bitte und Danke erlernt. Sie war erkennbar erbost, als wir eines Tages Tante Lieschen nach der Kaffeetafel bei meinen Eltern nach Hause fuhren, denn, und das wusste ich nicht, das hielten Martin und Christiana für ihre Aufgabe. Etwas später erfuhren wir, dass es für gewöhnlich einen Westfünfer für das Chauffieren gab. Wir hatten keinen bekommen und Martin nun auch nicht. Mein Bruder, wenn ich dieses Thema möglichst behutsam unter vier Augen zur Sprache brachte, hielt seine Frau für sehr sparsam. Empfunden wurde sie von der Familie als geizig und berechnend. Sie war so lange Raucherin, bis wir untereinander verabredeten, unsere Zigarettenschachteln nicht mehr auf dem Tisch, wie eine Einladung zur Selbstbedienung, liegen zu lassen. Plötzlich wurde meine Schwägerin zum Nichtraucher. Ich wäre gerne aus ihr schlau geworden, hätte mir gewünscht, mein Bruder wäre vermittelnd eingesprungen, aber an ihm schien alles abzuprallen. Er hatte sich als Kind und als Jugendlicher aus allen Schwierigkeiten herausgehalten, hatte so lange aus dem Fenster gestarrt, bis der Sturm vorüber war, und er ignorierte auch als erwachsener Mann und Familienvater seine Rolle, die er als Sohn und Bruder gehabt hätte. Wir entfernten uns immer mehr voneinander und ich glaube, er bemerkte es nicht einmal.

Ende September hatte meine Schwiegermutter Geburtstag. Ein illustrer Kreis von Freundschaften aus der Zeit, als mein Schwiegervater noch lebte, war außer der Familie eingeladen. Das große Familiengeheimnis, unser Ausreiseantrag, musste natürlich gehütet werden. Da saßen sie wieder, die ganzen Bonbonträger und Mitläufer und hauten sich die Taschen voll, wie gut es uns allen doch ging. Die Rede kam dann auch auf unseren Golf und dass wir vorher einen Skoda gehabt hatten, und schon lag das Thema Ersatzteile mitten auf der Sammeltassen-Kaffee-Tafel. Man zeigte sich interessiert an Keilriemen und Ersatzlampen, besonders schwer aber war es wohl, für das alte Modell Außenklinken für die Türen zu bekommen. Peter hätte sein Sammelsurium, das früher in seinem Nachttisch lagerte, sofort mit Handkuss loswerden können. Aber er schwieg. Ich hielt die Klappe, denn bei aller Hilfsbereitschaft, war dieser Personenkreis der letzte, dem wir mit irgendetwas ausgeholfen hätten. So saßen wir unsere Zeit ab und lauschten den weiteren Geschichten vom schönen Leben der Bonbonträger. Irgendwann reichte es mir. Ich stellte eine einfache Frage: „Wie kann es sein, dass der einzige Arbeiter an dieser Kaffeetafel“, gemeint war Peter, „jeden Tag ganz andere Sachen von seinem Alltag auf der Arbeit und im Privatleben, zu berichten hat, als ihr? Gerade habt ihr noch auf Klinken für uralte Autos spekuliert und drei Minuten später ist die Welt im Sozialismus schon wieder nur noch in Ordnung?“ Mich trafen eher verstörte als böse Blicke. Dass mit mir was nicht in Ordnung war, stand schon in dem Moment fest, als man Jahre zuvor die Kette mit dem Kreuz an meinem Hals entdeckt hatte. Hier saß die Havemann-Generation am Tisch. Genossen, die vielleicht wirklich aus verständlichen Gründen zu Kommunisten geworden waren, den Stalinismus und die Religionsfeindlichkeit noch im Blut hatten und nun in ihrem bequemen Leben so eingebettet war, dass es kein Zurück mehr gab. Ihnen fehlte allerdings die Intelligenz und die Bescheidenheit eines Havemanns und die Aufmerksamkeit der Gesellschaft von hüben und drüben. Es fehlte ihnen an Klasse und ihr einziges Leuchten ging von ihrem Metallbonbon an ihren Jacken aus.

Wir erwarteten gespannt den 16.10., einen Dienstag, zu dem wir ins Rathaus vorgeladen worden waren. Es war auch der Hochzeitstag meiner Eltern. Genau zur schönsten Kaffeetafelzeit wollte man uns sprechen. Ich lieferte unsere Kinder nachmittags bei Oma und Opa ab. Peter und ich fuhren, auf den Tiger im Tank vertrauend, direkt von Weißensee zum Rathaus Treptow. Der uns gewohnte Zugang durfte von uns nicht mehr passiert werden. Ausreiseantragsteller wurden jetzt diskret durch den Hintereingang geschleust. Man schämte sich für uns und wollte uns vom braven Bürger möglichst fernhalten. Wir waren sehr pünktlich und wurden auch direkt in Empfang genommen. Man bat uns an einen großen Tisch in einem nichtssagenden, tristen Raum. Herr „Unleserlich“ und ein Herr „Unausgesprochen“, saßen uns wie bei einem Verhör gegenüber. Rechts zwei Damen, die uns als Frau „Konsum“ und Frau „HO“, beide in leitender Position, vorgestellt wurden.

Herr Unleserlich hielt eine Auftaktrede. Wahrscheinlich sollten wir alle erst einmal miteinander warm werden können. Dann folgte eine Rede, eine Lektion, über den gekonnten Umgang mit Kundenbüchern, deren Sinn und deren Aufgabe. Die Damen stimmten kopfnickend den Worten des Herrn Unleserlich zu. Zeigten sich empört über meine Vorwürfe und die ganze Art und Weise des Kundenbuch-Missbrauchs. Als Antragsteller, die sich mit einem Fuß schon im Westen stehend wähnten, waren das natürlich Informationen von essenziellem Wert. Konstruktive Kritik forderte das Buch, Anregungen, Lob und Anerkennung. Wir hörten von der Verletzlichkeit der armen Verkäuferinnen, die sich den ganzen Tag um das Wohl der Kundschaft bemühten und nun tief getroffen waren und durch unsere Worte verletzt. Das perlte an mir ab. Ich hatte das Grinsen und die anerkennenden Blicke der Verkäuferinnen gesehen. Sie machten auf mich keinen niedergeschlagenen Eindruck. Andererseits machte die gesamte Kaufhalle mit ihrem Personal auch keinen motivierten Eindruck, irgendetwas besser zu machen. Die Halle stank nach wie vor nach faulenden Kartoffeln, die Schürzen und Kittel waren unansehnlich und an der Wand hing das Konterfei des besten Verkäufers des Monats. Das einzig Saubere und Neue war das Kundenbuch.

Ich unterstellte, dass scheinbar alle Anwesenden den Inhalt meiner Kritik nicht verstanden hatten. Ich monierte, dass das, was man in der DDR als gewöhnlicher Kunde angeboten bekam, in keiner Weise zu den Erfolgsmeldungen der Aktuellen Kamera und der Zeitungen passte. Die Damen waren nicht gut ausgebildet für eine Diskussionsrunde wie diese. Sie hatten Feierabend und wollten sicherlich nach Hause und mussten vorher noch viel Freizeit und Nerven in die täglichen Besorgungen stecken. Oder waren sie von hohem Rang und konnten Bückware und BERATUNGSMUSTER direkt von ihrem Schreibtisch aus bestellen? Weil wir so unverbesserlich und uneinsichtig waren, und eine weitere Lektion in Sachen Kundenbuch auch nichts gebracht hätte, wurden die Damen von den Herren mit freundschaftlichem Handschlag entlassen.

Bevor Frau Konsum den Raum endgültig verlassen hatte, bat ich sie darum, mir noch eine Frage zu beantworten. Sie drehte sich um und erwartete freudig eine Frage von mir zu ihrem Fachbereich. „Sollten wir Hals über Kopf ausreisen müssen, darf dann meine Mutter meine Konsummitgliedschaft für mich kündigen und meine eingeklebten Rabattmarken für sich in Anspruch nehmen?“ Diese Frage konnte ich mir einfach nicht verkneifen. Peter grinste und die Dame winkte verärgert ab und ließ mich mit meinem Konsum-Problem einfach sitzen. Die Herren tauschten ernste Blicke aus und kamen nun auf ihr nächstes Anliegen mit uns zu sprechen.

Ein Blick in die Akten, ein Blick zu uns, finstere Minen, sekundenlanges Schweigen und dann die Aufforderung, das Schreiben der Abteilung Inneres vom 02.09.84 vorzuzeigen. „Das haben wir nicht mitgebracht“, war meine kurze erklärende Antwort. „Dieses Schreiben gibt es gar nicht!“, schrie Herr Unleserlich in den Raum, lüftete kurz seinen Hintern, schlug die flache Hand auf den Tisch und atmete tief durch. Herr Unausgesprochen klopfte ihm besänftigend auf den Arm und ergriff das Wort. „Sie wissen hoffentlich, dass die Existenz eines solchen Schreibens eine Urkundenfälschung wäre?“, fragte er direkt über den Tisch in unsere Richtung. „Das ist eine Straftat! – Warum haben Sie das Schreiben nicht mitgebracht?“, fragte er dann in gemäßigterem Ton als zuvor Herr Unleserlich und rückte die offene Aktenmappe gerade. „Das fragen ausgerechnet Sie?“, antwortete ich in einem Ton, der empörtes Missverstehen ausdrückte. „Seit Monaten verschicken wir Anträge und Briefe mit Absender und Unterschrift an die verschiedensten Empfänger unserer Behörden. Seit Monaten warten wir auf Antwort, die mit Stempel und Unterschrift versehen sind. Seit Monaten werden wir von Pontius zu Pilatus geschickt, Briefe verschwinden, Posteingangsbücher werden nicht geführt, Rückscheine verweigert. Jetzt haben wir endlich mal was in den Händen und wir werden es nicht wieder hergeben. Sie wissen doch sonst alles. Wenn feststeht, dass eine Frau ein Kind bekommt, steht auch schon fest, wo sie zur Vorsorge und zur Geburt zu erscheinen hat. Es steht fest, dass sie eine erweiterte Kohlenkarte, einen Krippenplatz und Kindergartenplatz benötigen wird. Alle Informationen laufen, ohne dass man sich darum bemühen muss oder eine Wahl hätte. Da kann es für Sie doch nicht so schwer sein, ein Schreiben Ihrer eigenen Abteilung aufzuspüren. Vielleicht sollten Sie ihre Sekretärinnen nach ihrem Können und nicht nach ihrer Gesinnung aussuchen.“

Ich versuchte ruhig zu bleiben und das Zittern meiner Hände unterm Tisch zu verstecken. Beschwichtigend streichelte ich über meinen dicken Bauch. Hoffentlich war diese ganze Aufregung für unser Baby nicht zu viel. „Hat man in unserer Abwesenheit schon nach dem Brief in unserer Wohnung gesucht?“, fragte Peter, verschränkte die Arme vor der Brust und richtete provozierende Blicke auf die Herren. Darauf bekamen wir keine Antwort. Wir bekamen auch sonst keine Antworten mehr. Das weitere Gespräch verlief wie unser Schriftverkehr. Keine Antwort auf tausend Fragen. Wir standen einfach auf und gingen mit einem unfreundlichen Aufwiedersehen und fuhren zurück nach Weißensee, um von Muttis Kaffee noch etwas abzukriegen, die Kinder einzusammeln und nach Hause zu fahren.

Einen Tag zuvor nahm sich eine uns über die Westmedien bekannte Rechtsanwältin, Barbara von der Schulenburg, unserer an. Das Bundespräsidialamt hatte unsere Bitte um Hilfe, wie versprochen, an diese Frau weitergeleitet, die nun ihrerseits schriftlichen Kontakt zu Tante Annelie aufnahm:

> „Berlin, den 15.10.1984
>
> Sehr geehrte Frau Mittelsmann, mich erreicht ein Schreiben des Herrn Peter Piechnik und dessen Ehefrau, in dem diese bitten, ihnen bei der Übersiedlung aus der DDR behilflich zu sein. Die Eheleute haben Ihren Namen und Ihre Adresse für weitere Korrespondenz und Nachfragen angegeben. Ich kann aus verständlichen Gründen nicht direkt korrespondieren. Ich bin im Auftrag der Bundesregierung im Rahmen der Bemühungen um Familienzusammenführung tätig und will mich gerne für Ihr Anliegen einsetzen. Bitte entnehmen Sie der beigefügten Anlage, welche Angaben ich insgesamt benötige, um Bemühungen einzuleiten. Sobald mir die erbetenen Angaben vorliegen, werde ich auf die Angelegenheit zurückkommen. Mit freundlichen Grüßen
>
> B. von der Schulenburg, Rechtsanwältin“

Wir wussten davon zu diesem Zeitpunkt natürlich noch nichts, und verharrten nach unserem letzten Rathausbesuch wieder einmal in Warteposition. Wir warteten auf die Geburt unseres dritten Kindes und wir warteten auf irgendwelche Nachrichten, die unsere Ausreisepläne betrafen. Der offizielle Geburtstermin unseres Babys hatte sich nach der letzten Untersuchung in den November verschoben. Die ganze Aufregung und Warterei nervte mich so langsam, zumal ich der Geburt, aufgrund meiner hinter mir liegenden Kreißsaal-Erfahrungen, sehr skeptisch gegenüberstand. Mit Ela hatte ich schon vor längerer Zeit über unseren Umzug gesprochen und ihr auch von unserem kommenden Baby erzählt. Sie reagierte so einzigartig, wie nur Kinder es können. „Lohnt sich denn ein Baby vor dem Umzug noch?“, fragte sie, als hätte ich ihr erzählt, dass wir uns eine neue Schrankwand kaufen wollten. Umzug bedeutete für sie erst einmal nur eine neue, größere Wohnung. Dass wir vorhatten, in eine „ganz andere“ Welt zu ziehen, wusste sie zu diesem Zeitpunkt noch nicht. Sie träumte von Schulmappe und Zuckertüte, von ihrer Einschulung und davon, dann ein wirklich großes Mädchen zu sein. Ich träumte davon, endlich die dritte Geburt hinter mich gebracht zu haben. Herta, meine mütterliche Freundin aus dem Haus und ihr Mann mit den Propper-Muskeln, wohnten nicht mehr unter uns. Hier war jetzt ein junges Ehepaar mit einem Jungen, der schon zur Schule ging, eingezogen. Wir hatten lockeren, aber keinen vertrauten Umgang miteinander. Bis auf das mürrische alte Ehepaar über uns, waren alle Leute im Haus tagsüber auf der Arbeit. Ich würde mich, ohne Telefon im Haus, mit Stefan zusammen auf den Weg machen müssen, um einen Krankenwagen für mich zu organisieren, falls die Wehen losgingen. Peter müsste informiert werden, oder Mutti, denn irgendjemand müsste Ela aus dem Kindergarten abholen und sich außerdem um Stefan kümmern. Als ob mein kleiner Bauchbewohner das alles ahnte, machte er sich am frühen Morgen, drei Minuten vor dem Wecker-Klingeln mit einem Blasensprung bemerkbar. Ich weckte Peter und verkündete ihm sozusagen auf nüchternem Magen die frohe Botschaft. Der Idealfall war eingetreten. Die Familie war noch beisammen, die Kinder schliefen und Peter sprang aus dem Bett und zog sich an.

Außer dem Fruchtwasser war Blut auf meinem Laken zu sehen. Ich sollte möglichst nicht herumlaufen. Unsere Nachbarin, die ein Telefon hatte und in den Morgenstunden noch zu Hause war, rief einen Krankenwagen und kam kurz rüber, um nach mir zu sehen. Sie hatte als Lehrkrankenschwester einen kundigen Blick. Sie riet mir, mich schnell frisch zu machen und mich umzuziehen. Mindestens eine halbe Stunde würde es dauern, bis der Wagen hier war. Dann verschwand sie mit guten Wünschen und Peter und ich machten das, was wir in letzter Zeit so oft geübt hatten, wir warteten. Ich lag unterdessen hübsch geordnet auf dem Sofa. Wir gingen den Tagesablauf mit den Kindern durch. Peter würde das schon alles meistern. Er hatte da mein vollstes Vertrauen. Ich würde mich die nächsten Stunden in Ruhe der Geburt widmen können. Relativ kühl dachte ich auch an diese Geburt. Ich würde mich vom Klinikpersonal nicht einschüchtern lassen und meine Nachgeburt erst hergeben, wenn mein Körper dazu bereit war. Wie so oft im Leben kam auch diesmal alles anders. Vor dem Fenster erschien blaues, flackerndes Licht. „Der Wagen ist da“, sagte

Peter erleichtert, als es auch schon klingelte. Eine Ärztin und zwei junge Männer betraten mit einem Transportstuhl die Stube. Gute Laune und Freundlichkeit beherrschten das Zimmer. Die Ärztin untersuchte mich kurz, beruhigte mich, was die leichte Blutung betraf und blies zum Aufbruch. Die armen Männer hatten schwer zu tragen an mir. Ich versprach ihnen, dass beim nächsten Kind alles anders würde. Peter guckte kurz verschreckt, erkannte dann aber den Witz und folgte mit meiner gepackten Tasche der Sänfte und dem Team vom Storchendienst. Die Wagentüren schlugen zu und zurück blieb ein noch zweifacher Vater, dessen vor ihm liegende Tage, Aufregung versprachen. Alles war besser als warten. Im Oskar-Ziethen-Krankenhaus wurde ich diesmal direkt herzlich empfangen. Die Hebammen, Schwestern und Ärzte machten den Eindruck, als gäbe es keine schönere Aufgabe auf dieser Welt, als mein Baby auf die Welt zu holen und mir dabei liebevoll zu helfen. „Wenn ich gewusst hätte, wie herzlich es hier zugeht, hätte ich meine Schwangerschaft viel mehr genießen können", vertraute ich einer Schwester mit dankbaren Blicken an. „Meine bisherigen Geburten, die letzte war im vorigen Jahr auch hier, fanden in einer fürchterlichen Atmosphäre statt. Alle waren so unfreundlich und grob." „Die ham wa unterdessen alle rausjeschmissen", antwortete die Schwester lachend und brachte mich in den Kreißsaal.

Die gute Atmosphäre war auch hier zu spüren, ein bisschen gedämpft durch die Schmerzlaute der Gebärenden. Eine Ärztin kam und gab wegen der Blutungen Entwarnung. Das Bluten hatte aufgehört. Wahrscheinlich war das Baby mit seinem Fingerchen irgendwo am Mutterkuchen hängen geblieben. Ganz in Ruhe konnte ich im Kreißsaal noch mal vor mich hindösen. Die Wehen waren noch nicht heftig und kamen in großen Abständen. Dann schien Mister oder Miss Ungeboren es auf einmal ganz eilig zu haben, mich auch mal von außen kennenzulernen. In meiner Erinnerung kam das Kind schon mit der ersten Presswehe wie ein Torpedo aus mir herausgeschossen. Das Team um mich herum war selbst ein bisschen erschrocken. Das Kind war ein Mädchen und hatte mir eine wunderbare Geburt geschenkt. Als kleines ungeputztes Bündel wurde sie mir auf die Brust gelegt und ich flüsterte ihr ein herzliches Willkommen, kleine Franziska, ins Ohr. Von diesen Momenten kann man im Leben nicht genug kriegen. Alles um mich herum war vergessen. Dieser Moment gehörte nur uns beiden. Als ich zwei Stunden später in meinem Zimmer ankam, hatte ich schon wieder Lust, meine Tasche zu packen, die Kleine zu schnappen und nach Hause zu fahren. Die Sehnsucht nach Familie und Beisammensein war sehr groß. Nun lag ich da und inspizierte meine zweite Tochter. Natürlich hatte sie, auch nach dem dritten Durchzählen, zehn Finger. Ihre Ohrmuscheln, gesäumt von unzähligen kleinen goldenen Härchen, schimmerten.

Der Storch hatte bei ihr kräftig zugelangt und auf der Stirn und im Nacken ein rotes Dreieck seines Schnabels hinterlassen. Sie war, trotz ihres völlig normalen Geburtsgewichtes, viel kleiner und zarter als Ela und Stefan. Die Krankenhauskleidung war viel zu groß und über ihrer Brust klebte ein Leukoplaststreifen mit ihrem Namen drauf. Sie sah aus, wie armer Leute Kind und ich machte mich ans Werk, meine Tochter umzuziehen und aufzuhübschen. Bald würde sicherlich der erste Besuch kommen und ich wollte Ela und Stefan die schönste kleine Schwester und Peter die umwerfendste kleine Tochter der Welt präsentieren. Sie war nicht eingeplant, hatte sich einfach so in unsere Familie reingeschummelt und würde nun für immer dazugehören. Behütet, geliebt und einzigartig. Wer Stefans Wiedersehensfreude, als er mich erblickte, miterlebt hat, könnte denken, dass der kleine Kerl drei Wochen ohne seine „Otti" auskommen musste. Elas Interesse galt doch schon eher ihrem Schwesterchen und Peter schaute beruhigt und stolz von einem zum anderen, froh, dass Mutter und Kind wohlauf waren und eine große Aufregung hinter uns lag.

Meine kleine Schwester, die unterdessen ihre Schulzeit beendet und eine Ausbildung zur Krankenschwester angefangen hatte, erlebte eine ganz andere Jugendzeit als ich. Manchmal glaubte ich, meine Eltern hätten bei ihr schon sehr früh die Erziehung abgeschlossen. Daniela entwickelte sich ganz anders als ich. Sie hatte ein unglaubliches Selbstbewusstsein. Nicht eins von der Art, das man sich erarbeiten und verdienen musste, sondern eins, das gleich und ohne eigenes Zutun mit in die Wiege hineingelegt wurde. Sie hatte lange Zeit ein Talent für Zerstörung. Gardinen wurden zerschnitten, Puppen bekritzelt und demoliert, Bücher zerrissen und außer Getobe und Herumbalgen konnte ich keine Interessen bei ihr feststellen. Sobald sie Musik hörte, tanzte sie. Um sie herum musste immer Aktion sein, sonst fing sie an zu maulen. Zehn Jahre sind zwischen Geschwistern schon ein großer Altersunterschied. Ich wusste und kannte Dinge und Personen und Umstände, die unsere Familie geprägt hatten, von denen sie keine Ahnung hatte. Sie nannte Dinge beim Namen, an die ich in ihrem Alter noch nicht einmal gedacht hätte, und sie lebte ihre Jugend, ohne für irgendetwas um Erlaubnis zu fragen. Wer fragt, dem könnte was verboten werden, schien ihr Motto zu sein. Wir Großen waren längst aus dem Haus und ich konnte nur noch hin und wieder Eindrücke gewinnen, Vergleiche ziehen zwischen damals und jetzt, und ich machte mir so manches Mal Sorgen. Ihr Beat, mit dem sie groß wurde, war ein anderer als meiner und in der schnelllebigen Zeit kam es mir so vor, als würden zehn Jahre schon einen Generationsunterschied mit sich bringen. Diplomatie und Rücksichtnahme waren ihr fremd. Vielleicht war sie auch einfach nur unerzogen und verwöhnt. Sie erzählte von sich selbst in den höchsten Tönen, von ihren schulischen Leistungen, von ihren Zukunftsvorstellungen, von ihrer Beliebtheit ringsum im Freundeskreis. Ja, sie war ein munteres Kerlchen, unterhaltsam und oberflächlich. Der beste Gast für jede Party. Es gab aber auch Zeiten, in denen sie von einer Sekunde zur anderen von himmelhochjauchzend zu Tode betrübt sein konnte. Danni erzählte gerne und oft von ihrer Ausbildung. Sie war so gut und beliebt in der Schule, dass man neidisch werden konnte. Unsere Nachbarin, die, wie schon erwähnt, eine Lehrschwester war und dementsprechend mit der Ausbildung von Nachwuchsschwestern betraut war, erkannte eines Tages eine ihrer Schülerinnen in unserem Hausflur, beim Betreten unserer Wohnung. Wie Schuppen von den Augen fiel ihr die Erkenntnis, dass es sich bei ihrer Schülerin um eine nähere Verwandte von mir handeln müsste, denn sie stellte, wie viele andere auch, eine große Ähnlichkeit zwischen mir und ihrer Schülerin fest.

Natürlich sprach sie mich bei nächster Gelegenheit darauf an und war perplex, dass meine Schwester meine Schwester war. Warum sollte sie auch nicht perplex sein? Ich selbst wunderte mich ja schließlich oft genug darüber, dass wir beide aus demselben „Stall“ kamen. Wir unterhielten uns nur kurz über meine Schwester, die ihre Schülerin war, und ich konnte aus den Worten ganz deutlich heraushören, dass zwischen Dannis Erfolgsmeldungen und den besorgten Worten ihrer Ausbilderin Welten lagen. „Vorsicht!“, mahnte ich mich selbst, und überlegte lange, welches der Bilder von Danni am besten zu dem Bild passen würde, das ich von ihr hatte. Nein, ich wollte mich nicht festlegen. Wir waren eine Familie und die Zeit, die Zeugnisse mit ihren Zensuren und Beurteilungen würden die Wahrheit ans Licht bringen.

Tante Annelie rief bei Mutti auf Arbeit an und bat sie, uns auszurichten, dass ein Anwaltsbüro in Westberlin sich um unser Anliegen kümmern würde. Sie war leider ein paar Wochen verreist gewesen und war ganz verwundert, dass unser Ausreiseantrag noch lief. „Ich habe schon so lange nichts mehr von Tina und Peter gehört", sagte sie, „und dachte, wegen der Schwangerschaft hätten die beiden ihren Kampf aufgegeben." „Aber Tina hat dir doch geschrieben", entgegnete Mutti verwundert. „Mindestens zwei Briefe, hat sie gesagt." Das kurze Schweigen der beiden Cousinen am Telefon schien die gleiche Bedeutung zu haben. Tante Annelies Anschrift wurde überwacht und Post an ihre Adresse abgefangen. Ich hatte die Briefe vorsorglich ohne Absender und nicht von unserem heimischen Briefkasten abgeschickt. Horch und Guck schienen diesbezüglich ganze Arbeit zu leisten. Die neuen Nachrichten beflügelten uns natürlich sehr. Wir wussten, es tat sich etwas, in unserer Angelegenheit. Als ich noch schwanger war, besuchten wir, unterdessen unter dem „Decknamen" Wir-gehen-eine-Tasse-Kaffee-trinken, die westdeutsche Niederlassung. Der Haupteingang war beim letzten erhofften Kaffeekränzchen verschlossen. Im hinteren Teil des Hauses tobte das Leben der Antragsteller. Vor dem Haus stand ein Aufgebot an Polizei und Bonzen, mit dem Tässchen Kaffee würde es heute wohl nichts werden. Wir wurden schon vor dem Betreten der Niederlassung angsteinflößend kontrolliert und verbal attackiert. Ich glaube, mein dicker Bauch sorgte für etwas Respekt oder Angst uns gegenüber. Schlagzeilen von dramatischen Geburten vor oder in Botschaftsgebäuden, die durch Einschüchterung oder Bedrohung eingeleitet wurden, hätten dem öffentlichen Ansehen der DDR nicht gutgetan. Wir passierten den Eingang, traten in einen überfüllten Raum und konnten überhaupt nicht erfassen, was hier passierte. Draußen wurde ein Mann zu Boden geworfen, verhaftet und abgeführt. Wir verließen damals das Gebäude schnellstmöglich wieder. Kaffee gab es heute nicht und unsere Kinder waren bei meinen Eltern. Wir wollten keine Verhaftung und keine Trennung von der Familie riskieren. Erfasst waren wir und damit war das eigentliche Ziel des Ausfluges in die ständige Vertretung erreicht.

Tante Annelies Anruf zog nun einige Aktivitäten unsererseits nach sich. Wir waren uns sicher, wir würden es schaffen, die DDR zu verlassen. Der Westen hatte, um es bildlich auszudrücken, eine Patenschaft für uns übernommen. Wir vertrauten darauf und fühlten uns beschützt. Der Westen würde uns im Auge behalten. Unsere Golf-Beziehung wurde beauftragt, eine Anhängerkupplung an unseren Golf zu montieren, damit wir einen Anhänger samt unserem wichtigsten Hab und Gut in unsere Zukunft mitnehmen könnten. Wir sortierten Hausrat aus, um ihn in der Verwandtschaft weiterzureichen oder um ihn zu verkaufen. Kühlschrank, Tiefkühler, Waschmaschine, Bügelmaschine, Fernseher, Stereoanlage, das gesamte Kinderzimmer, Gardinen und Lampen standen zum Verkauf. Wir inserierten eine Haushaltsauflösung und hatten Erfolg. Staunend verfolgte Peter meine Verkaufsverhandlungen. Alle Gegenstände, die wir voraussichtlich noch monatelang brauchen würden, gingen per Vorauszahlung und Quittung weg, verblieben aber bis zu unserer endgültigen Ausreiseauskunft in unserem Haushalt und Gebrauch. Wir waren umgeben von verständnisvollen, vertrauensseligen Menschen. Von Leuten, die nur auf diesem Weg an hochwertige Haushaltstechnik oder Möbel herankamen. Peter konnte immer wieder nur den Kopf über meine Verkaufsstrategie schütteln, während sich unser Bargeld im Haus zusehends vermehrte. So waren wir für die nächste Zeit gut beschäftigt und hatten eine Kundschaft, die bis weit über die Grenzen von Berlin hinaus von unserer fünfköpfigen Familie berichteten, die in Sachen Ausreise eine ganz eigene Strategie verfolgte.

Die Vorweihnachtszeit war gefüllt mit Nachrichten über die Hungersnot in Afrika. Schmerzende Bilder kamen über das Fernsehen in unsere Wohnstube. Eine Lawine der Solidarität, losgetreten von einer Dokumentation der BBC, erfasste die Welt. Ich und Millionen Menschen auf der ganzen Welt, sahen verhungernde Kinder an den leeren schlauchartigen Brüsten ihrer verhungernden Mütter. Ein Aufschrei ging um die Welt und sorgte für riesige Spenden aus aller Herren Länder. Wie klein und nichtig mir unsere Probleme auf einmal vorkamen. Wir hatten Nahrung, Kleidung, ein Dach über dem Kopf und waren gesund, und doch waren wir mit dem Schicksal der hungernden Menschen unmittelbar verknüpft. Nicht die Natur oder das Volk selbst hatte diese Katastrophe zu verantworten. Der Staat, der den marxistischen Regeln folgen wollte und die dortigen Bauern zwangsenteignete, war die eigentliche Ursache für die Hungersnot. Er war auch die Ursache, warum die enormen Spendengelder nicht helfen konnten. Sie wurden abgegriffen und für Waffenkäufe missbraucht und füllten die Bäuche und Schatztruhen der Regierungen. Mein Vater klärte mich über diese Zusammenhänge auf, eigentlich seit Jahren. Denn mit den Bildern der Hungersnöte in Afrika war ich groß geworden. Die Hintergründe zu verstehen, war genau jetzt die richtige Zeit.

Weihnachten, vielleicht vorläufig das letzte Weihnachtsfest im Kreise der Familie, hoffentlich das letzte in der DDR, stand vor der Tür. Der Heilige Abend sollte bei meinen Eltern gefeiert werden. Ich entschloss mich, dort als Weihnachtsmann aufzukreuzen und ein letztes Mal mein schauspielerisches Talent an den Mann zu bringen. Meine Verkleidung hatte ich akribisch vorbereitet. Wer kleine Zahnkronen modellieren kann, kann auch eine neue Nase gestalten. Mit einem riesigen roten Zinken, der direkt mit einer großen Brille verbunden war, dicken weißen Augenbrauen und einem weißen Rauschebart, vorschriftsmäßig in Rot gekleidet und mit Peters Stiefeln an den Füßen, stand ich in Treptow plötzlich auf dem Korridor. Peter lachte, als er mich erblickte, Ela kostete kurz die Früchte vom Baum der Erkenntnis und Stefan fiel in tiefe Verzweiflung. Was hatte wer mit seiner Otti gemacht? Er stand auf meiner Viertelhöhe, machte den Anschein als wollte er in meinen Schoß zurückkriechen, blickte auf, mit der Hoffnung im Blick, ich wäre wieder wie vorher. Ich spielte schon mit dem Gedanken, meine Kostümierung wieder abzulegen, als er sich endlich beruhigte. Unsere Jüngste ließ sich von meinem Aussehen gar nicht beeindrucken. Ich hielt sie auf dem Arm und sie spürte die Milchquellen unter dem roten Kostüm, sie konnte mich riechen, mein Herz und meine Stimme hören und damit war ihr Bedarf hinreichend gedeckt.

In dieser Kostümierung chauffierte Peter mich und unsere Kinder nach Weißensee. Der Weihnachtsmann in einem Golf mit einem Säugling auf dem Arm und zwei größeren Kindern neben sich, das war für viele Leute ein echter Hingucker. Uns wurde zugewinkt und wir wurden angehupt und viele Kinder schauten neidisch und interessiert die Kinder in unserem Auto an. Stefan fand mich nach wie vor widerlich, aber er lebte in der Hoffnung, dass er seine Otti bald wieder in alter Schönheit vor sich haben würde und kuschelte sich ganz nah an seine große Schwester.

Die Feiertage gingen vorbei, ein neues Jahr, 1985, erwartete uns, und würde hoffentlich wieder Planbarkeit in unser Leben bringen. Die Tagesschau war unser wichtigster täglicher Informant. Wir saugten die Nachrichten und die Informationen aus Politsendungen auf, wie ein trockner Schwamm. Ende Januar schrieben wir, nachdem wir ein Interview mit Dr. Vogel gesehen hatten, ein Ersuchen an unsere Abteilung für Innere Angelegenheiten. Hierin ging es um eine Thematik, die vor längerer Zeit einmal ganz am Rande eines Gespräches zwischen uns und den Herren „Unleserlich" und „Unausgesprochen" angeschnitten wurde. „Vielleicht sollten Sie einen Antrag auf Familienzusammenführung stellen", riet man uns damals. Für Ausreiseanträge als solche gibt es keine Rechtsgrundlage. Brüskiert lehnten wir diesen Vorschlag ab, denn wir waren ziemlich stolz darauf, der Politik der DDR die Stirn geboten zu haben und wollten uns nicht hinter einer imaginären, dahinsiechenden Tante verstecken, die nicht mehr in der Lage war, sich alleine den Hintern zu putzen.

„ Berlin, den 29.01.1985
E r s u c h e n um Ausreisegenehmigung
und Entlassung aus der Staatsbürgerschaft der DDR

Da die Aussage des Herrn Rechtsanwalt Dr. Vogel über Antraggenehmigungen auch für Nichtfamilienzusammenführung, von unseren Medien nicht dementiert wurden, gehen wir davon aus, dass diese der Wahrheit entspricht. Somit fallen auch Ihre Begründungen über die Unzulässigkeit unserer Antragstellung weg. Es ist kein Geheimnis mehr, dass den BRD-Botschaftsbesetzern in der Tschechoslowakei sogar eine Ausreiseantragstellung wärmstens ans Herz gelegt wurde, damit ihre Wünsche bei der Genehmigungsvergabe berücksichtigt werden können. Inwieweit die DDR-Regierung diesmal ihr Wort hält, ist im Laufe der Zeit immer schwerer einzuschätzen. Wir bitten nur, in die Warteschlange eingereiht und dementsprechend berücksichtigt zu werden. Man kann es verantwortungsvollen Eltern wohl nicht anlasten, dass sie

> sich und ihre Kinder einer dermaßen abenteuerlichen Situation nicht aussetzen wie es die Botschaftsbesetzer taten.
> Die Bitte um Ausreise betrifft unterdessen eine Familie mit drei Kindern. Unsere große Tochter wurde mit ihrem 6. Lebensjahr in unsere Pläne eingeweiht und wird voraussichtlich im Kindergarten ein guter Mitkämpfer für die Durchsetzung unseres Zieles sein. Ihre kindliche, unbestechliche Auffassung von Recht und Freiheit lassen dies jedenfalls schon durchblicken. Die Sympathien unseres Verwandten-, Bekannten- und Kollegenkreises sind durch die inhumane Handhabung unseres Anliegens Ihrerseits, voll auf unserer Seite. Wir bitten um Bearbeitung und schnellstmögliche Genehmigung unseres Anliegens."

Durch diesen Brief geriet ich jetzt ein wenig in Zugzwang meiner großen Tochter gegenüber. Bisher wusste sie eigentlich nur, dass wir umziehen würden. Irgendwie schien sie auch zu spüren, dass unser geplanter Umzug etwas anderes war, als einfach nur ein Wohnungswechsel. So wie ich als kleines Mädchen, bekam auch sie große Ohren und einen langen Hals, wenn Erwachsene sich unterhielten. Vielleicht war es gut, jetzt endlich mit der Sprache rausrücken zu müssen, bevor sich bei ihr durch die vielen Ungereimtheiten Hirngespinste ergaben, die sie vielleicht ängstigen könnten. Ich bat sie zu mir in die Küche und setzte mich mit ihr an unseren kleinen Tisch unter den Hängeschränken. Sie ahnte wohl, dass jetzt ein ernsthaftes Mutter-Tochter-Gespräch stattfinden würde und hoffte, nichts ausgefressen zu haben. „Kannst du dich an den Tag erinnern, als wir die Schlumpffahne gebastelt haben?", fragte ich sie und hörte sie erleichtert durchatmen. „Damals erzählte ich dir etwas vom Westen und vom Osten, von der Mauer und von den Geschichten, die man uns so über die bösen Menschen aus dem Westen erzählte." Manuela nickte eifrig. „Du hast Stefan und mich gemalt, und zwischen uns einen langen Strich." Sie erinnerte sich, wenn das auch noch längst nicht bedeutete, dass sie auch verstanden hatte oder verstand. Ich erzählte ihr, dass unsere ganze Familie in den Westen umziehen werde, dass das bedeutete, dass sie von vielen Menschen Abschied nehmen müsste und von Dingen, an denen ihr kleines Herz hing. Sie nickte verstehend, aber ihr Blick sagte anderes. „Darf ich schon mal meinen Koffer packen?“, fragte sie mit all ihrer kindlichen Naivität und wollte mich allein in der Küche zurücklassen, um zu packen. Ich legte meine Hand auf ihre pummligen Finger und versprach ihr, dass wir immer als Familie zusammenbleiben würden. Dass wir in Zukunft verreisen könnten, wohin wir wollten – was ich sofort bereute, denn das Wort *verreisen* rief automatisch das Köfferchen in ihren Kopf zurück – dass sie auf jeden Fall, egal ob in Treptow oder im Westen in diesem Jahr ein Schulkind sein würde und dass wir ihr leider überhaupt nicht sagen könnten, wann wir die Erlaubnis für den Umzug bekommen würden. Manuela guckte wieder sehr verständnisvoll. Sie hatte nur eine einzige Sorge. Würde sie es schaffen, schnell genug ihr Köfferchen zu packen?

Tante Annelie meldete sich wieder bei uns. Sie hatte Mitte Dezember einen Brief von Frau von der Schulenburg erhalten und wollte uns mal wieder ein bisschen Mut machen.

> „Sehr geehrte Frau Mittelsmann,
>
> in der Angelegenheit Ihrer Verwandten, Peter Piechnik und Familie, habe ich das ausgefüllte Formular nebst Anlage erhalten. Ich werde mich um die Ausreisegenehmigung bemühen. Soweit dies von hier zu übersehen ist, verhalten sich die DDR-Behörden zurzeit allerdings gegenüber Ausreiseanliegen sehr zurückhaltend. Hierauf muss ich hinweisen. Es wird Zeit vergehen, bevor mir das Ergebnis einer ersten Überprüfung durch die Gegenseite vorliegen wird. Ich bitte, dass Sie mit mir in Verbindung bleiben und meine, Sie sollten in ca. drei Monaten bei mir nachfragen. Bitte geben Sie bei Zuschriften oder telefonischen Nachfragen den Namen Peter Piechnik an, da Ihr Anliegen bei mir, unter diesem Namen geführt wird.
>
> Mit freundlichen Grüßen
>
> B. von der Schulenburg, Rechtsanwältin“

Wir hielten, so gut wir konnten, die Füße still. Drei Monate sind eine lange Zeit, wenn man sie auf einem Sprungbrett verbringt. Unsere Kinder sorgten für Zeitvertreib. Im April trafen wir Vorbereitungen für die Taufe unserer Jüngsten. Auch sie hatte eine schöne Feierlichkeit, diesmal aber in der evangelischen Bekenntnis-Kirche in der Plesserstraße. Die katholische Gemeinde durfte hier oft zu Gast sein, um ihre Gottesdienste zu feiern. Die Familienfeier hinterher fiel kleiner aus als die von Ela und Stefan. Es fehlte einfach zu viel in unserem Hausrat, es fehlten die Nerven und unterdessen auch die Freude an ungetrübten Feierlichkeiten. Wir waren mit den Kindern ständig unterwegs, um unserer tristen Wohnung zu entkommen. Tagsüber, wenn ich mit den beiden Kleinen allein war, war der Treptower Park eine gute Möglichkeit zu verschwinden. Manuela ging nach wie vor in den Kindergarten, himmelte dort ihre erste große Liebe an und freute sich auf ihre Abschlussfeier, der sich dann im September die Einschulung anschließen würde. Ich durfte gar nicht so weit denken. Manuela war längst für die Einschulung angemeldet. Sie kannte ihre zukünftige Schule in der Kiefholzstraße und freute sich auf sie.

Ein Schreiben flatterte ins Haus. Der Gang zum Briefkasten war so ziemlich das spannendste Erlebnis des ganzen Tages. Welche Post würde kommen, welche Neuigkeiten würde es geben? Würde überhaupt mal irgendeine positive Neuigkeit zu erwarten sein? Ein amtliches Schreiben ließ mein Herz bis in die Schläfen schlagen. Dann sah ich enttäuscht, dass es sich bei dem Absender um Manuelas Schule handelte. In der ersten Juniwoche sollte ein Informationsabend für alle Eltern der drei ersten Klassen, in der Aula der Schule stattfinden. Natürlich musste ich da hin. Peter blieb bei den Kindern. Da saß ich nun wie eine Fremde, die sich mit der Tatsache, ihr Kind im Osten einschulen zu müssen, nicht abfinden wollte. Einige Eltern kannte ich vom Kindergarten, manche aus dem Wohngebiet. Ich hatte schlechte Laune, fühlte mich genervt und schrieb doch, automatisch, die Informationen um den sozialistischen Schulalltag mit. Ein Zettel, was die Kinder benötigten. Ich sah mich schon wieder durch die Läden rennen, nach Federhaltern, Turnschuhen und tausend kleinen Dingen, die von uns gefordert, aber von der Industrie nicht in ausreichendem Umfang geliefert werden konnten. Der gewohnte Teufelskreis, in den wir immer wieder gerieten, kotzte mich einfach nur noch an. Der Schulleiter hielt natürlich eine Rede und der Weg des Sozialismus musste nun einmal gegangen werden, auch von den Jüngsten.

Aber doch bitte nicht mit uns. Als unsere Wunschzettel des Direktors vollgeschrieben und die drei Klassenlehrerinnen vorgestellt waren, entließ uns der Herr mit der Frage, ob noch jemand eine Auskunft bräuchte oder ob alles klar sei. Mein Finger, nein der ganze Arm flog in die Luft und der Direktor fragte mich schmunzelnd, was mein Anliegen wäre. Ich stand auf und atmete tief durch. Gespannte Blicke trafen mich, denn ich schien, für alle erkennbar, etwas höchst Interessantes sagen zu wollen. Ich blickte in die Runde und dann dem Direktor ins Gesicht. „Ich wollte nur Bescheid sagen, dass es passieren kann, dass Manuela Piechnik und ihre Familie zur Einschulungsfeier nicht erscheinen. Da braucht sich dann bitte niemand Sorgen drum zu machen, denn wir haben einen Ausreiseantrag gestellt und werden dann irgendwo in Westberlin den ersten Schultag unserer Tochter feiern." Mit weichen Knien und zitternden Händen griff ich nach meiner Tasche und meinen Notizen und bahnte mir meinen Weg zum Ausgang. Die Stimmen um mich herum nahm ich nur als Rauschen wahr und die Blicke, die mich trafen, waren ähnlich wie die von den Verkäuferinnen unserer Kaufhalle, nachdem ich das Kundenbuch so sträflich missbraucht hatte. Ja, auch das war mal wieder eine echte Gelegenheit gewesen um sich der Öffentlichkeit zu bedienen.

Eine Woche später stand Peter, lange vor dem Feierabend, mit einem frischen Strauß Gerbera vor unserer Wohnungstür. Woher hatte er so schöne Blumen und warum heute, schoss es mir durch den Kopf, als ich auf seinem Gesicht ein schelmisches Grinsen bemerkte. „Ich mache Dir jetzt eine kleine Freude, damit Du die große besser verkraften kannst", sagte er, küsste und umarmte mich und polterte vier Worte aus sich raus, die mir fast die Beine weggerissen hätten: „Unsere Ausreise ist bewilligt!" Man sieht mich selten sprachlos, aber nun stand ich da, mit meinen Blumen in der Hand, Gummiknien, Herzrasen und tausend Fragen, die ich nicht formulieren konnte. Wir setzten uns hin und genossen ein paar Sekunden lang diesen wunderbaren Augenblick. Peter erzählte von einem Anruf. Er war gebeten worden, sofort in die Kaderabteilung zu kommen. Mehr erfuhr er nicht. Auf dem Weg von seiner Werkhalle bis in den ersten Stock des Verwaltungsgebäudes schossen auch ihm tausend Möglichkeiten, was ihn wohl jetzt erwarten könnte, durch den Kopf. Alles ist möglich, sagte er sich, zwang sich zur Ruhe, nahm Haltung an und betrat mit erhobenem Haupt das Sekretariat des Personalbüros. Zwei junge Männer, unnahbar und ernst, empfingen ihn und baten ihn in einen kleinen Besprechungsraum. Das volle Programm, mit dem üblichen Blabla und dem ganzen sozialistischen Gerede, mit den Vorwürfen gegen uns als Rabeneltern und dem Hoffnungsschimmer, wir würden es uns doch noch einmal überlegen, wurde abgespielt. Peters Blick schien die letzte Hoffnung auf Erfolg zu zerstören. Die zwei Herren tauschten resignierende Blicke und eröffneten Peter dann die Zukunftsperspektive, auf die wir unterdessen seit über einem Jahr warteten: „Ihre Ausreise ist genehmigt, Ihre Papiere müssen noch geordnet werden. Wir möchten, dass Sie und besonders ihre Frau, sich bis zur Ausreise ruhig verhalten. Kein weiteres Aufsehen, keine Schreiben, keine Propaganda." Peter war allein mit den Herren aus der unbeliebten Branche. Er musste sehr an sich arbeiten, um vor Freude nicht die Beherrschung zu verlieren. Unverbindlich und steif dankte er den beiden, noch recht jungen Männern. „Es tut mir leid, dass Ihre Zukunft so ganz anders verlaufen wird als meine. Trotzdem alles Gute!", sagte Peter, während er die Tür öffnete und den Raum verließ.

Endlich hatte er Neuigkeiten, die den Anfang des Endes unseres Lebens als DDR-Bürger einläuteten. Wie ein Sieger betrat er seine Werkstatt und konnte endlich seine Freude und Erleichterung aus sich herausjubeln. Heute würde es keinen Sinn mehr haben, nochmal den Hammer in die Hand zu nehmen. Er musste nach Hause, und diese alles entscheidende Neuigkeit mit mir teilen. Ein paar stille Minuten standen wir in inniger Umarmung und von einer Zentnerlast befreit in dem, was von unserem Wohnzimmer noch geblieben war. Ein paar Tränen rollten heiß und wohltuend über meine Wangen, bevor mich eine heiße Welle von Aktionismus packte. Was war jetzt eigentlich, außer wieder abzuwarten, zuerst zu tun? Peter war früher da als erwartet, die Kleinen machten ihr Mittagsschläfchen. Ich ging los und holte Ela vom Kindergarten ab. Nachher würden wir nach Weißensee fahren und meinen Eltern die erlösende Botschaft überbringen.

Die Endgültigkeit, der Schlussstrich unter unserer Entscheidung, zog eine schwere Schleppe von Wehmut und Abschiedsschmerz hinter sich her. Jedes Treffen mit Mutti konnte für Jahre das Letzte sein. Wir hatten von Ausreisenden gehört, die innerhalb von ein paar Stunden die DDR verlassen mussten. Es gab so viele Gerüchte um die Verfahrensweisen bei Ausreisen, dass wir einen ständigen Zeitdruck verspürten und froh waren, schon so viel veräußert und organisiert zu haben.

Innerhalb dieser Zeit, gab es natürlich auch noch andere wichtige Ereignisse. Martin und Christiana bekamen ihr drittes Kind. Diesmal ein Mädchen. Alles war gesund und munter und wir fuhren zum Gratulieren in die Klinik. Ziemlich zeitnah winkte nun endlich auch eine große Neubauwohnung, in Ahrensfelde gelegen, der jungen Familie. Martin erzählte mir von seinem polnischen Freund, der mit seiner deutschen Frau zusammen in den Westen wollte und auch schon seit einiger Zeit einen Ausreiseantrag laufen hatte. „Alle unsere Freundschaften verlassen uns", bemerkte er bekümmert und schien Peter und mich dabei einzuschließen. So kurz vor der Ausreise mit einem unbestimmten Wiedersehen, fing ich dieses Thema nicht auf. Vielleicht wäre es zum Streit gekommen ohne eine Chance für Versöhnung. Die Definition von Freundschaft war bei uns beiden höchst unterschiedlich. Schon nach der Brüderlichkeit musste ich bei Martin immer suchen und fand sie nicht. Ein freundschaftliches Verhältnis zwischen ihm und seiner Frau und mir und meinem Mann erschien mir komplett utopisch. ‚Familiär' träfe unsere Beziehung vielleicht noch am besten. Mit all den Rücksichten die man zu nehmen hatte, wenn jedes, auch das jüngste Familienmitglied, seine gleichberechtigte Beachtung finden sollte.

Mitte Juli entdeckte Peter am späten Nachmittag eine Karte im Briefkasten, mit einem umgehenden Gesprächstermin im Rathaus. Diese Karte war nicht von der Post befördert worden, sonst hätte ich sie garantiert am Vormittag entdeckt, sie trug auch keinen Poststempel und war wahrscheinlich per Boten überbracht worden. Ein lauter Jubelschrei hallte durch den Flur, als Peter sie entdeckte. „Jetzt geht's los!", rief er völlig aus dem Häuschen und reichte mir die Karte. „Scheiße!", entfuhr es mir, und das passiert mir selten, als ich auf das Datum und die Uhrzeit schaute. „Heute, vor 20 Minuten." Mutti war bei uns, wie fast jeden Tag, und half mir beim Sortieren, Umsortieren, Aussortieren und überwiegend beim Kinderhüten. „Wir fahren jetzt einfach da hin", sagte Peter mit dem Ton eines kämpfenden Familienvaters, „mehr, als uns wieder wegschicken, können sie ja nicht." Mit fliegenden Fahnen und der „Einladungskarte" in der Hand, passierten wir die Schleuse für Ausreisewillige. Die Stuhlreihe für Wartende war leer. Wir klopften an die eine, allesversprechende wichtige Tür ohne Nummern- und Namensschild. Ein altbekanntes Gesicht, das von Herrn Unleserlich, mit altbekannter Unfreundlichkeit, erschien hinter der Tür. „Sie sind zu spät, kommen Sie morgen wieder“, herrschte uns Herr Unleserlich an und wollte die Tür schließen.„Die Karte wurde leider viel zu spät in unseren Briefkasten gesteckt. Vielleicht hätte der Bote mal bei uns klingeln sollen“, fauchte ich zurück und versprach, dass wir morgen mit allen drei Kindern pünktlich erscheinen würden. Das war nicht im Sinne des Herrn Unleserlich. Der Schleusengang war eingerichtet worden, um so diskret wie möglich die schlechten vor den Augen der guten Bürger zu verbergen. Eine fünfköpfige Familie erregte Aufsehen, und in der DDR hatte es gefälligst keine Eltern zu geben, die ihr Vertrauen in die Bundesrepublik mit Kindersegen unterstrich. „Kommen Sie rein“, murrte Herr Unleserlich resignierend. Wir bekamen nun von ihm erneut zu hören, dass unsere Ausreise genehmigt war. Wir sollten unseren Hausrat auflösen, Verträge kündigen, und bekamen hierzu einen Laufzettel in die Hand gedrückt, auf dem er später Stempel und Unterschriften unserer Vertragspartner sehen wollte.

Von Peters Angehörigen mussten sowohl seine Mutter als auch seine Schwester eine Verzichtserklärung auf irgendwelche Ansprüche ihm gegenüber, selbst hinsichtlich einer eventuellen Pflegebedürftigkeit, abgeben. Zur Organisation stellten wir noch Fragen bezüglich unseres Autos. Als Herr Unleserlich hörte, dass wir einen Golf hatten, erfolgte sofortige Ablehnung. Das Auto verbleibt in der DDR. Dafür wurden Devisen ausgegeben. Von Manfred Krug und seinem Mercedes, der auch den Westen wiedergesehen hatte, wollte er gar nichts wissen. Auf unserem Zettel stand, dass wir die Wege bis zum 1. August erledigt und den Zettel hier wieder abgegeben haben müssten. Nun war der 1. August unsere Hausnummer, der Tag aller Tage. Schon einen Tag später, so hofften wir, würde die Sonne für uns im Westen aufgehen. Es blieben uns etwa 14 Tage, um alle Laufereien, Packereien und die dazugehörenden Alltäglichkeiten mit drei Kindern zu erledigen. Mutti, meine Perle, bot sich an, alle eventuell noch anfallenden Umzugs-, Auszugs- und Räumungskalamitäten in die Hand zu nehmen, wenn wir weg wären. Wir kündigten also unsere Wohnung erst zum 31. August und hatten damit die Sicherheit, dass nach uns nicht die Sintflut, sondern Mutti mit dem Besen kam und alles so richtete, wie der sozialistische Staat es forderte.

Wir besuchten also nacheinander unsere Kommunale Wohnungsverwaltung, das Fernmeldeamt, denn wir mussten Schuldenfreiheit für einen Telefonanschluss nachweisen, den wir niemals hatten, die Post, falls wir irgendwelche Abos für Presseerzeugnisse hatten, von unserem Reparaturstützpunkt der KWV, falls wir Werkzeuge oder Pinsel ausgeliehen hätten oder eine neue Klobrille beschaffen mussten, weil wir die alte zerstört hatten, Versicherungen und Büchereien mussten Schuldenfreiheit quittieren und die Rundfunkgebühren nachweislich auf dem letzten Stand sein. Es waren mühselige Wege, die doppelt und dreifach gegangen werden mussten, weil die Öffnungszeiten nicht eingehalten wurden, weil die Papiere nicht sofort ausgefüllt werden konnten und so weiter und so fort. Peter erledigte viele Transporte oder andere Wege mit dem Auto. Blass wie eine Leiche stand er in all der Aufregung an einem der Tage vor der Tür. Eine Straßenbahn war ihm in das Auto geknallt, eigentlich er ihr, aber er hat es anders empfunden. Das Auto, unser Prachtstück und Verkaufsschlager, hatte eine erhebliche Delle an der Schnauze. Hier musste ein letztes Mal, möglichst umgehend, unsere gute Beziehung helfen. Die Nachbarn von unter uns hatten ein Auge auf unseren Golf geworfen und waren bereit, ihn trotz des Unfalls zu kaufen. Ich durfte mir gar nicht ausmalen, wie unsere Familiengeschichte weitergegangen wäre, wenn Peter ernsthaft etwas zugestoßen wäre. Der Schreck war uns allen in die Glieder gefahren und ermahnte uns, Ruhe zu bewahren.

Bei all unseren Erkundungen rund ums Ausreisen, erfuhren wir, dass es die Möglichkeit gab, sich ein Ausländerdevisenkonto bei der Staatsbank der DDR, in der Behringstraße, in Mitte, einzurichten. Wie das funktionieren sollte, welche Voraussetzungen hierfür erfüllt sein mussten, konnte uns leider niemand sagen. Als ich wegen unserer Rennereien in Sachen Versicherung unterwegs in Schöneweide war, fiel mir das Stadtkontor am S-Bahnhof ins Auge. Fragen kostet ja nichts, dachte ich mir und hatte nur Bedenken, dass man mich abwimmeln würde. So stellte ich mich mitten in den Raum, der mit Kundschaft und Angestellten gefüllt war, und stellte laut und unmissverständlich eine Frage: „Gibt es hier irgendeinen Mitarbeiter, der mir

Auskünfte zu einem Ausländerdevisenkonto geben kann?“ Alle Augen richteten sich auf mich und es entstand ein hörbares Gemurmel im Raum. Ein Herr mit Schlips und Anzug kam aus einem der hinteren Räume und winkte mich zu sich heran. Er machte einen freundlichen Eindruck und sprach direkt über den Tresen mit flüsternder, geheimnisvoller Stimme mit mir. Er weihte mich ein, in das große Geheimnis. Solange ich Staatsbürger der DDR war, dürfte ich ein solches Konto nicht eröffnen. „Genehmigter Ausreiseantrag?“, fragte er mit leiser Stimme und Blick durch die Bank. Ich nickte. „Am Tag Ihrer Ausreise werden Sie ausgebürgert“, sagte er hinter vorgehaltener Hand. „Sie bekommen dann eine Identitätsbescheinigung. Mit dieser und ihrem Geld fahren Sie in die Staatsbank und richten sich wie ein ganz normaler Bankkunde ein Konto ein. Ich wünsche Ihnen alles Gute“, sagte er lächelnd und verschwand wieder in der hinteren Räumlichkeit.

Manuela schien langsam zu begreifen, was es hieß, Abschied zu nehmen. Puppen, Plüschtiere, Bücher und Spiele waren ordentlich in einer Umzugskiste verpackt, am Müllplatz abgestellt und innerhalb kürzester Zeit geplündert worden. Jetzt, wo wir wussten, dass wir ohne Auto die Grenze passieren würden, musste auch ich eine neue Auswahl an Dingen, die wir mitnehmen würden, treffen. Meine Zeichnungen aus der Kindheit und Jugend, Modezeichnungen, Märchenillustrationen, Linolschnitt-Drucke und Collagen landeten im Müllcontainer. Manche Dinge versprach Mutti, für mich aufzuheben und mit in den Westen zu geben, wenn Besuch von Drüben kam. Hin und wieder stellte sich Besuch bei uns ein. Eine Freundin aus der Berufsschule, unterdessen selbst verheiratet und zweifache Mutter, hatte dieselbe Kücheneinrichtung wie wir. Seit Monaten überlegte sie, ob sie uns unsere Möbel abkaufen sollte, um ihre Küche, die viel größer war als unsere, sinnvoll zu ergänzen. Jetzt, 5 Minuten vor Ultimo, stand sie da und überlegte so lange hin und her, bis sie die Möbel als Geschenk abtransportieren lassen durfte. Ich war genervt und traurig und nicht mehr in der Lage, meiner Mutter ins Gesicht zu sehen, ohne zu heulen.

Pünktlich zum 1. August waren wir mit allem fertig. Für alles, was jetzt noch in der Wohnung stand, würde Mutti sorgen. Wir fuhren zum Rathaus und gaben gleich morgens unseren ausgefüllten Laufzettel ab. Wir erwarteten kein Lob, aber eine Auskunft, wie es nun weitergehen wird. Die Auskunft: „Wir melden uns bei Ihnen“, klang ernüchternd. Kein neuer Termin, wieder auf der Wartebank. Wir machten unsere letzte Fahrt mit unserem Golf. Wir hatten einen Verkauf mit Übergabe des Autos für die Abendstunden versprochen. Wir würden die Klauseln ändern müssen. Nutzung des Trabbis der Käufer bis zum Tag der Ausreise. Dass wir keinen Ausreisetermin bekommen hatten, ärgerte mich bis zur Verzweiflung. Der beste Nebeneffekt der ganzen Aufregungen und Rennereien war, dass ich sichtbar abnahm. Wir fuhren, um Zeit auszufüllen, zum Alex, das Schaufenster Ostberlins. Ich kleidete mich in einem Exquisitladen und einer Boutique neu ein. Für eine dunkelblaue Nadelkordhose legte ich ein ganzes Monatsgehalt auf den Tisch. Ich kaufte außerdem zwei Blusen und eine braune Strickjacke. Wir gingen, ein letztes Mal vor unserer Ausreise, Goldbroiler essen. Mir fehlte sämtliche Motivation, im Osten überhaupt noch irgendetwas zu tun. Peter und ich bauten uns immer wieder gegenseitig auf. Was, wenn wir erst im September oder noch später ausreisen durften? Dann hätten wir nicht mal mehr ein eigenes Dach über dem Kopf.

Der Autoverkauf klappte erfolgreich. Zu geizen brauchten wir nicht. Stefan hatte jetzt allerdings ein ziemlich großes Problem. Er weigerte sich, sich in den Trabbi zu setzen. „Schon ein richtiger Westler", bemerkte der Mann von unter uns und konnte sich ein Lachen nicht verkneifen. Wir verbrachten die Woche mit Spaziergängen, Besuchen und erneutem Ausrangieren einiger Sachen. Andere Antragsteller, die uns unterdessen nacheiferten, freuten sich, wenn wir aufkreuzten und ihnen von unseren Erfahrungen im Umgang mit den Behörden berichteten. Überall, egal wo man hinhörte, war das Thema Ausreise in aller Munde. Jeder hatte im Kollegen-, Freundes- oder Verwandtenkreis Antragsteller, die entweder gerade weg waren oder irgendwo hinter uns auf der Wartebank saßen.

Der 1. August war ein Donnerstag gewesen. Da hatten wir noch die Hoffnung gehabt, am Freitag schon im Westen zu sein. Unterdessen, wir schrieben den 8. August, ging auch für uns die Sonne immer noch im Osten auf. Handelte es sich bei unserem Ausreisetermin vielleicht um das letzte BERATUNGSMUSTER unseres Lebens? Wir wussten, er würde kommen, aber wann, blieb offen. Ohne Termin begaben wir uns diesmal als ganze Familie ins Rathaus. Zwei Personen saßen vor der Tür ohne Nummer und warteten wohl auf ihren Aufruf von Herrn Namenlos. Unsere Kinder nahmen den Raum als Spielplatz wahr. Hopsten und lachten und schrien und freuten sich über den Widerhall ihres eigenen Lärms. Wir ließen sie, sollten sich ruhig ein bisschen einbringen in unsere Ausreiseangelegenheiten. Mit einem Ruck öffnete sich die Tür und Herr Namenlos guckte genervt auf das Treiben unserer Kinder. Wie auf Bestellung fing Franziska auch noch lautstark an zu heulen. Wir kamen bevorzugt an die Reihe. Eine Begründung unseres Besuches war nicht erforderlich. Mit den Worten: „Ihre Ausreisepapiere liegen vor, am Freitag, den 16. August, müssen sie die DDR verlassen“, drückte uns Herr Namenlos nochmals einen Laufzettel, diesmal einen kleineren, in die Hand. „Kommen Sie Freitag um 8.00 Uhr mit dem ausgefüllten Zettel, dann erfahren Sie, wie es weitergehen wird.“ Obdachlosigkeit würde uns also erspart bleiben. Das war doch eine positive Auskunft. Freitag, der 16. August, morgen in einer Woche, würden wir endlich den Horror der letzten Monate hinter uns gebracht haben. Von einer Uhrzeit, bis wann wir raus sein müssten, war keine Rede gewesen. Wir hofften auf ein Zeitfenster, das uns genügend Raum gab, noch das Konto einzurichten.

Der letzte Sonntag in der DDR führte uns nach Stolzenhagen. Peters Schwester feierte auf ihrem Grundstück ihren Geburtstag. Das war eine gute Gelegenheit, sich auch von Peters Familie zu verabschieden. Ab Montag mussten wir wieder den Laufzettel abarbeiten und wir lobten den kleinen Trabbi, wie tapfer er mit seinem Töfftöff-Motor unsere Wege begleitete. Mittwoch war großer Waschtag bei Mutti. Von den Textilien, die wir mit rüber nehmen wollten, waren unterdessen viele wieder verschmutzt. Sauber sollten sie in die Koffer zurückgelegt werden und ordentlich und sauber wollten wir auch die Grenze passieren. Elas Köfferchen stand fertig für die Ausreise gepackt. Noch war es das einzig komplette Gepäckstück. Alle anderen Koffer und Taschen standen geöffnet in der Wohnung und würden bis Freitag auch geöffnet bleiben müssen. Was mir noch Kopfzerbrechen machte, war der Auftrag an die Bahnspedition. Wir hatten diverse Umzugskartons mit Fotoalben, Glas- und Porzellanwaren, Federbetten, Heimtextilien, meiner Schreibmaschine, Peters selbstgebauter Flurgarderobe und meiner unverzichtbaren Trockenhaube gepackt auf dem Korridor stehen. Würde der Transport in den Westen funktionieren und wo würden die Kisten gelagert werden, wenn wir bis zu ihrer Ankunft noch keine Wohnung hätten? Wie hoch wären die Kosten für die Lagerung und würde es uns unterm Strich leidtun, uns mit diesen Dingen belastet zu haben? Es wurde Zeit, dass wir gingen, bevor mir noch tausende Wenn und Aber durch den Kopf gingen. Freitag, der 16. August. Wir befanden uns unmittelbar vor der Zielgeraden. Mutti kam schon sehr früh und brachte frische Brötchen mit. Sie übernahm die Sorge um die Kinder, während wir unsere letzten, alles entscheidenden Wege in Ruhe erledigen konnten.

Überpünktlich betraten wir ein letztes Mal den verschämten Hintereingang für Unpersonen wie uns im Rathaus Treptow. Wir waren aufgeregt, hätten uns gerne an den Händen gehalten, aber die Hitze und die Aufregung sorgten für Handschweiß im Überfluss und wir ließen das Händchenhalten bleiben. Demütig und still standen wir vor der Tür, warteten ab und wollten um keinen Preis der Welt jetzt noch disqualifiziert und aus dem Rennen geworfen werden. Wir verhielten uns genauso, wie man das von guten DDR-Bürgern erwartete. Schnauze halten, nicht nachdenken, auf weitere Anweisungen warten. Punkt 8.00 Uhr öffnete sich die Tür und Herr Namenlos bat uns mit einem finsteren Kopfnicken in den kleinen, uns gut bekannten Raum.

Er kontrollierte den Laufzettel, fand nichts zum Meckern und nahm zwei gelbe Urkunden aus einer Mappe. Es gab keine Ansprache und keine Gratulation. Wortlos wurden uns die Urkunden zur Entlassung aus der Staatsbürgerschaft der DDR überreicht. Den ersten Teil unserer Antragstellung hatten wir damit erfolgreich geschafft. Noch ging die Sonne im Osten auf, aber schon heute Abend würde sie für uns erstmals im Westen untergehen. Herr Namenlos schickte uns zur Meldestelle der Polizei. Dort würden wir unsere Ausweise abgeben müssen und Identitätsbescheinigungen bekommen. Es gab kein Aufwiedersehen, wahrscheinlich war Herr Namenlos genauso erleichtert wie wir, dass wir miteinander ab jetzt nichts mehr zu tun haben würden. Ein geräuscharmes, rücksichtsvolles Türenschließen war unser einziges Friedensangebot an Herrn Unbekannt. Im Auto schauten wir uns die Entlassungsurkunden das erste Mal richtig an.

URKUNDE

Martina Piechnik geb. ■■■■■

geboren am 24.03.1958 in Berlin-Pankow

wohnhaft in Berlin-Treptow, Hans-Thoma-Str. 4

wird gemäß § 10 des Gesetzes vom 20. Februar 1967 über die Staatsbürgerschaft der Deutschen Demokratischen Republik (GBl. I S. 3) aus der Staatsbürgerschaft der Deutschen Demokratischen Republik entlassen. Die Entlassung erstreckt sich auf folgende kraft elterlichen Erziehungsrechts vertretene Kinder:

Manuela Piechnik

geboren am 26.12.1978 in Berlin-Pankow

Stefan Piechnik

geboren am 20.06.1983 in Berlin-Lichtenberg

Franziska Piechnik

geboren am 07.11.1984 in Berlin-Lichtenberg

Die Entlassung aus der Staatsbürgerschaft der Deutschen Demokratischen Republik wird gemäß § 15 Abs. 3 des Staatsbürgerschaftsgesetzes mit der Aushändigung dieser Urkunde wirksam.

Berlin,

den 02.08.1985

Ausgehändigt am 16.08.85

Auf Peters Unterlage waren unsere drei Rabauken als Nicht-mehr-DDR-Bürger vermerkt. Ausgestellt war sie schon am 2. August, aber ein bisschen zusätzliche Schikane musste doch noch mal mit uns betrieben werden. Vielleicht war auch der Alkoholkonsum des Unterzeichners, Konrad Naumann, an dieser Verzögerung Schuld. Egal, es spielte jetzt keine Rolle mehr. Wir hatten nur noch das Ziel vor Augen. Die nächste Etappe war schnell geschafft. Wir fuhren zur Polizei, zur Meldestelle. Die Urkunden und unsere Ausweise hielten wir griffbereit und wurden auch ohne viele Worte sofort bedient. Wir sollten so wenig Kontakt wie nur möglich zu anderen Wartenden haben. Das verschaffte uns, ohne dass wir Raufasertapete oder Devisen auf den Tisch legen mussten, eine Vorzugsstellung.

„Ausweise!“, sagte der Polizist hinterm Schreibtisch, schaute sie an, schaute uns an, und machte sie ungültig. Dann bekamen wir unsere Identitätsbescheinigungen ausgehändigt, die uns jeweils lachhafte zehn Mark kosteten. Die Spalte *Staatsangehörigkeit* war gestrichen. Auf der Rückseite befand sich der Visum-Vermerk – gültig zur einmaligen Ausreise nach Westberlin, Grenzübergangsstelle Bhf. Friedrichstrasse. Kosten für das Visum pro Person fünfzehn Mark, die Kinder durften umsonst den Osten verlassen.

15,– M
Verwaltungsgebühr
VISUM
Nr. 08
gültig zur
ein – mehr – maligen
AUSREISE
nach Westberlin
zur Übersiedlung
für ... Tage
über die Grenzübergangsstelle
Bhf. Friedrichstraße
bis 16.08.85
08. Aug. 1985

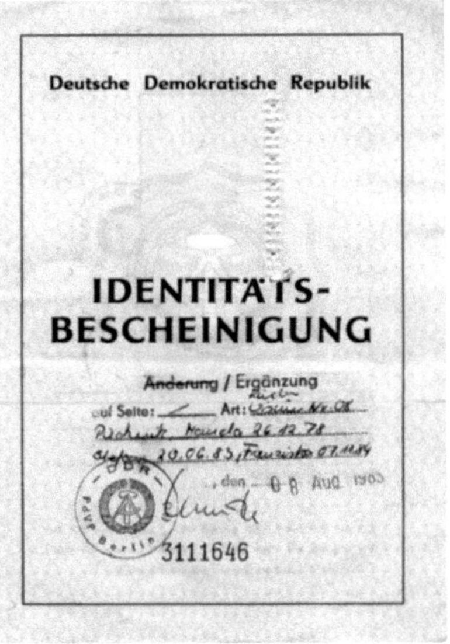

Deutsche Demokratische Republik
IDENTITÄTS-BESCHEINIGUNG
Änderung / Ergänzung
auf Seite:
Art:
, den 08 Aug 1985
3111646

Unterschrift

MITTELGROß

Körpergröße

GRAUGRÜN

Augenfarbe

KEINE

Besondere Kennzeichen

Dieses Dokument gilt gemäß den Rechtsvorschriften in Verbindung mit den erteilten Genehmigungen für das Gebiet der Deutschen Demokratischen Republik.

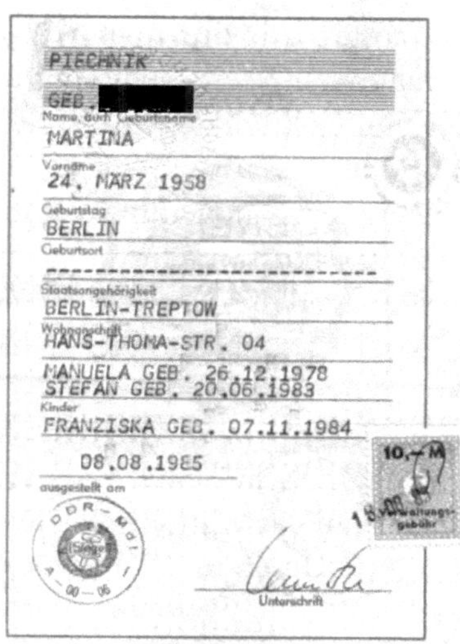

PIECHNIK

GEB.

Name, auch Geburtsname

MARTINA

Vorname

24. MÄRZ 1958

Geburtstag

BERLIN

Geburtsort

Staatsangehörigkeit

BERLIN-TREPTOW

Wohnanschrift

HANS-THOMA-STR. 04

MANUELA GEB. 26.12.1978

STEFAN GEB. 20.06.1983

Kinder

FRANZISKA GEB. 07.11.1984

08.08.1985

ausgestellt am

10,– M

Verwaltungsgebühr

Unterschrift

Der nächste Weg führte uns in die Staatsbank der DDR, Eingang Behrenstraße, so hatte es mir der freundliche Herr aus dem Stadtkontor vor ein paar Wochen erklärt. Mit unseren Identitätsbescheinigungen und einer „Dicken Marie", einer wohlgefüllten Geldbörse, betraten wir das ehrwürdige Gebäude, als würden wir eine Kirche betreten. Einen Moment lang blieben wir stehen, um uns zu orientieren, tief durchzuatmen und dann, als freie Nicht-mehr-DDR-Bürger unser erstes Konto zu eröffnen. Wir gingen zu dem Schalter, der uns am nächsten war und wurden sofort freundlich und zuvorkommend bedient und ausführlich beraten. Wir kamen ins Geschäft. Mit zwiespältigen Gefühlen trennten wir uns von unserem Bargeld, das wir seit Wochen mit uns herumschleppten, aus Angst, ungebetene Besucher könnten nach unserem Geld so lange horchen und gucken, bis es weg war. Wann würden wir unser Geld wiedersehen? Mit dem Sturz der DDR, mit neuen Vereinbarungen oder Gesetzen zwischen Ost und West oder könnte es durch Umstürze oder Betrug für immer verloren sein? Es gab keine Alternative. Der letzte offizielle Gang im Osten war erledigt.

Erleichtert fuhren wir nun auch den letzten Weg mit dem Trabbi zurück nach Treptow, stellten ihn in eine Parklücke, steckten Autoschlüssel und Papiere durch den Briefschlitz unserer Nachbarn und kümmerten uns nur noch darum, endlich den Weg in unsere neue Heimat anzutreten. Neugierig und erleichtert bestaunte Mutti unsere neuen Dokumente. Stolz und Trauer lagen in ihrem Blick, und die Hoffnung, dass für ihre Kinder und Enkel alles gut werden würde und die Familie irgendwann zur Ruhe käme. Die Koffer wurden nun endgültig geschlossen. Für die nächsten Tage hatte ich mir selber Wegwerfeinlagen für unsere Kleinen spendiert, um möglichst wenig Windelwäsche zu haben. Peter nahm sich den Kinderwagen vor. Dieser musste nun als Ersatz für den geplanten Anhänger am Auto herhalten. Stefan und Fränzi würden im oberen Teil, in der Wanne des Wagens sitzen. Für Stefan hatten wir das Glück gehabt, einen Geschwistersitz, der auf der Wanne befestigt wurde, für ein paar Forumschecks zu ergattern. Unten im Kinderwagen mussten alle Dinge untergebracht werden, die wir eventuell unterwegs benötigten, um die verschiedensten Gelüste unserer Kinder zu befriedigen oder um praktische Dinge, wie Windelwechsel oder Naseputzen ohne lange Kramerei, erledigen zu können. Seitlich am Wagen befestigte Peter unser Netzlaufgitter. Wir wussten nicht, ob uns sichere Kinderbettchen im Westen erwarten würden. Das Kinderwagennetz beherbergte die letzten Spielzeuge und Plüschtiere der Kinder und die restlichen Brötchen vom Frühstück. Stefans Roller, sein heißer Favorit seit seinem zweiten Geburtstag, durfte keinesfalls fehlen. Diesen band Peter vor dem Netz mit Schnur und tausend Knoten fest. Franzi bekam unseren neuen Stern-Recorder als Rückenstütze verpasst. Auch Manuelas Puppenwagen wurde als Umzugswagen umgerüstet. Natürlich bot er noch Platz für ihre Puppe, aber auch er war behangen und bis in den kleinsten Winkel mit Papier, Stiften, Socken und Kissen belegt. Auch Stefans kleines gelbes Töpfchen hing griffbereit an ihm dran. Auf dem Weg zur Friedrichstrasse würden wir viele Hände haben, die uns mit dem Gepäck halfen, nach dem Abschied würden wir auf uns allein gestellt sein, um irgendwie nach Marienfelde, ins Notaufnahmelager, zu gelangen.

Um 14.30 Uhr trafen große Teile unserer Familie ein. Papa, Danni und ihr Freund Olaf, den ich erst kürzlich kennengelernt hatte, Peters Mutter und natürlich Mutti, gaben uns ihr Geleit. Auf dem Hof stand das Gepäck bereit. Ein letzter Blick in jede Stube unserer kahlen Wohnung, ein Zurückdenken an die schönen Momente und die fürchterlichen letzten 18 Monate, ließen eine heiße Träne zu, die über meine Wange rollte und schnell getrocknet war. Ich verschloss die Tür und händigte Mutti, die nun für alles weitere zuständig war, unsere Wohnungsschlüssel aus.

Die beiden Kleinen wurden im Kinderwagen verstaut, die Männer griffen sich das schwere Gepäck und irgendein Beutelchen und Täschchen fand sich auch noch für die Damen der Gesellschaft zum Tragen. Ich schob den Kinderwagen und Ela ihren Puppenwagen. Ich musste an meine Karschunkezeit aus meinen Kindertagen denken, an meinen mit sieben Puppen, Wäscheleine, Puppenlappen, Decken und Getränken gefüllten, völlig überladenen Puppenwagen, wenn ich auf den Hof zog, um mir dort eine Wohnung zu bauen. Nudeln hatte ich jetzt nicht in der Schürzentasche, auch eine Schürze hatte ich nicht an, aber ansonsten fiel die Ähnlichkeit direkt ins Auge. Schweigend wie ein Trauerzug durchquerten wir den Treptower Park, um zum Bahnhof zu gelangen. Die Kinder merkten, jetzt wird's ernst. Sie waren ausgesprochen lieb und von unserem Trödelumzug sehr beeindruckt. An Fahrstühle und Rolltreppen war leider nicht zu denken, und so schleppten wir mit vereinten Kräften unser letztes Hab und Gut treppauf und treppab mit UmstiegWarschauer Brücke und erreichten verschwitzt den S-Bahnhof Friedrichstraße. Stefan wollte nicht mehr sitzen. Er ging jetzt an Muttis Hand und war beeindruckt von den vielen Autos und Zügen und den vielen Menschen ringsumher. Der Berufsverkehr war in vollem Gange, die Straßen mit all ihrem Gestank nach Autoabgasen war so voll, dass wir als langer Zug hintereinanderher gehen mussten. Wir sahen aus wie eine tragikomische Polonaise. Martin wartete schon auf uns und entdeckte uns natürlich auf Anhieb. Ich sah den Zugang zum Tränenpalast mit dem Schild *Ausreisen* immer näherkommen, auch wenn meine Schritte immer langsamer wurden. Wir sahen die Warteschlange, in die wir uns gleich einreihen mussten, um dann endgültig unser heißersehntes Ziel zu erreichen. An der Seite des Weges stellten wir sämtliches Gepäck ab, als Stefan seinen Roller entdeckte, ohne den er jetzt keinesfalls auch nur einen Meter weitergehen wollte. Ich verstand ihn sofort, hoffte aber, durch Ignorieren und Ablenkung würden seine Gedanken gleich in andere Bahnen gelenkt und der festgeknotete Roller bliebe mit dem Wagen verbunden. Während wir uns nun, einer nach dem anderen, voneinander verabschiedeten, uns in den Armen lagen, Abschiedsworte gewechselt wurden und keiner der Erste sein wollte, der zum Aufbruch blies, fand vor den Augen des Tränenpalastes ein Kampf zwischen David und Goliath statt.

Stefan bestand auf „rollahan". Mein Vater verstand „pullern". Durch Stefans tränenreichen bockigen Zorn konnte man das auch durchaus so verstehen. So fummelte mein Vater, tausend Tricks probierend, dem Jungen an den Shorts rum, um ihn pullern zu lassen. Stefan, der sich dagegen wehrte, befummelt zu werden, weil er doch eigentlich den Roller haben wollte, wurde immer wütender. Zwei unverstandene Männer, ein kleiner und ein großer, kämpften miteinander für verschiedene Ziele. Die beiden Verzweifelten waren recht lustig anzuschauen und als ich mit der Auflösung des Rätsels kam, gab es ein, durch die ganze Familie klingendes Gelächter. Selbst Stefan und Papa lachten nun. Ich griff mir den Kleinen, setzte ihn auf den Kinderwagen und wir nutzten das gemeinsame Lachen als endgültigen Abschied.

Mutti schien gleich zusammenzubrechen, Papa hielt sie fest im Arm. Wir standen nun mit all unserem Gepäck in diesem engen, kleinen Abfertigungshäuschen. Peter, mit unseren Papieren stand am Schalter. Wir durften passieren. Doch was war das? Der Kinderwagen mit all seinem Ballast war zu breit. Wir passten nicht durch. Ich nahm Stefan vom Kindersitz, Ela hielt ihn fest. Peter und ich hievten den schweren Wagen in die Höhe, so hoch, dass er über das Trenngeländer zum Nachbarschalter reichte. Jetzt blieb der Wagen, mit unserer Jüngsten drin, endgültig stecken. Es ging nicht weiter, nicht höher und auch nicht wieder nach unten. Der Roller war zu lang und seine Gummiräder, verhinderten jedes Gleiten. Direkt in meiner Augenhöhe, befand sich der Ablagekorb des Kinderwagens, darin die Wickeltasche, darin auch eine Nagelschere. Ich fingerte in der Tasche herum, bis ich die kleine Schere in der Hand hielt, dann schnitt ich die Schnüre des Rollers durch. Eine Hand am Wagengriff, eine für den Roller, stellte ich Stefans Gefährt ab, wollte mit Peter zusammen den Wagen runterlassen, als Stefan sich von Elas Hand losriss, sich den Roller schnappte und unter dem noch schwebenden Wagen durchfuhr, dem Westen entgegen. Erschrocken, denn keiner wusste, was uns nach den nächsten fünf Metern erwarten würde, liefen wir mit den Wagen und dem Gepäck hinterher.

Zum Glück war der Papierkram schon erledigt. Eine riesige Halle erwartete uns mit Zollbeamten und Reisenden und Gepäckkontrollen. Wir durften, nach der Frage, ob wir etwas zu verzollen hätten, einfach weitergehen und entdeckten unseren Sohn mit seinem Roller mitten im Gewühl und etwas ratlosem Blick. Meine Sorge, dass gleich hinter dem Durchgang Gleisanlagen sein könnten, hatten mein Herz vor Sorge zum Rasen gebracht. Jetzt, wo ich Stefan sah, beruhigte ich mich wieder. Wir passierten als ganze Familie die Halle, und einigten uns darauf, danach das Gepäck abzustellen und in Ruhe den weiteren Weg in den Westen zu erkunden. Aus der relativ hellen Halle kamen wir in einen schlecht beleuchteten S-Bahnhof, mit Treppen und Intershop und eilenden Menschen, die scheinbar genau wussten, wohin sie wollten. Eine fröhliche Gruppe von Menschen winkte uns zu, rief Hallo und machte sich in unsere Richtung auf den Weg. Ich war völlig überrascht, als ich sie erkannte. Als Erste fiel mir meine blonde Cousine Petra auf. Das war die, deren Wohnhaus ich im Traum immer mit meinem roten Cabrio gesucht und nie gefunden hatte. Ihr Mann, ihre Eltern, Muttis Cousine und deren Bruder. Ich kannte sie alle, von Beerdigungen, Jubiläen oder aus der Zeit, als Onkel Ottchen im Sterben lag. Ich fand nicht wirklich passende Worte, aber ich glaube die Freude und Erleichterung, dass wir nicht alleine auf der Suche nach dem Westen waren, sondern jetzt echte Westpioniere an unserer Seite hatten, Kofferträger, Wagenschieber, Kinderhändchenhalter, sah man mir an. Unser Tross, der nun ähnlich geartet war wie vor der Grenze, setzte sich in Bewegung. Wir verließen mit der S-Bahn den Bahnhof Friedrichstraße und stiegen am Bahnhof Lehrter Straße wieder aus.

„Jetzt seid ihr im Westen", erklärte Petra, während wir das ganze gebündelte Zeug wieder die Treppen hinuntertrugen. Gleich um die Ecke war ein großer, wenig benutzter Parkplatz. Drei Autos standen dort bereit, um uns nach Mariendorf zu bringen. Die Männer packten ein und um und aus und Petra zog eine kleine Sektflasche aus ihrer Handtasche. Dazu Sektgläser, die erstaunlicherweise aus Plaste waren und so wunderschön, dass ich es nach dem Anstoßen auf eine gelungene Ausreise, nicht fassen konnte, dass Petra diese Plaste-Gläser in den Müll beförderte. Zwei Lektionen lernte ich sofort. Wir waren in der Wegwerfgesellschaft angekommen und im Westen sagte man Plastik und nicht Plaste. An diesem einen kleinen Wort erkannte jeder Westler sofort, mit wem er es zu tun hatte. Das Gepäck war verstaut und alle mitfahrenden Personen gerecht verteilt. Dem Aufbruch nach Marienfelde stand nun nichts mehr im Wege. Händchenhaltend saßen Peter und ich im Fonds von Petras BMW und sahen das Brandenburger Tor, im Vorbeifahren, erstmals von der anderen Seite. Den Reichstag, die Siegessäule, den Tiergarten. Wir tauchten ein in das Verkehrsgewimmel des Westens, sogen die bunten Farben und die fremden Gerüche ein, entspannten, das erste Mal an diesem Tag, und erreichten fast sprachlos Marienfelde und das Aufnahmelager.

Unser Tross kümmerte sich um die Kinder und das Gepäck. In einem Aufnahmebüro meldeten wir uns an und bekamen einen Schlüssel ausgehändigt mit der Aufschrift Bolzplatz 2/111. Der Bolzplatz und unser Haus, waren schnell gefunden. Wir gingen voraus und suchten im Haus 2 nach der Zimmernummer 111. Wir betraten eine kleine Wohnung, die aus zwei und einem halben Zimmer bestand, eine kleine Küche hatte und eine winzige Badestube. Raum 111 hatte zwei Doppelstockbetten, ein Gitterbettchen, einen Schrank, einen Tisch und vier Stühle zu bieten. Wir mussten den Tisch an die Wand stellen, um zwischen den Doppelstockbetten das Netzlaufgitter aufbauen zu können. Zum Glück hatten wir dieses mitgenommen. Alle standen im Zimmer oder auf dem kleinen Korridor und wollten unsere Unterbringung sehen. Muttis Cousin hielt mir einen riesigen Blumenstrauß vor die Nase und sprach noch mal für alle ein herzliches Willkommen im Westen aus. Petras Mutter zauberte eine mittelgroße graue Plastikschüssel, mit Lappen, Schwamm und Bürste aus einer Karstadt-Tüte. Geschirrspülmittel und Scheuermilch, Wegwerflappen und –handtücher, Seife und Körperlotion folgten. Ich richtete mir schnell einen Wickeltisch her, versorgte Stefan und Franzi und dann verließen wir erst mal den Raum, um irgendwo etwas zu essen und zu trinken. Wir selbst verfügten etwa über hundert Westmark, wurden aber zur nächsten Currywurstbude geführt und eingeladen. Stefan war begeistert von den kleinen Plastikgäbelchen und freut sich, jede Menge davon auf dem Fußboden, um die Tische herum, zu finden. Er wollte sie nicht mehr hergeben und Tante Lisa zog eine Tüte aus der Tasche und ließ Stefan sammeln. Die nächste Überraschung für die Kinder waren die kleinen Trinkboxen, an denen jeweils ein Trinkhalm klebte. Franzi nagt an einem der Frühstücksbrötchen herum und war mit einem Abendbrei aus dem Gläschen gut bedient. Unser Wochenende wurde vorneweg für uns geplant. Morgen würden wir bei Dorle und ihrem Norbert in Gatow sein und am Sonntag zum Mittagessen bei Onkel Norbert und Tante Gretel und ihren Kindern. Unsere Wochenendversorgung war gesichert, aber zur Ruhe würden wir auch die nächsten Tage nicht kommen.

Unser erstes Wochenende im Westen verbrachten wir nun mit uns fast unbekannten oder fremden Menschen in fremden Haushalten. Alle waren sehr herzlich und bemüht, uns köstlich zu bewirten und uns zu unterhalten, aber es war anstrengend. Scheinbar hatte gerade die Welt des Videos den Westen erobert. Ein Film nach dem anderen wurde uns vorgeführt. Die Kinder machten den Eindruck völliger Übermüdung und Überforderung. Franziska bekam Sonntagabend heftigen Durchfall. Die kleine Wohnung, mit dem einen Zimmer für uns war ständig überfüllt mit Gästen, die die Leute in den Nachbarzimmern besuchten. Die ganze Bude war verqualmt, Alkohol wurde herumgereicht, es war laut und die Toilette war ständig besetzt. Die kleine Waschschüssel von Tante Lisa und Stefans Töpfchen waren ein wahrer Segen für uns, hinsichtlich der Kinderversorgung.

Ich fühlte mich, als wenn ich neben mir stünde und mir unser Familienleben aus einer anderen Welt betrachtete. Am 19. August, unserem ersten „Westmontag“, startete auch unser Behördendasein im Westen. Wir wurden von den Alliierten zu einer Befragung gebeten. In den Gängen standen lange Reihen von Stühlen und unabsehbar viele Leute würden vor uns dran sein. Man interessierte sich für unsere Berufe, für die Betriebe, in denen wir oder unsere Angehörigen arbeiteten. Wir schienen diesbezüglich unauffällig oder uninteressant zu sein. Es gab einen ärztlichen Dienst, eine Sichtungsstelle, eine Weisungsstelle, die Geschäftsstelle des Bundesnotaufnahmeverfahrens, eine Kasse für das Empfangsgeld. Ich hatte längst die Übersicht verloren. Immer wieder mussten wir unsere Gänge unterbrechen, um den Bedürfnissen der Kinder nachzukommen. Das Schlimme war nicht, dass hier alles drunter und drüber ging. Als furchtbar empfand ich, dass uns keiner irgendeine Perspektive in Aussicht stellte, wie es weitergehen würde.

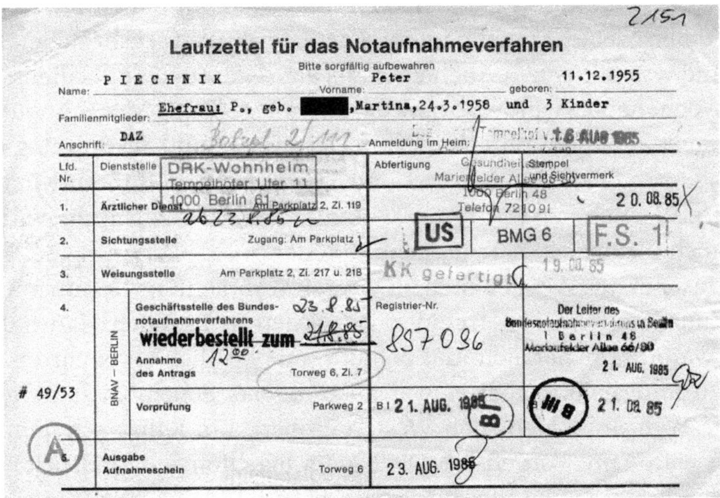

2151

Laufzettel für das Notaufnahmeverfahren

Bitte sorgfältig aufbewahren

Name: PIECHNIK Vorname: Peter geboren: 11.12.1955

Familienmitglieder: Ehefrau: P., geb. ■■■■, Martina, 24.3.1958 und 3 Kinder

Anschrift: DAZ Anmeldung im Heim: 16 AUG 1985

DRK-Wohnheim
Tempelhofer Ufer 11
1000 Berlin 61

Lfd. Nr.	Dienststelle		Abfertigung	Stempel und Sichtvermerk
1.	Ärztlicher Dienst	Am Parkplatz 2, Zi. 119	Gesundheits… Marienfelder Allee 66-80, 1000 Berlin 48, Telefon 7210 91	20.08.85
2.	Sichtungsstelle	Zugang: Am Parkplatz 1	US · BMG 6	F.S. 1
3.	Weisungsstelle	Am Parkplatz 2, Zi. 217 u. 218	KK gefertigt	19.08.85
4.	BNAV – BERLIN	Geschäftsstelle des Bundesnotaufnahmeverfahrens 23.8.85; wiederbestellt zum ~~21.8.85~~ 12⁰⁰; Annahme des Antrags — Torweg 6, Zi. 7	Registrier-Nr. 857096	Der Leiter des Bundesnotaufnahmeverfahrens in Berlin, 1 Berlin 48, Marienfelder Allee 66/80, 21. AUG. 1985
		Vorprüfung — Parkweg 2	BI 21. AUG. 1985	III 8 21.08.85
5.	Ausgabe Aufnahmeschein	Torweg 6	23. AUG. 1985	

\# 49/53

Betr.:
Antrag gemäß § 1
des Notaufnahmegesetzes

Name: Piednik, Peter

geb. am: 11.12.55 Reg.-Nr.: 887 096

Bearb. Stelle		Erl. Verm.
1. Antrags-Annahme	Torweg 6/Zi. 7	21. AUG. 1985
2. Vorprüfung B	Parkweg 2/Zi. 6 u. 3	BI
3. Sachbearbeiter Aufnahme	Torweg 6	23. AUG. 1985
4. Ausgabe Aufnahmeschein	Torweg 6	23. AUG. 1985

Hinweis:
Bitte suchen Sie die obengenannten Stellen der Reihe nach auf.

Der Leiter des
Bundesnotaufnahmeverfahrens in Berlin
Marienfelder Allee 66-80
1000 Berlin 48

Vordruck 955 Nr. 11/79

(hier abtrennen)

Anmeldebestätigung
(vgl. Rückseite, Nr. 9)

Vor- und Familienname: Peter Piechnik Familienstand:

geb. am: in: , Staatsangehörigkeit: , hat sich – mit den nachstehend verzeichneten Familienangehörigen – als wohnhaft in Berlin- Wohnheim
1161 Tempelhofer Ufer 11 in Haupt-/~~Neben~~wohnung angemeldet.
Straße Nr. (Nichtzutreffendes streichen)

Bisherige Wohnung:
Gemeinde Kreis Straße Nr.

Familienangehörige:

Familien-angehörige	Vorname (bei der Ehefrau auch Geburtsname)	Geburtsdatum	Geburtsort	Staats-angehörigkeit
Ehefrau	Martina geb. [redacted]			
1. Kind	Manuela			
2. Kind	Stefan			
3. Kind	Franziska			

Tag des Einzugs: 23. AUG 1985 19 Berlin, den 26. AUG. 1985 19

(Dienststempel) MSt 52 (Meldebehörde)

(Unterschrift)

Verlags-Nr. 1660 (Stand 1983) 15

AUFNAHMESCHEIN

Der Leiter des Bundesnotaufnahmeverfahrens

☐ in Gießen ☒ in Berlin

Nummer des Aufnahmescheins: 097 096

Angaben des Antragstellers zur Person

1 Name, Vorname: Piechnik, [illegible] — Geburtsdatum: 24.03.195[illegible]

Geburtsname/früherer Name — Religion: kath.

Geburtsort, Kreis, Land: Berlin — Familienstand: verh. seit 22.[illegible]

Deutsche Staatsangehörigkeit ☒ ja ☐ nein — Staatsangehörigkeit — aber deutsche Volkszugehörigkeit ☐ ja ☐ nein

Erlernter Beruf: Stenotypistin — Letzte Tätigkeit: Steno-Sachbearbeiterin

Angaben zum Ehegatten und zu den Kindern unter 18 Jahren, die gleichzeitig mit in das Bundesgebiet einschließlich des Landes Berlin gekommen sind

2 Ehegatte (Name, Vorname): Piechnik, Peter — Geburtsname/früherer Name — Geburtsdatum: 11.12.1[illegible]

Geburtsort, Kreis, Land: Berlin — Staatsangehörigkeit: deutsch — Religion: –

3 Kind (Name, Vorname): Piechnik, [illegible] — Geburtsname/früherer Name — Geburtsdatum: 25.12.[illegible]

Geburtsort, Kreis, Land: Berlin — Religion: kath.

4 Kind (Name, Vorname): Piechnik, [illegible] — Geburtsname/früherer Name — Geburtsdatum: 20.[illegible]

Geburtsort, Kreis, Land: Berlin — Religion: kath.

5 Kind (Name, Vorname): Piechnik, Franziska — Geburtsname/früherer Name — Geburtsdatum: [illegible]

Geburtsort, Kreis, Land — Religion: kath.

Eingetroffen im Bundesgebiet einschl. dem Land Berlin am 1[illegible].08.85 in (Ort des Grenzübertritts): Berlin

über die innerdeutsche Grenze ☒ ja ☐ nein ▶ über (ausländischer Staat)

Letzter Wohnsitz in der DDR oder Berlin (Ost) - PLZ, Ort, Kreis, Straße, Hausnummer -: 1193 Berlin, [illegible]-Str. 4

Genehmigung zum Verlassen der DDR wurde erteilt ☐ nein ☐ ja ▶ für die Reise nach — für die Übersiedlung nach: Berlin (West)

Früher bereits Wohnsitz im Bundesgebiet einschl. dem Land Berlin ☒ nein ☐ ja ▶ von - bis

in (Ort, Kreis, Straße, Hausnummer - der letzte Wohnsitz) — Bereits einmal Aufnahme beantragt ☒ nein ☐ ja

Gegenwärtige Anschrift - PLZ, Ort, Kreis, Straße, Hausnummer - evtl. bei -: 1000 Berlin [illegible], Marienfelder Allee 66-80

Vorgelegter Ausweis: Identitätsbescheinigung — ausgestellt am: [illegible].08.85 — ausgestellt durch: Präs.d.VP Berlin

I. Der/Die Antragsteller(in) ist im Wege der Notaufnahme gem. § 1 des Notaufnahmegesetzes (NAG)* in das Bundesgebiet einschließlich des Landes Berlin gekommen.

II. Aufnahmeland: Berlin — ☒ unter Anrechnung auf die Landesquote**

III. Die einmalige Unterstützung der Bundesregierung (Begrüßungsgabe) ☐ entfällt wegen Fehlens der Voraussetzungen

375,– DM ☒ wurde ausgezahlt ☐ wird überwiesen

IV. Vom Antragsteller wurde(n) ausgefüllt ☐ Ergänzungsblatt 1 ☐ Ergänzungsblatt 2 ☐ Ergänzungsblatt 3

V. Rechtsbehelfsbelehrung und weitere Hinweise siehe Rückseite — Datum: 23. AUG. 1985

Der Leiter des Bundesaufnahmeverfahrens
Der Beauftragte der Bundesregierung
Im Auftrag

Als wir die Bescheinigungen über die Bundesnotaufnahme überreicht bekamen, konnte ich aufatmen. Denn hier erfuhren wir, dass wir in kürzester Zeit umverteilt werden und eine bessere, wenigstens geräumigere Unterkunft bekommen würden. Die Frau in unserem Nachbarzimmer, eine Polin, erzählte uns, dass sie schon seit Wochen in Marienfelde sei. Wir hatten als Ex-DDRler Glück. Bei uns schien alles ganz entschieden schneller zu gehen. Wir kamen ganz offensichtlich als Deutsche nach Deutschland. Die dahingehende Überprüfung war einfach. Kam man aus Polen, der Sowjetunion oder einem anderen Land, musste man sich auf andere Bearbeitungszeiten einstellen. Am Freitag stand uns wieder unsere Leibgarde für den Umzug zur Verfügung. Es war toll und machte unser Leben schon mal entschieden leichter, dass scheinbar jeder Haushalt im Westen einen Telefonanschluss und ein Auto besaß. Die gesamte Planung und Absprachen waren viel einfacher und konnten spontan erledigt werden. Für uns gab es genug öffentliche Fernsprecher, die auch funktionierten. Die Bundesregierung hatte uns als einmalige Unterstützung pro Erwachsenen 150 DM und für jedes Kind 75 DM spendiert. Wenn wir draußen durch die Läden stromerten und den Westen live erlebten und unser Empfangsgeld wie einen Schatz hüteten, waren wir sehr vorsichtig. Ich empfand es schon als ziemlich merkwürdig, dass es rund um unser Notaufnahmelager so viele tolle Geschäfte gab. „Die wollen uns hier mit allen Künsten der Verführung gleich unser Empfangsgeld wieder aus den Taschen ziehen“, sagte ich zu Peter, und ich meinte es ernst. Wir entdeckten das, was man No-Name-Produkte nannte, und stellten fest, dass es keinen erkennbaren Unterschied zu Markenprodukten gab. Sehr vorsichtig und geizig erlernten wir den Einkauf des täglichen Bedarfs. Irgendwann merkte ich dann auch, dass alle Läden, egal in welchen man ging, so ordentlich, sauber und mit so viel Liebe zum Detail hergerichtet waren. Das hatte nichts mit dem Willkommensgeld der Übersiedler zu tun, das war die Verkaufskultur, die ich noch vor ein paar Monaten im Kundenbuch der Kaufhalle eingeklagt hatte ... ohne auch nur die geringste Vorstellung gehabt zu haben, wovon ich sprach.

Nun bezogen wir ein Zimmer in einem DRK-Heim am Tempelhofer Ufer. Ein altes, rotes Backsteingebäude, mit riesigen Fluren und hohen Decken. Das Zimmer war sehr geräumig. Zwei Kleiderschränke standen quer im Zimmer und sorgten so für eine optische Raumteilung. Vorne stand ein Ehebett, hinter den Schränken zwei Liegen und ein Gitterbettchen. Links an der Wand stand ein Tisch mit vier Stühlen. Große Fenster sorgten für genug Tageslicht. Wir sahen uns die Gemeinschaftsküche mit ihren abschließbaren Kühlschrankfächern an. Hier wurde Rücksichtnehmen großgeschrieben. Es gab mehrere Herde, Geschirr und Besteck und ausreichend Platz. Die Sanitäranlagen befanden sich am Ende eines langen Flurs. Sie waren nicht sehr einladend. Den Toiletten und Duschen mangelte es an Hygiene und Brauchbarkeit. Wir befanden uns in einem Altbau und waren hoffentlich nur übergangsweise hier. Wir würden das organisiert kriegen und zusehen, dass wir diese Hallen so schnell wie möglich wieder verlassen konnten. Im Haus gab es einen Sozialdienst. Hier wurden wir beraten und betreut. Es gab sogar die Möglichkeit, seine Kinder hier in einer Einrichtung abzugeben. Davon abgesehen, dass dieser Kindergarten hoffnungslos überfüllt war, wäre dieses Angebot für uns auch nicht in Frage gekommen. Unsere drei fühlten sich da zu Hause, wo wir waren. Ich hätte sie nicht einfach so in fremde Hände geben können.

Wir trafen ein Ehepaar mit zwei Kindern wieder, das wir auch schon aus Marienfelde kannten. Ihre Söhne waren in Elas und Stefans Alter. Wir freuten uns, im selben Haus zu wohnen und behielten uns im Auge, machten ersten Erfahrungsaustausch und halfen uns gegenseitig aus. Am Tag unserer Ankunft machten wir einen Familienausflug zu Hertie. Das war ganz in unserer Nähe und es gab diverse Sachen, die wir gerne in unserer Stube oder hinter Schloss und Riegel im Kühlschrank gehabt hätten. Natürlich waren unsere Kinder voller Wünsche, als sie das Angebot von Nahrungsmitteln über Spielwaren und Garderobe entdeckten. Uns Großen ging es nicht anders. Der wichtigste Termin, der jetzt vor uns lag, war Manuelas Einschulung. Am kommenden Montag würden wir sie in einer Kreuzberger Schule anmelden. Heute aber wollten wir eine Schulmappe, Zuckertüte und etwas Hübsches zum Anziehen für sie kaufen. Das war, bis auf den Preisvergleich, überhaupt kein Problem. Es gab alles und für einen Ex-Ossi von allem zu viel. Für uns spielten im Moment erst einmal ausschließlich die Preise eine Rolle. Wir entschieden uns für Produkte ohne Markennamen und waren damit sehr glücklich. Eine Kaffeemaschine wollten wir in unserem Zimmer haben. Musste sie von alleine wissen, wann sie den Kaffee durch den Filter zu schicken hat? Nein, dass musste sie nicht. Sie durfte sich ruhig von uns bedienen lassen. Eine neutrale Farbe sollte sie haben, denn sie sollte später einmal in unsere, uns noch unbekannte, Küche passen, und billig, besser gesagt, preiswert, musste sie sein. Ein Bügeleisen war mein Wunsch. Es brauchte keinen Dampf auszuspucken. Bisher ging das Bügeln mit feuchten Geschirrtüchern sehr gut, das könnte ich auch weiterhin so tun, ohne dass wir extra noch destilliertes Wasser brauchten. Die Lebensmittelabteilung war sehr verlockend. Wir sahen Früchte, die wir bisher weder gesehen, noch von ihnen gehört hatten. Davon ließen wir die Finger. Es gab genug Begehrlichkeiten, von denen wir wussten, was uns erwartet. Ein Sortiment „Füllstoff" für Manuelas Schultüte musste noch her und natürlich auch für unsere Mägen. Wir mussten uns zügeln, uns beruhigend sagen, all diese Waren würde es morgen und nächste Woche und nächsten Monat auch noch geben. Wir brauchten nichts zu hamstern und nichts für andere Leute anzuschleppen. Das Leben im DRK-Heim war bei weitem angenehmer als im Notaufnahmelager. Wir waren mitten drin im Geschehen, machten Bekanntschaften mit Leuten, die ähnliche Probleme hatten wie wir. Man konnte sich austauschen mit seinen Erfahrungen.

Das Wochenende war, wenn man Behördengänge zu erledigen hatte, eine Last, denn man kam nicht voran. Andererseits fand man Gelegenheit, das Leben im Westen, seine Verführungskünste, seine Kehrseiten seinen Glanz und seine Fallstricke kennenzulernen. Im DRK-Heim packten wir unsere Schätze aus, verstauten sie im Kühlschrank oder im Zimmer und boten Stefan, der neugierig auf die gelben Bananen zeigte, eine von den krummen Früchten an. Da stand er nun und wusste nichts damit anzufangen. Wir setzten ihn auf einen Stuhl, Ela ihm gegenüber, und nun sollte sie ihm zeigen, was man mit einer Banane veranstalten konnte. Sie schälte sie vor seinen Augen ab. Erst gab es Protest, denn Ela war gerade im Begriff, sein wunderbares, rätselhaftes Spielzeug zu zerstören. Dann entdeckte er das hellere Fruchtfleisch und bekam fast einen Lachanfall, als Manuela hineinbiss. Fassungslos schaute Stefan erst mich, dann Peter an. Nochmal schrie er und fiel fast vom Stuhl. Vorsichtig nahm er die Banane wieder an sich, kniff hinein, leckte und roch an ihr und biss hinein. Erst vorsichtig, dann genüsslich, verzehrte er den ganzen Rest und wollte mehr.

Wir besuchten Petra und ihren Mann Uwe in Schöneberg. Peter hatte sich einen Falk-Atlas von Berlin gekauft. Ich verzweifelte an der mir unbekannten Falttechnik, als er aber in ganzer Größe auf unserem Tisch lag, war ich fasziniert von all den Bezirken und Stadtteilen, Straßennamen und Sehenswürdigkeiten, die ich bisher nur von der Berliner Abendschau, den Nachrichten oder von den Erzählungen meiner Eltern kannte. Auf unseren Stadtplänen aus Ostberlin war Westberlin Niemandsland. Jetzt bekamen die Bezirke unserer neuen Heimat ein

Gesicht. Wir fuhren mit dem Finger die Strecke vom Lehrter Bahnhof nach Marienfelde ab. Suchten unser westliches Gegenüber der Mauer aus Treptower Sicht, fanden den Ku'damm, den riesigen Tiergarten und den Wannsee. Es war wie eine Stadtrundfahrt, die mit einem Trockentraining begann. Dort, am Innsbrucker Platz, war Muttis Ausbildungsbetrieb zur Versicherungskauffrau, und dort, in der Hasenheide war sie mit Tante Lisa und Norbert und Horst tanzen gewesen, und dort, in Siemensstadt, hatte sie ein paar Monate lang gearbeitet und einen Fernseher abgestaubt, bevor die Mauer ihr den Arbeitsplatz raubte. Vor meinen Augen lag ganz Berlin, der Osten und der Westen, der Süden und der Norden und wie eine hässliche Narbe, mittendrinn die Mauer.

Unser DRK-Heim befand sich in Kreuzberg, hier waren die Nächte bekanntlich lang, und wenn wir nach Schöneberg laufen würden, müsste ich bis Mai warten um geküsst zu werden und wir würden das Fahrgeld für den Bus sparen. Das waren doch gute Aussichten. Die Kinder hätten Bewegung und wir würden ganz nebenbei einen Teil unserer Stadt kennenlernen. So machten wir uns mit Falkplan, den Kindern, samt Wagen und Roller auf den Weg, strebten der Yorkstraße entgegen, passierten die Bezirksgrenze nach Schöneberg und standen plötzlich vor dem riesigen Sozialpalast in der Pallasstraße. Unterwegs lernten wir auch viel besser die neuen Gerüche kennen, die Westberlin erfüllten. Ich las das Wort Falaffel und fand dafür keine andere Erklärung als einen falsch geschriebenen Fallapfel. In unseren Kaufhallen wurden Falläpfel, von Kleingärtnern angeschleppt, an den Handel abgegeben und verkauft. Warum sollte das hier nicht so sein? Es schien sich um Läden zu handeln, deren Inhaber nicht wirklich gut Deutsch konnten, da passierte so ein Rechtschreibfehler schon mal. Wir waren von Sprachen umgeben, die wir nicht verstanden. Manchmal befürchteten wir, in einen Streit zu geraten, weil sich die laute Unterhaltung der Leute in unseren Ohren aggressiv anhörte. Dann lagen sie sich plötzlich freundschaftlich in den Armen. Frauen mit Kopftüchern, oft sehr dunkel bis zu den Füßen verhangen, liefen mit schweren Einkaufstaschen, an denen noch eine Schar Kinder hing, immer hinter einem Mann her, der sich für kurze Anweisungen umschaute, seine Hände für die Zigarette oder Hosentasche brauchte und die Last der Verantwortung für die Familie mit sich rumschleppte. Das alles sollte bald gewohnter, alltäglicher Anblick für uns werden. Aber noch war alles neu, zu hinterfragen und ohne Bewertung.

Wir erreichten die Sankt Matthias-Kirche und sahen rechts von ihr den Winterfeldtplatz als eine riesige Baustelle. Links, in die Gleditschstraße mussten wir rein, um zur Barbarossastraße, unserem Ziel, zu gelangen. Die Gleditschstraße konnten wir nicht verpassen, denn auf ihr tobte das Leben. Sie diente als Marktplatz, als Alternative zum Winterfeldtplatz, solange dort gebaut wurde. Hunderte von Marktständen waren hier aufgebaut. Marktschreier, mit den lautesten Stimmen, besten und preiswertesten Früchten, Blumen, Gewürzen und Socken gaben sich hier ein Stelldichein und sorgten in unserer Familie für offene Münder. Händler aller Nationalitäten und Hautfarben schienen hier vertreten zu sein und um die Gunst der Käufer zu werben. Petra war uns entgegengekommen und hatte sich zu uns gesellt. Ich staunte über die Sockenberge, echte Wolle, echte Baumwolle, handgestrickt. Die Preisangebote waren so bunt wie die Waren. Tennissocken schienen modern zu sein. Es gab sie im Fünfer- und Zehnerpack, für Kinder, Damen und Herren. Überall auch Boris-Bumm-Bumm-Schilder in Lebensgröße des Boris Becker oder klein und bescheiden zwischen den Tennissocken. Die sollte Mutti sehen, sie liebte ihr Bobbele, wie sie ihn immer nannte und wurde für ihn zur Tennisexpertin. Am Obst- und Gemüsestand lehrte Petra uns eine erste Lektion über die Namen und den Gebrauch der unbekannten Früchte. „Wie verrückt ist das denn?“, fragte ich und zeigte auf ein Schälchen roter Trauben. „Warum sind die Trauben denn einzeln? Soll das ein Angebot für den Verzehr für unterwegs sein?“ Petra lächelte. „Das sind Blaubeeren meine Liebe“, antwortete sie und amüsierte sich über meinen erstaunten Gesichtsausdruck. Neugierig betraten wir auch Petras Wohnung. Dies war nun der dritte Westhaushalt den wir kennenlernten. Alles war geordnet und modern. Hier waren aber auch keine Kinder und Kindeskinder. Petra war schwanger, das konnten auch Nichteingeweihte auf Anhieb erkennen. Sie und Uwe hatten für den neuen Erdenbürger, von dem sie bereits wussten, dass es ein Junge sein würde, schon alles vorbereitet. Ein herrliches Kinderzimmer würde ihm zur Verfügung stehen, in sanften Pastellfarben alles aufeinander abgestimmt. Von der Tapete, über die Bettwäsche mit Himmel für das Bettchen bis zu den Übergardinen und Teppichfarben bestand das Zimmer aus einer einzigen Harmonie. Das Schlafzimmer war gediegen und fast spießig, hätte nicht die Donald-Duck-Bettwäsche, die einen krassen Gegensatz zum gesamten Ambiente bildete, aller Ernsthaftigkeit die Stirn geboten. Petras großer weißer Brauthut hing als Dekoration an einem Kleiderständer. Die Wohnstube, mit zwei großen Fensterfronten, war hell und modern. Eine ausgesessene Eckcouch, ein Fliesentisch und eine dunkle Schrankwand bestimmten das Bild. Der Hingucker waren die Gardinen. Sie waren nicht strahlend weiß, aber auch nicht kneipengelb, hatten jede Menge Rüschen und waren braun umrandet. Gerafft und an Messinghalterungen drapiert, wurden diese Gardinen für mich der Inbegriff des guten Geschmacks. Petra war überhaupt der Leitfaden für mich, die Orientierungshilfe schlechthin, was Mode, Frisur, Schmuck und Lebensstil betraf. Wahrscheinlich brauchte ich so etwas. Sie war durch ihre Besuche in Ost-Berlin Teil meiner Kindheit und Teil meiner Jugend gewesen, wir hatten Briefverkehr gehabt und ich hatte ihre damalige Wohnung, bei ihren Eltern, wieder und wieder nachts im Traum, herumirrend im roten Cabrio, in Westberlin gesucht. Ihre Mutter und meine waren beste Freundinnen, bis die Hochzeit von Muttis Cousin sie auch noch zu einer Verwandten machte. Diese Familie war in den Westen abgehauen, bevor die Mauer hochgezogen wurde, aber die Freundschaft hielt über all die Jahre und jede der beiden Frauen hatte Teil am Schicksal der anderen. Petra war eine Bankkauffrau. Sie half uns, bei der Bank, mit der man damals noch reden konnte, ein Konto zu eröffnen. Erklärte uns den Unterschied zwischen Und- und Oder-Konten und sie nahm unser Devisenkonto unter ihre Fittiche, um zu sehen, was sich damit in nächster Zukunft für uns anfangen ließ. Wir kamen aus dem Teil des Landes, der Lohntüten und Bargeld noch immer favorisierte, dessen fortschrittlichstes und weltweit einmaliges Zahlungsmittel der Forumscheck für den Intershop war. Somit brauchten wir also auch eine Lektion im Bedienen von Bankautomaten, dem Nutzen von Bank- und Visakarten und dem Einsatz von Schecks. Auch einen zinslosen Übersiedler-Kredit von Vater Staat hatte man uns angeboten. Erst in zwei Jahren würden wir anfangen müssen, ihn zurückzuzahlen. Das war für uns ein heißes Eisen, aber Petra, mit dem fachmännischen Blick eines Bankers, wie Uwe sie immer nannte, überzeugte uns davon, dass wir ganz schön doof wären, diese Unterstützung nicht in Anspruch zu nehmen. Frisch im Westen und doof, das wollten wir nicht sein und unterschrieben mal wieder einen Antrag.

Der Montag brachte eine neue Woche mit vielen Laufereien mit sich. Das DRK-Heim war nun erst einmal unser Zuhause. Wir mussten uns anmelden und Ausweise beantragen und vorher viel Geld beim Fotografen für die Passbilder lassen. Elas Schulanmeldung erfolgte in der Puttbusser Straße in Kreuzberg. Wir mussten zum Arbeitsamt, zur Kindergeldkasse, zum Sozialamt und zu einem Psychologen, der uns auf Grund des Stresses und des Nervenkrieges der vergangenen Zeit, krankschreiben würde. Dann könnten wir die nächste Zeit Geld von der Krankenkasse bekommen. Wir waren sehr bemüht, alle Wege schnell und gewissenhaft zu erledigen. Wir wollten Fuß fassen, uns eine Wohnung suchen und Peter eine Arbeit und dann würde der Stein für ein neues Leben ins Rollen kommen. Wir hatten eine überschaubare Liste mit Vorschlägen für bezahlbaren Wohnraum bekommen. Telefonisch setzten wir uns mit jemandem in Speckdefeld in Verbindung und sahen uns die Wohnung, in der zu diesem Zeitpunkt noch eine Familie wohnte, an. Es war eine Neubauwohnung in einem Hochhaus und das gesamte Wohnumfeld erinnerte mich ein wenig an die neuen Stadtbezirke in Ostberlin, nur, dass hier die Bäume schon höher in den Himmel ragten. Die auf dem Zettel angegebene Miete stimmte mit der tatsächlichen Miete nicht überein. Hier stimmte nach unserem Geschmack so manches nicht und wir fuhren wieder zurück ins DRK-Heim.

Um Mutti auf ihrer Arbeitsstelle, sie arbeitete jetzt in einem Blindenheim, zu erreichen, hätte ich viel Zeit und Geduld in einer Telefonzelle aufbringen müssen. Natürlich hatte ihr der Buschfunk längst getrommelt, dass wir gut in Marienfelde angekommen und unterdessen auch umgezogen waren. Diesbezüglich brauchte ich mir keine Sorgen zu machen. Aber ich hatte das Bedürfnis mich mitzuteilen, und so schrieb ich ihr täglich, fast, als würde ich ein Tagebuch führen und schickte dann, als Sammelwerk mehrerer Tage, regelmäßig lange und ausführliche Briefe zu ihr. Schon, als wir uns entschlossen, einen Ausreiseantrag zu stellen, war mir klar gewesen, dass sie, meine Mutter, die Trennung von ihr, der wunde Punkt in meinem neuen Leben sein würde. Ich hatte nicht gedacht, dass er so schnell schmerzen würde.

Ja, meine Psyche war im Moment nicht die beste. Ich war nicht Fisch, nicht Fleisch. Wir mussten unser neues Leben organisieren, drei Kinder versorgen und lebten unter ziemlich einfachen Bedingungen. Grund genug, nur noch zu funktionieren und eigene Gefühle und Bedürfnisse hintenan zu stellen. Das schaffte Druck, mit Eifer und kühlem Kopf zu planen und schnellstmöglich aus dem DRK-Heim herauszukommen. Der uns angeratene Besuch bei einem Psychologen wurde von uns angenommen und ermöglichte ein Runterkommen und Ruhe bewahren. Eine Krankschreibung war gerechtfertigt. Ich fuhr zum Europacenter, um Dr. Tiger in seiner Praxis aufzusuchen. Ein Bus setzte mich direkt vor dem Europacenter ab. Ein beeindruckendes Gebäude, wie alles auf dem Ku'damm. Ich passierte die breite, gläserne Eingangstür, dann die nächste, und fand mich in einer unglaublichen Utopie wieder. Um mich herum hatten die Pracht, der Luxus, der Überfluss ihr Zuhause. Ich sah mich zwischen Läden mit heller Beleuchtung und feinster Schaufensterausstattung, Rolltreppen, die nach oben und unten führten, Gaststätten, die zum Verweilen einluden.

Das Schönste aber war ein Wasserlauf, in dem trichterförmige Blumen aus Metall blühten. Die trichterförmigen Blüten wurden durch ein raffiniertes Leitungssystem mit Wasser gefüllt, knickten dann um, entleerten sich und richteten sich wieder auf, um sich erneut mit Wasser zu füllen. Über den kleinen Fluss führten Brücken zu einer Gaststätte, die, wie in einem Urwald, von exotischen Pflanzen umschlossen war. Der Anblick, die Gesamtheit des architektonischen Kunstwerks, zwang mich auf eine Bank und ich ließ es wirken. Mit Tränen in den Augen flimmerte und glitzerte das Kunstwerk noch mehr und ich fand es so ungerecht, so gemein, dass ich diesen Anblick für mich allein genießen musste und meine Eltern und Geschwister in ihrem grauen Osten hockten und diesen Anblick nicht mit mir teilen durften. Um mich herum sah ich Menschen, reiche und arme, schwarze und weiße, beladen mit riesigen Einkaufstüten oder in den Abfallbehältern nach Schätzen suchend. Menschen, die neugierig ihre Augen auf Wanderschaft schickten oder beherzt die Rolltreppe betraten, um immer noch mehr von der Pracht in sich aufzunehmen. Mir reichte es, hier zu sitzen. Mehr wäre zu viel für den Augenblick gewesen. Berauscht von den Eindrücken passierte ich ein paar Minuten später die erste Glastür und suchte den Fahrstuhl, der mich in die Praxis des Psychologen bringen würde. Die helle Praxis mit ihren zwei Schwestern nahm mich freundlich auf. Ich brauchte nicht viel zu erklären, das Wort Übersiedler sagte alles. Man schickte mich in das geräumige, helle Wartezimmer. Aus dem Fenster hatte man einen beeindruckenden Blick auf das Treiben und Gewusel auf dem Ku'damm. Im Wartezimmer hingen Bilder von einem mir bisher unbekannten Künstler. Tiere, wie aus einem Albtraum, mit langen Spinnenbeinen und verzerrten Gesichtern schienen orientierungslos den Ausgang aus dem Bilderrahmen zu suchen. Eine Uhr, der es scheinbar zu warm war und die von der Hitze der schnelllebigen Zeit wie Eis in der Sonne schmolz, suchten und fanden meine vollste Aufmerksamkeit. Dalí, las ich. Von dem hatte ich irgendwo doch schon einmal gehört. Die Bilder nahmen mich gefangen. Sie passten in das Wartezimmer dieser Arztpraxis wie die Faust aufs Auge und sie passten zu meinem Gemütszustand. Ein völlig konfuser Herr, blass, mager und in sich selbst versunken, saß zwischen anderen Wartenden auf einem Stuhl. Er erzählte etwas, ganz leise, so leise wie das Beben, das von seinem Körper ausging und seine Hände zittern ließ. Wahrscheinlich hatte er viel zu verarbeiten. Manchmal wurde seine Stimme lauter bis er auf einmal laut schimpfte, aufsprang und abwehrende Bewegungen machte. Die Schwester kam, redete beruhigend auf ihn ein und reichte ihm ein Glas Wasser. Sie blickte beruhigend lächelnd in die Runde. Ein verängstigter Junge drückte sein Gesicht tief in den Busen seiner Mutter, die ihm streichelnd, mit sanften Fingern durch das Haar fuhr. Ich wurde ins Labor gerufen, mein Blut sollte untersucht werden. Hier war es ganz ruhig, die Schwester wusste was sie tat. Wie eine Verschworene flüsterte sie mir zu, dass der Herr da draußen auch ein Übersiedler sei. Er hatte den Umweg über den Stasiknast in Hohenschönhausen machen müssen, bevor er in den Westen kam. „Die haben ihn fertig gemacht", sagte sie, wohl wissend, dass sie mir das eigentlich nicht sagen durfte. Ich war dankbar, dass sie es mir erzählt hatte. Dankbar, dass es mir und meiner Familie so gut ging, dass uns all die Monate lang nichts getrennt hatte. Wir würden unbeschadet, mit einem reichen Schatz an Lebenserfahrung, den Westen genießen können. Der gebrochene Mann da draußen im Wartezimmer, würde das wohl niemals können. „Fertiggemacht", der kurze, präzise Ausdruck für die Folter in DDR-Knästen.

Hinter jedem „Fertiggemacht“ ein anderes Schicksal, ein neues Motiv für die fantastischen Bilder des Herrn Dalí. Nach einem einfühlsamen Gespräch mit Dr. Tiger, einer Krankschreibung und mit dem nächsten Termin in der Hand, verließ ich die Praxis und das Europacenter.

Wir teilten uns neu auf. Peter blieb bei den Kindern und ich ging auf Wohnungssuche. Wir hielten uns nicht an die Wohnungen, die auf dem Zettel vermerkt waren. Wir suchten in den Annoncen der Tageszeitungen. Es gab viele Dinge zu beachten bei der Wohnungssuche, von denen wir vorher keine Ahnung hatten. Wir brauchten einen WBS (Wohnberechtigungsschein), den bekamen wir schnell, sogar mit Dringlichkeit. Ein Herr Piep-Matz hatte inseriert, alles klang seriös, und ich fuhr erneut zum Ku'damm, wo er sein Büro hatte. Peter war mit unseren Dreien etwas überfordert. So nahm ich Stefan mit, der zwar ständig am Plappern und Fragen war, aber ansonsten, mit seiner Otti an der Seite, zufrieden. Wir marschierten lange den Ku'damm ab, bis wir kurz vor dem Adenauerplatz die gesuchte Hausnummer erreichten. Ein herausgeputzter Altbau mit einem ebensolchen Hausflur erwartete uns. Stefan und ich waren mal wieder beeindruckt, und weil nun auch noch ein Fahrstuhl auf uns wartete, schlug Stefans Zustand sogar in Begeisterung um. Eine junge, hübsche Sekretärin öffnete uns mit einem Knopfdruck die Tür und erkundigte sich nach unserem Anliegen. Im Flur erschien ein Herr, der mich mit seiner schlanken Gestalt, seiner Körpergröße, seiner Garderobe und sogar mit seiner Frisur an Herrn Wüste, meinen gespielten Exverlobten, erinnerte. Selbst der Anlass meines Vorsprechens ließ mich Parallelen finden. Wir wurden in ein nobles Büro gebeten. Herr Piep-Matz interessierte sich zuerst einmal dafür, wie ich auf ihn gekommen war. Von einem Inserat wollte er nichts wissen. Durfte er seine Wohnungen nicht über Inserat anbieten oder warum wehrte er sich dagegen. Als ich ihm die Zeitung zeigte, war er sehr überrascht, oder tat er nur so überrascht? Ich musste wohl aufpassen, keinem Scharlatan zu erliegen. Über die Annonce sollte ich, das wurde gleich mal klargestellt, Stillschweigen bewahren. Er erzählte mir etwas von sozialem Wohnungsbau und von Auflagen und Förderungen durch die Stadt Berlin. Eine große, sanierte Altbauwohnung hätte er zu bieten. Als er erfuhr, dass ich und meine Familie Übersiedler aus Ostberlin waren, bekam er vor Eifer rote Ohren. „Drei Kinder haben Sie?“, vergewisserte er sich und schien sich über unseren Kindersegen sehr zu freuen. „In diese Wohnung", sagte er, „darf auch nur eine fünfköpfige Familie einziehen." „Oh!", dachte ich, „das muss wohl etwas mit der Fehlbelegung", von der ich unterdessen auch schon gehört hatte, „zu tun haben." Herr Piep-Matz erzählte mir, dass sein Sohn genauso alt sei wie Stefan. Dann ließ er für ihn ein paar Kekse kommen und verwickelte ihn in ein Gespräch. Das hätte er lieber bleiben lassen sollen, denn Stefan hörte nun nicht mehr auf zu erzählen und zu fragen und zu erzählen und zu fragen. Herr Piep-Matz war einerseits ganz angetan von Stefans umfangreichen Wortschatz, hätte nun aber doch ganz gerne sein Gespräch mit mir fortgeführt. Er ignorierte Stefans nächste Frage einfach und wandte sich wieder mir zu. „Es ist ein Haus mit zwei Hausnummern", sagte Herr Piep-Matz, während er mir einen Zettel mit einer Adresse in Schöneberg vor die Nase schob. „Noch ist da überall Baustelle, aber dieser Teil des Hauses ist so gut wie fertig und diese besondere Wohnung natürlich auch. Gehen Sie tagsüber hin, wenn die Handwerker da sind. Der Polier wird Sie rein lassen, das veranlasse ich sofort. Schauen Sie sich die Wohnung an, dann reden wir weiter. Wenn sie Ihnen gefällt, kommen Sie wieder her, wenn nicht, genügt ein Anruf." Wir verabschiedeten uns mit einem Handschlag, wie es Geschäftsleute tun. Auf kürzestem Wege fuhr ich zurück nach Kreuzberg, um Peter von den neuesten Wohnungsnachrichten zu erzählen. Mit etwas Glück, könnten wir es schaffen, heute noch die Wohnung zu besichtigen. Wir mussten nur schneller vor Ort sein als der Feierabend des Poliers. Ich fand Peter in der Küche. Er hatte Ela von der Schule abgeholt. Sie hütete nun den Schlaf ihrer kleinen Schwester und wartete auf ihr Mittagessen. Ich sprudelte mit meiner Überraschung heraus. Peter war erst mal erfreut. Die Baustelle, die sich noch ein paar Monate um uns herum befinden würde, störte auch ihn nicht. Eine Besichtigung war es allemal wert. Wir verputzten das Mittagessen, welches zurzeit überwiegend aus Dosen stammte, in Windeseile. Franzi wurde wach, als sie meine Stimme hörte. Wir nahmen ihr ein aufgewärmtes Mittagsgläschen für unterwegs mit und machten uns auf den Weg.

Wir hatten Glück, wir waren schneller als der Feierabend. Der Polier wartete zwar nicht direkt auf uns und wir hatten zu tun, ihn auf der Baustelle zu finden, aber dann begleitete er uns zu unserer

Wohnungsbesichtigung. Altbau, dritter Stock. Der Hausflur selbst war noch wenig einladend, aber doch beeindruckend in seiner vornehmen Geräumigkeit aus alten Zeiten. Die alten Wohnungstüren waren teilweise noch zweiflüglig, mit Fenstern in den oberen Abschnitten. Auch das gedrechselte Treppengeländer brachte einen Hauch Alt-Berlin in den Hausflur, ganz im Gegensatz zu all dem Malerdreck und Gerümpel, welche von den Bauarbeiten zeugten.

Die Erwartungen waren groß, als wir vor unserer Wohnungstür standen und mit kurzem Atem und Herzklopfen abwarteten, dass der Polier den richtigen Schlüssel fand. Er ließ uns rein und verabschiedete sich gleich wieder. „Ziehen sie einfach die Tür zu, wenn Sie gehen", sagte er und machte sich wieder an die Arbeit. Gespannt betraten wir die Wohnung. Manuela langsam und vorsichtig und Stefan, als würde er eine Sporthalle betreten, und Franzi, auf Peters Arm, neugierig um sich blickend. Wir waren fassungslos vor Freude. Das war keine Wohnung. Die Räumlichkeiten in denen wir uns befanden, waren ein Abenteuer. Hinter jeder Tür wartete ein Geheimnis. Die Zimmer waren alle renoviert. In manchen lag Auslegware, manche hatten sauber abgezogene Dielen. Alle Zimmer waren geräumig und es gab keine Durchgangsräume. Das Wohnzimmer allein hatte eine Größe wie eine ganze Einzimmerwohnung und eine große Fensterfront mit einem Erker. Zwei Toilettenräume waren vorhanden. Eins als Bad, das andere mit Waschbecken und Platz für einen Wickeltisch. Die Fußböden waren gefliest und die Wände mit geschmackvollem Wandbelag, der mir vorgaukelte aus Fliesen zu bestehen.

Am meisten beeindruckte mich die Küche. Hier könnte sich, während ich koche die ganze Familie aufhalten, ohne mir in die Quere zu kommen. Noch etwas sprach für diese Wohnung. Das Angebot an Nebengelassen war schier unerschöpflich. Als wir dachten, schon alles gesehen zu haben, entdeckten wir hinter der Küche noch eine Tür. Diese führte uns in einen weiteren Vorraum und dann in eine Stube, die danach schrie, unser zukünftiges Schlafzimmer zu werden. Peter und ich waren überwältigt, die Kinder auf Anhieb begeistert. Jetzt musste nur noch alles mit dem Mietvertrag klappen, dann wäre der nächste, sehr entscheidende Schritt in unser neues Leben getan. Wir konnten uns nicht sattsehen, durchschritten immer wieder die riesige Wohnung mit all ihren Ecken und Winkeln und Ela äußerte erste

Wünsche, welches Zimmerangebot in Zukunft ihr Zimmer werden sollte.

Der Polier stand mit seinem Feierabend und dem Wohnungsschlüssel vor der Tür und klingelte energisch. „Na?“, fragte er, als er unsere ganze Familie mit glücksstrahlenden Gesichtern in der Wohnungstür sah, „gefällt Ihnen die Wohnung? Ich muss Sie jetzt leider rausschmeißen und abschließen.“ Er zeigte mit dem Finger auf seine Armbanduhr und sagte etwas von wohlverdientem Feierabend. „Tolle Wohnung“, sagte ich, während wir die Türe zuzogen. „Drücken Sie mal die Daumen, dass sie unsere wird.“ „Mach ich“, rief der Polier und verschwand so schnell die Treppen runter, dass keine Zeit für weitere Fragen blieb. Euphorisch verließen wir das Haus und suchten auf der Straße nach einer Telefonzelle. Ich wollte unbedingt noch heute Herrn Piep-Matz anrufen um ihm zu sagen, dass wir uns für die Wohnung interessierten. An der Ecke zur Potsdamer Straße entdeckten wir eine und waren auch sofort mit Herrn Piep-Matz verbunden. Ein Termin für den Abschluss des Mietvertrages war schnell ausgemacht und die Euphorie begleitete uns, bis wir die Augen für die Umgebung, den Kiez, wie die eingefleischten Westler sagten, öffneten.

Gegenüber vom Haus befand sich ein Spielplatz. Die Straße selber war ziemlich runtergekommen. Die Potsdamer Straße zeigte ein erbärmliches Gesicht. Kleine Kneipen, vor denen Frauen in aufreizender Unterwäsche standen, alte, stillgelegte Hotels, mit herausgerissenen Fenstern, Betrunkene, die sich später auch als Rauschgiftsüchtige herausstellten, und vor den Schaufenstern lagen oder an der Hauswand lehnten, bestimmten das Bild. Ich bekam erste Bedenken, vor allem in Hinblick auf unsere Kinder, die in dieser Umgebung nicht gerade behütet groß werden würden. Nachdenklich fuhren wir zurück ins DRK-Heim und überlegten uns die weiteren Schritte, die, jeder für sich, ausschlaggebend für unsere Zukunft sein würden. Wir entschlossen uns, es mit diesem Kiez zu versuchen. Ihm eine Chance zu geben und endlich unser kleines geordnetes Familienleben zurückzubekommen. Mehr, als erneut auf Wohnungssuche gehen zu müssen, konnte uns eigentlich nicht passieren. Manuela, die von der Wohnung und ihrem zukünftigen Zimmer jetzt schon begeistert war, hatte eigentlich nur eine ziemlich große Sorge für ein noch ziemlich kleines Mädchen: „Müssen wir dann auch immer in Unterwäsche herumlaufen?“, fragte sie mich mit einem Stimmchen aus sehr gemischten Gefühlen. Die aufreizend gekleideten Frauen, die sie unterwegs gesehen hatte, hatten sich ihr eingeprägt. Nicht die Frauen in Gewändern, nicht die völlig normal bekleidete Bevölkerung, sondern die Prostituierten. Ohne in kindliche Ängste zu verfallen, hatten sich mir diese Frauen natürlich auch eingeprägt und ich nehme mal an, Peter auch. Das kannten wir bisher nicht.

Dann ging mal wieder alles sehr schnell. Der Mietvertrag wurde unterschrieben. Es war Mitte September, als wir den Schlüssel bekamen. Gleichzeitig wurden unsere Umzugskartons mit den paar Habseligkeiten als „Im Westen angekommen“ bei uns angekündigt. Die konnten nun direkt in unsere neue Wohnung geliefert werden. Wieder wurde eine Hilfsaktion ins Leben gerufen. Unsere gesamte Habe aus dem Heim, wurde höchst abenteuerlich von einem der Cousins in das und um das und auf das Auto geladen und in die Wohnung gebracht. Wer hatte, lieh uns Matratzen aus, ein uraltes Kinderbettchen wurde uns gespendet und wir hielten Einzug. Für die paar Kartons und Koffer und Matratzen, war die Wohnung insgesamt viel zu groß. Wir sperrten das Erkerzimmer und konzentrierten uns auf die verbliebenen dreieinhalb Zimmer. So manch alter Stuhl und Hocker landete in unserer Wohnung, ein altes schweres Bügelbrett diente als erster Tisch. Eine alte Dame, die zu ihrem Sohn ziehen wollte, hatte ein Küchenbuffet und Bad-Möbel zu verschenken und, zu Peters allergrößter Freude, auch noch eine hohe Leiter. Aus Ludwigshafen trudelten Pakete mit gebrauchtem Spielzeug, Kochtöpfen und Kleidung ein und wir waren dankbar für jedes Ding, das uns den Anfang erleichterte und nichts kostete. Jetzt hatte ich diesen Neuanfang, den ich damals im Osten etwas vermisst hatte. Hier gab es keinen Genex-Katalog und keinen Intershop und leider auch kein Westgeld mehr, das einen gewissen Luxus dargestellt hätte. Es gab Krankengeld, Sozialhilfe, Kindergeld und alles war knapp bemessen. Überall mussten die Räder erst ins Rollen kommen. Manche Sachen brauchten ewig um bearbeitet zu werden, manche wurden nach Gutdünken der Sachbearbeiter bewilligt oder abgelehnt und manche wurden einfach falsch behandelt. Wir bekamen so manches Mal die Macht des Amtsschimmels zu spüren, durften von den Ungerechtigkeiten der Bürokratie kosten und heulten so mancher Mark und Stunde hinterher, die uns falsche Entscheidungen gekostet hatten. Wer es aber geschafft hatte, der DDR zu entkommen, gab so schnell nicht auf. Ein Herr von der Kindergeldkasse machte uns den Vorwurf, wir wären nur wegen des Kindergeldes in den Westen gekommen. Nein, von solchen Leuten wollte ich mir den Westen nicht vermiesen lassen. Ich machte von meinem Recht auf Beschwerde Gebrauch und der Herr bekam von seiner Chefin eine Rüge und musste sich bei mir entschuldigen. Das kostete ihn einige Überwindung, aber für mich war es ein innerer Vorbeimarsch. Ich hatte ein Recht, mich zu beschweren und machte davon erfolgreich Gebrauch. Leider hörte mein Zittern der Hände und der Stimme nicht auf. Das war mit mir zusammen übergesiedelt. Die innere Aufregung, wenn ich mit Behörden und Amtspersonen zu tun hatte, blieb mir, für alle sichtbar, erhalten, machte mich aber nicht mundtot.

Als wir im Osten aufgebrochen waren, um uns ein neues Leben im Westen einzurichten, wollten wir alles alleine schaffen. Unser Plan war, uns erst bei unseren Verwandten zu melden, wenn wir aus dem Gröbsten raus waren und etwas vorzuweisen hatten. Dieser Plan war bereits an der Friedrichstraße, gleich hinterm Tränenpalast gescheitert, weil der Buschfunk uns eine Delegation zum Aufsammeln und Einsortieren unserer Familie geschickt hatte. Die Freude damals war sehr groß und vieles ließ sich viel einfacher packen, als wenn wir allein die ersten Wege hätten bestreiten müssen. Nun aber waren wir zu Dankbarkeit verpflichtet. Wir waren dankbar. Dankbar für jeden Rat, für jeden Tipp und für jede Hilfe. Muttis Cousine aber entwickelte genau den Übereifer in all ihrer Hilfsbereitschaft, den wir befürchtet hatten. Ich kannte diese Frau nur von Familienfeiern, hatte sie als Einzelperson erst bei einem Besuch an Onkel Ottchens Sterbebett näher kennen gelernt und war damals von ihrer Art und Weise, besonders der, sich auszudrücken, regelrecht angewidert gewesen. Sie wünschte mir damals, als sie sich verabschiedete, mit einem Blick auf meinen dicken Bauch, ein „Fröhliches Kalben“, was ich überhaupt nicht lustig finden konnte. Sie war eine sehr kranke Frau, die dem Tod schon mehrmals tief in die Augen geschaut hatte. Dafür hatte sie mein volles Mitgefühl, es machte sie mir aber nicht angenehmer. Zu allem Übel wohnten wir ihr nun auch noch fast gegenüber und sie machte uns zum Mittelpunkt ihrer Fürsorge. Als Kind, so hatte Mutti es mir erzählt, hatte sie den Namen Piep-Anna von ihren Brüdern verpasst bekommen. Unterdessen piepste sie nicht mehr und wenn die Krankheit sie nicht gerade ans Bett fesselte, versuchte sie mit unerschöpflicher Energie, unser Leben zu organisieren. Ihr Freund forderte Sachen zurück, die sie uns großzügig überlassen hatte. So gerieten wir in unschöne Streitereien, die einige Peinlichkeiten mit sich brachten. Und unsere gute Erziehung ließ uns immer wieder Rücksicht auf ihren fatalen Gesundheitszustand nehmen. Dankbarkeit wurde gefordert und wir versuchten uns dankbar zu zeigen.

Mit dem Umzug nach Schöneberg lag es nahe, auch Manuela umzuschulen. Am Winterfeldtplatz befand sich nicht nur die St.-Matthias-Kirche, zu deren Gemeinde wir jetzt gehörten, sondern es gab auch eine katholische Schule. Diese wurde uns wärmstens ans Herz gelegt. So machte ich mich auf den Weg, um unsere Große dort anzumelden. Im Büro empfing mich eine freundliche Sekretärin, die sich mein Anliegen anhörte und mit großem Bedauern ablehnen musste. Die Schule war jetzt schon überfüllt und eine lange Liste von wartenden Schulkindern musste abgearbeitet werden, wenn ein Platz frei wurde. Mein geschulter Kampfgeist ließ mich nicht aufgeben. Sehr freundlich aber bestimmt, verlangte ich, den Direktor zu sprechen. Ich hatte Glück. Er war in seinem Büro anwesend und ohne Termin durfte ich trotzdem sofort zu ihm rein. Ein freundlicher, großer schlanker Mann mit gescheiteltem Lockenkopf bot mir einen Platz an und hörte sich mit verständnisvollen Blicken die Geschichte unseres Kampfes um ein Leben im Westen an. Er brauchte nicht lange für seine Überlegungen. Er fand eine Möglichkeit und genug Begründungen, Manuela in einer der ersten Klassen ab sofort unterzubringen. Froh, wieder ein Problem gelöst zu haben, verließ ich dankbar das Büro. Herr Direktor setzte seine Sekretärin darüber in Kenntnis, was jetzt zu passieren hatte und einen Montag später besuchte unsere Tochter die Schule unserer Wahl.

Viele Ereignisse und Begebenheiten überschnitten sich in dieser aufregenden Zeit des Neuanfangs. Zu den besten Ereignissen gehörte, dass Peter sehr schnell eine Arbeit fand. Die Umwege der schriftlichen Bewerbungen ersparte er sich. Er packte sein Mäppchen mit allen benötigten Zeugnissen, Qualifizierungen und Beurteilungen zusammen und machte sich auf den Weg nach Siemensstadt. Die Nonnendammallee samt Personalbüro war schnell gefunden, man ließ ihn vorsprechen, machte sich ein Bild, schrieb Verträge und als er nach Hause kam, stand er als frischgebackener Siemensmitarbeiter, mit geschwollenem Kamm vor seiner Familie. Wir hatten nun alles in trockenen Tüchern. Der Übersiedlerkredit war durch, wir konnten aufatmen, uns entspannen und in aller Ruhe die nächsten Pläne schmieden. Zwischen Mutti und mir bestand reger Briefverkehr. Das Telefonieren war uns zu unzuverlässig. Unser Anschluss war erst beantragt und Mutti war nur auf ihrer Arbeitsstelle oder bei Bekannten mit Telefonanschluss erreichbar. Ich hatte schon immer gerne Briefe geschrieben, aber nun erreichte die Schreiberei Kultstatus. Die meisten Briefe hatten mehr als fünf Seiten und erzählten von den kleinsten Details unseres Lebens. So konnten meine Eltern immer Teil haben an unserem Leben. Die Post machte gute Geschäfte mit uns. Ich hatte natürlich noch mehr interessierte Briefempfänger im Westen wie im Osten und immerzu durchkreuzte irgendein Brief die gesamtdeutschen Wege. Tante Annelie, die unseren Schriftverkehr mit den Anwälten und Behörden im Westen unter ihre Fittiche genommen hatte, wurde nun auch zu einer persönlichen Größe in unserem Leben. Anfangs war sie ein bisschen beleidigt gewesen, weil wir uns nicht sofort bei ihr gemeldet hatten. Der Buschfunk hatte längst auch sie erreicht und sie wollte uns zweimal vergeblich im Rot-Kreuz-Heim besuchen. An der Tür fanden wir einen Brief von ihr, dass wir uns doch bitte mal melden sollten. Als ich sie dann anrief war sie einerseits erleichtert und hatte erst Verständnis für unser Schweigen, als sie erfuhr, dass wir von unserem Abholtrupp selbst überrascht worden waren. Nach dem Telefonat trafen wir uns dann im Heim. Sie erzählte uns, dass sie schon vermutet hatte, wir hätten einen Rückzieher von unseren Anträgen gemacht. Es stellte sich heraus, dass unsere gesamte Post, die ich an sie gesendet hatte, nie bei ihr angekommen ist. Wir fragten uns nicht, wo sie geblieben war. Für uns stand fest, dass „Horch und Guck" hier besonders gründlich gearbeitet hatte. Als wir uns verabschiedeten, versprach ich, mich immer wieder mal zwischendurch zu melden, spätestens dann, wenn wir eine Wohnung gefunden hatten. So hielt ich sie regelmäßig, wenn sich ein Telefon bot, auf dem Laufenden. Nun aber hatten wir eine Wohnung und Peter eine Arbeit und wir waren durchaus in der Lage sie zu einem gemütlichen Kaffeetrinken einzuladen. Tante Annelie arbeitete seit Jahrzehnten bei einer großen Versicherungsgesellschaft, die mir durch ihre Werbung im Fernsehen schon seit meinen frühesten Kindertagen bekannt war. Sie beriet uns umfassend und klug in allen Versicherungsfragen und, das fand ich am aller wichtigsten, wir brauchten keine Angst vor Betrügereien zu haben.

Ganz in unserer Nähe befanden sich auch Möbelgeschäfte, die wir bisher auch nur aus Werbefilmchen kannten. Nicht Möbel-Krija, sondern Möbel-Krieger und Möbel-Hübner, die immer so nett grüßen ließen, waren Ziel mehrerer Nachmittagsausflüge unserer Familie. Aus unserem neuen Bekanntenkreis ließ es sich natürlich niemand nehmen, uns bezüglich des Möbelkaufes zu beraten. Die einen schworen auf Domäne-Möbel, andere auf Otto oder Neckermann und wieder andere legten uns die großen Namen ans Herz, die die bessere Qualität und Auswahl zu bieten hatten. So machten wir uns auf den Weg und horchten und guckten selber, was der Westen so zu bieten hatte.

Das Angebot haute uns um. Wir mussten auch hier auf jeden Fall einen Vorausscheid durch Preisvergleich treffen. Aber mal schauen und staunen kostete nichts. Wir kamen uns teilweise wie auf einer Kunstausstellung vor. Es gab Möbel, die wir uns gar nicht zu bewohnen getraut hätten. Möbel, die so beeindruckend waren, dass man nicht glauben konnte, irgendein Mensch würde sich diese Kostbarkeiten in seinen Wohnraum stellen. Wir standen davor wie Arbeiter und Bauer vor königlichem Thron. Unsere Kinder waren respektlos. Jede Couch wurde besetzt und jede hochglanzpolierte Fläche begrapscht. Bei denen mit dem Hut stießen wir dann aber doch auf Abteilungen, die Möbel von guter Qualität zu überschaubaren Preisen anboten. Hier wurden wir beraten, als wären wir König mit Gemahlin. Ein Herr, er schien zu merken, dass ich mich in Eiche rustikal verliebt hatte, zeigte uns verschiedene Schrankwände und Schränke in dieser Art. „Schade“, sagte er und wies auf eine Schrankwand, die es mir angetan hatte. „Dieses Stück“, sagte er, „gab es bis letzten Samstag als Sonderangebot.“ Ich ließ die arme Mutter aus mir heraus, erzählte von unserer Ausreise und dem Kredit und dem Wunsch, unser Wohnzimmer, wenigstens dieses, anspruchsvoll einrichten zu wollen. Der Herr war ein guter Verkäufer, vielleicht auch ein guter Mensch, denn er griff zum Telefon und hatte drei Minuten später, von höherer Stelle abgesegnet, die Erlaubnis, uns die Schrankwand für den Preis der letzten Woche zu verkaufen. Wir kamen ins Geschäft, und vier Wochen später stand die riesige Schrankwand samt all ihren Verzierungen und Verglasungen als erstes Möbelstück in unserem Erkerzimmer. Ging man in Westberlin durch die vielen Geschäfte, suchte man vergeblich nach Bückware und BERATUNGSMUSTERN. Hier gab es alles, jeden Preis, jeden Stil, jede Qualität. Trödelläden, Second-Hand-Läden, Billigmärkte und Discounter. Für Elas Stube kauften wir eine Schrankwand aus den 60er Jahren. Sie liebte die Farbe Pink, die mir bisher nur als Rosa und dezenter bekannt war. Peter schmirgelte und strich den Schrank in diesem Farbton und ich bemalte ihn mit einer überdimensionalen Barbie, Seifenblasen, einem roten Cabrio, Schmuck, Nagellackflakons und Lippenstift. Er wurde ein Hingucker, ein Unikat und das gesamte Zimmer mehr und mehr zu einem rosa Mädchentraum. Auch Fränzis uraltes Gitterbettchen bekam neue Farbe und Blumen und Schmetterlinge. Aus den Umzugskartons schnitt ich Türen heraus, stellte sie übereinander und hatte so eine vorerst preiswerte Alternative für einen Kinderzimmerschrank. Wir mussten haushalten. Eine so große Wohnung einzurichten war eine kostspielige Angelegenheit, und so lernten wir, auch die Artikel der Domäne oder der Versandhäuser zu schätzen.

Zu Weihnachten leisteten wir uns unseren ersten Farbfernseher. Die Kinder waren überglücklich und Peter und ich konnten uns nicht sattsehen an den Musikvideos, die selbst für eingefleischte Westler noch Neues zu bieten hatten. Die Weihnachtszeit mit all ihren Lichtern, der feierlichen Musik und dem auf das Fest eingestellten Fernsehprogramm, ließ mich manchmal von einer Sekunde zur anderen sehr traurig werden. Nun waren wir im Westen, genau dort, wo wir um jeden Preis hingewollt haben. Wir hatten eine tolle Wohnung, Peter hatte Arbeit. Die Familie war glücklich, jeder war gesund und die Kinder entwickelten sich prächtig, und doch war das Glück nicht vollkommen. Ich hockte nun auf der anderen Seite der Mauer und vermisste schmerzlich hauptsächlich meine Mutter. Wir hatten im Westen liebe, nette Menschen kennengelernt. Menschen, die uns manchmal einluden oder die zu uns kamen. Menschen, die ihre Traditionen rund um das Weihnachtsfest seit Jahrzehnten auf ihre Art und Weise feierten, die sich in der Familie trafen, ihre Wege und ihre Aufgaben in der Küche oder der guten Stube erledigten. Wir mussten erst ein Weihnachtsfest im kleinen Familienkreis erlernen. Nur wir und der

Weihnachtsbaum und meine handbemalte Krippe. Unser erstes Ritual wurde es, Weihnachtspakete für all unsere Lieben zu packen und zu verschicken. Vorher musste natürlich alles ausgesucht, gekauft und rangeschleppt werden. Teilweise sah es in unserer Küche wie in der Weihnachtsmann-Manufaktur aus. Voller Freude sahen unsere Kinder die Berge von Schokolade, Weihnachtsmänner in bunter Folie, Bonbons, Lebkuchen, Marzipan und Nougat. Voller Unwillen sahen sie die Berge immer kleiner werden und in Pakete verschwinden. Manuela verstand die Worte Teilen und Verschenken, aber die Kleinen hatten keinerlei Verständnis. Als dann auch noch Packpapier und Schnur um die Pakete kam, verloren sie jede Hoffnung, und als Peter alles wieder aus der Wohnung trug, um zur Post zu gehen, brach ihre schöne neue Weihnachtswelt in sich zusammen wie ein Kartenhaus. Es blieb bei gut gefüllten Stiefeln zum Nikolaus und bei den Adventskalendern mit dem mickrigen Schokoladenstückchen am Morgen, das schon im Mund landete, bevor das Bild angesehen wurde. Bei uns wurde gebastelt, gebacken und gebaut. Geschichten und Märchen erzählt und immerzu dudelte irgendwo ein Weihnachtslied. Im Werbefernsehen kamen immer irgendwelche weitgereisten Familienmitglieder zum Heiligen Abend durch Schnee und Eis in ihr Elternhaus gestürmt, um Tee oder Kaffee zu trinken oder Schokolade zu essen. Die Wohnzimmer hatten stets einen Kamin, in dem das Holz prasselte, opulente Weihnachtsbäume und eine reich gedeckte Kaffeetafel. Mehrere Generationen kamen zusammen, strahlten sich an und waren glücklich. Wenn dann noch die perfekte Musik im Hintergrund lief, fing ich an zu heulen und konnte mich lange nicht beruhigen.

Die Botanikerin in mir nannte mich ein Mauerblümchen. Ausgesät schon in den Jahren, als man die Mauer nur erahnen konnte. Als sie noch abgestritten und als geheime Staatssache doch schon beschlossen war, als meine Omi nicht mit mir, sondern mit meinem Bruder auf Reise in den Westen ging, mir allerlei schöne Dinge mitbrachte und mit Mutti ihre Sorgen und Ängste betuschelte. Dann, als sich alle Sorgen bestätigten und die vernuschelte sächsische Fistelstimme mit dem Bart und der runden Brille der Lüge überführt war, als Stacheldraht und Betonklötze missbraucht wurden, um eine Stadt und ein ganzes Land zu spalten, fing ich an zu keimen und Wurzeln zu schlagen. Nicht im Schutz, sondern im Schatten der Mauer. Einem Schatten, der mir das Licht und die Wärme nahm, der sich über jede Familienfeier wie ein Grauschleier legte, der meiner Mutter verbot, an das Sterbebett ihrer Mutter zu eilen und der verhinderte, dass man seinem Nachbarn, seinem Freund und selbst seiner eigenen Familie vertrauen konnte. Mauerblümchen sind sehr ausdauernd, bescheiden und von starkem Überlebenswillen. Sie passen sich an, ohne ihre Natur zu verleugnen und brauchen doch ihnen gerecht werdende Lebensumstände, um üppig zu wachsen und zu blühen. Ich weiß, dass es in der Botanik keine Art der Selbst-Umtopfer gibt. In der DDR gab es sie aber. Sie flüchteten durch Tunnel, mit Seilen über Hausdächer, mit Fesselballons und Booten, mit Leitern oder in Kofferräumen, direkt über die Mauer, die Grenzen anderer Länder, sie besetzten Botschaften oder sie stellten Ausreiseanträge. Viele verloren dabei ihr Leben, viele verdorrten im Stasiknast, wurden als Verbrecher gebrandmarkt und als gebrochene Menschen für Devisen in den Westen verramscht. Manche wurden auch zwangsumgetopft, weil ihr umtriebiges Wuchern in Form von Liedern, Gedichten, Büchern und Kritiken den Erbauern des antifaschistischen Schutzwalls Angst machte, weil deren Engstirnigkeit keine Diskussion, keine Kritik, keine Neuerung zulassen konnte, und weil sie alle befürchteten, ihre im Trockenen stehenden Schäfchen könnten nass werden. So wurde ich als Mauerblümchen ein Neophyt. Eine Pflanze, die auf welchen Wegen auch immer neuen Boden besiedelt, Wurzeln schlägt und sich einrichtet, auch wenn der neue Boden auf der anderen Seite der Mauer auch nicht optimal für das Zimbelkraut, das Mauerblümchen, war.

Mit allen Gefühlshöhen und -tiefen, bewältigten wir unser erstes Weihnachten in Westberlin. Wir feierten Elas siebten Geburtstag und beschenkten sie mit einem Fahrrad aus dem Trödelladen. Wir, also Vater und Mutter, ein paar Geschenke, feines Essen und ein stattlicher Weihnachtsbaum, bescherten den Kindern ein glückliches Weihnachten. Silvester verbrachten wir mit der Familie, die wir in Marienfelde kennengelernt hatten, die dann auch im Rot-Kreuz-Heim zur Nachbarschaft gehörte und irgendwann dann doch eher zu unserem Freundeskreis zählte.

Unsere Piep-Anna von gegenüber war allgegenwärtig. Sie kreuzte nach ihrem Kirchgang Sonntag für Sonntag bei uns auf, bestellte sich ein gekochtes Ei und ließ es sich an unserem Frühstückstisch gut gehen. Irgendwann folgten kleine Sticheleien, mit denen sie uns aufforderte, eine Dankeschön-Feier für alle auszurichten, die uns bei und nach der Übersiedlung geholfen hatten. Aus kleinen Sticheleien wurden Forderungen und wir sahen uns gezwungen, obwohl wir genug andere Ausgaben zu bestreiten hatten, eine große Party auszurichten. Piep-Anna wuchs sich zu einem Problem aus. Ihre Waschmaschine war kaputt. So kam sie mit Bergen von Wäsche zu uns, die ich für sie waschen sollte. Nicht etwa Textilien, die man aus bestimmten Gründen von einem auf dem anderen Tag brauchte, sondern jede Art von Wäsche. Sogar die Wäsche ihrer angehenden Schwiegersöhne war dabei. Piep-Anna hatte einen Sohn und zwei Töchter, Kinder, die erwachsen waren und die entweder nicht darüber nachdachten, oder auch der Meinung waren, dass unsere Familie von nun an zu allen Dankbarkeitsbezeugungen verpflichtet war. Piep-Anna kreuzte nun auch regelmäßig bei meinen Eltern auf und schwatzte ihnen Dinge für uns ab, die wir gar nicht haben wollten. Wollte ich von meinen zurückgelassenen Garnen oder Nadeln etwas haben, schleppte sie Muttis gesamten Nähkasten hier an und wollte ich ein paar Ableger meiner alten Grünpflanzen, schleppte sie meinen Eltern den ganzen Urwald aus der Wohnung. Sie hinterließ damit bei meiner Familie, entgegen meinen Erzählungen, den Eindruck, wir wären in Not, und meine Eltern ließen sich zu jeder Hilfsaktion hinreißen. Natürlich überlegte ich mir genau, wofür ich unser Geld ausgab. Wenn ich wusste, dass im Haushalt meiner Eltern bestimmte Dinge zu Hauf lagerten, bat ich sie darum. Das hatte jetzt ein Ende. Anfang Februar stieg bei uns eine Dankeschön-Fete, in die wir all unser Können gelegt hatten. Ein großes Buffet mit allen möglichen Köstlichkeiten, mit Kuchen, Salaten, Braten und kalten Platten, wartete auf unsere Gäste. Alle waren zufrieden und bester Laune und lobten meine Köstlichkeiten und die ganze Organisation. Wer fehlte war Piep-Anna. Es ging ihr nicht gut und so musste sie der Feier leider fernbleiben. Aber die Wäscheberge blieben mir erhalten und so fand ich genug Gelegenheit für ein stetes Dankeschön.

Unterschieden sich denn nun die Menschen im Westen von denen im Osten wirklich und wenn ja, worin? Ehrlich gesagt, konnte ich keine wirklichen Unterschiede feststellen. Manchmal kamen die Leute im Westen mir selbstbewusster vor. Sie gingen ihrem Leben und ihren Vorlieben mit einer ganz natürlichen Selbstverständlichkeit nach. Sie hatten andere Vorlieben und mehr Freizeit als man es im Osten kannte, es sei denn, die Jagd nach den Dingen des täglichen Bedarfs bezeichnete man als Freizeitvergnügen. Im Westen konnte man sich für jede Art von Sport begeistern und ihn ausüben. Man konnte jedes Buch lesen, für das man sich interessierte, Hobbys nachgehen, die man im Osten nicht einmal kannte, Tanzen gehen, Konzerte besuchen, Theater, Kino, Bowlingbahnen, Reisen in aller Herren Länder, alles stand den Leuten offen. Sie mussten nur genug Kohle auf den Tisch legen und mit ihrem Geldbeutel entsprechend haushalten. Die Tatsache, dass der Westen aus einer Wegwerfgesellschaft bestand, schuf einen großen Unterschied. Im Osten sammelten wir kaputte Strumpfhosen, teilweise steckten sie als Füllmaterial in den Westpaketen mit drin. Im Osten kostete eine neue Feinstrumpfhose aber auch fünfzehn Mark, aufgenommene Laufmaschen kosteten 30 Pfennig. Für eine Strumpfhose musste ich im Osten drei bis vier Stunden arbeiten. Im Westen bekam ich eine Strumpfhose für 75 Pfennig bei Aldi. Der Umgang mit den Dingen, die Wertschätzung, war sehr unterschiedlich und prägte die Menschen. Meine Kunst, Strümpfe zu stopfen oder Wäsche zu flicken, war nicht mehr gefragt und bei den Preisen auch nicht mehr nötig. Manchmal wurde ich belächelt, wenn ich es trotzdem tat. Die ältere Generation schätzte es noch, aber die modernen jungen Frauen gaben solche Arbeiten zu Oma oder in die Änderungsschneiderei, um dann über die Preise zu jammern, oder sie füllten die Mülltonnen. Meine Einkaufsmeile bestand aus Woolworth, Aldi und C&A. Mit diesen Läden, so dachte ich, könnte ich bis an mein Lebensende glücklich werden. Einen Friseur brauchte ich nicht. Ich machte von der Dauerwelle über Strähnchen und Schnitt meine Haare selber. Auch die der Kinder. Selbst Peter schnitt sich seine Haare selbst und wir sahen damit nicht schlechter aus als andere. Die feinen Unterschiede an Stoffen, Verarbeitung und Qualität lernte ich erst im Laufe der folgenden Monate kennen. Wie schön es war, keine Chemiefasern mehr tragen zu müssen, nicht mehr innerhalb kürzester Zeit nach Schweiß zu riechen, und auch das sich einstellende Hautgefühl musste erlernt werden.

Das Kochen, den Umgang mit den vielen Gemüsesorten, der neue Geschmack, die Gewürze und damit einhergehende Gerüche, musste ich erlernen. Kochen konnte Spaß machen, wenn man alle benötigten Zutaten bei einem Gang über den Markt bekam. Die Welt war neu für mich kreiert worden und wartete auf ihre Eroberung. Die Hobbyläden verwöhnten mich mit Farben und Spezialstiften, mit nie gesehenen Papiersorten und mit Back-Knete, die nun nicht mehr Suralin, sondern Fimo hieß und ein unerschöpfliches Angebot an Farbenvielfalt und Zubehör bereithielt. Ich verlor aber niemals den Preis der Dinge aus den Augen. Warum sollte ich Goldfolie kaufen, wenn die Schaumkuss-Verpackungen die herrlichste Goldpappe lieferte? Warum Kinderstrumpfhosen ausrangieren, weil sie zu klein waren? Man konnte die Füßlinge abschneiden und Leggings draus machen, Löcher oder Flecken konnte man mit gehäkelten Blumen kaschieren, Reißverschlüsse und Knöpfe von alten Sachen abtrennen und aufbewahren und kaputte Socken zu Ärmelschützern für die Kinder umändern. Ich hatte einen Mann, der das genauso sah. Wir wurden Aufbewahrer, Umänderer und aus-Kacke-Konfekt-Macher. Wenn wir eins im Osten gelernt hatten, dann war es das. Wir hatten Spaß daran. Das hatte nichts damit zu tun, dass wir uns neue Dinge nicht leisten konnten, das war einfach unsere Lebensphilosophie und zu der standen wir auch.

An den kleinen Verführern kam ich früher oder später aber doch nicht vorbei. Parfumdüfte, denen kein noch so gutes Deo das Wasser reichen konnte, stiegen mir ständig in die Nase. Jede Frau und jeder Mann um mich herum duftete irgendwie gut und anders und konstant und typisch. Auch, was die Bekleidung betraf, hatte jeder seinen eigenen Stil. Den hatte ich nicht. Ich war es gewöhnt, entweder meine Bekleidung aus den Westpaketen zu nehmen – passt, passt nicht, macht blass, macht dick – oder das anzuziehen, was die DDR-Konfektion hergab. Da kam dann sowieso ein Kittel rüber und gut war es. Die Exquisitläden mit ihren völlig überteuerten Preisen, waren in der Auswahl der Bekleidung eine absolute Ausnahme und viel zu teuer, um sich damit einen gewissen Grundstock an Garderobe zuzulegen. Hatte man das Glück, einen schicken Pullover und ein paar schicke Schuhe zu haben, konnte man gewiss sein, dass beides nicht zueinander passte. Was hatte ich in den geschmuggelten Katalogen für hübsche Kittel gesehen. Leider trug nur noch die ältere Generation Schürzen und Kittel, als wir in den Westen kamen. Jetzt waren

Jogginganzüge gefragt, die es in allen Varianten gab. Das Wort Trainingsanzüge entlarvte mich als Ossi. Jogginganzüge waren die Freizeitkleidung schlechthin, und wenn nicht gerade Puma oder Adidas draufstand, waren sie auch erschwinglich. Ich trauerte nur kurz um meinen Traum von den Kittelschürzen und bald war die ganze Familie mit Jogginganzügen zum Lümmeln, Kochen, Freizeitspaß ausgestattet. Ich lernte sehr schnell, dass es für die meisten Leute um uns herum doch einen Unterschied ausmachte, welches Wort und welches Markenzeichen auf welchen Kleidungsstücken vermerkt war, und empfand es als Irrsinn, den ich keinesfalls und niemals in meinem Leben mitmachen würde. Manuela, die umgeben von Gleichaltrigen ihren Schulalltag bewältigen musste, sah das etwas anders. Ich arbeitete von Anfang an im Elternrat mit und in so mancher Sitzung wurde die Problematik mit der Markenkleidung, die für die Kinder wie ein Aushängeschild war, besprochen. Ela hatte es nicht leicht mit ihren gestickten Blümchen auf den Löchern, mit meinen selbstgestrickten Mützen und Schals und den Turnschuhen von Aldi. Aber wer hat es schon leicht im Leben. Ich war ohne Pioniertuch und FDJ-Hemd durch das Schulleben gekommen. Sie, und auch die Kleinen, würden lernen müssen, ohne Adidas und Puma groß zu werden. Es sei denn, der Wunsch würde ein Geburtstags- oder Weihnachtswunsch sein.

Unterdessen hatten wir ein Telefon. Das machte unser Leben insgesamt viel leichter. Wir konnten gemütlich vom Sofa aus immer wieder per Wiederholungstaste die Vorwahl nach Ostberlin wählen, bis wir dann endlich mal das Glück hatten, durchzukommen. Ich wusste, wann Mutti auf Arbeit erreichbar war, oder wenn sie irgendwelche Leute besuchte, die einen Telefonanschluss hatten. Unser Briefverkehr war nach wie vor rege und von besonderer Herzlichkeit. Meine Schwester ließ sich auch nicht lumpen, sie schrieb sehr regelmäßig und erzählte von sich und ihrem Leben, von ihren enormen schulischen Leistungen, von ihrer großen Liebe und wie toll alles war. Wenn ich mit Mutti telefonierte, stellte sich manches anders dar. Die schulischen Leistungen waren eben nicht so toll und das private Leben war durchzogen von vielerlei Problemen, was die Liebe und das finanzielle Auskommen betraf. Natürlich glaubte ich meiner Mutter, denn sie hatte nicht die Natur, Ereignisse falsch zu schildern oder andere Menschen zu verunglimpfen. Das Naturell meiner Schwester war anders geartet. Sie konnte von den höchsten Sphären guter Laune von einer Sekunde zur anderen in ein tiefes, dunkles Loch voller Tränen fallen. Sie konnte tiefschwarze Begebenheiten rosarot wahrnehmen und sie konnte Geschichten ohne mit der Wimper zu zucken so erzählen, dass man nicht wusste, ob der Wahrheitsgehalt bei 50% oder nur bei 5% lag. Ich steckte ein bisschen in der Klemme, hatte ich doch noch das Gespräch mit meiner Nachbarin, die Dannis Lehrschwester war, im Ohr und viele Begebenheiten um die Kindheit und Jugendzeit meiner Schwester vor Augen. Sie musste doch eigentlich damit rechnen, dass Schwindeleien mit Ausbildungserfolgen und einem Leben in schönster Harmonie irgendwann, selbst wenn ich im Westen war, auffliegen würden.

Es dauerte auch nicht lange, da flatterten Briefe mit trübsinnigen Gedanken bei mir ein. Ihre Gesundheit war so schlecht, dass sie wohl niemals Kinder bekommen könnte. Der Gynäkologe hatte ihr alle Hoffnungen genommen, jemals Mutter werden zu können. Als Schwester schrieb ich ihr tröstende Worte, war aber aus ihren Erklärungen, warum das so sein sollte, nicht klug geworden. Das war auch nicht nötig, denn schon bald kam ein Brief, der mich nun darüber aufklärte, dass auch Dannis große Liebe niemals Vater werden konnte. Alle medizinischen Erkenntnisse sprachen eindeutig dagegen und der Brief lag tränenschwer in meiner Hand. Über ihre Ausbildung berichtete sie gar nicht mehr. Bei einem Telefonat mit Mutti erfuhr ich dann, dass die Ausbildung meiner Schwester leider sehr schlechte Ergebnisse erzielte, dass sie in einem der Hauptfächer sogar eine Fünf hätte (was in der DDR die schlechteste Note war). Diese gegensätzlichen Aussagen ließen mich aufhorchen und spekulieren. „Wie soll sie denn aus dieser Nummer, nach all den großartigen Nachrichten über ihre Lernerfolge, jemals wieder rauskommen, ohne ihr Gesicht zu verlieren?",fragte ich mich und fragte ich Peter. Der zuckte nur mit den Schultern, hin- und hergerissen zwischen seinen Erfahrungen mit meiner Schwester und meinen Gefühlen, die ziemlich ins Wanken geraten waren. „Ich würde mich nicht wundern, wenn sie, wie auch immer, auf einmal schwanger sein würde und damit einen wunderbaren Grund hätte, ihre Ausbildung vorläufig zu unterbrechen", sinnierte ich vor mich hin. „Wenn beide keine Kinder kriegen können, ist das ja sehr unwahrscheinlich", antwortete Peter sehr leise und vorsichtig.

„Es sei denn, diese Nachrichten waren übertrieben oder einfach geschwindelt, wie ihre Lernerfolge“, antwortete ich und schwieg. Zwei Monate später wurde die erste Schwangerschaft meiner Schwester bestätigt und verkündet, sie legte ihre Ausbildung auf Eis, schickte wieder euphorische Briefe und teilte mir ihre geplante Hochzeit im kommenden Herbst mit.

Ich stand ziemlich im Abseits. Nachrichten erreichten mich, widersprachen sich, ließen auf sich warten. Wir hatten den Kopf mit eigenen Problemen voll und mir war es das Liebste, nur noch mit Mutti zu kommunizieren. Wie soll man reagieren, wenn man das Gefühl hat, belogen zu werden und nicht angemessen reagieren zu können, ohne dass es zum Streit kommt. Im Mai bekamen wir so etwas wie Familienzuwachs. Petra hatte längst einen prachtvollen Burschen geboren und stand nun vor der Frage, wie sie nach dem halben Jahr Mutterschutzurlaub ihre Berufstätigkeit mit ihrem Baby vereinbaren konnte. Grundsätzlich war ihre Idee, mich zu fragen, naheliegend. Ich war Hausfrau und Mutter und hatte meine beiden Kleinen um mich. Was konnte es da ausmachen, nun auch noch ihren Sohn bei uns aufzunehmen? Der Kleine war mein Patenkind und es winkte eine Bezahlung, eine ganz kleine, aber mehr als nichts. Unsere detaillierten Absprachen über den Umfang meiner Zuständigkeit für den Kleinen waren leider sehr oberflächlich. Meine Cousine brachte ihn meist morgens, bevor sie zur Arbeit ging. Ihr Mann, der keine feste Arbeit hatte und nur ein paar Stunden am Tag oder in der Woche jobbte, beschäftigte sich mit seiner Leidenschaft, dem Sport. Er besuchte Fitnesscenter oder er brachte verwaltungstechnisch sein Leben in die Reihe, machte Behördengänge, renovierte die Wohnung und der Kleine war bei uns. So vergingen die Monate. An Verabredungen, wann der Kleine abgeholt werden sollte, hielt sich sein Vater überhaupt nicht. Gut gelaunt erschien er am späten Nachmittag, saß dann noch ewig in unserer Küche oder im Wohnzimmer, wartete noch das Abendbrot für sein Kind im Kreise unserer Kinder ab und dann, irgendwann, verschwand er. Unser gesamter Nachmittag ging damit flöten. Wir verbrachten viel Zeit am Fenster, weil wir auf Uwe warteten. Es kam der Nachmittag, an dem wir, entgegen der vereinbarten Zeit, schon seit drei Stunden auf Uwe warteten. Er meldete sich auch telefonisch nicht. Als er dann bestens gelaunt auf unserem Korridor stand und sich beklagte, wie lange es heute auf der Visa-Stelle, wo man Besuchsanträge nach Ostberlin stellen konnte, gedauert hatte, fasste ich mir ein Herz. Ich versuchte ihm klar zu machen, dass es für unsere Familie und auch für den Kleinen nicht gut war, wenn wir fast täglich auf sein Erscheinen stundenlang warten mussten. Ich machte ihm bewusst, seit wie vielen Monaten er durch seine Unzuverlässigkeit unseren Nachmittagsrhythmus völlig durcheinanderbrachte, dass die Läden um 18.00 Uhr schlossen, die Schule mit Abendveranstaltungen auf mich wartete und ich in der knappen Zeit immerhin noch drei Kinder bettfertig machen musste. Er ließ das nicht gelten, zeigte keinerlei Einsicht und fuhr mich in einer lautstarken und beleidigenden Art und Weise vor den Augen und Ohren der Kinder an, dass mir Hören und Sehen verging. Er schimpfte auf uns faule, undankbare Ossis, die erst mal lernen sollten zu arbeiten und dankbar zu sein, anstatt sich zu beklagen. Ich bat ihn, in sehr bestimmtem Ton, sein Kind zu nehmen und sofort unsere Wohnung zu verlassen und bei uns nicht mehr aufzukreuzen.

Die Aufregung in unserer Familie hielt noch lange an. Die Kinder begriffen gar nicht, was geschehen war und die bittere Pille steckte in meinem Hals fest und wollte nicht geschluckt werden. Am späten Abend meldete sich meine Cousine am Telefon. Sie war berufstätig und vom Verbleiben ihres Sohnes bei uns abhängig. Sie hatte noch gar nicht richtig begriffen, was sich bei uns zu Hause abgespielt hatte, denn all ihren netten verbindlichen Worten zum Trotz, hörte ich ihren Mann im Hintergrund wütend auf die faulen Ossis schimpfen. Ich versuchte ihr zu erklären, was passiert war. Schilderte ihr unsere Situation durch Uwes Unzuverlässigkeit. Erzählte ihr, wie schlimm das ständige Warten auch für ihren Sohn wäre. Petra verstand mich und sie verstand auch, dass ich ihren Mann vorläufig nicht sehen wollte. Wir einigten uns. Sie würde in der nächsten Zeit ihren Sohn bringen und abholen und sie würde zum Bezirksamt gehen und einen offiziellen Platz bei einer Tagesmutter beantragen. Sollte das Bezirksamt ihr nicht helfen können, dürfte sie mich angeben. Auf diese Art und Weise hätten wir dann klare Regeln, Zeiten und Strukturen, nach denen wir uns richten könnten. Außerdem wäre dann auch eine offizielle Bezahlung für mich möglich, die etwas mehr als nur eine Aufwandsentschädigung gewesen wäre. So einigten wir uns und auch der wutschnaubende Vater schien für die Zukunft keine Probleme darin zu sehen, dass sein Sohn den ganzen Tag in der Gesellschaft fauler Ossis verbrachte. Petra ging zum Bezirksamt und dieses hatte ihr in der Tat keinen freien Platz bei einer Tagesmutter anzubieten. Als sie mich dann, wie einen Joker aus dem Ärmel zog, wurden das Jugendamt und wir uns schnell einig. Erste Gespräche und Wohnungsbesichtigung fanden statt und Auflagen wurden erteilt und mir wurde auch gleich noch ein zweiter Platz für die Tagespflege sehr ans Herz gelegt. Peter und ich brauchten die Rote Karte vom Gesundheitsamt, ein ärztliches Attest, dass wir gesund waren. Drei eigene Kinder und damit eigene Erfahrungen im Umgang mit Kindern hatten wir vorzuweisen und wir waren ein verheiratetes Paar. Außerdem musste abgesichert sein, dass wir von den Einkünften des Ehemannes leben konnten, um sicherzustellen, dass wir von dem Erziehungsgeld des Bezirksamtes nicht abhängig waren. Wir erhielten eine Pflegeerlaubnis und waren beide mit unseren Unterschriften Pflegeeltern gleichgestellt.

Im Sommer dieses Jahres erlebten wir als Familie unseren ersten Urlaub. Eigentlich hatte ich eine Mutter-Kinder-Kur beantragt. Auf Grund unserer Familiengeschichte, riet man uns aber zu einer Familienkurreise. Wir fuhren, Dank reichlicher Unterstützung der Caritas, in den Harz, nach Braunlage, Hohegeiß. Drei Wochen Urlaub am Stück, das war etwas völlig Neues für uns. Die Aufregung war groß. Ela war noch immer die schnellste Kofferpackerin der Familie und steckte die Kleinen mit ihrem Gewusel an. Wir hatten uns ein paar Monate zuvor einen alten Opel Rekord gekauft. Ein Bastelauto und Freizeitfüller für Peter und jetzt unsere Reisekutsche in den Harz. Das Auto hatte schon lange seine besseren Zeiten hinter sich. Aber seine wohl besten erlebte es mit uns. Peter liebte es und schimpfte oftmals besorgt mit ihm. Die Kinder vergötterten es, denn es erschien ihnen so riesig und auch ich fand es sehr sympathisch, weil es mir viele Wege und Schleppereien leichter machte und uns nun auch noch mit seinem großen Kofferraum, der einiges schluckte, in den Urlaub brachte. Es war heiß und die Fahrt war sehr anstrengend. Wir mussten durch die Grenzkontrollen, um die Transitstrecke zu passieren. Überall lange Warteschlangen, Nervenkitzel und Erinnerungen an unser Leben in der DDR. Es gab viele Pippipausen und überall verdreckte Klos. Auf einer Raststätte wollten wir Mittag essen und etwas trinken. Es gab nur den uns noch sehr gut bekannten, pupswarmen Rhabarbersaft.

Den oder gar nichts. Vielleicht war das der Beginn unserer eigenen kleinen DDR-Nostalgie. Wir hatten bestellt und so tranken wir. Zumindest würde keiner einen Schluckauf von zu kalten Getränken bekommen. Die Essenbestellung ließen wir sein. Noch mehr Nostalgie hätten wir an diesem Tag nicht verkraftet.

Irgendwann, nach vielen Irrwegen und umsonst gefahrenen Kilometern, erreichten wir unser Urlaubsdomizil und wurden dort schon mit Freude und Erleichterung, dass nichts passiert war, in Empfang genommen. Wir wurden in eine bescheiden eingerichtete Ferienwohnung geführt, die wir uns mit einer alleinerziehenden Mutter und ihrem Sohn teilten. Bei aller Bescheidenheit mangelte es an nichts. Unsere Unterkunft war sauber und hell und bot alles, was eine Familie brauchte. Wie sich herausstellte, benötigten wir die Unterkunft sowieso fast nur zum Schlafen, denn das ganze Tagesprogramm, von den Mahlzeiten bis zur Unterhaltung spielte sich in den Gemeinschaftsräumen der Einrichtung ab. Hier war man auf Familien eingestellt und hatte sich einiges einfallen lassen, um den Kindern und den Eltern Erholung und Abwechslung zu bieten. Gemeinschaft wurde hier groß, ganz groß, geschrieben. Wir versammelten uns morgens im Speisesaal und begannen den Tag mit einem gemeinsamen Gebet und einem Lied. Peter hatte in Sachen beten und singen in den letzten Jahren schon einiges gelernt. Es befremdete ihn nicht mehr. Meist war sein Morgenappetit größer als das Bedürfnis, einem Gebet oder einem Lied zu folgen. Aber er stand tapfer mit seiner ganzen Familie vor dem gedeckten Tisch, lauschte vielleicht den Worten und den Klängen. Ich glaube aber eher, dass er sich ein Frühstückskonzept überlegte, welches er sofort danach in die Tat umsetzte, wenn der letzte Ton verklungen und das letzte Amen gesprochen war. Um uns herum fand ein tolles Treiben statt. Kinder jeden Alters forderten ihre Eltern und die wirklich umsichtigen Helfer mit Ungeduld und Forderungen heraus. Der Lärmpegel war ziemlich hoch und doch erträglich, weil jeder Anwesende seinen Teil dazu beitrug. Er war eine Zusammensetzung aus Lachen, ungeduldigem Weinen, Zurufen von Tischen zum Buffet, Ermahnungen, klapperndem Geschirr, runterfallenden Messern und scharrenden Stühlen. Wenn alle satt und zufrieden waren und die Kinder schon um die Tische herumtobten, wurde uns der geplante Tag offenbart. Die Essenszeiten waren klar geregelt, alles andere waren Angebote für Kinder und Eltern, die sie annehmen konnten, aber nicht annehmen mussten. Hinter dem Haus war ein weitläufiges Gelände mit Spielplatz und Sportmöglichkeiten für alle. Die angeborene Solidarität unter den verschiedensten Altersgruppen der Kinder stach hier bemerkenswert ins Auge. Jeder fühlte sich für jeden zuständig. Nur die allerkleinsten, noch durch ihren einzigartigen Egoismus geprägten Querulanten sorgten oftmals mit Gezeter und bockigem Gehabe dafür, dass wir Eltern einschreiten mussten, bevor die Situation eskalierte. Wir hatten eine Kurreise gebucht und wir erlebten eine Kur. Es waren altersentsprechende Kindergruppen eingerichtet, die es uns Eltern ermöglichten, entspannt unseren eigenen Bedürfnissen nachzukommen. Die meisten Kinder nahmen dieses Angebot noch freudiger als ihre Eltern an. Unsere leider nicht. So nahmen wir die Angebote für die ganze Familie wahr oder gestalteten unser eigenes Programm mit ihnen. Die Frau, mit der wir unsere Wohnung teilten, Eva, war sehr angenehm und ihr Sohn Sebastian nur ein wenig älter als Franziska. Wir machten vieles gemeinsam und entlasteten uns gegenseitig. Sie kam auch aus Berlin und fand unsere Geschichten von der Übersiedlung und unserem Leben in Ost-Berlin sehr interessant. Sie war eine sehr selbstbewusste Frau, und ich konnte viel von ihr und dem Leben im Westen lernen. Hinter dem Spiel- und Sportgelände unserer Einrichtung verlief die Grenze, die den Harz in den West- und Ost-Harz teilte und den Wurmberg vom Brocken. Es stieß mir bitter auf, wie wenig die Gäste, die aus Westdeutschland hier zur Kur waren, über die Grenze und die Deutsche Geschichte im Allgemeinen wussten. Sie interessierten sich auch nicht wirklich dafür und hatten diesbezüglich riesige Bildungslücken. Es war wie eine Scheißegal-Mentalität, solange sie selbst nur auf der richtigen Seite lebten. Unsere Familie erlebte ihren ersten richtigen Urlaub. Wir gingen mitten im Sommer Schlittschuhlaufen und erlebten unsere erste Sommerrodelbahn in St. Andreasberg.

Wir gingen mit den Kindern zum Reiten und ins Schwimmbad. Wenn wir einkaufen gingen, dann nicht, um uns um die Mahlzeiten zu kümmern, sondern um ein paar Ansichtskarten und Souvenirs zu kaufen. Die ausgefüllten Tage rasten dahin. Seit Tagen dichtete ich für alle Angestellten des Hauses auf sie zugeschnittene Gedichte, brachte sie mit schöner Schrift und kleinen Illustrationen zu Papier, sammelte

Unterschriften von Eltern und Kindern und erntete viel Lob und Beifall für meine Werke. Als Dankeschön wurden sie von den verschiedensten Eltern vorgelesen und dem überraschten Personal überreicht. Die schöne Zeit, unser bisher schönster Urlaub, endete am nächsten Tag. Unsere Speicher waren aufgefüllt, die Kinder und wir hatten eine tolle Zeit, mit Erlebnissen, die wohl bis an unser Lebensende unvergessen bleiben würden. Bevor wir den Harz verließen, wurden Adressen und Telefonnummern ausgetauscht und wir machten nochmals einen Abstecher nach Sankt Andreasberg. Hier lebte Tante Hilla, die Frau, wegen der Onkel Fränzchen damals seine Kneipe und Ost-Berlin verlassen hatte, um mit ihr auf seine alten Tage glücklich zu werden. Als Witwe war sie später einem anderen Mann in den Harz gefolgt und lebte nun dort. Wir standen plötzlich als Überraschungsgäste vor ihr. Die Überraschung lag auf beiden Seiten. Sie hatte keinesfalls mit uns gerechnet und ich keinesfalls mit ihrer Gesamterscheinung. Ich kannte Tante Hilla nur als immer schicke, frisch frisierte Frau. Wenn sie uns als Kinder in Ost-Berlin besuchte und ihr Füllhorn an Kinderschokolade, Moritz-Eiskonfekt, Mandarinen und Bananen über uns ausschüttete, stand sie als die Verkörperung des Westens vor uns. Wir Kinder wussten nicht, dass sie ihren Zwangsumtausch immer dazu verwendete, gleich am frühen Morgen, bevor irgendeiner von uns sie zu sehen bekam, in Weißensee zum Friseur und zur Kosmetik zu gehen. Das erfuhr ich erst jetzt, als sie liebenswert, zottelig und im Schlabberlook vor mir stand. Wir konnten nicht viel miteinander anfangen. Tante Hilla war eine alte Frau geworden, von der Situation überrumpelt und ihr Mann ein für uns völlig Fremder. Wir blieben nicht lange. Es war nicht mehr als eine Stippvisite. Ich war froh, diesen Weg noch gemacht zu haben, denn es war ein letztes Wiedersehen mit Tante Hilla, der Frau mit dem VW-Käfer, die beim Autofahren so herrlich fluchen konnte und auf der Straße ausnahmslos von Idioten umgeben war. Der Frau, die mich auf den unwiderstehlichen Geschmack von Kinderschokolade gebracht hatte und deren Sohn in Westberlin lebte und der mit seiner Frau zusammen eine gute verlässliche Freundschaft für uns wurde.

Als wir vor einem Jahr in den Westen gezogen waren, hatte meine Mutter gleich mal nach verschiedenen Anlässen gesucht, um für uns oder wenigstens für mich eine Besuchserlaubnis zu bekommen. Dieses Anliegen wurde ihr immer wieder verwehrt. Auch in umgekehrter Richtung, dass sie uns hätte besuchen dürfen, spielte sich nichts ab. Wir sollten unsere Strafe im Westen absitzen und nicht mit großzügigen Besuchsgenehmigungen belohnt werden. Im September gab es dann ein großes Spektakel. Meine Mutter kam. Eigentlich hatte sie die Erlaubnis bekommen, ihren alten Onkel väterlicherseits zum 80sten Geburtstag in Frohnau zu besuchen. Das tat sie natürlich auch, einen Nachmittag lang, aber eigentlich war sie unser Besuch. Das war ein Wiedersehen! Es gab so viel zu erzählen und zu zeigen und so viel nachzuholen an körperlicher und seelischer Nähe. Die Kinder genossen es, ein paar Tage ihre geliebte Oma nur für sich zu haben. Ich genoss die Abende mit Mutti, die zu Nächten wurden und unsere Vertraulichkeit mehr und mehr besiegelten. Wir waren schon längst nicht mehr nur Mutter und Tochter, wir waren zwei Frauen, Freundinnen, Vertraute. Mutti war stolz und erleichtert, als sie Zeugin unseres Lebens im Westen wurde. Ihr Besuch hatte einen bitteren Wermutstropfen, sie kam alleine, Papa fehlte. So schön unsere Zweisamkeit auch war, nagte die Sehnsucht nach meinem Vater in mir. Wir heckten einen Plan aus. Eine Reise in die Tschechoslowakei, eines der wenigen Länder, die DDR-Bürger überhaupt noch bereisen durften, könnte für ein Wiedersehen sorgen. Als Mutti zurück in den Osten fuhr, war der Plan beschlossene Sache, die Organisation lag in meinen Händen. Die Aussicht auf ein Familientreffen in Prag machte den Abschied von Mutti um einiges erträglicher.

Im Herbst, während der Schulferien, fuhren wir das erste Mal unsere Verwandten in Ludwigshafen besuchen. Mit dieser Stadt war ich auf besondere Weise vertraut, denn ich hatte seit meiner frühesten Kindheit viel von ihr gehört, Ansichtskarten gesehen und mit Produkten hantiert, die aus der BASF, dem bekanntesten Großbetrieb dieser Stadt, kamen. Als wir nach mühseliger Acht-Stundenfahrt endlich das Ortseingangsschild passierten, ergriffen mich ähnliche Gefühle, wie bei meinem ersten Besuch des Europacenters. Ich war allein von diesem Schild überwältigt, hatte das Gefühl, nun endgültig und wahrhaftig im Westen angekommen zu sein und war gespannt auf alles, was mir die nächsten Tage bringen würden. Mein Cousin und meine Cousinen waren unterdessen erwachsen. Unsere Familien waren ähnlich strukturiert. Im Laufe der vielen Jahre gab es aber doch recht viele Details, die uns voneinander auch sehr unterschieden. Die Herzlichkeit, mit der wir in Empfang genommen wurden, unterschied sich in nichts von den alten Zeiten, wenn mein Elternhaus unsere Ludwigshafener empfangen hatte. Wir waren nur nicht alle so auf einem Haufen. Tante Anneliese lebte allein. Die Kinder hatten einen Partner und eigene Wohnungen und mein Onkel, der es mit seinem Suff geschafft hatte, den Familienkarren in den Dreck zu fahren, lebte nach der gefühlt hundertsten, diesmal aber erfolgreichen „Trockenlegung" auch allein in einer kleinen Wohnung. Sein Selbstbewusstsein wurde durch Therapien erfolgreich aufgebaut und er lebte es in vollen Zügen aus. Stellte sich selbst auf einen Thron und lebte in Selbstherrlichkeit. Auf die Trümmer, die er hinterlassen hatte, blickte er ohne irgendeine Demut oder Selbstkritik zurück. Selbstmitleid ließ er manchmal durchblicken. Er hatte keine Ahnung und es interessierte ihn leider auch nicht, wie sich seine Familie all die Jahre mit ihm herumgeschlagen und welche Spuren seine Alkoholsucht hinterlassen hatte. Meine Tante war eine starke Frau, sie richtete sich ohne ihn ihr Leben ein. Erstmals führten wir beide Frauengespräche und ich fühlte mich sehr erwachsen dabei. Die Scheidung war noch zu frisch und sie hatte, obwohl ihr Leben nun beschaulicher und planbar verlief, sehr daran zu knabbern, sich völlig neuen Umständen und Gegebenheiten anpassen zu müssen. Sie war immer eine Powerfrau gewesen. Eine, die Ratschläge geben konnte, eine, die die Ärmel hochkrempelte und anpackte, eine, die anderen immer half und das Familiengetriebe am Laufen hielt. Sie war eine Superhausfrau, hatte Geschmack und viel Geschick für Pflanzen, Handarbeiten und Dekorationen. Jetzt, als erwachsene Frau und selbst Mutter von drei Kindern, konnte ich sogar ihre Strenge und ihre Konsequenz den eigenen Kindern gegenüber verstehen. Auf ihren Schultern hatte jahrzehntelang das schwere Balancieren eines nach außen hin intakten Familienlebens gelegen. Ludwigshafen war dann doch weniger prachtvoll, als meine Kindheitsträume es mir vorgegaukelt hatten.

Die BASF sah ich als riesige graue Stadt mit einer Stadtmauer und vielen Eingangstoren ringsum. Aus den Schornsteinen stieg unablässig Qualm in die Luft und je nach Windrichtung bekam meine Nase eine Idee von Chemie. Es gab kleine, einladende Straßen und Wohnsiedlungen mit hübschen Reihenhäusern, und es gab die Pfingstweide mit ihren hohen, grauen Hochhäusern, die nicht anders aussahen als die riesigen Wohnviertel in Berlin, in beiden Teilen der Stadt. Die Bezirke, die gesamte Aufteilung der Stadt war für mich ein einziges Gewirr aus Brücken und Autobahnen. Dieses ganze Gewirr konnten unsere Ludwigshafener für mich entwirren. Wir setzten uns ins Auto und fuhren immer irgendeinem Verwandten hinterher und kamen immer dort an, wo wir hinwollten. Die vielen, riesigen Weinberge, der Rhein, die Wälder und Landschaften ringsum und natürlich die vielen kleinen Ortschaften hatten es mir angetan. Die Lieder vom Vater Rhein mussten anders klingen als die von der Spree. Die Menschen um uns her babbelten in einer Art, dass ich manchmal nur noch Fragezeichen im Kopf hatte, und der vielbesungene Frohsinn der Rheinländer hielt sich meist sehr zurück und ließ lange auf sich warten. Unsere Tage waren ausgefüllt mit Tagestouren in den Kurpfalzpark oder nach Heidelberg, zu den verschiedensten Anverwandten, die natürlich immer bestrebt waren, ein landestypisches Essen für uns auf den Tisch zu stellen und die allesamt nicht verstehen konnten, dass ich in den „sauren" Wein Süßstoff machte, um ihn überhaupt trinken zu können. Mit einer konkreten Vorstellung von Ludwigshafen, dem Leben unserer Verwandtschaft dort und dem beruhigenden Wissen, ich kann jederzeit wiederkommen, fuhren wir zurück nach Berlin.

Der Alltag hatte uns fest im Griff. Unseren Tagesablauf bestimmten die Arbeit und die Kinder. Unsere schöne neue Wohnung wies enorme Baumängel auf. Um diese beseitigen zu lassen, mussten ganze Zimmer ausgeräumt, Decken oder Fußböden geöffnet und zeitaufwändige Rechtsstreitigkeiten geklärt werden. Pfusch am Bau nannten wir es im Osten, hier hatten wir eher den Eindruck von Betrug am Mieter, Betrug am Staat. Mit Fördermitteln wurde saniert, an Materialien und Fachleuten gespart und heraus kam etwas, was auf den ersten Blick beeindruckend und auf dem zweiten Blick empörend war. Oben Hui und unten Pfui, hätte meine Omi dieses Übel kommentiert. Ich fühlte mich an Werbefotos aus der Lebensmittelindustrie erinnert, bei denen alles erlaubt war, was die Dinge für das Auge angenehmer, aber keinesfalls schmackhafter machte. Unser Haus war eine Mogelpackung, und ich segnete immer wieder den Tag, an dem der liebe Gott mir einen fleißigen Handwerker zum Heiraten ins Leben geschickt hatte. Im Westen war längst nicht alles Gold was glänzte.

Man musste immer zweimal hingucken und durfte sich nicht blenden lassen. Manchmal genügte ein sanftes Kratzen an der Oberfläche und man stieß auf giftiges Blei. Die Möglichkeiten der Reklamationen, des Rechtsschutzes oder der Beratung durch Mietervereine, Verbraucherschutz und -beratung, oder auch Hinzuziehen der Öffentlichkeit durch Presse und Fernsehen, waren ganz andere als in der DDR. Man hatte die Möglichkeit, sich zu wehren, wenn das auch sehr zeit- und kräftezehrend war. Peter machte auf seiner Arbeitsstelle sehr angenehme Erfahrungen. Hier war seine Fähigkeit, aus Kacke Konfekt zu machen, nicht gefragt. Er reparierte Maschinen, die modern und gepflegt waren. Wenn ein Ersatzteil gebraucht wurde, brauchte er dieses nur zu bestellen und konnte es spätestens am nächsten Tag zum Einbauen vom Lager abholen. Seine Arbeit war viel effektiver und machte ihn zufrieden. Die Werkstätten waren sauber und gepflegt und er lernte viel Neues kennen. Der Alkoholkonsum aus mitgebrachten Schnaps- und Bierflaschen stellte aber auch hier der Produktivität ein Bein. Das Verhalten der Arbeiter glich dem des Arbeiters aus der DDR sehr. Hier soff allerdings der Meister nicht mit und auch die Direktoren, die in der DDR beim Saufen sehr verkumpelt und nachsichtig mit ihren Arbeitern waren, hatten ein scharfes Auge und strenge Maßnahmen, wenn sie jemanden beim Trinken erwischten. Noch etwas war ähnlich wie im Osten. Wir hatten uns damals darüber entsetzt, welcher Aufwand in der sozialistischen Produktion betrieben wurde, wenn sich größere Staatsmänner, Delegationen, Presse und Fernsehen oder alle gemeinsam den Produktionsbetrieb ansehen wollten. Kostbare Rohstoffe, Metalle, Ersatzteile wurden auf Nimmerwiedersehen in Container geladen und in dunklen Ecken verstaut oder abtransportiert. Selbst in der DDR strahlten die Werkstätten mit den auserkorenen Vorzeigearbeitern um die Wette, wenn es hieß, dass gleich ein hohes Tier aufkreuze und ausgewählte Fragen stelle und eingeübte Antworten hören wollte. In Peters Betrieb lief es ähnlich, wie wir im Laufe der Jahre feststellen mussten. Auch hier wurde gefärbt und geschönt, wenn hochkarätige Gäste im Anmarsch waren. Alle wurden so aktiv und rege wie ich, wenn meine Schwiegermutter ihren Besuch angekündigt hatte und die Stapel Bügelwäsche irgendwo im Schlafzimmer verstaut wurden. Im Gegensatz zu den Betrieben, landete die Wäsche aber nicht im Müll.

Mir fiel schon bald noch eine relevante Gemeinsamkeit des gesamtdeutschen Volkes auf. Im Osten hatte ich mich oft über die Menschen geärgert, meist sogar aufgeregt, die sich nicht trauten, ihre Meinung zu vertreten. Menschen, die organisiert waren, ohne hinter den Ideen und Perspektiven ihrer Organisationen zu stehen. Sei es die Partei, die Deutsch-Sowjetische Freundschaft oder die Freie Deutsche Jugend und die Pionierorganisation, in die sie ihre Kinder steckten, obwohl ihr Inneres keinerlei Verbindung dazu hatte. Eines Tages klingelte eine Frau aus unserem Haus an meiner Wohnungstür, deren Kinder im Alter von Stefan und Fränzi waren. Sie hatte mitbekommen, dass unsere Große die Schule besuchte, auf der sie ihre Kinder auch gerne gesehen hätte. Sie wollte nun wissen, ob das eine katholische oder eine evangelische Schule war, damit sie wusste, welche Konfession ihre Kinder annehmen müssten, um einen Platz in dieser Schule zu bekommen. Sie schien vom christlichen Glauben keinerlei Ahnung zu haben. Sie wusste nur, dass Kinder dieser Schulen einen besseren Leumund für die Zukunft hatten. Ich unterhielt mich eine Weile mit ihr und zeigte mich verwundert, dass es also auch im Westen Eltern gab, die ihre Kinder in eine Richtung schickten, die vom Elternhaus nicht ehrlichen Herzens unterstützt wurde. Hier, im Westen, stand man sich besser, wenn man sein Kind taufen ließ und damit eine bessere Eingangspforte für eine Schulbildung auf der konfessionellen Schiene erhielt. Das bisschen Gebete und Gebeichte, die Taufe und Erstkommunion nahm man dafür in Kauf. Ich hielt das für genauso verlogen und heuchlerisch, wie das, was vorher mit den Kindern passierte, die ohne Rückhalt vom Elternhaus in die Pionierorganisation gesteckt wurden. Das Ausmaß war ein anderes, aber die Einstellung der einzelnen Personen war die gleiche. Es gab für mich viel zu lernen im Westen. Ich sah viele Parallelen, die nichts mit der Gesellschaft, sondern mit der menschlichen Natur zu tun hatten.

Unser altes Haus beherbergte viele Familien. Hier lernte ich ein buntes Gemisch verschiedenster Nationalitäten kennen. Das gab es in dieser Form in der ganzen DDR nicht. Hier wohnten Türken, Franzosen, Italiener, Spanier, Polen, Argentinier, Araber, Deutsche und mir unbekannte Nationalitäten unter einem Dach. Die Kinder hatten damit eigentlich keinerlei Probleme. Selbst Sprachbarrieren meisterten sie spielerisch. Ich hatte noch kein Auge dafür, welche Menschen welcher Nationalität entsprungen waren. Es gab halt hellere und dunklere Typen, Kinder, die allein im Hof spielten oder die immer zu sechst auftauchten. Kinder mit und ohne Väter, Kinder, die den Zeichnungen von Heinrich Zille entsprungen schienen. Auf unserem Hof herrschte immer lautes Spiel und reges Treiben. Es wurde in allen Sprachen gepetzt, gesungen und gelacht, die Rotznasen der Kinder unterschieden sich durch nichts und der Ruf nach Mama erscholl scheinbar in allen Sprachen der Welt. Das bunte Gemisch lebte einerseits selbstverständlich neben- und miteinander, andererseits rieb es sich an den verschiedenen Religionen und Kulturen ihres Herkunftslandes. Mehrmals im Jahr trugen muslimische Frauen ihre riesigen Teppiche auf den Hof und bearbeiteten diese mit Seifenschaum und Schrubbern. Diese Frauen saßen auch bis spät in der Nacht auf der Wiese und den Bänken des gegenüberliegenden Spielplatzes. Ihre Kinder tobten um sie herum oder schliefen in ihren Armen, während andere Leute schimpfend auf ihren Balkonen standen und nach abendlicher Ruhe schrien. Manchmal fragte ich mich, wie die Mütter am nächsten Morgen ihre Kinder für die Schule wach bekamen. Manchmal gab es auch heftige Diskussionen zwischen uns und unseren Kindern, weil sie das Gefühl hatten, alle anderen Kinder dürfen noch draußen spielen, nur sie nicht. Die Väter dieser Familien blieben unter sich. Meist saßen sie auf separaten Bänken oder trafen sich in Cafés oder Vereinen, die meistens viele Ös und Üs in ihren Namensschildern trugen. Unser Kiez war aufregend. Unser erstes Straßenfest feierten wir in der Motzstraße. Neugierig, wie auf alles, was sich uns bot, flanierten wir mit unseren drei Kindern dorthin. Ein illustres Völkchen hatte sich versammelt. Es gab jede Menge Fressbuden, Getränke aller Art, Verkaufsstände mit Angeboten aus aller Welt, Schausteller und Künstler. Es gab aber auch, und das verwunderte mich etwas, an allen Ecken und Enden, Männer, die sich engumschlungen küssten, Frauen, die andere Frauen umarmten, und sich verliebt mit ihnen im Tanz wiegten. Es gab für meine Augen unbekannte Artikel zum Gebrauch und zum Anziehen zu kaufen und es gab Penisse aus Marzipan, als Laugengebäck und Kuchen, und zwischen dem ganzen thronten gebackene Brüste, überzogen mit Schokolade. Große und kleine Regenbogenfahnen schmückten die Straße und die Menschen um uns herum waren fröhlich und ausgelassen und hatten im Gegensatz zu mir keine Fragezeichen auf der Stirn. Wir waren mit unseren Kindern auf einem Schwul-Lesbischen Straßenfest gelandet ... und das war gut so. Hätte ich vorher gewusst, was mich, was uns erwartet, hätten mich eventuelle Vorurteile, vielleicht auch Ängste, davon abgehalten. So landeten wir unversehens und vorurteilsfrei zwischen all den fröhlich feiernden Menschen, die mir teilweise bizarr und fremd, doch keinesfalls bedrohlich vorkamen. Es wurde für einen erwachsenen Menschen wie mich höchste Zeit, sich auch mit anderen sexuellen Ausrichtungen, wenigstens theoretisch, auseinanderzusetzen. Ohne Vorurteile hatte mich der Kiez aufgenommen, da sollte es mir doch wohl auch gelingen, vorurteilsfrei und mit Verständnis mit unseren schwulen und lesbischen Nachbarn umzugehen und meine Kinder auch in dieser Hinsicht tolerant zu erziehen.

Ja, wer in unserem Kiez wohnte, brauchte eigentlich keinen Fernseher. Es gab immer etwas zu sehen, zu analysieren, dazuzulernen. Die Prostitution spielte eine große Rolle, die Drogenszene, die Kriminalität und die Kneipen ringsum. Unser Vermieter hatte versprochen, der Kiez würde aufgepeppt. Kneipen würden geschlossen und Stundenhotels stünden zum Abriss bereit. Aber das Aufpeppen, wenn es denn überhaupt gelänge, würde noch Jahre dauern. Man würde sich also arrangieren müssen und die Kinder gut aufklären, um sie hier unbeschadet großzuziehen. Mir wurde hier von Monat zu Monat mehr bewusst, wie dumm wir in der DDR gehalten wurden. Alles, was anders war, als die rote, gerade Linie des Sozialismus, alles, was abwich vom Weg und sich eigene Bahnen und Lebensweisen brechen wollte, wurde kleingemacht, eingesperrt, abgestritten, im Keim erstickt. War das aber ein typischer Makel für eine sozialistische Gesellschaft? Nein, überall auf der Welt müssen Minderheiten und Benachteiligte für ihre Rechte kämpfen. Frauen, Kinder, Behinderte, Homosexuelle, Transsexuelle. Die Reihe lässt sich unendlich fortführen. Überall auf der Welt müssen die Menschen um ihre Rechte streiten und kämpfen. Viele können das nicht, weil sie ihre Rechte nicht kennen, weil sie Angst vor Verfolgung und Strafe haben, weil sie voller Scham oder ungebildet sind und ohne nachzudenken gottergeben. Sie nennen es Schicksal oder Gotteswille, halten an alten Traditionen fest, weil es schon immer so war, und leben in Demut und Angst, weil sie nicht wissen, wie sie sich wehren können oder weil ihnen der Mut fehlt. Ich kam immer mehr zu der Überzeugung, dass letztendlich nur die

Bildung, der Zugang zu Büchereien, der Austausch von Informationen, das Recht auf Schule und unzensierte Nachrichten irgendetwas auf der Welt positiv verändern könnten. Den größten Anteil tragen hierbei die Mütter dieser Welt, die als gebildete Frauen ihre Söhne nicht mehr voller Stolz als Kanonenfutter hergeben würden, die ihre Kinder Toleranz und Respekt anderen Hautfarben und Religionen gegenüber lehren würden, die sich nicht hinter Tüchern verstecken, weil sie sich vor den Blicken der unbeherrschten, zügellosen Männer schützen müssen. Ich hatte jetzt den Zugriff auf jedes Buch meiner Wahl, konnte mir Presseerzeugnisse aus aller Welt kaufen und war umgeben von Menschen, die gereist waren und die Welt gesehen hatten. Mit großen Augen und heißen Ohren hörte ich mir ihre Geschichten an und fand interessierte Zuhörer, die auch meine kleinen Geschichten und meine Erfahrungen mit großen Augen und heißen Ohren verfolgten. Ich weiß nicht, ob ich anfing erwachsen zu werden oder nachdenklich, oder traurig oder ob meine Hormone mir ein bisschen zu oft ein Bein stellten, vielleicht spielte auch alles zusammen eine Rolle, denn ich spürte den Ernst des Lebens. Die Verantwortung als Mutter, die Trennung von meinen Eltern und der Abschied von der Heimat, die für mich nicht DDR oder BRD oder Deutschland hieß, bedeuteten eine große schwere Last, die man nur mit einer gewissen Ernsthaftigkeit tragen konnte. Ich neigte schon immer dazu, Dinge, Menschen, Begebenheiten, zu analysieren und zu hinterfragen. Mein Elefantengedächtnis, meine Erinnerungen an Begebenheiten und ausgesprochene Worte, sorgten oft für Vorwürfe von mir nahestehenden Menschen. Sie hatten den Eindruck, ich könnte nicht verzeihen und wäre nachtragend. Das stimmte so nicht. Ich suchte nach Gelegenheiten für Aussprachen, suchte nach Antworten und Verstehen meines Gegenübers. Ich denke schon, dass ich mir sehr wohl überlegte, ob die Person oder der Umstand, über den ich reden wollte, es mir überhaupt wert waren, klar Schiff zu machen. Auf manche Menschen trifft man so selten und sie sind im eigenen Leben so unbedeutend, dass man deren fiese Bemerkungen, politische Ausrichtungen oder schlechte Angewohnheiten hinnimmt, runterschluckt oder einfach nur belächelt. Bei Menschen, die einem wichtig sind, sollte man das Gespräch und nach einem goldenen Mittelweg suchen, um miteinander auszukommen. Ob in der Familie, die unablässig neue Mitglieder dazu bekommt, im Verwandten- und Freundeskreis, unter Kollegen oder Nachbarn. Schlimm war es für mich, wenn geliebte Menschen mich baten, aus Angst vor Streitereien, die Klappe zu halten. Ich konnte das nicht. Bisher hatte mir das Leben bewiesen, dass das Schweigen und Hinnehmen und stille Leiden nichts bewirkten. Im Gegenteil, es spukte im Kopf herum, hinderte am Einschlafen, führte zu Selbstgesprächen und schadete unablässig der guten Laune.

Mit meiner neuen Arbeit, die der Tagesmutter, wurde ich oft in den Sack der „Nur-Hausfrau“ mit ein bisschen Kinderbeaufsichtigung nebenbei, gesteckt. Man kann jede Arbeit, auch die unbezahlte Arbeit der Hausfrau, so oder so erledigen. Man kann seine Zeit mit viel Schlaf, vor dem Fernseher, mit Shoppingtouren oder Treffen mit Gleichgesinnten totschlagen, den Haushalt vergammeln lassen, Fertiggerichte oder den Pizzaservice bemühen, beim Friseur oder bei der Kosmetikerin viele Stunden seiner Zeit verbringen oder man kann, zeitlich klar strukturiert, einem ernsthaften Geschäft nachgehen. Selber gesund kochen, für die Familie preiswert einkaufen, Textilien reparieren und nicht in den Müll werfen, die ganze Logistik der einzelnen Familienmitglieder, Förderung der Kinder, ehrenamtliche Tätigkeiten und natürlich die Haushaltsführung bis hin zur Perfektion, diesen anspruchsvollen Job ausüben. Meine neue Arbeit wollte ich gut machen, wollte aber auch, dass sie gesellschaftlich oder wenigstens von denen, denen sie zugutekam, anerkannt und geachtet wurde. Ich hatte ja nicht einfach so ein paar Kinder mehr zu betreuen. Ich betreute Kinder, die meist die Gewohnheiten ihrer Eltern im Schlepptau hatten. Kinder, deren Eltern keine Rücksicht auf den Rest der Gruppe oder auf meine geplanten Tagesabläufe nahmen. Dazu kamen die undurchsichtigen oder sehr ungerechten Arbeitsbedingungen von Seiten des Bezirksamtes. Einerseits wurden Tagesmütter gebraucht, andererseits wurden sie als Sparstrumpf missbraucht. Ich hatte eine liebenswerte und sehr einfühlsame pädagogische Sachbearbeiterin für meine Belange im Rathaus Friedenau sitzen. Aber alles, was die höheren Instanzen betraf oder gar mit der Bezahlung meiner Arbeit zu tun hatte, erinnerte mich an die Bonzen aus der DDR. Sie hielten sich für etwas Besseres, ließen mich als Bittstellerin dastehen, forderten Dankbarkeit, dass ich überhaupt die Gelegenheit bekam, als Tagesmutter zu arbeiten, und schienen so unzufrieden mit ihrem eigenen

Arbeitsplatz zu sein, dass sie diesen Frust an mich und viele meiner Kolleginnen ungefiltert weiterreichten. Sie schrien in meinen Ohren förmlich danach, dass man sich über sie beschwerte und ihrem grauen Alltag mit der Aussicht auf eine Rüge von Seiten des Amtsleiters etwas Farbe verlieh. Ich hatte noch immer das Zittern der Hände und der Stimme an mir, wie zu der Zeit, als wir um die Ausreise kämpften. Aber ich konnte nicht die Klappe halten. Natürlich war ich froh und dankbar, eine Tätigkeit gefunden zu haben, die es mir ermöglichte, mit Kindern zu arbeiten. Meine Natur schrie nach Kindern. Dankbar war ich auch, dass ich die Obliegenheiten meiner Kinder damit gut bedienen konnte. Ich war zu Hause und für alles zuständig. Meine offizielle Arbeitszeit richtete sich nach den Arbeitszeiten der Eltern meiner Tageskinder. Wenn Manuela morgens für ihren Schulbesuch geweckt wurde, hatte mein Tag schon lange begonnen. Wenn meine Kinder am Abendbrottisch saßen, saßen oft noch die Tageskinder mit am Tisch und manchmal auch deren Eltern.

Es war eine schwer zu definierende Arbeit. Sie war in jeder Hinsicht familiär, voller Verantwortung und oftmals auch grenzüberschreitend, was meine und die Privatsphäre meiner Familie betraf. Die wirklichen Schwierigkeiten brachten meist die Vorstellungen und Ansprüche der Eltern mit sich. Natürlich hatte jeder, hinsichtlich seiner Wünsche, vor allen Dingen die Belange seines Kindes vor Augen. Mir wurde immer wieder bewusst, wie riesengroß die Unterschiede der Eltern aus dem Osten zu den Eltern aus dem Westen des Landes waren. In der DDR gab es flächendeckend für alle Kinder Krippen- und Kindergartenplätze. Alle deckten die Arbeitszeit der Eltern ab, alle hatten das gleiche Konzept, denselben Staatsauftrag, und unterschieden sich nur durch ihre Lage, ihren Bau und die verschiedenen Persönlichkeiten der Erzieherinnen. Ausnahmen bildeten nur die kirchlichen Einrichtungen, die dünn gesät und deren Plätze Mangelware waren. Hier, im Westen, gab es viel zu wenig Platzangebote und erstaunlicherweise gab es trotzdem so spezielle Wünsche und Vorstellungen von Seiten der Eltern, dass ich mich wunderte, woher diese kamen. Die Angebote, die es in Westberlin gab, waren, für eine Mangelware, sehr vielfältig vorhanden. Kinderläden, Eltern-Initiativ-Kindertagestätten, Kinderkrippen, Kindergärten, Mutter-Kind-Gruppen und die Kindertagespflege, die in angemieteten

Räumen oder in der Privatwohnung der Tagesmutter betrieben wurde. Die Basis für meine Pflegeerlaubnis entsprang der Tatsache, dass ich selbst Mutter war, was also eine genügende Erfahrung mit Kindern unterstellte, dass ich verheiratet und finanziell von Seiten meines Mannes abgesichert war, keine auffälligen oder ansteckenden Krankheiten hatte und eine Rote Karte mit der dazugehörigen Belehrung über Hygienegrundlagen bei meiner Tätigkeit im Umgang mit Kindern vorweisen konnte. In den Gesprächen mit Eltern, anderen Tagesmüttern oder Pädagogischen Sachbearbeitern tauchten dann die Begriffe Waldorfpädagogik, Montessori, Steiner, Pestalozzi, Fröbel und viele mehr auf. Es gab viel zu lernen für mich, wenn ich da mitreden und mithandeln wollte. Ich lieh und kaufte mir Bücher, um meinen Wissensdrang zu stillen, und war erstaunt, wie vielfältig und bunt und wie kompliziert Kindererziehung sein konnte. Ich schien in einen Meinungskrieg geraten zu sein, gespickt mit meinem eigenen Halbwissen und dem Halbwissen der Eltern. Wo blieb bei der Kindererziehung das Bauchgefühl, die Erfahrung, die Rücksichtnahme auf die sehr individuelle Familie der Kinder? Ich hatte mir genug Wissen angeeignet, um mitreden zu können, blieb aber bei meinem individuellen Konzept, meinen und den Tageskindern eine kunterbunte Großfamilie zu bieten, mit allen Höhen und Tiefen, Rücksichtnahmen und Anforderungen, die eine große Familie mit sich bringt.

Ich fuhr damit unterm Strich gesehen immer gut. Meine Privatsphäre und damit auch mein Familienleben zu schützen, fiel oftmals sehr schwer, wenn man einen freundlichen und verbindlichen Ton anschlug. Für manche Eltern war das gemeinsame Kaffeetrinken zur Abholzeit normales Programm. Für manche Eltern hätte ich das auch gerne so belassen, aber ich konnte keine Auserwählten, mir genehmen Leute, in meiner Küche sitzen lassen, ohne die anderen mit dazu zu holen. Hier fehlte mir die Übung, die Professionalität und vielleicht auch eine gewisse Sicherheit im Umgang mit fremden Menschen, die mir ihr Kostbarstes anvertrauten und doch nicht meine Freunde waren. Es gab Eltern, die wurden zu Freunden, es gab Eltern, die mir als Einzelausgabe, sprich nur die Mutter oder nur der Vater, angenehmer waren. Auch die Ansprüche der Eltern klafften weit auseinander. Ihr Kind sollte keinen Tee, sondern ausschließlich Lindavia Fruchtsaft trinken, die Kinder wurden vorsorglich mit einer halben Büchse

Penatencreme bei jedem Windelwechsel eingecremt. Manche wollten Kartoffelstärke als Babypuder und andere ein kompliziertes Wickeln in Ökowindeln und Schafswollhosen. Ich bekam von einer Mutter einen Brief überreicht, mit der Bitte, ihr Kind morgens singend zu empfangen. Die Wünsche und Vorstellungen waren so vielfältig wie die Charaktere der Eltern. In meinen Augen anspruchsvoll und ungewohnt, für die Eltern völlig normal. Hier hatte ich es mit erwachsenen Menschen zu tun, die in Freiheit groß geworden waren. Mit Menschen, die von allen möglichen Dingen inspiriert wurden, sich diese zu Eigen machten und für ihr Kind und ihre Familie ganz selbstverständlich diese Dinge forderten. Menschen, die ihre Wurzeln irgendwo auf der Welt hatten, die gereist waren, vielleicht einen Partner hatten, der einem ganz anderen Kulturkreis entsprang, einen Glauben hatte, der nicht christlich war oder einer modernen Strömung in Sachen Familie und Erziehung folgten. In der DDR wurde das Gruppenleben favorisiert. Der Einzelne hatte sich unterzuordnen, der Bestand der Gruppe, der Gemeinsamkeit hatte Vorrang vor allem. Hier und jetzt lernte ich, wonach ich mich in meinem Inneren immer gesehnt hatte. Individualismus. Wenn man aus einem Zwang ausbricht, muss man Individualität erlernen. Sei es, dass man seine Ansichten frei äußert, sich kleidet wie es einem gefällt und Alltäglichkeiten einfach anders, deshalb aber nicht falsch handhabt. Die Kunst dabei ist es, die Individualität des anderen wahrzunehmen und zu achten.

Die Trennung von meinen Eltern und der damit verbundene tägliche Schmerz, ließen mich eifrig die geplante Reise in die Tschechoslowakei organisieren. Mit Beziehungen über fünf Ecken vermittelte mir eine Bekannte, die einer alten Zirkusfamilie entsprang, eine Adresse in Prag. Unsere beiden Jüngsten sollten für dieses verlängerte Wochenende nach Ostberlin, zu meinem Bruder. Unsere Kinder hatten schon des Öfteren ohne uns die Grenze passiert. Das klappte, dank einer hierfür zur Verfügung stehenden Dame, bisher immer recht zuverlässig. Genau an diesem Wochenende aber hatte das DRK diesen Dienst eingestellt. Da standen wir nun in der Invalidenstraße und schauten ratlos auf den Grenzübergang. Hinter der Grenze vermuteten wir Martin, der auf die Kinder wartete. Etwa fünfzig Meter vor dem Übergang stand ein kleines Häuschen, welches wahrscheinlich zur Zollkontrolle oder Grenzpolizei gehörte. Hier erkundigten wir uns, was wir nun tun könnten, um unsere Jüngsten nach drüben zu kriegen oder ob es vielleicht eine telefonische Möglichkeit gäbe, meinem Bruder Bescheid zu sagen, dass die Kinder nicht kommen würden. Noch während wir hin-und her überlegten und mir tausend Lösungsansätze, wo unsere Jüngsten bleiben könnten, wenn wir verreisten, durch den Kopf schossen, hielt neben uns ein riesengroßer schwarzer Mercedes, ein Diplomatenfahrzeug. Der Herr vom Zoll hatte die Idee, den Fahrer zu bitten, meinem Bruder unsere Absage auszurichten. Schneller als wir gucken und denken konnten, verließ der Fahrer sein Auto und öffnete die rechte Hecktür und lud unsere Kinder zu einer Fahrt nach Ostberlin ein. Noch bevor ich nein sagen und Bedenken äußern konnte, saß Stefan, der ein großer Freund schicker Autos war, auf der Hinterbank und weil Franzi niemals ohne ihn sein konnte, saß sie augenblicklich neben ihm, steckte ihren Finger in den Mund und dachte wohl, alles wird gut. Der Diplomat ermunterte uns mit coolen Worten und der Zollbeamte kniff zustimmend seine Augen in meine Richtung zu. Die Papiere der Kinder wechselten von einer Hand in die andere und wir verabredeten, noch 20 Minuten abzuwarten, ob der Herr Diplomat meinen Bruder eventuell nicht antraf und die Kinder wieder zurückbefördern müsste. Das Auto brauste mit meinen überaus glücklichen Kindern davon. Zurück blieb ein Elternpaar, das sich im Nachhinein wie Rabeneltern fühlte und dem die ganzen Gegenargumente für diesen Streich viel zu spät die Passage durch die Hirnzellen fanden. Zu unserer Beruhigung fuhr der Diplomat für uns noch einmal eine Ehrenrunde durch die Grenzanlage. Die hinteren Sitze waren leer und die Kinder in den Händen meines Bruders. Das war doch wirklich ein spektakulärer diplomatischer Dienst gewesen. Ich war so dankbar und vergeudete keine Sekunde Zeit damit, an die Grenzpassage der Kinder auf dem Rückweg zu denken. Wir fuhren zurück nach Schöneberg und fingen an zu packen. Ela war mal wieder als Erste mit ihrem Köfferchen fertig.

Wir fuhren durch die dunkle Nacht. Am Grenzübergang Dreilinden ordneten wir uns falsch, aber für den kürzesten Weg ein. Nach gründlicher Kontrolle und gefühlte Stunden später mussten wir zurück. Wir durften den Grenzübergang an dieser Stelle nicht passieren und mussten die längere Transitstrecke über Hof nehmen. Mich konnte das alles nicht mehr jucken. Ich hatte die Aussicht, in ein paar Stunden meine Eltern endlich wiederzusehen. So doof wie ich es gebraucht hätte, konnte mir kein Grenzer mehr kommen. Vor uns ging die Sonne auf und unser rostiger Opel gab sein Bestes, um uns so schnell wie möglich nach Prag zu bringen. Peter kannte diese Stadt, für mich war sie Neuland. Wir irrten eine Weile herum, ehe wir das Einfamilienhaus mit unseren angemieteten Zimmern fanden. Es waren saubere, ganz normal eingerichtete Räume, die für ein verlängertes Wochenende völlig ausreichend waren. Wir räumten unsere Koffer aus und fuhren zum Bahnhof, um meine Eltern abzuholen. Endlich! Meine Glückshormone müssen mir so in den Kopf gestiegen sein, dass ich tatsächlich Fotos brauche, um mir Details unseres Pragaufenthaltes ins Gedächtnis zu rufen. Es waren sonnige, glückliche Tage mit Goldenem Gässchen, Hradschin, Turmfalken und schmerzenden Füßen und einem viel zu frühen Abschied am Zug, der meine Eltern in die von mir verhasste DDR und in mein geliebtes Weißensee zurückbrachte. Ein Bild hat sich mir noch eingebrannt. Wir waren in einer Kaufhalle und meine unterdessen supermarktverwöhnten Sinne konnten nicht glauben, was sie wahrnehmen mussten. Es roch wie früher und es sah aus wie früher in den DDR-Kaufhallen. Fliegen paarten sich auf den unansehnlichen Fleischangeboten, Kartoffeln und Möhren moderten vor sich hin und die Regale präsentierten verschmutzte, leere Platzangebote. Unsere Kleinen kamen dann ganz alleine über die Invalidenstraße zurück. Mit der Aussicht, dass wir am anderen Ende des Grenzüberganges standen und auf sie warteten, schafften sie es diesmal ohne Mercedes und ohne Vermerk in den Papieren zurück in den Westen. Das war eigentlich ein Kuriosum. Ob sich irgendein Grenzer Gedanken darüber gemacht hat, wie denn diese Kinder überhaupt in den Osten gekommen sein konnten, ohne Stempel und DRK-Schwester? Ob der Vorgang mit dem Diplomatenwagen beobachtet und aus diplomatischen Gründen unter den Teppich gekehrt wurde? Wer kann das wissen? Es ist jedenfalls alles gut gegangen.

Von diesem Wiedersehen mit meinen Eltern würde ich nun lange Zeit zehren müssen. Meine Tanks hatte ich in der Kürze der Zeit so gut wie möglich aufgefüllt. Der Alltag hatte uns zurück, die Arbeit, das Familienleben im engsten Kreis.

In der DDR machte sich Unruhe breit. Mitten in Ostberlin versammelten sich hunderte Jugendliche um über den Todesstreifen hinweg einem Konzert von David Bowie, Eurythmics und Genesis zu lauschen, welches auf der Wiese vor dem Reichstag stattfand. Brutal wurden sie von der Polizei und der Staatssicherheit auseinandergetrieben. Erstmals ertönte der kollektive Aufschrei: „Die Mauer muss weg!“ Diese Ereignisse fanden ohne uns statt, denn wir verbrachten unser Pfingstwochenende in Prag. Wenige Tage später, am 12 Juni, stattete Präsident Reagan dem Westteil unserer Stadt seinen Besuch ab. Er forderte Mister Gorbatschow in einer leidenschaftlichen Rede dazu auf, das Tor zu öffnen. Schauspielerische Dramatik und wenig politisches Hintergrundwissen wurden ihm unterstellt, den meisten war dieser Satz, diese Forderung, nur ein Lächeln wert. Ich aber hatte Hoffnung. Ich hatte die Hoffnung, dass ein so verhältnismäßig junger Mann wie Gorbatschow mit seiner gebildeten Raissa an seiner Seite, sich diesen Satz wenigstens durch den Kopf gehen und ihn nicht einfach abtun würde. Die Staatspräsidenten der beiden Großmächte, nicht sabbernd, zitternd und senil, jeweils mit der richtigen First-Lady neben sich, könnten ganz neue Wege finden, mir meine ganz persönlichen Träume von einem einzigen Berlin und einem Deutschland zu erfüllen. Das Mauerblümchen in mir hatte neuen Stoff zum Träumen. Glasnost, Perestroika, Montagsgebete vor der Dresdner Nicolaikirche. Keimte etwa das märchengläubige Wesen wieder in mir auf? Wäre ich bereit den buckligen Gärtner meiner Kindheit zu küssen? Waren Gorbatschow und Reagan nichts anderes als zwei Froschkönige, die man notfalls gewaltsam an die Wand werfen, sprich an einen Tisch setzen musste, um sie zum Reden und Zuhören zu zwingen? Ach Du schöne heile Märchenwelt. Am Ende wird alles gut … so hoffte ich immer mehr.

Unser nächster Jahresurlaub wurde geplant. Wir machten das, was man als Westler zu dieser Zeit Billigurlaub nannte, wir flogen nach Bulgarien. Genau an den Strand, den Goldstrand, den wir Jahre zuvor als Frischvermählte, als Jugendtourist-Reisende, mit einem dicken Schwangerschaftsbauch als Gepäck, besucht hatten. Elas Koffer stand schon wieder eine Woche vor Reisebeginn fertig gepackt im Flur. Der Flughafen Schönefeld blieb uns verwehrt. So mussten wir nach langer Autofahrt und umständlicher Parkplatzsuche von Hamburg aus in den Süden fliegen. Die Kinder waren aufgeregt und gespannt. Sie würden das erste Mal mit einem Flieger in die Wolken verschwinden. Was vorerst noch aufregender war als drei Wochen Sonne, Strand und Meer. Wir brachten als Westler Devisen ins Bruderland der DDR. Die Frage, ob wir aus West oder Ost kamen, schien hier die allesentscheidende zu sein. Jeder Kellner, Hotelangestellte, Verkäufer und Taxifahrer musste vor jeder Dienstleistung diese Frage erst einmal für sich geklärt haben. Niemand schrieb uns vor, wieviel Geld wir wofür ausgaben, welche Zeitschriften wir lesen durften und sämtliche Einrichtungen standen uns offen. Bulgarien hatte, was den Tourismus betraf, noch immer viel zu lernen. Saubere Tischdecken und ein abwechslungsreiches Büffet hatte man in dieser Preisklasse, selbst als Westler, nicht zu erwarten. Aber man konnte nun, ergänzend zum Angebot, vieles erwerben, was das Urlauberleben angenehmer machte. Links von unserem Hotel befand sich ein kleiner Flusslauf, in dem unsere Kleinen spielen, buddeln und planschen konnten, ohne von Wellen umgerissen zu werden. Ab und zu gingen wir hinter die Dünen, weil eins der Kinder immer Pippi musste und dann ging das Urlauberleben weiter. In den Abendstunden drehte Ela auf einem Esel stundenlang ihre Runden um das Hotel. Man konnte meinen, sie wäre im Sattel festgeklebt. Wir saßen in Korbstühlen vor einer der unzähligen Gaststätten und leisteten uns roten Sekt. Die Kleinen tobten in den Anlagen rum, tauchten an unserem Tisch auf, gaben sich ihren Ess- und Trinkgelüsten hin und verschwanden wieder. Wir machten Ausflüge und Einkaufsbummel und hatten für wenig Geld die besten Möglichkeiten, unseren Urlaub in vollen Zügen zu genießen. An einem der Abende im Korbsessel lernten wir Lutz und Thomas kennen. Zwei junge Männer aus Ostberlin. Sie setzten sich zu uns an den Tisch und wir kamen schnell ins Gespräch. Ihnen war aufgefallen, dass die Westler ihre Zigarettenschachteln unbekümmert auf dem Tisch liegen hatten. Die Ostler trugen ihre in ihren Hemden- oder Handtaschen mit sich herum. Man vermied es, sich zu outen. Am Strand trafen wir uns oft mit den beiden und mein anfänglicher Verdacht, die könnten vielleicht auch horchende, guckende Stasispitzel sein, die sich ja überall in den Touristenhochburgen aufhalten sollten, hat sich nie bestätigt. Eine Schiffsreise gönnten wir uns. Wir fuhren mit einem russischen Schiff in die Türkei. Dort erlebten wir den Sonnenaufgang am Bosporus, erlebten alle Grade der Seekrankheit, machten eine Stadtrundfahrt durch Istanbul und lernten unseren Busfahrer und seine Fähigkeiten mit dem Bus

Nadelöhre zu passieren, schätzen. Das wichtigste Teil an türkischen Autos war die Hupe und das hellblonde, goldglänzende Haar unserer Kinder erregte Aufsehen. Immerzu fassten irgendwelche Hände in die Haare unserer Kinder. Peter, nicht ich, bekam anerkennende Worte und Schulterklopfen für sein hervorragendes Zeugungswerk. Ein kleines Motorboot brachte uns in den asiatischen Teil der Stadt, und hier erfuhr ich, dass mein geliebtes Zwiebelmuster wahrscheinlich kein Zwiebel- sondern ein Mohnkapselmuster war. Hier gab ich für meine Verhältnisse auch richtig viel Geld aus. Die Kinder bekamen Jogginganzüge mit Disneymotiven, und kleine Nippes für Wand und Tisch landeten in meiner Einkaufstasche. Müde und erschöpft kamen wir zurück auf unseren russischen Kreuzer und verschliefen die Reiseübelkeit in unserer winzigen Kabine. Als der Urlaub zu Ende ging, erwartete uns, Gott sei Dank, unser Auto. Es war nicht abgeschleppt worden, alles an ihm war noch vorhanden und es brachte uns und unser Gepäck und die vielen neuen, wunderbaren Eindrücke zuverlässig zurück nach Berlin.

Stefan durfte nach dem Sommer den Kindergarten der St. Matthias-Gemeinde besuchen. Zu meinem mütterlichen Leid freute er sich darauf. Ich ließ ihn ungern ziehen. Misstrauisch, wie es nur eine Mutter sein kann, eifersüchtig und mit dem Bewusstsein, dass sowieso nur ich in der Lage war, seinen Wünschen zu entsprechen. Da stand ich mit einer eigenen Gruppe Tageskinder samt meiner Jüngsten und gab ein Kind, mein eigenes Kind aus dieser Gruppe, in fremde Hände. Dieser Gedanke befremdete mich. Fremder Leute Kinder lagen in meinem Arm und mein eigener Sohn in den Armen einer Fremden, wenn sich überhaupt Arme für ihn fanden. Stefan stellte so viele Fragen zu allem, was sich um ihn herum ereignete. Geduldig und mit einem gewissen Stolz wegen der intelligenten Fragen, antwortete und erklärte ich ihm alles nach bestem Wissen und Gewissen. Ich kannte so viele Erwachsene, die sich genervt zeigten, nicht zuhörten oder nicht bemüht waren, Stefan seine Fragen geduldig und altersgerecht zu beantworten. Wie würde es ihm im Kindergarten ergehen? Peter nannte mich schon lange aus Spaß eine Glucke. Ich nahm diese Rolle sehr ernst und es war mir egal wie man sie nannte. Meine Sorgen und Nöte waren umsonst. Stefan lebte sich gut ein. Hatte gleichaltrige Freunde und ein reiches Angebot an Unterhaltung. Er amüsierte sich auch ganz gut ohne mich und hob sich seine vielen unbeantworteten Fragen für den Feierabend auf.

Manuela wurde unterdessen, zusätzlich zum Religionsunterricht, der an ihrer Schule ein Hauptfach war, auf ihre erste Beichte vorbereitet. Ich kannte ihre Ängste, dem Pfarrer von all ihren Verfehlungen erzählen zu sollen, noch sehr gut aus meiner Kindheit. Es war schwer, einem Kind begreiflich zu machen, dass es eigentlich noch gar nicht wirklich sündigen konnte. Sie konnte ja noch nicht einmal richtig Lügen. Sie konnte sich in einer kindlichen Notlage befinden und den falschen Ausweg wählen, sie konnte vielleicht ihre Vormachtstellung als große Schwester auch mal gemein ausnutzen, konnte aus den Osternestern ihrer Geschwister Schokoladeneier mopsen oder den Versuch machen, vertrödelte Utensilien einem böswilligen Handeln ihrer Klassenkameraden anzulasten. So nannten wir die Beichte ein Kennenlernen des eigenen Ichs. Abends im Bett liegend den Tag Revue passieren lassen und überlegen, was man hätte besser, liebevoller, ordentlicher, respektvoller oder mehr machen können auf dem Weg, ein guter Mensch zu werden. Ich stellte mir die Rolle des Pfarrers, der sich immerzu die kleinen „Sünden“ seiner Schützlinge anhören musste, absolut langweilig vor. Vielleicht konnte man hin und wieder unterdrückt schmunzeln, vielleicht war auch mal die eine oder andere Sensation dabei, aber viel mehr als Naschen, ungekonntes Lügen, oder eine kleine Unkeuschheit, weil man in einer der vielen Illustrierten heimlich eine großbusige Frau angeglotzt hatte, konnten die Ohren des Herrn Pfarrers kaum zu hören kriegen. Ich hoffe, meiner ältesten Tochter und später auch meinen anderen beiden Kindern beigebracht zu haben, dass nicht die Beichte als solche, sondern das wirkliche Bedauern und der Vorsatz, der aufrichtige Vorsatz, Verfehlungen zu vermeiden, der wichtigste Teil der ganzen Beichtangelegenheit waren. Ela hatte die Angewohnheit, meine Erklärungen sehr schnell und zustimmend abzunicken. Leider wusste ich nie, ob ihr meine Ausführungen zu langatmig oder wirklich einleuchtend waren. Worauf ich immer Wert legte, war die Tatsache, dass ein Christenmensch kein besserer Mensch als alle anderen ist, sondern dass jeder Mensch seinen Weg finden und beschreiten sollte, um als guter Mensch durch sein Leben zu gehen. Das Herzklopfen vor der ersten Beichte konnte ich meiner Tochter trotzdem nicht nehmen. Nur die Aussicht auf die Erstkommunion, für die das Sakrament der Beichte unabdingbar war, und die Aussicht auf ein langes weißes Kleid ließen die Steine auf ihrem Weg mit etwas weichem Moos bewachsen.

Meine Schwiegermutter, die bald schon den Namen Geburtstagsoma weg hatte, ließ sich wirklich nur noch zu Geburtstagen bei uns blicken. Von all unseren Verwandten war sie als Rentnerin die einzige, die von hüben nach drüben gedurft hätte, wann immer sie wollte. Oftmals stellte ich mir meine Mutter mit dieser Gelegenheit vor. Stellte mir vor, wie hilfreich es wäre, diese Oma meiner Kinder hin und wieder um mich zu haben. Sie um Hilfe zu rufen, wenn es mir mal nicht so gut ging, wenn Peter und ich vielleicht mal als Ehepaar etwas unternehmen wollten oder wenn ich einfach mal einen geduldigen Zuhörer und Ratgeber brauchte. Sie wäre immer zur Stelle gewesen. Bei Peters Mutter musste man einfach in ihren Zeitplan passen oder man passte gar nicht. Niemals hätte sie einen Friseurtermin, eine geplante Putzaktion oder auch nur einen Tag ihrer langen Wochenenden in Stolzenhagen für eine Hilfsaktion bei uns geopfert. Manchmal tauchte sie zur Kaffeezeit auf. Vollgepackte Taschen wurden dann von uns die Treppen hinaufgeschleppt, alles wurde auf dem Tisch ausgebreitet, Zollerklärungen ausgefüllt, alles wieder in die Taschen verstaut und weg war sie. Meist fragte sie noch: „Und was gibt's Neues?" Damit meinte sie nicht etwa, wie sich unsere Kinder entwickelten oder wie es uns mit unserer Arbeit oder unserem Gesundheitszustand ging. Mit dieser Frage durchstreiften ihre Augen unsere Wohnung nach neuen Anschaffungen, nach neuen Tapeten an den Wänden, nach Umbauten. Die Kinder störten meist. Zum Ausfüllen der Papiere wurden sie gebeten, das Zimmer zu verlassen, weil Oma sich konzentrieren musste. Es blieb weder ein Riegel Kaugummi noch ein Stück Schokolade für die Enkelkinder auf dem Tisch liegen. Alles wurde in den Osten geschleppt. Wir konnten ja jederzeit für unsere Kinder etwas kaufen. Es dauerte, bis Peter sich ein Herz fasste und seine Mutter darauf ansprach. Sie hatte eine, für ihre Person scheinbar ganz einleuchtende Erklärung für ihr Verhalten. Unsere Kinder waren ihr unterdessen zu groß. Sie liebte Babys. Gekämmte, saubere, wohlduftende und nie wiedersprechende kleine Schoßkinder, die man bewischen und befummeln und ins Bett legen konnte, wenn sie unruhig wurden. Ja, damit konnten wir leider nicht dienen. Unsere

Kinder wuchsen, hatten einen eigenen Willen und manchmal auch eine schmutzige Gusche oder eine Rotznase, die sie einem nicht freiwillig zum Abwischen entgegenhielten. Manchmal waren sie sogar frech, und das ging gar nicht.

Meine Schwester hatte unterdessen geheiratet und ein Kind bekommen. Eine Tochter, gezeugt von zeugungsunfähigen Eltern. Ihre Ausbildung lag auf Eis. Die Familie bekam relativ schnell eine eigene Wohnung und der lebhafte Briefverkehr kam zum Erliegen. Mich erreichten über Mutti ständig irgendwelche Hiobsbotschaften über meine Familie im Ostteil der Stadt. Meinem Vater ging es sehr schlecht, die Ärzte waren ratlos. Papa wurde immer dünner und schwächer. Die Leber sollte schuld sein und seine Magengeschwüre. Weiterhin wurde mit den Herren der Familie Fußball geguckt und so manche Flasche geleert. Mutti, der es auch nicht sonderlich gut ging, die sich wegen der Trennung um uns und wegen der verschiedensten Umstände um alles und jeden sorgte, hörte sich oftmals recht verzweifelt an. Die Situation in der DDR, die politischen Machenschaften, das Gelüge und Beschönigen der eigenen Situation machten sie fix und fertig. Nun kam noch Dannis Familiensituation, ihre nicht abgeschlossene Ausbildung und sehr bald die nächste Schwangerschaft hinzu. Immer mehr Menschen verließen die DDR. „Der Letzte macht das Licht aus!“, hieß es in einem billigen Witz, und Mutti bekam Angst, die Letzte zu sein und keinen Schalter zu finden.

Ich hatte nach meiner letzten Vorsorgeuntersuchung beim Gynäkologen keine guten Nachrichten zu verbreiten. Der Befund war positiv. Das heißt, so beschwichtigte mein Frauenarzt, ich war noch in einer Phase, in der aus auffälligen Zellen sehr schnell Krebszellen entstehen konnten. Ich sollte mir keine Sorgen machen, aber umgehend im Krankenhaus vorstellig werden. Meine Welt stand Kopf. Zeit, um mir Sorgen zu machen, hatte ich keine. Die Kinder mussten versorgt werden und für die Tageskinder brauchten wir eine Regelung, wie wir in dieser Zeit verfahren würden. Peter nahm Urlaubstage und Überstundenansammlungen in Anspruch, blieb zu Hause und versorgte die Kinder. Es lief ein Notprogramm. Die Mütter der Tageskinder halfen mit fertigem Mittagessen und Einkäufen aus, nahmen die Betreuung nur für die für sie wichtigste Zeit des Tages in Anspruch und zeigten viel Verständnis und hin und wieder auch etwas Mitleid mit dem geplagten Mann. Bevor ich ins Krankenhaus ging mussten noch Wege erledigt werden, Besorgungen gemacht. Wir kamen auf dem Ku'Damm an einem Perückengeschäft vorbei und ich ertappte mich bei dem tröstenden Gedanken, dass eine eventuelle Chemotherapie, die mich mein Haar kosten könnte, wenigstens so wunderschöne Alternativen zu haben wären. Die Operation verlief ohne Zwischenfälle. Ich erholte mich schnell, musste aber, wegen drohender Blutungen die „Füße stillhalten". Peter kam mich täglich mit unseren Kindern besuchen. Sie waren ausgeglichen, manchmal ein bisschen komisch angezogen, aber das würde ihrer Entwicklung nicht schaden. Ich hatte eine große Bestellung vom Kollegenkreis meiner Cousine für meine kleinen österlichen Knetfiguren. So brachte Peter mir meine ganze Fimo- und Suralinpalette mit ins Krankenhaus und ich fing an zu kneten. Kleine Häschen, Küken, Blumenkörbe, Käfer, Schmetterlinge und Rosetten entstanden in Akkordarbeit. Ich formte nicht, wie sonst, ein Figürchen nach dem anderen, sondern hundert Hasenköpfe und hundert Hasenbäuche, und fügte die dazugehörigen jeweils zweihundert Ohren und vierhundert Gliedmaßen dran. Ähnlich verfuhr ich mit den Küken, den Körben und den anderen Kreationen. Zum Schluss verpasste ich den kleinen Kunstwerken Löcher, durch die man später die Fäden zum Aufhängen ziehen konnte. Das ganze Sammelsurium nahm Peter an sich, und ließ es im heimischen Backofen aushärten. Dann brachte er meine Künstlerfarben mit ins Krankenhaus und weißen Zwirn. Ich fädelte alle Figuren auf und malte Hasennasen, -augen und Nagezähne und natürlich feinste Schnurrbärte. Es war eine anstrengende, monotone Arbeit. Aber sie ließ mich stillsitzen und lenkte mich sehr gut von dem noch ausstehenden Befund des entnommenen Zellgewebes ab. Hiervon würde abhängen, ob ich mich erneut im Operationssaal wiederfinden und ihn ohne meine Gebärmutter wieder verlassen würde. Während meiner Handarbeiten und tagsüber, wenn Besuch kam oder andere Patienten meine Arbeiten in Augenschein nahmen und Zwischenbestellungen nach lila Elefanten, Katzen oder Hunden bei mir abgaben, ging es mir gut. Nachts, wenn es dunkel war, kamen die Ängste und Sorgen und raubten mir den Schlaf. Mein Optimismus sagte mir, alles wird gut. Mein Realismus aber durchkreuzte diese positiven Gedanken und setzte immer noch eins drauf bei den Dingen, die sich eventuell noch ereignen könnten. Mutti durfte mich, eine Erlaubnis hätte mich auch sehr verwundert, nicht besuchen kommen, um mir tröstend und der Familie mit Rat und Tat zur Seite zu stehen. „Das hätte sich Ihre Tochter vorher überlegen sollen!“, lautete die lapidare Begründung des Besuchsverbotes. Meine Schwiegermutter machte einen obligatorischen Krankenbesuch bei mir, das war sie der Etikette schuldig, doch dann verschwand sie wieder, um keinen Tag auf ihrem Waldgrundstück zu versäumen. Die Tage im Krankenhaus vergingen und ich lernte, so ganz nebenbei, sehr interessante Frauen kennen, mit denen man herrlich plaudern und die Zeit totschlagen konnte. Ich lernte auch Frauen kennen, deren Erkrankungen sehr weit fortgeschritten waren. Von der Organentnahme, Chemotherapie und Bestrahlung bis hin zu der sicheren Erkenntnis, dass Gevatter Tod ihr nächster und auch letzter „Tanzpartner“ auf dieser Welt sein würde. Der große, vergraute Aufenthaltsraum, in welchem sich Raucher und Nichtraucher zwischen abgestellten Stühlen, Tischen und Matratzen täglich zu ihrem Erfahrungsaustausch versammelten, wurde geschlossen. Eine sterbende Frau, wenigstens hinter einem weißen Sichtschutz gelagert, verließ dort zwei Tage lang unsere Welt. Der Schlaf wollte in diesen Nächten nicht kommen. Meine Gedanken kreisten um meine Gebärmutter, der ich so viel, eigentlich den Inhalt meines jetzigen Lebens, zu verdanken hatte. Sie war so zuverlässig, aufnahmebereit und ohne Allüren gewesen und drohte nun auf irgendeinem Abfallhaufen zu enden. „Nein, nein“, beschwichtigte mich mein innerer Optimist, „alles wird gut, beruhige Dich.“ Ich hatte drei gesunde Kinder und konnte eigentlich zufrieden sein. Aber darin irgendeine Zufriedenheit zu finden, kam mir wie der undankbare Verrat an einer guten Freundin vor. Negativ, die Befunde waren gut, trotz diesem Wort. Ich musste mir oft vor Augen halten, dass Negativbefunde für den Patienten etwas durchaus Positives darstellten. Ich durfte nach Hause. Halbjährliche Vorsorgeuntersuchung wurde zur Pflicht und ein paar Auflagen für die kommenden Wochen. Die Welt hatte mich zurück.

Wir hatten ständig irgendwelchen Besuch, der auch gleich mal über mehrere Nächte blieb. Verwandte und Bekannte aus „Wessiland“, wie der Westberliner die Bewohner der Bundesrepublik volkstümlich bezeichnete und Ossiländer, die nur ich so nannte. DDR-Bürger die eine Besuchserlaubnis für den Westen bekommen hatten. Unsere

Türen, unser Küchenangebot standen allen jederzeit offen, das ging manchmal ganz schön ins Geld und betraf nicht immer Leute, deren Gesellschaft ich ersehnt hatte. Meine Freundin Regina durfte ihre Tante in Wilmersdorf zu ihrem runden Geburtstag besuchen. Das war natürlich ein höchst willkommenes Wiedersehen. Es gab so viel zu beschnattern, dass uns die Stunden nur so um die Ohren flogen. Wir konnten es noch. Lästern, schwärmen, gackern, alten Zeiten nachhängen und von einer farbigen Zukunft träumen. Es kamen aber auch unbequeme Gäste. Der Bruder meiner Mutter – egoistisch, nörgelnd und rücksichtslos wie er war, empfand ich ihn als Bürde. Seine Person allein konnte eine ganze Kleinkindergruppe ersetzen. Seine Wünsche drängten auf sofortige Erfüllung und sein Zeitplan setzte mich ständig unter Druck. Er liebte meine Schlagkraft, wenn ich protestierte und merkte nicht, dass unsere Gespräche nur aus Gehässigkeiten und Kontras bestanden. Zwischendurch fand ich sprachlichen Schlagabtausch auch amüsant und unterhaltsam, aber dieses ewige Geplänkel zwischen uns ging mir unerhört auf die Nerven.

Auch mein Bruder bekam eines Tages eine Besuchserlaubnis und war natürlich, als engstes Familienmitglied, ein gern gesehener Gast mit vollem Verwöhnprogramm. Er hatte den Besuch bei seinem angeblichen Patenonkel, der Muttis Cousin war, zum sechzigsten Geburtstag beantragt. Da stand er live vor mir. Mein Bruder ... Ich freute mich ehrlichen Herzens über unser Wiedersehen. Auch seine Freude, mich, Peter und die Kinder zu sehen, schien mir echt zu sein. Wir brauchten eine gewisse Anlaufzeit, bis die Befangenheit zwischen uns verebbte und dann fanden wir uns auch schon im alten, gewohnten Gesprächskreislauf wieder. Sein Fußball, sein Stress auf der Arbeit und ein bisschen seine Familie. Er hatte unterdessen eine große Neubauwohnung am Rande der Stadt, in Ahrensfelde, und ein scheinbar gutes Auskommen. Christiana ging nach wie vor nicht arbeiten, hatte aber ihre Kinder im Kindergarten untergebracht. Sie sorgte für Martins leibliches Wohl und für Ordnung und Sauberkeit in der Wohnung. „So muss ein Kinderzimmer aussehen“, sagte er versonnen grinsend, als er einen Blick in die Stube unserer Kinder warf. Bausteine, Autos, Puppenbeine, Schnipsel und Radiergummiwürste führten hier ein friedliches Miteinander. Eine pedantische Ordnung, wie in Christianas Haushalt, hatten meine Kinder nie kennengelernt. Sie verfügten über ihr Spielzeug und ihre Utensilien wie und wann immer sie wollten, bis es mir zu viel und der Staubsauger angekündigt wurde. Es waren so kleine, dahingesagte Sätze, die mich aufhorchen ließen. „Wenn ich meinen Fußballverein nicht hätte, würde ich auch einen Antrag stellen", sagte er mit so leicht vor sich hingesprochenen Worten, als wenn sich ein Schmetterling von Blüte zu Blüte schwingt. Keine näheren Erklärungen, keine Öffnung in seine Gedankenwelt. Christianas Parteizugehörigkeit, so konterte er auf meine Frage, war doch nur noch eine Formalität. Sie saß auf den Sitzungen nur noch ihre Zeit ab. (Und zwar genau auf dem Arsch, der ihr in der Hose fehlte, um ihr Parteibuch auf den Tisch zu werfen und ihren Austritt zu erklären, dachte ich.) Nein, diesbezüglich war kein klärendes Gespräch, keine Stellungnahme mit eigenen Ansichten meines Bruders möglich. Die Feier, zu der wir dann gemeinsam aufbrachen, war ein wirkliches Vergnügen. Leider trank Martin bis zur Bewusstlosigkeit. Wir mussten ihn aus dem Vereinshaus der Laubenkolonie regelrecht abschleppen, um bis zum Saatwinkler Damm und damit hoffentlich zu einem Taxi zu kommen. In seiner Jacke entdeckte ich eine „mitgenommene" Flasche Schnaps. Peter brachte diese umgehend, unbemerkt zurück. Ich schämte und ärgerte mich wegen meines Bruders. An der Siegessäule schaffte es der Taxifahrer gerade noch rechts ran zu fahren, bevor Martin das ganze Auto vollgekotzt hätte. Am nächsten Tag schlief er bis 14.00 Uhr und hatte einen fürchterlichen Kater. Ich konnte es nicht verstehen. Die paar Tage, die er im Westen hatte, hatte er zum großen Teil mit Alkohol verramscht. Außer Spesen nichts gewesen, dachte ich mir, als er mit vollen Taschen von Peter zum Grenzübergang gebracht wurde. Nun hatte ich Zeit und Ruhe, über uns, über unser geschwisterliches Verhältnis nachzudenken. Unsere Kindheit und Jugend liefen wie ein alter Kinofilm vor meinem inneren Auge ab.

Auch Martins Freund, Rolf, bekam eine Besuchserlaubnis nach Westberlin. Davon wusste ich erstmal allerdings gar nichts. Wir hatten uns die letzten Male vor unserer Ausreise bei Geburtstagen bei Martin gesehen. Ich mochte Rolf immer gerne. Er war manchmal unbeholfen und unentschlossen und behäbig wie ein Teddybär. Andererseits konnte man gut mit ihm philosophieren. Er hatte eine so ruhige, überlegte Art und Weise zu sprechen, dass er mich damit schon in meiner Kindheit fasziniert hatte. Ihn schien nichts aus der Ruhe zu bringen und diese Ruhe hatte er in sein Erwachsenenleben hinübergerettet. Es klingelte eines Tages bei uns und er stand mit seinem Gepäck vor unserer Wohnungstür. Noch mehr erstaunt als erfreut hörte ich mir seine ausgewogene ruhige Rede über seine Verwandten, bei denen er Quartier hatte, an. Er wollte sie nicht madigmachen, aber sie waren so langweilig, so piefig in ihrem Gerede und Gebaren. Er fühlte sich dort nicht wohl und wollte mal fragen, ob er die paar Tage nicht bei uns bleiben könnte. Natürlich konnte er. Unser Haus stand, unterdessen fast schon aus Tradition, jedem offen, der um Einlass bat. Rolf und mich verband die Erinnerung an unsere Kindheit. Welche Bedeutung er für mich hatte oder ich für ihn, werden wir gegenseitig wohl nie erfahren. Seine Freundin, der Notnagel, durfte ich immer nur sein, wenn er und Martin miteinander verstritten waren. Ging es in Friedenszeiten gegen mich, war er immer Martins treuer Verbündeter. Nun hatte ich ihn in meiner Wohnung und war irgendwie wieder nur ein Notnagel. Er war ein Mann, unentschlossen und verunsichert wie ein Kind. Da hatte er nun 100 DM als Besuchergeld in die Hand gedrückt bekommen und war vollkommen unentschlossen, wofür er dieses Geld ausgeben sollte. Ihm ging es ähnlich wie mir, als ich meine ersten Kaufhausbesuche im Westen machte. Das riesige Angebot, die Vielfalt in allen Details und die Wünsche seiner Familie, geäußert, ohne zu wissen, was das Familienoberhaupt im Westen vorfinden würde, raubte ihm jede Entscheidungsfreude. Mit Ohrringen, egal mit welchen, konnte er seiner Frau immer eine Freude machen. Mit T-Shirts, Socken, Kosmetikartikeln oder Matchboxautos hätte er jeden erfreut. Kaugummis, Schokolade, Kaffee und Kakao. Man konnte nichts falsch machen. Er hatte den Nachteil, unter Zeitdruck und absolutem Geldmangel agieren zu müssen. Für eventuelle Umtauschaktionen, spätere Reklamationen oder Geldrückforderungen wegen Geschmacksverirrung blieb ihm keine Zeit. So verbrachte er seine Zeit bei uns, lästerte mit mir zusammen über das Fix-und-Fertigangebot für „Künstler", die nach Zahlen malen oder vorgebaute Teile nur noch aneinanderzufügen brauchten und keine Ahnung vom Materialdilemma der wirklichen Künstler im Osten hatten. Als er schließlich doch nach ausgiebiger Einkaufsberatung mit vollen Taschen und einem ehrlichen Dankeschön für unsere offene Tür seiner Heimat entgegenstrebte, schenkte er mir einen kleinen selbstgegossenen Buddha für den Glasschrank.

Er war hübsch und freundlich und garantiert handgefertigt. Andererseits stank er so unerträglich nach irgendwelchen Chemikalien, dass er nach drei Wochen in den Keller verbannt und Jahre später, er roch noch immer, im Müll entsorgt wurde. „Sorry Rolf!“ dachte ich, als der kleine braune Buddha in den Tiefen des Müllcontainers versank.

Die nächsten Sommerferien verbrachten wir in Ruhpolding. Eine Cousine meiner Mutter, Mutti hatte unerschöpflich viele von ihnen, war dort damit betraut, diverse Ferienwohnungen zu verwalten und, soweit wie möglich, für die Wünsche der Urlauber da zu sein. Ich kannte diese Frau, die mir natürlich seit meiner Kindheit als Tante bekannt war, nur oberflächlich. Wir wurden damals von ihr sehr herzlich empfangen und durften des Öfteren auch ihre privaten Gäste sein. Sie selbst wohnte mit ihrem Mann in einem kleinen Haus, direkt am Waldrand. Eine Ferienwohnung nur für sich und die Familie zu haben war eine einschneidende Erfahrung für die Urlaube, die noch kommen sollten. Kindliche Nörgeleien über anderer Leute Küche fielen damit schon einmal weg und der Stress um die Esserei war verschwunden. Aldi-Filialen fand man überall und damit auch die bevorzugten Erzeugnisse zum bevorzugten Preis. Wir packten morgens unsere Lunchpakete und zogen nach dem Frühstück los auf die Berge, ins Salzwerk, ins Schwimmbad oder mal schnell rüber nach Österreich auf Mozarts Spuren.

Man konnte sich an freies Reisen schnell gewöhnen und wurde sich doch immer wieder bewusst, welche Freizügigkeit wir mit dem Verlassen der DDR erworben hatten. Die vielen Kirchen und Kapellen und die Holzkreuze am Wegesrand ließen keinen Zweifel an der favorisierten Religion des Bundeslandes aufkommen. Wir besuchten viele Kirchen und waren überwältigt von der Architektur und der Kunst, die sich uns darbot. Andererseits beschämte mich der Heiligenkult, der sich in Form von Briefen, Bitten und Danksagungen, die an Pinn- oder Magnetwänden befestigt, öffentlich zu lesen waren. Hier schrieben Menschen ihre Wünsche an Heilige auf, als wären diese durch Gebete nicht erreichbar. Ich fand das so befremdlich wie die Nachrichten an Verstorbene in der Tageszeitung. So erfuhr man von völlig unbekannten Menschen, dass sie schwer krank, geheilt, voller Liebeskummer oder verarmt waren. Sie schrieben in krakeliger oder schöner kindlicher Handschrift auf kleine, ausgefranste Zettelchen ihre Wünsche, als würden sie an den Weihnachtsmann schreiben. Glaubten diese Menschen wirklich daran, dass ihnen das helfen könnte? Oder half es schon allein, die Wünsche schriftlich zu formulieren und öffentlich auszustellen? Ich wusste ja, dass es genug Menschen um mich herum gab, die für ein Tischgebet, ein stilles Gebet oder für gemeinsames Beten nur ein verständnisloses Kopfschütteln übrig hatten. Warum also, sollten die Leute keine Briefe an ihre Heiligen schreiben? Der Umgang mit Religion war hier, in Bayern, so selbstverständlich wie Brotzeit, Wiesenfeste und Almabtrieb. In der DDR-Gesellschaft waren praktizierende Christen eher die Ausnahme. Man wurde verständnislos begafft, belächelt und benachteiligt. Hier waren jedes Kreuz, jedes Weihwasserbecken, jede Kirche und jedes Kreuzzeichen selbstverständlicher Ausdruck praktizierten Glaubens. Die Suche nach Hoffnung und Trost, die Außenstehenden vielleicht kitschig und makaber erschienen. Unsere Urlaube dauerten nun immer drei Wochen. Zeit genug, sich wirklich zu erholen und oft auch, das ganze Wetterspektrum kennenzulernen. Wir erlebten zwischen den Bergen Gewitter von enormen Ausmaßen. Ein Blitzen und Donnergrollen, das in grauer Vorzeit die Menschen wirklich in Todesangst versetzt haben muss.

Wir erlebten Sonnentage, an denen sich ein Sonnenbrand auf der Nase nicht vermeiden ließ, und wir erlebten Natur, Flora und Fauna, die uns teilweise nur aus Heinos Schlagertexten bekannt war. Ich hatte ein neues Hobby und pflegte es mit großer Leidenschaft. Ich strickte. Ein einfaches Buch für Anfänger hatte mich in die Grundlagen der Strickkunst eingeweiht. Strickschriften habe ich nie verfolgt. Ich strickte so, wie es meiner eigenen Vorstellung entsprach und wenn ich meine Vorstellung nicht traf, wurde alles wieder aufgeräufelt. Für die Kinder gelangen mir schöne Pullover und Jacken. Erst eine Strickjacke für mich stellte meine Geduld gehörig auf die Probe. Größere Stücke dauerten eindeutig zu lange. Ich blieb dann doch lieber bei Kinderkleidung und hoffte, meine eigenen Kinder würden nicht allzu schnell groß werden. Nach dem Urlaub würde Franzi in die Kita gehen. Sie freute sich sehr darauf und entwarf schon Fantasiegespinste von ihrer Schulzeit. Die Kinder wurden immer selbständiger. Was würde die Zukunft ihnen bringen? Würden sie die Chancen, die das Leben ihnen bot, nutzen, verstreichen lassen oder nicht zur Kenntnis nehmen? Welche Vorstellungen vom Leben würden sie entwickeln und sich zum Ziel machen? Gedanken, die sich alle Eltern bei der Erziehung ihrer Kinder machen, Vorstellungen, die meist ganz andere sind, als der Lebenslauf der Kinder später ist. Hauptsache frei und gesund, dachte ich oft. Alles andere würde sich finden.

Ich war unterdessen eine eingefuchste und gefragte Tagesmutter. Mehr oder weniger waren alle Tagesmütter gefragt, denn Kita-Plätze waren in Westberlin, wie gesagt, Mangelware. Für Babys und Kleinkinder war die Tagespflege im Haushalt einer Tagesmutter eine wirklich gute Alternative. Es ließ allerdings auch sehr vieles zu wünschen übrig. Eltern konnte man nur raten, sehr genau hinzuschauen, in wessen Hände und Haushalt sie ihr Kind gaben. Für manche Tagesmütter war die Tagespflege einfach nur ein Geschäft, das sich ebenso mit Hunden, Katzen oder Putzarbeiten vereinbaren ließ. Das Jugendamt guckte leider nicht so genau hin, denn es war froh über jede Unterbringung eines Kindes. Uns Tagesmütter ärgerten die „schwarzen Schafe“ unter uns sehr. Sie taten den Kindern und unserem Ruf nicht gut und wir hatten mit vielen Vorurteilen zu kämpfen. So wie die jungen Mütter sehr schnell auf Kritik im eigenen Familienkreis stießen, wenn sie ihre Babys in andere Hände gaben, musste auch ich mich oft rechtfertigen, warum ich so kleine Kinder, zum Teil noch Säuglinge, in Obhut nahm. Ja, es stimmte, meine eigenen hätte ich freiwillig auch nicht so früh in fremde Hände gegeben. Aber bei mir waren die Umstände auch bequemer gewesen. Wir hatten einen Familienvater, der uns im Osten wie im Westen finanziell versorgte und ich brauchte keine Angst zu haben, aus dem Berufsleben ausgeschlossen zu werden, weil ich zu lange mit meinem Kind zu Hause war. Beruf und Kind ließen sich schwer miteinander vereinbaren. Für eine alleinstehende Mutter war das allein nicht zu bewältigen, ohne ein Fall für die Sozialhilfe zu werden. Es gab aber auch Mütter, die ehrlichen Herzens zugaben, dass ihnen zu Hause die Decke auf den Kopf fiel. Das waren Mütter, die einen festen Platz in der Arbeitswelt hatten und sich diesen und die finanzielle Unabhängigkeit bewahren wollten. Diese Frauen genossen ihren Feierabend mit ihrem Kind. Sie leisteten sich Zoo-, Schwimmbad- und Rummelplatzbesuche, fuhren regelmäßig mit ihrem Kind in den Urlaub und schienen gelassener durchs Leben zu gehen. Ich, Glucke, erweiterte meine Tätigkeit als solche und begluckte nun auch anderer Leute Kinder, während meine eigenen den Kindergarten oder die Schule besuchten. Kamen meine nach Hause, war das Essen auch für sie fertig, waren meine krank, war Mama für sie da und hatten meine Ferien, konnten wir uns jedes Jahr einen Urlaub leisten, denn ich gluckte professionell und bekam dafür Geld. Meine Einkünfte nannten wir die Einnahmen für den Luxus in unserem Leben, und wir lebten gut.

In der DDR brodelte es. Meine Gedanken kreisten ständig um meine Angehörigen in Ostberlin. Zu den gesellschaftspolitischen Ängsten gesellte sich in meiner Familie jenseits der Mauer auch noch ein Familiendrama. Meine Schwester, noch immer unsere Kleine, wurde von ihrem zweiten Kind entbunden, das mit einem schweren Herzfehler und ohne Aussicht auf Leben auf die Welt kam. Mein Schwager rief mich an und wir führten ein herzzerreißendes Gespräch. Er weinte seine Ratlosigkeit durch den Hörer am anderen Ende der Leitung. Das Baby, ein Junge, wurde gleich nach der Geburt in ein Kinderkrankenhaus gefahren. Meine Schwester soll völlig am Boden zerstört gewesen sein und nichts auf der Welt konnte sie trösten. Ich verfluchte die Mauer, die mich hinderte, sofort in den Osten zu fahren, um für die Familie, für meine Schwester, da zu sein. Das Telefon war meine einzige Verbindung und die war auch noch reichlich unzuverlässig. Es geschahen zu dieser Zeit wirklich noch Wunder. Der Kleine überlebte nach einem operativen Eingriff die nächsten Tage und Wochen und Monate. Die Familie beruhigte sich und hoffte auf weitere Wunder. Der liebe Gott wurde angefleht, Maria, die Heiligen, die Schutzengel. Alle Angeflehten hatten schwer zu tun. Meine Mutter wollte unbedingt, dass der Kleine getauft würde. Ich dachte in irgendeiner Ecke meines Hinterkopfes an eine Nottaufe, ausgeführt von irgendeinem Katholiken, der im Notfall durchaus dazu berechtigt war. Erstmals machte ich mir die Bedeutung der Erbsünde bewusst. War das mein lieber Gott aus der Kindheit, der ungetaufte Menschen, sogar Babys, ins Fegefeuer und die ewige Verdammnis schicken würde, weil sie die Sündenlast von Adam und Eva mit sich herumtrugen? Nein, das war nicht mein Gott. Meiner war gütig, nicht nachtragend, nicht strafend. Er war Vater und Bruder und sorgte mit einem besonderen, dem Heiligen Geist, dafür, dass die Menschen ihren Geist benutzten. Sollte es so sein, dass Gott unerbittlich und diktatorisch war, würde ich auf ein ewiges Leben in seinem Umkreis verzichten und mich lieber den armen Seelen im Fegefeuer und der Hölle anschließen. In mir keimte rebellisches Gedankengut, das einer guten Katholikin nicht angemessen war. Ich wollte mich zu Gott bekennen und ihn nach meiner Fasson ummodellieren. Ich wollte einen Gott zum Trost, für die Hoffnung und für den Dank, den ich täglich empfand. Mir reichte es aus, mich Christ zu nennen. Ich brauchte diese Unterteilungen in katholisch und evangelisch nicht. War es nicht eigentlich sogar egal, welcher Religion man angehörte? Überall auf der Welt lebten Menschen nach ihren Religionen und Traditionen. Sie alle waren Gottes Kinder. Was zu Kriegen und Not führte, waren doch immer nur die von Menschen ersonnenen Gesetze und Auslegungen der Schriften und die geschürte Angst, man könnte bei seinem Gott in Ungnade fallen. Manchmal beneidete ich meinen Mann, der ohne einen Gedanken an Gott, ein guter, liebenswerter Mensch war. Einfach so, weil er sich an ganz klare humanistische Regeln hielt.

Meine Gesundheit war seit Monaten angekratzt. Ich litt unter ständigen Schmerzen im gesamten Bauchraum und Rückenbereich. Blähungen, Nierenschmerzen, Unterleibsprobleme? An manchen Tagen war es so heftig, dass ich die Quelle des Schmerzes nicht mehr orten konnte. Ich verlor Gewicht und Kraft und aus dem Spiegel schaute mich eine blasse, unzufriedene Frau an, die vorzeitig zu altern drohte. Ich lief von Arzt zu Arzt, kam ohne Befunde nach Hause und hatte immer wieder auch gute Zeiten zwischendurch. Ich suchte in meiner Ernährung nach Unverträglichkeiten und in meinem Tagesablauf. Nichts half wirklich oder gab Hinweise. So lebte ich von Anfall zu Anfall und war nur beruhigt, dass der Gynäkologe ernsthafte Schwierigkeiten ausschließen konnte. So schleppte ich mich durch die Weihnachtszeit ins neue Jahr hinein und bemerkte, dass zumindest meine Urtikaria nachzulassen schien.

Ich hatte mich ab Februar für einen Schneiderlehrgang angemeldet. Alles was ich über Nähmaschinen und Näharbeiten wusste, hatte ich mir selbst erworben. Ich wollte Fortschritte machen, für mich und die Kinder vielleicht das eine oder andere Kleidungsstück nähen und Raffinessen vom Experten erfahren. Wir waren ein kleiner Kreis interessierter Frauen mit sehr unterschiedlichem Schneidertalent. In diese Zeit fiel auch die gesamte Vorbereitung für Manuelas Erstkommunion. Die Gaststätte musste gebucht, Einladungen verschickt, das

Menü abgesprochen werden. Ela brauchte ein Kleid. Ein neues Kleid sollte es sein. Weiß und lang und der Traum jedes Mädchens. Die Kerze verzierte ich selbst und ich strickte einen Umhang für das Kind. Es gab immer etwas zu fummeln, zu verzieren, zu lernen. Meine Gedanken aber, waren im Osten. Würden meine Eltern zu Manuelas Erstkommunion eine Besuchserlaubnis bekommen? Die DDR zeigte sich immer großzügiger mit ihren Regelungen. Immer mehr Ausreise-Antragsteller durften das Land verlassen und immer mehr Besuchsanträge wurden genehmigt. Die verschiedensten Bekannten und Verwandten gaben sich bei uns die Klinke in die Hand. Ein bestimmtes Regelwerk war nicht zu erkennen. Zu bemerken war nur, dass jeglicher Besuchsantrag bei uns und von uns von Seiten der mit uns schmollenden DDR-Behörden abgeschmettert wurde. Manuelas Festtagszeitung verfasste ich in zwei Varianten. Einmal mit und einmal ohne die Anwesenheit meiner Eltern, einmal mit und einmal ohne Geschimpfe auf die elende Mauer, die es bisher tatsächlich geschafft hatte, jedes große Familienfest auf die ihr eigene Art und Weise zu überschatten. Die Besuchsgenehmigungen waren scheinbar auch so etwas wie ein BERATUNGSMUSTER. Es gab sie, aber niemand wusste, wann, warum und für wen. Auf jeden Fall keinesfalls für uns.

Der Sozialismus mit all seinen Irrungen und Wirrungen stand Kopf. Es brodelte nicht nur in Deutschland. Michail Gorbatschow hatte den Bruderländern eine eindeutige Absage in Sachen brüderlicher Hilfe erteilt. Die sozialistischen Länder sollten und durften ohne ihren großen Bruder eigene politische Entscheidungen treffen und machten davon auch Gebrauch. Michail hatte mit der Wirtschaft im eigenen Land genug zu tun. Der Abbau der Grenzanlagen in Ungarn, Botschaftsbesetzungen von DDR-müden Bürgern, die als Touristen getarnt die DDR Richtung ČSSR und Ungarn verlassen hatten sorgten für Gerüchte, dass auch für diese Länder mindestens eine Visumspflicht eingeführt oder die totale Einreise von Seiten der DDR verboten werde.

Mit der Ablehnung des Besuchsantrages meiner Eltern für unsere anstehende Familienfeier lebte meine Hauterkrankung neu auf. Mir erblühte eine regelrechte Elefantenhaut. Die Haut beider Beine war betroffen. Sie war dick und grob, entzündet und schuppig und juckte höchst unangenehm. Kortison musste her und der Spuk war nach einer Woche vorbei. „Ein vielleicht letztes Aufflackern der Urtikaria", bemerkte meine Hausärztin. „Angesichts Ihres nervlichen Zustandes eine durchaus mögliche Hautreaktion." Sie hatte Recht. Nach diesem letzten Stelldichein habe ich keine größeren Überfälle mehr auf meine Haut erlebt. Dafür machten sich die diffusen Leibschmerzen immer häufiger bemerkbar.

Mein Mann, Peter, der unbeugsame Atheist, stierte wortlos abwechselnd auf die Tastatur unseres Telefons oder mit hilfesuchendem Blick in meine Richtung. „Nee, nee", hörte ich ihn dann sagen und sah, wie er ungeduldig sein Standbein wechselte. „Das kann ich nicht." Sein Gesprächspartner ließ sich nicht so leicht abwimmeln. Aber der höfliche Hinweis von Peter, sein Gesprächspartner würde wohl ganz bestimmt jemand anderen dafür finden, beendete sein Gespräch. „Fußwaschung", brubbelte Peter vor sich hin und sah mich ungläubig an. „Euer Pfarrer hat eben angefragt, ob er mir Gründonnerstag vor der versammelten Gemeinde die Füße waschen darf." Dieser Satz verlangte nach einer Erklärung meinerseits. Überrascht über das Anliegen unseres Pfarrers war ich auch. Die Fußwaschung ist ein Ritual in Anlehnung an die Fußwaschung der zwölf Apostel durch Jesus. Es hat ja schon eine gewisse Bedeutung, wenn der „Chef" seinen Untergebenen die Füße wäscht. Aber dieses Ritual war für einen Ungläubigen, der von hunderten Augen beobachtet wird und nicht recht weiß, was er mit der Situation anfangen soll, sehr befremdlich. Vielleicht wurden diverse Väter von Erstkommunionkindern gefragt oder Ungläubige, die durch ihre Familien in der Gemeinde gegenwärtig waren. Peters Füße sahen aus wie die Füße auf den Gemälden von Albrecht Dürer. Ich hatte ihnen auch die Auszeichnung „Dürerfüße" zugesprochen. Das wussten aber nur Peter und ich. Peters Fußästhetik konnte also nicht der Grund für das Anliegen unseres Pfarrers sein.

Manuelas Erstkommunion wurde ein gelungenes Fest in der geplanten Zweitversion, Oma-und-Opa-fehlen-und-die-Mauer-ist-ein-gemeiner-Spielverderber. Wir planten nun für den Sommer eine Reise an den Balaton. Hierhin luden wir meine Eltern und für ein paar Tage auch Peters Neffen mit seiner Freundin ein. Vom Westen aus ließ sich dieser Urlaub hervorragend organisieren. Wir mieteten ein Haus mit Garten in Balatonfüred. Ich kannte den Plattensee bisher nur von Erzählungen und Bildern. Als Urlaubsort und Wiedersehensgelegenheit mit unseren Ostberlinern schien er mir ideal. Die

Entfernung, die wir mit unserem Auto meistern wollten, machte mir Kopfschmerzen. Schon die Reise nach Bayern hatte ich als unerträglich lang, mit unseren drei nörgelnden Kindern im Auto, empfunden. Nun kam noch einmal die doppelte Kilometerzahl dazu. Andererseits war die Vorfreude so groß, dass sie nur von der Angst, die DDR könnte für ihre Landsleute die Grenzen dichtmachen, getrübt wurde.

Wir hatten unterdessen ein schickes Auto. Ein Ford Skorpio, ein neuerer Gebrauchtwagen, brachte uns sicher und bequem nach Ungarn. Für Peter war es dennoch eine Qual. Die Müdigkeit übermannte ihn und das Genörgel der Kinder nervte. Am Plattensee selber konnten wir nur noch schleichend in Kolonne fahren, Schutzblech an Schutzblech und über uns die unerbärmliche Sonne. Ein kleiner schwarzer Hund sprang plötzlich aus dem Gegenverkehr direkt vor unser Auto. Peters Fluch und das Quietschen der Bremse übertönten sich. Durch das langsame Fahren hatten wir den kleinen Hund Gott sei Dank nur angefahren. Er lebte, winselte, aber er blutete nicht. Ich nahm eine Decke aus dem Kofferraum. Verärgerte Autofahrer hupten hinter uns. Die Situation war bizarr. Unsere Kinder starrten uns und den verletzten Hund mit vorwurfsvollen und fordernden Blicken an. Wir nahmen den Kleinen mit. Die Fahrt ging weiter bis zur nächsten Haltegelegenheit. Kein Herrchen, kein Frauchen vermissten den Hund. Ein Anwohner nahm ihn zusammen mit der Decke und einem Hunderter entgegen. Er verstand wohl, dass das Geld für einen Tierarzt und die damit verbundenen Kosten gedacht war. Unsere Kinder waren zufrieden. Der nette Mann würde sich um das verletzte Hundchen kümmern. Wir waren skeptisch, aber physisch und psychisch nicht mehr in der Lage, mehr für den kleinen Hund zu tun. Peter war am Ende und unser Ziel fast erreicht und in mir reifte der Vorsatz, endlich meinen Führerschein zu machen.

Unser Urlaubsdomizil war dann schnell gefunden. Ein hübsches kleines Haus mit Terrasse, Pavillon, Außentreppe, die in die zweite Etage führte, einem kleinen Blumen- und Gemüsegarten und einem zweiten Häuschen, mehr ein großer Schuppen mit allen möglichen Vorräten und Gartengeräten und zwei aufgestellten Feldbetten. Es war alles sehr spartanisch. Von Luxus nicht die geringste Spur. Platzmäßig aber völlig ausreichend für unsere große Familie. Peter probierte erst einmal sehr lange und ausgiebig sein Bett aus. Er brauchte jetzt eine gehörige Portion Schlaf. Unsere aufgekratzten Kinder bestaunten ihr Zimmer, hatten natürlich Hunger und wollten umgehend an den großen See, den sie vom Auto aus schon genauestens inspiziert hatten. Auch ich musste mich akklimatisieren. Holte den Swimmingpool aus dem Auto, schloss den Gartenschlauch an und vertraute darauf, dass die Kinder jetzt für eine Weile bestens beschäftigt sein würden. Noch ein paar Stunden, dann würden meine Eltern mit dem Zug eintreffen. Ich wollte alles fertig haben, bis sie kamen. Eine hoffentlich schöne Zeit lag vor uns. Das Wetter spielte mit und auf dem Weg zum Bahnhof würden wir erste Einkäufe für unser leibliches Wohl erledigen. Mir ging es gut. Keine Hautauffälligkeiten, keine Leibschmerzen. Vorfreude schien die beste Medizin zu sein. Ich hatte als Tochter das Bedürfnis, meinem Vater zu gefallen. Eine strenge Diät im Vorfeld hatte die angefressenen Kilos mal wieder plumpsen lassen. Meine Haare sollten sitzen und meine Garderobe auf väterliche Zustimmung stoßen. Letztendlich konnte ich gar nicht mit zum Bahnhof fahren. Alle Kinder mit im Auto, die Koffer von Vati und Mutti und ich, das war zu viel. So übte ich mich in Geduld. Peter war unterwegs und es konnte nicht mehr lange dauern, bis zum Wiedersehen.

Der Zug hatte Verspätung, die Zeit zog sich wie ein Gummiband durch den Abend, als dann plötzlich doch unser Auto mit dieser kostbaren Fracht in die Einfahrt fuhr. Sofort stürmten wir das Auto. Die nächsten Minuten wurde geheult, gelacht, gedrückt, geküsst und immer wieder erleichtert aufgeatmet, weil die Tortur der Anreise endlich geschafft war. Oh, was erlebten wir für eine wunderbare Zeit. Es mangelte an nichts. Der Balaton war so herrlich flach, dass man nicht ständig besorgt nach den Kindern schielen musste. Die Kinder hatten ihre Großeltern für sich und beuteten sie in jeder Hinsicht aus. Waren wir im Garten, stand der Pool bereit. Terrasse und Pavillon waren ständig belegt und das Haus brauchten wir wirklich nur zum Schlafen und Kochen. Am zweiten Tag stellte sich das Ehepaar vor, dem das Haus gehörte. Wir unterhielten uns mit Händen und Füßen und erfuhren beschämt, dass wir Urlauber ihren Platz im Haus einnahmen. Die Feldbetten im Schuppen waren nun ihr Behelfsquartier. Sie brauchten die Tourismuseinnahmen, um ihr Haus abzahlen zu können. Die beiden, ein stets lächelndes, bescheidenes Ehepaar, waren ständig um uns bemüht. Sie kochten einen großen Topf Fischsuppe für uns, schleppten Obst und Gemüse heran und verwöhnten uns mit den köstlichsten Aprikosen, die ich je in meinem Leben gegessen habe, und mit Melonen, die so süß und saftig waren, wie ich es bis dahin nicht kannte. Peter, Papa und ich machten mit dem Reisebus eine Fahrt nach Budapest. Mutti wollte bei den Enkeln bleiben.

Die Fahrt wurde von einer sehr gut Deutsch sprechenden Reiseleiterin begleitet. Hier erfuhren wir nun, dass fast jeder erwachsene Ungar nach Möglichkeiten für einen Zweitverdienst suchte. Sie selbst war Lehrerin und ihr Gehalt reichte vorne und hinten nicht. So verdiente sie sich als Reiseleiterin etwas dazu. Das Dazuverdienen war normaler Alltag. Sie nahm mir mein schlechtes Gewissen unseren Gastgebern gegenüber. Die Häuslebauer waren froh, wenn sich Touristen für ihr Haus als Ferienunterkunft entschieden. Die Konkurrenz war groß und ein eigenes Haus die beste Anlage für das Alter. Hier war ich nun in Budapest, sah die Kettenbrücke, die Pest und Buda über die Donau hinweg miteinander verband und dachte an den kleinen Bela aus dem Roman „Verlockung“, der diesen Weg immer und immer wieder gegangen war. Wir sahen ehrwürdige alte Gebäude und Plätze, die einer Sanierung bedurft hätten. Architektur und Historie waren nicht so mein Ding und so guckte ich mal hier und mal da, folgte aufmerksam dem Zeigefinger der Reiseleiterin und genoss es einfach, meinen Vater und meinen Mann ganz allein für mich zu haben.

Spät abends waren wir wieder zu Hause. Selbstverständlich schliefen unsere Kinder noch nicht. Sie mussten ja auf Oma aufpassen und mit ihr Karten spielen. Für ein paar Tage trudelte dann auch Peters Neffe mit seiner Freundin bei uns ein. Das Wiedersehen war sehr herzlich und seine Freundin eine nette junge Frau. Sie schien sehr unbefangen und ungeniert, denn sie präsentierte ihre wirklich wohlgeformten nackten Brüste zu jeder Zeit, an jedem Ort. Unsere Kinder fanden den Anblick eher ungewöhnlich, Mutti und ich fanden ihn deplatziert und die Männer schwiegen. Oben ohne am Ufer des Balatons ist was anderes als am Mittagstisch oder beim Kartenspiel. Ich sprach mit der Unbekümmerten und fühlte mich dabei alt und spießig und intolerant, aber danach trotzdem besser. Dass die Mehrheit der Leute aus der DDR wahre FFK-Anhänger waren, hielt sich als hartnäckiges Gerücht. Es gab bestimmt mehr Anhänger als im Westen, es gab diesbezügliche Campingplätze, Strandabschnitte und Seeufer, die vom Staat als FKK-Gebiet abgesegnet waren. Vielleicht war das ein kleines Entgegenkommen für die Menschen eines Landes, denen sonst fast alles verboten war.

Gerüchte machten die Runde. Radio und Fernsehen in deutscher Sprache hatten wir nicht. Natürlich wussten wir, dass Ungarn seine Grenzen zu Österreich abbaute. Gorbi hatte dem zugestimmt oder es doch zumindest nicht verboten. Massen von Touristen, die wahrscheinlich nach besten Gelegenheiten Ausschau hielten, bevölkerten die Ufer und Zeltplätze des Balatons. Immer wieder waren die politische Situation, die Nöte, Sorgen und Ängste der Menschen in der DDR und auch meine persönlichen Ängste Gesprächsthema. Das „Tor zum Platz des Himmlischen Friedens" in Peking hatte seinen eigenen Namen ad absurdum geführt.

Es kam zu einer Niederschlagung eines friedlichen Aufstandes, es gab viele Tote, viele Verletzte, viele Inhaftierungen. Genaue Zahlen kannten wir nicht. Aber die Stellungnahme der DDR-Regierung zu diesem Massaker ließ Schlussfolgerungen ziehen und schürte Ängste. Wie würde man auf einen Aufstand der Bevölkerung in der DDR reagieren? Könnte man mit diesen Ängsten im Vorfeld schon jeden Widerstand niederschlagen? Immer mehr Menschen verließen über die Grenzen und Botschaften Osteuropas die DDR. Außenminister Genscher und Helmut Kohl mussten viel Diplomatie und Fingerspitzengefühl walten lassen und die Bundesrepublik viel Geld investieren, um den Menschen, ihren Landsleuten, zu helfen. Als unser Urlaub zu Ende ging, blieben jedenfalls viele Fragen offen. Nicht nur das nächste Wiedersehen, sondern auch die Zukunftsängste lähmten uns. Weinend winkte ich dem Zug, der meine Eltern in die DDR zurückbrachte, hinterher. Ich konnte ihnen nicht viel entlocken, was die Einstellung meiner noch immer parteizugehörigen Schwägerin betraf. Politik und Familie schienen für meine Eltern mit zweierlei Maß gemessen zu werden. Erstmals in meinem Leben spürte ich, was es heißt, etwas zu hassen. Etwas nicht einfach nur nicht zu mögen oder nicht zu verstehen, sondern wirklich zu hassen. Dieses Gefühl befremdete mich anfangs, später brauchte ich es, um nicht zum Verräter meiner eigenen Ansichten zu werden. Ich wollte niemals in die Verharmlosung der Umstände abrutschen, weil auf eine bestimmte Personengruppe, weil sie aus der Familie kam, Rücksicht genommen werden musste.

Zurück in Berlin, erwarteten uns viele Neuigkeiten. Einer ausgereisten Familie hatten wir während unseres Urlaubs unsere Wohnung zur Verfügung gestellt. Sie hatten unterdessen eigene vier Wände gefunden und würden bald ausziehen. Eine andere Familie war gerade im Westen angekommen. Um ihr ein möglichst schnelles Abarbeiten ihrer Wege zu ermöglichen, wohnten die Kinder vorübergehnd bei uns. Der kleine Sohn wurde sogar eins meiner Tageskinder. Das war meine Zeit der Wiedergutmachung für all die Hilfe, die unserer Familie nach der Übersiedlung zuteil wurde. Die Zeit war hektisch und die politischen Entwicklungen im Ostblock, besonders in der DDR, bekamen eine unüberschaubare und nicht mehr einzuschätzende Dynamik. Meine Leibschmerzen brachten mich eines Nachts in die Notaufnahme eines Krankenhauses. Hier gab man mir eine Tablette, die ich als ein Wundermittel empfand. Kurz nach der Einnahme, waren alle Schmerzen weg. Leider wusste ich nicht, was für ein Wundermittel ich bekommen hatte.

In der DDR, in Leipzig, fanden seit Anfang September Demonstrationen, friedliche Demonstrationen, statt. „Wir sind das Volk!“, riefen die Menschen und forderten eine demokratische Neuordnung für die DDR, die Abschaffung der SED und des MfS. Freie Wahlen und Reisefreiheit gehörten dazu. Wie ich es liebte, zu sehen, dass es so viele beherzte Menschen im Osten gab, die nicht wie geduldige Schafe blökten, sondern das empfundene Unrecht, ihre bitteren Erfahrungen durch das ganze Land schrien und überall auf der Welt zu hören und zu sehen waren. Die Montagsdemos zogen sich bald wie ein roter Faden durch die DDR. Die Kirchen waren gefüllt mit Menschen, die unter der Obhut kirchlicher Dächer propagierten. Manchmal hatte ich die Sehnsucht, dabei sein zu dürfen. Aber meine Zeit in der DDR war abgelaufen. Ich gehörte nicht mehr zu dem Teil des Volkes, das dort auf die Straße ging. Aber ich war voll Solidarität und voller Angst um jeden Einzelnen von ihm, und ich war stolz auf jeden Einzelnen. Genschman, der Herr im gelben Pullunder, wurde zum Retter und zum Star und ich sein größter Fan.

Meine nächste Vorstellung in der Notaufnahme im Krankenhaus brachte gleich eine Einweisung mit sich. Blutabnahmen, Stuhluntersuchungen, Ultraschall, Gastroskopie, Darmröntgen, Endoskopie und Rektoskopie wurden anberaumt. Mit der Erstdiagnose Zwölffingerdarmgeschwür, was mich in den nächsten Tagen zum personifizierten Ulkus werden ließ. Was darf der Ulkus und was darf er nicht? Strenge Diät wurde verschrieben, die dann noch verschärft wurde mit abführenden Mitteln zur Vorbereitung der Darmuntersuchungen. Um mich zu beschäftigen und vom Hunger abzulenken, betüddelte ich wieder Omis oder frisch Operierte und war als Wunscherfüller und Helfer unterwegs. Tageszeitungen und mein Radio lieferten mir Informationen über die Politik aus aller Welt und aus meiner geliebten, geteilten Stadt Berlin.

Der 40. Geburtstag der DDR sollte noch immer gefeiert werden, wie in alten Tagen. Während das Volk von Empörung und Angst hin- und hergerissen war, ließen sich die alten Senilen feiern. Ceauşesku mit Frau und Gorbatschow mit seiner Raissa trudelten in Ostberlin ein und die Feierlichkeiten begannen. Das Volk jubelte Michail, dem großen Hoffnungsträger zu. Die Menschen riefen Micha und nicht Erich. Was konnte Micha machen, ohne Erich bloßzustellen? Man erwartete eine große Rede von ihm, aber die blieb aus. Der Satz „Wer zu spät kommt, den bestraft das Leben" wurde nicht ganz so von ihm gesagt, ging aber in dieser Formulierung um die ganze Welt und wurde zum Schlagwort unserer Zeit.

Im Krankenhaus gab es auch Neuerungen. Nachdem der Ulkus nun einmal diagnostiziert war, meine damit einhergehenden Schmerzen aber scheinbar unerklärlich blieben, kamen das Darmröntgen und die Rektoskopie zum Einsatz. Manchmal dachte ich, bevor mir geholfen wird, bin ich verhungert. Noch war ich aber weit von dem, was man eine „Hungerharke" nennt, entfernt und so versuchte ich die strenge Diät und das ständige Abführen derselben als Abspecken unter medizinischer Aufsicht zu betrachten. Das Röntgen des Darms war eine spannende, teilweise sogar eine romantische Szenerie. Da lag ich mit meinem eingespritzten Kontrastmittel und konnte hellwach auf einem Monitor den Weg des Mittels verfolgen. Wolken erschienen, mal heller, mal dunkler und zogen wie am Himmelszelt vor meinen Augen auf. Jeder uneingeweihte Betrachter dieser Bilder hätte auf Blitze, Donner und Regen gewartet. Ich aber war eingeweiht und wusste, dass diese „Unwetterwolken" von einem Ort kamen, an dem niemals die Sonne scheint. Es war also auch sinnlos, auf einen Regenbogen zu warten.

Die Auswertung des Filmmaterials soll Kotsteine in meinem Blinddarm gezeigt haben. Ich sah natürlich nichts. Mir fehlte das medizinische Auge, und ich vertraute dem wissenden Blick der Ärzte. Schnell noch eine kleine Rekto und ich hätte mich fast schon auf eine erste Mahlzeit freuen können, wenn da nicht plötzlich ein Polyp, der sich an meine Darmwand klammerte, entdeckt worden wäre. „Der muss raus", erklärte mir der Arzt und lobte voller Stolz ein ganz neues Rektoskopie-Gerät, welches er und ich die Ehre haben würden einzuweihen. Ich war von dieser Einweihungsfeier nicht allzu sehr begeistert. Der Doktor versprach mir aber fantastische Bilder von meinem Inneren, falls ich gewillt war, auf eine Narkose zu verzichten, und natürlich die Entfernung dieses fiesen Polypen, der vielleicht nur auf die richtige Gelegenheit wartete, sich bösartig in einen Tumor zu verwandeln. Natürlich willigte ich ein. Ich wollte keinen einzigen Teil meiner Darmserie verpassen. Meine Bedingung war nur, dass zu dieser sensationellen Verfilmung nicht die „Berliner Abendschau" eingeladen wurde. Der Arzt lachte, wir wurden uns einig und das Abenteuer Rektoskopie begann – mit Abführmitteln. Narkotisiert hätte ich, das musste ich zugeben, wirklich etwas versäumt. Neueste Technik, ein nettes Ärzteteam und mein lachsfarbener, völlig unschuldig wirkender Darm im Mittelpunkt der Geschichte. Mein Appetit schwankte beim Anblick der Farben zwischen Lachsbrötchen und reifen Aprikosen. Andere Polypen wurden nicht entdeckt und der einsame Krankmacher wurde auf dem Rückweg gekonnt eingefangen und unschädlich gemacht. Was blieb, war der Kotstein im Blinddarm, der hier den Beinamen Wurmfortsatz trug, unter welchem er mir auch nicht gerade angenehmer war.

Ich wurde, nach Ankündigung einer Blinddarmoperation, in ein anderes Zimmer umquartiert. Vier Damen jeden Alters und unterschiedlich mobil nahmen mich in Augenschein. Mir ging es eigentlich relativ gut. Die Winde, die künstlich erzeugt in mir wehten, verließen leise und fast unbemerkt mein Inneres. Die Ulkus-Tabletten schienen geholfen zu haben, denn die umfassenden Schmerzen gehörten im Moment der Vergangenheit an. So schien ich im Raum die Beweglichste zu sein und betrieb Bettflucht, so lange ich konnte. Die Fernseher in den Aufenthaltsräumen hatten es mir angetan und natürlich weiterhin Rundfunk und Presseerzeugnisse. Ich wollte telefonieren, mit Mutti. Fragen, wie die Stimmung und die Situation im Osten war. Es war schwer, sie ans Telefon zu kriegen, denn es war schwer, zum Osten überhaupt noch durchzukommen. Die 0372 ließ mich seit Jahren immer wieder an der Technik verzweifeln, im Krankenhaus machte sie mich krank. Es gab immer nur bestimmte Zeitfenster, in denen ich Mutti erreichen konnte.

Endlich hatte ich sie dann doch am Telefon. Überrascht und erfreut, von mir aus dem Krankenhaus zu hören. Meine Briefe der letzten Zeit hatten sie erreicht. Sie war froh, dass man mir half, besorgt, dass eine Operation bevorstand. Sie wollte mir mein Herz nicht schwermachen, aber sie bat mich, mich bei meinem Bruder zu melden. Er schien seit längerer Zeit erstaunt, dass ich kein Lebenszeichen mehr von mir gab. Ja, da staunte er. Mutti kannte meine Gedanken, meine Vorbehalte, meine Wut auf die Mitläufer und Hosenschisser im Osten. Sie kannte meine Ängste und sie bat mich trotzdem, um des lieben Familienfriedens willen, Kontakt aufzunehmen, meiner Schwägerin, nachträglich zum Geburtstag zu gratulieren und meinem Bruder zu bekunden, dass alles in bester Ordnung sei. Am Telefon hatte sich bereits eine kleine Schlange mit ungeduldig blickenden Menschen gebildet. Ich konnte Mutti unmöglich irgendwelche Versprechungen machen oder Absagen erteilen, ohne Zeit für eine Erklärung zu haben. Außerdem ging es die Leute hinter mir überhaupt nichts an, wie es zurzeit um meine persönlichen Ost-West-Beziehungen stand. Leider hatte ich keinen kleinen Hosentaschen-Genscher, der zwischen uns diplomatisch vermittelt hätte. Ich hörte, sie sei traurig und ich solle doch ihr zuliebe nachsichtig sein und über meinen Schatten springen. Ich unterbrach sie, bevor sie noch anfangen würde zu weinen. „Ich schreibe euch einen Brief," versprach ich ihr. „Tante Doris darf in den Westen", hörte ich sie noch sagen. „Vielleicht besucht sie dich mal." Ich hatte den Hörer schon eingehängt, schnell die kleine Kabine verlassen und einen Fluchtweg gewählt, auf dem niemand mein Tränengemisch aus Wut und Traurigkeit in meinen Augen sehen konnte. Als Peter mich am Nachmittag mit den Kindern besuchte, brachte er mir Post von Mutti mit. Ihr Brief hatte den gleichen Inhalt, dieselben Bitten und Wünsche, wie sie sie zuvor am Telefon geäußert hatte.

Ich faltete den Brief kommentarlos zusammen und spendierte unseren drei unbekümmerten Trabanten ein Eis und hatte damit deutlich vor Augen, welche Werte es waren, die mir lieb und teuer waren.

Am 18.10. war Honecker von seinem Amt als Staatsratsvorsitzender „zurückgetreten worden". Sein Thronfolger wurde Egon Krenz, der nicht erst aufs Alter warten musste, um senil daher zu kommen. Es gab glaubhafte Gerüchte, dass er der Drahtzieher bei den Fälschungen der letzten Wahlen war. Überhaupt kam mir der Postentausch wie der Wechsel vom Regen in die Traufe vor. Besonders Herr Krenz hatte sich mit seinem Gerede um die chinesische Lösung, bei der in ganz Peking tausende Menschen durch militärische Einsätze ihr Leben verloren hatten, verletzt oder inhaftiert worden waren, keine Freunde gemacht und kein Vertrauen erworben. Auch dieser Mann würde kein Held werden, wenn ihn das Heldentum seine besonderen Privilegien kosten würde.

Ich hätte mir andere Gedanken vor der Operation gewünscht. Aber diese begleiteten mich nun in die Narkose und wurden leider nicht mit dem Wurmfortsatz samt Kotstein entfernt.

Der Ulkus ist tot, es lebe der Blinddarm! Ich hoffte sehr, dass irgendeine von den Ärzten getroffene Entscheidung mir für die Zukunft Linderung meiner Leibschmerzen bringen würde. Vorerst hatte ich eine Narbe, viel Besuch und Aufregung. Sobald ich durfte, verließ ich mein Bett, um Verbindung mit den Medien herzustellen. Die Frauen in meinem Zimmer hatten meist irgendwelche Wünsche und oberflächlichen Gesprächsstoff. Ich schien die einzig Gesunde unter ihnen zu sein. Das große Zimmer mit den vielen Kranken nervte mich. Peter kam mit einem Walkman. Da konnte ich wenigstens so tun, als ob ich rings um mich her nichts mitbekäme.

Der 7. November, ein Dienstag, der Geburtstag meiner Jüngsten, war angebrochen und der Rücktritt der gesamten DDR Regierung wurde verkündet. Ich verfasste den angekündigten Brief an meine Eltern und fühlte mich elend dabei. Ich erinnerte sie an ihre Erziehung und die Werte, die sie uns, ihren Kindern auf dem Weg ins Erwachsenenleben mitgegeben hatten. Drückte Verständnislosigkeit für ihr Verständnis aus und rang mir wenigstens das Versprechen ab, so lange die Klappe zu halten, bis ich gefragt wurde. Nachmittags kam Peter und sackte mich ins Auto ein. Ich verließ illegal das Krankenhaus, um mit meiner Familie am Geburtstagstisch unserer Kleinsten zu sitzen. Das für sie bestellte Schaukelpferd hatte Peter noch rechtzeitig im Spielwarenladen abgeholt. Gekaufter Kuchen und ein paar Kerzen standen auf dem Tisch. Franzi vermisste nichts, denn sogar ich war für zwei Stunden da.

Der 9. November war der Tag meiner Entlassung. Ich packte meine Taschen, wartete auf den Arztbrief und verschwand mit einem Taxi nach Schöneberg. Es ging mir ganz gut, allerdings ermahnte mich die frische Narbe immer wieder zum vorsichtigen Umgang mit mir. Nachmittags holte ich Stefan und Franzi im „Schongang" vom Kindergarten ab. Sie zeigten mir freudestrahlend ihre selbstgebastelten Laternen für den Martinsumzug, der am 11.November sein würde. Ab Montag wollte ich wieder arbeiten und dem Alltag eine Chance geben. Vielleicht, stellte ich in Aussicht, wäre der Umzug auch schon für mich machbar. Noch hatte ich einen Schonplatz auf dem Sofa und drei Tage Galgenfrist bis die Tageskinder wieder vor der Tür stehen würden. Die Fernbedienung für den Fernseher war in meinen Händen und ich hätte sie für nichts auf der Welt hergegeben. Gespannt zappte ich mich durch sämtliche aktuelle Sendungen. Peter und ich kannten kein anderes Thema mehr. Wir spekulierten hin und her, was als Nächstes wohl passieren könnte, verwarfen unsere Gedanken und machten neuen Spekulationen Platz.

Die Angst um die chinesische Lösung war unterdessen etwas gemindert. Opposition und Regierung redeten, verhandelten miteinander, und wenigstens auf Seiten der Opposition gab es beruhigend viele kluge Köpfe, die mein Vertrauen hatten. Kurz nach 19.00 Uhr füllte dann wieder einer dieser Unsympathen in voller Mannesgröße unseren Bildschirm aus. Herr Schabowski, eine bekannte Größe für alle DDR-Schatzgräber und Veruntreuer, hielt mit stammelnden Worten eine scheinbar sehr wichtige Rede vor der versammelten internationalen Presse. Er kam noch dümmlicher rüber, als er es in Wirklichkeit war. Scheinbar hatte er Neuigkeiten zu verkünden, die ihn selbst aus der Bahn warfen. Zugutehalten musste man ihm, dass Herren wie er es nicht gewohnt waren, in der Öffentlichkeit auf Zuruf der Reporter Fragen zu beantworten. Das verwirrte ihn offensichtlich. Ich spürte diebische Freude in mir aufkommen, wie er da so hilflos und ausgeliefert in seiner Zettelwirtschaft nach Antworten suchend saß. Wenn jetzt noch sein Stuhl zusammenbricht, dachte ich mir schadenfroh, als er die entscheidenden Worte sprach: DDR-Bürger dürfen ausreisen, dürfen an den Grenzpunkten passieren, ab sofort, wenn er richtig informiert ist. Was erzählte der Mann da? Aber er bestätigte seine eigenen Worte. Ich fasste es nicht. Niemand zog ihn von hinten von der Bühne, niemand stellte die Kameras und die Mikrofone aus oder sorgte für eine Bildstörung. Nach einem fassungslosen Schweigen folgte mein freudiger Aufschrei. Peter kam aus der Küche und ich verkündete ihm die frohe Botschaft. Ungläubig über meinen Optimismus und den damit verbundenen Vorstellungen meinerseits winkte er ab, machte den Kindern ihr Abendbrot fertig und brachte sie ins Bett. Mit zitternden Händen versuchte ich, die Tasten unseres Telefons zu treffen, um irgendjemanden im Ostteil der Stadt zu erreichen. Es war zwecklos. Die Leitungen liefen heiß. Keine Verbindung war möglich, keine Einladung konnte ausgesprochen werden. „Jetzt bleib mal ganz ruhig“, sagte Peter, „wir werden schon erfahren, wenn sich was tut.“ Und weil nur ein rechtschaffender Mann wie er, der morgens um 5.00 Uhr aufstehen musste, trotz aller Aufregung Müdigkeit verspürte, verabschiedete er sich ins Bett. Ich war hellwach. Wäre ich drüben, dachte ich, würde ich aufbrechen zum nächsten Grenzübergang und warten was passiert, oder mich besuchen kommen. Der Kloß in meinem Hals und die Freudentränen in meinen Augen stritten um ihre Daseinsberechtigung. Bilder, die mir einerseits Angst und andererseits Hoffnung machten, wechselten sich ab. Immer mehr Menschen strömten zur Mauer und die Grenzposten reagierten verhalten. Wussten sie nicht, was sie tun sollten, hatten sie Befehl zu schießen? Was würde diese Nacht mir, dem ewigen Mauerblümchen bringen? Verzweifelte, hoffende Menschen hinter dem Schlagbaum, Rufe, Geschrei und davor unentschlossen und ratlos wirkende Männer in Uniform und mit Maschinengewehr. Die Nachrichten überschlugen sich. Vopos hielten von ihren Autos aus Ansprachen an das rebellische Volk. Man bat um Mäßigung und um eine Antragstellung auf Besuchserlaubnis bei den zuständigen Behörden am nächsten Tag. Das aufgebrachte Volk schrie nach Öffnung des Tores. Man winkte in die Kameras auf der westlichen Seite der Stadt, Uniformierte starteten letzte Einschüchterungsversuche mit der Drohung, wer jetzt gehe, dürfe nicht mehr zurück.

Hinter alldem tobten immer mehr Menschenmassen und Autokolonnen und dann, um etwa 22.30 Uhr, öffnete sich der erste Schlagbaum im Berliner Osten – und die jubelnden Massen strömten. Da war er nun, einer der schönsten Momente meines Lebens, und ich saß mit einer frischen Blinddarmnarbe alleine auf dem heimischen Sofa und heulte mir die Augen aus dem Kopf. Ich ging Peter wecken. Doch nicht mal die Nachricht vom Mauerfall, konnte ihn aus dem Schlaf reißen. „Träum weiter", brabbelte er in sein Kopfkissen hinein und schlief den Schlaf der Gerechten. Die Kinder hätten die Tragweite des Ereignisses nicht begriffen, also ließ ich sie schlafen. Die Ereignisse auf der Bösebrücke, brachten mir eine neue Erkenntnis. Das riesige Metallding, welches die Bornholmer Straße vom Osten und die Osloer Straße vom Westen her verband, nannte sich nicht Bornholmer Brücke. Es war die Bösebrücke, über die ich als kleines Mädchen meinem humpelnden Großonkel hinterherwinkte, als er den Osten verlassen durfte. „Böse Brücke", dieser Begriff hätte mir in meiner Kindheit eingeleuchtet, auf eine Art, wie Kinder sie sehen. Jetzt wurde die Bösebrücke, die ich gerade erst namentlich kennengelernt hatte zur „Gutebrücke". Meine Gedanken trieben mich zum geeinten Volk. Meine schlafenden Kinder und mein scheinbar komatös schlafender Mann, die schmerzende Narbe und die Angst im Freudentaumel angerempelt zu werden, hielten mich davon ab, mich unter die feiernden Menschenmassen zu mischen. So fixierte ich mit Augen und Ohren mein Telefon, heulte und rotzte zu den gebotenen Fernsehbildern und Meldungen und träumte vom greifbaren Wiedersehen mit meinen Eltern und Geschwistern und Freunden und Bekannten jenseits der Mauer. Die Angst vor dem ersten Schuss, die bis vor ein paar Minuten noch mein Herz in eisiger Umklammerung hielt, war greifbaren Träumen nach Friede, Freude, Eierkuchen gewichen. Irgendwann schlief ich auf dem Sofa beseelt ein.

Auf dem Weg zur Arbeit begriff nun auch Peter, was geschehen war. Feiernde Menschen auf dem Ku'Damm, altvertrautes Trabbigeknatter und dementsprechend volle Straßen für die noch sehr frühe Tageszeit, überzeugten ihn von der Realität und der Historie der verschlafenen Nacht. Telefonisch tat sich noch immer nichts. Versuche durchzukommen waren von beiden Seiten ein zeit- und nervenaufreibendes Unterfangen, das den Wenigsten glückte. Mit gespannten

Nerven versuchte ich, den normalen Alltag zu leben. Die Kinder besuchten Schule und Kindergarten und ich widmete mich, so gut es ging, meinem Haushalt. Im Wohnzimmer lief der Fernseher und in der Küche der Stern-Rekorder. Keine aktuelle Meldung wollte ich verpassen, als es an der Wohnungstür klingelte. Meine Schwägerin, Peters Schwester, stand mit einem breiten Überraschungsgrinsen vor der Tür. Sie war der erste Besuch aus dem Osten nach dieser denkwürdigen Nacht. Wir lagen uns in den Armen, empfanden nichts als Freude und Optimismus. Ich war wie im Rausch, als spielte mein Leben sich im Traum ab. Die Gedanken waren nicht greifbar, nicht lenkbar, sie hatten sich verselbständigt und versanken in einem weißen Nebel, aus dem sie dann plötzlich wiederauftauchten. Natürlich wartete ich auf ein Lebenszeichen meiner Familie. Wo blieben sie nur alle? Der Zustand war für mich fast unerträglich. So verbrachte ich den Freitag in einer Endlosschleife voller Vorfreude und Hoffnung. Klar, alle mussten arbeiten gehen, die Kinder in die Schule. Bei allem Jubel ging das Leben doch weiter. Das Volk traute dem Frieden noch nicht so recht. Würden die Schlagbäume sich wieder schließen? Grenzgänger mit Repressalien rechnen müssen?

Meine Zeit, einen Start in die andere Richtung, gen Osten, zu unternehmen, war noch nicht gekommen. Noch gab es keine verbindlichen Regelungen. Vielleicht Weihnachten, dachte ich. Weihnachten wäre genau die richtige Zeit für einen ersten Besuch meiner verlassenen Heimat. Peter und ich und unsere ziemlich frischen Übersiedler hatten erst mal Gesprächsstoff. Es gab Leute, die nicht wirklich froh waren, alles in der DDR aufgegeben zu haben, um drei Tage später, in einem Übergangslager sitzend, ihre Ausreise zu bedauern. „So pinkelt das Leben", würde Mutti sagen. Und so war es ja auch.

Samstag, Sankt-Martins-Tag. Ich hatte unseren Kindern versprochen, zum Laternenumzug mitzukommen. Ich sollte unbedingt nochmals ihre selbstgebastelten Laternen bewundern und zum Kaffeetrinken in die Kindergarteneinrichtung kommen. Nur halbherzig, aus mütterlichem Pflichtgefühl, kam ich diesem Wunsch meiner Kinder nach. Meine Augen suchten nach bekannten Gesichtern aus Ostberlin, meine Ohren nach bekannten Stimmen. Noch nie war ein Heiliger Martin so langsam geritten wie an diesem Nachmittag. Froh, wieder zu Hause zu sein und scheinbar niemanden verpasst zu haben, machte ich es mir in der warmen Wohnstube gemütlich. Hörte nur nebenbei die überschwänglichen Lobeshymnen der Kinder über ihre mitgebrachten Laternen und versuchte gespannt, den Reden aus Politik und Wirtschaft im Fernsehen zu folgen. Es klingelte, es klingelte Sturm. So unverschämt, ausgelassen und fröhlich konnte nur meine Familie klingeln. Beim Aufspringen erinnerte mich der plötzliche Schmerz ganz kurz an meine Blinddarmnarbe und dass schon vier Mann vor mir den Klingelknopf bedienten, war ein Zeichen meiner noch vorhandenen Behäbigkeit. Es war unvorstellbar, wie lange Menschen brauchten, um unsere paar Treppen zu erklimmen.

Im Hausflur war Geraune, übermütiges Gepöbel, Lachen, Kichern und Kindergeheul und das charakteristische, raumfüllende Husten meines Vaters zu hören. Das Familiengeräusch kam immer näher und näher und meine Nackenhaare standen in Habachtstellung und meine Kinder rannten die Treppe hinunter, um Teil des Familiengeräusches zu werden. Dann sah ich sie. Einer nach dem anderen tauchte auf dem Treppenabsatz auf. Durchgekühlt, gerührt, erfreut und mit dem familientypischen Zeit-für-einen-Kaffee-Gesicht. Unser großer Korridor war zu klein für die enorme Wiedersehensfreude. Ich sehe mich mit meiner kleinen Schwester im Wohnzimmer stehen, die Wand im Rücken, damit wir Halt haben. Wir drücken uns, küssen uns und wollen den anderen nicht mehr loslassen. Ich lerne ihre Kinder kennen. Beide waren auf die Welt gekommen, als wir schon im Westen waren. Das Mädchen gesund und kräftig. Der Kleine zart und blass und schon mit so schlimmen Erfahrungen und doch so freundlich. Hatte ich meine Eltern, meinen Bruder, seine Frau und deren Kinder schon begrüßt? Das Drücken und Herzen nahm kein Ende. Die Reihenfolge spielte hierbei keine Rolle und jeder hatte alle händevoll zu tun. Peter, der sachlichste von uns, schmiss die Kaffeemaschine an. Er würden sie lehren, was es heißt, im Schweiße ihres Angesichts zu arbeiten.

Es gab so viel zu erzählen. Meine Augen betrachteten immer wieder die Kinder. Martins Kinder waren so unwahrscheinlich groß geworden, Dannis Neuzugänge durch ihr bloßes Vorhandensein ein Wunder. Meine kleine Schwester, wenn sie nicht den Mund aufmachte, war nun eine erwachsene Frau, der frühere Jüngling an ihrer Seite, ein ganzer Mann. So saßen wir beisammen in froher Kaffeerunde. Die Kinder, denen die Trennung nicht so schwergefallen war, weil sie sich trotz der Mauer regelmäßig sehen konnten, spielten und fachsimpelten und waren guter Dinge.

Endlich wurden die Laternen von kompetenter Seite gewürdigt, die Kinderzimmer in Beschlag genommen und wir Alten sprachen über Zukunftsvisionen, die zur Stunde weder Hand noch Fuß hatten. Meine Schwägerin hatte sich wenig verändert. Vielleicht sah sie etwas älter, vielleicht auch nur mitgenommen aus. In alter Manier saß sie da, drehte mit ihrem Zeigefinger in ihren Haaren herum und ließ ihren Blick durch unsere rustikale Wohnstube streifen „Ist aber ganz schön, was ihr euch in so kurzer Zeit geschaffen habt", sagte sie und meinte diese Bemerkung wahrscheinlich als Kompliment und vielleicht auch ohne Neid. Da merkte ich, wie die alten Geschichten, das Wissen um Christianas Biografie, noch immer an mir nagten. Ich spürte, dass eine Versöhnung keinesfalls in Sicht war. Sie war halt mit da. Die Frau meines Bruders, die Mutter meiner Neffen und meiner Nichte, Schwiegertochter des Hauses und meine Schwägerin. „Wir müssen hart dafür arbeiten", konterte ich, „alle beide." Da war sie heraus. Meine erste fiese, gegen meine Schwägerin gerichtete Bemerkung. Ich konnte nicht anders und es tat mir auch nicht leid und ich hatte sogar das Gefühl, mein Kontra hatte außer ihr niemand zur Kenntnis genommen. Christiana wühlte nun aber mit beiden Händen in ihrem Haar herum und zog es Strähne für Strähne nach oben durch ihre Finger. Ernsthafte politische Gespräche wurden an diesem Abend vermieden. Alle waren froh, dass die Öffnung der Mauer ohne Verluste von Menschenleben gelungen war. Als alle, mit der Aussicht auf ein baldiges Wiedersehen, gegangen waren, ließ ich diesen ersten Abend Revue passieren. Er hatte mir gezeigt, wie schnell die Zeit verfliegt, wie aus Kindern Leute werden und wie stark ein Familienzusammenhalt sein kann. Er hatte mir aber auch gezeigt, dass sich in unserer Familie mit der ganzen Geheimnistuerei um Dinge, die man lieber nicht ansprach, unter den Teppich kehrte, als gäbe es sie nicht, nichts geändert hatte. Freundliches Geplänkel an der Kaffeetafel war familienkonform. Jedes Hinterfragen nach persönlichen Einstellungen, Kritik an Einzelnen, Diskussionen um alte Fragen waren nicht möglich. Vielleicht war es auch noch zu früh. Die neue Ordnung musste erst eingerichtet und mit Richtlinien und Gesetzen und Verordnungen eine Basis erhalten. Ich musste abwarten.

Die Mauer, der verhasste rote Faden meines Lebens, war so gut wie weg, aber wollte ich all das andere zurück, was ich vor meinem Weggehen schon nicht mochte? All das, was ich froh war, verlassen zu haben und los zu sein? Unterm Strich gesehen war ich glücklich. Alles andere würde sich regeln, regeln lassen oder dank meiner gewachsenen Lebenserfahrung anders einordnen müssen.

Als dann am Sonntag unser Telefon erneut klingelte, kündigte sich ein wirklich unerwarteter Besuch an. Gaby, Peters Schulfreundin, die später mit ihrem Mann unsere gemeinsame Freundschaft wurde, meldete sich an. Bei dieser Verkündigung vermied Peter meinen Blick. Er wusste, was ich von dieser Frau hielt. Gaby grassierte in unserer Familie wie ein gemeines Virus, vielleicht wie ein Herpes, der scheinbar immer lauerte, um in unpassenden Momenten zum Ausbruch zu kommen. Noch vor der Übersiedlung hatte Peter mir erzählt, dass Gaby ihn mal von der Arbeit abgeholt hätte. Er hatte sie auf dem Weg nach Treptow vor ihrer Wohnung abgesetzt. Warum hätte er mir davon erzählen sollen, wenn er Grund gehabt hätte, es zu verheimlichen? Als wir schon im Westen waren, hatte sie bei uns angerufen. Damals ging ich an das Telefon und sie gab sich nicht zu erkennen. Wir bekamen damals viele Anrufe von irgendwelchen Behörden, Versicherungen und Leuten, die etwas von uns wollten, so dass ich ihren Allerweltsnamen wegen ihrer Distanziertheit niemals mit ihr in Verbindung gebracht hätte. Dann hatte sie ihren Peter an der Strippe und sie war für mich gestorben. Eine Frau, die es auf Grund ihres Gehabes riskiert, so viel Misstrauen zu säen, dass genug Stoff für einen handfesten Ehekrach zur Verfügung stand. Peter bekam auch Post von seiner Gaby. Grüße an mich oder die Kinder wurden nicht ausgerichtet. Von Gabys Seite schien Zweisamkeit angestrebt zu werden. Nun war die Mauer weg, die unglückliche Gaby, längst geschieden, und mein Mann, ihr scheinbar ungelebter Traum. Warum sie nun aber zu uns kommen wollte, war mir ein Rätsel. Ihr musste doch die Konfrontation mit mir peinlich sein oder hatte diese Frau keine Schamgrenze? Gaby hatte sich zur Kaffeezeit eingeladen. Für mich Zeit genug, mich aufzuhübschen. Die Operation und der Rausch der letzten Tage hatten sichtbare Spuren bei mir hinterlassen. Ich wusch mein Haar, steckte mir mein langes Haarteil an, zog mich schick an und schminkte mein Gesicht. Dann wurden unsere Küken umgezogen und gekämmt. Schöne, ansehnliche, wohlerzogene Kinder hatten wir, Peter hatte eine gutaussehende Frau und ich präsentierte uns als intakte Familie, die wir ja auch wirklich waren. Alles was nun unseren Gast betraf war Peters Bier. Er kochte Kaffee, besorgte Kuchen, schmunzelte hin und wieder in meine Richtung und empfing Gaby an der Wohnungstür, freundlich aber distanziert. Ein kalter Handschlag war alles, was ich mit dieser Frau austauschte. Kaffee goss ich nur für mich ein. Das durfte Peter ihr besorgen. Die Atmosphäre war unterkühlt und Ela checkte die fremde Frau, über die bisher immer nur in Rätseln gesprochen wurde, genau ab. Nach einer Stunde war der Kuchen gegessen und der Spuk vorbei. Gaby verabschiedete sich. Peter half ihr in den Mantel und bat sie von weiteren Besuchen bei uns abzusehen. Nun ja, so wird man ein Virus natürlich nicht los, aber man hält es auf Distanz. So wurde Gaby zur Lachnummer in unserer Familie. Wenn was nicht klappte, war sie schuld. Peter lachte mit. Es blieb ihm nichts weiter übrig, wenn er Herr der Lage bleiben wollte.

Meine Schwiegermutter versetzte uns zu dieser Zeit auch in Erstaunen. Sie war plötzlich wieder eine gläubige Christin, die verständnislos in unsere ungläubigen Gesichter schaute. Sie nahm an Gottesdiensten, Ausflügen und bunten Kaffeerunden teil und ließ sich auf keinerlei Diskussionen im Hinblick auf ihre linientreue, unchristliche Lebensart in der DDR ein. Als einen recht wuchtigen Tritt in den Hintern empfand ich das. Hätte mir doch in alten Zeiten, als der Heilige Geist in ihrem Haushalt noch für alle Umtriebe herhalten musste, ein verständnisvoller Blick ihrerseits sehr geholfen. Andererseits empfand ich sie nun nur als eine von vielen, die es schafften, immer die bequemsten Ecken im Leben für sich zu finden.

Die nächsten Wochen und Monate brachten neue Aufregungen mit sich. Ich hatte mich gleich nach unserem Ungarnurlaub bei einer Fahrschule angemeldet, war nun ein verurteilter Dauerbrillenträger und hatte zur Maueröffnung die theoretische Prüfung bereits mit null Fehlern bestanden. Ich begriff die technischen Zusammenhänge der Kupplung und des Gasgebens und hoffte auf eine kurze und entsprechend kostengünstige Zeit bis zur Fahrprüfung.

Meine erste Fahrt führte mich direkt von der Goltzstraße über die Potsdamer Straße zum Reichstag. Auf der Anhöhe direkt vor seinem Eingang sollte ich mit angezogener Handbremse das Anfahren an einem Berg erlernen. Spektakulär gut verlief diese Fahrt. Leider gab es davon nur viel zu wenige. Mit Maueröffnung versank Berlin in einem einzigen Verkehrschaos und ich lernte mittendrin das Autofahren. Die Straßen waren überfüllt mit Reisebussen aus Polen, mit Trabbis, Wartburgs und allem, was vom Osten auf uns einströmte. Die 30er-Zonen und die Fahrkissen der Grünen waren mehr als eine Herausforderung für mich. Die Fahrschule hatte alte, teilweise schrottreife Autos und meine Tätigkeit erlaubte nur Übungsstunden im dicksten Berufsverkehr. Ständig hatte ich einen anderen Fahrlehrer, der keine Ahnung von meinem Status hatte, und das nasse, kalte Wetter gab mir mit der tiefstehenden Sonne noch den Rest. Ich fühlte mich wie ein Dummchen auf Rädern. Meine Fahrkenntnisse und mein Können wurden von anderen, ungeduldigen Autofahrern auf eine harte Probe gestellt. Nun wurde auch noch Druck für die Fahrprüfung gemacht. Autobahnfahrt und Nachtfahrt wurden in einen Topf geschmissen und meine Fahrlehrer wechselten weiterhin so häufig wie ich meine Unterhosen.

Am Tag der Prüfung stand ich mit schlotternden Knien auf dem DEKRA-Gelände in der Franklinstraße. Mein zuständiger Fahrlehrer war zu spät gekommen, ich hatte keine Einfahrzeit. Der Prüfer machte mir genau die Angst, die man mir von Seiten der Fahrschule eingebläut hatte. Ehrlich gesagt verstand ich überhaupt nicht, wie man mit einem so zittrigen und aufgeregten Wesen wie mir vom Hof in den Straßenverkehr fahren konnte. Meine Nerven lagen blank. Ein Schnaps wäre vielleicht hilfreich gewesen. So kam, was kommen musste, ich fiel durch die Prüfung. Im Nachhinein weiß ich nicht, ob man mich abzocken wollte. Die Prüfungsgebühren waren hoch und brachten die Kassen zum Klingeln. Später machten Gerüchte über Bestechungsgelder die Runde, die sich noch später als Tatsache herausstellten.

Nachdem ich ein zweites Mal durch die Prüfung gerasselt bin, wechselte ich auf Empfehlung einer Bekannten die Fahrschule. Jetzt hatte ich eine Fahrlehrerin, die über die Angewohnheiten, die man mir in der alten Schule beigebracht hatte, den Kopf schüttelte, mit Geduld und Spucke möglichst ganz von vorne mit mir anfing und mir nach kurzer Zeit die Prüfung empfahl. Da war sie, meine rosafarbene Fahrerlaubnis mit Passbild, Stempel und Unterschrift des Prüfers! Ich war sehr stolz darauf, es endlich geschafft zu haben, wechselte aber gerne zu unserem Automatikwagen.

Meine Schmerzen im gesamten Bauchraum waren mir treu geblieben. Der ganze Aufwand, der im Krankenhaus mit mir betrieben worden war, hatte unterm Strich gesehen nichts gebracht. Es ging mir mal schlecht und mal schlechter. Wie es war, wenn es mir gut ging, hatte ich unterdessen schon vergessen. Ich unternahm einen erneuten Versuch bei einem Arzt. Diesmal wurde nach einem Dreisekundenblick ein Nabelbruch bei mir festgestellt. Ich fand es merkwürdig, dass man im Krankenhaus nicht darauf aufmerksam geworden war. Andererseits fand ich die Diagnose einleuchtend. Undefinierbare Schmerzen überall im Bauchraum und Unterleib konnten für einen Laien schon auf einen Nabelbruch deuten, zumal alles andere ja schon erfolglos untersucht oder behandelt worden war. Mein Nabel war allerdings nicht nach außen gewölbt und auch ansonsten fand sich keine Beule um den Nabel herum. Ich musste mich zur Untersuchung nicht einmal hinlegen. Zwei Minuten brauchte der Arzt, um mich von einer Operation in einer Belegklinik zu überzeugen. Ich kam wieder unters Messer und erhoffte mir das ganz große Wunder. Das große Wunder passierte wirklich, allerdings ganz anders, als ich es mir erhofft hatte. Nach der Operation hatte sich kein Arzt die Wunde angeschaut. Mit dem OP-Pflaster wurde ich entlassen und sollte nur zum Fäden ziehen wieder in die Arztpraxis kommen. Dann stellten sich Schmerzen ein. Ich war alt genug um meine Grenzen zu kennen, hatte 3 Geburten und diverse Operationen und Eingriffe überstanden ohne zu klagen und ohne Arbeitsverzögerung. Nun aber ging es mir richtig schlecht. In meinem Bauch wuchs etwas, was verhärtet war. Ich konnte nicht mehr sitzen. Peter fuhr mich in die Notaufnahme des nächsten Krankenhauses. Alles in Ordnung, wurde mir versichert. Der Verband gewechselt und Salbe aufgetragen. Zuhause stellte ich fest, dass mir zähe Flüssigkeit auf die Füße tropfte. Peter holte Mutti zu uns, weil ich mit nichts mehr belastbar war. Ich stank fürchterlich. Das Tropfen, so versicherte man mir am Telefon, kam von der Salbe, die sich bei den enormen Temperaturen und meiner Körpertemperatur verflüssigte und der Erdanziehung nachgab. Muttis skeptischer Blick und meine Nase sprachen eine andere Sprache. Mein Fieber stieg. Ich wollte nur noch schlafen. Es war, als hätte ich unterdessen einen Kinderkopf im

Bauch. Bevor Peter zur Arbeit fuhr weckte er mich und fragte wie es mir gehe. „Viel besser“, antwortete ich erleichtert und hatte wirklich das Gefühl, dass der enorme Druck gewichen war. Mutti würde die Kinder versorgen und zur Schule und in den Kindergarten schicken. Ich durfte krank sein und ausschlafen. Zufrieden drehte ich mich um und spürte eine unangenehme Feuchtigkeit und nahm diesen penetranten Geruch des Vortages wahr. Entsetzt entdeckte ich mein gelbverfärbtes nasses Nachthemd. Panisch verließ ich mein Bett, riss eine halbe Rolle Küchenpapier vom Halter und versuchte möglichst ruhig meine Mutter zu wecken, ohne auch sie gleich in Panik zu versetzen und ohne die Kinder wach zu machen. Dann rief ich die Feuerwehr an. Ganz ruhig kam, trotz meiner Schilderung die Frage, ob ich denn wirklich das Gefühl hätte, in Lebensgefahr zu sein. Ich kannte den Zustand der Lebensgefahr nicht. Ich wusste nur, dass meine Kinder mich keinesfalls so sehen sollten, dass ich nicht wusste, in welcher Gefahr ich war, und dass die Gegenfrage von der anderen Seite der Leitung das Fass zum Überlaufen brachte. Ich knallte den Hörer auf die Gabel und rief Peter an. Er hatte gerade seinen Arbeitsplatz erreicht, erkannte sofort meinen Notruf als solchen, gab seine mühsam erworbene Parklücke wieder auf und kam sofort nach Hause. So gut ich konnte hatte ich mich umgezogen und gesäubert. Peter fuhr sofort mit mir in die Arztpraxis am Grazer Damm. Dort ließ man mich Platz nehmen und warten ... bis ein junger Arzt vorbei kam und eine Nase voll von mir auf seinen Weg mitnahm.

Dann ging auf einmal alles ganz schnell. Ich wurde auf eine Trage gelegt und in einen separaten Raum geschoben. Plötzlich war eine weiße Wolke aus Ärzten und Schwestern um mich herum, die mir scheinbar mit einer „Suppenkelle“ den Bauchraum leerten. Ich beruhigte mich, mir wurde endlich geholfen. Eine wochenlange Prozedur fing an. Erst musste ich täglich, dann alle zwei Tage zum Spülen und die Wunde durfte nun ganz langsam von innen nach außen heilen. Mein Tageskinderbetrieb lief unterdessen weiter. Ein Kind nahm ich morgens zu den Spülungen mit, die anderen Kinder wurden später gebracht. Zum Glück hatte ich den Führerschein gemacht. Das erleichterte die Sache ungemein. Was nun zu dieser Infektion geführt hatte, ist nie aufgeklärt worden. Ich hatte die Nase gestrichen voll, zumal der behandelnde Arzt es überhaupt nicht für nötig hielt, nach einer Erklärung zu suchen, sondern den Vorfall als Bagatelle abtat. Mein Nabel, der vorher wunderschön tief und zufrieden in meinem Bauchspeck ein gutes Dasein geführt hatte, sieht seitdem wie ein eingeschnappter Mund aus. Da hat er aber auch allen Grund zu.

Wir befanden uns nun im Jahr des großen Umbruchs. Erstmals hatte es in der noch existierenden DDR freie Wahlen gegeben. Das Volk spaltete sich in dem Ruf nach Wiedervereinigung oder nach einer ganz neuen, wirklich demokratisch regierten DDR. Es passierte so viel und dabei so viel Absurdes, Unerwartetes, dass man meinen konnte, ein Jahr mit seinen 365 Tagen müsste mit seinen verkündeten Neuerungen aus allen Nähten platzen. Wir hatten unsere Existenz gut gesichert. Doch die da drüben waren zwischen Optimismus und Existenzangst hin- und hergerissen. DDR-Produkte, die vorher gefragt und heiß begehrt waren, also die BERATUNGSMUSTER, wurden verhökert und verramscht. Autos, die man plötzlich ohne 10 bis 11 Jahre Wartezeit haben konnte, wollte keiner mehr. Lieber ein altes Gebrauchtes aus Westproduktion. Die 100 DM Empfangsgeld, vielleicht sollte man es lieber als kleines Startguthaben bezeichnen, holte sich so manch ein DDR-Bürger gleich mehrmals ab. Meine Freundin aus der Berufsschulzeit stand eines Tages, kurz nach dem Mauerfall, vor unserer Tür. Sie hatte sich zweimal um die 100 D-Mark bemüht, hatte zweimal Erfolg damit und nun Angst vor der eigenen Courage. Heulend stand sie vor mir. Sie bedauerte nicht, betrogen zu haben, sondern sie hatte Angst, es könnte entdeckt werden und bittere Konsequenzen haben. Ich konnte ihr nicht helfen, konnte auch nicht trösten oder Verständnis zeigen. Ich wusste auch nicht, ob jemals ein Mensch auf die Idee kommen würde, irgendwelche Unterlagen diesbezüglich zu überprüfen und wenn, ob das überhaupt Erfolg haben würde. Eigentlich konnte ich es nicht fassen, dass man die Großzügigkeit des Westens überhaupt so ausnutzen konnte. Es war schließlich ein Geschenk. Im Sommer 1990, wir waren gerade mit meinen Eltern zum Urlaub in Tirol, kam die Währungs-Wirtschafts- und Sozialunion. Damit war die Wiedervereinigung eine beschlossene Sache und ich verlor die totale Übersicht, ob dieser Schritt positiv oder negativ zu bewerten war. Mein Vertrauen in die deutsche Politik war ungebrochen. Die Fachleute aus Politik und Wirtschaft hielten die Existenz des gesamten Volkes in den Händen, es gab eine funktionierende

Opposition und es gab allein seit Oktober Neunundachtzig 300 000 meist junge Menschen, die die DDR verlassen hatten, um im Westen ihr Glück zu suchen. Hochrechnungen zufolge wäre in kürzester Zeit die DDR ausgeblutet. Wenn ich dann aber die Einzelschicksale sah, die Arbeitslosen, die Orientierungslosen, die, deren gesamtes Weltbild weggebrochen war, empfand ich auch Mitleid. Es war schwer, sich im Westen zu orientieren, wenn einem vorher alles im Leben so bequem vorgekaut wurde. Die Menschen wollten keine langsamen Übergänge in die freie Wirtschaft. Sie wollten die D-Mark, Supermärkte, flotte Autos, Hi-Tech, Reisen und Mode. Keiner wollte Zeit verlieren. 40 Jahre DDR hatten gereicht, um Lebensträume immer wieder zu verschieben. Manch einer konnte seine Träume niemals wahrmachen, weil sein Alter ihn überholte und viele, die ihren Träumen auf die Blüte helfen wollten, waren an Grenzanlagen oder im DDR-Knast um ihre Träume gebracht worden. Zeit, zu wenig Zeit für lange Überlegungen, dieser Aspekt spielte wohl für alle Entscheidungen der Politiker die entscheidende Rolle.

Mein Vater, in all seiner Gelassenheit, schien mir den Durchblick zu haben. Entscheidungen, Einbußen, Umrechnungen, er fand für alles eine Erklärung. Er fühlte sich nicht persönlich verletzt, wenn es ihm hinsichtlich bestimmter Aspekte schlechter als vorher ging. Er hatte offene Augen für die Dinge, die auch besser liefen. Dass seine geliebte PGH den Bach runterging, die Arbeitslosigkeit drohte und er in einer Rettungsaktion seine gesamten Genossenschaftsanteile einem Mann aus dem Westen anvertraute, der eine neue Geschäftsidee in seiner Aktentasche mit sich führte, ärgerte ihn so maßlos, dass er darüber niemals sprach. Er ärgerte sich über sich selbst, dass er diesem Hallodri auf den Leim gegangen war. Papas Geld war verloren. Mutti nahm das Leben leicht. Sie hatte nun ihre vollständige Familie wieder zurück, Westmark in der Hand und war glücklich, sich kleine Wünsche erfüllen zu können. Die meisten sprach sie nicht mit Papa ab. Sie ging los und kaufte eine Waschmaschine oder ein Sofa, das ihr unterwegs ins Auge fiel und ausgezogen gar nicht in die Stube passte, für die sie es haben wollte. Völlig unbedarft und ohne Berechnung profitierte sie von den Bankautomaten. Diese waren meinem Vater suspekt. Er war an Lohntüten und Bargeld gewöhnt und gab die Entscheidungsgewalt über die Finanzen in Muttis Hände. So hatte in unserer Familie jeder auf seine Art mit dem Eintritt in die freie Marktwirtschaft zu kämpfen, zu verlieren oder zu gewinnen gelernt.

Mit meinen Schmerzen, die nun schon zu meinem täglichen, unberechenbaren Alltag gehörten, konnte ich mich nicht abfinden. Ich suchte einen Arzt, der mir erst einmal durch intensives Zuhören weiterhelfen sollte. Ich fand einen. Er hörte auch zu. Nahm sich wirklich Zeit, meine gesamte Krankengeschichte, selbst die Diagnose mit dem Zwölffingerdarmgeschwür, in sich aufzunehmen. Er machte mehrmals Ultraschalluntersuchungen, Urin-, Stuhl- und Blutproben von mir und kam zu dem Schluss und der Empfehlung, dass ich mir einen Termin bei einem Psychologen besorgen sollte. Wahrscheinlich suchte ich nach Möglichkeiten, in meiner Familie Aufmerksamkeit zu finden. „Denken sie doch mal an ihren armen Mann, der in ständiger Angst um sie lebt," sagte der Arzt, von dem ich mir Hilfe erhofft hatte. „Sie laufen von Arzt zu Arzt, lassen sich sogar operieren. Wo soll das denn noch hinführen?", fragte er mich und begleitete mich zur Tür. „Wo soll das hinführen?", fragte auch ich mich unterdessen. War ich eine Simulantin, überempfindlich oder vielleicht wirklich psychisch krank? Zuhause schaute ich in den Spiegel, was ich öfter mal tue, wenn ich mit mir ein Hühnchen zu rupfen habe oder wenn das Leben mir Rätsel aufgibt, die mein Inneres nicht zur Ruhe kommen lassen. Ich erhoffte mir einen Blick in mein Inneres, vielleicht in meine Seele, so weit kam ich aber gar nicht. Ich sah mein äußeres Erscheinungsbild, meine blasse Haut, mein unfrisiertes Haar, meinen unzufriedenen Gesichtsausdruck. Ich sah das Gegenüber, das auch der Arzt zu sehen bekommen hatte. Was hatte er, außer diesem äußeren Eindruck noch für ein Bild von mir? Er sah eine „Mutti" vor sich, eine von drei Kindern und die von vielen fremden Kindern. Er sah eine Frau, die den ganzen Tag für andere Menschen da war. Eine Frau, die kochte, räumte, putzte, sich um Rotz und Kack und Pippi kümmerte und bei alldem sich selbst vergaß. Nun ja, mein Erscheinungsbild entsprach nicht dem einer Kämpferin, einer Frau mit vielen Interessen und Talenten. Eigentlich sah ich aus wie eine vernachlässigte, ausgebeutete, um Aufmerksamkeit flehende Null. Die Gedanken meines Arztes waren vielleicht folgerichtig, aber falsch. Wie war das bei Mutti und ihren Magengeschwüren gewesen? Sie litt und wollte tapfer sein. Auch sie hatte seit ihrer Jugend immer wieder mit Magengeschwüren und

Magenschleimhautentzündungen zu tun gehabt. Nichts hatte bei ihr geholfen. Letztendlich hatte man ihr vor Jahren irgendwelche Nerven im Magentrakt durchtrennt, um sie wenigstens von diesen unerträglichen Schmerzen zu befreien. In einer Frauenzeitschrift hatte ich vor längerer Zeit einmal etwas über Bakterien gelesen, die im sauren Milieu des Magens überlebten. Sich in gemeinster Weise irgendwo in der Schleimhaut wohlfühlten und dort einige Schäden anrichten konnten. Gegen diese kleinen rotzfrechen Dinger war unterdessen sogar ein Kraut in Form von Antibiotika und anderen Pillen, gewachsen. Aber das musste mein Hausarzt doch wissen. Musste er? Eine Sprechstundenhilfe beim Ohrenarzt meiner Tochter sah mich in meiner Schmerzhaltung, die mir gar nicht bewusst war, sitzen. Es kam zu einem persönlichen Gespräch, das so gar nichts mit Franzis Ohrenproblemen zu tun hatte. „Aber natürlich tun Magen- oder Zwölffingerdarmgeschwüre weh. Das bilden Sie sich nicht ein“, sagte die Schwester in einem empörten Ton. „Dann sprechen sie nochmals mit ihrem Arzt oder suchen sie sich einen anderen.“ Ich wollte nicht schon wieder den Arzt wechseln. Ich nahm Kurs auf meine Apotheke am Nollendorfplatz. Hier arbeitete eine Frau, mit der ich mich damals, bei meiner Unterleibsoperation angefreundet hatte. „Helicobacter Pylori“ nannte sie die kleinen bösen Kerlchen, die eventuell für meinen Zustand verantwortlich waren. Nicht aufgedonnert, aber doch zurechtgemacht, ging ich zu meinem nächsten Arzttermin, der mir nun wenigstens eine Überweisung zu einer nochmaligen Gastroskopie einbrachte. Alles war relativ schnell geschehen, die Resultate lagen vor, schienen aber ohne Ergebnis zu sein. Es folgte mal wieder eine Ultraschalluntersuchung, Blutabnahme, und die Schmerzen blieben. Meine freundliche Apothekerin riet mir, noch einmal nachzuhaken, ob denn nach diesem Helicobacter auch wirklich gesucht wurde. „Eigentlich ist das unterdessen Standard“, sagte sie. Mein nächster Termin brachte dann einen großen Aha-Effekt. Mein Arzt schaute nochmals auf die Unterlagen und die Diagnose des Gastrologen. Und nun sah er es ganz deutlich. Der kleine Bazillus stand mit grünem Neonstift umkringelt auf dem weißen Papier und glotzte uns entgegen. Wie hatte der Arzt das übersehen können? Es folgte ein Rezept mit Antibiotikum und einer anderen Pille, meine Apothekerin nickte alles ab und schon nach ein paar Stunden ging es mir gut. Die Pille hatte sofort geholfen. Das war wohl etwas in der Art, wie ich sie damals in der Notaufnahme im Krankenhaus bekommen hatte. Ich wurde gesund und konnte mich endlich wieder des Lebens freuen.

Danni probierte erst einmal alle Discotheken auf dem Ku'damm aus. Sie wurde dann Versicherungsexpertin und malte sich aus, mit einem Einkommen von über 40.000 Mark monatlich in eine Villa zu ziehen, eine Haushälterin und zwei Autos zu haben. Ihr Vorhaben endete in einem Desaster und mit Schulden. Dann kamen die Staubsauger von Vorwerk zum Einsatz. In dieser Rolle war meine Schwester zwar glaubwürdiger, sogar wir kauften ihr, halbherzig überzeugt, so ein Ding ab, aber auch hier blieb ein bitteres Ende nicht aus. MacDonalds folgte und Danni hatte auch gleich wieder einen Managerposten in Aussicht. Ja, da konnte man sich wirklich Sorgen machen. Wenigstens behielt der Vater, der unterdessen fünfköpfigen Familie einen kühlen Kopf und blieb bei seiner sicheren Anstellung bei den Wasserwerken der Stadt.

In der Arbeitswelt meines Bruders tat sich einiges. Seine Autowerkstatt bekam neue Besitzer und seine alte Connection brachte nichts mehr. Wer wollte schon alte Wartburglichtmaschinen oder Scheinwerfer, wenn ganz andere Autotypen den Markt eroberten. Die großen und kleinen Nebengeschäfte liefen sehr schlecht und bisweilen gar nicht mehr. Christiana war aber nun eine perfekte Westfrau. Sie trug weiterhin ihren Kittel, sorgte für Ordnung und Sauberkeit und für das Essen auf dem Tisch, wenn der Mann nach Hause kam. Ob sie das immer noch als Genossin oder unterdessen ohne Parteibuch tat, blieb ein Geheimnis. Mit der großen Umtauschaktion kam mein Bruder mit einer Bitte zu mir. Er wollte Gelder umsiedeln, sozusagen von einem zum anderen Konto und wir sollten unseres dafür zur Verfügung stellen. Für Westler mit Ostkonten gab es günstigere Umtauschsätze als für DDR-Bürger. Er bat um eine Transaktion seiner Gelder auf unser Konto. Sein Anliegen war einleuchtend und nachvollziehbar, aber für mich war das Betrug. Betrug an dem Land, das uns so großzügig in Empfang genommen hatte, als wir arme und unwissende Übersiedler waren. Das Land, in dem wir großzügigen Wohnraum, Arbeit, soziale Integration und Freiheit gefunden hatten und in dem wir seither glücklich lebten. Hätten meine Eltern mich um diesen Gefallen gebeten, hätte ich meinen Patriotismus, meine Dankbarkeit fürs Vaterland, vielleicht in eine dunkle Ecke verbannt. Hier aber ging es um Prinzipien, die nur eine klare Absage mit dem Unterton der Empörung zuließen. Die Beziehung zu meinem Bruder war nicht nur abgekühlt, sie war stark unterkühlt, fast eisig und drohte abzusterben. Nur der Familienfrieden, den meine Eltern noch immer als Banner der höchsten Glückseligkeit schwenkten ohne auch nur einmal an offenen Wunden zu rühren, ließ mich schweigen. Manchmal erzählte mir Mutti von ihren Sorgen um die Familie meiner Schwester. Das Jugendamt war bereits alarmiert und Mutti stellte nicht nur Geld, sondern auch einen Putztrupp für die Wohnung meiner Schwester auf die Füße. Es gab viel Gerede hinter vorgehaltener Hand. Keiner im Verwandten- und Bekanntenkreis sprach ein Machtwort, denn die Zuständigen, unsere Eltern, schwiegen und stopften Löcher. Nach dem ersten Abklingen der großen Euphorie stellte sich für mich sehr schnell heraus, in welchen Ecken die Wendehälse und die Profiteure der Wende steckten. Ich hörte das gleiche Geheul und Gezänk wie zu Mauerzeiten. Viele klagten auf sehr hohem Niveau, viele fingen an, sich die alten Zeiten herbei zu wünschen und, Gott sei Dank, sehr viele richteten sich in ihrem neuen Leben ein und machten das Beste draus. Das Volk bestand aus Ossis und Wessis und Besserwessis. Ich wurde nun in Westkreisen oft als Osttussi und im Osten als Besserwessi bezeichnet. Ich selbst hatte im Laufe der Jahre erfahren dürfen, dass es diese ewigen Nörgler und Miesmacher, Leisetreter und Wendehälse überall in der nun vereinigten Republik gab. Das erstrebte Stück Westseife, der Urlaub im Süden, freie Wahlen und Opposition, die es nun überall im Lande gab, wurden nicht mehr wertgeschätzt, denn jetzt konnte es jeder haben. Im Jahr 1982 hatte ich meinen Vater mit einer grob verfassten, selbst gedichteten und illustrierten Lebenschronik zu seinem fünfzigsten Geburtstag überrascht. Diese Chronik wurde dann jedes Jahr mit neuen Texten und Bildern weitergeführt. Die Geburten seiner Enkelkinder, unsere Übersiedlung, Reisen, Krankheiten, Todesfälle und selbstverständlich auch der Mauerfall und die Wiedervereinigung waren Thema dieser Chronik. Zu Mauerzeiten wanderte das Buch zwischen Ost und West hin und her und sorgte sogar bei den Grenzern, natürlich nur nach oberflächlicher Begutachtung, für ein Lächeln. Mein Gedicht für die Jahre 1989/90 liest sich so:

„Mit meinem heutigen Berichte
schreib ich ein Stück Deutscher Geschichte.
Es treibt mir in die Augen Lachen,
passiert sind so viel schöne Sachen.

In Ungarn letztes Jahr gings los,
die Haltung Ungarns war famos,
es machte seine Grenzen auf
und schrie: ‚Nun laufe Deutscher! Lauf!'

Und alle Welt, mit offnem Munde,
vernahm sofort die tolle Kunde.
Die Menschenmassen strömten fort,
verließen fluchtartig den Ort,
wo Menschen wie Gefangene lebten
und nur die Bonzen aufwärtsstrebten.

Und die, die blieben, sag der ‚Rest',
hielt nicht mehr an der Sitte fest,
Augen zu und Klappe halten,
nein, die Jungen und die Alten,
machten in ganz sanftem Ton,
friedliche Revolution ...
Wo nichts als Freudentränen flossen,
beim Volk und nicht bei den Genossen.

Am 9.11. wars soweit,
der Höhepunkt in diesem Streit,
die Mauer degradiert zum Brocken,
für Mauerspechte, zum Draufhocken.

Kein Schuss, kein Blut und so viel Rummel,
die ‚Ossis' machen Ku'-Damm-Bummel,
die ‚Wessis' spiel´n Grenzpionier
und bilden fröhliches Spalier.

Und Deine ganz privaten Kinder
und ihr, ihr freutet euch nicht minder,
und alles freut sich, küsst und lacht,
det ham wa aba jut jemacht!

Dann kamen neue Neuigkeiten,
die sich wie Lauffeuer verbreiten,
Währungsunion und freie Wahl,
Aufdeckung von so manchem Skandal.
Terroristen –
die immer zum Westbild gehörten,
den letzten Glauben
am Osten zerstörten.

Und nun komm‘n die Hälse,
die wenden sich lassen
und haben schon wieder
die vollsten Kassen.

In Aussicht steht Einheit
für Ost und für West,
auch dies noch zu schaffen,
ist nur noch ein Rest.“

In diesen paar Zeilen spiegelte sich mein damaliger, fast kindlicher Optimismus und mein tief empfundenes Glücksgefühl, das von mir Besitz ergriffen hatte. Am 3. Oktober machten wir eine große Party. Eingeladen hatten wir nur Leute, die sich mit uns über die Wiedervereinigung freuten. Die Tische waren mit schwarz-rot-goldenem Krepppapier beklebt, 99 Luftballons in den gleichen Farben schmückten das Zimmer und mitten auf der Tafel stand der Sarg der DDR. Sein Inhalt? Ein Hammer, ein Zirkel und ein Ährenkranz und kleine Mauersteinchen die unsere Kinder als Mauerspechte von dem beschämendsten Bauwerk der DDR abgetragen hatten. Die Feierlichkeiten vor dem Reichstagsgebäude verfolgten wir live im Fernsehen. Da waren sie, die Entscheider, die Sieger, die Kopfhinhalter und Helden meiner Mauerblümchenzeit. Ich dachte an die Helden, die nicht zu sehen waren, an die vielen Oppositionellen, die Wegbereiter für all das, was jetzt gerade geschah und geschehen würde, an die vielen Toten, deren Traum von Freiheit ihnen den Tod an der Mauer gebracht hatte, an die Inhaftierten, die gefoltert und deren Leben zerstört wurden und ich hatte Angst, man könnte vergessen oder die Zeiten, die hinter uns lagen, verklären. Meine Hoffnung auf Friede, Freude, Eierkuchen waren, das musste ich zugeben, doch mehr infantil als realistisch. Die Menschen neigen dazu ihre Niederlagen oder zugestoßenen Ungerechtigkeiten zu verallgemeinern. Wo war die Uhl? Die dem andern sein Nachtigall ist? Hinter dem Eisernen Vorhang konnte sie nicht mehr hocken.

Wirtschaftlich gesehen bedeutete für unsere kleine Familie die Wiedervereinigung den Verlust der Berlinzulage. Wir zahlten noch über Jahre unseren Übersiedlerkredit ab, während wir für die neuen Bundesländer einen Solidarbeitrag leisteten. So und nicht anders funktionieren Uhl, Nachtigall und Demokratie.

Wir lebten in einem Rechtsstaat, und diese Tatsache beruhigte mich ungemein. Wir machten von unserem Recht Gebrauch, Einsicht in unsere Stasiakten zu nehmen. Das funktionierte gut, von der Antragstellung bis zum Tag der Einsichtnahme. Aus Datenschutzgründen waren leider viele Namen oder Anschriften und Hinweise bis zur Unleserlichkeit geschwärzt worden. Ich weiß auch nicht wirklich, ob ich noch wissen wollte, aus welchen Wohnungen von Gegenüber wir überwacht oder wer in unserem Bekannten- und Verwandtenkreis ein Plappermaul war. Allein die erste Draufsicht mit dem falschen Passbild meiner Person bestätigte mir, dass die Dummheit persönlich bei der Staatssicherheit gearbeitet hatte. Das Konterfei meiner Cousine, durch Adoption in der Kindheit mit gleichem Namen wie ich, dem gleichen Geburtsjahr und aus dem gleichen Stadtbezirk kommend, lächelte mir entgegen. In den Unterlagen hieß es, man suche nach mir, ich wäre unauffindbar. Man hatte nach meiner Cousine Ausschau gehalten und wir können nur von Glück sagen, dass Peter nicht noch ein außereheliches Verhältnis mit seiner eigenen Frau angelastet wurde. Meine verschollenen Briefe tauchten auf und Anfragen wegen Observierungen unserer Familie. Wenn ich es richtig verstanden habe, wurde hierzu ein Psychologe befragt, der wahrscheinlich über unsere Aktionen und Schreiben bestens unterrichtet war, diese auswertete und den Observationen zustimmte. Nach seiner letzten Einschätzung unserer Personen stimmte er dann allerdings einer geplanten Dauerüberwachung nicht zu.

Er kam zu dem Befund, dass die Ps (wir waren immer nur der oder die P) für die DDR verloren waren und empfahl, uns ziehen zu lassen.

Nachwort

30 Jahre liegen zwischen der heutigen Zeit und dem Mauerfall. Sie liegen hinter mir, meiner Familie, den Berlinern, den Deutschen. Es gab und gibt noch immer viel zu tun, weitaus Wichtigeres, als das Ostsandmännchen und das Westsandmännchen gegeneinander in die Waagschalen zu werfen.

Man sollte genau hinhören, wenn die Menschen in den neuen Bundesländern klagen. Worüber klagen sie? Das Volk, das vor über 30 Jahren auf die Straße ging und mit den Worten „Wir sind das Volk!" sich nicht nur Gehör auf der ganzen Welt verschaffte, sondern seine Mitmenschen mutig und friedlich wachrüttelte, das Kirchen füllte, um seine Meinung zu propagieren, Botschaften besetzte und in abenteuerlichen Fluchten über die ungarische Grenze in die Freiheit mehr stolperte als lief, stieß auf keinerlei Gegendemonstration seiner Landsleute. Es gab auch keine Empörung über das, was die dort machten. Der größte Teil der Bevölkerung wartete erst einmal ab, was passieren würde, wie die 40 Jahre zuvor auch. Eventuelle Reiseerleichterungen, ein bisschen Westgeld hier und da ... Das hätte man gern angenommen.

Dann aber kam der 9. November. Die Menschen hüben stürmten erst die Grenzpunkte und dann die Mauer. Ein gesamtes Deutsches Volk lag sich jubelnd und vor Freude weinend in den Armen und keiner von ihnen dachte an morgen und übermorgen. Duftende Seife, feinste Schokolade und begehrte Tonträger brachten neue Lebensqualität. Aber was war mit Lebensgewandtheit, selbständigem Handeln und Denken, Widerspruchsgeist? Das hatte die breite Masse in der DDR nicht gelernt und hatte dem schon bald ungeliebten „Besserwessi" nichts entgegenzusetzen. Eine reformierte DDR wollten die wenigsten. Der Wunsch nach Westmark und Luxus beherrschte den Osten des Landes, und die weltmännischen Spürnasen aus dem Westen und gewissenlose Bonzen aus dem Osten witterten gute Geschäfte und hauten die leichtgläubige Gesellschaft übers Ohr. Junge Menschen verließen ihre Städte und Gemeinden auf der Suche nach guten Ausbildungsplätzen oder qualifizierter Arbeit. Es war wie die Flucht zur Zeit vor dem Mauerbau. Man haute ab und brachte sein Schäfchen ins Trockne. Oftmals blieben nur die Alten und Kranken vor Ort und glaubten an die blühenden Landschaften, die ihnen versprochen wurden, und fragten nicht nach den Töpfen, aus denen das Kleingeld hierfür kommen sollte. Blühende Landschaften wachsen nicht aus dem Nichts.

Der Zeitdruck für Entscheidungen war enorm und eine Wiedervereinigung musste ohne Generalprobe auf Gedeih und Verderb durchgezogen werden. Die Ostalgie machte sich breit. Wehmut nach etwas Unbestimmtem. Immer wieder hörte man den nicht konkretisierten Satz: „Es war nicht alles schlecht in der DDR." Nein, war es auch nicht. Einzelne Punkte könnte man besprechen, vielleicht als Anregung nehmen und durchexerzieren.

Wir haben unterdessen den Frauentag, der überwiegend als freier Tag, so zwischendurch, gerne im Kalender eingetragen wird. Aber wo bleiben die Führungspositionen und die gerechte Bezahlung für Frauen? Wo bleiben die blühenden Landschaften im Westen des Landes, die auch schon lange vor der Wende nicht existiert haben? Die Nörgelei und Unzufriedenheit ließ die Nationalsozialisten sehr schnell strammstehen und ermächtigte sie, die ewigen Nörgler an die Hand zu nehmen und sie zu führen. Das ist bequem und gewohnt und man findet schnell Sündenböcke für alles, was das eigene Leben einschränkt. Bei den meisten wäre eine gute Bildung, vielleicht auch ein höherer IQ wünschenswert, bei vielen aber auch ganz einfach ein Raus aus der bequemen Sofaecke, Solidarität Einbringen, ein Sich-Engagieren. Nicht klagen, wie schlecht es unseren Rentnern geht, sondern ihnen helfen, nicht klagen, wie schlecht das Bildungssystem ist, sondern in die Schulen gehen und vorlesen.

Uns ging es noch nie so gut wie heute. Nazis und ähnlicher Müll sollten unser Problem sein, das es anzupacken gilt. Von Friede, Freude und Eierkuchen hatte ich geschrieben, als ich mir die Zukunft nach dem Mauerfall ausmalte. Friede und Freude sind, wenn ich mir die Welt im Hinblick auf die Zukunft meiner Enkelkinder anschaue, verschwunden mit dem Plastikmüll im Ozean und den Bäumen des Regenwaldes. Geblieben ist der unterdessen völlig verbrannte Eierkuchen, den ich mir voller Optimismus dick mit Pflaumenmus bestreichen und mit lachendem Gesicht verzehren werde.

Ich sage Dankeschön

... das haben mich meine Eltern schon in der frühesten Kindheit so gelehrt und es ist mir ein echtes Bedürfnis mich zu bedanken, egal ob man mir die Tür aufhält oder hilft, ein Buch zu schreiben und zu veröffentlichen. Die Sache mit der Tür würde ich selber hinkriegen, die Sache mit dem Buch ist eine ganz andere. Da sind erst einmal die Zuhörer, denen ich von einzelnen Begebenheiten aus meinem Leben erzählte. „Ja, ja, so war das", tönte die ältere Generation und erinnerte sich. „Oh was, so war das?", fragte die interessierte jüngere Generation, wenn sie meine Alltagsgeschichten hörte. Manchmal wurde gelacht, manchmal war man betroffen und immer wieder wurde ich ermuntert, das alles als eine große und ganze Geschichte zu schreiben. Danke Euch Zuhörern und Mutmachern, ohne Euch hätte ich mich niemals an so ein umfassendes Werk herangetraut.

Eine bedeutende Rolle spielten auch Frau und Herr Google. Die beiden haben meinem ungeordneten Gedanken- und Erinnerungsgut im Mülleimer meines Gehirns tüchtig auf die Beine geholfen. Sie lieferten mir kalendarische Nachweise und Hintergrundwissen für meine nebligen Erinnerungen.

Als nun endlich alles niedergeschrieben und überdacht war, musste ich mich auf die Suche nach einem Verlag begeben. Sieht im Internet ganz einfach aus und ist für schillernde Persönlichkeiten wohl auch keine große Hürde. Aber an mir schillert nur wenig und das auch noch verborgen. In Zeitdruck – 9. November 2019, dreißigster Jahrestag des Mauerfalls – geriet ich erst, als sich angeschriebene Verlage monatelang Zeit ließen ... um mir für meine an sich sympathische Geschichte eine undetaillierte Absage zu schicken. Es blieb keine Zeit für Frust. Der Zufall, das Glück, das Schicksal? ließen mich Herrn Mehlhorn bei einer Märchenbuchpräsentation seines Verlages *Der andere Trommler* kennenlernen. Einen Mann, der immer in Eile ist und sich trotzdem ein paar Minuten Zeit nahm, mir genau zuzuhören, mir Mut zu machen, der von Träumen sprach, die man unermüdlich verfolgen sollte, bis sie sich erfüllt haben. Hartnäckig bleiben, riet er mir und stellte mir, so ganz nebenbei und bescheiden, seine Hilfe bei der Traumerfüllung in Aussicht, falls auch der nächste Verlag absagen würde. Was bei seinem Anerbieten letztendlich herauskam, liegt jetzt vor mir. Ein Buch von über 600 Seiten, mit meinen Illustrationen und Coverentwürfen in die Tat umgesetzt. Danke Herr Mehlhorn.

Und dann höre ich in meinen Alpträumen eine entsetzte Leserschar über meine grammatikalischen Fehlentscheidungen, Wortwahl oder Wiederholungen schimpfen. Davor hat mich hoffentlich meine Lektorin bewahrt. Eine deutschkundige, feinfühlige Expertin, deren Nachfragen und Korrekturen mir das Gefühl gaben, hier ist jemand in meine Geschichte und die vergangenen Zeiten wirklich eingetaucht. Ich habe während der Korrekturarbeiten viel gelernt, über vieles nachgedacht und mich über manche vermeintliche Spitzfindigkeit, die mir sonst der Leser präsentiert hätte, erst gelächelt und dann einsichtig die Textstelle geändert. Danke Frau Bernauer, dass ich niemals das Gefühl hatte, eine Arbeitslast für Sie zu sein.

Mein Mann, in meiner Geschichte und in meinem Leben, spielt er eine tragende Hauptrolle. Auch zur Entstehung des Buches hat er einen ganz entscheidenden Anteil geleistet. Ohne Computertechnik wäre es nicht gegangen und nur mit meinen spärlichen Kenntnissen auch nicht. Er hat die gesamte Korrespondenz zwischen mir, dem Verlag und der Lektorin für mich am Laufen gehalten. Dateien geöffnet und eingerichtet, vor denen ich stand wie die Kuh vor neuem Tor, Bilder bearbeitet und Ruhe bewahrt, wenn der Rechner seine eigenen Wege gehen wollte.

Danke mein Schatz und Küsschen drauf.